KB060658

백제의 국제관계 | 百濟의 國際關係

● 지은이

양기석 _ 梁起錫(Yang Gi-Seok)

1948년 서울 출생
서울대학교 사범대학 역사과 졸
단국대학교 대학원 사학과 석사 · 박사
충북대학교 교수(1981~2013)
한국고대사학회 회장(1993~1995)
백제학회 회장(2008~2009)
충북사학회 회장(2009~2010)
충북대박물관장(2011~2013)

주요 논저

『백제의 경제생활』(주류성, 2005)
『신라서원소경연구』(서경문화사, 2001, 共)
『백제 지방세력의 존재양태』(한국학중앙연구원, 2005, 共)
『백제와 금강』(서경문화사, 2007, 共)
『백제사자료역주집 -한국편1-』(충청남도 역사문화연구원, 2008, 共)
『한국 사국[고구려 · 백제 · 신라 · 가야]의 국경선』(서경문화사, 2008, 共)
『마한, 백제인들의 일본열도 이주와 교류』(서경문화사, 2012, 共) 외 다수

백 제 의
국제관계

초판인쇄일	2013년 11월 4일
초판발행일	2013년 11월 5일
지 은 이	양기석
발 행 인	김선경
책 임 편 집	김윤희, 김소라
발 행 처	**도서출판 서경문화사**
	주소 : 서울 종로구 동숭동 199 - 15(105호)
	전화 : 743 - 8203, 8205 / 팩스 : 743 - 8210
	메일 : sk8203@chollian.net
인 쇄	바른글인쇄
제 책	반도제책사
등 록 번 호	제 300-1994-41호
ISBN	978-89-6062-112-1 93900

ⓒ양기석, 2013

• 파본은 본사나 구입처에서 교환하여 드립니다.

정가 35,000원

백제의 국제관계

양기석 지음

서경문화사

이 책은 1권 정치사에 이은 2권으로 백제의 대외관계와 대외 문화교류에 관해 서술하였다. 2권은 모두 3편과 부록으로 구성되어 있는데 백제의 주변 세계, 백제의 국제 교류, 백제의 대외 문화교류 양상, 그리고 지역사 속의 고대문화를 서술하였다.

국가가 성장 발전하는 과정에는 주변의 국가와 불가피하게 교섭관계를 갖게 된다. 평화적인 외교 교섭을 하는 경우가 있지만 적대 관계로 돌변하여 전쟁에 이르는 경우도 종종 있다. 따라서 외교와 전쟁은 각기 표리관계를 이루면서 국가의 흥망성쇠를 좌우하는 중요 요소가 된다. 우리나라 고대사에서 외교와 전쟁의 비중은 정치사 못지않게 비중이 높다. 『삼국사기』본기 기사 내용을 분석해 볼 때 외교기사는 18.1%, 전쟁은 16.3%로 모두 34.4%를 차지할 정도로 높다. 삼국이 각기 처해진 상황에 따라 국가의 체제 유지와 세력 균형을 이루기 위해 대외관계를 중시하였음을 알 수 있다. 한 국가의 대외관계는 외교정책에 의해 구현되는데 대내적인 집권세력의 이해관계와 국제 정세의 변화에 따라 결정된다. 따라서 대외관계는 대내적 정치관계와 밀접한 관련을 가지는데 시기별로 그 추이와 변화상이 각기 다르게 나타난다.

백제의 대외관계는 크게 고구려 · 신라 · 가야 간에 이루어진 대내적 관계와 중국과 왜 사이에 이루어진 대외적 관계로 구별된다. 백제는 동아시아 국제정세의 변화 여하에 따라 한반도와 중국, 그리고 왜 세력과 동아시아를 무대로 하여 활발한 대외관계를 전개함에 따라 다각적이고 국제적인 차원에서의 외교관계와 문물교류가 행해졌다. 백제는 국초부터 말갈·낙랑·마한·신라 등과 빈번한 전쟁을 벌일 정도로 대외관계의 비중이 높게 나타났다. 이어 4세기 후반 이후 삼국 항쟁기에는 고구려·신라·가야와 적대관계 내지는 전략적 제휴 관계를 맺어 국가의 존립과 한반도에서의 힘의 우위를 견지하려 하였다. 그 과정에서 중국의 남북조 세력과 남방의 왜 세력을 정치적으로 적절히 이용하며 활발한 대외관계를 가졌다. 이러한 배경 속에 백제는 주변 여러 나라들과 활발한 문물교류가 행해졌다.

필자는 정치사 못지않게 백제의 대외관계와 문물교류에 대한 여러 편의 논문들을 썼다. 이 책에서는 그 성과를 종합하여 백제의 대외관계와 문물교류에 대한 글들을 3편으로 나누어 서술하였다.

제1편에서는 백제와 마한, 고구려, 그리고 중국 등 주변 세계와의 관계를 평화적인 교섭과 적대적인 전쟁의 두 측면에서 서술하였다.

먼저 영산강유역 세력이 백제와 관련하여 시기별로 영역화되어 가는 과정을 살펴보았다. 이어 근구수왕대와 475년 위례성 함락 직후 백제와 고구려의 적대적 관계 양상을 살펴보았다. 근초고왕대 대고구려전을 주도했던 태자 근구수의 역할과 당시의 권력 구조를 면밀히 검토하여 그의 정치적인 역할과 위치를 살펴 본 것이다. 그리고 475년 고구려의 한성 함락으로 인해 웅진 천도가 단행되자 이후 고구려의 남하과정을 추적하여 당시 백제와 고구려의 국경선을 고찰하였다.

끝으로 백제 위덕왕대에 전개된 활발한 대중외교 관계를 검토해 보았다. 554년 관산성 전투로 패사한 성왕에 이어 즉위한 위덕왕이 집권 초기의 정치적 혼란상을 극복하고 567년부터 정치적 안정을 토대로 전개한 백제의 陳, 北齊, 北周, 隋와의 대중 교섭 추이를 동태적으로 파악한 것으로 위덕왕대의 대중외교의 양상과 성격이 잘 나타나 있다.

제2편에서는 격동의 5세기를 중심으로 하여 전개된 백제의 대고구려・신라・대가야와의 대외관계 및 倭와의 관계를 동태적으로 서술하였다.

5세기 삼국의 역관계 추이를 백제의 입장에서 크게 네 시기로 나누어 각 시기마다의 전개 양상과 배경 및 성격을 고찰하였다. 전지왕 즉위 초의 집권세력의 변화에 따른 백제의 대외정책의 변화상을 검토하였고, 이어 433년 제라동맹의 체결 배경과 역사적 의미, 그리고 455년 이후 개로왕대의 대고구려정책을 분석하여 제라동맹이 공수동맹의 성격으로 전환되었음을 밝혔다. 끝으로 동성왕대 추진한 친신라정책을 통해 제라동맹 관계의 실체와 한계를 검토하였다. 특히 6세기 신라는 고구려와 백제의 대결구도를 효율적으로 이용하여 양면 외교책을 적절히 구사하면서 대내적인 체제정비와 영역확대를 통해 비약적인 발전을 도모해 나가는 과정이 주목된다. 이를 통해 5~6세기 삼국 간의 항쟁사에서 신라의 대외관계상의 역할은 주목할 필요가 있음을 역설하였다.

백제와 대가야의 관계를 살펴보면 5세기 후반 한반도 정세 변화와 관련하여 대가야의 동향이 주복된다. 남제와의 통교 사실(479), 신라구원(481), 紀生磐宿禰 반란 사건(480년대 후반), 신라와 화호 시도(496) 기사를 중심으로 나타나는 대가야의 대외관계상의 변화와 배경 및 역사적 의미를 검토하였다.

한편 5세기 백제의 대외관계에서 중요한 변수는 왜와의 관계이다. 각 시기마다의 두 나라 관계상에 나타난 대외정책의 변화상과 그 특성을 밝히고자하였다. 먼저 4세기 말에서 5세기 초 고구려의 남진에 대응하여 백제가 왜의 도움을 요청하게 된 백제의 대내외적 배경과 왜의 역할, 그리고 〈광개토왕릉비〉에 보이는 한반도에 출병한 왜 세력의 실체와 출병 배경 등을 살펴보았다. 다음으로 전지왕대과 5세기 후반 개로왕대 이후 왜에 파견된 昆支의 倭에서의 역할과 곤지계인 동성왕의 즉위 배경, 그리고 백제의 대신라 우선정책과 관련하여 왜 세력의 입장과 관계를 검토하였다.

제3편은 백제 문화의 교류 양상과 백제 음악인 미마지의 渡倭 활동을 통해

백제문화의 국제성을 살펴보고 마한·백제인들이 시기적으로 일본에 건너가 고대 일본문화 형성에 기여한 사례를 서술한 글이다. 이를 통해 백제의 대외교섭을 통해 수용된 외래 문물에 대한 기본적인 이해와 백제에서의 변용에 대한 이해가 보다 검토되어져야 함을 밝혔다. 또한 문물교류는 국가 간에 이루어지는 공적 채널에 의한 것도 있지만, 그밖에 넓게는 비평화적인 전쟁을 포함하여 주민집단의 이주, 혼인, 기술의 전수 등 평화적인 인적·물적인 교류에 의한 것도 다각도로 검토해야 할 것임을 밝혔다.

부록은 주로 필자가 그동안 지역문화 조사에 참여한 경험을 바탕으로 지역사에 관한 글들을 서술한 것이다.

4세기 백제 산성의 시원적인 양식이 보이는 증평 이성산성에 대한 역사적 고찰을 하였고, 충주지역의 우륵 관련 전승과 유적 등을 검토하여 우륵의 국원소경 이주 배경과 활동에 대해 살펴보았다. 그리고 우리나라 고대 수리시설의 하나인 제천 의림지의 축조 시기와 배경 등을 살펴보았고, 그밖에 홍성이나 성남의 지역 문화 양상, 그리고 하남지역에 널리 유포되어 있는 도미설화의 역사성을 함께 고찰하였다. 이를 통해 백제 시기의 지역문화 양상과 성격이 드러날 것이다.

그동안 필자의 관심 영역은 정치사나 대외관계사에만 국한된 것은 아니었다. 경제사 분야에도 관심을 갖고 2005년에는 『백제의 경제생활』을 출간한 바 있다. 앞으로는 사회사상사나 생활사 등의 분야에도 관심을 갖고 연구에 매진하여 균형 있는 백제사의 체계적인 인식을 갖추도록 할 예정이다.

이 책이 출간되기까지 김영관 선생과 강민식 선생이 각별한 노고가 있었음을 밝혀둔다. 또한 잘 읽혀지지 않을 전공서적을 기꺼이 출판해 주신 서경문화사의 김선경 사장과 편집과 교정 및 출판을 정성껏 일구어낸 직원들에게 감사한 마음을 전한다.

2013년 9월

原庵 梁起錫 드림

1편

백제와 주변세계

전남지역 마한사회와 백제
近仇首王의 대외활동과 정치적 지위
475년 위례성 함락 직후 고구려와 백제의 국경선
威德王代의 대외관계

전남지역 마한사회와 백제

1. 들어가면서

『삼국지』위서 동이전 한조에 의하면 영산강유역에는 다소 불확실한 점은 있지만 13개 정도의 마한 소국이 분포한 것으로 알려져 왔다.[1] 그렇지만 이들 소국의 실체에 대해서는 관련 문헌자료의 절대 부족으로 인해 거의 밝혀져 있지 않았다. 그러던 중 일제강점기인 1917년에 나주 신촌리·대안리·덕산리 일대의 고분들이 조사[2]된 이래 광주 신창동유적에서 합구식 옹관묘가 조사되면서[3] 이 지역 고대사회는 옹관고분이라는 독특한 분묘문화를 영위하고 있었음을 알게 되었다.

지금까지 마한에 대한 연구는 문헌사적 입장에서 마한 소국의 형성, 소

---

1) 천관우,「마한제국 위치시론」『동양학』9, 1979, 236~238쪽.
2) 谷井濟一,「潘南面古墳群」『大正六年度古蹟調査報告』, 朝鮮總督府, 1917, 663~668쪽 ; 有光敎一,「潘南面古墳の調査」『昭和十三年度古蹟調査報告』, 朝鮮古蹟硏究會, 1936, 20~35쪽.
3) 김원룡,「영암내동리옹관묘」『울릉도』, 국립중앙박물관, 1963.

국의 구조와 규모, 국가적 성격, 마한 소국연맹체의 형성과 변천, 목지국 진왕의 실체, 마한의 지리적 위치, 마한의 멸망 시기, 백제 초기사의 이해 문제 등과 관련하여 적지 않은 논의와 연구 성과를 이루어 왔다.[4]

이에 따라 마한의 소국들은 지역과 문화 배경, 형성 주체에 따라 성립 시기와 과정이 비교적 다양하다는 것을 알게 되었고, 그 소국들은 단순한 읍락이 아니라 중심 읍락인 國邑과 다수의 일반 읍락으로 구성된 군장사회나 성읍단계에 해당하는 단위 정치체였음이 밝혀졌다. 그렇지만 영산강유역에서의 마한에 대한 연구는 전반적으로 볼 때 관련 자료의 부족으로 인해 단순히 소국의 위치를 비정하거나 또는 마한의 멸망 등과 같은 극히 제한적이거나 또는 백제사의 부수된 변경의 역사로 인식되어 온 것이 사실이다.

그동안 우리 학계에서는 목지국 중심의 연맹체가 붕괴된 이후 마한 잔여세력이 영산강지역으로 이동하여 세력을 유지하다가 『일본서기』 신공기 49년 춘3월조 기사를 근거로 하여 백제 근초고왕이 이 지역을 정복하였다는 소위 정복설이 제기되면서 이 견해가 지배적인 견해로 자리를 잡아 왔다.[5] 이때 영산강유역은 백제의 영역으로 편제되어 통치되었으며, 5세기 후엽에 등장하는 석실분의 존재가 이를 입증해 주는 근거로 이해되어 온 것이다.

그러나 1980년대 이후 주암댐 등 대규모 국토개발사업 실시에 따른 영산강유역에 대한 고고학적 발굴조사가 광범위하게 진행되면서 영산강유역을 토대로 전개해 왔던 기층적인 문화 양상이 하나씩 밝혀지게 되었다. 이에 따라 영산강유역에는 청동기시대에 지석묘가 성행하였고, 기원 전후 경부

---

4) 이에 대한 주요 연구 성과는 다음과 같다. 이병도, 『한국고대사연구』, 박영사, 1976 ; 천관우, 「삼한의 국가형성(하)」『한국학보』3, 일지사, 1976 : 『고조선사 · 삼한사연구』, 일조각, 1989 ; 김정배, 『한국 고대의 국가기원과 형성』, 고려대출판부, 1986 ; 노중국, 「마한의 성립과 변천」『마한 · 백제문화』10, 1987 : 『백제정치사연구』, 일조각, 1988 : 「목지국에 대한 일고찰」『백제논총』2, 1990 : 「문헌기록 속의 영산강 유역」『백제학보』6, 2011 ; 박찬규, 「백제의 마한정복연구」, 단국대박사학위논문, 1995 ; 권오영, 「삼한의 '國'에 대한 연구」, 서울대박사학위논문, 1996.

5) 이병도, 앞의 책, 511~514쪽 ; 노중국, 앞의 책, 117~120쪽 및 앞의 글(2011), 15~29쪽.

12 백제의 국제관계

터 목관이나 옹관을 가진 소규모 분구묘가 성행하였으며, 이러한 전통에 의해 반남면고분군이 상징해 주듯이 4세기 후엽부터는 대규모 옹관과 영산강 석실을 가진 거대한 분구묘문화가 6세기 중엽까지 발전해 왔음이 밝혀졌다.[6]

이러한 고고학 연구 성과를 바탕으로 한국고대사에서 마한의 독자성을 강조하는 이른바 마한론이 제기되었다.[7] 즉 영산강유역의 마한은 백제와는 전혀 다른 국가 단계의 독립적인 정치체이며, '五國時代'라는 말이 등장할 정도[8]로 고구려, 백제, 신라의 삼국과 공시적으로 상호 대등한 수준의 관계를 가진 것[9]으로 보았다. 이와 관련하여 영산강유역의 옹관고분사회를 백제와는 별개의 독자적인 사회로 인식하는 바탕 위에 그 내부의 사회적, 정치적 구조를 분석하거나[10] 또는 대외교류 및 교섭관계를 통해 접근하는 연구[11]도 진행되었다.

한편 1980년 후반 이곳에 분포하고 있는 10여 기의 장고형 고분이 일본 고대의 대표적인 고분인 전방후원분과 관련이 있는 것으로 주목되면서 왜인설[12]도 가세하게 되었다. 왜인설은 영산강유역이 백제와는 별개의 세력

6) 임영진, 「묘제를 통해 본 마한의 지역성과 변천 과정」 『백제문화』 3, 2010, 31쪽.
7) 성낙준, 「영산강유역의 대형옹관묘 연구」 『백제연구』 15, 1985 ; 최몽룡, 「고고학적 측면에서 본 마한」 『마한·백제문화』 9, 1987 ; 임영진, 「마한의 형성과 변천에 대한 고고학적 고찰」 『삼한의 사회와 문화』, 신서원, 1995.
8) 임영진, 「나주지역 마한문화의 발전」 『나주 마한문화의 형성과 발전』, 나주시·전남대박물관, 1997.
9) 최몽룡, 『한국 청동기·철기시대와 고대사회 복원』, 주류성출판사, 2008.
10) 김낙중, 「영산강유역 옹관고분의 문화적 성격」 『백제연구』 26, 1996 ; 이정호, 「영산강유역의 고분 변천과정과 그 배경」 『영산강유역의 고대사회』, 학연문화사, 1999 ; 이영철, 「영산강유역 옹관고분사회의 구조 연구」, 경북대석사학위논문, 2001.
11) 김낙중, 「6세기 영산강유역의 장식대도와 왜」 『나주 복암리 3호분과 영산강유역 고대문화』, 2006 및 『영산강유역 고분 연구』, 학연문화사, 2009.
12) 井上秀雄, 『東アジア民族史』, 平凡社, 1977 ; 東潮, 「榮山江流域と慕韓」 『考古學研究會40週年記念論集 展望考古學』, 考古學研究會, 1995 ; 李鎔賢, 「韓國古代における全羅道と百濟, 加耶, 倭」 『古代日本の異文化交流』, 勉誠出版, 2005.

이라는 인식을 바탕으로 하고 있는 점에서 어느 면에서 마한론과 상통하는 것으로 볼 수 있다.

이러한 마한론과 왜인설은 기존의 마한관과는 사뭇 다른 것이다. 이러한 논의는 그동안 상대적으로 연구가 취약했던 영산강유역에 고대사회에 대한 실체를 구조적으로 밝힐 수 있는 계기를 만들었다는 점에서 무척 고무적이라 할 수 있다. 지역사의 관점에서 볼 때 내재적 발전론을 전개하여 지역문화를 체계화하고 나아가 지역의 정체성의 확립과 약화된 지역의 위상을 실증적으로 찾으려는 점에서 볼 때 긍정적인 측면이 있다. 이러한 논의가 제기된 일면에는 연구자의 지역적 현실적인 입장이 반영된 것으로도 볼 수 있다.

그렇지만 이러한 견해는 중앙사의 관점과 불가피하게 충돌을 야기시킬 수 있으며 결국 백제의 전체 역사상을 정립하는데 역기능을 가져 올 수도 있다는 우려를 낳고 있다. 앞으로 영산강유역 고대 사회에 대한 연구는 미시사 차원은 물론 백제사 나아가 한국고대사의 거시적 차원에서 새로운 검토를 필요로 하고 있다.

2. 新彌國 중심의 연맹체 대두와 백제

영산강유역의 마한 소국세력이 역사의 전면에 등장하는 것은 3세기 후반경 新彌國의 존재를 통해서이다. 『晉書』 張華傳의 기사에 나오는 신미국 관련 기사를 소개하면 다음과 같다.

A-① 張華를 持節都督幽州諸軍事領護烏桓校尉安北將軍으로 삼아 전출시켰다. 신구의 세력을 무마하여 받아들이니 오랑캐와 중국이 그를 따랐다. 東夷馬韓新彌諸國은 산과 큰 바다에 의지하였으며 幽州와의 거리가 4천여 리나 되었다. 역대로 來附하지 않았던 20여 국이 함께 사신을 파견하여 조공을 바쳤다. 이에 먼 오랑캐가 감복해져서 사방 경계에 근심이 없어지고 매년 풍년이 들어 士馬가 강성해졌다.[13]

② 춘정월 … 갑오일에 상서 장화를 도독제군사로 삼았다. … 9월에 동이 29국
이 귀화하여 방물을 바쳤다.[14]

위의 두 기사는 尚書 張華(232~300)가 유주도독으로 전출되어 재임하고
있을 때 마한의 新彌國을 비롯한 20여 국이 조공한 내용을 기록한 것이다.
A-② 기사 내용이 보다 상세한 정보를 담고 있다. 두 기사를 종합해 보면 尚
書 장화가 282년 정월 갑오일에 荀勖의 무고로 幽州都督으로 전출되어 재
임하고 있을 때, 그 해 9월에 신미국을 대표로 하는 마한 29국이 西晉에 조
공을 바친 것으로 되어 있다. 여기서 서진에 조공을 바친 신미국의 위치에
대해서는 여러 견해가 있지만[15] 『일본서기』에 나오는 忱彌多禮와 해남의
옛 지명인 浸溟縣의 음이 서로 통한다는 점을 들어 해남군 현산면 백포만
일대와 인접한 고현리 일대로 추정된다.[16] 백포만 일대 주변에 있는 군곡리
패총 일대는 3세기 이전에 동아시아 연근해 항로의 요충지였다.[17] 그리고
고다산성·백방산성·읍호리산성·일평리산성 등 고대 산성이 집중 분포
하고 있는 점[18]이 참고가 된다.

───────────────

13) 『晉書』 권36, 열전6 張華.
14) 『晉書』 권3, 제기3, 무제 태강 3년 정월.
15) 신미국의 위치에 대해서는 ① 강진설(이병도, 앞의 책(1976), 512쪽 ; 노중국, 앞의 글
 (2011), 13쪽), ② 해남설(이도학, 『백제고대국가연구』, 일지사, 1995, 350쪽), ③ 영산강유
 역설(노중국, 앞의 책(1988), 118쪽 ; 성낙준, 「백제의 지방통치와 전남지방 고분의 상관
 성」 『백제의 중앙과 지방』, 충남대 백제연구소, 1997, 238쪽), ④ 제주도설(末松保和, 『任
 那興亡史』, 吉川弘文館, 1956, 48쪽 ; 연민수, 『고대한일관계사』, 혜안, 1988), ⑤ 침미와
 다례를 구분하여 강진과 보성으로 보는 견해(전영래, 「백제 남방경역의 변천」 『천관우선
 생환력기념한국사학논총』, 1985)과 강진 장흥설(이근우, 「웅진시대 백제의 남방경역에
 대하여」 『백제연구』27, 1997, 53쪽), ⑥ 고흥반도설(임영진, 「침미다례의 위치에 대한 고고
 학적 고찰」 『백제문화』43, 2010, 14~22쪽) 등이 있으나 여기서는 해남설을 취하기로 한다.
16) 이도학, 앞의 책(1995), 350쪽.
17) 강봉룡은 신미국을 영산강유역 옹관고분사회를 외부세계와 소통시키는 중심적 관문지역
 사회(Gateway Community)로 기능한 것으로 보았다(「금강·영산강유역의 세력동향과
 백제의 경영」 『웅진도읍기의 백제』, 충청남도역사문화연구원, 2007, 256~257쪽).

그러면 282년에 신미국이 서진과 교섭을 벌이게 된 배경은 무엇일까? 우선 영산강유역에서의 신미국 자체의 내부적 성장에서 찾을 수 있다. 신미국의 존재는 마한의 위치 비정에서 영산강유역으로 비정되는 13개 소국의 명칭에도 들어 있지 않아 그 실체를 파악하기는 어렵다. 그렇지만 目支國의 辰王이 優號를 수여한 4국의 존재가 주목된다. 그 중에 영산강유역으로 비정되는 소국은 臣雲遣支報의 臣雲新國과 臣離兒不例의 臣離兒國으로 추정되고 있다. 여기서 신운신국은 영산강유역인 전남 광산이나 나주 일대로,[19] 신리아국은 신리국이 되어 신미국에 해당하는 것[20]으로 각각 추정된다. 목지국의 진왕이 우호를 수여한 것은 목지국 중심의 교역로상에서의 우세한 소국을 의미하는 것으로 볼 때[21] 신미국은 무엇보다도 교역을 통한 경제적 부를 배경으로 성장한 세력으로 보인다. 신미국은 당시 대방군에서 남해안을 거쳐 왜에 이르는 해상교역로의 중요 거점지역에 위치한 세력이었다.

따라서 3세기 후반경에 신미국은 나주의 신운신국과 함께 영산강유역에서 유력한 세력집단으로 존재하였으며, 마한소국들 중에서는 위상이 높은 소국이었음을 보여준다. 신미국이 통솔하는 29국은 비단 영산강유역의 세력집단 뿐 아니라 해상교역과 관련하여 이익을 공유하는 남해안 일대의 일부 소국들도 포함되었을 것이다.

이처럼 신미국이 282년 서진에 조공을 하였음 함께 참여한 마한 29개 소국을 통솔하는 맹주국의 위치에 있었음을 보여준다. 369년 백제 근초고왕이 남정을 하였을 때 신미국은 '屠南蠻忱彌多禮'[22]라는 기사에서 보듯이 백제의 주요 정토의 대상이 될 정도의 경쟁세력이었음을 반영해 준다.[23] 이

18) 최성락,「해남 백포만일대의 선사유적」『최영희선생화갑기념한국사학논총』, 1987.
19) 천관우, 앞의 글, 237쪽.
20) 노중국은 臣離兒不例를 '臣離'(국명), '兒不'(관명), '例'(인명)으로 끊어 읽고 臣離國을 신미국과 같은 것으로 보았다(「마한과 낙랑·대방군과의 군사충돌과 목지국의 쇠퇴」『대구사학』71, 2003).
21) 윤선태,「마한의 진왕과 신분고국」『백제연구』34, 2001.
22) 『일본서기』권9 신공기 49년 춘3월.

를 통해 신미국은 4세기 후반 백제에 의해 멸망당할 때까지 영산강유역에서는 유력한 세력집단으로 존재하고 있었음을 알 수 있다.

또한 282년 신미국이 서진과 교섭을 벌리게 된 대외적인 배경은 무엇보다도 백제의 성장과 발전과 깊은 관련이 있다. 국가 성립기인 十濟에서 伯濟國을 거쳐 百濟로 성장과 발전을 하는데 큰 계기를 만든 사건이 246년의 대방군 崎離營 전투 사건이다. 이는 魏가 낙랑군에서 신라로 이어지는 내륙 교역망을 재건하려는 의도에서 일어났다.[24] 이 전투에는 백제 중심의 마한 북부 소국들이 참여하였으며, 낙랑 변민을 襲取하였다가 돌려주었다는 고이왕대의 기사[25]에 의거해 볼 때 백제가 직·간접적으로 큰 역할을 하였을 것으로 생각된다.[26]

이 사건을 계기로 하여 금강유역에 세력기반을 둔 目支國이 쇠퇴하고 대신 백제가 마한의 맹주국으로 성장하였음을 의미한다.[27] 이어 백제는 마한

---

23) 3세기 중엽 천안일대의 목지국이 멸망한 후 한강유역의 백제와 영산강유역의 신미국의 남북 두 마한연맹체로 개편된 것으로 보고 있다(노중국, 앞의 글(2011), 13~15쪽).

24) 임기환, 「3세기~4세기 초 위·진의 동방정책」 『역사와 현실』36, 2000.

25) 『삼국사기』 백제본기 고이왕 13년 추8월. 백제의 마한 멸망 관련 기사는 『삼국사기』 백제본기 온조왕대 기사에 부회되어 일괄 기록되어 있다. 백제의 웅천책 설치 단계(온조왕 24년)→ 진한과 마한에 대한 정복을 결심하는 단계(온조왕 25년)→ 백제의 마한정복 의지 천명(온조왕 26년 7월)→ 백제의 마한 공격 개시 단계(온조왕 6년 10월)→ 백제의 마한 유민에 대한 사민책과 멸망시키는 단계(온조왕 27년 4월)→ 구마한세력의 대규모 부흥운동과 진압되는 단계(온조왕 34년 10월)→ 백제의 구마한지역에 대한 새로운 지배책 마련 단계(온조왕 36년 7월 및 8월)로 백제의 마한 정복과 그 지배과정을 단계화하여 살펴 볼 수 있다. 이어 백제 온조왕 13년 기사에는 오늘날의 중부지역을 포괄하는 백제 영역을 획정하는 기사가 기록되어 있는데 이는 모두 3세기 경 고이왕대의 기사로 이해하고 있다(이병도, 앞의 책, 476~477쪽).

26) 이때의 전쟁을 주도한 주체를 백제 古爾王으로 보는 견해(천관우, 「삼국지 한전의 재검토」 『진단학보』41, 1976, 32~33쪽), 目支國으로 보는 견해(노중국, 앞의 글(1987), 36~38쪽), 그리고 臣濆沽國으로 보는 견해(末松保和, 『新羅史の諸問題』, 東洋文庫, 1954, 518쪽 ; 윤용구, 「삼한의 대중교섭과 그 성격」 『국사관논총』85, 1999)가 있다. 그러나 이 사건은 臣濆沽國을 비롯한 마한 북쪽에서 일어났으며, 또한 사건이 일어난 『삼국사기』의 246년과 일치하고 있는 점(池内宏, 「公孫氏の帶方郡設置と曹魏の樂浪·帶方二郡」 『滿鮮史研究』上, 第1册, 吉川弘文館, 1951, 247쪽)에서 백제 고이왕이 주도한 것으로 본다.

의 장군 孟召의 반란을 진압하고 마한의 경계지역에다 大豆山城, 湯井城, 圓山城과 錦峴城, 古沙夫里城 등을 차례로 축조함으로써 점차 세력을 확대해 나갔다. 이에 신미국 중심의 영산강유역 연맹체 세력들은 백제의 점진적인 남진에 크게 위협을 느꼈을 것이다. 더구나 백제는 종래 한군현이 갖고 있었던 해상교역망을 재건하려는 의도를 갖고 서해안의 교역거점세력인 아산만과 태안반도의 신금성세력을 장악해 나가자[28] 신미국 중심의 연맹체는 이에 크게 위협을 느껴 외교적인 대응책을 강구해 나갔을 것이다.

이처럼 3세기 중반 이후 마한지역에서 한강유역의 백제와 영산강유역의 신미국을 중심으로 한 연맹체가 결성이 되고 서해 해상교역로를 장악하기 위한 경쟁과 갈등이 치열하게 전개되다가 결국 4세기 후반 근초고왕의 남정으로 백제의 영산강유역 진출이 이루어진 것이 아닐까 생각한다.

또 하나 대외적 배경으로 3세기 후반에 전개된 일련의 중국 정세 변화에 영향을 들 수 있다. 265년 魏가 멸망하고 西晉이 등장하자 낙랑·대방의 한군현에 대한 관할권을 행사하였다. 서진은 274년에 幽州를 분할하여 平州를 설치하였고, 이곳에 東夷校尉를 두어 동방 정책을 담당하게 하였다. 그후 285년에 들어와서 동이교위가 본격적으로 동방의 여러 국가를 직접 통할하는 체제로 바뀌었다.

이러한 중국 정세 변화에 따른 새로운 대외교섭 시스템의 등장으로 마한 연맹체들은 서진과의 교섭에 적극 나서게 된 것이다. 『진서』에 나타난 마한과 서진 간의 교섭은 276년을 시작으로 291년까지 기록상 모두 18회가 나타나고 있으며, 교섭에 참여한 삼한의 소국들은 최소 2개국에서 최대 30개 국으로 늘어날 정도로 빈번하였다. 그 중 마한과 서진의 교섭은 276~290년까지 25년 간에 걸쳐 모두 9회의 교섭을 가졌다. 『진서』에 교섭주체를 東夷로 기록한 것을 당시 연맹체의 맹주국으로 간주되는 백제국, 건마국, 신미국

27) 김수태, 「3세기 중·후반 백제의 발전과 마한」 『마한사연구』, 충남대출판부, 1988.
28) 양기석, 「홍성지역의 고대사회 -지배세력의 성장과 변화를 중심으로-」 『백제문화』47, 2012, 25~30쪽.

등으로 보는 여러 견해가 있다.

그러나 서진의 것으로 알려진 錢文도기나 施釉도기가 거의 풍납토성과 몽촌토성 등 서울의 왕도지역에서 압도적으로 많이 출토되고 있는 것으로 보아[29] 그 교섭의 주체는 백제 중심의 연맹체로 보는 것이 합리적이다. 반면 영산강유역에서 서진을 비롯한 중국계 유물이 출토된 것은 5세기 이후의 일이기 때문에 신미국 중심의 대 서진 교섭 목적은 단순히 선진문물의 수용에 있었던 것이 아니라 어떤 정치적인 측면에서 살펴 볼 수 있을 것이다.

3. 백제 근초고왕대의 영산강유역 진출

백제가 영산강유역에 본격적으로 진출한 사실은 『일본서기』 권9, 신공기 49년조의 기사에 근거를 두고 있다. 이를 소개하면 다음과 같다.

> B 봄 3월 … 곧 木羅斤資와 沙沙奴跪[이들 두 사람은 그 성을 알 수 없다. 다만 목라근자는 백제의 장군이다]에게 정예 병사를 이끌고 沙白 · 蓋盧와 함께 보냈다. 모두 卓淳에 모여 신라를 쳐서 깨뜨렸다. 이어 比自㶱 · 南加羅 · 㖨國 · 安羅 · 多羅 · 卓淳 · 加羅 등 7국을 평정하였다. 이에 군사를 옮겨 서쪽으로 돌아 古奚津에 이르러 남쪽 오랑캐인 忱彌多禮를 무찔러 백제에게 주었다. 그 왕인 肖古와 왕자인 貴首가 또한 군사를 이끌고 와서 모였다. 이때 比利 · 辟中 · 布彌支 · 半古 등 四邑이 자연스럽게 항복하였다.

위 기사는 백제 근초고왕 때 신라 정토를 시작으로 해서 가라 7국을 평정하고 이어 백제가 왜에 복속하는 세 단계의 내용으로 되어 있다. 먼저 신라 정토 기사는 그 과정이 너무 소략한데다가 신라 공격을 위한 집결지가

---

29) 서진 유물이 출토되는 지역은 개성, 서울, 용인, 홍성 신금성, 보령 등에 국한되어 있어 백제 중심의 연맹체가 그 교섭의 주체로 볼 수 있다(권오영, 「마한의 종족성과 공간적 분포에 대한 검토」 『한국고대사연구』60, 2010, 24~25쪽).

왜의 신라 공격로의 하나인 양산지방이 아니라 탁순으로 되어 있는 점에서 사실로 받아들이기에는 신뢰성이 떨어진다.[30] 왜의 신라 공격에 관해 기록한 부분은 『일본서기』의 상투적인 수법에 지나지 않는다. 다음으로 목라근자 등이 이끄는 왜군과 근초고왕 부자가 이끄는 백제군의 진공 방향은 지금의 강진지역으로 비정되는 고해진[31]을 거쳐 침미다례를 공격하는 것으로 되어있다.

결국 왜군이 작전을 벌인 대상은 가라 7국과 '南蠻'으로 표현된 忱彌多禮 지역이었음을 알 수 있다. 그런데 가라 7국과 침미다례를 공격한 왜장은 사료 B에서는 백제 장군이라 하였다. 목라근자의 木氏와 사사노궤의 沙氏는 모두 백제의 유력한 대성 귀족에 속하는 인물이기 때문이다. 그리고 공격 목적인 침미다례 세력을 '南蠻'으로 표현하고 있는데 이는 백제를 기준으로 하는 방위 관념의 소산이라 할 수 있다.

이를 종합해 보면 369년 작전은 왜가 아니라 백제에 의해 주도된 것이며, 근초고왕 부자가 이끄는 백제의 주력부대는 신미국에 속해 있던 전북지역과 영산강 하구인 나주지역의 토벌을 목표로 하고 있었음을 알 수 있다. 반면에 목라근자와 사사노궤가 이끄는 별도의 백제군은 먼저 가라 7국을 정벌한 다음에 침미다례 정벌을 단행하고 있었음을 보여주고 있다. 백제군이 두 지역으로 나뉘어 작전을 벌인 사실을 왜군을 빌어서 윤색하여 한 기사로 종합 정리한 것으로 볼 수 있다. 따라서 이 기사는 근초고왕대에 백제가 가야지역과 영산강유역의 서남해안 지역에 진출한 사실을 바탕으로 하고 있는 것으로 이해된다.

결국 백제 남정군은 가라 7국 뿐 아니라 영산강유역의 해상교통로상의 거점 세력인 침미다례 즉 신미국을 함락시키는 소기의 성과를 올렸다. 침미

---

30) 김현구 외, 『『일본서기』한국관계기사 연구(Ⅰ)』, 일지사, 2002, 104~109쪽.
31) 고해진은 『삼국지』 위서 동이전에 나오는 狗奚國과 관련시켜 강진이나 해남지역으로 비정된다.

다례를 '屠' 했다는 것은 신미국 세력을 멸했다는 뜻으로 받아들일 수 있다. 이로서 신미국은 3세기대에 해상교통로를 배경으로 영산강유역의 중심적인 맹주국에 올라 성세를 나타냈으나 백제의 369년 남정으로 인해 해체의 길을 걷게 된 것이다. 이제 신미지역은 백제의 세력권에 편입되었다.

영산강유역의 맹주국인 침미다례가 백제에 의해 궤멸되었다는 소식을 접한 영산강유역의 다른 세력들은 차례로 백제에 항복하고 말았다. 이때 백제에 항복한 세력은 比利·辟中·布彌支·半古의 4개 세력집단이었다. 이들 지명에 대해서는 여러 견해가 있지만, 비리는 전주, 벽중은 김제, 포미지는 나주, 반고는 나주 반남면 일대로 각각 비정된다.[32] 이들 지역은 전라북도 지역과 영산강유역의 나주지역을 포괄하고 있다. 이들 지역은 3세기경의 신미국이 이끄는 연맹체의 세력 범위를 포함한 지역으로 보아도 좋을 것이다. 침미다례 멸망으로 인해 백제는 남해안의 중요한 해상 교역기지를 확보하였음을 의미한다.

369년 백제의 영산강유역 남정은 육로와 해로 두 방면에 걸쳐 이루어진 것으로 볼 수 있다.[33] 전주에서 나주에 이르는 방면은 금강하구를 따라 육로로 전북지역을 거쳐 영산강유역의 나주지역을 확보한 것으로 볼 수 있기 때문이다. 반면 나주지역[포미지, 반고]이나 해남지역[침미다례]은 당시 가야나 왜로 통하는 해상교역로상의 거점지역이기 때문에 백제 남정군이 해상로를 통해 진출한 것으로 볼 수 있다. 『일본서기』 계체기 23년조에 하동으로 비정되는 多沙津을 확보하는 것[34]으로 봐서 백제의 침미다례의 정복은 궁극적으로 남해안과 하동을 연결하는 해상교통로상의 거점을 확보하려

---

32) 지명 비정에 대해서는 김은숙, 『백제사자료역주집 -일본편-』, 충청남도역사문화연구원, 2008, 34쪽을 참조하였음.

33) 정재윤, 「백제의 섬진강유역 진출에 대한 고찰」『백제와 섬진강』, (재)전북문화재연구원, 2008, 239~242쪽.

34) 『일본서기』 권17, 계체기 23년 춘3월. 이 기사는 동 신공기 50년 하5월조의 나오는 다사성과 같은 맥락의 기사로서 6세기경의 사실이 투영된 것으로 볼 수 있다.

는 전략의 일환이었음을 알 수 있다.

그러면 369년 백제의 영산강유역에 대한 남정 결과 확보된 영산강유역을 어떻게 지배하였을까? 이는 369년 백제의 남정의 목적을 밝히면 그 대체의 경향을 알 수 있다. 백제가 남정을 하기 직전에 신라와 화호를 모색한 점이 주목된다. 366년에 백제는 신라에 사신을 보냈고, 368년에는 신라에 좋은 말 2필을 예물로 보낸 바 있다.[35] 백제에 의해 요청된 신라와의 화호관계가 형제관계['兩國和好 約爲兄弟']로 표현될 만큼[36] 두 나라 관계는 당시 잘 유지되고 있었음을 보여준다. 이는 백제가 고구려의 남진에 대비하기 위해 신라와 화호를 적극 모색하려는 백제의 의지를 나타내 준다. 백제는 신라와의 관계가 원만히 성사된 직후 남방경략에 착수한 것이다. 가야지역의 7개 나라를 복속시켰고, 남해안을 통한 해상교역로상의 중요 거점을 확보하기 위해 영산강유역에 대한 경략에 나선 것이다.

근초고왕의 남정 이후 영산강유역의 세력집단은 고고학상으로 볼 때 큰 변화가 감지되지 않고 있다. 오히려 영암의 시동세력에 대신하여 나주 반남면세력이 대형의 옹관고분을 조영하고 있는 것으로 보면 재지세력의 성장이 백제에 의해 크게 제약을 당하는 양상이 별로 보이지 않는다. 백제의 물질문화 요소가 영산강유역에 등장하는 빈도도 특별히 달라지는 현상도 보이지 않는다. 이는 당시 백제의 영산강유역 지배 양상을 반영해 주는 것으로 볼 수 있다.

이를 통해 근초고왕의 남정 목적에는 이 지역을 영역 지배하려는 의도가 있지 않았음을 보여준다. 백제는 이 남정을 통해 고구려와의 전쟁에서 필요한 물자를 동원할 수 있는 배후 기지를 확보하려는데 있었다.[37] 가야는 물론 왜와도 연결하여 이들 세력을 유사시에 백제의 배후 지원세력으로 가능

---

35) 『삼국사기』 백제본기 근초고왕 춘3월 및 동 23년 춘3월.
36) 『삼국사기』 백제본기 내물마립간 18년.
37) 정재윤, 앞의 글(2008), 242쪽.

하도록 백제의 세력권 내지 영향권에 묶어두기 위한 것이었다. 이런 배경 하에서 영산강유역의 세력들은 백제의 일정한 공납물을 제공하거나 또는 영향권에 들어있으면서도 재지적인 전통 위에 독자성을 유지하는 간접지배 단계에 놓여 있었던 것으로 볼 수 있다.

4. 영산강유역 세력의 동향과 백제의 영역화 과정

1) 5세기 후반 영산강유역 세력의 동향

5세기 후반에 들어와서 백제와 관련하여 영산강유역 세력들이 복잡미묘한 동향을 보이게 된 계기는 475년에 일어난 백제의 웅진 천도였다. 백제는 475년 고구려의 불시의 한성 침공으로 인해 웅진 천도를 단행되자 백제 왕실은 큰 혼란에 빠지게 되었다. 고구려에 의해 한강 하류유역을 상실하였으며, 대내적으로는 왕위계승을 둘러싸고 지배세력 간에 대립과 갈등이 야기된 것이다. 천도 직후 왕권의 기반이 취약한 文周王(475~477)이 兵官佐平 解仇에 의해 피살되고 어린 三斤王(477~479)의 즉위와 단명, 그리고 병관좌평 해구의 발호와 반란 등이 이어지면서 백제 왕실은 극도로 정정불안을 겪고 있었다.

이에 따라 영산강유역의 세력들은 이 지역에 대해 깊은 이해관계를 갖고 있었던 백제와 가야, 그리고 왜세력을 배경으로 하여 각각 자구의 길을 모색하려는 복잡미묘한 동향을 보이게 되었다. 그동안 영산강유역 세력들은 백제 근초고왕대의 남정 이래 백제의 세력권 내지 영향권 하에 편입되어 일종의 간접지배를 받아왔다. 이들 세력들은 고구려의 남진에 대항하기 위해 가야, 왜와 함께 백제를 중심으로 한 동맹세력의 일원으로서 유사시에 백제의 배후 지원세력으로서의 역할을 수행해 왔던 것이다.

그러는 가운데 영산강유역은 백제의 후방에 위치한 까닭으로 고구려의 남진 위협에 직접적인 예봉을 피할 수 있었다. 그리고 한반도 서남부에 위치하고 있어서 해로를 통해 백제에서 경남서부지역의 가야나 일본열도의 왜와 연결되는 해상교역로상의 전략적인 길목에 있으면서 중요한 역할을 담당하였다. 광개토왕의 남정(400) 이후 김해의 금관가야가 쇠퇴하면서 서남부해안의 세력과 연결되어 있는 영산강유역 세력들의 역할이 보다 주목을 받게 된 것이다.

5세기 중반에 들어와서 고구려의 남진 위협에 불안을 느낀 백제는 기존의 가야와 왜와의 우호관계를 더욱 강화하고 중국 남조국가는 물론 신라와 동맹관계를 맺어 고구려에 대항하였다. 이러한 정세로 인해 백제는 영산강유역 세력에 대한 통제권 행사에는 일정한 한계를 가질 수밖에 없었다. 이에 대해 영산강유역 세력들은 점차 지역 간의 연맹관계를 맺어 세력을 강화하는 경향을 보이게 되었다.

이런 과정에서 '옹관고분문화'로 대표되는 전통적인 지배질서를 바탕으로 백제나 왜세력과 연계하여 자구책을 강구하는 현상이 나타난 것이다. 그 대표적인 지역세력이 나주의 반남세력이었다. 이를 입증해 주는 유적이 삼포강유역과 영산강하류의 직경 20km 정도에 해당하는 지역에 분포하는 전형 3형식 옹관만을 사용하는 옹관분(고총)의 존재이다.[38] 이 단계의 墳丘은 종래의 梯形墳에서 방대형과 원형 또는 원대형으로 바뀌고 외형적으로 규모도 高大化된다. 그 내부에는 대형의 전용옹관과 금동관, 금동신발, 환두대도 등 본격적인 위세품들이 출토된다. 이는 통해 함평 월야지역과 영암 시종지역이 쇠퇴하고 대신 나주 반남지역이 새로운 중심지로 부각되면서 영산강유역이 단일 세력권으로 통합되어 갔음을 의미한다.[39]

그런데 나주 반남면 세력의 대두 배경에는 고고학 자료를 통해 볼 때 결코 독자성 차원만으로는 설명되기 어려운 부분이 있다. 그 유물 유적에는

---

38) 최성락, 「삼국의 성립과 발전기의 영산강유역」『한국상고사학보』37, 2002, 91쪽 ; 임영진, 「영산강유역권의 분구묘와 그 전개」『호남고고학보』16, 2002, 86~87쪽 ; 김낙중, 「영산강유역 정치체의 성장과 변동 과정」『백제학보』6, 2011, 61쪽.
39) 임영진, 「묘제를 통해 본 마한의 지역성과 변천 과정」『백제학보』3, 2010, 38쪽.

백제나 왜계 문물이 포함되어 있기 때문이다. 나주 신촌리 9호분에서 출토된 금동관은 서산 부장리 5호분, 공주 수촌리 1호분과 4호분, 익산 입점리 1호분과 시문기법이나 의장에서 백제 관모와 동일한 모티브를 공유한 것으로 알려져 있다.[40] 나주 신촌리 9호분 을관에서 출토된 금동신발은 나주 복암리 '96석실과 같은 계통으로 백제적 특징을 보여주고 있다.

이처럼 영산강유역의 고분들이 백제양식과는 다르지만 그 부장품에서 출토된 금동관, 금동신발, 환두대도 등의 위세품은 백제와 동일한 것으로서 백제에 의해 간접 지배되어 통제되고 있었음을 보여주고 있다.[41]

반면 왜계 유물도 영산강유역에서 출토되고 있었는데 그 대표적인 것이 원통형 토기이다.[42] 이 토기는 1917년 나주 신촌리 9호분에서 처음으로 발견된 이래 지금까지 총 52점이 출토되었으며, 광주 월계동고분, 명화동고분을 비롯하여 복암리 2호분, 군산 축동 2·3호분 등 영산강유역 전역에서 다수 발견되고 있다.

이러한 경향이 5세기 후반에 들어와서는 더욱 심화되어 영산강유역 세력이 상황 여하에 따라 백제나 왜세력과 교섭관계를 맺으면서 자존의 길을 모색하는 양상을 보이게 된다. 나주 반남면 세력은 왜세력과 밀접한 교섭관계를 유지하면서도 친백제적인 성향을 통해 영산강유역에서 중심적인 세력으로 성장하였다.

그렇지만 신촌리 9호분에서 보듯이 백제왕권에서 사여한 금동관, 금동신발, 환두대도 등 위세품의 존재를 통해 볼 때 백제로부터 일정한 통제와 제약을 받았을 것으로 판단된다. 백제는 나주 반남면 세력을 통해 영산강유역을 지배해 나가는데 거점지역을 확보하였고, 나아가 함평 신덕 1호분과

---

40) 김낙중, 「영산강유역정치체와 백제왕권의 관계변화」『백제연구』50, 2009, 86~97쪽 ; 홍성화, 「고대 영산강 유역 세력에 대한 검토」『백제연구』51, 2010, 73~74쪽.
41) 홍성화, 앞의 글, 74쪽.
42) 서성훈·성낙준, 『나주반남고분군』, 국립광주박물관, 1988 ; 임영진, 「한국 분주토기의 기원과 변천」『호남고고학보』17, 2003.

나주 복암리 3호분 출토품에서 보듯이 함평이나 복암리지역에까지 그 세력권을 확대함으로써 영산강유역에서의 힘의 우위를 점할 수 있게 되었다.

일부 영산강유역 세력들은 이러한 백제의 영향력 확대에 대해 크게 위협을 느끼고 이를 견제하기 위해 규슈나 近畿지역의 왜세력과 교섭을 강화하거나 또는 백제에 직접 반발하는 현상도 나타났다. 이 시기 영산강유역에서 왜세력과의 관계를 보여주는 고고학 자료가 소위 왜계 전방후원분과 관련이 있는 장고형 고분과 규슈계 석실분의 존재이다.

그 중 장고형 고분은 고창에서 영암, 함평, 광주, 담양, 해남 등 영산강유역에서 분포하는 대형 묘제로서 현재 13기 정도가 확인되고 있다.[43] 장고형 고분은 周溝의 흔적이 있고, 이곳에서 원통형 토기가 다수 배열된 것으로 알려져 있다. 그 분포지역은 나주 반남지역을 제외하고 그 주변 지역에 있으며, 자라봉고분 이외에 모두 횡혈식 석실로 되어 있다.[44] 축조 시기는 대략 5세기 말에서 6세기 초중반이라는 극히 단기간에 존재한 것으로 알려져 있다. 영산강유역에 분포하는 장고형 고분의 축조집단과 성격 등에 대해서는 많은 논란이 제기되고 있다.

이와 관련하여 영산강유역에 규슈계 횡혈식석실분이 등장하고 있어 주목된다.[45] 이 묘제는 거제 장목고분[46]을 비롯하여 고성 송학동1B-1호, 사

---

43) 이에 대한 주요 연구 성과는 다음과 같다. 東潮, 「榮山江流域と慕韓」『展望考古學』, 考古學研究會, 1995 ; 임영진, 「호남지방 석실분과 백제의 관계」『호남고고학의 제문제』, 제21회 한국고고학대회발표요지, 1997 ; 최성락, 「전방후원형 고분의 연구현황과 과제」『박물관연보』8, 목포대박물관, 2000 ; 田中俊明, 「영산강유역에서의 전방후원형고분의 성격 -조묘집단의 성격을 중심으로-」『지방사와 지방문화』3-1, 2000 ; 주보돈, 「백제의 영산강유역 지배방식과 전방후원분 피장자의 성격」『한국의 전방후원분』, 충남대 백제연구소, 2000 ; 정재윤, 「영산강유역 전방후원형분의 축조와 그 주체」『역사와 담론』56, 호서사학회, 2010.

44) 임영진, 「전남의 석실분」『전남의 고대 묘제』, 목포대박물관, 1996, 751~752쪽.

45) 김낙중, 「남해안지역 석실묘의 등장배경」, 제35회 한국고고학전국대회 발표자료집 별쇄, 2011, 75~84쪽 ; 홍성화, 앞의 글, 80~83쪽.

46) 하승철·박상언·이주희, 『거제 장목 고분』, 경남발전연구원 역사문화센터, 2006.

천 선진리고분, 해남 월송리 조산고분 · 장고봉고분, 고흥 동호덕고분 등 주로 남해안 일대에 분포한다. 남해안에서 발견되는 초기 석실분이 규슈계 석실분과는 다소 차이가 있지만 대체로 해안을 통해 규슈지역과 관련이 있는 것으로 이해된다. 그밖에 5세기 중후엽 남해안지역에 등장하는 고총의 존재도 왜계와 관련이 있는 것으로 알려져 있다. 이들 남해안 초기의 왜계 석실들은 마산 대평리 M1호분, 고흥 안동고분, 해남 외도고분 · 신월리고분, 신안 배널리 3호분, 영암 장동 1호분 등이다.[47] 이들 고분은 해로상의 요충지에 단독으로 조영되며 최상급의 위세품이 매장되어 있다.

이러한 영산강유역에서 발견된 왜계 문물들의 성격에 대해서는 많은 논란이 있지만 일본열도와는 차이가 있고 영산강유역에서 통용되는 재지계 요소가 많기 때문에 이를 畿內의 倭王權과는 직접 관련시키기는 어렵다. 이러한 요소들이 5세기 말에서 6세기 초중엽이라는 제한된 시기에만 국한되어 나타나고 있는 점, 영산강유역이나 또는 서남해안 해상교통로상의 요지에 나타나고 있는 점, 전통적인 재지계 문화요소가 계승되고 있다는 점 등이 이를 입증해 준다. 이러한 왜계 문물들은 백제의 영역화과정에서 나타나는 영산강유역 세력들의 반발 내지는 자구 노력의 산물로 이해된다.

왜는 5세기 초부터 이른바 '倭의 五王時代'를 맞아 畿內의 倭王權을 중심으로 한반도의 삼국 간 항쟁에 참여하였으며, 또한 對宋外交를 독자적으로 전개해 나가면서 왜왕권 확립에 필요한 철자원과 선진문물을 확보하려 하였다. 이런 측면에서 왜왕권은 백제와 중국왕조에 이르는 길목인 서남해안의 해상교역로를 안정적으로 확보하려 하였다. 이러한 배경 하에서 규슈지역의 왜세력이 문물교류를 통해 영산강유역 세력과 긴밀한 우호관계를 가진 것으로 이해된다.

---

47) 김낙중, 앞의 글(2011), 71~75쪽.

2) 백제의 영역화 과정

5세기 말 백제가 영산강유역 세력을 제압하면서 점차 영역화를 도모하는 가운데 일부 영산강유역 세력으로부터 반발이 야기되기도 하였다. 그 대표적인 사건이 498년 東城王의 武珍州 출정이다. 동성왕대에 백제의 영산강유역 지배와 관련이 있는 기사가 『삼국사기』 동성왕조에 보이고 있는데 이를 소개하면 다음과 같다.

> C 8월에 왕은 耽羅[탐라는 곧 耽牟羅이다]가 공물과 조세를 바치지 않자 친히 정벌하려고 武珍州에 이르렀다. 탐라가 이를 듣고 사신을 보내 죄를 (용서해 달라고) 빌자 이내 그만두었다.[48]

위 기사는 498년에는 동성왕이 백제에 貢賦를 바치지 않는 耽羅를 정벌하기 위해 武珍州에 출정한 일을 기록한 것이다. 여기서 탐라를 제주도로 볼 경우 508년에 탐라와 처음으로 교섭을 벌였다는 『일본서기』 계체기 2년 기사와 서로 맞지 않게 된다. 오히려 498년의 탐라를 耽津으로 보고 해남·강진으로 보는 견해[49]가 보다 설득력을 가진다.

그렇다면 498년에 백제에 반발한 세력은 마한연맹기에 영산강유역의 중심 세력이었던 신미국이 소재하였던 세력으로 볼 수 있다. 이 세력은 369년 근초고왕대의 남정에 의해 멸망당했지만 탐진지역이 갖는 해상교역로상의 거점지역을 배경으로 하여 백제와 일련의 복속관계를 맺고 경제적 부를 축적해 온 것으로 생각된다. 그러던 중 백제가 웅진천도로 인해 혼란에 빠지게 되자 백제에 반발하여 공납을 거부하고 노골적으로 반기를 들은 것은 것으로 이해된다.

이에 대해 동성왕이 이끄는 백제군이 탐라세력을 응징하기 위해 무진주

---

48) 『삼국사기』 백제본기 동성왕 20년 8월.
49) 이근우, 「웅진시대 백제의 남방경역에 대하여」 『백제연구』 27, 1997, 51~55쪽.

까지 출동을 하게 된 것이다. 무진주는 오늘날의 광주에 해당한다. 이때 동성왕이 이끄는 백제군이 무진주에까지 이르는 루트는 왕도인 웅진에서 출발하여 부여에서 금강을 건너 익산 - 전주 - 광주에 이른 것으로 추정된다. 동성왕이 무진주에 군사를 이끌고 간 것을 고려해 보면 이 시기에 영산강유역은 백제의 영역으로 편입되어 있었던 것으로 보아도 좋을 것이다.[50] 동성왕이 무진주에 행차함으로써 주변 다른 지역의 재지세력들에게 백제의 위력을 과시하는 효과도 있었을 것이다.[51] 무진주가 백제의 영산강유역 지배의 주요 거점지역이었음을 보여준다.

이와 관련하여 동성왕대에 영산강유역의 영역화를 시사해 주는 사례가 『남제서』 백제전에 보이는 王 · 侯제와 관련이 있다. 동성왕이 490년과 495년 두 차례에 걸쳐 남제에 사신을 보내 작호를 요청한 기사가 있다. 이때 요청한 왕후호로는 面中王 · 都漢王 · 阿錯王 · 邁盧王 · 邁羅王 · 辟中王, 八中侯 · 弗斯侯 · 面中侯 등이 있다. 이들 지명에 대해서는 충청 · 전북지역으로 보는 견해[52]가 있지만 전라남도 서남부지역으로 보는 견해[53]가 지배적이다.

그러나 지명 비정이 다소 신뢰성이 떨어질 뿐 아니라 왕후호를 수여받은 사람들이 왕족 부여씨나 사씨, 목씨와 같은 중앙의 유력한 귀족세력 출신이라는 점에서 이 시기의 지방지배를 왕후제와 관련시켜[54] 보기에는 문제가 생긴다. 그리고 왕후제가 공로가 있는 왕족이나 중신들에게 수여하는 작호제의 성격을 갖는 측면이 있기 때문에 이를 과연 지방제도로 기능을 유지해 왔는가에 대해서는 의문이 든다. 그렇지만 동성왕대의 왕후호에 영산강유역이 포함된 것으로 볼 경우 그 명칭 자체만으로도 영산강유역이 백제의 영

---

50) 이도학, 「漢城후기의 百濟王權과 支配體制의 정비」 『百濟論叢』 2, 1990, 305쪽.
51) 정재윤, 앞의 글(2010), 264쪽.
52) 천관우, 「마한제국의 위치시론」 『동양학』 9, 1979, 206쪽.
53) 末松保和, 『任那興亡史』, 吉川弘文館, 1956, 110~113쪽. 이에 의하면 불사는 전주, 도한은 광주-나주 다시면 또는 금산-고흥, 면중은 광주, 팔중은 나주 반남면, 아차는 무안, 매라는 옥구 또는 장흥, 벽중은 김제로 각각 비정하였다.
54) 정재윤, 「웅진 · 사비시대 백제의 지방통치체제」 『한국상고사학보』 10, 1992, 509~511쪽.

역으로 편제되어 있었던 사실을 시사해 주는 것으로 볼 수 있다.

동성왕에 이어 6세기 초 무령왕대에는 보다 체계화된 지방지배방식인 담로제를 강화하여 영산강유역을 영역화하기에 이른다. 동성왕대 영산강유역에 대한 백제의 지배권을 점차 강화해 나가는 시책을 추진하였다면 그 다음 무령왕대에는 영산강유역에 이어 섬진강유역에 대한 백제 지배권을 더욱 확대해 나가는 시기라 할 수 있다. 무령왕 12년(512)에는 섬진강 하류지역에 해당하는 소위 '임나의 4현' 지역을 확보하였고,[55] 이듬해 513년에는 섬진강 상류인 임실과 남원지역을 장악함으로써[56] 명실공히 섬진강유역을 완전히 장악하게 되었다. 백제가 이 시기에 섬진강유역을 확보하고 나서 백제의 천하관을 대내외적으로 천명한 사실이 『梁職貢圖』에 잘 나타나 있다.[57]

그러면 5세기 후반 백제가 확보한 영산강유역과 섬진강유역을 어떠한 방식으로 지배하였을까? 이에 대한 사실이 『梁書』 백제전에 잘 드러나 있는 담로제이다. 담로제는 백제의 지방제도로 거점지배방식을 말한다. 담로제는 한성시기부터 내려온 전통적인 방식을 무령왕대에 이르러 집권화 시책의 일환으로 더욱 체계화가 되었다. 이와 관련하여 주목되는 기사가 『梁書』 백제전에 나오는 22개의 담로제이다.

> D (백제는) 도성을 固麻라 하고 읍을 檐魯라 하는데, 이는 중국의 군현과 같은 말이다. 그 나라에는 22개의 담로가 있는데, 모두 (왕의) 자제와 종족에게 나누어 웅거케 하였다.

---

55) 『일본서기』 권17 계체기 6년 동12월.

56) 『일본서기』 권17 계체기 7년 동11월.

57) 『梁職貢圖』 백제국조에 의하면 "곁의 소국으로는 叛波 · 卓 · 多羅 · 前羅 · 斯羅 · 止迷 · 麻連 · 上己汶 · 下枕羅 등이 부용하였다"고 기록되어 있다. 이는 무령왕대의 현실을 그대로 반영한 것이 아니라 백제가 중국에 한반도 중 · 남부 지역을 대표하는 나라임을 강조하여, 신라 등 다른 나라는 백제를 따라 온 부용국으로 인식하고 나선 것이다. 백제 중심의 천하관을 표출한 것이다(李鎔賢, 「「梁職貢圖」百濟國使條의「旁小國」」 『朝鮮史研究會論文集』 37, 綠蔭書房, 1999, 171~195쪽 ; 양기석, 「백제 무령왕대의 자존적 자존적인 천하관」 『중원문화연구』 16 · 17집, 2011, 333~335쪽).

위 기사에서 보듯이 무령왕대에는 각 지방에 담로 22개가 설치되어 있었는데 이곳에 왕의 자제종족을 파견하여 다스렸다고 한다. 담로제는 중국의 군현과 같다고 한 것으로 봐서 중국식의 군현을 백제 이름으로 표현한 것임을 알 수 있다. 담로제가 언제 어떠한 방식으로 편제되어 운영되었는지에 대해서는 관련 기록이 없어 잘 알 수 없다. 백제의 담로제는 중앙집권체제를 갖춘 후 지방에 대한 통치를 강화하기 위해 거점지역에 지방통치조직을 만들어 지방관을 파견한데에서 비롯된 것이다. 이는 언제부터 실시되었는지에 대해서는 논란이 많지만 대체로 4세기 후반 근초고왕대부터로 알려져 있다. 담로제는 일정 지역의 주요 거점이 되는 곳에 지방관을 파견하여 통치하는 형태인데 일반적으로 각 지방에 수령을 파견하여 직접 지배하는 단계의 앞선 시기에 나타난다.

무령왕대에는 담로제가 전국에 걸쳐 모두 22개가 설치되어 있었는데 여기에 왕족을 파견하여 지방에 대한 중앙 통제력을 강화한 것이다. 담로주를 왕족 일색으로 임명한 것은 왕족을 중용하여 왕권의 집권력을 강화하기 위한 조치라 할 수 있다. 동성왕대에 비대해진 신진세력을 견제하기 위해 毗陁나 苩加와 같은 신진세력들을 지방의 거점지역에 파견시킨 조치[58]와는 달리 무령왕대에는 담로에 왕족을 대거 파견한 것이 종전과는 다른 점이다. 무령왕대의 담로제는 국왕의 혈연집단에 의한 지방통치 운영방식으로서, 왕권의 확립과 각지에 할거하고 있었던 독립적인 재지세력을 중앙의 통치질서 안으로 흡수하여 행정구역으로 편제하려는데 그 의도가 있었다. 무령왕은 백가의 난을 진압하고 나서 지방의 독자적인 행보를 보이고 있는 담로주들을 중앙의 통제 하에 편제하지 않고서는 왕권의 강화를 이룩할 수 없다는 뼈저린 경험과 인식에서 비롯된 것으로 볼 수 있다.

이처럼 담로제를 왕족 중심으로 재정비하면서 재지세력의 기반을 해체

---

58) 동성왕은 毗陁를 沙井城에, 苩加를 加林城으로 각각 파견한 사례가 있다(『삼국사기』 백제본기 동성왕 20년 추7월 및 동 23년 추8월).

하고 이를 중앙에 편제하면서 중앙의 집권력을 한층 강화하는 계기가 되었다. 이 과정에서 중앙문화가 지방의 재지사회에 빠른 속도로 확산되어 간 것으로 이해된다. 영산강 유역의 경우 그 재지 수장층의 대형의 전용 옹관묘가 점차 중앙의 석실분으로 바뀌는 현상이 그 실례라 할 수 있다. 영산강 유역에서는 4세기 후반 백제에 의해 세력권이 된 이후에도 이 지역의 전통적인 옹관묘가 한동안 그대로 유지되었다.

그러나 5세기 후반~6세기 초반에 이르러 전통적인 대형의 전용옹관묘가 점차 소멸되는 대신 그 거점지역에 점차 중앙 묘제인 백제계 횡혈식석실분이 조영되기 시작한다. 이는 무령왕대에 담로제를 실시함으로써 점차 재지세력의 기반을 해체시키면서 지방에 대한 중앙의 통제력을 강화해 나가는 것과 관련성을 갖는다고 하겠다.

이후 6세기 전반 聖王代에 이르러 중앙집권적인 지방제도인 方・郡・城 제가 실시됨으로써 영산강유역은 백제에 의해 직접적인 지배를 받는 영역화 단계가 이루어지게 된 것이다.

5. 맺음말 -마한사 연구의 과제-

지금까지 영산강유역이 백제와 관련하여 시기별로 영역화되어 가는 과정을 개략적으로 살펴보았다. 영산강유역에 마한 소국이 형성되고 이들 소국이 정치적 경제적 필요에 의해 연맹체를 구성하는 단계로 나아갔는데 영산강유역 세력이 역사의 전면에 나선 최초의 세력이 신미국이었음을 밝혔다. 신미국은 『일본서기』에 나오는 침미다례와 같은 지역으로서 오늘날의 해남지역 백포만 일대에 위치한 것으로 보았다. 이곳은 백제에서 남해안을 거쳐 왜로 가는 해상교통로상의 거점 요지로서 기능하는 곳인데 해상활동을 통해 경제적인 부를 축적하고 나아가 영산강유역 일대의 연맹체의 맹주국의 위치에 점할 수 있었던 것으로 보았다. 신미국 연맹체는 백제의 성장 발전과 중국 정세의 변화에 대응하기 위해 282년 서진과 교섭관계를 가졌다.

그러나 369년 백제 근초고왕의 남정으로 인해 신미국[침미다례]를 중심
으로 한 교역상의 역할은 소멸된 것으로 보았다. 근초고왕대 백제는 영산강
유역을 확보하였지만 그 목적이 고구려와의 전쟁에 대비한 배후기지로서의
성격이었기 때문에 이 지역에 대한 직접적인 영역 지배를 꾀할 수 없었다.
대신 조공관계를 매개로 한 간접지배 방식을 유지함에 따라 영산강유역은
신촌리 대형 옹관고분에서 보듯이 독자성을 유지하였던 것으로 보았다.

그러나 웅진 천도가 단행되고 백제의 왕도가 웅진에 위치함으로 인해서
그동안 간접지배단계에 놓여 있던 영산강유역에 대한 단계별 영역화작업이
추진된 것으로 보았다. 동성왕대와 무령왕대 실시한 담로제 실시를 통해 그
지역 거점에 직접 지배를 관철할 수 있는 근거를 마련하게 되었다. 이를 토
대로 하여 사비기에는 전국에 걸친 방 - 군 - 성 체제가 도입됨으로써 영산강
유역은 백제의 지배영역에 편제되었다.

영산강유역에 대한 연구는 지금까지 정복설, 마한론, 왜인설 등이 주장
되어 왔지만 올바른 역사 인식을 위해서는 이를 극복할 수 있는 방안이 마
련되어져야 할 것이다. 정복설은 우리 학계의 지배적인 견해에 해당하지만
몇 가지 측면에서 그대로 받아들이기에는 어려운 부분이 있다. 예컨대 사료
의 부족으로 인한 문제이겠지만『삼국사기』백제본기에는 남방에 관한 사
료가 잘 나타나 있지 않다는 점이다. 部의 편제라든가 영산강유역 세력의
동향 등에 관한 기사가 거의 없을 정도로 공백상태에 있다. 이에 따라 이 지
역이 근초고왕대 영산강유역에 대한 경략 이후 백제가 이 지역을 어떻게 통
치해 나갔는가에 대한 지방통치 방식에 대한 문제가 논쟁의 초점이 되고 있
다. 이에 대해 현재 王 · 侯制說,[59] 담로제설,[60] 간접통치설[61] 등이 제시되
어 있다.

59) 정재윤,「영산강유역 전방후원형분의 축조와 그 주체」『역사와 담론』56, 2010, 256~258
  쪽.
60) 노중국,「문헌기록 속의 영산강 유역」『백제학보』6, 2011, 28~29쪽.
61) 권오영,「초기백제의 성장과정에 관한 고찰」『한국사론』15, 1986, 79쪽.

마한론의 경우는 영산강유역이 백제의 주변사가 아니고 영산강유역 중심의 주체적인 시각에서 역사의 전개과정을 이해하고 있다는 점에서 나름대로의 긍정적 측면도 있다. 그러나 관련 기록의 부족과 지역적 특성으로 부각되는 옹관고분 문화는 자칫하면 역사의 보편성보다 지역적 특수성을 내세운 독자적 시각에 치우칠 수도 있다. 영산강유역 세력은 백제와 분리해서는 안될 불가분의 관계에 있는 엄연한 우리 민족 역사의 한 부분이다. 백제가 다양한 지방 전통의 배경에서 성장 발전한 만큼 영산강유역 세력의 실체에 대한 연구는 전체 백제의 역사뿐 아니라 올바른 우리 고대사의 정립을 위해 규명해야 할 중요한 테마라 할 수 있다.

이를 위해서는 우선 영산강유역 세력집단의 다양한 존재양태와 상호 관계를 규명해야 한다. 그리고 이들 세력집단이 당시 삼국의 정세 변화와 관련해서 주변의 백제를 비롯하여 가야, 신라 및 왜세력과 어떻게 대응하여 자신의 이해를 관철시키려 하였는가에 주목해야 한다. 또한 백제가 고구려와 치열한 대립관계를 벌리고 있었던 상황 하에서 백제와 영산강유역의 세력집단과의 관계를 밀도있게 검토할 필요가 있다. 아울러 영산강유역이 백제에서 남해안이나 왜로 가는데 중요 경유지라는 점에서 영산강유역 세력의 역할과 백제의 대응책에 대해서도 함께 고려해야 할 것이다.

현재 영산강유역 세력집단의 존재와 동향을 알려주는 문헌자료는 거의 공백에 가까울 정도로 영세한 반면 고고학 자료는 계속 증가 추세에 있다. 따라서 영산강유역의 세력집단의 존재와 동향을 파악하기 위해서는 이제까지 영산강유역에서 조사된 물질자료에 대한 세밀한 분석과 객관적인 편년체계의 수립, 그리고 다른 지역과의 비교 분석을 하는 측면에서의 보다 심층적인 연구를 필요로 하고 있다. 아울러 문헌자료뿐 아니라 이곳에서 출토된 물질문화의 개별적 특성 파악과 함께 이러한 개별 연구를 종합화하면서 그 역사적 의미와 성격을 밝히는 작업이 앞으로 해결해야 할 과제로 남는다.

『백제학보』9, 백제학회, 2012

近仇首王의 대외활동과 정치적 지위
- 고구려와의 관계를 중심으로 -

1. 머리말

百濟의 近仇首王(375~384)은 정복 군주인 近肖古王(346~375)의 아들로서 그의 뒤를 이어 제14대 왕위에 오른 인물이다. 그는 『삼국사기』에 보이는 '近仇首'라는 이름 이외에 중국 사서에는 '須', 일본 사서에는 '近貴首', '貴須', '貴首' 등으로 불렸음을 확인할 수 있다.[1] 그는 근초고왕의 태자로서, 후에 왕으로 재위할 때의 기사를 살펴보면 주로 군사와 외교 분야에서 활동한 것 이외에는 별다른 행적을 남기고 있지 않다.

그럼에도 불구하고 그가 백제사에서 주목을 받게 된 것은 무엇보다도 근초고왕의 태자로 있을 때 평양성 전투(371)에서 고구려 故國原王(331~371)을 격살한 점에 있다고 하겠다. 이 일로 인해 백제와 고구려 양국은 한 동안

---

[1] 근구수왕의 이름은 중국 사서인 『魏書』와 『梁書』 백제전에는 '須'로, 일본 사서인 『新撰姓氏錄』 右京諸蕃下 百濟條에는 '貴首', '近貴首'로, 『日本書紀』 神功紀 61년조에는 '貴須'로, 『續日本紀』 延曆 9年 하4월조에는 '久素'로 각각 표기되어 있다.

적대관계로 돌변하여 첨예하게 대립 항쟁을 하게 되었고, 서로 항쟁의 우위를 점하기 위해 신라·왜·중국 세력 등 주변 세력을 끌어들여 동북아시아의 일대 세력이 대결하는 양상을 보이기도 하였다. 반면에 백제의 입장에서는 이 일이 '백제의 영광'을 구현해 준 일대 사적으로 깊이 받아들여져 오래 기억되고 추념되었던 것이다.

그런데 지금까지 학계에서는 근초고왕이 이룩한 초고왕계의 왕위 계승권의 확립, 영역의 확대, 동진·왜와의 수교, 『書記』의 편찬 등 일련의 왕권 강화책에 주목하여 이 시기에 백제가 중앙 집권적 귀족국가로 발돋움한 것으로 널리 인식하고 있다.[2] 근래에는 관계 사료의 극심한 제약에도 불구하고 중앙과 지방 조직의 개편 내용을 추정, 복원하여 근초고왕대를 백제사상의 하나의 획기적인 전환기로 주목하고 있다.[3] 이러한 인식은 백제사의 전개과정에 비추어 볼 때 대체로 설득력 있는 것으로 받아들일 수 있다.

그러나 근초고왕의 집권체제 확립에 기여했을 것으로 보이는 태자 근구수의 역할도[4] 다음과 같은 점에서 함께 검토해 볼 필요가 있다. 즉 근초고왕의 정복활동과 체제 개편은 노령기에 해당하는 재위 후반기에 집중적으로 이루어지고 있으며, 또한 관련 사료를 검토해 볼 때 적어도 전쟁과 외교 분야 만큼은 태자 근구수에 의해 주도적으로 수행되었던 점을 발견할 수 있다. 그리고 초고왕계에 의한 왕위 계승은 물론 근초고왕대부터 시작되었지만, 이를 지속적으로 확립할 수 있는 기반을 마련한 것은 바로 근구수왕의 대외활동에 힘입은 바가 크기 때문이다.

따라서 이 글에서는 먼저 근구수왕 즉위년 기사를 검토하여 근구수 설화가 생성된 배경과 성격 및 후대 백제 사회에서 그를 어떻게 인식하였는가를

---

2) 이에 관한 대표적인 업적은 노중국, 『백제정치사연구』, 일조각, 1988, 107~122쪽을 참조할 것.
3) 이도학, 『백제 고대국가 연구』, 일지사, 1995, 208~365쪽 참조.
4) 근구수왕의 역할을 대왜외교 측면에서 검토한 연구로는 高寬敏, 「百濟近仇首王の對倭外交」 『朝鮮學報』133, 1989, 69~96쪽을 참조할 것.

살펴보도록 한다. 아울러 근초고왕대 백제와 고구려의 관계를 태자 근구수의 입장에서 살펴보고, 이어서 근초고왕 당시의 권력 구조를 면밀히 검토하여 태자 근구수가 차지하는 정치적인 역할과 위치를 살펴보도록 하겠다.

2. 근구수왕 즉위년 기사의 검토

『삼국사기』 백제본기 근구수왕 즉위년 기사는 의례적인 왕위 계승 관계 기사를 제외하고 거의 태자 근구수의 대고구려 전투와 관련한 무용담을 소개하고 있다. 이와 관련한 기사를 제시하면 다음과 같다.

A-① 앞서 고구려의 國岡王 斯由(고국원왕)가 친히 내침하므로 근초고왕이 태자(근구수)를 보내어 이를 막게 하였는데, 半乞壤에 이르러서 장차 싸우려 하였다. 고구려인 斯紀는 본디 백제인으로서 잘못하여 國用馬의 말굽을 상하게 하자 죄 받을까 두려워서 고구려로 도망하였다. 이때 다시 돌아와 태자에게 이르기를, '저 군사가 비록 많기는 하나 모두 수만을 채운 허위병일 뿐입니다. 날래고 용감한 자들은 오직 赤旗뿐이니, 만일 이를 먼저 깨뜨리면 나머지는 치지 않더라고 저절로 무너질 것입니다' 라고 하였다. 태자는 이를 쫓아 진격하여 크게 적을 깨뜨리고, 도망치는 적을 뒤따라 북으로 쫓아 水谷城 서북에까지 이르렀다. 장군 莫古解가 간하기를, '일찌기 도가의 말을 들으니 「족할 줄 알면 욕되지 않고 그칠 줄 알면 위태롭지 않다」고 하였습니다. 지금 얻은 바가 많으니 어찌 구할 것이 있겠습니까' 하였다. 태자가 이 말이 옳다 하여 그만두고 돌을 쌓아 표지를 삼았다. (태자가) 그 위에 올라가 좌우를 돌아보며, '금후에 누가 다시 여기에 이를 수 있을까' 하였다. 그 곳에는 마치 말발굽같이 틈이 생긴 암석이 있는데, 사람들이 지금도 태자의 말자취(太子馬迹)라고 부르고 있다. [백제본기 근구수왕 즉위년]
② 9월 고구려왕 斯由(고국원왕)가 보병과 기병 2만을 거느리고 와서 雉壤에 주둔하고 군사를 나누어 민가를 침탈하였다. 왕(근초고왕)이 태자(근구수)로 하여금 군사를 거느리고 곧장 치양에 이르러 고구려군을 급히 쳐 깨뜨리고 5천여 명을 사로잡았는데, 그 전리품을 장사에게 나누어 주었다. [백제본기 근초고왕 24년 9월]

위의 사료는 근초고왕 때 태자인 근구수가 고구려와 전투를 할 때 주도적인 역할을 하고 있는 사실을 전해주고 있다. 그 중 사료 A-①은 황해도 新溪(水谷城) 지방의 사적인 '태자의 말자취[太子馬迹]'에 관한 전승을 소개한 것인데, 『삼국사기』 찬자가 이를 백제의 근구수왕 즉위년조에 채록한 것으로 추정된다.[5] 이 기사는 369년 치양전투의 상황을 백제의 근구수 입장에서 생동감 있게 서술하고 있다. 즉 백제의 근구수가 패주하는 고구려군을 맹렬히 추격하다가 장군 莫古解의 간언을 듣고 추격을 중지하고 황해도 신계지방의 太子馬迹에서 표석을 세워 전승을 기념하고 귀환한 사실을 토대로 해서 구성된 것이다.

A-②는 백제가 고구려와 싸운 최초의 전쟁 기사인데, 고구려 고국원왕의 선공으로 백제를 공략하는 기사다. 아무튼 이 두 기사는 같은 내용의 것으로 보여진다. 즉 양국의 최고 지휘관이 백제의 근구수와 고구려의 고국원왕으로 설정되어 있는 점이고, 또 백제가 고구려군을 격파한 곳이 모두 황해도 白川으로 비정되는 雉壤과 半乞壤인 점을 들 수 있다.[6] 따라서 근구수왕 즉위년 기사 A-①은 A-②의 기사 내용을 소상히 보완해 주는 사료로서 당시의 역사적 사실을 반영하고 있다.

두 기사에 의거하여 당시의 전황을 종합해 보면 369년 9월 고구려 고국원왕이 친히 보병과 기병 2만을 거느리고 백제의 북변에 있는 치양(반걸양)에 침입해 왔으나 근초고왕의 태자 근구수가 이끄는 백제군의 역격을 받아 5천여 명의 포로를 남긴 채 패퇴하고 만 것이다. 이에 백제군은 여세를 몰아 수곡성까지 추격해 들어갔으나, 장군 막고해의 간언을 듣고 회군을 하게 되

---

5) 이 기사는 김부식이 묘청의 난을 진압하기 위해 新溪地方을 통과하면서 직접 견문한 바를 채록한 것으로 보는 견해가 있다(이도학, 「4세기 정복국가론에 대한 검토」 『한국고대사논총』 6, 1994, 248쪽).
6) 雉壤은 『신증동국여지승람』 권43 白川郡의 雉嶽城으로, 半乞壤은 같은 책 백천군 고적조의 半月岡으로 두 곳 모두 황해도 白川에 비정된다(이병도, 「近肖古王拓境考」 『한국고대사연구』, 박영사, 1976, 509쪽).

었는데 이때 전승을 기념하기 위해 표석을 만들어 놓았던 것이다. 근구수는 승리를 거두고 귀환한 뒤에 고구려의 포로 5천여 명을 공을 세운 장병들에게 분배해 준 것으로 되어 있다.

근구수왕 즉위년 기사는 근초고왕 때의 정치 사회에 관한 단편적인 사실들을 전해주고 있다. 이 기사를 통해 당시 백제 사회에 도가사상이 널리 유포되어 있음은 주지의 사실이다. 이 기사는 무엇보다도 태자 근구수가 대고구려전에서 탁월한 군사 지휘능력을 발휘하여 큰 전과를 올릴 정도로 주도적인 역할을 하고 있는 점이 주목된다. 어떤 점에서는 근초고왕보다도 태자 근구수가 고구려와의 전투에서 보여준 영웅적인 무용담을 크게 강조하여 서술한 느낌을 주고 있다. 개로왕이 평양성 전투의 승리 주역을 근구수로 보고 있는 점과 상통하고 있다(A-①).

이 기사는 거의 역사적 사실을 바탕으로 하고 있기 때문에 외견상으로는 신라의 于老전설과[7] 같은 영웅 설화적인 요소를 갖추지는 못하고 있다. 그러나 적국에 대한 투쟁을 주제로 설정하고 있는 고구려의 왕자 好童과 溫達 설화, 또는 신라의 于老와 朴堤上 설화를 일종의 영웅 서사시로 보는 견해에 동조할 경우[8] 이 기사도 백제의 몇 안되는 영웅설화로서 나름대로의 조건을 갖추고 있다고 보겠다. 물론 흔히 영웅설화에서 보듯이 주인공인 근구수가 동료에 대해 영웅적으로 헌신하는 모습이나 주인공의 비극적인 죽음을 보여주는 극적인 대목은[9] 보이지 않지만, 장군 막고해의 간언을 듣고 고구려군 추격을 중지한 점이나 또는 치양전투에서 획득한 고구려군 포로 5천여 명을 공을 세운 장병들에게 분배하고 있는 점 등에서 영웅설화의 단면을 보여주는 사례라 할 수 있다.

이 기사는 본디 황해도 신계지방에 퍼져 있던 민간 전승이었을 것으로

---

7) 이기동, 「于老傳說의 世界」『한국고대의 국가와 사회』, 일조각, 1985, 183~201쪽.
8) 이기백 · 이기동, 『한국사강좌』 고대편, 일조각, 1982, 263쪽.
9) 이기동, 앞의 책, 198~200쪽.

생각되기 때문에 원형과는 다른 설화 형태로 이곳에서 오랫동안 전승되어 온 것인지도 모르겠다. 이 기사와 유사한 전승이 일본에서도 전해 내려오고 있었음이 다음 사료에서 확인된다.

A-③ 53년 신라가 조공하지 않았다. 5월 上毛野君의 선조 竹葉瀨를 보내 조공을 하지 않은 까닭을 묻게 하였다. 이 도중에 흰 사슴을 잡았다. 돌아와서 천황에게 바쳤다. 다시 날을 잡아 길을 떠났다. 얼마 후 竹葉瀨의 아우 田道를 거듭 보내면서 詔를 내리기를, '만일 신라가 막으면 군대를 일으켜 쳐라' 고 하면서 정예군을 주었다. 신라가 군사를 일으켜 막았다. 신라인이 나날이 도전해 오자 전도는 성을 굳게 지키고 나아가지 않았다. 이때에 신라의 한 군졸이 진밖에 나왔다가 붙잡히게 되었다. 그에게 사정을 물으니, "百衝이 라는 힘센 자가 있는데 몸이 민첩하고 용맹합니다. 언제나 군의 우측 선봉에 섭니다. 살펴보고 있다가 좌측을 치면 이길 겁니다" 라고 말하였다. 전도는 정예의 기마를 나란히 세우고 그 좌측을 치니 신라군은 괴멸하였다. 그래서 군사를 놓아 이긴 기회를 타서 수백 인을 죽였다. 네 개의 읍의 백성들을 포로로 잡아 가지고 돌아왔다. [『일본서기』 인덕기 53년 하5월]

위의 사료는 일본의 上毛野氏의 한 선조인 竹葉賴의 아우 田道가 신라를 정벌한 사실을 서술한 것으로 仁德 당시의 사실이 아니라 상모야씨가 663년 白江전투에 참전하여 신라와 싸운 사실을 부회하여 서술한 것으로 보는 견해가 있을 정도로[10] 그 신뢰성이 부정되고 있기도 하다. 다만 佐伯有淸은 이 田道說話를 위의 근구수 설화와 일치하는 것으로 보고 있다.[11] 즉 주인 공 '근구수 - 田道, 본래 백제인 斯紀 - 잡혀온 신라 군졸, 고구려의 赤旗軍 - 百衝' 의 군대로 대응시켜 볼 때 전도설화는 근구수 설화와 같은 모티브에서 파생된 것으로 이해하고 있다. 이 견해에 따른다면 전도설화는 백제계 이주민에 의해서 근구수 설화를 모티브로 하여 일본 사회에도 유포되어 있었음

10) 佐伯有淸,「上毛野氏の性格によせて」『日本歴史』116, 1957 참조.
11) 주) 9 참조.

을 알 수 있다.

아무튼 근구수 설화는 영웅으로서의 면모를 강조하기 위해 다소 도가사상으로 분식된 느낌은 들지만 일본의 전도설화의 존재로 보아 실제 백제 사회의 한 영웅설화로 널리 유포되어 있었던 것으로 봐도 좋을 것이다.

그러면 백제 사회에서 근구수가 영웅설화의 대상으로 크게 부각된 이유는 무엇일까. 바로 그가 고구려와의 일련의 전투에서 보인 탁월한 전공을 세운 점에 있었지 않았을까 한다. 백제본기에 의하면 근구수는 369년 치양전투, 371년과 377년 두 차례에 걸친 평양성 전투에서 고구려와 싸워 큰 전과를 올린 사실이 참고된다. 특히 371년 평양성 전투에서 고구려 고국원왕을 패사시킨 일은 근초고왕과 근구수왕대에 백제사상 최대의 판도를 갖게된 일과 함께 당대인은 물론이고 후대 백제인에게는 어떤 의미에서는 '백제의 영광'을 구현한 일로 오래 기억되고 추념될 만한 무용담으로 받아들여질 만큼 강렬한 인상을 심어 주었을 것이다.

그런데 양국의 건국설화를 비교해 볼 때 고구려의 시조 주몽은 천제의 아들이며 하백의 외손으로 설정되어 있는 반면 백제는 주몽의 서자로 설정되어 있어 부여족의 시조인 동명의 권위를 정통적으로 계승하려는 데에는 고구려에게 상대적으로 열세에 놓여 있는 실정이다. 이후 백제가 고구려와의 항쟁에서 한 동안 수세적 입장을 보이고 있다. 396년 고구려 광개토왕에 의한 제2차 남진 공세에 밀려 백제 아신왕이 한강 이북의 58개의 성과 700개의 촌락을 상실하는 동시에 일시적으로 고구려에 굴복한 사례도 있고, 또 475년 고구려 장수왕에 의한 제3차 남진 공세로 인해 백제 개로왕은 전사하고 왕도 한성을 빼앗긴 채 왕도를 웅진으로 천도해야 하는 일대 국난을 당하기도 하였다.

이와 같이 백제와 고구려가 항쟁을 벌이는 동안에 백제는 명분적으로나 실제의 전투에서도 수세의 입장에 놓여 있었을 뿐 아니라 475년 이후에는 한강유역마저 상실당하였기 때문에 자연히 한때 고구려를 격파하고 백제사상 최대 판도를 가졌던 근초고왕과 근구수왕대에 이룩한 '백제의 영광'을 떠올리지 않을 수 없었을 것이다. 근초고왕대 태자로서 일선에서 이러한 위업을 이루는데 큰 역할을 한 근구수의 존재를 크게 부각시킬 필요가 생긴 것이다. 후대 백제인들은 고구려에 대한 적대감이 고조될 때마다[12] 근초고왕과 근구수왕대로 회귀하여 고구려에 대한 열등감을 극복하려 하였을 것이다. 이러한 인식 태도를 다음 사료에서도 찾아 볼 수 있다.

> B-① 우리 선조 須(근구수왕)께서는 군사를 정비하여 번개같이 달려가 기회를 타서 공격하니 잠시 교전 끝에 釗(고국원왕)의 목을 베어 효수하였다. 이로부터 (고구려는) 감히 남쪽을 바라다 보지 못했다. [『위서』 백제전]
> ② 옛날 나의 선조 速古王(근초고왕)과 貴須王(근구수왕)의 치세에 安羅·加羅·卓淳旱岐 등이 처음으로 사신을 보내 서로 통하게 되어 우호관계를 두터이 맺게 되었다. 그래서 子弟로 삼아 항상 두텁게 잘 지내기를 바랬다. [『일본서기』 흠명기 2년 4월]

사료 B-①은 472년 백제 개로왕이 북위에 고구려 정벌을 요청한 국서에 나오는 것으로 근구수왕이 371년 평양성 전투에서 고구려의 고국원왕을 패사시킨 사례를 상기하고 있는 대목이다. 그런데 고국원왕의 패사에 대하여 개로왕의 국서에는 고국원왕의 목을 베어 효수한 것으로 되어 있는데 반해 『삼국사기』에는 流矢에 맞아 전사한 것으로 되어 있어 차이를 보여주고 있다. 또한 개로왕의 국서에는 고국원왕의 패사 이후 고구려가 감히 남침을 하지 못한 것으로 되어 있으나 『삼국사기』에는 375~377년에 걸쳐 고구려가 계속 백제를 침략한 사실이 있어서 역시 차이가 난다.

따라서 개로왕의 국서에는 고구려에 대한 적개심을 나타내기 위해 당시의 정세를 다소 과장시켜 서술하였음을 알 수 있다. 백제는 고구려 정벌을 위해 북위의 도움이 절실히 필요한 때인 만큼 한때 고구려를 크게 대파시킨

---

12) 고구려와 백제가 적대적인 관계에 있을 때 고구려는 백제를 '百殘' (광개토왕릉비)이란 폄칭을 사용하였고 반면 백제는 고구려를 '승냥이와 이리(豺狼)', '큰뱀(長蛇)' (『위서』 백제전), '匈梨', '獫狁' (『남제서』 백제전) 등으로 지칭하기도 하였다.

일을 내세울 필요가 있었을 것이다.

그런데 개로왕은 평양성 전투에서의 승리 주역을 근구수로 내세우고 있는 점이 주목된다. 근초고왕과 태자 근구수의 합동작전으로 서술한 『삼국사기』와는 차이가 있다. 이 점은 369년 치양전투처럼 평양성 전투에서도 근구수가 주도적인 역할을 한 사실을 시사해 주고 있다. 따라서 대고구려전에서의 힘의 열세를 의식하던 백제인들은 평양성 전투의 승리 주역인 근구수를 부각시켜 '백제의 영광'을 되찾는데 하나의 표상적인 인물로 깊이 추앙되었던 듯하다. 『新撰姓氏錄』에 나타난 백제계 이주민들 중에는 근구수왕을 중시조로 내세우는 씨족이 존재한 것으로 보아[13] 근구수는 백제 사회 뿐 아니라 일본의 백제계 이주민들에게도 특별한 의미를 지닌 존재로 널리 인식되었음을 알려 주고 있다.

사료 B-②는 백제 성왕의 회고담을 통해 근초고왕 때 백제와 가야 제국이 서로 우호관계를 맺은 사실을 언급하고 있다. 성왕대 백제의 가야지역에 대한 영역관을 엿볼 수 있는 자료다. 여기서 당시 양국의 관계를 '子弟'로 표현하고 있는 것으로 보아 백제는 이때에 가야제국을 그 세력권에 편입한 것으로 보인다. 여기서도 성왕은 근초고왕과 근구수왕대에 가야지역이 백제의 세력권이었던 사실을 상기시켜 이 지역에 대한 연고권을 주장하는데 하나의 명분으로 활용하고 있음을 엿볼 수 있다. 백제의 가야 경영에 있어서도 근구수의 군사 외교적인 역할을 발견할 수 있다.

3. 近仇首王의 고구려 정벌

근초고왕의 태자 근구수의 고구려 정벌활동에 대해서는 『삼국사기』 백

---

13) 근구수왕을 중시조로 받드는 백제계 이주민은 管野朝臣, 宮原宿禰, 雁高宿禰, 廣津連 등이 있다(『신찬성씨록』 右京諸蕃下).

제본기(이하 '백제본기'로 약칭) 근초고왕과 근구수왕대의 기사에 잘 나타나 있다. 백제본기 근초고왕과 근구수왕대의 기사들을 보면 당시 백제와 신라 및 동진 간의 외교 관계뿐 아니라 고구려와의 일련의 군사적인 관계를 알려주는 기사들이 나오고 있다. 특히 백제본기 근초고왕대의 기사를 보면 근초고왕 21년(366) 이전의 기사는 왕의 즉위 초에 보이는 의례적인 기사 등을 제외하고는 거의 공백으로 남아 있는 실정이다. 근초고왕 후반부에 해당하는 기사는 주로 신라와의 수교 관련기사(21년, 23년), 고구려와의 전쟁 기사(24년, 26년, 30년), 동진과의 교섭기사(27년, 28년)로 구성되어 있으며, 근구수왕대에도 災異에 관한 기사를 제외하고는 거의 고구려와의 전쟁기사(즉위년, 2년, 3년)가 중요한 비중을 점하고 있다. 이를 통해 4세기 후반 국가적 발전을 도모하는 과정에서 나타난 백제의 대외관계 비중을 살펴 볼 수 있다.

먼저 백제본기 중 이미 검토한 A-①과 ②의 기사를 제외한 나머지 태자 근구수의 고구려 정벌에 관련된 기사를 제시하기로 한다.

C-① ⓐ 고구려가 군사를 일으켜 침입하였다. 왕(근초고왕)은 이 말을 듣고 浿河 위에 복병을 하고 그들이 오기를 기다리다가 급히 공격하니 고구려군은 패귀하였다. ⓑ 겨울에 왕(근초고왕)이 태자(근구수)와 함께 정병 3만을 거느리고 고구려에 침입하여 평양성을 공격하였다. 고구려왕 斯由(고국원왕)가 力戰하여 막다가 流矢에 맞아 죽으니 왕(근초고왕)이 군사를 이끌고 물러갔다. 서울을 漢山으로 옮겼다. [백제본기 근초고왕 26년]

② 10월 백제 왕이 군사 3만 명을 거느리고 침입하여 평양성을 공격하므로 왕(고국원)은 군사를 거느리고 나가서 이를 막다가 화살에 맞아 이달 23일에 돌아가시므로 고국원에 장사하였다. [고구려본기 고국원왕 41년]

③ 7월 고구려가 북변의 수곡성에 침입하여 이를 함락시킴으로 왕(근초고왕)은 군사를 보내 이를 막았으나 이기지 못하였다. 왕은 또 대군을 일으켜 이를 보복하려 하였으나 이 해에 흉년이 들었으므로 이를 실행하지 못하였다. [백제본기 근초고왕 30년]

④ 11월 고구려가 북변에 침입하였다. [백제본기 근구수왕 2년]

⑤ 10월 왕(근구수왕)은 군사 3만을 거느리고 고구려의 평양성을 침공하였다.

11월 고구려가 군사를 일으켜 침입하였다. [동 근구수왕 3년]

　위의 사료 C-①과 ②는 각각 『삼국사기』의 저본 사료인 백제와 고구려 계통의 사료에서 채록한 것으로 여겨진다. C-①의 ⓐ는 C-②에 의거해 볼 때 C-①의 ⓑ에 앞서는 일련의 기사로 추측된다. 이를 통해 C-①의 ⓑ는 백제 근초고왕 26년(371) 10월에 발생한 사건이고 또 고국원왕이 流矢에 맞아 전사한 날은 동년 10월 23일임을 알 수 있다. 다만 고구려 사료인 C-②는 C-①의 ⓐ에 관한 사실을 기록하지 않은 채 고국원왕이 백제의 침공을 받아 전사한 것에 초점을 맞추어 서술하고 있는 점이 주목된다.

　같은 사실을 놓고서 이 사건을 보는 백제와 고구려 양국의 입장 차이를 엿볼 수 있다. 즉 고구려는 이 사건이 실은 고구려의 선공에 의해 저질러진 것임에도 불구하고 이를 고의적으로 은폐하여 백제에게 모든 책임을 전가시켜 훗일 백제를 침공하기 위한 명분으로 십분 활용하려는 의도가 개재되어 있는 것이 아닐까 한다.

　따라서 위의 사료들을 종합해 보면 371년에 일어난 양국 간의 전투는 근초고왕 26년(371) 10월 직전에 고구려의 선공으로 시작된 것이며, 이에 맞선 백제는 패하에 매복해 있다가 역습을 가해 고구려군을 패주시켰던 것이다. 10월에 이르러 근초고왕의 태자 근구수가 지휘하는 백제군이 여세를 몰아 평양성에 침공하였는데 10월 23일에 고구려 고국원왕은 교전 중에 유시에 맞아 전사한 것이다. 이 일이 있은 후 근구수가 이끄는 백제군은 고구려군을 급히 추격하다가 수곡성에서 바로 회군한 것으로 되어 있다.

　이상의 관계 기록을 토대로 하여 당시 백제와 고구려 사이에 벌어진 전쟁관계의 실상을 정리해 보기로 하자. 먼저, 당시 고구려가 백제를 침공한 이유를 알아 보기로 한다. 양국의 전투관계 기사는 고구려의 첫 번 공세가 시작되는 369년부터 377년까지 모두 7차례나 되는데 고구려가 선공을 한 것이 5회이고 백제는 2회에 불과하다. 이런 의미에서 이때의 양국 간의 전쟁은 고구려에 의한 제1차 남진공세라 할 수 있다. C-①에서도 고구려가 백제를 선공한 사실을 전해주고 있다.

그런데 백제도 고구려의 일방적인 공세에 밀려 수세적 입장만을 견지한 것이 아니라 적극적인 공세로 고구려의 침공에 맞서 고구려에 큰 타격을 입히기도 하였다. 백제에 의한 두 차례의 평양성 공격(371, 377년)이 이러한 예에 속한다. 371년 전투에서는 고구려 고국원왕을 전사시킬 정도의 큰 전과를 올리기도 하였다. 결국 고구려는 371년 평양성 전투의 참패를 계기로 하여 한 동안 대규모의 남하공세를 펴지 못했음을 알 수 있다. 개로왕이 "이로부터는 감히 남쪽을 돌아다 보지 못하였습니다"라고 한 사실에서(B-①) 백제는 일단 고구려의 대규모적인 남하 공세를 저지하고 있었음을 알 수 있다.

고구려가 이처럼 백제에 대해 집중적인 공세를 펴서 남진을 도모하게 된 배경은 여러 측면에서 검토될 수 있다.

먼저 백제와 고구려 양국 간의 대방고지에 대한 귀속문제와 관련시킬 수 있다. 286년 고구려가 대방군을 정벌할 때 위급해진 대방군이 백제와 혼인관계를 맺어 이를 구원하였는데 이에 고구려가 백제를 원망했다는 사례가[14] 참고된다. 또 이곳은 연백평야가 펼쳐 있는 농경이 적합한 지대인 데다가 전문적인 학식을 지닌 한군현계 관료를 확보하여 체제 정비에 활용하려는 욕구에서 백제를 공격한 것으로 볼 수 있다.

일본의 阿智王이 應神天皇에게 말한 내용 중에서 "대방민들은 모두 才藝가 있는데 그들이 백제와 고구려 사이에 거주하여 거취를 정하지 못하고 있으니 사람을 보내 이들을 데려오자"고 한 것을 보면[15] 대방민들은 백제와 고구려에서 쟁탈의 과녁이 되었음은 쉽게 짐작된다. 백제에서는 낙랑 대방군에서 쟁란을 피해 유입한 한군현계 지식인과 기술자들을 받아들여 백제의 국가발전에 널리 활용한 것으로 보인다. 근초고왕대 박사 高興이나 495년 남제에 파견된 중국 지명계 태수호를 가진 낙랑태수 慕遺, 조선태수 張塞 등이[16] 이러한 부류에 속한 것으로 볼 수 있다.

---

14) 『삼국사기』 백제본기 책계왕 즉위년.
15) 『續日本紀』 권38, 桓武紀 延曆4年 夏6月.
16) 『남제서』 권58, 열전 39, 동남이 백제국.

다음으로 고구려 고국원왕대에 추진한 남진 공세와 관련시킬 수 있다. 당시 고구려는 모용씨인 전연의 기습을 받아 왕도 환도성이 함락당하고 부왕 미천왕의 시신이 도굴당하고 또 왕모를 비롯한 5만여 명이 포로로 잡혀갔다(342년). 이에 고국원왕은 부왕의 시신과 왕모의 송환을 위해 전연에 일시 臣屬하게 되었다(355년). 이와 같이 고구려는 전연의 대두로 서변 진출이 막히게 되자 낙랑 대방고지를 확보하기 위해 적극적인 남진을 도모하게 된 것이다.

다음으로 양국은 모두 부여족의 시조인 동명을 추앙하고 있었는데 이 전쟁에는 어느 나라가 동명의 권위를 정통적으로 계승하느냐의 명분다툼이 개재되어 있을 것으로 추측된다. 백제 왕실에서 그 출자를 고구려와 함께 부여족에서 기원한 것을 강조하고 있는 점이 참고 된다.

그리고 양군의 교전지역을 통해 당시 양국 간의 국경선에 대해 알아보자. 雉壤과 半乞壤(A-①, ③)은 황해도 白川으로, 浿河 상류(C-① ⓐ)는 예성강 상류로, 평양성은 대동강 유역의 평양으로, 水谷城(A-③)은 황해도 新溪로 각각 비정되고 있다. 위의 교전지역 중에서 치양과 반걸량, 패하 상류지역은 당시 백제의 영역임에 틀림없다. 반면 평양성은 371년 전투에서 백제가 일시 점령하였다가 회군한 적이 있고 수곡성은 371년에 백제가 일시 공취하였다가 375년에 다시 고구려에게 상실당한 것으로 보아 양국 간의 변경지역에 있는 요충지로 여겨진다. 본래 양군의 교전지점은 314년 고구려에 의해 소멸된 한군현 대방군이 소재하던 곳이다. 4세기 중반경 고구려가 요동진출을 둘러싸고 모용씨의 전연과 군사적 긴장관계를 벌리고 있을 무렵에 백제는 대방군의 남부지역의 일부를 영유해 버린 것 같다.

따라서 당시 양국 사이의 국경선은 대체로 황해도 신계의 수곡성을 변경으로 하는 예성강선을 유지했던 것으로 추측된다. 백제 아신왕(392~405) 3년(394)에 양군이 수곡성에서 공방전을 벌리고 있는 것으로 보면[17] 백제가

---

17) 『삼국사기』 백제본기 아신왕 3년 7월.

고구려 광개토왕에 의한 제2차 남진으로 58성 7백여 촌을 공취당할 때까지 대체로 예성강선을 유지한 것으로 보인다.

다음으로 양군이 전쟁에 동원한 병력의 규모와 지휘관에 대하여 살펴보자. 고구려는 치양전투(369)에 2만 명을, 백제는 평양성 전투(371, 377)에 각각 3만 명을 동원하였는데 백제 멸망시의 총 병력이 6만 명 정도인 점을[18] 감안해 보면 당시의 전쟁 규모를 짐작할 수 있다. 그리고 이 전쟁에 참전한 최고 지휘관은 고구려는 고국원왕이(369, 371), 백제는 근초고왕과 태자 근구수(369, 371, 377)와 같은 국왕과 태자가 직접 진두 지휘를 하였고, 평양성 전투(371)에서는 고구려 고국원왕이 유시에 맞아 전사하기도 하였다. 당시 양국은 국왕은 물론 태자의 친솔 하에 2~3만 명의 대규모의 병력을 동원하여 총력전을 벌렸음을 알 수 있다.

이러한 사실을 통해 근초고왕 때에 이룩한 여러 방면의 정복활동 중에서 고구려 관계가 큰 비중을 차지하였음을 시사해 주고 있다. 특히 371년 평양성 전투는 아직 세력권의 대결양상은 나타나지 않았지만, 백제와 고구려 간에 상호 적대관계를 유지하면서 치열한 대립과 항쟁을 전개하는데 큰 전환점이 된 일대 사건으로서 주목된다.

그리고 고구려의 제1차 남진으로 인한 백제의 대비책을 살펴보자. 먼저 근초고왕은 대규모의 閱兵을 실시하여 전열을 가다듬고 궁극적으로는 병권을 국왕 중심으로 통속시키는 일이다. 이와 관련하여 근초고왕이 치양전투(369)의 승리 직후 漢水 남쪽에서 열병을 할 때 황색 기치를 사용한 점은[19] 병권의 귀속 문제와 관련한 조치로서 주목된다. 열병은 군대를 사열하여 전열을 가다듬고 또한 최고 통수권자의 위치와 권위를 확인하는 중요한 의식이다. 이때 근초고왕이 한강 남쪽에서 행한 열병 행사는 고구려의 남침을 적극 저지하겠다는 의지를 표명하는 동시에 병권을 국왕 중심으로 통속시

18) 『唐書』 권220, 열전 145, 동이 백제.
19) 『삼국사기』 백제본기 근초고왕 24년 11월.

키겠다는 의도가 있는 것으로 볼 수 있다.

　3세기경 부여에서 '적이 있으면 諸加가 스스로 (나가) 싸운다' 는 사례가 있듯이 종래 백제 초기의 군사권은 진씨, 해씨 등 유력한 씨족이 거느린 族兵에 의존한 듯하다. 여기서 황색 기치는 음양오행설에서 중앙을 나타내며 또한 국왕을 상징하는 기치이다. 이런 의미에서 볼 때 종래 유력한 씨족들이 저마다 장악하고 있던 족병을 이제 국왕인 근초고왕이 직접 관장하게 되었음을 뜻한다.[20] 이로서 근초고왕은 최고 통수권자로서 군정권과 군령권을 장악하게 됨에 따라 왕권을 한층 강화해 나갈 수 있는 여건을 마련한 셈이다.

　다음으로 고구려의 잇달은 침입에 대비하기 위해 국경의 요지에 관방시설을 설치하는 일이다. 근초고왕 때에는 개성 일대로 비정되는 靑木嶺에 성곽을 쌓은 일이 있었고,[21] 진사왕 때에는 청목령에서 八坤城을 거쳐 서해안에 이르는 장성을 축조하여[22] 고구려의 남침에 대비하기도 하였다. 그러나 잇달은 자연재해와 빈번한 역역 동원으로 인해 일반 백성들이 유망하게 되는 역기능을 초래하기도 하였다. 근초고왕 때 禿山城主가 청목령 축성사업에 반발하여 3백 명의 민호를 거느리고 신라로 도망한 사례가[23] 참고 된다. 이 일은 신라와의 우호관계에 악영향을 주는 사태로 진전되기도 하였다.

　다음으로 이 전쟁에서 나타난 태자 근구수의 역할에 대하여 살펴 보기로 하자. 근초고왕대에 백제가 고구려와 전쟁을 한 것은 모두 4회인데, 백제는 375년의 수곡성 전투를 제외하고는 모두 전승을 거두었다. 당시 양국의 전력을 비교해 볼 때 백제는 고구려에 대해 힘의 우위를 유지한 것으로 보여진다.

　여기서 태자 근구수가 참전하여 큰 전과를 얻은 것은 치양전투(369)와

<hr/>

20) 이도학, 앞의 책, 251~253쪽.
21)『삼국사기』백제본기 근초고왕 28년 7월.
22)『삼국사기』백제본기 진사왕 2년 봄.
23) 주 19) 및 신라본기 내물니사금 18년.

평양성 전투(371)이다. 치양전투에서는 근구수가 직접 백제군을 지휘하여 고구려군을 격퇴시킨 바 있다. 이 전투에서는 5천여 명의 고구려군 포로를 얻을 정도로 큰 전과를 올렸는데, 포로를 전공을 세운 장병들에게 분배함으로써 덕망과 통솔력을 지닌 지휘관으로서의 풍모를 보여주기도 하였다. 평양성 전투는 양국이 당시에 치른 최대의 격전으로서 근구수는 부왕 근초고왕과 함께 참전하여 고국원왕을 전사시킬 정도의 혁혁한 전공을 세워 탁월한 군사지휘 능력을 과시하였던 것이다.

왕이 된 직후에 고구려는 이에 대한 보복으로 2차례 소규모로 백제의 북변을 침공한 적이 있었으나, 이에 대응하는 조처로서 왕이 직접 군사 3만을 거느리고 고구려의 평양성을 또 한 차례 공략한 바 있다(377). 따라서 근구수는 이러한 전쟁의 잇달은 승리와 탁월한 군사지휘 능력을 바탕으로 왕위계승권자로서의 정치 사회적인 기반을 구축해 나갈 수 있었음이 쉽게 짐작된다.

끝으로 백제와 고구려 사이에 군사적 충돌이 일어나기 전에 백제는 어떠한 움직임을 보였는지 알아보기로 하자. 고구려를 제외한 주변 제국과의 관계개선이 백제의 주도로 이루어진 데다가 고구려와의 첫 전투가 벌어진 시기(369)보다 불과 3년 안에 이루어진 점도 이러한 사실을 뒷받침해 준다. 우선 백제는 신라와 일시적이나마 수교를 맺게 된다(366). 이때 백제와 신라 간의 수교는 '兄弟關係'로 표현될 정도로[24] 백제의 우위적 상황 하에서 백제측의 적극적인 요청에 따른 것임을 알 수 있다. 그 배경에는 고구려의 남진에 대처하기 위해 신라와의 불편한 관계를 개선하려는 백제측의 의도에서 비롯된 것으로 추측된다.

백제 근초고왕대에는 주지하는 바와 같이 신라와 수교한 이후 남으로 영산강 유역에 있던 마한 잔여세력에 대한 통합을 시도하였고, 동남쪽으로는 소백산맥을 넘어 가야지역에까지 세력을 뻗치고 이어 왜와 수교를 맺고 있

---

24) 『삼국사기』 신라본기 내물니사금 18년.

다(369). 이에 관한 사실이『일본서기』신공기 47년과 49년 기사에 상세히 서술되어 있다. 백제가 이때 남쪽과 동남쪽으로 진출을 시도하게 된 것은 낙랑 대방세력의 퇴축 이후 새로운 동아시아 교역권 구축시도와 깊은 관련이 있는 것으로[25] 볼 수 있다. 무엇보다도 백제가 고구려가 남진을 도모하려는 심상치 않은 동향에 대처하기 위해 고구려를 고립시키기 위한 전략의 일환으로 대외관계를 적극 개선해 나간 것으로 볼 수 있다.

한편 371년 평양성 전투에서 대승을 거둔 백제는 동진과 첫 교섭을 벌여 '鎭東將軍領樂浪太守'에 책봉됨에 따라[26] 백제 정권의 국제적 위상도 높이는 계기가 되었다.

이와 같이 366년 백제가 신라와의 수교를 비롯하여 주변 제국과의 관계 개선을 도모해 나간 것은 고구려의 남진을 저지하기 위한 전략의 일환으로 파악된다. 백제의 이러한 전략은 마한 통합과 가야지역에 진출과 왜와의 수교로 인해 호남의 곡창지대와 왜와의 교역로를 확보할 수 있었을 뿐 아니라 유사시 후방의 지원세력으로 가용할 수 있는 발판을 얻게 되는 결과를 가져왔다. 반면 백제 독산성주의 신라 망명사건으로(373) 신라가 대고구려 봉쇄망에서 일탈해 버린 데다가 371년 평양성 전투에서 고국원왕이 패사함에 따라 백제는 한 동안 고구려의 적극적인 남침공세에 시달리게 되었다.

그런데 백제의 마한 통합과 가야 진출, 그리고 왜와의 수교에서 태자 근구수가 적극 관여하여 소기의 성과를 올린 사실이 주목된다.『일본서기』신공기 49년에 전라도 일대로 비정되는 比利, 辟中, 布彌, 支半, 古四의 땅을 정복하였고[27] 또 전북 古埠로 비정되는 古沙山에서 왜와 수교를 맺는 사실

25) 이현혜,「4세기 가야사회의 교역체계의 변천」,『한국고대사연구』1, 1988, 174쪽.
26)『晉書』권9, 간문제 함안 2년 정월 · 6월.
27) 종래 이 기사를 比利, 酸中, 布彌支 半古 4읍으로 읽었으나,『삼국지』위서 동이전의 마한 54국명 중 不彌國, 支半國, 狗素國의 존재를 감안할 때 위와 같이 읽는 것이 보다 합리적이다(전영래,「주류성 백강 위치비정에 관한 신연구」, 한국문화재보호협회전라북도지부 · 부안군, 1976). 이를 각각 전라북도에 있는 보안, 김제, 정읍, 부안, 고부로 비정하고 있다(천관우,「마한제국의 위치 시론」,『동양학』9, 1979, 216 및 230쪽).

도 함께 기록하고 있다. 그리고 백제는 가야와의 관계를 '子弟關係'로 표현하고 있듯이(B-②) 가야세력을 흡수한 것으로 보이는데, 여기서도 근구수의 역할이 확인되고 있다. 또한 일본 石上神宮에 있는 七支刀 명문의 '百滋△世△奇生聖音故爲倭王旨造傳不△世'의 구절 중에 '奇生'을 백제 태자 근구수로 해석할 경우[28] 근구수가 왜와의 교섭활동에도 큰 역할을 한 것으로 나타난다.

4. 太子 近仇首의 정치적 지위

근구수는 근초고왕의 아들로 태자의 지위에 있었다. 당시 태자제도가 제도상으로 운영되고 있었는지의 여부는 알 수 없지만, 당시의 권력 구조상에 있어서 차기 왕위 계승권자의 위치에 있었던 것만은 틀림없는 사실이다. 그는 태자로 있으면서 앞에서 살펴본 바와 같이 고구려와 마한 정복 및 가야복속 등 대외 전쟁에 있어서 탁월한 군사 지휘권을 발휘하여 큰 성과를 올리기도 하였고 왜와의 수교에도 외교력을 발휘한 것으로 나타났다.

백제에서 태자의 역할을 살펴보면 온조왕 때 태자 多婁는 국왕의 명을 받아 군대를 징발할 수 있는 군령권을 행사하는 위치에 있었고,[29] 아신왕 때 태자 腆支는 광개토왕의 영락 6년(396) 작전으로 아신왕이 굴복하는 등의 국난을 당하고 있을 때 청병을 위해 왜에 파견된 적이 있었다.[30] 성왕 때 태자 餘昌(위덕왕)은 고구려군을 百合野塞에서 격퇴하였고(553) 관산성 전투(554)에서는 선봉으로 출전하여 최전방 久陀牟羅塞에서 신라군과 대치한 일이[31] 있었다. 왕위 계승은 단지 가계의 계승원리에 의해 이루어지는 것이

28) 이병도, 「百濟七支刀考」, 앞의 책, 527~528쪽.
29) 『삼국사기』 백제본기 온조왕 28년 2월.
30) 『삼국사기』 백제본기 아신왕 6년 5월.
31) 『일본서기』 권19, 흠명기 14년 10월 및 동 15년 12월 9일.

아니라 때로는 정치적 요인이 작용하여 왕실 세력 안에서의 방계가 비정상적인 방법으로 왕위에 오르는 경우가 생길 수도 있다.

위의 사례에서 보듯이 근구수를 포함한 백제의 태자들은 부왕의 적자라는 왕위 계승상의 조건 이외에 대외 전쟁이나 외교활동으로 얻은 실무 경험을 통해서 확실한 왕위 계승권자로서의 정치 사회적인 지위와 권위를 확립한 것으로 볼 수 있다.

이와 같이 태자 근구수가 근초고왕대에 군사와 외교 분야에서 두드러진 활동을 할 수 있게 된 배경을 알아보기로 하자. 첫째, 근초고왕이 대외 정복 활동을 전개한 시기가 연령상 노령기에 있었을 가능성이 있다는 점이다.[32] 근초고왕의 父인 比流王(304~344)은 仇首王(214~234)의 둘째로서 오랫동안 권력에는 소외된 채 지내다가 왕으로 즉위하였다고 한다. 근초고왕은 비류왕의 역시 둘째로서 방계인 고이왕계 契王(344~346)이 일찍 죽자 왕위에 올랐다고 한다. 이에 의하면 비류왕이 죽을 때 연령이 최소한 114세 이상이 되는 납득하기 어려운 일이 생긴다. 비류왕의 세계와 재위 연수에 다소 문제점이 있다고 하더라도 비류왕이 죽을 때 연령은 고령이었을 가능성이 높다. 근초고왕도 父 비류왕의 고령 가능성과 계왕 및 자신의 32년이란 재위 연수, 그리고 근초고왕 27년(372)에 孫子인 침류왕의 존재가 확인되고 있는 점[33] 등을 감안해 보면 대외 정복 활동기에 이미 연만한 연령이거나 또는 고령기에 접어들었을 가능성이 있다.

따라서 고령기에 있던 근초고왕은 적어도 군사와 외교와 같은 국가의 중대사를 차기 왕위 계승자인 근구수와 공동으로 대처하거나 또는 전적으로 위임하였을 것으로 짐작된다. 앞서 살펴본 바와 같이 371년 평양성 전투에 대해 근초고왕과 태자 근구수가 함께 참전한 것으로 되어 있는 백제본기 기사(C-① ⓑ)와는 달리 개로왕의 국서에는(B-①) 오히려 근구수의 단독적인

<hr>

32) 高寛敏, 앞의 글, 74~75쪽.
33) 『일본서기』 권9, 신공기 52년 秋.

활동 사실로 기록하고 있어서 주목된다. 개로왕의 국서가 472년에 작성된 외교문서라는 점을 감안해 보면 백제본기 기사보다 사료가치가 있는 것으로 판명된다.

따라서 백제본기의 근초고왕 친솔 기사는 형식적인 서술에 불과함을 알 수 있다. 이처럼 근초고왕대 영역 확대 기사 중에서 태자 근구수와 함께 참여하는 형식으로 되어 있는 부분은 실상 근구수에 의해서 주도된 사실을 반영하는 것으로 볼 수 있다.

둘째, 근초고왕이 집권 후반기에 태자와 왕비족 진씨세력에게 권력을 분담시키는 가운데 초고왕계에 의한 직계 왕통을 이루기 위해서 태자에게 군사와 외교권을 위임함으로써 정치적 위상을 높이고 나아가 궁극적으로 왕권 강화를 도모하려는 의도와 관련시킬 수 있다. 근초고왕대 지배세력의 동태를 살펴보면 우선 왕족의 활동은 태자 근구수를 제외하고 별다른 활동이 찾아지지 않는다. 왕족 중 태자 근구수를 대표하는 직계 왕족들이 부각될 뿐 방계 왕족들은 뚜렷한 활동을 보이고 있지 못하다. 비류왕 때 왕의 서제로 내신좌평인 優福이 아마 왕위 계승상의 문제로 반발하여 북한산성에서 반란을 일으키다가 토평된 이후(327)[34] 그 배후세력인 병관좌평 解仇로 대표되는 해씨세력과 함께 한 동안 실세한 것으로 보인다.

근초고왕의 입장에서는 비류왕의 제2자로서 바로 그 뒤를 잇지 못하고 방계인 고이왕계 계왕을 거쳐 왕위에 오른 뼈아픈 경험을 크게 의식하였을 것이다. 이후의 왕위계승이 초고왕계에 의해 계속 이어지기 위해서는 태자 근구수의 위상을 크게 높여줄 필요가 생긴 것이다. 이에 따라 근초고왕은 직계인 태자 근구수를 중심으로 왕족을 결집시켜 왕위 계승에 따른 분란을 미연에 방지하고 나아가 왕권에 적극 연결시켜 왕권의 친위세력으로 활용할 의도가 있었던 것으로 보인다. 이러한 의도에서 근초고왕은 태자에게는 군사 지휘권과 외교권을 위임시켜 실전 경험을 쌓게 하고 또 전쟁에서의 승

---

34) 『삼국사기』 백제본기 비류왕 24년 9월.

리를 통해 차기 왕위 계승권자로서의 위상과 권위를 확립할 수 있는 계기를 만들어 주고자 하였다.

아울러 왕위 계승 때마다 변수로 등장하는 유력한 귀족세력과 혼인관계를 맺어 왕실의 번병으로 삼아 왕권의 권력기반으로 활용하고자 하였다. 이러한 의도에서 그 동안 군사적 기반을 통해 성장한 진씨세력과 혼인관계를 맺어 왕권에 적극 협조할 수 있는 체제를 구축하였는데 이것이 근초고왕대부터 나타나는 왕비족의 설정이다. 근초고왕 때 왕비족을 설정한 이유는 왕위에 대한 잠재적 권리를 보유하고 있는 왕족을 견제하려는 측면도 있지만, 전제왕권에 이르는 과정에서 권력을 담당할 수 있는 지배세력의 범위를 축소시켜 궁극적으로 왕권을 강화하려는 측면도 있다.

조정좌평 眞淨은 "왕후의 친척으로서 성질이 사납고 정사에는 가혹하고 권세를 믿어 마음대로 처결하였으므로 國人들이 그를 미워하였다"라는 평을 받을 정도로[35] 근초고왕 즉위 초반기에 권력기반 강화에 큰 역할을 한 것으로 추측된다. 내신좌평 眞高道도 근구수왕의 왕비인 阿爾夫人의 父로서 왕명에 의해 군사권을 제외한 내정을 위임받은 실세 귀족이었다.[36] 여기서 근초고왕과 근구수왕이 모두 진씨세력과 통혼관계를 맺고 있음이 확인된다. 백제사에서 진씨세력은 근초고왕에서 阿莘王(392~405)대에 이르기까지 왕비족이었음이 밝혀지고 있다.[37]

그러면 진씨세력이 왕비족으로 발탁된 배경은 무엇일까? 무엇보다도 근초고왕의 왕위계승과 권력기반 강화에는 군사적 기반을 통해 성장한 진씨세력의 도움이 필요했기 때문인 것으로 짐작된다. 진씨세력은 초고왕 때 말갈과의 전투를 통해 많은 공훈을 세운 바 있었고,[38] 고이왕 때에는 내외 병마권을 담당하는 左將에 임명되기도 하였다.[39] 비류왕 때 내신좌평 眞義

35) 『삼국사기』 백제본기 근초고왕 2년 정월.
36) 『삼국사기』 백제본기 근구수왕 2년.
37) 이기백, 「百濟王位繼承考」 『역사학보』 11, 1959, 35쪽.
38) 『삼국사기』 백제본기 초고왕 49년 9월.

와[40] 근초고왕 때 조정좌평 眞淨 등은 왕서제 優福의 반란토평과 근초고왕 즉위에 큰 역할을 수행한 것으로 짐작된다.

이와 같이 근초고왕은 왕족을 직계인 태자 근구수를 중심으로 결집시키고 구귀족세력 중에서 왕권강화에 적극 협조하는 진씨세력을 혼인관계를 통해 맺어진 왕비족으로 설정하여 국가의 중요직을 위임하였다. 태자 근구수는 대외 군사권과 외교권을 주도적으로 담당한 반면 왕비족 진씨세력은 주로 내정에 관한 일을 맡았던 것으로 보인다. 이 시기의 대외활동에 있어서 진씨세력의 존재가 사료상에 나타나지 않고 있으며, 또 '정사에는 가혹하고 … 마음대로 처결하여 國人들이 그를 싫어하였다' 는 조정좌평 眞淨의 인물평과 근구수왕이 고구려와의 전투를 위해 장인 眞高道에게 내정을 맡긴 사례가 참고 된다.

이로써 근초고왕은 태자 근구수에게는 군사와 외교권을, 왕비족 진씨세력에게는 내정권을 위임하여 권력을 상호 견제 분담하는 형식으로 왕권에 결집시키도록 한 것 같다.[41] 근초고왕대는 태자 근구수를 중심으로 하는 왕족과 왕비족 진씨세력에 의한 귀족연합체제의 면모가 여전히 잔존하는 가운데 이들 권력 주체들을 혈연관계로 긴박시켜 왕권강화를 꾀한 것으로 볼 수 있다.

이렇게 권력을 분담시키는 일은 백제사에서 전제왕권에 이르는 과정에서 대외전쟁과 특수한 경우에 나타나기도 한다. 아신왕 때 외척인 左將 眞武가 병마권을 위임받은 사례가 있고,[42] 전지왕 때 왕족 餘信을 신설된 상좌평에 보임하고 아울러 군국정사를 맡긴 일이[43] 참고 된다. 군사권이나 내

---

39) 『삼국사기』 백제본기 고이왕 7년 4월.

40) 『삼국사기』 백제본기 비류왕 30년 7월.

41) 흉노의 경우도 이러한 사례가 있다고 하였다(江上波夫, 『騎馬民族國家』, 1967, 51~52쪽). 이도학은 왕비족제 시행을 왕족 자체의 견제 필요성에서 설정된 것으로 보았으나(앞의 책, 255쪽), 유력한 귀족세력을 제어하여 왕권의 취약한 기반을 보완하려는 의도에 보다 비중을 두어야 할 것 같다.

42) 『삼국사기』 백제본기 아신왕 2년 정월.

정권을 보임 받은 인물들은 거의 국왕이 신임하는 왕족이나 외척에 국한되었기 때문이다.

근초고왕의 이러한 정국 운영에 대해 반발하는 세력도 대두된 것으로 보인다. 조정좌평 진정의 처사에 대해 國人들이 그를 미워했다는 기사가 참고된다. 여기서 國人들은 왕위계승, 전쟁, 사상 정책 등 국가의 중대사를 결정하는 南堂 會議에 참여하는 세력을 지칭하는데, 왕족은 물론 진씨세력, 해씨세력 등이 참여했을 것으로 보인다. 그리고 치양전투에서 근구수가 패주하는 고구려군을 수곡성까지 추격해 들어갔을 때 장군 막고해가 이를 저지한 사례도 참고 된다. 물론 이 기사는 근구수가 수곡성에서 불가피한 사유로 회군한 사실을 『도덕경』의 말을 빌어 분식한 느낌도 들지만, 어떤 면에서는 근구수의 위상이 전승을 통해 크게 높아지는 것을 달가워 하지 않는 세력이 존재한 것으로도 볼 수 있지 않을까 한다. 장군 莫古解는 왜와의 수교를 위해 왜에 파견된 일이 있어[44] 신진세력일 가능성도 있지만 정치적인 성향은 달랐을 것 같다.

장군 막고해의 견제 사실을 통해 다음과 같은 추론을 해 볼 수도 있다. 당시 백제 조정에서는 대외활동에 관한 문제를 놓고 지배세력 간에 갈등이 있었던 것을 짐작케 한다. 태자 근구수가 고구려전에서 두드러지게 활약한 점을 보면 고구려에 대해 강경노선을 가졌던 것으로 추측된다. 태자 근구수와 왕비족 진씨세력은 협조와 견제의 양면성을 가진 입장이었기 때문에 근구수의 전승을 통한 세력 확장에 대해서는 역관계의 균형을 깨는 처사로 보고 내심 견제하는 입장을 가졌을 것이다.

근구수의 노선에 반발하는 세력의 실체는 알 수 없지만, 초고계와 고이계간의 왕위계승 과정에서 기득권을 상실한 세력과 또 고구려보다도 가야나 왜와의 관계를 보다 중시하는 세력이 주목된다. 특히 후자의 경우 한군

43) 『삼국사기』 백제본기 전지왕 4년 정월.
44) 『일본서기』 권9, 신공기 47년 4월.

현 소멸 이후 한 동안 단절상태에 놓인 가야와 왜에 이르는 교역로를 확보하여 백제의 해상권을 장악하자는 입장을 내세웠을 것이다. 沙沙奴跪로 대표되는 沙氏, 木羅斤資로 대표되는 木氏,[45] 대왜 교섭사로 왜에 파견된 바 있는 久氏, 彌州流, 莫古解 등이 이러한 부류에 속한다고 볼 수 있겠다. 따라서 근초고왕은 그들의 반발을 대외전쟁을 통해 해소해 보려는 의도에서 고구려와의 전쟁을 독려했을 것으로 보인다.

그런데 근초고왕은 태자와 왕비족의 두 권력주체 중에서 태자 근구수 쪽에 보다 큰 비중을 둔 것으로 보인다. 병권 장악 여부가 권력의 향배에 큰 관건임을 상기할 때 태자 근구수가 군사권과 외교권을 장악한 사실은 태자의 위상 확립에 크게 기여했을 것으로 여겨진다. 왕비족 진씨세력이 이후 辰斯王(385~392)과 阿莘王 때(392~405) 병마권을 장악하고 대고구려전에서 활약한 사실과 대조를 이룬다. 근초고왕이 치양전투의 승리 후 한수 남쪽에서 대규모 열병을 실시한 일은 통수권자로서의 국왕의 상징적인 위치를 확인하는 동시에 승리의 주역인 태자 근구수의 위상을 과시하려는 의미를 가진 것으로도 풀이할 수 있다.

이와 같이 근구수왕의 즉위는 근초고왕이 노령기에 해당하는 데다가 초고왕계에 의한 직계왕통을 이루려는 배경 속에 태자 근구수가 군사와 외교권을 위임받아 탁월한 대외활동 능력을 과시 하는 데에서 기인하는 것이며, 이후 백제사상 백제 왕통이 초고왕계에 의해 독점되는 단서를 열었던 점에서 그의 백제사상의 위치를 찾을 수 있다.

5. 맺음말

이상으로 근초고왕 때 태자 근구수의 치양전투에 관한 무용담의 내용과

---

45) 『일본서기』 권9, 신공기 49년 춘3월.

생성 배경을 분석해 보고 이어 당시 백제와 고구려 간에 전개된 전쟁 양상을 태자 근구수의 대외활동이란 관점에서 살펴 보았다. 그리고 근초고왕대의 권력구조를 규명하여 태자 근구수가 대외활동에 있어서 주도적인 역할을 할 수 있게 된 배경과 또한 이를 통해 당시 근구수의 정치적 위치를 살펴 보았다. 그 결과를 요약하면 다음과 같다.

『삼국사기』 백제본기 근구수왕 즉위조에는 369년 근구수가 치양전투에서 고구려군을 크게 격퇴한 무용담이 실려져 있다. 이 기사는 황해도 신계 지방의 사적지인 태자 말자취[太子馬迹]에 관한 전승을 채록한 것인데 치양전투의 사실을 비교적 상세하고 생동감 있게 전해 주고 있어 주목된다.

이 근구수의 무용담에서는 근구수가 치양전투에서 보여준 영웅적인 활동에 초점을 맞춰 서술한 느낌을 주고 있다. 이 기사는 외견상으로 신라의 于老전설과 같은 영웅설화적인 구성을 갖추지는 못한 것 같다. 그러나 적국에 대한 투쟁을 주제로 설정하고 있는 점이라든가, 또 장군 막고해의 간언을 듣고 고구려군 추격을 중지한 점, 그리고 고구려군 포로를 장병에게 나누어 준 점 등에서 영웅설화의 단면을 보여주는 사례로 볼 수 있다.

이러한 면에서 이 기사는 백제의 계백설화와 같이 몇 안되는 영웅설화로 볼 수 있는 것으로 보았다. 후대 백제인들이 고구려에 수세적 입장에 놓여 있어 적대감이 고조되었을 때 '백제의 영광'을 이룩한 근초고왕과 근구수왕대로 회귀하여 고구려에 대한 열등감을 극복하려 하였다. 특히 근초고왕의 태자로서 일선에서 이러한 위업을 이루는데 큰 역할을 한 근구수를 부각시켜 표상적인 인물로 깊이 추앙하였던 것으로 보인다.

근초고왕대 백제와 고구려 간에 전개된 전투양상을 분석해 보면 거의 고구려의 선공으로 전쟁이 발생했으며, 이때마다 백제는 적극적인 공세로 맞서 오히려 371년 평양성 공격에서는 고구려의 고국원왕을 패사시킬 정도로 일대 타격을 가한 것을 보면 당시 백제가 고구려에 대해 힘의 우위를 유지하였던 것이다. 태자 근구수는 덕망과 통솔력을 지닌 지휘관으로서의 풍모를 가졌으며 부왕 근초고왕과 함께 참전하여 평양성을 두 차례나 공략한 바 있다. 따라서 근구수는 대고구려전에서의 잇달은 승리와 탁월한 군사 지휘

능력을 바탕으로 왕위 계승권자로서의 정치 사회적인 기반을 구축해 나갈 수 있었다.

끝으로 태자 근구수가 군사와 외교활동 면에서 주도적인 역할을 할 수 있게 된 것은 근초고왕이 대외활동을 벌린 시기에 그의 연령이 비류왕의 세계와 재위 연수를 검토해 볼 때 고령기에 있었던 점이 우선 고려될 수 있다. 『삼국사기』에 근구수왕 부자가 함께 참전한 기사를 분석해 보면 실은 근구수의 단독 활동일 경우도 있기 때문에 근초고왕이 당시 고령인 까닭으로 태자 근구수에게 대외활동을 일임하여 사실상 근구수가 주도적인 활동을 할 수 있었던 것으로 볼 수 있다.

다음으로 근초고왕대의 권력구조를 살펴보면 왕족을 대표한 태자 근구수는 군사와 외교권을, 왕비족 진씨세력은 내정권을 근초고왕으로부터 위임받았을 것으로 보았다. 태자와 왕비족의 두 권력주체 간에는 상호 견제와 균형을 통해 왕권에 권력을 집중시켜 왕권 강화를 도모해 나갔다.

그런데 근초고왕은 초고왕계로서 방계인 고이왕계 계왕을 거쳐 즉위했던 뼈아픈 경험을 가지고 있었기 때문에 직계 왕통에 의해 계속 왕위 계승이 이루어지기를 염원하였다. 이를 위해 태자 근구수에게 권력의 향방을 좌우하는 군사와 외교권을 위임시켜 실전 경험을 쌓게 하고 또 전쟁에서의 승리를 통해 차기 왕위 계승권자로서의 위상과 권위를 확립해 나갈 수 있는 계기를 만들어 주었다. 이로서 근구수왕의 등장으로 백제사상 백제 왕통이 초고왕계에 의해 독점되는 단서를 열은 점에서 그의 백제사상의 위치를 찾아볼 수 있다.

『백제논총』6, 백제문화개발연구원, 1997

475년 위례성 함락 직후
고구려와 백제의 국경선

1. 머리말

475년 고구려의 한성 함락은 백제사뿐만 아니라 삼국항쟁사에서 큰 의미를 갖는다. 이후 한강유역은 고구려의 영유기를 거쳐 551년 잠시 백제에 의해 재탈환되었으나 553년 신라의 영유가 됨으로써 신라는 삼국 통일의 발판을 마련한 것으로 이해되고 있기 때문이다. 백제의 경우 고구려로부터의 불시의 공격을 받아 왕도 한성을 빼앗기고 웅진으로 천도하면서 웅진시대(475~538)라는 새로운 시대를 맞이하게 된다. 웅진 천도 이후의 정정 불안을 점차 수습해 나가면서 한강유역을 다시 수복하려는 노력이 나타나게 된다.

이처럼 475~551년까지 백제의 한강유역에 대한 영유 문제는 비단 백제사 연구 뿐 아니라 삼국간의 항쟁사 측면에서 중요한 과제로 인식되어 왔으나, 그 신빙성 여부를 둘러싸고 많은 관심과 논란이 제기되었다. 백제가 475년 고구려의 침공으로 한성을 포함한 한강유역을 빼앗겼음에도 불구하고 『삼국사기』 백제본기에서는 한강유역에서 여전히 전렵 행사를 행하거나 또는 고구려와의 전투를 벌이고 있어 마치 고구려와 백제의 국경선이 예성강 이북에 있었던 것처럼 기술하고 있기 때문이다. 논의의 초점은 『삼국사기』 백제본기에 나오는 한성과 한산성의 실체 파악과 웅진시대에 나타나는 한강이북 황해도 일대의 관련 지명을 어떻게 이해하여야 할 것인가에 있다.

지금까지 백제는 475년 고구려의 백제 한성 침공 이후 한강유역을 상실하고 아산만 일대를 경계로 하여 고구려와 한동안 대치하다가 551년 성왕 때의 북진으로 한성고토를 수복을 하였기 때문에 『삼국사기』 한성 관련 기사는 신빙성이 없다고 보는 부정론[1]이 지배적이었다. 그 근거로 『삼국사기』 지리4에 수록되어 있는 漢州(漢山州), 朔州(牛首州), 溟州(何瑟羅州)가 한때 고구려의 영역으로 표기되어 있는 점,[2] 그리고 백제 성왕이 신라와 가야군과 함께 고구려를 정벌하여 한강유역의 백제 고토를 수복했다는 『日本書紀』 기사[3]를 들고 있다.

그런데 이와는 달리 『삼국사기』 백제본기 東城王代 이후부터는 漢城 · 漢山城 등 한강유역과 관련한 지명들이 자주 등장하고 있는데 마치 웅진시대 후기에 백제가 다시 고구려로부터 빼앗긴 한강유역을 재탈환한 것처럼 기술해 놓고 있어 위의 통설과는 다른 면을 보여주고 있다.

따라서 이에 대한 신빙성 여부를 놓고 지금까지 대략 부정론과 긍정론의 두 가지 측면에서 여러 견해가 제시되어 있어서 논란이 계속되고 있다. 최근에는 서울 아차산과 양주군 일대, 그리고 한강 이남인 청원 남성골과 대전 월평동 등지에서 고구려유적이 속속 확인되면서[4] 이에 대한 논의가 새

---

1) 小田省吾, 『朝鮮史大系』(上世史), 朝鮮史學會, 1928, 90쪽 ; 津田左右吉, 「長壽王征服地域考」 『津田左右吉全集』11, 岩波書店, 1964, 69쪽 ; 이병도, 『한국사』고대편, 진단학회, 1959, 428 · 440쪽 및 『국역 삼국사기』(하), 을유문화사, 1977, 57쪽 ; 노태돈, 「고구려의 한성지역 병탄과 그 지배 양태」 『향토서울』66, 2005, 175~189쪽.
2) 『삼국사기』 권35 잡지4 지리2 및 권37 잡지6 지리4 고구려조에 의하면 아산만에서 죽령 · 조령과 흥해를 포함한 경상북도 일원에 이르는 지역이 당시 고구려 영역인 것으로 기술해 놓았다.
3) 『일본서기』 권19, 흠명기 12년.

로운 국면으로 접어들고 있다. 그 논의의 방향은 크게 부정론과 긍정론으로 나뉘어져 전개되고 있다.

먼저 기존의 부정론을 보강하는 입장에서 제기된 것이 지명이동설과 무령왕계 왕실의 조작설 등이다. 지명이동설은 1934년 今西龍에 의해 처음 제기된 이후 李基白 등에 의해 보다 구체화되었다.[5] 즉 백제가 5세기 말 이후 한강유역에 진출한 것처럼 기록한 『삼국사기』 백제본기 관련 기록 자체가 신빙성이 없다는 전제 하에서 한성 관련 명칭이 한성 주민의 사민과 함께 충남지역인 직산으로 옮겨진 것으로 보고 있다.

다음으로 무령왕계 왕실의 조작설은 1984년 이도학에 의해서 제기되었다.[6] 그에 의하면 사비시대에 와서 무령왕계의 왕실이 그 정통성 확보를 위해 무령왕대에 이루어진 영토 회복 사실에 편승하여 한성시대 지명을 웅진시대 지명에 의도적으로 대입시키는 과장된 조작을 하였다는 것이다.

최근에는 서울 몽촌토성, 구의동, 아차산 일대에서 출토된 고구려 토기와 유적에 주목하여 5세기 후반~6세기 중반까지 고구려가 한강유역을 지배하였다는 주장을 고고학적으로 논증하면서 기존의 부정론을 보완하였다.[7]

---

4) 심광주 · 윤우준, 『아차산의 역사와 문화유산』, 구리문화원, 1994 ; 토지박물관, 『양주군의 역사와 문화유적』, 1998 ; 구의동보고서간행위원회, 『한강유역의 고구려요새 -구의동유적 발굴조사 종합보고서-』, 1997 ; 임효재 · 최종택 외, 『아차산 제4보루 -발굴조사 종합보고서-』, 서울대박물관, 2000 ; 서울대 발굴조사단, 『시루봉 보루유적 발굴조사 약보고』, 1999 ; 충청문화재연구원, 『대전 월평동산성』, 2003 ; 차용걸 외, 『청원 남성곡 고구려유적』, 충북대박물관 조사보고 제104책, 2004 및 『청원 I.C~부용간 도로공사구간내 청원 남성곡 고구려유적』, (재)중원문화재연구원, 2008.

5) 今西龍, 『百濟史硏究』, 國書刊行會, 1934, 126~127쪽 ; 이기백, 「웅진시대 백제의 귀족세력」, 『백제연구』9, 1978, 6~7쪽.

6) 이도학, 「한성말 웅진시대 백제왕계의 검토」, 『한국사연구』45, 1984, 23~25쪽.

7) 최종택, 「고고학상으로 본 고구려의 한강유역 진출과 백제」, 『백제연구』28, 1998, 135~136 쪽 : 「몽촌토성내 고구려유적 재고」, 『한국사학보』12, 2002, 9~40쪽 : 「아차산 고구려보루의 역사적 성격」, 『향토서울』64, 2004, 87~128쪽 : 「남한지역의 고구려 유적과 유물」, 『고구려의 역사와 문화유산』, 한국고대사학회 · 서울시정개발연구원, 2004, 467~495쪽 : 「남한지역 고구려 토기의 편년연구」, 『선사와 고대』24, 2006, 283~299쪽.

그러나 이러한 견해들은 『삼국사기』 지리4의 고구려 군현기사와 『일본서기』 흠명기 관련 기사를 사료 비판 없이 그대로 인정하고 있는 점, 한성을 제외한 水谷城 등과 같은 황해도 일대의 지명을 모두 한강 이남 지역으로 이동시킨 것으로 볼 수 없다는 점,[8] 그리고 웅진 천도 이후 백제와 고구려 간에 벌어진 전쟁 기록을 모두 백제측 자료에 의거한 것으로 볼 수 없다는 점 등에서 그대로 받아들이기 어렵다.

반면 기존의 부정론에 대한 반론이 제기되었는데, 백제의 한강유역 관련 지명 기록을 그대로 받아들이자는 긍정론과 동성·무령왕대의 왕권강화책에 힘입어 일시적으로 수복한 것으로 보는 한강유역 일시 수복설[9] 등이 그것이다. 이 견해를 먼저 제기한 실학자 丁若鏞, 韓鎭書 등은 漢北 州郡이 고구려에 의해 일시 점령되었거나 또는 한성의 일부지역만이 점령된 것으로 보았다.[10] 이후 이 견해는 정도의 차이는 있지만 申采浩, 천관우, 양기석, 차용걸 등의 지지를 얻어[11] 최근에까지 이어져 왔다.

최근 발견 조사된 한강하류 일대의 고구려 유물과 유적에 대한 자료의 증가와 함께 축적된 고고학적 연구성과에 힘입어 여러 측면에서 재검토하

---

8) 그 한 예로 607년에 백제와 고구려 간에 石頭城에서 전투를 벌인 기사가 있다(『삼국사기』 백제본기 무왕 8년 5월). 석두성은 연천군 삭령면 일대로 비정되는데(정구복 외, 『역주 삼국사기』3 주석편(상), 1997, 734쪽), 이곳은 온조왕 22년 8월조에 말갈의 침입에 대비하여 축성한 곳이다. 온조왕대와 무왕대의 석두성 기사가 동일한 곳이라면 이때는 한강유역이 신라의 영유기에 해당하기 때문에 고구려와 백제 간의 전투 기사를 단순히 지명이동설 입장에서 설명하기가 다소 부자연스러워진다.
9) 양기석, 「웅진시대의 백제지배층연구」 『사학지』14, 1980, 22~23쪽 ; 박찬규, 「백제 웅진초기 북경문제」 『사학지』24, 1991.
10) 정약용, 『여유당전서』6, 「강역고」3, 한성고 및 팔도연혁총서 상·하 ; 韓鎭書, 『海東繹史續』 권8, 지리고8, 백제강역총론.
11) 신채호, 『조선상고사』하, 삼성미술문화재단, 1977, 242~278쪽 ; 천관우, 「삼한의 국가형성(상)」 『한국학보』2, 1976, 115쪽 ; 양기석, 「웅진시대의 백제지배층연구」 『사학지』14, 1980, 22~23쪽 및 「5·6세기 백제의 북계 -475~551년 百濟의 漢江流域 領有問題를 중심으로-」 『박물관기요』20, 단국대학교 석주선기념박물관, 2005, 23~51쪽 ; 성주탁·차용걸, 「백제의식고」 『백제연구』12, 1981, 80쪽.

는 견해들이 속출하면서 논쟁의 열기를 더해주고 있다. 김영관은 백제가 475년 이후에도 한강하류 일대를 그대로 영유하다가 529년에 고구려에게 高峰縣을 포함한 한강하류 일대의 6군의 땅을 상실하였으며, 551년에 성왕이 다시 이 지역을 수복한 것으로 보았다.[12] 그리고 임범식은 475년 고구려의 한성 침공에도 불구하고 한강하류 일대는 여전히 백제의 영유 상태에 있었다는 전제 하에 551년 성왕이 북진 때 수복한 곳은 고구려 광개토왕 때 빼앗긴 재령의 한성지역인 것으로 이해하였다.[13] 또한 김병남은 475년 고구려가 한성을 함락시킨 이후 곧바로 철수하였다는 점, 그리고 한강유역에 고구려가 군현지배를 실시한 근거가 없다는 점 등을 내세워 백제가 한강유역을 상실하지 않고 그대로 영유했던 것으로 이해하였다.[14]

이러한 긍정론에 나타난 문제점을 보완하려는 측면에서 제기된 것이 한강유역 일시 수복설이다. 이 견해는 그 수복 시기 여하에 따라 동성왕대설[15]과 무령왕대설[16]로 나뉘어져 있다. 약간의 시기상의 차이는 있지만 동성왕과 무령왕대의 왕권강화시책에 힘입어 한성고토 수복작전을 전개하여 다소 불안정하지만 한강하류 일대에 진출할 수 있었던 것으로 보고 있는 것이 공통적이다.

---

12) 김영관, 「백제의 웅진천도의 배경과 한성경영」『충북사학』11·12, 2000, 75~91쪽.

13) 임범식, 「5~6세기 한강유역사 재고 : 식민사학의 병폐와 관련하여」『한성사학』15, 2002, 23~35쪽.

14) 김병남, 「백제 웅진시대의 북방 영역」『백산학보』64, 2002, 131~156쪽 ; 「백제 동성왕대의 대외 진출과영역의 확대」『한국사상과 문화』22, 2003, 217~243쪽 ; 「백제 성왕대의 북방 영역 변화」『한국사연구』120, 2003, 59~84쪽 ; 「백제 웅진천도 초기의 한강유역 상황」『한국사상과 문화』26, 2004, 109~132쪽 ; 「백제 성왕대 북방영역 관련 지명 분석」『한국상고사학보』52, 2006, 5~23쪽.

15) 신채호, 앞의 책, 242~278쪽 ; 박찬규, 「백제 웅진초기 북경문제」『사학지』24, 1991, 61쪽 ; 유원재, 「웅진시대의 북경의 요새」『웅진백제사연구』, 주류성, 1997, 93쪽. 필자는 앞의 글(1980), 22~23쪽에서 동성왕대의 한산성 기사에 주목하여 이때 한강하류 일대를 수복한 것으로 이해하였으나, 앞의 글(2005), 42~44쪽에서는 무령왕대로 수정하였다.

16) 김현숙, 「웅진시대 백제와 고구려의 관계」『고대 동아세아와 백제』, 서경, 2003, 162쪽 ; 양기석, 앞의 글(2005), 42~44쪽.

    그러나 이러한 긍정론은 『삼국사기』 지리4의 고구려 군현기사에 대한 사료 비판과 함께 동성왕대에 나타나는 한산성의 실체 파악 및 고구려와 관련하여 나타나는 전투와 축성 지점에 대한 지명 고증이 면밀히 이루어져야 한다. 그리고 최근 발견된 서울 아차산 일대와 청원 남성골유적, 대전 월평동유적 등에서 확인된 5세기 후반~6세기 전반경의 고구려 유물과 유적의 편년과 성격을 함께 고려해야 할 필요가 있다.

    어쨌든 5세기 후반 한강하류 일대를 포함한 중부지역에 대한 영유권 문제는 그 실체를 밝혀줄 수 있는 결정적인 자료의 출현 없이는 앞으로 어느 쪽의 견해이든 논란이 계속될 전망이다.

    이와 같이 475년과 551년 사이의 한강유역을 둘러싼 백제, 고구려, 신라 간의 항쟁과정에 대한 구체적인 역사적 실상이 아직 해명되지 못한 부분이 여전히 문제점으로 남아있음을 살펴보았다. 당시 한강유역이 삼국이 교쟁하는 전략적 요충이었고 삼국문화가 교차되는 점이지대였던 점을 고려해보면 5세기 후반 한강유역을 무대로 한 삼국 항쟁과정의 실체 파악과 그 역사적 의미를 파악하는 작업은 아무리 강조해도 지나치지 않을 것이다.

    따라서 이 글은 필자가 이미 제시한 한강유역 일시 수복설을 보완하는 입장에서 관련 문헌자료의 면밀한 검토와 고고학적 연구 성과를 원용하여 475년 직후~5세기 말까지 고구려의 한강유역과 그 이남지역으로의 진출과정과 함께 고구려와 백제의 국경선이 어떠하였는가를 살피기 위해 작성된 것이다. 이를 위해 먼저 475년 고구려의 한성 침공 과정을 검토하여 475년 전쟁의 성격을 파악하고, 아울러 고구려가 새로 영유한 영역에 대한 지배 방식을 살펴보고 아울러 480년대 고구려와 백제 간의 국경선을 검토해 볼 예정이다. 다만 관련 기록이 절대 부족하고 또한 같은 지명이라도 시기에 따라 다른 곳으로 비정될 수 있기 때문에 추론의 범위를 넘기기 어려운 점이 예상된다.

2. 고구려의 한성 공격과 점령

고구려의 한강유역 진출은 475년 백제 왕도 한성 공격에서 비롯되었다. 개로왕이 472년 북위와의 교섭을 통해 고구려 공격에 원병을 요청하였는데, 이러한 개로왕의 청병외교는 도리어 고구려를 크게 자극하여 백제 공격을 초래하는 결과가 된 것이다. 475년 고구려의 한성 공격은 사전에 치밀하게 준비된 상태에서 이루어졌다. 고구려 장수왕은 백제 공격을 위한 사전 준비를 백제의 외교적 고립과 백제 내부 분열의 두 가지 방향에서 추진하였다.[17]

먼저 고구려는 북위와 송에 사신을 파견하여 백제를 외교적으로 고립시키는데 주력하였다. 472년 백제의 대북위 교섭 이후 475년 고구려가 백제를 공격하기까지 고구려는 종전과는 달리 매년 2차례씩 사신을 파견하였고 공물도 2배가 많은 양을 보낼 정도로 긴밀한 관계를 회복하였다.[18] 고구려의 북위 관계가 종전보다 비중이 높아졌음을 알 수 있다. 북위도 송과 대치하고 있는 관계로 백제에서 기대하는 바와는 달리 고구려와 계속 긴장 관계를 유지하는 것이 바람직하지 않다고 생각하고 있었기 때문에 백제의 고구려 공격 요청을 거부하였던 것이다.

그러는 가운데 고구려는 474년에 463년 이래 잠시 중단되었던 송과의 관계를 다시 시도하였다. 이처럼 고구려는 남북조국가와 등거리외교를 전개하면서 그 이해관계 여하에 따라 대송외교와 대북위외교의 수위를 조절해 왔던 것이다. 475년부터는 백제와의 외교전이 첨예하게 진행되면서 대북위외교에 비중을 두는 방향으로 전환을 하게 되었다. 고구려가 472년 백제의 대북위 교섭 이후 대중외교를 강화하고 나선 것은 백제 침공에 앞서

---

17) 김수태, 「백제 개로왕대의 대고구려전」『백제사상의 전쟁』, 서경문화사, 2000, 235~240쪽.
18) 472년 이후 백제의 한성 침공까지 고구려의 대북위 교섭은 473년 2월 · 8월, 474년 3월 · 7월, 475년 2월 · 8월로 나타나고 있어 매년 2차례씩 행해지고 있었음을 알 수 있다.

야기될 수 있는 대외 문제에 대해 고구려의 입장을 설득하고 나아가 백제를 국제적으로 고립시키려는데 목적이 있었다. 따라서 고구려는 내부적으로 백제 공격의 준비가 갖추어지고, 또한 국제적 환경이 어느 정도 유리하다고 판단된 475년 2월과 7월에 두 차례 사신을 파견한 다음 바로 다음 달인 9월에 백제를 공격한 것이다.

다음으로 道琳이란 승려를 미리 첩자로 백제에 밀입시켜 개로왕으로부터 신임을 얻은 다음 대규모 토목공사를 벌리게 하여 백제의 국력을 소진케 하는 등 치밀한 준비를 해왔다. 개로왕은 이러한 도림의 계책에 말려들어 대토목공사와 불교 장려책을 추진하였으나, 이러한 전제화 시책이 도리어 지배세력 간의 분열이 일어났고 아울러 재정을 피폐시키고 민심을 악화시킴에 따라 백제의 국력은 날로 쇠약해졌다. 그동안 도림은 백제의 상황을 수시로 장수왕에게 보고하였을 것이다. 도림은 475년 계획대로 백제가 대토목공사로 인해 파탄에 빠져있는 것을 확인하자 이때가 백제를 멸망시킬 절호의 기회로 생각하고 백제를 탈출하여 장수왕에게 백제의 내부 사정을 상세히 보고하였다.

장수왕은 도림의 보고를 듣고 백제 공격을 전격적으로 단행하였다. 고구려의 백제 공격 지점은 다른 지역보다도 백제를 단기간에 타격을 입히는데 효과가 큰 왕도 한성을 목표로 하여 전광석화처럼 전개되었다. 이에 관한 관련 기사를 소개하면 다음과 같다.

A-① 개로가 즉위한지 21년에 고구려가 쳐들어 와서 한성을 에워쌌다. 개로는 성문을 닫고 스스로 굳게 지키면서 文周로 하여금 신라에 구원을 요청하게 하였다. (문주)가 군사 1만 명을 얻어 돌아오니 고구려 군사는 비록 물러갔지만 성은 파괴되고 왕은 죽었으므로 드디어 왕위에 올랐다. (중략) 겨울 10월에 서울을 熊津으로 옮겼다. [『삼국사기』 문주왕 즉위년]
② 9월에 (장수)왕은 군사 3만 명을 거느리고 백제를 침공하여 그 왕도인 한성을 함락시켜 백제왕 慶을 살해하고 남녀 8천명을 포로로 잡아 귀환하였다. [『삼국사기』 장수왕 63년]
③ 겨울 『百濟記』에 말하기를, 개로왕 乙卯年 겨울 狛의 대군이 와서 大城을

공격한지 7일 7야에 왕성이 함락되어 드디어 慰禮를 잃었다. 국왕 및 大后, 왕자 등이 다 적의 손에 죽었다. [『일본서기』권14, 웅략기 20년]

④ 2월 (문주)왕은 大豆山城을 수리하고 한북의 민호를 옮겨 살게 하였다. [『삼국사기』 문주왕 2년 2월]

위 기사에 의하면 백제가 475년 고구려군의 공격을 받고 왕도 한성을 상실한 후 文周가 왕위에 즉위하여 웅진으로 천도하는 내용의 기사가 실려져 있다. 장수왕이 이끄는 3만의 고구려군이 먼저 북성인 풍납토성을 화공책으로 공략하여 이를 초토화시켰고, 이어 남성인 몽촌토성을 공격하자 개로왕은 도망치다가 고구려군에게 사로잡혀 阿且城으로 끌려가 살해되었다. 이때 고구려는 개로왕과 그의 가족들을 모두 살해한 다음에 백제 주민 8천 명을 포로로 삼고 곧바로 철수한 것으로 되어 있다. 이어 문주가 신라 구원병 1만 명을 데리고 한성에 도착하였을 때에는 고구려군은 이미 철수한 뒤였고 왕성 또한 파괴된 상태였다. 문주가 신라 구원병을 데리고 도착하여 왕위에 오른 곳은 한성이었으며, 다음달 10월에는 웅진으로 천도한 것으로 되어 있다.

어쨌든 475년 고구려의 백제 공격으로 인하여 이후 한성을 포함한 한강 하류 일대는 일단 고구려의 지배 하로 들어간 것이 분명하다. 그렇다고 하더라도 고구려의 한강하류 일대에 대한 지배는 『삼국사기』 지리4의 고구려 영역 기록에 보는 것처럼 지방관 파견을 통한 영역화 단계에는 이르지 못하였다. 왜냐하면 475년 전쟁이 백제를 멸망시켜 영토지배를 도모하기보다는 단기간의 전격적인 작전을 벌려 백제를 제압하는 효과를 겨냥한 작전이었기 때문이다. 사료 A-②에서 보듯이 고구려의 주력부대는 소기의 성과를 올린 후 포로 8천 명을 데리고 곧바로 철수한 점이 이를 입증해 준다. 이처럼 고구려가 한성 공함 직후에 곧바로 철수하게 된 것은 당시 고구려가 처한 대외적 일련의 긴장관계에서 찾을 수 있다.

먼저 475년 당시 고구려의 대북위관계와 대물길관계가 불안정하였다는 점을 들 수 있다.[19] 당시 고구려는 北魏와 勿吉과의 일련의 긴장 관계를 갖고 있었다. 북위 文明太后는 현조의 후궁 청혼 문제를 둘러쌓고 고구려 장수왕과 갈등을 야기하고 있었는데, 이 와중에서 북위 사신 程駿을 구속하는 사건[20]에까지 비화되고 있었다. 이에 백제가 북위와 교섭을 한 472년부터 고구려는 매년 두 차례씩 사신을 파견하였고, 또 공물을 두배 이상으로 보낼 정도로 북위와의 긴밀한 관계를 유지하였으나,[21] 기대한 만큼 양국 관계는 그리 순탄치만은 않았던 것 같다. 그리고 당시 송화강 유역의 亞城 일대에서 발흥한 勿吉이 延興 연간(471~476) 물길 사신 乙力支의 보고에서 나타났듯이[22] 북위에 조공관계를 맺고 여러 차례 고구려와 분쟁을 일으킨 일이 있었다. 이러한 북위와 물길의 심상치 않은 공세에 직면한 고구려는 백제에 대해 장기전을 펴기 어려운 상황에 처해 있었다.

다음으로 신라의 동향을 고려한 것으로 볼 수 있다. 장수왕은 475년 백제 침공을 계기로 하여 전선을 신라에까지 확대시키기를 원치 않았을 것이다. 신라는 450년 悉直의 고구려 변장 살해사건을 계기로 하여[23] 고구려와 점차 적대관계로 들어선데다가, 백제와 신라가 연합해서 고구려에 대항할

─∽─────────

19) 475년 고구려의 한성 공략전에 대한 대외적 동향에 대해서는 노태돈, 앞의 글(2005), 176~180쪽을 참조.

20) 『위서』권100, 열전88, 고구려 ; 『삼국사기』고구려본기 장수왕 54년 3월 ; 『魏書』권60, 程駿傳 및 권100, 고구려전.

21) 주) 18 참조.

22) 『魏書』권100, 물길전. 470년대에 고구려와 북위, 그리고 물길에 대한 동향은 노태돈, 앞의 글(2005), 177~180쪽을 참조할 것. 이 기사는 『위서』권100, 열전88 물길전에 延興 연간(477~499)의 사실로 되어 있으나, 『북사』권94, 열전82 물길전에는 太和(477~499) 初의 일로 되어 있어서 차이가 난다. 노태돈은 이를 486년으로 보았으나(「5~6세기 동아시아의 국제정세와 고구려의 대외관계」『동방학지』44, 1984, 16쪽), 『북사』보다도 『위서』의 기록이 사료 가치가 높다는 점, 또 『册府元龜』권969, 외신부 조공조에 '延興五年 十月 蠕蠕國並遣使朝獻 勿吉國遣使朝獻' 이란 기사에 의거해 볼 때 乙力支가 북위에 파견된 시기는 延興 5年(475)이었음을 알 수 있다. 이 사실이 백제 관련 기사에는 전혀 보이지 않는 것으로 보아 실제 추진되지는 못한 것 같다. 다만 물길과 백제 사이의 연합은 성사되지는 못했지만, 475년 한성 함락 이전에 양자 간에 어떤 형태로든 연합에 관한 의사 타진 정도는 있었을 것 같다.

23) 『삼국사기』신라본기 눌지마립간 34년 7월.

경우 고구려가 단기간에 백제를 응징하려는 소기의 목적에 차질이 생길 우려가 있었기 때문이다. 신라는 한성 함락 이후에 늦게 원병을 보낸 것은 어떤 면에서 고구려와의 정면 대결을 피하려는 의도가 있었다는 점이 이를 입증해 준다.[24]

또한 백제의 강력한 저항과 왜의 동향에 대한 고려가 있었다는 점을 들수 있다. 광개토왕대에도 그러했듯이 백제가 국가적 위기를 맞아 어려움을 당할 때에 백제와 긴밀한 관계에 있던 왜군이 참전할 가능성도 있기 때문이다.[25] 물론 475년 당시 왜군은 직접 참전하지는 않았지만 461년 개로왕의 동생인 곤지가 이미 왜에 파견되어 체류하고 있었던 점, 그리고 왜왕 武가 478년 국서를 송에 보내 고구려에 대해서 '無道' 하다든가, '掠抄邊隷 虔劉不已' 하다든가, 또는 '讐敵' 으로 표현하고 앞으로 '父兄之志' 를 계승하여 무도한 고구려를 토벌하겠다는 의지를 표명한 점[26]에서도 그 가능성을 엿볼 수 있다.

그러나 고구려 주력부대가 일단 철수는 하였지만 이후 한성에는 그 잔류부대가 도성 중의 하나인 남성 몽촌토성에 주둔하고 있었다. 이를 입증해주는 자료가 몽촌토성에서 출토된 고구려 토기와 유적이다. 한성에 잔류한 고구려 군대는 군사방어기능을 갖춘 몽촌토성에서 일정 기간 동안 주둔하였음이 확인되었다. 몽촌토성에서 출토된 고구려토기는 廣口長頸四耳壺를 비롯한 모두 15개 기종 343개체에 달하며, 1989년 夢村土城 6차 조사에서는 확인된 3.1×3.7m 가량의 범위에서 ㄱ자형의 온돌 고래와 굴뚝시설, 그리

---

24) 이호영, 「고구려·신라의 한강유역의 진출 문제」『사학지』18, 1984, 4쪽.

25) 『일본서기』권14, 웅략기 20년 겨울조에는 고구려가 한성을 함락시킨 이후 고구려 장군들이 백제를 추격하여 멸망시킬 것을 요청하였으나 장수왕이 백제와 왜와의 관계를 들어 이를 중지시킨 기사가 있다. 물론 왜의 역할이 사실과 다르게 강조된 측면이 있어 사실로 받아들이기는 어렵지만, 이 부분을 제외하고는 장수왕이 백제와 왜의 관계를 염두에 두고 있는 것으로 해석된다.

26) 『송서』권97, 열전57, 夷蠻 東夷 倭國, 順帝 昇明 2年.

고 적심건물지는 고구려 후기 건축 유적인 集安 東大子遺蹟과 관련 있는 것으로 밝혀졌다.[27)]

이 유적은 5세기 후반경으로 편년되며, 한강 북안의 보루유적들보다 출토된 토기류의 수량이 훨씬 적은 것으로 보아 고구려군이 한성 함락 후에도 단기간에 걸쳐 몽촌토성에 주둔하고 있었던 것으로 나타났다.[28)] 몽촌토성의 토기와 고구려 유적은 6세기 전반경으로 편년되는 한강유역의 고구려 보루성유적들보다 시기적으로 빠르다. 이를 통해 볼 때 몽촌토성에는 한성 함락 직후부터 많지 않은 고구려군이 주둔하고 있었음을 알 수 있다. 몽촌토성에 주둔하고 있던 고구려군은 한성지역의 치안 유지는 물론 남하하는 고구려군의 보급과 업무연락을 담당하던 거점 중심기지로서의 역할을 수행했을 것으로 추정된다.

그러면 백제 도성의 하나인 북성 풍납토성의 상태는 어떠하였는지에 대하여 알아보자. 475년 한성 공함 당시 백제 도성인 북성 풍납토성은 "성은 파괴되고 [개로]왕이 죽임을 당하였으며"(A-①), 또한 주민 8천 명이 고구려에 포로로 잡혀 간 상태(A-②)인 것으로 드러났다. 그리고 1997년 풍납토성 발굴조사에서 19개 건물터가 화재로 인해 일시에 내려앉은 사례에서 보듯이[29)] 475년 고구려의 화공책으로 공격을 받았기 때문에 한성은 그 기반시설이 대부분 파괴된 그야말로 참혹한 상태였음을 알 수 있다. 더구나 웅진 천도 직후에는 한성 북쪽의 민호들을 대두산성[30)]으로 사민시킴에 따라(A-④) 한성은 더욱 폐허화되어 가고 있었다.

27) 김원용 외,『몽촌토성 -동북지구발굴보고-』, 서울대박물관, 1987 :『몽촌토성 -동남지구발굴조사보고-』, 서울대박물관, 1988 :『몽촌토성 -서남지구발굴보고서-』, 서울대박물관, 1989 ; 몽촌토성발굴조사단,『정비·복원을 위한 몽촌토성발굴조사보고서』, 1984 :『몽촌토성발굴조사보고서』, 1985.

28) 최종택,「남한지역 고구려 토기의 편년연구」『선사와 고대』24, 2006, 35쪽.

29) 이형구,『서울 풍납토성[백제왕성]실측조사연구』, 백제문화개발연구원, 1997 ; 국립문화재연구소,『풍납토성』Ⅰ·Ⅱ, 2001·2002 ; 한신대박물관,『풍납토성』Ⅲ·Ⅳ, 2003·2004.

따라서 고구려군은 폐허 상태나 다름없는 북성 풍납토성에 주둔하기보다는 백제군의 저항에 대비하여 방어하기 좋은 남성 몽촌토성에 주둔하였을 것이다. 이런 상태에서 사료 A-①에서 보는 것처럼 문주가 신라의 구원병 1만 명을 이끌고 폐허화된 한성[북성 풍납토성]에 입성하여 왕위에 즉위한 것으로 보는 것은 다소 부자연스럽다. 문주가 풍납토성 바로 건너 몽촌토성에 주둔하고 있던 고구려군과 대치한 상태인 점을 고려해야 한다. 이에 대해 문주가 왕위에 즉위한 장소는 폐허가 된 왕도가 아니라 신라 구원병을 이끌고 돌아온 뒤에 한성 이남의 군영과 같은 임시 장소에서 즉위했을 것으로 보는 견해가 참고된다.[31] 문주왕이 한달 뒤 웅진 천도를 단행한 것도 폐허화 상태의 한성에서 국세를 유지해 나가기에 너무 어려운 상황이었음을 단적으로 보여주는 사례다.

이상으로 475년 고구려의 한성 공격은 당시 고구려가 처한 대외적 일련의 긴장관계로 인하여 백제를 멸망시켜 영토지배를 도모하기보다는 치밀한 사전 준비 하에 단기간의 전격적인 작전을 벌려 백제를 제압하는데 있었다. 475년 한성 함락 이후 고구려의 주력부대는 일단 철수하였지만 그 잔류부대가 몽촌토성에 주둔하면서 한성지역이 치안 유지와 예상되는 백제의 공격에 대비하고 있었음을 알 수 있다.

이로서 한성을 포함한 한강하류 일대가 일단 고구려의 지배하로 들어갔지만 아직 영역화 단계에는 이르지 못한 것으로 드러났다. 따라서 475년 전쟁의 성격이나 또는 몽촌토성에 주둔한 고구려군의 존재를 통해 한성을 포함한 한강유역은 일단 고구려의 지배 하에 있었던 것으로 판단되기 때문에

---

30) 대두성의 위치에 대해서는 ① 충남 연기설(천관우, 「삼한의 국가형성(하)」 『한국학보』3, 1976, 132쪽), ② 충남 아산시 음봉면 수한산성설(이기백, 「웅진시대 백제의 귀족세력」 『백제연구』9, 1978, 4쪽), ③ 충남 아산시 영인산성설(유원재, 「백제 탕정성 연구」 『백제논총』3, 1992) 등이 있는데 이곳을 천도 후 해씨세력의 근거지로 보고 있다(이기백, 앞의 글(1978), 12~13쪽).
31) 최종택, 「웅진도읍기 한강유역의 상황」 『웅진도읍기의 백제』, 백제문화사대계 연구총서 4, 충청남도역사문화연구원, 2007, 401쪽.

백제가 475년 전쟁 이후에도 한강유역을 계속 영유하고 있었고 주장하는 견해[32)는 성립될 수 없음을 밝혔다.

3. 고구려의 남하와 麗濟 양국의 국경선

1) 고구려의 남하와 지배

475년 고구려가 백제의 한성을 공격하여 이를 점령한 후 고구려의 주력부대는 철수하였지만 그 잔류부대가 앞에서 서술한 바와 같이 몽촌토성을 비롯한 한성지역에 주둔하고 있었다. 곧이어 왕위에 오른 문주왕이 웅진으로 천도를 단행하자 고구려군은 금강 중류일대에까지 진출한 사실이 청원 부강 남성골유적과 대전 월평동유적을 통해 알려지고 있다.

청원 남성골유적은 충북 청원군 부용면 부강리 남성골의 해발 106m의 야산 정상부와 사면에 걸쳐 축성된 둘레 270~360m의 산성유적이다. 2001~2002년에 유적의 북부 지역에 대한 시굴 및 발굴조사 결과,[33)] 이 유적은 내·외곽을 이중으로 돌린 목책과 내곽으로 이어지는 능선을 차단하는 4개의 壕, 그리고 내곽 정상부 동문터의 석축 벽체를 특징으로 하는 5세기 후반대 성책유적임이 밝혀졌다. 그 가운데 굴립주 건물터와 원뿔대 모양의 저장구덩이, 온돌건물지, 가마터 등의 유구가 확인되었다. 외곽 내부의 구들집터는 고구려식 온돌유적이며 가마터에서는 고구려 토기류가 출토되었다.

토기류는 고배와 개배편의 백제토기가 소수 발견되며, 아울러 甕類, 장동호류, 호류, 시루류, 동이류 등 고구려계 토기류가 함께 출토되었다. 이 토

---

32) 다소 견해의 차이는 있지만 백제가 계속 한강유역을 영유하고 있는 것으로 보는 견해는 김병남 주) 14를 참조할 것.

33) 차용걸 외, 『청원 남성곡 고구려유적』, 충북대박물관 조사보고 제104책, 2004 및 『청원 I.C~부용간 도로공사구간내 청원 남성곡 고구려유적』, (재)중원문화재연구원, 2008.

기는 사립이 혼입되어 니질의 태토를 사용한 점, 사이장경호·사이장경옹류와 같은 한강유역의 고구려 보루성에서 출토한 토기와는 차이가 있다. 철기류는 철촉과 주조철부가 대부분을 차지하는데 사두형 철촉은 아차산 4보루유적, 중국 환인의 五女山城과 집안의 丸都山城 등과 관련 있는 것으로 파악된다.[34] 2005~2006년의 2차 조사에서는 고구려 양식의 金製耳飾과 鐵製鑣轡가 발견되었다.[35] 이 유적에서는 온돌과 부뚜막을 갖춘 집터와 고구려 토기를 굽던 가마터 등이 발견되었다는 점에서 단순한 군사시설에 국한된 것이 아니고 주거기능까지 겸한 고구려 남진정책의 주요 거점이었음이 밝혀졌다.[36]

대전 월평동유적은 대전분지의 서쪽 갑천의 동변을 따라 남북으로 길게 뻗은 해발 137m 정상부에 걸쳐 설치된 둘레 745m의 산성유적이다. 1990년과 1994~1995년의 발굴조사를 실시한 결과, 목책·호·성벽 등 각종 방어시설을 비롯하여 저장시설, 주거시설 등을 확인하였으며, 유물로는 직구호와 장동호 등 고구려토기가 출토되었다.[37] 현존하는 산성은 출토유물로 보아 사비기에 해당하는 6세기 말에서 7세기 전반 사이의 것으로 편년되었으나, 그 이전의 유구에서는 웅진기의 백제토기와 함께 고구려토기편이 출토되었다. 이를 통해 볼 때 월평동유적의 초축 단계 유적은 475년부터 5세기 말까지 고구려의 일정한 영향력 하에 있었던 것으로 보고 있다.

이처럼 위의 두 유적의 존재를 통해 볼 때 고구려군이 금강 중류일대에까지 백제군을 추격한 후 계룡산을 경계로 하여 백제의 새로운 왕도 웅진을

34) 박중균, 「남한지역 고구려유적 출토 철촉에 대한 검토 -모봉형철촉과 착두형철촉을 중심으로」 『중원문화재연구』1, 2005, 32~42쪽.
35) 차용걸 외, 『청원 I.C~부용간 도로공사구간내 청원 부강리 남성곡 유적 2차 발굴조사』, 중원문화재연구원, 2006.
36) 국립문화재연구소, 『남한의 고구려유적 -현황조사 및 보존정비 기본계획(안)-』, 2007, 300~301쪽.
37) 국립공주박물관·충남대박물관, 『대전 월평동유적』, 1999 ; 충청문화재연구원, 『대전 월평동산성』, 2003.

압박하고 있었음을 알 수 있다. 그러나 고구려군이 어떠한 경로를 통해 청원 부강과 대전 월평동지역에까지 진출해 있었는지에 대해서는 분명치 않다. 다만 이들 유적이 위치한 지리적 관계를 검토해 볼 때 금강의 지류인 미호천 유역을 따라 진출한 것으로 판단된다.

그러면 고구려가 한강하류 일대와 그 이남 지역을 어떻게 지배하였는가에 대해 알아보자. 관련 자료가 없어 그 구체적인 지배 방식에 대해서는 알수는 없다. 다만 475년 이후 고구려의 영유 사실을 입증해 주는 고고학적 자료를 토대로 할 때 고구려의 한성과 그 이남지역에 대한 통치 방식이 영역지배보다는 母基地에서 교통로를 따라 교두보나 거점을 마련하는 전략적 거점지배방식을 취한 것으로 볼 수 있다.[38] 즉 소규모 병력으로 거점을 확보하면서 유사시 기마병에 의한 신속한 공격이 가능한 보루 위주의 공격형 관방체제를 구축한 것으로 보인다.

한강유역의 고구려 보루성유적들이 比高 200m 이하인 경우가 68%를 차지하고 있을 정도로 대부분 소규모에 불과한 것으로 밝혀졌다.[39] 이에 비하여 황해도 일대에는 대규모의 고구려성들이 분포하고 있어 대조를 이룬다. 장수산성을 중심으로 수양산성, 비봉산성 등 둘레 2~10km에 이르는 대규모의 성들이 20~40km 정도의 간격으로 배치되어 있다. 이러한 대규모의 성들은 군사적 기능 이외에 행정적 기능을 수행하는 행정 치소로서 기능하였을 것이다.

이곳에는 守事라는 관리가 파견되어 주요 교통로상에 있는 여러 작은 성이나 보루성을 통제하여 해당 관할지역 내의 치안 유지는 물론 백제와 신라지역에서의 작전을 지휘하는 역할을 하였을 것이다. 守事는 〈중원고구려비〉에 보이는 古牟婁城守事나 〈冉牟碑〉에 보이는 北扶餘守事와 같이 일정 방면의 교통로를 통해 주변 세력을 통할하는 지방관 겸 군사지휘관의 기능을

---

38) 심광주, 앞의 글(2001), 486쪽.
39) 심광주, 앞의 글(2001), 485~487쪽.

수행한 것으로 보인다. 예컨대 〈중원고구려비〉에 의하면 고모루성수사는
于伐城 - 國原城 - 古牟婁城으로 연결되는 종적인 관방체계를 지휘하는 위
치에 있었던 점을 들 수 있다.[40] 〈광개토왕릉비〉에도 고모루성이 나타나고
있는 것으로 보아 고모루성수사와 같은 대규모 성을 관리하는 지방관이 한
성으로 통하는 임진강과 한강유역의 여러 작은 보루성을 관할하는 형태로
통치하였을 것이다.

이처럼 고구려는 한성과 〈중원고구려비〉가 세워진 국원성 등 중심 거점
성에는 守事와 같은 고구려 관료를 파견하여 지배 거점으로 활용하고[41] 여
타 지역은 고구려에 협조하는 현지 백제계 재지세력들을 중심 거점성에 연
결시켜 지배를 관철시켜 나간 것으로 여겨진다.[42] 반면 청원 남성골이나 대
전 월평동, 그리고 진천 대모산성과 같은 군사적 요충지에는 소규모의 병력
을 주둔시켜 관할지역 내의 치안 유지와 예상되는 백제의 반격에 대해 즉각
적인 초동 대처를 도모하려 한 것이 아닐까 한다.

이처럼 고구려가 475년 이후 한강유역과 그 이남지역을 지배하는 데에
있어서는 『삼국사기』 지리4의 기록처럼 군현 설치를 통해 지방관을 파견하
여 통치하는 형태의 일사불란한 행정체계[43]는 아니었을 것이다. 『삼국사
기』 지리4에 나타난 고구려의 군현조직은 신라의 것을 기준으로 기술되었
을 가능성이 크기 때문에[44] 당시 고구려의 영유 사실로 받아들이기에는 보

---

40) 서영일, 「중원고구려비에 나타난 고구려 성과 관방체계」 『중원고구려비연구』((재)고구려
   연구회 편, 『고구려연구』10), 학연문화사, 2000, 509~511쪽.
41) 몽촌토성에서 발견된 적심건물지와 온돌건물지, 그리고 四耳長頸甕과 원통형삼족기 등
   의례용기로 미루어 볼 때 당시 남하한 고구려군의 중심 인물이 거주한 것으로 추정되는
   데(최종택, 앞의 글(2002), 28쪽) 이러한 인물들이 고구려의 중심 거점에 파견되어 해당
   지역 지배에 핵심적인 역할을 하였을 것이다.
42) 이 견해는 토론 때 노중국교수으로부터 시사받은 바 있다(동북아역사지도편찬위원회,
   『고대 동북아시아 역사지도의 현황과 과제』, 2007.11.30 노중국의 토론문 참조).
43) 노태돈은 한강유역에 있는 지역을 16개 군으로 나누어 지방관을 파견하여 통치한 것으로
   보았다(앞의 글(2005), 185~188쪽).
44) 임기환, 「고구려·신라의 한강유역 경영과 서울」 『서울학연구』XVIII, 2002, 30쪽.

다 신중한 검토가 필요하다.

그러나 고구려가 차령산맥을 넘어 대전지역에까지 진출하였다고 하더라도 두 나라 간의 세력 부침에 따라 영역 변화가 대단히 유동적으로 나타났을 것이다. 한강유역의 보루유적이 500년 전후부터 축조되기 시작했다는 점은 무령왕대의 한강과 그 이북지역에 대한 적극적인 군사 공세와 관련이 있을 것으로 판단된다.[45] 물론 백제가 무령왕대에 와서 한성지역을 다시 지배영역화한 것으로는 볼 수는 없지만, 전술적으로 기동력을 갖춘 경기병이나 또는 수군을 동원하여[46] 단기전이나마 여러 형태의 국지전을 전개한 것으로 볼 수도 있다. 이런 점이 『삼국사기』 백제본기에 과장되게 서술된 것이 아닐까 한다.

2) 麗濟 양국의 국경선

475년 직후 고구려가 금강중류 일대에까지 진출하면서 고구려와 백제의 국경선의 어떻게 형성되어 있었는지에 대해 알아보자. 고구려와 백제의 국경선을 검토하기에 앞서 고려해야 할 사항은 국경선의 개념에 대한 문제이다. 영토란 국가 영역의 한계선을 뜻하며 한 나라의 통치권이 미치는 범위라 할 수 있다. 국가와 국가 간에 국경선이 획정이 되고 그 통치 범위가 결정되는 것은 영토개념이 확립된 근대 국가 수립 이후부터라 할 수 있다.

그 이전에는 주로 자연지형을 중심으로 통치권이 구별되는 경우가 많아서 線에 의해 구획될 정도로 명확하게 구별되지 못하였다. 또한 통치권역에 있어서도 중앙 지배력의 정도에 따라 영토, 세력권, 영향권으로 구분하여 파악하기도 한다.[47] 고대에는 토지와 백성을 획득하기 위한 정복전쟁이 빈

---

45) 최종택, 앞의 글(2007), 411~412쪽.
46) 김주성, 「성왕의 한강유역 점령과 상실」 『백제사상의 전쟁』, 서경문화사, 2000, 303쪽 ; 김수태, 「백제 성왕대의 변경-한강유역을 중심으로」 『백제연구』44, 2006, 134쪽. 그러나 529년 오곡전투처럼 보기 3만 명을 동원하여 작전을 전개한 것인데 이렇게 많은 군대를 해상을 통해 동원할 수 있겠는가에 대해 의문이 든다.

발하였고 그에 따라 나라마다의 국경선이 많이 변화되었다. 따라서 국경선 이란 양국 간의 정세 변화에 따라 가변적으로 나타날 수 있으며, 또한 양국 간에 일시적으로 이루어지는 일회적인 교전 지점은 영토로 볼 수 없다는 점 이다. 여기서는 양국 간에 이루어진 교전 지점은 국경선에서 제외하였다.

그러면 먼저 5세기 후반대 고구려와 백제의 국경선을 파악하기 위해 475 년 고구려에 의해 한성이 함락 당하기 이전인 개로왕대 백제의 북쪽 경계선 에 대해 알아보자. 이에 대한 관련 기사를 제시하면 다음과 같다.

> B 8월에 장수를 보내 고구려의 南邊을 침공하였다. 10월에 雙峴城을 수리하고 青木嶺에 大柵을 설치하여 北漢山城의 士卒을 나누어 지키게 하였다. [『삼국사 기』 백제본기 개로왕 15년]

위 기사에서 백제가 먼저 고구려를 선제공격을 한 다음에 예상되는 고구 려의 침공에 대비하기 위해 국경지대의 요충인 쌍현성과 청목령에 관방 시 설을 설치하거나 수축하는 공사를 벌인 것으로 나타났다. 여기서 쌍현성은 임진강 너머 장단 북쪽에 위치한 망해산의 쌍령 부근으로 추정되는데,[48] 고 구려군의 임진강 도강을 저지하기 위해 축성을 한 것이다. 아신왕 6년(397) 에 고구려 공격에 대비하여 축조한 성[49]을 이번에 다시 수리해 사용하게 된 것이다. 청목령은 개성 청석동으로 비정되는데 진사왕 2년(386)에 고구려 의 남하에 대비하여 축조한 성[50]이다. 이 성들은 평양 - 황주 - 사리원 - 신원 - 해주 - 개성으로 연결되는 고구려의 남진 루트를 예성강 하류인 청목령과 쌍현성과 같은 관방상 주요한 고개를 차단하는 방식으로 축조된 것이다.[51]

47) 김영심, 「사비시기 백제의 영역」 『고대 동아세아와 백제』, 충남대백제연구소편, 서경, 2003, 91~94쪽.
48) 문안식, 앞의 책(2006), 194쪽 : 「개로왕의 왕권강화와 국정운영의 변화에 대하여」 『사학 연구』 78, 2005, 63쪽.
49) 『삼국사기』 백제본기 아신왕 7년 3월.
50) 『삼국사기』 백제본기 진사왕 2년 춘.

이를 통해 469년 당시 백제의 북쪽 경계지역이 예성강 하류 일대에 형성되어 있는 것으로 보아 개로왕대에는 광개토왕대의 남정 때 상실한 임진강 이북 일대의 영토를 일부 수복하였음을 알 수 있다.

이처럼 475년 고구려의 한성 함락으로 개로왕대의 북쪽 국경선인 예성강 하류 이남지역에서 한강하류 일대를 포함하는 지역을 상실한 것으로 볼 수 있다. 이어 475년 10월에 백제가 고구려에 의해 빼앗긴 한성을 버리고 웅진 천도를 단행하게 되자 고구려는 이를 추격하여 남하해옴에 따라 양국의 국경선이 다시 변화가 생기게 되었다. 웅진시대에 고구려와 백제 간의 전투가 벌어진 사실이 나타나는 시기는 동성왕대(479~501)이다. 동성왕대는 웅진 천도 후 야기된 兵官佐平 解仇의 난, 文周王의 피살, 어린 三斤王의 즉위 등 일련의 정정 불안을 극복하고 왕권을 강화하던 시기로 알려져 있다.[52]

그러면 475년 직후 관련 문헌기록에 나오는 두 나라 간의 전투 지점과 성곽 축조 지점, 그리고 고고학적 유물과 유적을 종합적으로 검토하여 고구려와 백제 간의 국경선 살펴보기로 하자. 그 중 축성사업은 단순한 관방시설의 설치를 뜻하는 것이 아니라 이곳에 사민을 통해 지방 지배를 관철해 나간다는 단초적 의미에서 중요한 요소가 되기 때문이다.

먼저 왕도 웅진을 기준으로 볼 때 서북쪽이나 북쪽의 경계선을 살펴보도록 하자. 5세기 후반에 해당하는 관련 문헌기록에 보이는 해당 지점으로 漢山城, 大豆山城을 들 수 있다. 먼저 동성왕대의 한산(성)은 어느 곳에 해당하는지 『삼국사기』 백제본기를 통해 살펴보기로 하자.

51) 서영일, 「중원고구려비에 나타난 고구려 성과 관방체계 -우벌성과 고모루성을 중심으로-」 『고구려연구』10, 2000, 491~520쪽.
52) 노중국, 「백제왕실의 남천과 지배세력의 변천」 『한국사론』4, 1978 : 『백제정치사연구』, 일조각, 1988 ; 양기석, 「웅진시대 백제지배층연구」 『사학지』14, 1980 ; 남형종, 「백제 동성왕대 지배세력의 동향과 왕권의 안정」 『북악사론』3, 1993 ; 정재윤, 「웅진시대 백제 정치사의 전개와 그 특성」, 서강대 박사학위논문, 1999 ; 이용빈, 「동성왕의 왕권강화 추진과 신진세력」 『웅진도읍기의 백제』, 백제문화사대계 연구총서4, 충청남도역사문화연구원, 2007.

C-① 가을 9월에 말갈이 漢山城을 습격하여 깨뜨리고 300여 집을 사로잡아 돌아갔다. [동성왕 4년]

② 봄에 [동성]왕이 사냥을 나가 漢山城에 이르러 군사와 백성을 위문하고 10일만에 돌아왔다. [동성왕 5년]

③ 漢山 사람으로 고구려로 도망해 들어간 자가 2천 명이었다. [동성왕 21년]

위 기사에 의하면 웅진시대에 한산(성)에 관한 기사는 거의 동성왕대에 집중적으로 나오고 있음을 알 수 있다. 즉 동성왕대의 한산(성)은 말갈이 침공해 오는 루트상에 위치하고 있었으며(C-①), 이곳은 동성왕이 사냥하는 전렵지로서 일정한 군사가 주둔(C-②)하고 있었던 지역이었음을 알 수 있다. 또한 한재로 인하여 굶주린 한산 사람 2천 호가 고구려로 집단 유망해 간 것을 보면(C-③) 한산[53]은 고구려와 접경지역에 있었음이 짐작된다. 웅진 천도 후 한산(성)에 관한 기사가 『삼국사기』 백제본기에 다시 나타나는 것은 동성왕대부터이다.

이어 武寧王代(501~523)에는 한성이나 한강유역과 관련한 지명들이 자

[53] 『삼국사기』 백제본기에 나오는 한산의 위치는 출전 자료의 차이에 따라 다르게 나오고 있어 혼란을 주고 있다. 한산의 위치에 대한 논란은 백제의 최초의 도읍지를 어디로 볼 것이냐에 따라 크게 한강북안설[북한산성설]과 한강남안설[남한산성설과 아산 또는 직산설]로 대별된다. 한강북안설은 한산을 하북위례성으로 보았는데, 정약용에 의해 제기된 서울 삼각산 동록설과 북한산성 일대설(이병도, 「위례고」『한국고대사연구』, 박영사, 1976, 495쪽) 등이 있으나 이를 입증할 만한 고고학적 자료가 없어서 신뢰성이 없다. 반면 한산 남안설의 경우 한산(한성)의 위치를 하남시 춘궁리 일대설(津田左右吉, 「百濟慰禮城考」『朝鮮歷史地理』I, 南滿洲鐵道株式會社, 1913, 43쪽 ; 이병도, 앞의 책(1976), 503쪽 등)과 송파구 일대설로 대별하여 논의되어 왔는데, 1997~1999년의 서울 풍납토성 내부 및 성벽 발굴조사를 거치면서 송파구 풍납토성 일대가 백제 한성도읍기의 왕성이었음이 밝혀지게 된 것이다(신희권, 「백제 한성기 도성제에 대한 고고학적 고찰」『백제도성의 변천과 연구상의 문제점』, 서경문화사, 2003). 따라서 4세기 이후 백제의 도성은 통칭으로 '위례성' 이란 명칭을 사용하고 북성 풍납토성과 남성 몽촌토성의 도성구조를 가진 것으로 파악된다(이도학, 「백제 한성시기의 도성제에 관한 검토」『한국상고사학보』9, 36~38쪽). 그런데 371년 '漢山移都' 기사를 군사방어적 성격을 가진 남성[몽촌토성]으로 옮긴 것으로 이해하고 몽촌토성을 한산에 비정하는 견해도 있다(여호규, 「한성시대 백제의 도성제와 방어체계」『백제연구』36, 14~15쪽).

주 등장하고 있어서 마치 웅진시대 후기에 백제가 고구려에게 빼앗긴 한강 유역을 재탈환한 것처럼 기술해 놓고 있어 그 진위 여부를 두고 논란이 되고 있다. 이 시기에 등장하는 한산(성)이나 한성의 실제 위치를 규명하는 것이 당시 백제의 북계를 파악하는데 단서가 된다.

그런데 동성왕대에 고구려의 남진에 대비하기 위해 축조된 산성이나 제라동맹군과 고구려간의 전투 지점이 주로 차령산맥 이남 지역에서 이루어지고 있었던 점을 고려해 보면 한산(성)은 한성시대와는 달리 충청도 지역에 소재하였을 가능성이 높다. 이와 관련하여 다음의 대두산성에 대한 기사가 주목된다.

> D-① 2월에 大豆山城을 수리하고 漢北의 민호를 이주시켰다. [문주왕 2년]
> ② 봄에 좌평 解仇가 恩率 燕信과 함께 무리를 모아 大豆城을 근거로 하여 반란을 일으켰다. (중략) 연신이 고구려로 달아나자 그 처자를 잡아다가 웅진 저자에서 목을 베었다. [삼근왕 2년]
> ③ 가을 9월에 大豆城을 斗谷으로 옮겼다. [삼근왕 3년]

위의 기사에서 백제가 고구려의 침공으로 어쩔 수 없이 웅진으로 천도함에 따라 옛 왕도 한성과 그 주변 지역에 거주하던 주민들이 대규모로 새로운 왕도 웅진과 그 주변 지역에 거주하였다. 그 사민 대상지역 중의 하나가 충남 천안 직산 일대로 보인다. "都慰禮城 一云 蛇川 今稷山"이라고 한 『삼국유사』의 기록[54]이 이를 뒷받침해 준다. 직산의 위례성은 웅진 천도 이후 옮겨진 한성으로 보고 진씨의 세력 기반으로 보는 견해가 있다.[55] 또한 국가적인 차원 하에서 한성 이북에 거주하던 주민들을 대거 이주시킨 곳은 대두산성이었다(D-①). 475년 당시 고구려는 주로 한성에 거주하던 주민 8천 명을 데리고 철군한 상태였기 때문에 한성은 거의 폐허화된 상태나 다름이

---

54) 『삼국유사』 권1, 왕력1 백제.
55) 이기백, 「웅진시대 백제의 귀족세력」 『백제연구』 9, 1978, 15쪽.

없었다.

이에 따라 웅진으로 천도한 문주왕은 왕도 주변의 한산에 살고 있었던 주민들을 새로 수리한 대두산성에다 대거 옮겨 새 삶의 터전을 마련토록 조치를 취한 것이다. 三斤王 때 대두성에서 兵官佐平 解仇가 恩率 燕信과 함께 반란을 일으킨 것으로 보아(D-②) 대두성이 해씨세력의 근거지였을 가능성이 높다. 해씨세력은 진씨세력과 함께 한성시대에 북부에 속하였다. 대두성의 위치가 동성왕대에 한산성의 위치를 비정하는데 관건이 될 수 있는데 이에 관해서는 다음의 『삼국사기』 백제본기의 기록이 참고 된다.

E-① 7월에 大豆山城을 축조하였다. [온조왕 27년]
② 가을 7월에 蕩井城을 쌓고 大豆城의 민가들을 나누어 살게 하였다. [온조왕 36년]

위 기사에서 대두산성이 축조된 후에 충남 온양으로 비정[56]되는 蕩井城이 축성되고 이곳에다 대두성의 민호들을 사민시켜 거주케 한 것으로 보아 두 성은 교통로상 근접한 지역에 위치하고 있음을 알 수 있다. 이 점을 고려할 때 대두산성은 현재 아산일대로 추정된다.[57]

따라서 이주한 한성의 주민들은 웅진 천도 직후 직산의 위례성에는 진씨세력에게, 그리고 대두성에는 해씨세력의 영향력 하에 각각 관할되었음이 쉽게 짐작된다. 이러한 점을 고려해 보면 직산의 위례성이나 대두성은 사민으로 인하여 그 고유한 명칭 이외에 한산(성)으로도 별칭으로 불리워졌을 가능성이 있다. 그러나 D-③에 의하면 해구의 난이 평정된 후에는 대두성의 주민들은 해구의 난에 연루되어 豆谷으로 강제 사민된 것으로 나타난다. 여

---

56) 탕정성은 현재 아산시 읍내동산성으로 비정된다(유원재, 「백제 탕정성 연구」 『백제논총』 3, 백제문화개발연구원, 1992).
57) 대두산성의 위치에 대해서는 ① 燕岐說(천관우, 「삼한의 국가형성(하)」 『한국학보』3, 일지사, 1976, 132쪽), ② 牙山 水漢山城說(이기백, 앞의 글, 12쪽), ③ 아산 靈仁山城說(유원재, 앞의 글 참조) 등이 있다.

기서 斗谷은 C-③의 경우처럼 고구려와의 접경지역에 위치하고 있는 점을 감안해 볼 때 차령산맥 이남의 어느 지점일 것 같으나 분명치 않다.[58] 해구의 난이 진압된 이후 대두성의 주민들이 두곡으로 이주됨에 따라 한산은 직산의 위례성에 국한되어 불리워졌던 것이 아닐까 한다.

따라서 동성왕대의 한산(성)에 관련한 기사들은 무령왕대와는 달리 한강 북쪽 지역이 아니라 차령산맥 이남의 고구려와의 접경지역인 한산(성)을 의미하는 것으로 이해할 수 있다.

다음으로 5세기 후반의 직접적인 기록은 아니지만 6세기 중반 성왕대에 일어난 다음의 獨山城 전투 기사를 통해 백제의 서북쪽 국경선에 대해 살펴보자.

> F-① 봄 정월에 고구려 왕 平成[양원왕]이 濊와 모의하여 漢北의 獨山城을 공격하였다. (성)왕은 사신을 보내 구원을 요청하였다. 신라 왕은 장군 朱珍에게 명령하여 갑옷 입은 군사 3천 명을 거느리고 떠나게 하였다. 주진이 밤낮으로 길을 가서 독산성 아래에 이르러 고구려 군사와 한번 싸워 크게 격파하였다. [『삼국사기』 백제본기 성왕 26년, 548]
> ② 여름 4월 (전략) 그러나 馬津城 전투[정월 신축에 고구려가 군대를 이끌고 마진성을 포위하였다]에서 사로잡은 포로가 안라국과 일본부가 불러들여 벌줄 것을 권하였기 때문이다"라고 말하였습니다. [『일본서기』 권19, 흠명기 9년, 548]

위 기사는 548년 고구려와 이에 부용된 말갈이 獨山城에 침입하자 백제가 신라에 구원을 요청하여 고구려군을 물리치는 내용이다. 이 기사는 5세기 후반을 넘는 조금 후대의 사료지만 당시 한강유역을 빼앗긴 상태이기 때문에 백제의 북쪽 국경선을 시사해 주는 기록으로 봐도 무방할 것이다. C-

---

58) 두곡을 지금의 공주 두곡역이나 서천의 두곡역으로 보기도 하지만(천관우, 「삼한의 국가형성」 『한국학보』3, 1976 봄, 130쪽), 고구려와의 접경지역임을 감안할 때 이 견해를 받아들이기 어렵다.

①의 獨山城은 『일본서기』 흠명기 9년 4월조의 馬津城과 같은 지역으로 볼 수 있다. 백제 멸망 후 당이 설치한 주현명에 "馬津縣本孤山"이라 하여 '馬津'은 '孤山' 즉 '獨山'과 같은 명칭임을 알 수 있다. 연대가 동일하고 명칭도 같기 때문에 이 기사는 『일본서기』의 마진성 전투기사와 동일한 것으로 볼 수 있기 때문에 독산성은 현재 충남 예산에 비정된다.

이상과 같이 475년 직후 백제의 북쪽과 서북쪽의 국경선은 동성왕과 성왕대의 축성지점과 전투지점을 분석해 볼 때 한산성(아산이나 직산), 대두산성(아산), 독산성(마진성, 예산) 이북에 위치하고 있었음을 알 수 있다. 당시 국경선이 산이나 하천과 같은 자연 경계물을 기준으로 획정되는 경우가 많기 때문에 양국의 국경선은 차령산맥 이북에 구획되었을 것이다. 『삼국사기』 권36 지리지 3에 의하면 기군(서산), 탕정군(온양), 아술현(아산), 사산현(천안 직산)이 백제의 영역으로 표기되어 있는 것으로 보면 아산만이 그 북쪽 국경선으로 획정되었을 가능성이 높다.

다음으로 5세기 후반 백제의 북동쪽 국경선에 대해 살펴보자. 동성왕대에 고구려와 이에 부용된 말갈과 전투를 벌인 지점을 『삼국사기』 백제본기와 『일본서기』를 통해 살펴보면 母山城(484), 耳山城(490), 薩水原과 犬牙城(494), 雉壤城(495), 爾林(487)으로 나타난다. 이에 관한 『삼국사기』 백제본기와 『일본서기』의 관련 기사를 정리하면 다음과 같다.

G-① 7월에 고구려가 군사를 일으켜 북쪽 변경에 침입하므로 신라는 백제와 함께 힘을 합하여 母山城 밑에서 적을 크게 격파하였다. [『삼국사기』 신라본기 소지마립간 6년, 484]
② 가을 7월에 북부 사람으로 나이 15세 이상을 징발하여 沙峴城과 耳山城 두 성을 쌓았다. [앞의 책, 동성왕 12년, 490]
③ 가을 7월에 고구려와 신라가 薩水 벌판에서 싸웠는데, 신라가 이기지 못하고 물러나 犬牙城을 지키자 고구려가 이를 포위하였다. 왕은 군사 3천 명을 보내 구원하여 포위를 풀어주었다. [앞의 책, 동성왕 16년, 494]
④ 가을 8월에 고구려가 雉壤城을 포위해 오자 왕은 사신을 신라에 보내 구원을 요청하였다. 신라 왕이 장군 德智에게 명령하여 군사를 이끌고 구원하게

하니 고구려 군사가 물러나 돌아갔다. [앞의 책, 동성왕 17년, 495]

⑤ 이 해 紀生磐宿禰가 任那를 점거하고 고구려와 교통하였으며, 서쪽에서 장
차 삼한의 왕 노릇을 하려고 관부를 정비하고 스스로 神聖이라고 칭하였다.
임나의 左魯・那奇他甲背 등의 계책을 써서 백제의 適莫爾解를 爾林에서
죽였다[爾林은 고구려의 땅이다]. 帶山城을 쌓아 동쪽 길을 막고 지켰다. 군
량을 운반하는 나루를 끊어 (백제)의 군대가 굶주려 고생하도록 하였다. 백
제왕이 크게 노하여 領軍 古爾解・內頭 莫古解 등을 보내어 무리를 거느리
고 帶山城에 나아가 공격하게 하였다. 이에 紀生磐宿禰는 군대를 내보내 맞
아쳤는데, 담력이 더욱 왕성하여 향하는 곳마다 모두 깨뜨렸다. 한 사람이
백사람을 감당할 정도였다. 그러나 얼마 후 군대의 힘이 다하니 일이 이루
어지지 못할 것을 알고 任那로부터 (왜)에 돌아왔다. 이로 인해 백제국이 左
魯・那奇他甲背 등 300여 명을 죽였다. [『일본서기』 권15, 현종기 3년]

위 기사는 5세기 후반 동성왕대 백제의 동북쪽 국경선을 나타내주는 기
록이다. 먼저 母山城은 신라의 북변으로 표기되어 있는데(G-①), 이곳에서
신라가 백제의 도움을 받아 고구려를 격퇴한 일이 있었다. 母山城은 충북
진천의 대모산성으로 비정되는데, 이곳에서 고구려의 항아리 1점이 출토된
바 있다.[59] 이 토기는 표면이 마연된 흑색토기로 한강유역에서 발견되는 고
구려토기와 기형상 매우 유사한 것으로 알려졌다. 그리고 耳山城은 충북 증
평군 도안면 尼聖山城에[60] 비정된다.

다음의 薩水原은 『삼국사기』 권34, 잡지 지리1에 의하면 신라 상주 삼년
산군에 속한 薩買縣으로 지금의 청원 미원일대로 비정된다.[61] 犬牙城은 경
북 문경 부근으로 보는 설[62]이 있으나, 당시 고구려와 제라동맹군이 충북

59) 충북대 호서문화연구소, 『진천대모산성 지표조사보고서』, 1996.
60) 민덕식, 「고구려 도서현성고」 『사학연구』36, 1983.
61) 양기석, 「신라의 청주지역 진출」 『신라 서원소경 연구』, 서경, 2001, 35쪽. 신라 때 살매현
   은 현재 충북 괴산군 청천면으로 비정되고 있으나, 그 주변에 고대 산성이 없을 뿐 아니라
   신라군의 전초기지가 본 삼년산성에 있다고 보았을 때 교통로상 적당치 않다.
62) 이병도, 앞의 책(1977), 400쪽.

청원 미원 - 보은선에서 벌어진 점을 고려하면 보은 일대로 추정된다.[63] 雉
壤城은 근초고왕 24년(369)조에 의거해 볼 때 황해도 白川 지역과 동일한
곳으로 볼 수도 있으나, 당시의 전황을 고려해 볼 때 괴산 일대로 추정된다.
이는 475년 이후 황해도 배천지역 주민들이 전란을 피해 괴산지역에 이주
하면서 동일한 지명이 나타난 것으로 볼 수도 있다.[64]

　다음은 『일본서기』 권15, 현종기 3년에 나오는 爾林에 대한 지명 비정문
제이다. 위 기사는 紀生磐宿禰가 任那에 웅거하여 고구려와 교통하고 삼한
의 왕이 되기 위해 爾林에 있는 백제의 適莫爾解를 죽이고 반란을 일으켰는
데 백제가 이를 토벌하기 위해 領軍 古爾解 등을 보내어 紀生磐宿禰의 반란
을 진압하고 이 사건에 연루되었던 左魯 · 那奇他甲背 등 300여 명을 살해
하였다는 내용이다.

　이 기사는 사건의 발생 시점과 실체에 대하여 많은 논란이 제기되어 왔
다.[65] 이 사건에 가담한 것으로 나오는 那奇他甲背가 『일본서기』 흠명기 5

---

63) 당시 신라와 고구려간의 전투가 보은 삼년산성을 모기지로 하여 보은 - 청원 - 진천선에
서 벌어진 점을 고려하면 견아성은 보은 창리의 주성산성이나 산성리의 함림산성에 비정
될 수 있다(양기석, 앞의 글(2001), 35쪽).

64) 이 견해는 토론 때 노중국교수으로부터 시사받은 바 있다(동북아역사지도편찬위원회,
『고대 동북아시아 역사지도의 현황과 과제』, 2007.11.3 노중국의 토론문 참조).

65) 이 사건에 대한 최근의 주요 연구 업적은 다음과 같다. 김현구, 『임나일본부연구』, 일조
각, 1993 ; 李鎔賢, 「五世紀におけるの加耶の高句麗接近と挫折 -顯宗三年紀是歲條の檢
討-」 『東アジアの古代文化』90, 1997 冬 ; 연민수, 『고대한일관계사』, 혜안, 1998 ; 김태식,
「5~6세기 고구려와 가야의 관계」 『북방사논총』11, 2006 등이 있다. 이 사건의 발생 시기
에 대해서는 『일본서기』 기사(C)의 기년대로 487년으로 보는 설 이외에 529~530년으로
수정하여 보는 설(山尾幸久, 『日本古代王權形成史論』, 岩波書店, 1983, 223~224쪽)이 있
다. 사건의 성격에 대해서는 ① 紀生磐宿禰의 왜에 대한 반역 · 백제 침입사건(今西龍,
『百濟史硏究』, 近澤書店, 1931, 135~137쪽), ② 대산성 쟁탈사건(末松保和, 『任那興亡史』,
吉川弘文館, 1955, 106쪽), ③ 가야의 백제군 축출사건(大山誠一, 「所謂 "任那日本府"の
成立について(中)」 『古代文化』32-11, 1980, 31~33쪽 ; 연민수, 앞의 책(1998), 172쪽), ④
백제장군의 반란설(千寬宇, 「韓國史の潮流」 『古代日本と朝鮮の基本問題』, 學生社, 1974,
119쪽)이 있다. 사건의 성격에 따라 발생 시점이 다르겠지만, 백제가 대가야와 함께 공조
관계를 통해 고구려와 대립하던 시기의 것으로 파악한다면 487년이라는 절대 연도보다
도 동성왕대(479~501)에 고구려와의 접경지대에서 발생한 사건으로 이해하고 싶다.

년 2월조 분주에 인용된 『百濟本記』의 邢干陀甲背와 동일 인물이며 성왕대에 활동한 河內直의 선조로 나오는 점으로 보아 487년 전후로 한 동성왕대 (479~501)로 보인다.

종래 爾林의 위치 비정에 대해서는 많은 논란이 있지만, 전라북도 일대설[66]과 충남 예산 대흥설[67] 등이 제기되었으나, 최근에는 충북 음성 또는 괴산설[68]이 주목을 받고 있다. 그런데 爾林이 당시 고구려 영토로서 백제군이 한때 주둔하고 있었던 점, 이림과 가까운 곳에 임나[가야]가 축성한 帶山城이 백제가 동쪽으로 통하는 길목[東道]과 나루를 이용하여 건너야 하는 위치에 있는 점,[69] 그리고 그 너머 백제군이 주둔하고 있었던 점 등을 감안해 보면 이 사건의 무대는 480년대 후반 당시 고구려와 백제 간에 대치하고 있었던 접경지역에서 찾는 것이 보다 합리적일 것이다.

480년대 이후 고구려와 제라동맹군 간의 전황을 고려해 볼 때 위의 조건에 부합된 곳은 충북지역일 가능성이 높다. 음성이나 괴산설은 웅진도읍기의 왕도를 기준으로 볼 때 모두 동북방에 치우쳐 있고, 또한 그 옛지명에 해당하는 仍忽, 仍斤內郡, 道薩城 등이 과연 음운학적으로 이림과 대산성에 통하는지에 대해서는 여전히 의문점이 생긴다. 오히려 당시의 교쟁 지역과 지리적 조건을 고려해 볼 때 청주 · 청원 일대가 보다 설득력이 있는 것으로 판단된다.[70] 청주 신봉동고분에서는 백제, 신라, 가야 유물이 함께 출토된

---

66) 전라북도 일대설에는 ① 김제설(末松保和, 『任那興亡史硏究』, 吉川弘文館, 1956, 76~77 쪽), ② 임실설(鮎貝房之進,「日本書紀朝鮮地名考」『雜攷』7 下卷, 1937, 25~27쪽 ; 연민수, 「6세기 전반 가야제국을 둘러싼 백제 · 신라의 동향 -소위 '임나일본부설' 의 구명을 위한 서설-」『신라문화』7, 1990, 106~112쪽 등), ③ 진안설(곽장근, 『호남 동부지역 석곽묘 연구』, 서경문화사, 1999, 266~273쪽) 등이 있다.

67) 山尾幸久, 앞의 책(1983), 223~224쪽 ; 김태식, 『가야연맹사』, 일조각, 1993, 245~246쪽.

68) 이용현, 앞의 글(1997), 81~83쪽 ; 김태식, 앞의 글(2006), 136~140쪽.

69) 東道는 지리적으로 볼 때 신라의 북진로 중 백제의 동쪽인 화령과 추풍로가 만나는 보은 - 문의의 대백제루트와 보은-청원 낭성-증평 이성산성 - 진천 대모산성으로 이어지는 대고 구려루트로 볼 수 있고(양기석,「신라의 청주지역 진출」『문화사학』11~13, 1999, 366~370 쪽), 津은 금강과 미호천을 연결하는 백제의 군량보급로일 가능성이 있다.

바 있으며, 청원 부용면일대는 고구려유적과 백제, 신라유적이 함께 발견되는 곳이다.

그밖에 백제의 동북쪽 국경선은 〈중원고구려비〉가 있는 국원성(충주)을 중심 거점성으로 하는 소백산맥 이북지역에 형성되어 있었던 것으로 볼 수 있다.

이상과 같이 475년 직후 동성왕대에 제라동맹군이 고구려와 전투를 벌인 지점이나 축성 지점 등을 검토해 볼 때 백제의 북동쪽 국경선은 거의 진천 - 증평 - 청원 미원 - 보은선 - 괴산인 중부 내륙지방을 중심으로 이루어지고 있었으며, 정세 여하에 따라 이 교통로를 따라 일진일퇴의 공방전이 벌어지는 양상을 보여주고 있었음을 알 수 있다.

그러면 고구려군이 한성을 점령한 이후 남하하여 차령산맥 일대에까지 남진해 온 것은 어느 시기인지에 대해서 알아보자. 이와 관련하여 482년 고구려에 부용된 말갈이 한산성을 습격해 온 사건이 주목된다.[71] 이 전투 기사는 웅진 천도 후 백제가 고구려나 이에 부용된 말갈세력과 전투를 벌인 최초의 사례이다. 이는 481년에 彌秩夫에서 벌어진 신라 구원작전에서 신라를 지원한 백제[72]에 대해 일종의 보복전 성격을 가진 것으로 볼 수 있다. 이어 494년 살수원 전투, 495년 치양성 전투에서 고구려군을 제라동맹군이 공동으로 물리치고 있다.

따라서 482년 전후로 한 시기에 고구려가 삼년산성(보은)에 전진기지를 둔 신라를 공격하기 위해 살수원(청원 미원) - 견아성(보은) 일대에서 전투를 벌이고 있는 것으로 나타났다. 이때의 두 나라 간의 국경선은 대략 아산만을 경계로 하여 차령산맥을 넘나들면서 금강 중류일대에까지 압박해 들어가 계룡산을 경계로 하여 웅진 왕도를 배후에서 위협하고 있었던 것으로

---

70) 양기석, 「5世紀 後半 韓半島 情勢와 大加耶」『5~6세기 동아시아의 국제정세와 대가야』, 고령군 대가야박물관 · 계명대 한국학연구원, 2007, 55~56쪽.
71) 『삼국사기』 백제본기 동성왕 4년 9월.
72) 『삼국사기』 신라본기 소지마립간 3년 3월.

생각된다. 아산만과 남한강 일대에까지를 한때 고구려 영역으로 주장한 『삼국사기』 지리4 기사가 이를 어느 정도 반영해 주는 것으로 볼 수 있다.[73]

이러한 사실을 뒷받침해 주는 고고학 자료가 남한지역에서 현재 92곳이 확인되고 있다.[74] 그 가운데 『삼국사기』 지리4에 해당하는 지역으로서 고구려의 세력의 南限을 알려주는 유적은 안성·음성·이천 경계에 있는 망이산성, 진천의 대모산성, 충주의 중원고구려비·장미산성, 단양의 온달산성, 청원의 남성골유적, 대전의 월평동산성, 원주의 건등리유적, 홍천의 역내리유적·철정리유적이 있다. 그 중에서 『삼국사기』 지리4에 없는 지역으로 고구려의 세력 남한을 보여주는 유적이 청원 남성골유적과 대전 월평동 유적이다.

이로 미루어 보면 고구려의 일부 별동부대가 웅진으로 남천한 백제를 공격하기 위해 금강유역인 청원과 대전지역에까지 남하하여 한동안 계룡산을 경계로 백제의 새 왕도 웅진을 공제하기 위해 고구려의 전진 기지를 건설한 것으로 보인다.[75] 청원 남성골유적의 규모가 대략 270~360m 정도에 불과한 것을 미루어 보면 소규모 병력이 주요 교통로를 따라 전략적 요충에 주둔하고 있을 정도의 군사적 거점 지배형태를 갖춘 것으로 추정된다.

이상과 같이 475년 직후 고구려와 백제의 국경선은 아산만 - 직산 - 진천 - 청원(부강) - 대전(월평동) - 괴산 - 충주 - 단양의 선을 유지하고 있었던 것

---

73) 『삼국사기』 권35, 잡지4 지리2 및 권37, 잡지6 지리4. 고구려에 의하면 당시 고구려의 남쪽 국경은 아산만에서 죽령·조령과 흥해를 포함한 경상북도 일원에 이르는 지역이 고구려 영역인 것으로 기술해 놓았다.

74) 국립문화재연구소, 『남한의 고구려유적 -현황조사 및 보존정비 기본계획(안)』, 2007.

75) 고구려군의 한강 이남 진출루트는 중간지대에서 고구려유적이 아직 발견되지 않고 있어 분명치는 않으나 대략 세 가지 루트가 상정된다. 하나는 천안을 거쳐 청원 남성골에 이르는 루트이고, 또 하나는 〈중원고구려비〉가 있는 충주[國原城]에서 금강 지류인 미호천을 따라 청원에 이르는 루트이고, 또 다른 것은 이천 - 장호원 - 진천 - 청원에 이르는 루트 등이 추정된다.

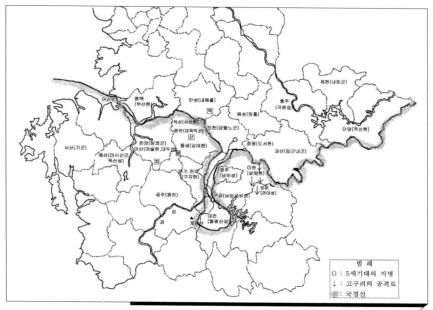

480년대 고구려와 백제의 국경선 | 01

으로 밝혀졌다. 아산만에서 남한강유역까지 한때 고구려 영역인 것으로 주장한 『삼국사기』 지리4 기사가 이를 어느 정도 이를 반영해 주는 것임을 알수 있다. 그리고 동성왕대에 고구려의 세력은 『삼국사기』 지리4의 南限인 직산을 넘어 중부 내륙지역인 진천(모산성) - 청원 미원(살수원) - 보은 내북(견아성)선에서 백제와 신라를 교차적으로 침공하는 형태로 남하하였다. 이를 지도로 표기하면 〈지도 1〉과 같다.

4. 맺음말

이 글은 한강유역 일시 회복설을 보완하는 입장에서 475년 직후 5세기 후반까지의 고구려의 한강유역과 그 이남지역 진출과정을 통해 백제 북쪽 국경선의 변화를 살피기 위해 작성된 것이다. 이를 요약하면 다음과 같다.

475년 고구려의 한성 공격은 당시 고구려가 처한 대외적 일련의 긴장관계로 인하여 백제를 멸망시켜 영토지배를 도모하기보다는 치밀한 사전 준비하에 단기간의 전격적인 작전을 벌려 백제를 제압하는데 있었다. 475년 한성 함락 이후 고구려의 주력부대는 철수하였지만, 그 잔류부대가 서울 몽촌토성에 주둔하면서 한성지역에 대한 치안 유지와 백제의 공격에 대비하고 있었다. 따라서 475년 전쟁의 성격이나 또는 몽촌토성에 주둔한 고구려군의 존재를 통해 한성을 포함한 한강유역은 일단 고구려의 지배 하에 있었던 것으로 판단되기 때문에 백제의 한강유역 영유설은 성립될 수 없음을 밝혔다.

이어 이어 백제가 서울인 한성을 빼앗기고 웅진으로 천도를 단행하자 고구려군은 이를 추격하여 금강중류 유역까지 남하해 온 것으로 드러났다. 고구려의 한성과 그 이남지역에 대한 통치 방식은 한성과 국원성 등 중심 거점성에는 守事와 같은 고구려 관료를 파견하고, 여타 지역은 백제계 재지세력가들을 적극 활용하여 각 지역을 지배해 나갔다. 그리고 남성골이나 월평산성과 같은 전략적 거점지역에는 소규모 병력으로 거점을 확보하면서 유사시 기마병에 의한 신속한 공격이 가능한 보루 위주의 공격형 관방체제를 구축한 것으로 보았다.

480년대에 이르면 고구려군은 주로 중부 내륙지역인 살수원(청원 미원) - 견아성(보은) 일대에서 제라동맹군과 전투를 벌이고 있었다. 고구려가 백제를 공격하기 위해 남하한 루트는 미호천을 따라 금강유역인 청원 부강(남성골유적)과 대전 월평동에까지 진출하여 계룡산을 경계로 백제의 왕도인 웅진을 위협하고 있었다. 그리고 신라를 제압하기 위한 공격로는 살수원(청원 미원)을 거쳐 견아성(보은 내북면) 일대에까지 일시적으로 진출하였으나 이 지역을 영유하지는 못하였다.

480년대 고구려와 백제의 국경선은 관련 문헌기록에 나오는 두 나라 간의 전투 지점과 성곽 축조 지점, 그리고 고고학적 유물과 유적을 종합적으로 검토해 보면 다음과 같다. 즉 백제의 북쪽 경계선은 아산만 이남지역과 직산, 진천 이남지역에 걸쳐 있었으며, 중부 내륙지역의 경우 고구려는 미호천을 따라 청원 부강 남성골과 대전 월평동에까지 진출하였다. 고구려의 일부 별동부대가 웅진으로 남천한 백제 새 왕도 웅진을 공격하기 위해 금강 중류유역인 청원 부강과 대전지역에까지 남하하여 고구려의 전진기지를 건설한 것으로 볼 수 있다. 또한 백제의 동북쪽은 괴산을 거쳐 남한강유역인 충주, 단양지역에 진출하면서 국원성을 그 중심 거점성으로 활용하였다.

따라서 475년 직후 고구려와 백제의 국경선은 아산만 - 직산 - 진천 - 청원(부강) - 대전(월평동) - 괴산 - 충주 - 단양의 선을 유지하고 있었던 것으로 밝혀졌다. 아산만에서 남한강유역까지 한때 고구려 영역인 것으로 주장한 『삼국사기』 지리4 기사가 이를 어느 정도 이를 반영해 주는 것임을 알 수 있다.

그런데 논지를 전개하는 과정에서 『삼국사기』 지리4에 나타나는 고구려 군현 명칭에 대한 분석과 『삼국사기』 백제본기 동성왕~무왕대에 보이는 한강유역과 관련된 지명이 그 저본사료인 『구삼국사』와 『고기』류 자체의 오류에서 비롯되었다면 그 서술 배경에 대한 검토가 필요하다.

『한국 고대 사국의 국경선』, 서경문화사, 2008

威德王代의 대외관계
- 對中關係를 중심으로 -

1. 머리말

백제 威德王代(554~598)는 백제 사비시대 정치사 전개과정에서 매우 중요한 위치를 점한다. 관산성 패전으로 부왕인 聖王(523~554)을 잃은 위덕왕이 시급히 해결해야 할 과제는 안으로는 패전으로 인해 야기된 정정의 혼란을 수습하고 정치적 안정을 되찾는 일이고, 밖으로는 실추된 백제국가의 위상을 되찾는 일이었다. 위덕왕의 사태 수습여하가 이후 백제 국가의 존립은 물론 이후 정치사 전개에 큰 관건이 되기 때문이다.

필자는 이 점에 주목하여 위덕왕대를 두 시기로 나누고, 그 후반기인 위덕왕 14년(567)부터 추진한 22부사의 강화, 불교 이념을 통한 배타적 왕족의식의 고양, 역사편찬을 통한 왕실의 권위확립, 그리고 중국과의 활발한 대외관계를 통한 백제 왕권의 위상과 권위 확립 등의 시책이 바탕이 되어 무왕대의 왕권강화로 이어지는 것으로 이해한 바 있다.[1] 여기서 위덕왕이

---

1) 양기석, 「백제 위덕왕대 왕권의 존재형태와 성격」『백제연구』21, 1990, 37~53쪽.

추진한 권력기반 강화책에 대외관계가 큰 비중을 차지한 것으로 살펴 본 바 있다. 이를 반영해 주듯이『三國史記』백제본기의 위덕왕대 기사에는 일부 천문 관련 기사를 제외하고는 거의 중국 왕조인 陳, 北齊, 北周, 隋와 활발한 외교교섭을 전개한 사실이 기록되어 있다.『日本書紀』에 의하면 백제가 왜에 불교를 비롯한 선진문물들을 정례적으로 전해주고 있었던 것으로 서술되어 있는 점도 참고 된다.

필자의 이러한 견해는 백제 위덕왕대를 왕권이 크게 약화된 시기로 보는 기존의 견해[2]와는 상반된다. 즉 554년 성왕이 관산성 전투의 패사로 인하여 왕권이 크게 실추되고 한동안 대성귀족 중심의 정치 운영이 이루어지다가 武王代(600~641)와 義慈王代(641~660) 전반기에 왕권의 전제화가 이루어진 시기로 보고 있는 것이다. 이는『일본서기』欽明紀 16년조의 耆老들이 위덕왕에 대해 관산성 패전을 책임 추궁한 기사[3]와, 내정개혁에 관한 관련 사료가 극히 부족한 데에서 도출된 인식이라 할 수 있다.

그런데 최근 1993년 부여 능산리사지 조사에서 출토된 백제금동대향로와 1995년 10월 출토된 석제사리감의 명문을 통해 위덕왕대의 왕권의 위상을 다시 보려는 새로운 인식이 대두되고 있다. 즉 聖王의 管山城 패사 이후인 威德王・惠王(598~599)・法王代(599~600)는 불교를 통해 왕권강화를 도모한 것으로 이해하고 있으며,[4] 또한 석조사리감 명문에 나타난 북조풍의 서체, 부여 정림사와 능산리사지에서 출토한 소조상이 중국 하남성 낙양에 있는 북위 永寧寺의 것과 유사한 점 등을 들어 백제 위덕왕대 중국 북조와의 문물 교류에 주목하는 연구[5]가 그것이다.

2) 이러한 입장에서 이루어진 대표적인 연구는 다음과 같다. 노중국,『백제정치사연구』, 일조각, 1988, 176~183쪽 ; 김주성,「백제 사비시대 정치사연구」, 전남대 박사학위논문, 1990, 64~72쪽 ; 박민경,「무왕・의자왕대 정국운영의 연구」『한국고대사연구』20, 2000, 569~596쪽.
3)『일본서기』권19, 흠명기 15년 동 12월.
4) 김수태,「백제 위덕왕대 부여 능산리 사원의 창건」『백제문화』27, 공주대백제문화연구소, 1998, 37~52쪽 :「백제 법왕대의 불교」『선사와 고대』15, 한국고대학회, 2000, 5~24쪽.

이러한 연구들은 새로 발굴된 고고학 자료를 토대로 한 것으로 성왕 - 무왕 - 의자왕으로 이어지는 사비시대 백제 정치사의 흐름을 새롭게 조명한다는 측면에서 의미 있는 작업이라 할 수 있다.

한 국가의 대외정책은 국내의 정치 주도 세력의 변화 등과 같은 내적 조건과 주변 정세와 유기적인 관계와 결합하여 전개되는 것이기 때문에 이 글에서는 먼저 위덕왕대 집권 초기의 권력기반 강화과정을 살펴 볼 예정이다. 그리고 이러한 정치적 안정을 토대로 하여 전개한 백제의 중국왕조인 陳, 北齊, 北周, 隋와의 교섭 추이를 고구려, 신라와 관련하여 동태적으로 파악할 것이며, 끝으로 위덕왕이 북제로부터 받은 '東靑州刺史'란 작호가 갖는 실재성과 의미를 살필 예정이다. 다만 위덕왕대의 대외관계 중 왜와의 관계도 중요한 부분이기는 하지만 추후에 별고를 통해 고찰할 예정이다.

2. 집권 초기의 권력기반 강화 모색

위덕왕이 554년 관산성 전투의 참패, 이에 따른 정정의 불안을 극복하기 위해 대외관계에 적극 나서게 된 것은 그의 집권 전반기 즉 위덕왕 14년(567) 이전의 꾸준히 추진한 권력기반 강화책에서 비롯된다.

554년 관산성 전투는 단순히 제라 양국 간의 이해관계 속에서 이루어진 것이 아니라 동북아시아 전체의 역사적 상황과 관련하여 전개된 일대 사건이라 할 수 있다. 이 전쟁은 당사국인 제라 양국 이외에 고구려, 가야, 왜세력까지 직·간접적으로 참여하여 삼국의 항쟁과정에서 주도권을 확보하려

---

5) 위덕왕대 백제와 북조간의 문물교류에 관한 주요 연구는 다음과 같다. 김종만, 「사비시대 瓦에 나타난 사회상 소고」『국립공주박물관기요』2, 국립공주박물관, 2002, 58~59쪽 ; 신광섭, 「능산리사지 발굴조사와 가람의 특징」『백제금동대향로와 고대동아세아』(백제금동대향로 발굴 10주년기념 국제학술심포지움 발표요지), 부여박물관, 2003, 49~56쪽 ; 溫玉成, 「부여 능산리사지에 관한 제문제」, 앞의 책(2003), 166~181쪽.

는 전쟁의 양상을 띠고 전개된 것으로, 이후 신라의 우위를 확보하게 되는 계기가 되었다. 신라가 백제로부터 한강하류 유역을 탈취한 데에서 비롯된 관산성 전투는 백제의 일방적인 참패로 끝났다. 이 전투에서 백제는 太子 餘昌[위덕왕]은 신라군 포위망을 간신히 빠져 나왔으나, 이미 성왕 자신이 신라군에 사로잡혀 전사하였고 좌평 4명을 비롯하여 3만에 가까운 병졸들이 참살당할 정도로 참패하고 말았다.

관산성 전투의 참패는 향후 백제의 정국운영에 큰 파문과 충격을 던져주었다. 『일본서기』에는 백제가 신라 정벌을 앞두고 벌어진 백제 조정 내에서의 동향과, 관산성 전투과정, 그리고 위덕왕이 즉위하기까지의 일련의 과정이 상세히 서술되어 있는데 중요한 기사를 뽑아 쓰면 다음과 같다.

A-① (전략) 餘昌이 신라를 정벌할 것을 계획하자 耆老가 "하늘이 함께 하지 않으니 화가 미칠까 두렵습니다"라고 간언하였다. 여창이 "늙었구려. 어찌 겁내시오. 우리는 대국을 섬기고 있으니 어찌 겁낼 것이 있겠소"라 하고, 드디어 신라국에 들어가 久陀车羅에 보루를 쌓았다. 그 아버지 明王은 여창이 행군에 오랫동안 고통을 겪고 한참동안 잠자고 먹지 못했음을 걱정하였다. 아버지의 자애로움에 부족함이 많으면 아들의 효도가 이루어지기 어렵다 생각하고 스스로 가서 위로하였다. 신라는 명왕이 직접 왔음을 듣고 나라 안의 모든 군사를 내어 길을 끊고 격파하였다.

② 이때 신라에서는 佐知村의 말을 먹이는 종 苦都[다른 이름은 谷智라고도 함]에 "고도는 천한 종놈이요, 명왕은 이름 있는 왕이다. 지금 천한 종으로써 군왕을 죽이게 하여, 후세에 전하여져서 사람의 입에서 잊지 않게 되기를 바라고자 한다"라고 말했다. 얼마 후 고도가 명왕을 붙잡아 재배하고, "왕의 머리를 베도록 하여 주소서"라고 말하였다. 명왕이, "왕의 머리는 종의 손에 맡길 수 없다"라고 대답하였다. 고도가 "우리나라 법에는 맹서한 것을 어기면 국왕이라 하더라도 마땅히 종의 손에 죽습니다"라고 말했다 (어느 한 책에는 "명왕이 의자에 걸터앉아 차고 있던 칼을 풀어 곡지에게 주어 베도록 하였다"고 하였다). 명왕이 하늘을 우러러보고 탄식하며 눈물을 흘리면서 허락하여 말하기를, "과인은 매양 생각해 보건데 뼈에 사무치는 고통을 참고 살아왔지만, 돌아보건데 구차하게 살고싶지 않다"라고 하고 머리를 늘여 베임을 당하였다. 고도는 참수하여 죽인 후에 구덩이를 파고

묻었다[어느 한 책에는 "신라가 명왕의 두골을 수습하여 두고, 예로써 나머지 뼈를 백제에 보냈다. 지금 신라왕이 명왕의 뼈를 북쪽에 있는 관청의 계단 아래에 묻었는데 이 관청을 都堂이라 한다"고 하였다].6) [이상, 『일본서기』 권19, 흠명기 15년(554) 동12월]

③ 백제 餘昌이 여러 신하들에게 "소자는 이제 돌아가신 부왕을 받들기 위하여 出家하여 修道하고자 한다"라고 말하였다. 여러 신하와 백성들이 "임금임금께서 출가하여 수도하고자 하신다면 우선 왕명을 받들겠습니다. 슬프도다. 전의 생각이 바르지 못하여 후에 큰 근심을 가지게 되었으니 누구의 잘못입니까? (중략) 만약 耆老의 말을 들었다면 어찌 여기에 이르렀겠습니까? 바라건대 앞의 잘못을 뉘우치고 속세를 떠나는 수고로움은 하지 마십시오. 원하시는 것을 굳이 하고 싶으시다면 나라 백성들을 출가시키는 것이 마땅합니다"라고 하였다. 여창이 "좋다"고 대답하고는 곧 나아가 신하들에게 꾀하도록 하였다. 신하들은 마침내 상의하여 100명을 출가시키고 幡蓋를 많이 만들어 여러 가지 공덕을 행하도록 하였다고 云云 하였다. [『일본서기』 권19, 흠명기 16년(555) 8월]

④ 백제 왕자 여창이 왕위를 이었는데, 이가 위덕왕이다. [『일본서기』 권19, 흠명기 18년(557) 춘3월]

위 기사 중 A-①은 백제 조정 내에서 신라 정벌에 대하여 和戰 양면을 놓고 갈등을 벌리는 기사이다. 이 가운데 태자 여창은 신라와의 싸움을 막으려고 간언하던 '耆老'들을 질책하면서 대신라 전쟁을 독려하고 있으며, 관산성 전투 때에는 선봉으로 출전하여 최전방 久陀牟羅塞에서 신라군과 대치하고 있었음을 보여주고 있다. 이로 미루어 보아 여창은 신라 정벌을 앞장 서서 주도한 주전론자인 것으로 나타난다.7)

6) 주) 3 참조.
7) 백제가 신라정벌에 앞서서 신라에 대한 주전파와 주화파 간의 갈등을 있었던 것으로 보는 연구가 있다(양기석, 「백제 위덕왕대 왕권의 존재형태와 성격」 『백제연구』21, 1990, 39~42쪽). 그에 의하면 주전파로는 성왕을 비롯하여 태자 餘昌, 그리고 대성귀족 중에는 木氏, 眞氏 및 馬武와 같은 근시세력 등을 들었고, 반면 '耆老'로 지칭되는 주화파로는 沙氏와 燕氏세력 등을 상정하였다.

A-②는 성왕이 신라 三年山郡 소속 高干 苦都에 의해 사로잡혀 처형되는 모습을 기록한 부분이다. 위 기사에서는 성왕은 신라군에 사로잡힌 후 그 유해 처리에 대해 두 가지 설을 제시하고 있다. 하나는 성왕이 삼년산군 高干 苦都에 의해 처형된 후 그에 의해 매장되었다는 설이고, 또 하나는 신라가 성왕이 처형된 후 두골을 수습하여 백제에 보냈다는 설이다.

이 기사는 성왕이 처형되는 과정이 상세히 서술되어 있어 사실적일 수도 있으나, 전자의 경우 일국의 국왕을 처형하고 나서 그 시신을 구덩이에 묻었다는 것은 예의상 어긋난 일로 보인다. 이는 백제인들이 신라인들에 대한 적개심을 높이기 위해 과장시켜 만든 이야기일 것으로 보인다. 성왕과 신라 진흥왕은 한때 제라동맹을 통해 우호관계를 유지한 관계였고, 또 신라가 성왕의 유해를 송환하지 않을 경우 백제로부터 큰 보복이 있을 것이 두렵기 때문에 오히려 후자처럼 예를 갖추어 성왕의 유해를 백제에 송환한 것으로 보는 편이 오히려 전자보다 타당할 것이다.

A-③는 여창이 패전 직후 부왕인 성왕의 참담한 비보를 접하고서 부왕의 명복을 빌기 위해 '出家修道'하겠다는 결심을 밝히자 이에 '耆老'로 지칭되는 주화파들은 통렬히 전쟁 도발에 대한 책임추궁을 하면서도 여창의 출가를 포기하도록 간곡히 만류하는 기사이다. 결국 여창은 출가를 포기하고 왕위에 즉위하는 대신 100명을 출가시키고 여러 功德齋를 베풀었다고 한다. 이런 과정을 거쳐서 위덕왕이 왕위에 오른 것은 성왕이 패사한지 3년째 되던 557년으로 되어 있다(A-④). 이는『삼국사기』관련 기사보다 3년이 늦게 된 것이다. 그러나 부여 능산리사지에서 출토된 〈백제창왕명사리감〉 명문에 의하면 A-④기사는 사실이 아닌 것으로 판명되었다.[8] 그렇다면 A-④

─∞─

8) 부여 능산리사지에서 출토된 백제창왕명석조감 명문에는 "百濟昌王十三季太歲在丁亥…" 라고 하여 창왕 13년이 丁亥年 즉 서기 567년에 해당한다.『삼국사기』와 비교하여 1년차가 있음을 알 수 있다. 그런데『일본서기』권19, 흠명기 18년 춘3월 庚子 즉 557년에 위덕왕이 즉위한 것으로 되어 있어『삼국사기』보다 3년 뒤의 일로 기록하고 있다. 이는 사리감의 명문에 비추어 볼 때 근거 없는 것으로 판단된다.

기사는 백제인들에 의해 만들어진 다소 과장된 기사로밖에는 볼 수 없다.

위 기사는 『삼국사기』 관련 기사와 비교 검토해 볼 때 많은 부분에 걸쳐 사실이 담겨져 있는 것은 분명하다. 그럼에도 불구하고 위덕왕의 즉위과정을 위와 같이 극화시켜 다소 과장된 면으로 기록에 남긴 이유는 무엇일까? 위덕왕 즉위과정에 대한 이런 과장된 서술이 남겨지게 된 것은 아마 위덕왕의 어떤 정치적 의도가 개재되어 있을 가능성이 있어 보인다. 다시 말하면 위덕왕은 관산성 전투에서 성왕이 패사한 데에 따른 백제국가의 큰 위기를 어떻게 수습해야 하며, 그리고 자신이 '기로'들의 반대에도 불구하고 강행 주도한 대신라전에서의 참패에 대한 책임 추구를 어떻게 모면하느냐의 대처 방안을 강구할 필요성이 대두된 것이다. 자칫 잘못하면 그의 왕위계승이 순탄치 못한 국면으로 전화될 수도 있기 때문이다.

따라서 위덕왕은 그 수습 방안의 하나로 부왕인 성왕의 권위와 위업을 후광으로 삼아 실추된 왕권기반을 재구축하려고 도모하였을 것이다. 당시 성왕은 백제인들로부터 영매한 군주로 칭송된 존재였음이 다음 기록에서 확인된다.

B 聖王은 하늘의 道와 땅의 이치에 통달하였고 명성은 사방팔방에 퍼졌다.[9]

위와 같이 성왕은 당대에 백제인들로부터 그의 이름에 '聖'자를 붙일 정도로 높은 추앙을 받고 있었던 존재였다. 〈牟頭婁墓誌〉에서 보듯이 고구려인들이 광개토왕을 '好太聖王', '聖王'으로 존숭하여 불렀던 사례가 참고된다. 불교식으로 보면 轉輪聖王에 비견되는 존재이다. 성왕은 사비천도를 비롯하여 시호제 정비와 무령왕계의 왕위계승권의 확립, 22부사의 운영, 불교교단 정비, 한강고토수복 등을 통해 국왕 중심의 정치개혁을 이룬 백제

9) 『일본서기』 권19, 흠명기 16년 춘2월.

중흥의 군왕으로서[10] 백제인들로부터 높이 추앙받는 존재였다. 위덕왕은 부왕이 이루어 놓은 권위와 성과를 현창하고 이를 계승해 나가는 것이 그의 권력기반 강화에 큰 도움이 될 것임이 분명하기 때문이다.

위덕왕의 즉위과정에서 보듯이 당시 위덕왕은 '耆老'로 지칭되는 주화파들로부터 패전에 대한 책임소재를 추궁당하고 있었다. 이 점이 성왕에 이어 왕위에 오르는데 걸림돌이 될 것임은 분명하다. 백제인들 모두는 성왕이 신라와의 전투에서 뜻하지 않게 사로잡혀 죽은 데에 대하여 참담한 심정을 느꼈을 것이다. 위덕왕 자신이 즉위에 앞서 '출가수도' 운운하고 왕위에 오르는데 3년이 걸렸다는 A-③의 기사는 개인적으로 불교에 귀의하여 아버지를 잃은 참담한 심정을 드러낸 측면이 있지만, 그 이면에는 성왕의 후광을 이용하여 그의 왕위 계승에 따른 정통성 시비와 관산성 패전에 대한 책임추궁을 모면하기 위해 만든 이야기도 내재되어 있는 것으로 볼 수 있다.

결국 '출가수도'하려는 여창과 관산성 전투의 패전에 대한 책임을 추궁하던 '기로' 세력들 간에는 타협이 이루어져 위덕왕은 왕위에 오르게 되었고, 여창의 '출가수도' 대신 100명의 출가와 여러 가지 공덕재를 행하게 된 것이다. 여창은 주전파의 앞장을 섰던 관계로 그의 정치 사회적 지위와 권위 확립에 큰 손상을 입었던 반면 '기로' 세력들 또한 관산성 전투에서 좌평 4명이 전사할 정도로 많은 타격을 입었는 데다가 성왕대에 다져놓은 권력기반이 여전히 존속하는 상태에서 '기로' 세력 중심의 일방적인 정국운영상의 독주는 어려웠기 때문이다.

위덕왕은 왕위에 오른 후 먼저 신라에서 송환된 부왕의 유해를 빈소에 안치하고 부왕의 명복을 빌기 위한 장례의식을 준비해 나갔을 것이다. 부왕의 유해 송환은 백제 왕실뿐 아니라 위덕왕 자신의 왕위계승상의 정통성 확보를 위해서도 해결해야 할 중대한 문제가 아닐 수 없다. 그리고 그가 원하

---

10) 양기석, 「백제 성왕대의 정치개혁과 그 성격」『한국고대사연구』4, 한국고대사연구회, 1991, 77~103쪽.

던 성왕의 후광을 이용하기 의해서는 유해 송환이 더욱 절실해진 것이다. 342년 고구려 고국원왕때 전연의 모용황이 고구려를 쳐서 부왕 미천왕의 시신을 가져가자 고구려는 부왕시신의 송환을 위해 일시적이나마 전연에 굴복한 사례가 참고된다.[11] 관련 사료의 부족으로 유해 송환을 위한 교섭이 어떻게 진행되었는지에 대해서는 알 수 없지만, A-③의 이설에 의하면 성왕의 유해 송환은 일단 성사가 된 것으로 보인다. 공주 정지산유적에서 보듯이 殯所가 설치되고 부여 능산리 일대에 왕릉묘역을 조성하여 유해를 안치하는 일 등이 마련되었다.

위덕왕 14년(567) 부왕의 위업을 기리고 追福을 위해 부여 능산리 묘역 옆에 국가적인 대규모사업인 공덕분사를 창건하여 여기에다 백제 왕권의 상징물인 백제금동대향로와 사리장치를 공양하는 작업이 완료된 것이다. 王興寺가 法王(599~600) 2년(600)에 착공되어 무왕 35년(634)에 준공될 때까지 무려 35년이 소요된 사례가 참고된다. 이 능산리사지의 창건은 성왕패사 이후 성왕의 권위와 위업을 계승하고 혼란하였던 지배질서를 극복하였다는 사실을 천명하는 백제 왕권의 상징물로 이해된다.[12]

다음으로 추진해야 할 일은 만일에 있을 신라침입에 대한 대비책을 세우고, 또한 신라에 대한 적개심을 내세워 국왕 중심의 결속력을 공고히 하는 군사적 대비책을 갖추는 일이다. 관산성 전투에서 백제군은 많은 병력 손실이 있었지만 최소한의 국세를 유지할 만큼의 군사력을 유지한 것으로 보인다.[13] 관산성 패전 직후인 위덕왕 원년(554) 9월에는 신라에 대한 적극적인 보복공세에 나섰는데 珍城[14] 전투에서 남녀 3만 9천 명과 말 8천 필을 노획

---

11) 『삼국사기』 권18, 고구려본기 고국원왕 12년 11월.
12) 능산리사지 창건과 백제금동대향로 및 사리감장치 등에 관한 주요 연구업적은 다음과 같다. 최병헌, 「백제금동향로」 『한국사시민강좌』 23, 일조각, 1998 ; 김수태, 「백제 위덕왕대 부여 능산리 사원의 창건」 『백제문화』 27, 1998 ; 국립부여박물관편, 『백제금동대향로』(백제금동대향로 발굴 10주년 기념 연구논문자료집), 2003 : 『백제금동대향로와 고대동아세아』(백제금동대향로 발굴 10주년 기념 국제학술심포지움), 2003.

할 정도로 큰 전과를 올렸고,[15] 이어 같은 해 10월에는 백제를 견제하기 위해 熊川城에까지 침공한 고구려군을 물리치기도 하였다.[16] 이듬해 555년 2월에는 왕의 동생인 惠를 왜에 파견하여 왜와의 우호관계를 통해 신라를 견제하고 유사시에는 청병하여 백제를 돕도록 하였다.[17]

이러한 전쟁에서의 승리는 관산성 패전을 부분적으로 만회할 수 있게 되고, 또 내정개혁에 불만을 가진 반대세력을 제거할 수 있으며, 나아가 국왕으로서의 권위와 지배력을 공고하여 권력기반 강화에도 기여할 수 있다. 그러나 위덕왕대에는 전반적으로 삼국 간의 큰 전투가 없이 소강상태를 유지하는 가운데 중국과의 다양한 외교전 양상을 전개하던 시기로 볼 수 있다. 그리고 위덕왕이 의도한대로 집권 초반을 제외하고는 대신라전에서는 큰 성과를 올리지 못하였다. 561년 신라와의 전투에서는 백제의 선공으로 이루어졌으나 백제가 천여 명의 사상자를 내고 패퇴하였고,[18] 577년에는 백제가 신라 서변 一善郡 북쪽을 공격하였으나, 伊湌 世宗이 이끄는 신라군의 역습을 받아 3,700명을 참획당하기도 하였다.[19]

이상으로 위덕왕은 집권 초기에 주화파인 '기로' 세력과의 정치적 타협

---

13) 관산성 전투 때에 백제가 신라에 의해 멸망당할 정도로 큰 피해를 입지 않은 것으로 보는 견해가 있다(김태식, 『가야연맹사』, 일조각, 1993, 302~303쪽 ; 이희진, 『가야정치사연구』, 학연문화사, 1998, 188~201쪽). 그에 의하면 관산성 전투에서 신라군에 의해 전사한 3만 명을 백제군 만 명, 왜병 천 명, 가야군 18,600명 이상으로 산정하였다. 그러나 백제의 경우 백제군이 왜·가야 연합군의 중심 세력이었다는 점, 관산성 전투에서 국왕은 물론 좌평 5명 중 4명이 전사한 점 등을 미루어 보면 백제군도 많은 사상자를 낸 것으로 보인다.

14) 충남 珍山으로 비정된다. 백제 때 珍同縣이었다가 통일신라 때 黃山郡의 영현으로, 고려 때 珍同縣으로, 조선 태종 13년 이후에는 珍山郡이 되었다.

15) 『삼국유사』 권1, 기이1, 진흥왕.

16) 『삼국사기』 권27, 백제본기 위덕왕 원년 10월. 熊川城은 충남 공주시를 지칭하기도 하고, 또는 안성천 유역의 한 성으로 보는 견해(이병도, 『국역 삼국사기』, 을유문화사, 1976, 301쪽)가 있다.

17) 『일본서기』 권19, 흠명기 16년 춘 2월.

18) 『삼국사기』 권4, 신라본기 진흥왕 23년 7월조에는 562년으로 기록되어 있어 백제본기와 1년 차를 보여주고 있다.

19) 앞의 책, 백제본기 위덕왕 24년 10월.

을 통해 관산성 패전에 따른 정치적 혼란을 수습하고 왕권의 권력기반을 재구축하기 위한 준비작업을 펴나간 것으로 보았다. 이를 위해 성왕의 유해 송환과 장례의식 준비, 성왕을 추복하기 위한 국가적인 대규모의 공덕분사 창건 등 성왕의 권위와 위업을 기리는 현창사업, 그리고 신라에 대한 군사 대비책을 마련한 것으로 볼 수 있다.

3. 중국 왕조와의 교섭 추이

1) 南北朝와의 관계

위덕왕 14년(567)부터는 『삼국사기』에 거의 대외관계에 관한 기사가 집중적으로 나타나고 있어서 집권 전반기와는 다른 양상을 보여주고 있어 주목된다. 집권 전반기에는 성왕의 추복사업을 통해 어느 정도 정치적 안정을 되찾기 위한 토대를 마련하였다면 위덕왕 14년 이후인 집권 후반기부터는 백제국가의 존립과 국제적 위상을 높이는데 진력하고 있는 모습을 보여주고 있다. 이 시기 백제는 중국왕조인 陳, 北齊, 北周, 隋를 대상으로 하여 백제사상 가장 많은 대외교섭 횟수를 가진 것으로 나타난다. 위덕왕대의 대중관계의 중요성을 반영해 준다.

6세기 중반 이후 동아시아 국제정세는 큰 변화를 맞게 된다. 5세기 이래 중국의 남북조, 동북아시아의 고구려, 몽고고원의 柔然, 그리고 土谷渾이 각각 중심이 된 다원적인 세력균형을 이루고 있었다.[20] 北魏가 525년 漢化 政策과 胡漢體制의 갈등에서 빚어진 6鎭의 난을 거쳐 高歡이 세운 東魏(534 ~550)와 宇文泰의 西魏(535~556)로 양분되면서 기존의 남북관계에서 새로

20) 5~6세기 동아시아 국제정세에 대한 분석은 노태돈, 『고구려사 연구』, 사계절, 1999, 346~355쪽 ; 김종완, 「남조와 고구려의 관계」『고구려연구』14(고구려연구회편), 학연문화사, 2002, 341~365쪽을 참고할 것.

이 동서 간의 대립이 야기되는 복잡하고 다원적인 형세가 전개되었다.

이러한 형세는 6세기 중반에 이르러 다시 동위와 서위가 北齊(550~577)와 北周(556~581)로 교체되고 남조는 梁을 대신하여 陳覇先에 의해 陳(557~589)으로 이어지고, 또 556년 몽고고원에서는 突厥이 柔然을 멸하고 (552) 새로운 강자로 부상함에 따라 581년 隋가 등장하여 남북조를 통일할 때까지 동아시아 국제정세는 새로운 국면을 맞게 되었다.

한편 한반도에서의 삼국 간의 항쟁 양상은 554년 관산성 전투 이후 큰 변화를 겪게 된다. 신라가 한강유역을 차지하고 이어 562년 대가야마저 병합함으로써 삼국 항쟁에 있어서 우위를 확보하게 되었다. 이제 신라는 한강유역을 통해 중국 왕조에 독자적으로 사신을 파견하게 됨에 따라 대중외교의 자주권을 확립하게 된 것이다. 이로서 종래 고구려의 남진에 대항하기 위해 유지되었던 제라동맹 체제가 사실상 와해되었고, 신라의 세력 신장이 두드러지게 나타나는 형세가 전개되었다.

이 무렵 동아시아 세력의 한 축이었던 고구려는 서변지역에서 돌궐의 등장에 따른 일련의 군사적 긴장이 고조되고, 대내적으로는 왕위계승을 둘러싼 외척세력인 麤群과 細群세력이 서로 항쟁을 벌리는[21] 가운데 551년 제라동맹군에 의해 한강유역을 상실하게 되었다. 이후 고구려는 신라와 화평을 맺고 고조되어 가던 서변의 위협에 대처하기 위해 대중관계와 군사활동을 적절히 구사해 나가면서 대외적 위기를 수습하려 하였다.

이와 같이 6세기 중반 이후 동아시아의 국제관계는 북위의 분열과 동서 세력의 분열 대립, 유목민족 돌궐의 대두, 그리고 한반도에서의 신라의 약진 등 새로운 변화요인이 나타났으나, 전체적으로 어느 한 나라가 절대적 우위를 차지하지 못하는 양상이 전개됨에 따라[22] 장기간 안정을 유지하는

---

21) 노태돈, 「고구려 한강유역 상실의 원인에 대하여」『한국사연구』13, 1976.
22) 노태돈은 어느 한 나라의 움직임에 따라 다른 나라들이 연쇄적으로 반응을 나타내는 현상을 5~6세기 남북조시대 국제관계의 특징적인 현상으로 이해하였다(『고구려사 연구』, 사계절, 1999, 346~355쪽).

형세가 되었다. 삼국도 6세기 말까지는 간헐적인 국지전 이외에 큰 전쟁 없이 소강상태를 유지하는 가운데 삼국 간에 외교적 우위를 점하려는 대중외교가 활발히 진행되고 있던 점이 이 시기의 특징이라 할 수 있겠다.

위덕왕 14년(567)을 기점으로 하여 백제는 중국 남북조와 활발한 외교관계를 가졌던 것으로 나타난다. 백제사상 한 왕대에 가장 많은 중국과의 교섭횟수를 가질 정도로 위덕왕의 치세 중에 대외관계의 중요성을 엿볼 수 있게 해준다. 위덕왕대의 대중관계를 살펴보면 남조인 진과 5차례, 북조인 북제와는 4차례, 북제를 병합한 북주와는 2차례, 그리고 남북조를 통일한 수와는 4차례, 모두 15차례에 걸쳐 교섭을 가진 것으로 나타난다. 그 교섭의 성격은 교빙 9회, 책봉 4회, 進賀 1회, 군사청구 1회인 것으로 나타난다. 교섭의 목적이 주로 교빙과 책봉 등 정치적 관계에 있었음을 알 수 있다. 위덕왕대 백제의 중국관계를 정리하면 〈표 1〉과 같다.

백제가 중국왕조와 첫 교섭을 가진 중국 왕조는 남조 陳이었다. 그 동안 백제는 372년 근초고왕대에 東晉과 처음으로 교섭을 벌려 '鎭東將軍領樂浪太守'로 책봉을 받은[23] 이래 개로왕 18년(472) 고구려 정벌을 요청하기 위해 이례적으로 북위에 청병한 사례[24]를 제외하고는 거의 東晉, 宋, 南齊, 梁과 같은 남조국가 일변도의 제한된 외교교섭을 전개하여 왔다. 梁[25]을 이은 陳과 교섭을 가진 것은 이러한 남조 일변도의 외교정책과 궤를 같이 하는 것이다.

백제가 진과 첫 교섭을 가지게 된 계기는 진으로부터 처음으로 책봉을 받은 562년의 일에서 비롯된다(〈표 1〉 1 참조). 『진서』에 의하면 진의 世祖

---

23) 『晉書』 권9, 제기9, 簡文帝 咸安 2년.
24) 『위서』 권100, 열전88, 백제 延興 2년.
25) 백제는 502년 양으로부터 새왕조 수립을 기념하기 위해 遣使 없이 征東大將軍에 책봉을 받은 이래 512년, 521년, 522년, 524년, 534년, 541년, 549년에 걸쳐 책봉을 받거나 또는 빈번한 교섭관계를 가졌다. 그 중 521년에는 백제 무령왕이 寧東大將軍으로, 524년에는 성왕을 綏東將軍에 책봉된 바 있다. 549년에는 侯景의 난을 만나 난군에 체포되어 투옥되었다가 귀환하기도 하였다.

표 1 　威德王代의 對中交涉

번호	중국 연호	서기	교섭 목적	교섭내용	출전
1	陳 天嘉3年	562	책봉	백제왕 餘明을 撫東大將軍으로 삼음	『陳書』3 본기3 世祖 윤2월 己酉
2	陳 光大元年	567	교빙	遣使獻方物	『진서』4 본기4 廢帝 9월 丙辰
3	北齊 天統3年	567	교빙	遣使朝貢	『北齊書』8 帝紀8 동 10월
4	北齊 武平元年	570	책봉	餘昌을 使持節侍中驃騎大將軍 帶方郡公으로 삼음	『북제서』8 제기8 2월 癸亥
5	北齊 武平2年	571	책봉	餘昌을 使持節都督 東靑州刺史으로 삼음	『북제서』8 제기8 춘정월 戊寅
6	北齊 武平3年	572	교빙	遣使朝貢	『북제서』8 제기8 12월
7	陳 太建9年	577	교빙	遣使獻方物	『진서』5 본기5 宣帝 추7월 己卯
8	北周 建德6년	577	교빙	遣使獻方物	『周書』6 제기6 武帝下 11월 庚午
9	北周 宣政元年	578	교빙	遣使獻方物	『주서』7 제기7 宣帝 10월 戊子
10	隋 開皇元年	581	교빙, 책봉	扶餘昌이 遣使來賀, 上開府儀同 三司帶方郡公으로 삼음	『隋書』1 제기1 高祖上 동10월 乙酉
11	隋 開皇2年	582	교빙	遣使貢方物	앞의 책, 正月 辛未
12	陳 至德2年	584	교빙	遣使獻方物	『진서』6 본기6 後主 11월 戊寅
13	陳 至德4年	586	교빙	遣使獻方物	앞의 책, 後主 추9월 丁未
14	隋 開皇9年	589	進賀	백제, 隋가 陳을 멸망시킴을 축하함	『수서』81 열전46 동이 백제
15	隋 開皇18年	598	교빙 군사 청구	長史 王辯那를 보내 방물을 바침 수가 고구려를 정벌할 때 軍導가 되기를 청함	〃

가 백제왕 餘明을 撫東大將軍으로 책봉한 사실을 다음과 같이 적고 있다.

C [天嘉三年] 閏二月己酉 以百濟王餘明爲撫東大將軍 高句麗王高湯爲寧東將軍[26]

위 기사에 의하면 백제왕 餘明과 고구려왕 高湯이 진으로부터 撫東大將軍과 寧東將軍에 각각 책봉된 사실을 전해주고 있다. 이때의 책봉은 백제의 遣使에 의해 이루어진 것이 아니고 陳이 신왕조 수립을 기념하기 위해서 주변제국의 군왕들에게 관작을 수여한 것이다.[27]

백제왕 여명은 무동대장군으로, 고구려왕 高湯은 영동장군에 각각 책봉되었다. 여기서 餘明은 백제 聖王의 이름인 '明襛',[28] '明王'(『일본서기』의 A기사)을 지칭하는 것으로 성왕은 554년 관산성 전투에서 이미 신라군에 사로잡혀 참살된 바 있다. 진은 성왕이 사거하고 위덕왕이 그 뒤를 이어 왕이 된 사실을 알지 못하고서 이미 사거한 성왕을 무동대장군으로 책봉한 것이다. 진은 기존의 백제와 양과의 전통적 교섭관계를 고려하여 백제의 견사와 관계없이 책봉한 것으로 볼 수 있다. 성왕이 524년 梁으로부터 持節都督百濟諸軍事綏東將軍百濟王으로 책봉된 이후[29] 綏東將軍[30]에서 무동대장군으로 進號한 것이다.

---

26) 『陳書』 권3, 본기3, 세조 天嘉 3年.
27) 坂元義種, 『百濟史の硏究』, 塙書房, 1978, 192쪽. 이 기사는 『삼국사기』에는 기록되어 있지 않다. 562년은 위덕왕 9년에 해당되고, 또 餘明을 성왕으로 보았기 때문에 모순이 생겨 이 기사를 싣지 않은 것으로 보인다.
28) 『삼국사기』 권26, 백제본기 4, 성왕 즉위년.
29) 『梁書』 권54, 열전48, 동이 백제.
30) 綏東將軍은 『隋書』 百官志 上에 의하면 20班으로 국내의 제3품 平東將軍에 상당하는 것이라 한다. 撫東大將軍은 23班으로 제2품 四征大將軍에 해당하는 것으로 백제왕이 받았던 鎭東大將軍보다 높았다. 반면 고구려 평원왕이 받은 寧東將軍은 22班으로 제3품 국내의 鎭東將軍에 해당하는 것으로 平東將軍보다는 상위에 있었다. 남북조시대 장군호에 대해서는 坂元義種, 『古代東アジアの日本と朝鮮』, 吉川弘文館, 1978, 25쪽 및 『百濟史の硏究』, 塙書房, 1978, 187~191쪽 ; 金鍾完, 『中國南北朝史硏究 -朝貢·交聘關係를 중심으로-』, 일조각, 1997, 122~124쪽을 참조할 것.

반면 고구려 平原王은 548년 고구려 陽原王이 梁으로부터 받았던 寧東將軍에 그대로 책봉되었는데 이는 백제보다 낮은 관품이었다. 당시 남조는 전통적으로 교섭관계를 가진 백제를 북조 중심의 외교관계를 전개해 왔던 고구려보다 더 높이 평가하고 있었음을 알 수 있다. 이 책봉이 있기 전에 고구려는 561년 양에 이어 백제보다 진에 먼저 교섭을 가졌다. 그리고 북제와도 교섭을 벌려 550년에는 使持節侍中驃騎大將軍領護東夷校尉遼東郡開國公高句麗王에 책봉을 받은 이래[31] 진과 함께 남북조와 등거리외교를 전개해 왔다.

고구려는 북제를 견제하기 위해 남조 진과는 모두 6차례 교섭을 가진 반면[32] 북제와는 7차례 교섭[33]을 가질 정도로 남북조와 등거리외교를 전개한 것이다. 북제는 고구려에게 제1품 驃騎大將軍의 높은 관작을 수여하고 있는 데 반해 남조국가인 양과 진은 백제보다 낮은 관작을 수여하여 대조를 이룬다. 이는 어디까지나 동아시아에서 차지하고 있었던 고구려의 현실적인 위상보다도 백제를 보다 중시하는 남조측의 입장이 반영된 것으로 볼 수 있다.

562년 백제와의 교섭 없이 진에 의해 일방적으로 이루어진 책봉은 진의 국가 이익과 세력균형을 위해서였다. 당시 북조에 비해 군사적으로 열세에 놓여 있던 남조가 북조를 외교적으로 견제할 현실적 필요에서였다. 백제가 이에 상응하여 바로 謝恩使를 파견하지 않고 567년에 가서야 비로소 진에 견사한 점이 참고 된다.

진이 백제 위덕왕을 책봉한 이후 백제가 처음으로 진에 사절을 보내 교섭을 가진 것은 567년의 일이다(〈표 1〉 2 참조). 이는 백제에 앞서 고구려와

---

31) 『北齊書』 권4, 帝紀4, 文宣 天保 元年 9월 癸丑.
32) 진과 고구려간의 교섭은 561년 처음 교섭을 가진 이래 562년 寧東將軍 책봉, 566년, 570년, 571년, 574년 모두 6회의 교섭이 있었다.
33) 고구려는 北齊에 550년에 처음 책봉된 이래 551년, 555년, 560년, 564년, 565년, 573년 모두 7회에 걸쳐 교섭을 가진 바 있다.

특히 신라가 진에 사절을 보내 교섭을 벌린 일과 관련있어 보인다. 신라는 한강유역을 차지한 후 565년 북제로부터 使持節東夷校尉樂浪郡公新羅王으로 책봉[34]된 이후 이듬해 고구려에 이어 진과 처음으로 교섭을 가진 것이다. 중국 왕조와의 교섭에 신라가 독자적으로 참여한 것은 이번이 처음이었다. 이에 자극을 받은 백제는 진에 견사하여 진과의 관계개선을 도모한 것으로 볼 수 있다.

당시 진의 대외관계는 미약한 것으로 나타난다. 진에 견사한 나라는 12국 정도에 불과하였고, 그 빈도수도 30여 회에 불과한 것으로 드러났다.[35] 당시 진은 서위와 북제에게 영토를 빼앗겨 송과 양에 비해 長江을 경계로 축소된 영역을 갖고 있었다. 진과 통교한 12개국 중에서 고구려와 신라는 각각 6회, 백제는 4회의 교섭을 가졌는데 삼국이 다른 나라에 비해 많은 빈도수를 나타낸다. 당시 삼국이 취약한 진과 빈번한 교섭을 벌린 것은 남조의 조공·책봉체제와 관련이 있는 것이 아니라 삼국 항쟁의 우위를 점하려는 삼국 내부의 필요성에 의해 이루어진 사실을 반영해 주고 있다.

한편 백제가 북조국가인 北齊와 교섭을 시작한 것은 567년의 일이다. 백제는 567년 9월에 남조인 陳에 처음으로 견사한 직후 10월에 북제와 교섭을 벌린 것이다(〈표 1〉 3 참조). 백제가 남북조를 대상으로 동시에 교섭을 벌린 것은 백제사상 처음 있는 일로 주목된다. 거의 남조 일변도의 교섭을 벌려왔던 백제로서는 북제와의 교섭이 개로왕 18년(472) 북위에 이례적으로 청병외교를 전개한 이후 두 번째 일이기도 하다. 그 배경으로는 고구려와 신라가 이미 백제에 앞서 진과 북제와 교섭을 벌리고 있었기 때문이다. 당시 백제는 549년 양나라 말기에 사신을 보냈다가 侯景의 난을 맞아 소기의 성과를 거두지 못한 데다가 554년 관산성 패전 이후 정치적 혼란을 수습하고 왕권의 권력기반을 재구축하기 위한 준비작업이 추진되면서 대외관계에

---

34) 『북제서』 권7, 제기5, 武成 河清 4년 2월 甲寅.
35) 김종완, 「남조와 고구려의 관계」 『고구려연구』 14(고구려연구회편), 학연문화사, 2002, 360쪽.

전념할 겨를이 없었다.

이후 진이 건국한 초기에는 중국과의 교섭관계가 사실상 단절되어 있었다. 이미 서술한 바와 같이 562년 진이 먼저 백제왕을 무동대장군으로 책봉하여(C) 두 나라 관계의 단초를 열었지만 백제는 대내적 체제정비와 양·진 교체기의 불안한 중국정세로 인하여 교섭에 응하지 않고 있었다.

그러나 신라가 관산성 전투 이후 한강유역을 확보하여 중국외교에 적극 참여함에 따라 신라와 적대적인 관계에 있었던 백제는 중국과의 교섭에 적극 나설 수밖에 없게 되었다. 백제가 대중교섭을 재개하는 567년 전후로 한 시기에 삼국이 북제로부터 받았던 주요 책봉기사를 뽑아 쓰면 다음과 같다.

D-① (天保元年) 九月癸丑 以散騎常侍車騎將軍領東夷校尉遼東郡開國公高麗王
　　　成爲使持節侍中驃騎大將軍領護東夷校尉 王公如故[36]
　　② (乾明元年 二月 乙巳) 又以高句麗王世子湯爲使持節領東夷校尉遼東郡公高
　　　麗王[37]
　　③ (河淸四年) 二月甲寅 詔以新羅國王金眞興爲使持節東夷校尉樂浪郡公新羅
　　　王[38]
　　④ (武平元年) 二月 癸亥 以百濟王餘昌爲使持節侍中驃騎大將軍帶方郡公 王如
　　　故[39]
　　⑤ (武平二年 春正月) 戊寅 以百濟王餘昌爲使持節都督東靑州刺史[40]

---

36) 『북제서』 권4, 제기4, 文宣 天保 元年 9월 癸丑.
37) 『북제서』 권5, 제기5, 廢帝 乾明 元年 二月 乙巳.
38) 『북제서』 권7, 제기7, 武成 河淸 4年 2月 甲寅.
39) 『북제서』 권8, 제기8, 後主 武平 元年 2월 癸亥. 그런데 『삼국사기』 권27, 백제본기 위덕왕 17년조에는 『북제서』의 驃騎大將軍을 車騎大將軍으로 되어 있어 차이가 난다. 이들 모두는 북위 太和 17년령에 의하면 정1품下이지만 표기대장군이 거기대장군보다 서열이 높다(박한제, 『中國中世胡漢體制硏究』, 일조각, 1988, 210~211쪽).
40) 『북제서』 권8, 제기8, 後主 武平 二年 春正月 戊寅. 그런데 『삼국사기』 권27, 백제본기 위덕왕 18년조에 의하면 高齊後主又以王爲使持節都督東靑州軍事東靑州刺史로 되어 있는데, 이는 『삼국사기』 찬자가 『북제서』 제기 기사와 『북사』 백제전의 又以餘昌爲持節都督東靑州諸軍事東靑州刺史 기사를 참고하여 기록한 것으로 보인다.

위 기사는 북제가 고구려의 陽原王과 平原王, 신라의 眞興王, 그리고 백제의 威德王에게 각각 책봉을 한 내용들이다. 고구려의 양원왕은 550년 車騎將軍에서 驃騎大將軍으로 進號하였으며, 560년 평원왕은 領東夷校尉·遼東郡公으로, 신라 진흥왕은 565년 고구려와 마찬가지로 東夷校尉·樂浪郡公으로, 백제 위덕왕은 570년 驃騎大將軍·帶方郡公에서 571년에는 都督·東靑州刺史에 책봉되었음을 알 수 있다. 여기서 주목해야 할 것은 신라 진흥왕의 책봉(D-③)과 삼국 왕들이 받았던 책봉의 명칭에 관한 사항이다.

먼저 진흥왕의 책봉 사실은 삼국 항쟁사에 있어서 획기적인 일이다. 신라는 진흥왕 25년(564) 백제에 앞서 북제와 처음으로 교섭에 나섰는데,[41] 이는 신라가 독자적 외교권을 확립하여 동아시아 국제관계에 능동적으로 대처하고 나섰음을 뜻하는 것이다. 이어 565년에는 북제로부터 위와 같은 책봉을 받았는데 이 또한 신라사상 처음 있는 일이었다. 지금까지 삼국의 대중교섭은 거의 고구려와 백제에 의해 이루어졌다.[42] 564년에 신라가 북제와 교섭을 벌린 것은 앞으로 삼국의 대중교섭에 있어서 변화의 계기를 만든 것으로 볼 수 있다.

다음으로 삼국의 왕들이 북제로부터 받았던 책봉의 명칭에 대해 살펴보자. 우선 장군호에 있어서 백제 위덕왕이 고구려 양원왕과 마찬가지로 정1품下인 驃騎大將軍에 책봉되었다는 점이다. 이에 앞서 534년 고구려 安原王은 東魏로부터 侍中과 함께 표기대장군을 수여받은 바 있다.[43]

---

41) 『북제서』 권7, 제기7, 武成 河淸 3년 12月, "是歲 高麗·靺鞨·新羅並遣使朝貢."
42) 이에 앞서 신라가 중국왕조와 교섭을 가진 사례는 내물왕 22년(377)과 27년(382) 두차례에 걸쳐 고구려의 도움을 받아 전진에 사신을 파견한 적이 있었고, 지증왕 3년(502)과 9년(508)에도 두 차례에 걸쳐 북위와 외교교섭을 벌린 일이 있었는데(『魏書』 권8, 제기8, 景明 3년·永平 원년) 이는 고구려의 주선으로 이루어진 것으로 보인다(양기석, 「5~6세기 전반 신라와 백제의 관계」 『신라의 대외관계사연구』(신라문화제학술발표회논문집 제15집), 신라문화선양회·경주시, 1994, 86~87쪽). 그 뒤 법흥왕 8년(521)에 백제의 도움을 받아 남조 梁과 통교를 한 바 있다(『梁書』 권3, 본기3, 武帝下).
43) 『삼국사기』 권19, 고구려본기 안원왕 4년. 『위서』 권100, 열전88, 고구려조에는 天平(534~537) 년간의 일로 기록되어 있다.

그런데 신라 진흥왕이 받은 작호 중에서 주목되는 것은 '東夷校尉'와 '樂浪郡公'이다. 동이교위는 曹魏代부터 중국왕조에 귀부해 오는 동북아시아의 여러 세력들을 위무하고 통할하면서 그들과의 교섭을 담당하는 역할을 해온 관직으로[44] 삼국 중 거의 고구려왕에게 주어진 책봉 관작이었다. 435년 고구려 장수왕이 북위로부터 동이교위와 유사한 東夷中郎將을 받았고[45] 560년 고구려 平原王이 북제로부터 받은 바[46] 있다. 그리고 '樂浪郡公'의 '樂浪'이란 명칭은 한군현의 낙랑군에서 유래한 것으로 중국왕조에서 삼국의 군왕들에게 책봉한 사례에서 종종 찾아진다. 즉 고구려는 413년 장수왕이 동진으로부터 낙랑공으로 책봉된 이후 남제, 양과 같은 남조국가에서 주로 책봉호에 사용되었고, 백제는 근초고왕이 372년 동진으로부터 낙랑태수를, 동성왕 17년(495)에는 慕遺이 낙랑태수를 수여받은 일[47]이 있었다. 신라도 진흥왕 이후 여러 왕들이 낙랑군왕, 또는 낙랑군공을 수여받았다.

이처럼 樂浪이란 명칭은 주로 남조국가에서 삼국에 대한 책봉시에 혼용되어 널리 사용되었는데, 대체로 한군현이 소멸된 이후 낙랑, 대방을 중국의 동방지역에 대한 지역적 개념을 뜻하는 말이었다.[48]

이와 같이 동이교위와 낙랑군공은 남북조가 당시 관례적으로 주로 고구려왕에게 수여되는 책봉 명칭이었는데 남북조국가가 고구려왕을 책봉할 때 사용한 都督遼海諸軍事와 같이 동이지역에 대한 군사관할권을 상징적으로 인정해 준다는 의미를 내포한 것이다. 여기서 북제가 고구려에 대한 기존의 관례와는 달리 백제왕을 고구려왕과 동등하게 驃騎大將軍으로 책봉한 점,

---

44) 노태돈, 앞의 책, 349~350쪽.
45) 『魏書』권100, 열전88, 고구려. 이때 장수왕이 북위로부터 받았던 책봉호는 都督遼海諸軍事征東將軍領護東夷中郞將遼東郡開國公高句麗王이었다.
46) 『북제서』권5, 제기5, 廢帝 乾明元年 2월 乙巳. 이때 평원왕이 북제로부터 받았던 책봉호는 使持節領東夷校尉遼東郡公高麗王이었다.
47) 『남제서』권58, 열전39, 백제.
48) 중국왕조의 낙랑과 대방에 대한 인식 변화에 대해서는 유원재, 「중국정사의 백제관」 『한국고대사연구』6, 1992, 191~195쪽을 참조할 것.

그리고 남북조국가가 주로 고구려왕에게 전통적으로 수여하였던 동이교위와 낙랑군공을 신라왕에게 수여한 점에서 고구려의 국제적 위상이 변화하고 있음을 엿볼 수 있다. 6세기 후반에 들어서 신라와 백제가 북제와의 교섭에 능동적으로 참여하면서 북제는 삼국에 대한 인식을 기존의 고구려 일변도에서 전환을 꾀하게 되었는데 이는 고구려의 국제적 위치가 상대적으로 약화되고 있었음을 나타내주는 것이다. 아울러 이러한 책봉 명칭의 혼용에서 당시 책봉체제가 갖는 현실적인 궤리를 엿볼 수 있다.

신라가 564년 북제와 처음 교섭을 벌린 후 신라와 고구려는 남북조와 빈번한 교섭을 전개해 나갔다. 신라는 566년 2월과 567년 3월 남조 진에 두 차례 사절을 보냈고, 고구려는 565년 12월 북제에, 566년 12월에 진에 사절을 보냈다. 그 동안 대내적 체제정비에 전념하고 있었던 백제는 이러한 고구려와 신라의 빈번한 대중교섭에 자극을 받아 대중관계를 재개하고 나섰던 것이다. 즉 567년 9월에는 남조 진에, 10월에는 북제에 잇달아 사절을 파견하였는데 이들 남북조와 직접 교섭을 벌린 것은 처음 있는 일이었다. 뒤늦게 백제가 대중외교에 가세함으로써 이제 삼국은 남북조를 대상으로 불꽃튀는 등거리외교전을 벌리게 된 것이다.

이어 570년대에도 삼국이 대중외교를 경쟁적으로 전개해 나갔다. 백제는 567년에 북제와 교섭을 가진 이래 이 시기에는 570~572년에 걸쳐 3차례의 잇달은 교섭을 가졌다. 그 중 위덕왕은 두차례에 걸쳐 책봉을 받았는데 백제 위덕왕이 570년 북제 後主로부터 使持節侍中驃騎大將軍帶方郡公에 (D-④), 571년에는 使持節都督東靑州刺史(D-⑤)에 각각 책봉된 것이다. 이는 백제가 북조로부터 받은 최초의 책봉이었다. 여기서 북제는 백제 위덕왕을 帶方郡公으로 책봉하였는데 564년 신라 진흥왕이 받은 樂浪郡公(D-③), 560년 고구려 평원왕이 받은 遼東郡公(D-②)과 대비된다. 그리고 571년에는 都督・東靑州刺史를 수여받고 있어 내관직인 侍中에 이어 州 장관인 刺史로 책봉받고 있었던 점도 장군호에 겸대하던 기존의 예와 차이가 있다. 이를 통해 책봉체제 운영의 편의적인 일면을 찾아볼 수 있다.

백제는 570년대 초반 북제와 3차례 교섭을 벌린 후 577년(〈표 1〉 7 참조), 584년(〈표 1〉 12 참조), 586년(〈표 1〉 13 참조)에 걸쳐 그 동안 소강상태에 있었던 남조 진에 사절을 보내 교섭을 재개하였다. 그 중 백제의 577년 교섭은 신라 공격에 즈음하여 외교적 포석을 한 것으로 볼 수 있다. 그리고 北周에도 새로이 접근하여 578년의 견사를 포함하여 모두 2회의 사절이 파견되었다. 577년 북주의 견사는 고구려와 함께 이루어졌는데 이는 북주의 북제 평정을 축하해 주면서 북주의 동향을 탐색하기 위한 사행으로 보인다. 이때는 북주의 武帝가 周禮의 6관제 채용을 통해 왕권강화를 위한 정치개혁을 추진하고[49] 이를 바탕으로 북제를 멸하여 화북지방을 통일한 시기였다.

당시 왕권기반을 공고히 하려는 백제 위덕왕의 입장에서는 북주의 정치적 경험과 선진 문물[50]이 절실히 요청되었기 때문에 북주에 사신을 파견한 것이다. 북주와 북제는 거의 같은 시기에 존재했음에도 불구하고 그 동안 백제와 신라가 북제에 편재하여 견사한 것은 북제가 지리적으로 가까운 화북지방에 위치하고 있었기 때문이었다. 그리고 백제가 이렇게 남북조의 교섭을 기민하게 전개하고 있었던 것은 당시의 왕조교체를 비롯한 남북조 정세와 이에 대처한 고구려와 신라의 동향을 면밀히 주시하고 있었던 사실을 보여주는 것이 아닐까 한다.

이 시기에는 백제가 중국과의 관계를 강화하는 동시에 왜와 교섭을 재개

---

49) 宮崎市定, 『九品官人法の硏究』, 同朋社, 1956, 54~58쪽.

50) 위덕왕대 북조 문물이 백제에 유입된 사례는 여러 면에서 찾아진다. 〈백제창왕명석조사리감〉 명문에서 "兄"자의 별자는 북위와 북제에서 사용된 예가 있으며(羅氏原 著·北川博邦 編, 『石刻史料新編』六, (新文豊出版公司), 雄山閣 영인본 참조), 부여 정림사지에서 북조계의 인물두상·공양인상·호법상 등 많은 양의 소조상이 출토되었고(충남대박물관·충청남도, 『정림사』, 1981), 능산리사지에서도 소조보살상·僧像·호법상 등이 출토된 바 있다. 이 소조상은 낙양 소재 북위 永寧寺에서 출토된 불보살상·남녀공양상·호법상(奈良國立文化財硏究所, 『北魏洛陽永寧寺』, 1998 참조)과 관련 있는 것으로 파악되고 있다. 그밖에 능산리사지에서 출토된 연화문와당과 長頸甁 등도 북조계와 연관이 있는 것으로 알려지고 있다(신광섭, 앞의 책(2003), 49~56쪽 ; 김종만, 「부여 능산리사지 출토유물의 국제적 성격」, 앞의 책(2003), 65~72쪽). 이러한 북조계 문물이 부여지역에서 출토되고 있는 것은 바로 위덕왕과 무왕대에 활발한 대북조관계를 반영해 주고 있다.

하고 나섰다. 관산성 패전 직후 555년 왕위에 오른 위덕왕이 왕자 惠를 파견하여 청병외교를 벌린 일이 있었다.[51] 신라가 대가야를 정복한 이후 한반도와 왜 간의 교통로를 장악하고 있었기 때문에 백제와 왜와는 별다른 교섭을 진전시킬 수가 없었다.[52]

그러다가 570년 고구려가 사신을 보내 왜와 교섭을 청하게 되자 왜는 신라와 이어 백제와 교섭을 재개하였다. 575년 2월 백제가 왜에 사신을 파견한 것이다.[53] 왕자 惠의 파견 이후 20년만의 일이었다. 이에 왜는 그 답례로 신라와 백제에 사신을 보냈으며, 이후 제라 양국으로부터 사신이 빈번하게 건너오게 되었다. 그 후 백제는 577년 11월부터는 불경, 불상, 불사리 등을 비롯한 선진 불교 문물을 전수하고 또 승려 및 여러 부문에 걸친 전문 기술자를 왜에 보내는 수준[54]에서 우호관계를 유지하는 가운데 597년에는 왕자 阿佐를 파견하여[55] 유사시에 대비케 하였다.

그러면 이 시기 이러한 백제의 움직임에 대한 고구려와 신라의 동향에 대해 살펴보자. 고구려는 남조 진과 처음 교섭을 가진 561년 이후 570년, 571년, 574년에 걸쳐 교섭을 가지면서도 북조국가인 북제와는 573년과 577년에 걸쳐 교섭을 벌렸다. 577년에는 평원왕이 북주에 견사하여 上開府儀

---

51) 『일본서기』 권19, 흠명 16년 춘2월.
52) 6세기 후반 백제와 왜 간의 교섭과정에 대해서는 김은숙, 「6세기 후반 신라와 왜국의 국교성립과정」『신라의 대외관계사연구』(신라문화제학술발표회논문집 제15집), 신라문화선양회·경주시, 1994, 187~220쪽을 참조할 것.
53) 『일본서기』 권20, 敏達紀 4년 2월 乙丑.
54) 위덕왕대에 왜에 불교관련 문물과 기술자를 파견한 사례는 『일본서기』에 보이고 있다. 이에 의하면 敏達紀부터 推古紀에 걸쳐 있는데 그 교섭 내용을 요약하면 다음과 같다. 국교 재개(575), 불경과 불교관련 기술자 파견(577), 日羅의 파견과 왜 국정 자문(583), 受戒法의 왜 전수(587), 백제 사신과 승려 파견(588), 비구니 善信 등이 백제에서 귀환(590), 승려 慧聰의 파견(595), 왕자 阿佐 파견(597), 낙타·나귀·꿩·양을 보냄(599) 등이 그것이다. 위덕왕대 왜에 불교관련 문물과 기술자를 보낸 경위와 내용에 대해서는 김영태, 「위덕왕 당시의 불교」『백제불교사상연구』, 동국대출판부, 1985, 70~83쪽을 참조할 것.
55) 『일본서기』 권22, 推古紀 5년 하4월 丁丑.

同大將軍遼東郡開國公遼東王으로 책봉[56]을 받기도 하였다. 577년 고구려의 견사는 북제가 북주를 병합한 것을 계기로 이루어진 것이다.

이에 비해 신라는 564년 북제와 처음 교섭을 가진 이래 565년 신라 진흥왕의 책봉이 있은 후 572년의 견사까지 모두 3회에 걸쳐 교섭이 간헐적으로 있었으나 북주와는 전혀 교섭을 하지 않았다. 북주는 너무 멀리 떨어져 있는 데다가 북제와 진을 경유해야 하는 교섭로상의 어려움이 있었기 때문이다. 반면 진과는 566년 진과 처음으로 교섭을 가진 이래 567년, 568년, 570년, 571년, 578년에 모두 6회에 걸쳐 비교적 빈번한 교섭을 벌렸다. 그 중 578년 교섭은 백제의 閼也山城을 침공한 일[57]과 관련 있어 보인다. 제라 두 나라가 전쟁을 일으키기 전후에 남조를 대상으로 외교전을 전개한 것으로 이해된다.

이를 통해 보면 당시 삼국의 남북조와의 교섭은 삼국의 세력 균형과 국가 이익에 따라 부정기적으로 이루어졌으며 아직 전형적 조공외교의 기틀이 마련되지 못하였음을 알 수 있다. 그 교섭 유형도 책봉이나 方物 공헌 등과 같이 단순하고 미분화된 상태에 불과하였다. 따라서 단지 장군호를 통해서 동아시아 국제관계의 위상을 가늠해 보는 견해는[58] 절대적인 척도가 될 수 없음을 보여주고 있다. 이런 면에서 당시 남북조를 중심으로 유지되었던 조공 · 책봉관계의 허와 실을 엿볼 수 있다.

이와 같이 백제가 남조 진과 북조 북제에 대한 견사가 함께 이루어지면서 삼국은 이제 남북조를 대상으로 활발한 등거리외교를 전개하는 새로운 양상을 보이게 된 것이다. 뿐만 575년 이후부터는 왜와 교섭을 재개하여 중

---

56) 『周書』 권49, 열전41, 異城上 고려.

57) 『삼국사기』 권4, 신라본기 진지왕 3년 7월. 閼也山城은 현재 익산시 낭산면에 있는 산성으로 비정된다.

58) 이러한 견해는 高橋善太郎에 의해 제기된 이래(「南朝諸國の倭國王に與えた稱號について」『愛知縣立女子短期大學紀要』7, 1956) 坂元義種에 의해 체계화되었다(앞의 책(1978), 268~270쪽). 이는 소위 倭의 五王時代에 중국 남조에서 받았던 왜왕의 작호를 백제와 비교하여 왜의 국제적 지위를 우위에 두려는 의도가 반영된 것으로 볼 수 있다.

국 남북조와 왜를 대상으로 외교활동을 다변화하여 백제의 국제적 위상을 높였던 것이다. 이는 삼국 간의 항쟁에서의 우위를 점하고 대내적 체제정비에 필요한 선진 문물 수용을 통해 왕권을 강화 안정시키려는 외교적 노력이었다고 할 수 있다.

2) 隋와의 관계

다음으로 580년대 이후 백제가 대중교섭을 전개한 양상을 살펴보기로 하자. 이 시기 隋제국의 등장에 따른 여파가 남북조 뿐 아니라 5세기이래 동아시아의 다원적인 한 축을 형성하였던 남북조와 고구려 · 토곡혼 · 돌궐 등 주변제국들에 미쳐 급격한 정세 변동을 초래하였다. 즉 581년 북제가 외척인 楊堅에 의해 타도되고 새로이 隋왕조가 등장하면서 돌궐의 분열과 복속, 진의 멸망(589)으로 이어졌다.

이러한 중국 정세의 변화에 따라 삼국의 대중외교는 변모와 진통을 겪게 되었다. 581년 수가 건국하자 백제가 먼저 사신을 보내 수의 건국을 축하하며 교섭을 청함에 따라 수 문제는 위덕왕을 上開府儀同三司帶方郡公에 책봉하였다.[59] 남조 진의 경우와는 다른 면이 찾아진다. 562년 백제는 진에 견사 없이도 책봉된 이후에 5년이나 뒤늦게 진에 견사한 점과 대조된다. 백제가 이렇게 수에 대해 민첩하게 대처하고 있는 점은 백제외교의 적극성을 나타낸 것이고 세련된 외교감각을 보여주는 것이다. 이에 고구려도 수에 견사하자 수문제는 평원왕에게 大將軍遼東郡公에 임명하였다.[60] 백제가 받은 上開府儀同三司은 종3품이고 고구려가 받은 大將軍은 정3품이기 때문에 수는 남북조 때와 마찬가지로 고구려를 백제보다 높게 인식하고 있었음을 알 수 있다.

---

59) 『隋書』 권1, 제기1, 開皇 元年 동10월 乙酉.
60) 『수서』 권1, 제기1, 開皇 元年 12월 壬寅.

이후 백제는 581년의 견사에 이어 582년 수와 두 차례의 교섭을 가졌던 반면 고구려는 581년 12월부터 584년 4월까지 수에 무려 7차례나 견사[61]할 정도로 빈번한 교섭을 가졌다. 고구려의 입장에서는 북제를 멸망시킨 수의 등장이 새로운 위협으로 대두되었기 때문에 국가 안보상 수에 밀도 있는 접근책이 필요했을 것이다. 그러나 584년부터는 백제와 고구려가 태도를 바꿔 남조 진과 교섭관계를 가졌다. 즉 백제는 584년과 586년에 남조 진에 견사한 반면 고구려도 585년에 진과 교섭을 전개한 것이다. 여제 양국은 비록 수의 건국기에는 빈번한 교섭을 가졌지만 수의 세력 확장에 점차 위협을 느끼면서 그 대응책의 하나로 남조 진과 교섭을 가진 것으로 이해된다.

그러나 589년 수가 진을 멸망시키자 백제와 고구려는 보다 큰 충격을 받게 되면서 다시 태도를 바꿔 수에 접근을 시도하게 되었다. 백제는 때마침 耽牟羅國에 표착해 온 한 戰船을 수에 송환하는 것을 계기로 하여 사신을 함께 보내 수가 진을 평정한 것을 축하하였다. 백제의 이러한 태도에 대하여 수의 입장은 다음과 같다.

> E 서로 떨어져 있는 것이 비록 멀다고는 하나 사정이 얼굴을 맞대고 말하는 것과 같으니 어찌 자주 사신을 보낼 필요가 있겠는가? 와서 상세히 알았으니 지금 이후부터는 매년 별도로 조공할 필요가 없으며 짐 또한 사신을 보내 가도록 하지 않을 것이니 왕은 마땅히 알지어다.[62]

위에서 보듯이 백제에 대한 수의 반응은 매우 소극적이었다. 백제는 매년 조공할 필요가 없으며 수도 백제에 사신을 자주 파견하지 않겠다는 것이다. 수의 이러한 소극적 태도로 인해 백제는 한동안 수의 동태를 관망하면

---

61) 『수서』 권1, 제기1 高祖上에 의하면 고구려는 581년 12월, 582년 정월·11월, 583년 정월·4월·5월, 584년 4월에 모두 차례 교섭관계를 갖고 있다. 고구려는 수 건국기 수에 매년 조공하면서 583년에는 한 해에 무려 3차례 견사한 일도 있었다. 이를 통해 당시 고구려의 대수외교의 중요성을 엿볼 수 있다.
62) 『수서』 권81, 열전46, 동이 백제.

서 교섭을 단절하게 되었다.

이 같은 백제의 입장과는 달리 고구려는 수에 대해 직접적인 위협을 크게 느끼고 있었다.[63] 고구려는 진이 멸망당했다는 소식을 듣고 수를 크게 두려워하면서 군사를 정비하고 군량미를 비축하며 수에 대한 拒守策을 강구하였다. 이에 수문제는 이러한 고구려의 움직임에 대해 조서를 보내 고구려를 다음과 같이 질책하고 있다.

> F 왕은 해마다 사신을 보내어 매년 조공을 바치며 비록 蕃國이라 칭하지만 정성과 예절을 다하지 않고 있소. 왕이 남의 신하가 되었다면 모름지기 짐과 덕을 같이 베풀어야 할 터인데, 오히려 말갈을 못견디게 괴롭히고 契丹을 禁錮시켰소. 여러 번국이 머리를 조아려 나에게 신첩노릇을 하는 게[무엇이 나쁘다고 그처럼] 착한 사람이 의리를 사모하는 것을 분개하여 끝까지 방해하려 하는가? (중략) 종종 기마병을 보내어 변경 사람을 살해하고, 여러 차례 간계를 부려 邪說을 지어냈으니, 신하로서의 마음가짐이 아니었소. (중략) 짐이 만약 왕을 포용하고 기르려는 생각을 가지지 않고, 이전의 잘못을 책망하려 한다면 한 장군에게 명하면 될 일인데, 어찌 많은 힘이 필요하겠는가? 간절히 깨우쳐 주어 改過遷善할 기회를 허락하노니, 마땅히 짐의 뜻을 알아서 스스로 많은 복을 구하기 바라오.[64]

위에서 보듯이 수문제는 고압적인 내용의 조서를 보내 고구려가 매년 수에 조공을 바치고는 있으나 신하로서의 절개를 다하지 못하고 있음을 책망하고, 이어 수의 태도여하에 따라 언제든지 고구려를 무력으로 응징할 수 있다는 것을 내비치기도 하였다. 이러한 수문제의 위협에 두려움을 느낀 고구려 평원왕은 곧 사과하였으나 의도대로 되지 못한 것 같다.

이후 고구려와 수관계가 다시 교섭을 가지게 된 것은 590년 이후의 일이

---

63) 고구려와 수의 관계에 대해서는 金子修一, 「고구려와 수의 관계」 『고구려연구』 14(고구려연구회편), 2002, 382~385쪽을 참조할 것.
64) 『수서』 권81, 열전 46, 동이 고려.

다. 이때 고구려의 평원왕이 죽고 영양왕이 즉위하자 수문제는 사신을 파견하여 왕을 上開府儀同三司遼東郡公으로 책봉한 것이 계기가 되어 591년 정월에는 고구려가 수에 사신을 보내 封王을 청구하여 고구려왕으로 책봉되었다.[65] 591년 정월 · 3월 · 5월에 걸쳐 3차례에 걸쳐 수와 교섭을 가진 이후 592년과 597년의 교섭으로 이어지고 있다.

한편 신라는 564년 북제에 견사한 이래 수가 진을 멸하고 남북조를 통일하기까지 북제와 3회의 교섭을 가진 반면 거의 남조 진과의 교섭으로 일관하고 있었던 점이 6세기 후반 신라외교의 특징이라 할 수 있다. 그 교섭 목적은 주로 불교문화 수용과 관련 있어 보인다.[66] 585년에는 고승 智明이,[67] 589년에는 圓光이 진에 들어가 구법 활동을 벌린 일[68]이 참고 된다. 신라의 安弘法師[69]와 曇育[70]이 수에 들어가 불법을 가져온 일도 있었다. 당시 신라 중대왕권이 추구한 왕권 강화에는 불교 이념이 중요한 수단이 되었기 때문이다. 585년 고승 智明이 求法을 위해 진에 건너간 이후 圓光 등 여러 승려들이 진과 수에서 불교 관련 문물을 수용하기 위해 구법승을 파견하는 사례가 보인다.

신라가 수에 처음 사신을 파견한 것은 594년의 일이다. 수문제는 신라 眞平王을 上開府樂浪郡公新羅王으로 책봉하였는데[71] 이는 종3품에 해당하는 것으로 수가 삼국 관계에 있어서 고구려를 우위에 두고 백제와 신라를 낮게 인식하고 있었음을 알 수 있다.

그러나 598년 수문제가 고구려 정벌에 나서자 백제는 長史 王辯那를 수

65) 『삼국사기』 권20, 고구려본기 영양왕 2년 정월 · 3월.
66) 김영하, 「신라 중고기의 중국인식」 『고대한중관계사의 연구』, 한국사연구회편, 삼지원, 1987, 169~174쪽.
67) 『삼국사기』 권4, 신라본기 진평왕 7년 7월.
68) 『삼국사기』 권4, 신라본기 진평왕 11년 3월.
69) 안홍법사는 수에 불법을 구하려 입국하였다가 胡僧 毗摩羅 등과 함께 귀국하여 稜伽勝鬘經과 불사리를 가져왔다고 한다(『삼국사기』 권4, 신라본기 진흥왕 37년).
70) 『삼국사기』 권4, 신라본기 진평왕 18년 3월.
71) 『수서』 권81, 열전46, 동이 신라.

에 보냈는데 이는 589년 이후 다시 수와 교섭을 재개한 것이다. 백제 위덕왕
은 수의 고구려 정벌에 향도가 되기를 청하였으나 이에 대해 수문제는,

> G 왕년에 고구려가 공물을 바치지 아니하고 신하로서의 예가 없었기 때문에 장
> 수에게 명하여 죄를 묻게 하였다. 高元[영양왕]의 군신들이 두려워하고 복종하
> 며 죄를 청하기에 짐이 이미 용서하였으니 정벌을 할 수가 없다.[72]

라고 하였듯이 백제의 요청을 또 받아들이지 않았다. 고구려는 이 사실을
알고 백제에 보복전을 펴기도 하였다. 이 해에 위덕왕이 죽고 단명한 惠王
과 法王代를 거쳐 武王 8년(607)에 들어와서 백제는 수와의 교섭을 재개하
게 된다.

　여기서 598년 수에 사신으로 파견된 長史 王辯那의 존재에 주목하고 싶
다. 長史는 王府의 속관을 말하는데[73] 중국과의 외교업무에 종사하던 사절
단장에 비견할 수 있다. 그리고 長史 王辯那는 중국계 관료 출신으로 중국
관계에 종사하던 인물로 보이는데 무왕 8년 수에 파견된 佐平 王孝隣[74]과
같은 씨족으로 생각된다. 이들 왕씨세력은 『수서』 권81 백제전에 나오는 이
른바 대성 8족의 반열에는 들지 못하였으나 최고위인 좌평에 임명된 것으로
보아 위덕왕과 무왕대 대중관계의 중요성과 관련하여 급격히 성장한 세력
으로 볼 수 있다. 이들 세력은 친왕세력으로서 중국어와 중국 사정에 정통
하여 위덕왕을 도와 중국 정세의 변동에 민감하게 대처하는데 큰 역할을 하
였을 것이다.

　이와 같이 백제 위덕왕대 수와의 관계를 살펴보면 여전히 중국 정세에
따라 간헐적인 교섭을 벌리고 있어 아직 전형적 조공외교의 기틀이 마련되

---

72) 『수서』 권81, 열전46, 동이 백제.
73) 김한규, 「남북조시대의 중국적 세계질서와 고대 한국의 막부제」 『한국고대의 국가와 사
　　회』, 일조각, 1985.
74) 『삼국사기』 권27, 무왕 8년 3월.

지 못하였음을 알 수 있다. 그러나 중국 정세에 적극적이고 민첩하게 대처하고 있는 점이 남북조시대와는 다른 양상이라 할 수 있다. 그 교섭 목적도 남북조와 같이 거의 교빙 차원의 교섭이 주를 이루는 가운데 수의 고구려 정벌 시에는 향도가 되기를 청할 정도로 삼국 항쟁을 대중외교에 적극적으로 활용하는 면에서 위덕왕대의 대중교섭의 성격을 엿볼 수 있다.

4. 東青州刺史의 실재성

다음으로 위덕왕대 대중관계에 있어서 주목되는 부분이 571년 백제 위덕왕이 北齊 後主로부터 받은 使持節都督東青州刺史(D-⑤)이다. 이에 앞서 570년에 북제는 위덕왕에게 使持節侍中驃騎大將軍帶方郡公(D-④)의 관작을 수여한 바 있어 비교가 된다. 그 동안 위덕왕이 받은 동청주자사를 백제가 현재 산동반도 동남부 일대인 동청주지방에 대한 군사지배권을 받은 것으로 보고 요서경략설의 주요 근거로 이해하는 견해가 제기되어 왔다.[75]

그런데 이러한 견해는 570년과 571년 북제가 백제에 대해 잇달아 대조적인 작호를 주게 된 배경과 그 작호가 가지는 실재성과 의미를 면밀히 검토하지 않고 입론된 측면이 있다. 여기서는 위덕왕이 받은 동청주자사의 실제적인 내용과 의미를 살펴보도록 하자.

먼저 위덕왕이 동청주자사의 관작을 받게 된 배경에 대해 살펴보도록 하자. 당시 북제가 진과 연합하여 북주를 공격하기 위해 도모한 외교전략에서 찾을 수 있다. 571년 당시 북제는 북주로부터 강한 군사적 위협을 받고 있는 상태에서 남조 진과 연합하여 북주를 정벌하게 되었다. 그 외교적 포석의 하나로 이 해 정월에 진에 사절을 보내 우호를 요청하기도 하였는데 이때 백제도 진과 함께 우호관계의 대상이 되었다. 삼국 중 백제가 선정된 이유

---

75) 方善柱,「백제군의 화북진출과 그 배경」『백산학보』11, 1971, 3~5쪽.

는 고구려와 신라의 남조 진에 대한 편중된 외교에 대한 북제의 대응조치에서 찾을 수 있겠다.

고구려는 앞장에서 설명하였듯이 550년 양원왕이 북제로부터 使持節侍中驃騎大將軍領護東夷校尉遼東郡開國公高句麗王으로 책봉[76]된 이후 551년, 555년에 북제에 견사하다가 560년에는 평원왕이 使持節領東夷校尉遼東郡公高麗王으로 다시 책봉[77]을 받았다. 이후 561년부터 남조 진과 교섭을 벌리면서 북제와 교차적으로 교섭관계를 갖는 등거리외교를 전개하다가 566년부터는 다시 진과 교섭을 하면서 573년 북제와 교섭을 재개할 때까지는 북제와의 교섭이 일시 중단되었다.

한편 신라는 564년 북제에 처음으로 교섭을 가진 이래 565년에 진흥왕이 북제 武成帝로부터 使持節東夷校尉樂浪郡公新羅王(D-③)으로 책봉[78]되었다. 이후 신라는 566년부터 남조 진에 거의 편중된 교섭관계를 가지면서 북제와의 교섭이 572년 잠시 재개된 경우를 제외하고는 한동안 중단되었다.

이에 북제는 566년부터 북제와의 교섭을 잠정적으로 중단한 고구려와 신라에 대한 대응조치의 하나로 백제 위덕왕에게 고구려에 상응하는 관작을 수여한 것이 아닐까 한다. 백제는 567년 이미 북제에 사절을 보내 교섭을 가진 상태였기 때문에 북제는 백제를 비롯한 삼국의 사정을 어느 정도 파악했을 것으로 보인다. 570년 북제가 위덕왕에게 수여한 관작은 驃騎大將軍으로 550년 고구려 양원왕이 받은 관작과 같이 正1品下의 고위직이었다. 그리고 삼국의 왕들에게 작호를 수여할 때에는 대체로 책봉을 받는 나라와 연고가 있는 중국 군현의 명칭을 붙여 郡公을 주었다.

당시 북제는 고구려왕에게 장수왕대부터 북위에게서 받았던 遼東郡公(D-①, ②)을, 신라왕에게 樂浪郡公(D-③)을 이미 수여한 바 있었기 때문에 그 격식에 맞추어 백제 위덕왕에게 帶方郡公(D-④)을 수여한 것이다. 이것

---

76) 주) 31 참조.
77) 주) 37 참조.
78) 주) 34 참조.

이 계기가 돼서 수·당대에는 중국왕조가 삼국왕을 책봉할 때 작호를 수여하는 한 기준으로 삼았다.

다음으로 위덕왕이 북제로부터 위임받아 통할한 지역인 東靑州지역에 대하여 살펴보도록 하자. 靑州에 관한 사료를 제시하면 다음과 같다.

H-① 靑州刺史 治臨淄 江左僑立 治廣陵 安帝義熙五年 平廣固 北靑州刺史治東陽城 而僑立南靑州如故 後省南靑州 而北靑州直曰靑州 孝武孝建二年 移置歷城 大明八年 還治東陽明帝失淮北 於鬱州僑立靑州 立齊·北海·西海郡 舊州領郡九 縣四十六 戶四萬五百四 口四十萬二千七百二十九 去京都陸二千
『宋書』권36, 지26, 주군2]

② …虜圍靑州積久 太宗所遣救兵並不敢進 乃以文秀弟征北中兵參軍文靜爲輔國將軍 統高密·北海·平昌·長廣·東萊五軍事 從海道救靑州 文靜至東萊之不其城 爲虜所斷遏不得進 因保城自守 又爲虜所攻 屢戰輒剋 太宗加其東靑州刺史 四年 不其城爲所陷 文靜見殺… [『宋書』권88, 열전48, 沈文秀]

③ 初 北靑州治東陽 南靑州治廣陵 … 泰始中失淮北 靑州僑置鬱州 舊州郡九 曰齊郡 曰濟南 曰樂安 曰高密 曰平昌 曰北海 曰東萊 曰長廣 皆古郡也 泰始四年 又分靑州治東靑州 治不其城 在今萊州府膠州 卽墨縣西南五十七里
[『讀史方輿紀要』권4]

④ 東海郡 梁置南北二靑州 東魏改爲海州 [『수서』권31, 지26, 지루하]

위의 기사에 의하면 청주는 시기에 따라 置廢의 변동이 있었음을 알려주고 있다. 『宋書』 지리지(H-①)에 의하면 청주자사는 본래 臨淄에 있었다가 長江에 僑置되었을 때에는 廣陵에 있었다고 한다. 東晉 義熙 5년(409)에는 北靑州刺史와 남청주를 두었다가 이후 남청주는 폐지되고 북청주를 청주로 개편하였다고 한다. 송 明帝(465~472) 때에는 淮北을 북위에게 상실 당함에 따라 鬱州에다가 청주를 교치시켰다고 한다. 사료 H-②는 송 泰始 4년(468) 沈文秀의 동생 沈文靜이 한때 북위에 포위된 청주 구원작전에 공을 세워 東靑州刺史를 加號받는 사례를 소개한 것이다.

이를 통해 청주는 남북조시대의 청주는 남북조 간의 경계상에 위치한 전략상 중요한 요충지로서 한때 송에 의해 동청주가 설치되었음을 알 수 있다. 사료 H-③은 『송사』 지리지(H-①)의 기사를 약술한 것인데 주목되는 부분이 宋 泰始 4년(468)에 不其城을 중심으로 東靑州를 설치했다는 기사이다. 이에 의하면 不其城은 萊州府의 膠州에 있는 卽墨縣 서남쪽 57리에 있다고 하였다. 卽墨縣은 平度州에 속한 곳인데 漢代 東萊郡의 관할이었다가 동진 때에는 제남군에, 송대에는 북해군에, 북위 때에 長廣郡에 속하였다가 북제 때 폐하였다고 한다.[79] 사료 H-④에 의하면 梁 때 남청주와 북청주를 설치하였고 동위가 이를 해주로 개칭하였다고 한다.

위 기사를 통해 청주지역의 시기별 행정구역 변천사항을 살펴보면 다음과 같다. 즉 송대에는 청주를 포함한 淮水 이북 산동반도 일대가 송의 영유지역이었기 때문에 북청주와 남청주가 각각 설치되었으나, 송 明帝(465~472) 때에 북위에게 회수 이북지방을 상실한 이후에는 산동반도를 상실하고 회수를 경계로 북위와 대치하고 있었다. 남제 때에도 그대로 유지되다가 양 무제(502~549) 말기에는 회수 이북 지역의 일부를 회복하여 청주를 남·북청주로 나누었으나, 북제 후주(565~576) 때에는 회수 유역을 차지하여 대체로 長江을 경계로 하여 진과 대치하고 있었다. 청주지역이 북제의 영역이었음이 다음 사료를 통해 알 수 있다.

I-① 陳人이 淮北을 침략하였다.[80]
 ② 太上皇[북제의 후주]께서 황후와 함께 幼主를 거느리고 청주로 도망치니 韓長鸞과 鄧顒 등 수십인이 뒤따랐다. 태상황은 이미 청주에 이르러 즉시 陳에 들어갈 계획을 세웠다.[81]

위 사료 I-①은 574년에 진이 회수 이북지방을 침략한 기사이고, I-②는 577년 북제가 晉陽에서 북주에게 대패한 후 幼主에게 禪位하고 진에 투항

79) 『讀史方輿紀要』 권36, 山東7, 萊州衛 平度州.
80) 『북제서』 권8, 제기8, 武平 5년 하5월 丁亥.
81) 『북제서』 권8, 제기8, 幼主 隆化 2년 정월 乙亥.

하기 위해 청주에 행차했을 때의 기사이다. 두 사료를 통해 북제 때 회수 이북 청주지역이 북제의 영역이었음이 확인된다. 다만 위와 같이 남북조 간의 영역 변화 여하에 따라 청주의 행정구역은 다소 변동이 있었기 때문에 북제 때 동청주지역이 어느 곳이었는지에 대해서는 분명하지 않다.

이와 같이 동진과 송, 양대에 걸쳐 북청주와 남청주가 설치되었으며(H-①, ③, ④), 동청주는 468년 송의 沈文靜이 수여받았던 東靑州刺史를 통해 (H-②) 송대에 잠시 설치되었다가 468~469년에 이 지역을 북위에 빼앗김에 따라 鬱州에다 僑置시켜 청주로 삼고 이를 다시 동청주로 나누어 불기성을 치소로 삼았음을 알 수 있다. 다만 북제 때에는 그 멸망 때까지 청주 관련기사가 확인되는 반면 동청주 관련기사는 찾아지지 않는 것으로 보아 동청주는 설치되어 있지 않을 가능성이 높다.

다음으로 위덕왕이 북제로부터 받은 관작 내용을 검토해 보자. 이때 위덕왕은 내관직인 侍中을 처음으로 장군호와 함께 수여받고 있다. 당시 중국 왕조는 책봉을 통하여 주변국가의 군장에게도 내신과 동일한 관작을 수여하였다. 지방에 분립된 여러 정치세력을 중앙권력에 편입시키기 위한 의도에서 그러한 관작이 수여되었던 것이다. 주변 군장들에게 내신과 동일한 관작을 수여한다는 사실은 중국 왕조가 그만큼 주변 군장들을 내신과 동등한 존재로 대우한다는 것을 의미한다.[82] 장군호와 함께 시중직을 수여한 사례는 이미 550년 고구려 평원왕이 북제로부터 받았던 관작(D-①)에서 찾아진다. 420년 7월에 宋은 武都王 楊盛을 車騎大將軍으로 進號하는 동시에 侍中을 加號한 사례도 있다.[83]

따라서 위덕왕의 시중직 수여는 그 자체의 실제적 의미보다는 북제가 550년 고구려 평원왕에게 수여한 관작과 같은 위상을 가진 것으로 볼 수 있다.

이와 관련하여 북제가 이듬해인 571년에 백제 위덕왕에게 수여한 使持

---

82) 김종완, 앞의 책, 164~165쪽.
83) 『송서』 권98, 열전58, 氏胡.

節都督東青州刺史(D-⑤)에 대한 작호의 실재성 문제를 검토해 보자. 『삼국사기』에서는 이를 使持節都督東青州諸軍事東青州刺史로 표기하고 있다.

이에 대해 위덕왕대에 백제가 실제 동청주지역을 정치 군사적으로 지배하고 있었던 것으로 보는 견해가 있다.[84] 이는 백제의 요서영유설을 전제로 성립된 견해인데 그 의도는 북제가 배후의 환을 없애고 북주에 정면으로 맞서기 위해 백제군을 동청주지역에 진주시킨 것으로 보았다. 또 하나는 동청주를 북제 국경 가까이에 있는 남조 진의 영역으로 보고 북제가 백제왕을 보다 강하게 북제의 신하로 위치시켜 남조 진의 측면을 위협하고자 한 데에서 그 의도가 있다고 하였다.[85]

이 문제와 관련하여 위진남북조시대의 작호 수여에 대해 살펴보자. 원래 위진남북조시대의 爵制 형식은 군현제와 밀접히 관련되어 있어 하나의 특징적인 현상을 보여주고 있다.[86] 持節과 都督은 황제의 신표인 符節을 받아 독자적으로 統軍한다는 의미를 갖는다.[87] 漢代 이래 국가는 지방의 독자적인 호족세력들에게 기득권을 공인하여 민정권과 군사권을 부여함으로써 刺史와 都督諸軍事를 겸대하도록 하였다. 따라서 도독에게 使持節, 또는 持節을 加授하여 자율성을 보장하고 본래의 군사적 기능 이외에 刺史를 겸대하도록 하여 민정권을 부여하였다. 위의 설명대로라면 위덕왕이 받은 使持節都督東青州刺史(D-⑤)는 『삼국사기』의 使持節都督東青州諸軍事東青州刺史와 같은 의미가 된다고 볼 수 있다.

---

84) 방선주, 앞의 글, 4쪽.
85) 坂元義種, 『百濟史の研究』, 塙書房, 1978, 198쪽.
86) 위진남북조시대의 장군호와 자사 등의 작호에 대해서는 김종완, 앞의 책, 157~170쪽을 참조할 것.
87) 持節은 漢代에서 비롯된 것인데 晉代에는 使持節을 上, 持節을 中, 假節을 下로 삼았는데 장군이 군주로부터 권한을 위임받는다는 의미의 加號로 사용되었다. 都督은 군사권을 장악한다는 의미로 漢代에서 비롯되었다. 晉代에는 都督諸軍을 上, 督諸軍을 次, 督諸軍을 下로 삼았는데, 일정 지역의 군통수권을 위임한다는 의미의 加號였다. 이는 위진대에 대체로 刺史에게 함께 주어졌는데, 그 책임의 경중에 따라 使持節·都督과 持節·督으로 나누어 加號되었다.

따라서 위덕왕은 동청주지역을 북제로부터 위임받아 민정권과 군사권을 행사하여 지배한다는 의미가 된다. 백제에서 책봉시에 장군호와 함께 내관직인 자사호[88]를 받은 것은 처음의 일이다. 이런 예는 위의 내관인 시중과 장군호를 겸대하는 형식과 마찬가지로 위진남북조시대에 일반적으로 통용되던 책봉호 중의 하나로 작호가 갖는 실제적인 의미는 없다. 490년 土谷渾의 河南王 休留茂가 남제로부터 받은 使持節督西秦河沙三州諸軍事鎭西將軍領護羌校尉西秦河二州刺史[89]가 그 한 예라 할 수 있다.

이와 같이 중국 위진남북조시대 중국 왕조가 주변 제국의 군장들에게 책봉체제를 통해 수여된 관작들은 중국 국내와는 달리 형식적인 측면을 갖고 있었다.[90] 작호에 나타난 관할 범위는 구체적 지역을 지칭하는 경우가 있지만 때로는 막연한 범칭을 사용하는 경우도 있었다. 예컨대 고구려 장수왕이 435년 북위로부터 받은 都督遼海諸軍事征東將軍領護東夷中郎將遼東郡開國公高句麗王[91]의 遼海諸軍事의 경우 遼海는 요하와 발해를 지칭하는 것으로 볼 때 이 경우 북위 동쪽을 의미하는 범칭이었음을 알 수 있다.

또한 해당국가의 지배권이 실제로 미치지 않는 지역을 책봉하는 경우도 있었다. 예컨대 494년 고구려 문자왕이 남제로부터 받았던 使持節散騎常侍

---

88) 漢代의 지방행정 체계는 郡縣의 두 단계였으나, 위진대 이후 주군현의 3단계로 변화되었다. 본래 州는 漢代에 군현을 감찰하기 위해 설치된 部가 왕망정권기에는 州로 개칭되었으며, 후한 말에는 지방 최고 행정기관으로 격상되었다. 당시 지방반란에 대처하는 데에는 군의 힘만으로는 감당하기 어려웠기 때문에 州의 장관인 자사에게 통수권을 위임한다는 도독제군사와 민정권을 담당하는 자사를 겸대케 한 데에서 비롯된 것이다(勞幹,「兩漢刺史制度考」『歷史語言硏究所集刊』11, 國立中央硏究院, 臺北 ; 김종완, 앞의 책, 161~162쪽).
89) 『南齊書』 권59, 열전40, 河南 土谷渾氏.
90) 중국은 漢代 이래 주변 국가의 이민족을 직접 통할할 목적으로 四夷中郎將이나 四夷校尉를 설치하였다. 남북조시대에 들어와 중국의 주변 국가에 대한 지배력이 크게 약화됨에 따라 이러한 기능이 완전히 상실하였다. 따라서 중국 왕조는 책봉을 통하여 주변 국가의 군장들에게 위의 관작을 수여하였다. 이는 중국 왕조가 그 통제에서 벗어난 주변군장들에 대해서 '朝貢'이란 이념을 내세워 중국적 세계질서에 편입시키려는 의도에서였다. 이런 면에서 당시 책봉이 형식적이고 의례적이었다.
91) 『위서』 권100, 열전88, 고구려.

都督營平二州諸軍事征東大將軍高麗王樂浪公[92]이 참고된다. 여기서 營州와 平州는 당시 북위의 영역이었기 때문에 고구려의 지배권이 미칠 수 없는 지역이었다. 576년 陳의 吳明徹이 받았던 都督南北袞南北青譙五州諸軍事南袞州刺史[93]에서 보듯이 진이 오명철에게 남·북 袞州와 남·북 청주, 譙州의 5개 지역을 관할하는 군사지배권과 南袞州刺史를 수여한 사례가 있다. 오명철은 南袞州刺史이면서 남·북 청주지역을 포함한 5개 지역을 총괄하는 도독이기도 하였다. 여기서 청주는 당시 진의 영역이 아니라 북제의 영역이었다. 진은 오명철에게 앞으로 회복되리라 기대되는 청주지역에 대한 군사지배권을 수여한 것이다.

이러한 작호의 측면을 고려해 보면 위덕왕이 북제로부터 수여받았던 동청주는 실재성이 없는 작호로서 청주지역의 동쪽에 있는 백제를 지칭한 관념적 표현으로 생각된다. 따라서 북제가 위와 같이 백제 위덕왕에게 동청주지역에 대한 군사지배권을 부여한 것으로 보는 견해는 불합리하다. 청주지역은 당시 북제와 진이 대치하고 있었던 변경지역의 전략적 요충지였기 때문에 백제가 이 지역에 개재될 개연성은 없어 보인다. 북제 때 동청주와 관련한 기사가 보이지 않고 있을 뿐 아니라 위에서 보듯이 북제 멸망 때까지 청주는 북제의 영역임이 확실하기 때문이다. 북제가 자국 영토에 인접국이 아닌 황해 건너 멀리 떨어진 백제를 끌어들여 군사지배권을 위임한다는 것은 사리에 맞지 않는다.

5. 맺음말

이상으로 먼저 백제 위덕왕이 관산성 패전에 따른 정정 불안과 왕권쇠약

---

92) 『남제서』 권58, 열전39, 동남이 고려국, 隆昌元年.
93) 『陳書』 권9, 열전3, 吳明徹, 太建 8년.

을 극복하기 위해서 추진한 일련의 대내적 정책을 살펴보고 이어 위덕왕 14년 이후 중국 남북조와 수를 대상으로 전개한 대외정책의 추이를 면밀히 검토한 결과 그의 대외정책이 왕권강화와 백제 국가의 위상을 제고하려는 노력의 일환이었음을 밝혔다. 이를 요약하면 다음과 같다.

위덕왕은 집권 초기에 주화파인 '기로' 세력과의 정치적 타협을 통해 관산성 패전에 따른 정치적 혼란을 수습하고 왕권의 권력기반을 재구축하기 위한 준비작업을 펴나간 것으로 보았다. 이를 위해 성왕의 유해 송환과 장례의식 준비, 성왕을 추복하기 위한 국가적인 대규모의 공덕분사 창건 등 성왕의 권위와 위업을 기리는 현창사업, 그리고 신라에 대한 군사대비책을 마련한 것으로 볼 수 있다.

집권 전반기에는 성왕의 추복사업을 통해 어느 정도 정치적 안정을 되찾기 위한 토대를 마련하였다면 위덕왕 14년 이후인 집권 후반기부터는 백제 국가의 존립과 국제적 위상을 높이는데 진력하고 있는 모습을 보여주고 있다. 이 시기 백제는 중국왕조인 陳, 北齊, 北周, 隋를 대상으로 하여 백제사상 가장 많은 대외교섭 횟수를 가진 것으로 나타난다. 위덕왕대의 대중관계의 중요성을 반영해 준다. 위덕왕 14년(567)을 기점으로 하여 백제는 중국 남북조와 활발한 외교관계를 가졌던 것으로 나타난다. 백제사상 한 왕대에 가장 많은 중국과의 교섭횟수를 가질 정도로 위덕왕의 치세 중에 대외관계의 중요성을 엿볼 수 있게 해준다.

백제가 남조 진과 북조 북제에 대한 견사가 함께 이루어지면서 삼국은 이제 남북조를 대상으로 활발한 등거리외교를 전개하는 새로운 양상을 보이게 된 것이다. 575년 이후부터는 왜와 교섭을 재개하여 중국 남북조와 왜를 대상으로 외교활동을 다변화하여 백제의 국제적 위상을 높였던 것이다. 이는 삼국 간의 항쟁에서의 우위를 점하고 대내적 체제정비에 필요한 선진 문물 수용을 통해 왕권을 강화 안정시키려는 외교적 노력이었다고 할 수 있다.

백제 위덕왕대 수와의 관계를 살펴보면 여전히 중국 정세에 따라 간헐적인 교섭을 벌리고 있어 아직 전형적 조공외교의 기틀이 마련되지 못하였음을 알 수 있다. 그러나 중국 정세에 적극적이고 민첩하게 대처하고 있는 점이 남북조시대와는 다른 양상이라 할 수 있다. 그 교섭 목적도 남북조와 같이 거의 교빙 차원의 교섭이 주를 이루는 가운데 수의 고구려 정벌 시에는 향도가 되기를 청할 정도로 삼국 항쟁을 대중외교에 적극적으로 활용하는 면에서 위덕왕대의 대중교섭의 성격을 엿볼 수 있다.

끝으로 위덕왕이 동청주자사의 관작을 받게 된 배경에 대해 살펴보았다. 이는 당시 북제가 진과 연합하여 북주를 공격하기 위해 도모한 외교전략에서 찾을 수 있다. 북제는 566년부터 북제와의 교섭을 잠정적으로 중단한 고구려와 신라에 대한 대응조치의 하나로 백제 위덕왕에게 고구려에 상응하는 관작을 수여한 것으로 보았다. 북제 때 회수 이북 청주지역이 북제의 영역인 것은 틀림없지만, 다만 남북조 간의 영역 변화 여하에 따라 청주의 행정구역은 다소 변동이 있었기 때문에 북제 때 동청주지역은 설치되지 않았던 것으로 보인다.

위진남북조시대 작호 수여의 측면을 고려해 보면 위덕왕이 북제로부터 수여받았던 동청주는 실재성이 없는 작호로서 청주지역의 동쪽에 있는 백제를 지칭한 관념적 표현으로 생각된다. 따라서 북제가 위와 같이 백제 위덕왕에게 동청주지역에 대한 군사지배권을 부여한 것으로 보는 견해는 불합리한 것으로 드러났다.

『선사와 고대』 19, 한국고대학회, 2003

2편

5세기 백제의 대외관계

5세기 백제와
고구려 · 신라의 관계

1. 머리말

5세기는 삼국이 각기 국가체제를 정비하고 이를 발전시켜 나가면서 삼국 간의 치열한 각축 양상을 전개하며 통일의 기반을 마련해 나간 시기로서 변화와 격동의 시대라 할 수 있다. 삼국은 각기 처해진 대내적 조건과 동아시아 국제관계를 외교적 억지력으로 적절히 이용하면서 삼국 항쟁의 주도권을 장악해 나가려 하였다. 이에 따라 삼국은 그 세력 변화의 흐름 속에서 자국의 존립과 세력 균형, 그리고 자국의 이익을 추구하기 위해 복잡하고도 다양한 외교양태를 연출하였다. 삼국은 그 과정에서 세력 관계의 변화에 따라 友敵 관계를 달리하는 양상을 보이기도 하였다.

이 시기는 삼국 중 어느 한 나라가 절대적 우위를 차지하지 못하는 상황에서 어느 한 나라의 움직임에 따라 다른 나라들이 블럭을 형성하여 대응하는 시대적 특징을 가졌다.[1] 예컨대 4세기 말에서 5세기 초까지 고구려 광개토왕의 남정에 의해 야기된 한반도의 정세는 고구려 · 신라의 동맹세력 대 백제 · 가야 · 왜세력의 양대 진영 간의 군사적 대결이 전개된 국제전의 양상이 나타났다. 이에 반해 433년에서 554년까지는 신라의 대외정책 변화로 인해 백제가 신라와 연합하여 고구려의 남진정책에 대항하는 또다른 양상이 전개되기도 하였다.

5세기 삼국의 정세는 고구려가 남진정책을 적극화하면서 항쟁의 주도권을 장악하는 가운데 백제가 이에 대항하는 형태로 전개되는 양상을 보인다. 5세기 전반에는 고구려가 신라와 동맹을 맺고 백제를 중심으로 하는 가야 - 왜 연합세력에 공세를 가하는 양상이 전개되었으나, 5세기 후반에는 백제가 자립화 움직임의 일환으로 고구려의 동맹관계에서 이탈한 신라를 동맹세력으로 끌어들이고 가야 - 왜와 연합하여 고구려의 남진에 공동으로 대응하는 양상을 보인다.

이처럼 5세기 삼국의 항쟁사에서 신라의 향배가 삼국 정세의 흐름에 큰 영향을 줄 정도로 중요한 요인으로 대두된 것이다. 신라가 고구려와의 동맹 관계를 벗어나려는 시도는 433년 백제와의 화호 요청 때부터 나타나기 시작한다. 신라의 백제 접근은 고구려의 내정간섭을 배제하려는 내부적 필요에 의해 제기되었으며, 고구려의 남진 공세에 공동 대응하려는 백제의 의도와도 합치되는 것이었다. 433년 백제와 신라 간의 화호에 임하는 두 나라 내부의 이해관계는 서로 달랐지만 고구려에 공동으로 대처해야 한다는 두 나라 공통의 이해가 일치하고 있었다. 따라서 433년 백제와 신라 간의 화호는 백제와 신라 간의 동맹관계의 서막을 알리는 동시에 새로운 삼국관계를 예시하는 일대 사건이라 할 수 있다.

백제와 신라 간의 동맹관계 체결은 5~6세기 전반 삼국 간의 역학관계를 규명하는데 가장 핵심적인 요소라 할 수 있다. 이는 고구려의 남진에 효과적으로 공동 대응하여 삼국 간의 세력 균형을 이루게 한다는 의도가 있지만

---

1) 이러한 대외관계 양상은 삼국뿐 아니라 동아시아의 국제 관계에서도 공통적으로 나타난다. 중국대륙에서는 이민족의 침략에 의한 5호 16국시대에 이어 남북국시대로 이어지는 분열의 시대가 전개되고 있는 가운데 동아시아는 중국의 남북조, 동북아시아의 고구려, 몽골고원의 柔然, 그리고 서쪽 靑海 일대의 土谷渾이 각각 중심이 된 다원적인 세력균형을 이루고 있었다(노태돈, 『고구려사 연구』, 사계절, 1999, 346~355쪽).

그러면서도 백제와 신라 두 나라의 내부 사정에 따라 각기 다른 미묘한 대응을 보이고 있다는 점에서 우리의 주목을 끌고 있다. 지금까지 백제와 신라의 동맹에 관한 연구는 동맹의 개념과 성격에 관한 문제, 그리고 그 성립 시기와 변화 과정 등에 관해 나름대로 많은 성과를 온축해 왔다.[2] 그 결과 두 나라 간 동맹의 성립 시기와 결성 목적 및 성격에 대해서는 고구려의 남진정책에 대항하기 위해 433년 백제 비유왕의 요청에 따라 신라와 우호관계를 맺은 이후 554년 관산성 전투를 끝으로 하여 120여 년간 지속되어 온 방어적 성격의 동맹인 것으로 널리 이해되어 왔다.[3]

그런데 백제와 신라의 두 나라 간의 동맹관계를 433년부터 554년까지 일률적으로 보는 기존의 견해에 대해서는 반론도 제기되고 있다. 이 기간에 백제와 신라 두 나라 간의 동맹관계를 보여주는 기사가 특정한 시기에 국한하여 나타나고 있다는 점에 반론의 초점이 모여지고 있다. 즉 백제와 신라 어느 한쪽이 고구려의 침입을 받았을 때 구원하여 공동으로 대응하는 양상은 주로 5세기 후반에 집중적으로 나타나고 있는 점, 그리고 성왕 때인 548년 獨山城 전투[4]와 551년 한성고토수복작전[5]에서 백제와 신라 두 나라 간의 동맹관계가 다시 확인되는 점에 주목하고 있다.

반면에 신라와 화호를 맺은 백제 비유왕대에는 두 나라 간의 어떠한 군사동맹관계를 보여주는 사례가 나타나지 않는 점, 6세기 전반 무령왕대에는

---

2) 노중국, 「고구려 · 백제 · 신라 사이의 역관계 변화에 대한 일고찰」『동방학지』28, 1981 ; 김병주, 「나제동맹에 관한 연구」『한국사연구』46, 1984 ; 양기석, 「5~6세기 전반 신라와 백제의 관계」『신라문화학술발표회논문집』15(신라의 대외관계사 연구), 1994 ; 정운용, 「5~6세기 신라 · 고구려 관계의 추이」, 앞의 책(1994) : 「나제동맹기 신라와 백제 관계」『백산학보』46, 1996 : 「웅진시대 백제와 신라」『백제문화』37, 2007 ; 정재윤, 「웅진시대 백제와 신라의 관계에 대한 고찰」『호서고고학』4 · 5합집, 2001 ; 주보돈, 「웅진도읍기 백제와 신라의 관계」『고대 동아세아와 백제』(충남대백제연구소 편), 서경, 2003.
3) 김병주, 앞의 글, 43쪽.
4) 『삼국사기』 백제본기 성왕 26년 정월.
5) 『삼국사기』 신라본기 진흥왕 12년 · 열전44 거칠부 ; 『일본서기』 권19 흠명기 12년.

백제가 고구려와 적대관계를 유지하며 여러 차례 전쟁을 벌이고 있는데 반해 신라는 고구려와 한동안 전쟁이 없는 소강상태를 보이고 있는 점, 그리고 백제가 고구려의 침입을 받았을 때 5세기 후반의 경우처럼 신라의 구원이 나타나지 않는 점에 주목하고 있다. 이로 인해 지금까지 백제와 신라의 두 나라 간 동맹의 성립 시기와 변화 과정 등에 대해서는 다양한 견해가 제기되어 왔다.

그러나 이 시기 삼국 간의 정세가 전반적으로 고구려의 남진과 이에 대응한 백제와 신라 두 나라의 공동 대응이라는 역학 구도에 의해 유지되고 있었기 때문에 백제와 신라의 동맹기를 거시적으로 433년에서 554년까지로 보는 기존의 견해는 큰 무리가 없는 것으로 여겨진다. 다만 이 시기 백제와 신라의 관계를 제라동맹기라는 큰 틀 속에서 그 시기별 전개과정의 추이를[6] 동태적으로 파악하는 것이 그 역사적 실상에 접근할 수 있는 보다 유효한 방법일 것으로 판단된다.

이와 관련하여 앞으로 백제와 신라 간의 동맹에 대한 세밀한 개념 규정과 함께 적절한 용어 사용[7] 등에 대해서도 보다 면밀한 검토가 필요하다. 그리고 한 국가의 대외정책은 국내의 정치 주도세력의 변화와 밀접한 관련이 있는 만큼 신라와의 동맹 관계를 적극 유지하고자 했던 백제의 내부 사정을 우선적으로 검토해야 할 필요가 있다. 아울러 이에 따른 고구려와 신라의 정책 변화도 함께 종합적으로 검토해 볼 때 제라동맹기 삼국 관계의 실상을 보다 동태적이고 심층적으로 파악할 수 있을 것이다.

따라서 이 글에서는 이러한 점에 유의하면서 5세기 삼국의 역관계 추이

---

6) 433년에서 554년까지 백제와 신라의 관계를 그 역관계의 추이에 따라 ① 1기(433~455) 백제와 신라의 화호 단계, ② 2기(455~501) 백제와 신라 간의 군사동맹 단계, ③ 3기(501~554) 백제와 신라의 독자적 대외노선 추구와 동맹 복원 및 해체기로 각각 단계별로 나누어 볼 필요가 있다.

7) 현재 이 시기의 백제와 신라의 관계를 '나제동맹'으로 보는 것이 일반적이지만 두 나라의 동맹관계가 주로 백제의 주도적인 역할에 의해 지속되어 온 측면이 많기 때문에 '나제동맹' 보다 '제라동맹'으로 부르는 것이 역사적 실상에 보다 부합된 명칭으로 판단된다.

를 백제의 입장에서 크게 네 시기로 나누고 각 시기마다의 전개양상과 배경 및 성격을 살펴보도록 하였다. 이를 위해 먼저 전지왕의 즉위와 함께 나타 난 집권세력의 변화로 인해 백제의 대외정책이 어떻게 변화되었는가에 대 해 살펴 볼 것이며, 이어 427년 평양 천도를 계기로 하여 고구려가 다시 남 진을 재개하려는 움직임을 보이자 이에 대응해서 성립된 433년 백제 비유 왕대 백제의 신라 화호가 체결되게 된 배경과 고구려의 남진에 대응하려는 백제의 외교정책을 살펴 볼 예정이다. 그리고 455년 개로왕의 즉위와 함께 추진된 왕족 중심의 왕권강화책과 새로운 대외관계의 변화상을 검토하여 백제의 고구려 남진에 대한 백제의 새로운 대응방식과 그 한계를 검토할 예 정이다. 끝으로 웅진 천도 후 동성왕이 친신라정책을 표방하여 고구려의 적 극적인 남진 공세에 대응하려는 의도와 배경 및 전개 과정에 대해서도 살펴 볼 예정이다.

2. 腆支王의 즉위와 대외정책의 변화

삼국 간의 항쟁사에 있어서 5세기 벽두를 장식한 큰 사건은 고구려 광개 토왕의 남정에 관한 일일 것이다. 이 전쟁은 4세기 말에서 5세기 초에 걸쳐 진행되었는데, 고구려·신라 진영 대 백제·가야·왜세력 간의 대립구도가 설정되는 국제전의 양상을 보였다. 고구려 광개토왕은 백제를 중심으로 한 가야·왜 연합세력을 간단없이 공격하여 백제로부터 58성 700촌을 공취할 정도의 큰 타격을 입혔다. 『삼국사기』에 보이는 관미성 전투(392, 393)[8]와 浿水 작전(394),[9] 그리고 〈광개토왕릉비문〉에 나오는 영락 6년(396) 대백 제작전, 영락 10년(400) 신라구원작전, 영락 14년(404) 帶方界 작전, 영락 17

---

8) 『삼국사기』 백제본기 진사왕 8년 10월 및 아신왕 2년 8월.
9) 『삼국사기』 백제본기 아신왕 4년 8월 및 11월.

년(407) 대백제작전 등이 이를 입증해 준다.

이처럼 백제는 고구려와의 전쟁에서 잇따라 패배함으로써 이후 대내적으로 큰 어려움을 겪게 되었다. 거듭되는 전쟁으로 말미암아 많은 사상자가 나오고 농민들의 생활고는 더욱 가중되었다. 395년에는 백제가 고구려와 패수에서 전투를 할 때 8,000명의 사상자를 낸 바 있었고,[10] 399년에는 군역을 기피하는 농민들이 신라로 집단적으로 도망하는 사태[11]도 속출하여 국가의 재정기반을 크게 약화시켰던 것이다. 고구려와의 무모한 전쟁을 주도했던 진씨세력[12]에 대한 비판과 책임론도 제기되었다. 이러한 배경 속에서 지배세력 간의 대립과 갈등이 왕위계승을 둘러싸고 야기되었다.

그러던 중 阿莘王이 405년에 죽자 왜에 파견된 맏아들 태자 腆支가 왕위를 잇기 위해 9년만에 귀국의 길에 오르게 되었다. 이 때 동생인 설례가 공석으로 되어 있는 왕위를 찬탈하기 위해 왕위계승의 원칙을 무시하고 자의로 형 訓解를 죽이고 왕위를 찬탈한 것이다. 이 소식을 들은 전지 일행은 해도에 머무르면서 사태 추이를 관망하고 있었는데, 때마침 '國人'으로 지칭된 세력[13]이 중심이 되어 왕위를 불법적으로 찬탈한 설례 세력을 토벌하고 전지를 맞이하여 왕위에 오르게 하였다.

이 사건 이후 백제는 집권세력의 교체가 일어났다. 전지왕 즉위에 공로가 컸던 왕족 餘信과 解忠을 비롯한 해씨세력이 실권을 장악하는 계기가 된 것이다. 특히 해씨세력은 전지왕 즉위 후 단행된 인사에서 達率 解忠과 內法佐平 解須, 兵官佐平 解丘 등이 전지왕대에 국가 요직을 두루 장악하게 되었다. 특히 해수는 王戚으로서 내법좌평에 기용되었다가 비유왕 3년

---

10) 『삼국사기』 백제본기 아신왕 4년 8월.
11) 『삼국사기』 백제본기 아신왕 8년 8월.
12) 아신왕의 외척인 眞武가 關彌城 탈환작전을 주도한 사실(『삼국사기』 백제본기 아신왕 2년 8월)이 참고가 된다.
13) 여기서 國人이란 귀족회의체를 장악하고 전지를 옹립하는데 큰 역할을 한 왕족 여신과 해충을 비롯한 해씨세력 등을 지칭한다.

(429)에는 上佐平으로 승진된 인물이었다.

이처럼 해씨세력은 백제 왕실과 통혼하여 왕비족이 되어 '解氏王妃族時代'로 불리울 정도로[14] 한동안 성세를 누리게 된 것이다. 반면에 근초고왕대에서 아신왕대까지 왕비족으로서 정치적 실권을 장악했던 진씨세력은 이후 웅진시기 초까지 한동안 권력의 전면에 나타나지 않고 있어 대조를 이룬다. 진씨세력은 전지왕 즉위 초의 정변에 연루되어 설례를 옹립하려다가 실패하고 결국 세력을 잃게 된 것이 아닐까 한다.[15] 이로써 전지왕의 즉위를 계기로 하여 기존의 진씨세력에서 해씨세력으로 집권세력의 교체가 이루어진 것이다.

전지왕의 즉위와 함께 집권세력이 해씨세력으로 교체가 되자 백제의 대외정책은 변화를 맞게 되었다. 아신왕대에는 진씨세력이 중심이 되어 辰斯王代(385~392)에 상실한 예성강 일대를 수복하기 위해 몇 차례 고구려를 침공하였으나 기대하는 만큼 성과를 거두지 못하였다. 광개토왕의 신출귀몰한 용병술과 강력한 고구려의 기마군단을 감당하지 못하고 결국 패퇴하고 만 것이다. 이처럼 백제가 고구려에 대해 강경책을 견지하게 된 것은 진사왕과 아신왕대의 집권세력인 진씨세력의 역할과 영향에 따른 것으로 볼 수 있다.[16]

이에 대한 반성으로 전지왕 즉위 이후 집권한 해씨세력은 고구려의 남진에 대한 강경책보다는 유화론에 입각한 현상유지책에 보다 비중을 두는 방향으로 대외정책을 선회한 것으로 보인다. 전지왕대부터 비유왕대에 이르기까지 백제가 고구려를 먼저 공격하거나 또는 고구려를 자극하는 사례가 한동안 보이지 않은 점을 들 수 있다. 백제는 고구려와 신라에 대한 군사적 강공책보다는 다각적인 외교를 전개하는 방향으로 대외정책을 추진해 나갔다.

---

14) 李基白,「百濟王位繼承考」『역사학보』11, 1959, 31~35쪽.
15) 노중국,『백제정치사연구』, 일조각, 1988, 136쪽.
16) 진사왕 때 달솔 眞嘉謨와 아신왕 때 王戚인 左將 眞武 등 진씨세력이 대고구려전을 주도적으로 수행한 것으로 여겨진다.

그러한 노력의 일환으로 중국 남조의 宋과 일본열도의 왜세력과 긴밀한 대외관계를 유지하면서 동아시아에서의 백제의 위상 확립과 고구려에 대한 외교적 억지력으로 이용하고자 하였다. 전지왕은 즉위한 다음 해인 406년에 東晉에 사신을 파견하여 우호관계를 긴밀히 유지하고자 하였다. 이에 대해 東晉의 安帝는 416년 전지왕을 3품인 '使持節都督百濟諸軍事鎭東將軍百濟王'으로 책봉하였다.[17] 이러한 전지왕의 대중외교 강화는 즉위 초의 왕위계승을 둘러싼 지배세력 간의 내분을 수습하고 정통성을 확보하려는 왕권강화의 측면과 당시 다면 외교로 남조에 접근을 꾀하던 고구려를 견제하기 위한 외교정책으로 볼 수 있다.[18]

한편 전지왕은 왜와의 관계를 더욱 공고히 하고자 하였다. 이때 백제와 왜는 409년, 418년의 두 차례에 걸쳐 교섭을 가진 것으로 드러났다. 409년에는 왜가 백제에 사신을 보내 교섭을 가졌는데 이때 왜의 특산품인 夜明珠[19]를 바쳤다.[20] 그 후 418년 백제는 409년 왜의 사신 파견에 대한 답례로서 왜에 白綿 10필을 예물로 보내[21] 양국 간의 우의를 두터이 하였다. 전지왕은 왜에 9년간 체류하였던 경험이 있었기 때문에 이 교섭을 계기로 하여 아신왕대에 구축한 친왜외교를 더욱 공고히 하는 계기로 삼고자 하였다.

이렇듯 백제는 왜와의 교섭을 아직 정례화하지는 못하였지만 유사시에 대비하여 예물을 교환하는 등 간헐적인 왜와의 교섭을 추진하는 양상을 보이고 있다.

---

17) 『송서』 권97, 열전57, 백제국 義熙 12년.
18) 양기석, 「百濟 腆支王代의 政治的 變化」 『湖西史學』 10, 1982, 27쪽.
19) 백제는 402년과 409년 왜와 교섭 시에 큰 구슬이 예물 품목이었다. 『수서』 권81, 열전46, 왜국조에 의하면 如意寶珠라는 구슬이 왜의 특산품이었다고 한다. 이는 광명주를 지칭하는 것으로 보이는데 "그 색깔이 푸르고 큰 것은 달걀만한 것이 밤이면 광채가 나서 마치 물고기의 눈정기와 같다"고 하였다. 구슬은 칼·銅鏡과 함께 중요한 예물이었기 때문에 중앙에서 지방의 재지수장층에게 사여하거나 또는 국가 간의 교섭 시에 상징적인 예물로 기능하였다.
20) 『삼국사기』 백제본기 전지왕 5년.
21) 『삼국사기』 백제본기 전지왕 14년 夏.

전지왕대에는 고구려와의 큰 전쟁이 없이 소강상태를 유지하게 되었는데, 이는 당시 고구려가 처한 대외적 상황과 깊은 관련이 있다. 고구려는 능비문의 영락 17년(407) 대백제 작전[22] 이후부터 백제와 더 이상의 전투를 찾아 볼 수 없을 정도로 한동안 소강상태를 유지하고 있었다. 고구려 광개토왕대의 남정으로 인해 백제와 가야 및 왜 동맹세력은 많은 인적 물적 피해를 입었지만 고구려와 신라도 적지 않은 영향을 겪게 되었다.

고구려는 백제와 전쟁을 치르는 동안에 서북쪽의 後燕(384~408)과 간헐적으로 군사적인 충돌을 벌렸다. 397년 선비족 탁발부가 세운 北魏가 후연의 수도인 중산을 함락시킴에 따라 後燕은 南燕(398~410)으로 양분되었다. 이때 후연이 和龍으로 천도함에 따라 고구려와 국경을 직접 맞닿게 되는 형세가 되었다.[23] 고구려는 이러한 정세 변화에 대처하기 위해 400년에 먼저 사신을 보내 後燕과 교섭을 가졌는데,[24] 이는 경자년 신라 구원작전에 즈음하여 서북변의 후고를 덜기 위한 조치로 보인다.

그러나 후연은 고구려왕이 예절을 다하지 않았다는 이유를 들어 3만의 병력을 동원하여 고구려의 新城과 南蘇城을 공략한 바 있었다.[25] 고구려가 신라 구원을 위해 신라와 가야 방면에 보기 5만 명을 동원하여 가야와 왜 연합군에게 큰 타격을 준 후 곧바로 철군한 것은 이러한 후연과의 일련의 군사적인 긴장관계에서 비롯된 것이었다. 이후 고구려는 후연과 몇차례 접전[26]을 벌리게 되었다. 고구려는 능비문에서 보듯이 영락 6년, 10년, 14년, 17년의 계속적인 작전을 벌려 백제 · 가야 · 왜 연합세력을 효과적으로 제압

---

22) 능비문의 영락 17년 작전을 후연에 대한 대릉하 방면의 작전으로 보는 견해가 있으나(천관우,「광개토왕릉비문재론」『전해종박사화갑기념논총』, 1980, 546~555쪽), 능비문의 沙溝城이 417년 병관좌평 解丘가 축조한『삼국사기』의 沙口城과 같은 성으로 볼 때 고구려와 백제 간의 전투로 보는 것이 합리적일 것이다.

23) 고구려와 후연의 관계에 대해서는 姜仙,「고구려와 5호16국의 관계 -後燕 · 北燕과의 관계를 중심으로-」『고구려연구』14, 고구려연구회, 2002, 274~276쪽을 참조할 것.

24)『삼국사기』고구려본기 광개토왕 9년 정월.

25)『삼국사기』고구려본기 광개토왕 9년 2월.

하여 한반도 남부지역이 어느 정도 안정이 되었다고 판단한 후 후연과 대치하는 쪽으로 선회하게 된 것이다.

이처럼 고구려가 서북변에 있는 후연과 일련의 군사적 긴장 관계를 가짐에 따라 남진정책을 적극적으로 추진하는데 한계가 있었다.

3. 毗有王代 백제와 신라의 和好

427년 고구려 長壽王(413~491)이 평양 천도를 단행함으로써 삼국관계에 일련의 군사적 긴장관계를 조성하는 계기를 만들었다. 장수왕은 이를 통해 국왕 중심의 지배체제를 수립하고 보다 안정된 경제적 기반을 마련하고자 하였다. 장수왕은 천도를 추진하는 과정에서 통구 일대의 세력기반을 가진 구귀족들을 숙청하여 왕권 전제화의 기반을 구축한 것으로 이해된다.[27]

이러한 평양 천도는 고구려의 남진 의지를 간접적으로 천명한 것으로서 백제와 신라에게는 커다란 위협을 주는 사건으로 받아들여졌다. 고구려는 북위와의 관계를 고려하여 당장의 군사적 행동을 보여주지는 않았지만, 고구려와 적대관계를 유지하고 있었던 백제는 이를 가장 민감하게 받아들였다. 이러한 고구려의 동향에 접한 백제 毗有王(427~456)은 그 대비책을 마련하기 위해 다각적인 외교적 노력을 기울이게 되었다.

먼저 백제는 지금까지 적대관계에 있는 신라와의 관계개선을 시급히 추진하는 일이 필요하였다. 백제는 당시 고구려의 영향에서 벗어나려는 신라

---

26) 402년에는 고구려가 宿軍城을 공격하였고(『삼국사기』 백제본기 광개토왕 11년), 이에 맞서 후연은 405년에 遼東城에 침입하였다가 뜻을 이루지 못하고 철군하였다(앞의 책, 광개토왕 14년 정월). 406년에도 거란과 고구려의 木底城을 공격하기도 하였다(앞의 책, 광개토왕 15년 12월).

27) 평양 천도의 동기와 의미에 대해서는 徐永大, 「고구려 평양천도의 동기」 『한국문화』3, 서울대 한국문화연구소, 1981, 125~126쪽과 朴性鳳, 『고구려 남진경영사연구』, 백산자료원, 1995, 26쪽을 참조할 것.

의 의도와 내부 동향을 어느 정도 감지하고 있었던 것 같다. 이에 비유왕은 433년 7월에 당시 고구려와 동맹관계를 맺고 있었던 신라에 먼저 和好를 제의하였고, 이듬해 화호의 표시로 良馬 2필과 흰 매를 예물로 신라에 보냈다. 신라 눌지마립간은 이에 대한 화답으로 황금과 명주를 백제에 보냄으로써 백제와 신라 두 나라 간에 우호적인 분위기가 조성되었다.[28] 비유왕대에 백제와 신라 간에 더 이상의 화호를 진전시키기 위한 노력을 찾아 볼 수는 없지만, 이후 개로왕대부터 두 나라 간에 동맹관계를 굳건히 하는데 한 계기가 되었음은 물론이다. 이로서 백제와 신라 두 나라는 이 일을 계기로 하여 그 동안의 적대관계를 청산하는 한 계기가 된 것이다.[29]

그러면 백제가 신라와의 관계개선을 적극적으로 시도하여 화호를 맺으려 하는 배경은 무엇일까? 첫째는 비유왕의 순탄치 못한 즉위와 함께 해씨세력이 목씨세력을 대신하여 정치적 실권을 장악하게 되었다는 점이다. 비유왕은 久爾辛王(420~427)이 23세로 단명하였다는 점[30]과 비유왕의 전지왕 서자설[31]을 토대로 하여 모종의 정변을 통해 즉위하였을 가능성이 제기되고 있다.[32] 정변의 구체적인 내용은 알 수 없지만 구이신왕이 나이가 어린 틈을 타서 권신 木滿致가 왕모와 간통하고 권력을 농단하는 등[33] 일련의 실정에 반발하여 정변을 일으켰을 가능성이 있다. 그 정변의 주도세력은 비유왕 3년(429)에 해씨세력 解須가 상좌평에 임명[34]된 것으로 보아 해씨세

28) 백제와 신라 양국의 화호에 관한 기사는 『삼국사기』 백제본기 비유왕 7년 7월, 8년 2월 · 9월 · 10월 및 앞의 책 신라본기 눌지마립간 17년 7월, 18년 2월 · 9월 · 10월조를 참조할 것.
29) 제 · 라 동맹에 관한 주요 연구 성과는 주) 2를 참조할 것.
30) 이도학, 「漢城末 熊津時代 百濟王系의 檢討」 『韓國史研究』 45, 1984, 7쪽.
31) 『삼국사기』 백제본기 비유왕 즉위년조에는 비유왕을 구이신왕의 장자라 하였고, 이설로 전지왕의 서자설을 함께 제시해 놓고 있다.
32) 천관우, 「삼한의 국가 형성(하)」 『한국학보』 3, 1976, 138쪽 ; 노중국, 『백제정치사연구』, 일조각, 1988, 140쪽 ; 이도학, 「漢城後期의 百濟王權과 支配體制의 整備」 『百濟論叢』 2, 백제문화개발연구원, 1990, 295~296쪽.
33) 『일본서기』 권10, 應神紀 25년.
34) 『삼국사기』 백제본기 비유왕 3년 10월.

력이었을 것이다.

阿莘王代(392~405)에 진씨세력이 고구려전에서의 강경 노선을 주도한 바 있었고, 구이신왕대 목만치가 친왜정책을 추진해 나갔던 사례에서 보듯이[35] 기존의 대외정책의 수정이 필요해진 것이다. 따라서 해씨세력은 새로운 동맹 파트너로서 신라의 존재에 주목하게 된 것이다. 이는 고구려의 남진 위협을 줄이는데 매우 유효한 방책으로 인식되었다. 이처럼 비유왕의 즉위와 관련하여 새로운 집권세력이 대두하게 됨으로써 같은 시기에 일어났던 고구려의 평양 천도에 대응하여 새로운 대외관계를 모색을 통해 국면 전환을 도모하려 하였다.

둘째, 백제가 신라를 고구려로부터 이탈시켜 대고구려 봉쇄망을 구축하려 했다는 점이다. 그 동안 백제는 고구려의 남진에 대응하기 위해 가야·왜의 동맹세력을 적극 활용하였지만 〈광개토왕릉비문〉에서 보듯이 소기의 성과를 거두지 못한 채 참담한 패배로 끝나고 말았다. 고구려의 평양 천도 이후 고구려의 심상치 않은 동향에 효과적으로 대처하는 데에는 기존의 가야·왜 라인으로는 한계를 가질 수밖에 없었다.

왜는 404년 대방계 패전 이후 백제와는 여전히 우호관계를 유지하고 있으나 출병을 통한 한반도 문제에 직접 개입하는 데에는 소극적일 수밖에 없었다. 그리고 백제는 고구려의 남진에 적극 대응하기 위해서는 유사시에 격절해 있는 왜보다는 이웃하고 있는 신라의 전략적 중요성을 인식하게 되면서 적대적인 신라와의 관계 개선을 적극적으로 모색하게 된 것이다. 이는 광개토왕의 남정 때 왜와 함께 참패의 경험을 맛본 백제가 바다와 격절해 있는 왜에 대해 유사시 군사적으로 큰 도움이 되지 못한다는 사실을 인식한 데에서 기인한 것이다.

당시 신라는 경자년(400) 신라 구원 작전 이후 고구려의 일정한 영향 하에 있었기 때문에 백제의 거듭된 화호 요청에 선뜻 나설 수는 없었을 것이

---

35) 주) 33 참조.

다. 신라가 신중하게나마 백제에 접근을 하게 된 것은 신라와 왜와의 관계 개선이라는 현안 문제 해결에 대한 기대 때문이었을 것이다.[36] 따라서 백제는 기존의 가야-왜 라인에다가 신라와 연결된 새로운 동맹관계의 구축을 통해 고구려에 대한 남진에 적극 대응하려는 의도를 가졌던 것이다.

셋째, 고구려의 간섭을 배제하려는 신라의 자립화 움직임과 관련이 깊다는 점이다. 400년 고구려 광개토왕의 남정 이후 신라는 한동안 고구려에 대한 정치적 군사적 예속관계에 놓여 있었다. 5세기 중반경까지 고구려군이 신라 영내에 주둔하고 있었고,[37] 고구려에 질자 파견,[38] 그리고 고구려가 實聖王과 訥祗王의 왕위계승에 일정한 관여[39]를 할 정도로 신라 내정에까지 깊이 관여하고 있었다. 신라가 성장 발전하는 데에는 이와 같은 고구려의 정치적 군사적 간섭이 오히려 제약이 되었던 것이다.

더구나 고구려는 정치적 군사적 간섭을 받고 있었던 신라를 궁극적으로 병합하려는 의도를 갖고 있었다.[40] 신라는 奈麻 朴堤上의 활약으로 고구려에 인질로 갔던 왕제 卜好를 통해(418),[41] 또는 수교차 고구려에 다녀왔던 사신을 통해서(424)[42] 평양 천도에 즈음한 고구려 내정에 관한 동태와 의도를 소상히 파악하였을 것으로 생각된다. 신라는 이러한 고구려의 의도를 간파한 이상 영토의 보존과 국가의 존립을 위해 이에 대한 대책을 마련할 필요가 생긴 것이다. 당시 신라는 고구려에 의해 일정한 영향 하에 있었기 때

---

36) 신라가 고구려와 동맹관계를 갖게 된 이유 중에는 〈광개토왕릉비문〉에서 보듯이 빈번한 왜의 침략 요인이 작용하였을 것이다. 왜와 정치적으로 친연관계에 있는 백제를 통해 왜의 신라에 대한 약탈적 침략을 저지하려 하였을 것이다.

37) 〈중원고구려비문〉에 나오는 '新羅土內幢主' 라는 문구와 『일본서기』 권14, 웅략기 8년 춘2월조의 기사를 통해 당시 신라 영토 안에 고구려군이 주둔하고 있었음을 알 수 있다.

38) 내물니사금 37년 정월에는 實聖이, 실성니사금 11년에는 卜好가 각각 고구려에 인질로 파견된 일이 있다.

39) 『삼국사기』 신라본기 눌지마립간 즉위년 및 『삼국유사』 권1, 기이2, 第十八 實聖王.

40) 『일본서기』 권14, 웅략기 8년.

41) 『삼국사기』 눌지마립간 2년 정월.

42) 『삼국사기』 신라본기 눌지왕 8년 2월.

문에 곧바로 고구려에 벗어나기는 어려웠지만 백제의 거듭된 화의 요청에 대해 신중한 접근을 할 수밖에 없었던 것이다.

이와 같이 백제와 신라 두 나라 사이의 화호는 고구려의 남진을 저지하려는 백제와 고구려의 간섭에서 벗어나려는 신라 두 나라 사이의 이해가 합치되어 이루어진 산물이라 할 수 있다. 그러나 433년 백제와 신라의 화호는 곧바로 신라의 고구려 이탈, 두 나라 간의 동맹관계로 이어진 것은 아니었지만,[43] 455년 이후 두 나라 간의 군사동맹관계 설정의 계기를 만들었다는 점에서 삼국의 항쟁사상 큰 의미를 가진 것으로 볼 수 있다.

다음으로 백제는 왜와 기존의 우호관계를 공고히 하였다. 428년 비유왕의 妹 新齊都媛이 7명의 부녀들을 거느리고 왜에 파견되었다.[44] 397년 고구려의 굴복한 백제가 절박한 상황에서 태자 전지를 왜에 인질로 파견한 이후[45] 이번에는 왕녀를 왜에 보내 보낸 것이다. 이는 혼인관계를 맺음으로서 두 나라 간에 신뢰구축을 통해 고구려의 남진 동향에 대비한 외교책으로 볼 수 있다. 이에 왜는 그 答禮로 從者 50명을 거느린 대규모의 사절단을 백제에 파견함으로서[46] 전지왕대에 이어 백제와 왜 두 나라 간의 우호관계가 돈독해지는 계기로 삼았다.

다음으로 백제는 대중외교를 한층 강화하였다. 백제는 420년 동진에 이

43) 주보돈, 「5~6세기 중엽 고구려와 신라의 관계」 『북방사논총』11, 2006, 75쪽 ; 박윤선, 『5세기 중반~7세기 백제의 대외관계』, 숙명여대박사학위논문, 2006, 12쪽.

44) 『일본서기』 권10, 웅신기 39년 춘2월조에는 新齊都媛이 直支王 즉 전지왕의 妹로 되어 있으나 應神 39년의 조정 연대가 428년에 해당하기 때문에 『삼국사기』의 전지왕(405~420)의 사망년대인 420년과는 맞지 않는다. 전지왕의 사망연대에 관해서는 여러 견해가 있는데, 『일본서기』 웅신기 25년조에는 414년으로 되어 있으나 위 본문 기사에는 428년으로 되어 있어 차이가 난다. 이에 대해 이 기사의 직지왕을 비유왕의 오기로 보는 견해(三品彰英, 『日本書紀朝鮮關係記事考證』上, 吉川弘文館, 1962, 249~250쪽)가 지배적이다. 따라서 이 기사는 비유왕 2년의 일로 여겨진다.

45) 『삼국사기』 백제본기 阿莘王 6년 5월 및 『日本書紀』 권10, 應神紀 8년 춘3월에 인용되어 있는 『百濟記』 참조.

46) 『삼국사기』 백제본기 비유왕 2년 2월.

어 宋이 새로 등장하자 중국과의 적극적인 교섭을 벌려 고구려의 남진을 대중외교를 통해 저지하고 또 동아시아에 있어서의 백제의 위상 확립을 통해 왕권 강화를 도모하려 하였다. 백제는 송이 건국에 즈음하여 백제왕을 2품인 鎭東大將軍으로 進號한 것을 계기로 하여[47] 대중교섭을 전개해 나갔다.

백제와 송은 406년부터 450년까지 13회에 걸친 교섭을 전개한 것으로 나타난다. 그 사행 목적도 책봉이 3회, 기타 청구 2회를 제외하고는 대부분 일반적인 遣使 조공형태를 유지한 것으로 드러났다. 당시 송은 몽골고원의 유연, 동북아시아의 고구려, 한반도 남부의 백제와 연결하는 대북위포위망을 구축하여 북위의 군사적 공세에 대응하려 하였다. 송은 이런 정치적 군사적 목적을 충족시키기 위해 백제를 필요로 하였다. 백제와 송은 서로의 기대한 만큼 정치적 군사적 욕구를 충족시켜 주지는 못하였지만 백제는 이를 계기로 활발한 교섭을 벌려 왕권의 정통성 확립과 선진 문물을 수용하고자 하고자 하였다.

이처럼 427년 고구려의 평양 천도, 433년 백제와 신라의 화호 등과 같은 비중이 큰 사건에도 불구하고 고구려의 남진정책은 한동안 소강상태에 머물고 있었다. 그러던 중 고구려가 다시 적극적인 남진정책으로 선회하게 된 것은 436년 北燕의 멸망 때였다. 472년 개로왕이 북위에 보낸 국서에서 고구려가 436년 북연의 馮弘이 망명한 이후 30여 년 동안 백제를 업신여기고 핍박했다는 내용[48]이 이를 잘 보여주고 있다.

고구려는 435년에 사절을 파견하여 北魏와 외교관계를 수립하였지만, 곧이어 불거진 북연의 왕 馮弘의 망명과 신병 인수 문제로 인해 북위, 송 사이에 복잡한 국제 외교문제에 휘말리게 되었다. 결국 장수왕은 북위와의 관

---

47) 『송서』권97, 열전57, 夷蠻 東夷 백제국.
48) 『위서』권100, 열전88, 백제국 ; 『삼국사기』백제본기 개로왕 18년, "馮氏의 운수가 다하여 그 여류가 도망해 온 이래로 醜類[고구려]가 점차 盛하여져서 드디어 백제를 업신여기고 핍박하였다. 원한을 맺고 화를 연속한 것이 30여 년에 백제는 재물이 다하고 힘이 다하여 점차 저절로 쇠약해졌다"는 구절을 참조할 것.

계를 고려해서 풍홍을 살해함에 따라 이 사건은 일단 종결되었지만, 북위는 한때 고구려를 정벌할 계획을 가질 정도로 두 나라 간에는 일련의 긴장관계가 형성되었다. 이로 인해 440~460년까지의 20년 동안 고구려는 북위 간의 교섭을 거의 중단한 채 남조 송과의 빈번한 교섭을 전개하였다.

이상으로 고구려가 평양성 천도와 북연의 멸망으로 인해 남진정책으로 선회하자 백제는 신라, 중국 남조의 송, 일본열도의 왜와 긴밀한 외교관계를 맺어 이에 대처하였음을 알 수 있다. 반면 고구려는 풍홍 망명 사건에서 야기된 북위와의 긴장관계로 인해 백제에 대한 공격을 자제한 채 한동안 대치 형국을 유지하였다. 이런 상황으로 인해 백제는 433년 신라와 화호를 맺은 이래 군사적 동맹 관계로 더욱 발전시켜 나가지 못하는 형세를 유지하고 있었다.

4. 蓋鹵王代 北魏 교섭과 고구려의 한성 침공

백제와 신라 두 나라가 종전의 화호단계를 넘어 군사동맹 관계로 한층 발전시켜 고구려의 남진에 공동으로 대처하게 된 것은 蓋鹵王代(455~475) 이후일 것이다. 이러한 상황은 개로왕이 즉위한 455년부터 東城王代(479~501) 말까지 이어지고 있어서 단지 화호 단계에 머물러 있던 비유왕대와는 달리 백제와 신라 간의 실질적인 군사협력을 위한 동맹관계가 형성되고 있었던 사실을 단적으로 보여주고 있다. 이 시기에 백제와 신라 간의 동맹관계는 고구려의 남진이 적극화되는 시기와 맞물려서 개로왕대와 동성왕대의 두 시기에 집중적으로 나타나고 있어 주목된다.

蓋鹵王은 비유왕이 재위 29일만에 사망하자 비유왕의 장자로서 왕위를 계승하게 되었다. 그런데 개로왕의 즉위과정이 결코 순탄치 않고 모종의 정변에 의해 이루어진 가능성이 제기되고 있다.[49] 구체적인 정변의 실상은 알 수 없지만 상좌평체제를 통해 왕권을 강화하려는 비유왕과 그 측근세력, 이에 대해 종래의 귀족연합체제를 유지하려는 해씨세력 간의 대립과 갈등에서 비롯된 것이 아닐까 한다. 즉 해씨세력은 비유왕대의 성세를 배경으로 비유왕의 아들인 개로보다도 해씨 소생을 차기 왕위계승자로 즉위시키려고 하지 않았나 여겨진다.[50]

해씨세력의 이러한 의도가 관철될 경우 해씨세력의 성세를 계속 이어나 갈 수 있기 때문이다. 비유왕이 전지왕의 庶子일 경우[51] 비유왕의 모친은 해씨 출신의 왕비 八須夫人의 아들이 아닐 수도 있다. 따라서 해씨세력은 전지왕의 서자인 비유왕의 직계가 왕위 계승하는 것을 달가워하지 않았을 것이다.

이러한 이해관계의 차이로 왕위계승문제를 둘러싼 지배세력 사이에 대 립과 갈등이 생기자 개로왕은 餘紀, 昆支, 文周와 같은 왕족과 목씨세력 등 의 지지를 받아 정변을 일으켜 비유왕을 살해하고 정권을 장악한 것으로 추 정된다. 458년 송으로부터 장군호를 수여받은 인물들은[52] 개로왕을 옹립한 지지세력에 해당하며, 반면 수작자에서 배제된 해씨나 진씨세력은 개로의 즉위를 반대하는 세력으로 볼 수 있다.

이처럼 개로왕이 정변을 통해 왕위에 올랐지만 이에 따른 지배세력 간의 분열과 정치적 대립을 수습하고 왕권 확립을 위해 해결해야 할 당면과제가 대두되었다. 이에 개로왕은 458년 『송서』 백제전의 장군호 수작자에서 보 듯이 왕족들을 요직에 중용하는 것과 더불어 왕족들 간에 계보를 초월한 결 속을 강조하는 왕족 중심의 친정체제를 구축하여 왕권 강화를 지향하였다. 개로왕은 왕족 중심의 친정체제 확립, 왕비족 세력의 배제와 그 운용 방식 의 변화, 중국의 관작 임명 방식을 수용한 백제식의 私假制 실시[53] 등을 통

---

49) 이도학, 「漢城末 熊津時代 百濟王位繼承과 王權의 性格」『韓國史硏究』50 · 51합집, 1985, 3~4쪽 ; 노중국, 앞의 책(1988), 140쪽 ; 천관우, 「삼한의 국가 형성」(하) 『한국학보』3, 일 지사, 1976, 139쪽.
50) 정재윤, 「웅진시대 백제 정치사의 전개와 그 특성」, 서강대박사학위논문, 1999, 18~19쪽.
51) 주) 31 참조.
52) 『송서』 권97, 열전57, 夷蠻 東夷 백제국.

해 왕권의 권력 기반을 강화시키려고 시도하였다. 개로왕은 공고히 구축해 놓은 왕권 중심 체제를 토대로 하여 독자적인 대외관계를 추진해 나가게 되었다. 『삼국사기』를 통해 개로왕대의 대외관계에 관한 주요 기사를 소개하면 다음과 같다.

A-① 10월에 고구려가 군사를 일으켜 백제를 침범하므로 왕은 군사를 내어 백제를 구원하였다. [신라본기 눌지마립간 39년, 455]

② 百濟新撰에서 말하기를 辛丑年 개로왕이 아우 昆支君을 大倭로 보내어 천왕을 모시며 兄王의 수호를 닦게 하였다. [『일본서기』 권14, 웅략기 5년 추7월, 461]

③ 8월에 장수를 보내 고구려의 남쪽 변경을 쳤다. 겨울 10월에 雙峴城을 수리하였고, 靑木嶺에 큰 목책[大柵]을 설치하여 北漢山城의 군사들을 나누어 지키게 하였다. [개로왕 15년, 469]

④ 사신을 魏나라에 보내 조공하고, 表文을 올려 이렇게 말하였다. [개로왕 18년, 472]

⑤ 9월 … 고구려가 내침하여 한성을 포위하니 개로왕은 성을 굳게 지키면서 문주로 하여금 신라에 구원을 청하였다. 文周는 1만 명을 얻어가지고 돌아왔다. 고구려군은 퇴귀하였으나 성은 파괴되었고 왕은 죽임을 당하였다. [문주왕 원년, 475][54]

위 기사에서 A-①은 개로왕이 즉위하자마자 고구려의 공격을 받았던 일을 소개하고 있다. 이는 고구려가 광개토왕대의 남정이 단행된 이래 오랜 소강상태를 깨고 백제에 대한 공격을 재개한 점에서 주목된다. 455년 9월에

53) 坂元義種, 『古代東アジアの日本と朝鮮』, 吉川弘文館, 1978, 277~283쪽 ; 노중국, 「한성백제의 함락과 수도 이전」 『향토서울』 64, 2004, 33~38쪽.

54) 문주가 신라로 구원병을 청하러 간 시기에 대해 본 기사와 『삼국사기』 권6 고구려본기 장수왕 63년 9월조에는 475년으로 되어 있다. 반면에 『삼국사기』 권3 신라본기 慈悲麻立干 17년조에는 474년(개로왕 20년) 가을 7월로 되어 있다. 그러나 『삼국사기』 권25 개로왕 21년 추9월조와 권18 고구려본기 장수왕 63년(475) 9월조에도 기록되어 있어 475년 9월로 보는 것이 타당할 것이다. 그리고 신라본기의 기사는 개로왕이 고구려가 공격하기 거의 1년 전에 문주를 신라에 보내 구원군을 요청한 것이 되므로 취신하기 어렵다.

비유왕이 정변에 의해 살해되고 개로왕이 즉위 직후인 10월에 고구려로부터 공격을 받은 것이다. 이에 백제는 고구려의 침입을 단독으로 막지 못하고 곧바로 신라의 도움을 받아 물리칠 수 있었다(A-①). 455년 고구려의 백제 공격은 바로 전해인 454년 신라 공격[55]에 이어서 이루어진 것이다. 고구려의 신라 공격 의도는 450년 고구려 변장을 살해한 사건에 대한 응징 차원에서 행해진 것이지만,[56] 백제의 경우 개로왕 즉위 초의 정변으로 야기된 정정 불안을 틈타 단행된 것으로 이해된다.[57]

455년 고구려의 백제 공격은 여러 측면에서 주목되는 일이다. 첫째, 고구려의 남진이 본격적으로 재개되었다는 점이다. 고구려는 427년 평양 천도와 436년 풍홍의 망명 사건에 따른 대북위 관계의 경색으로 인하여 백제에 대해 공격을 자제한 채 한동안 긴장 상태를 유지하면서 세력 균형을 위해 치열한 외교전을 전개해 왔다. 450년 이후 신라가 고구려와의 동맹관계에서 점차 이탈하게 되자 이에 고구려는 백제와 신라를 교침하면서 때로는 동시에 두 나라를 상대해야 하는 어려움에 직면하게 된 것이다.

둘째, 고구려의 동맹관계에 있었던 신라가 고구려의 주요 공격 대상으로 부각되었다는 점이다. 이는 외면적으로 450년 悉直原에서 일어난 고구려 변장 살해 사건을 계기로 하여 야기된 일이었지만[58] 그 이면에는 신라가 고구려의 영향과 간섭을 배제하려는 자립화 운동과 깊은 관련이 있다. 셋째, 고구려의 공격으로 백제와 신라 간에 구원요청이 있을 때에는 공동으로 대처하고 있는 점도 새로운 양상이었다. 백제와 신라는 433년 양국간의 화호 관계를 체결하였지만, 신라가 여전히 고구려의 일정한 영향력 하에 있었던 관계로 더 이상의 동맹관계로 발전시키기에는 한계가 있었다.

그러나 455년 고구려의 백제 공격을 계기로 개로왕은 신라에 대해 군사

---

55) 『삼국사기』 신라본기 눌지왕 38년 8월.
56) 『삼국사기』 신라본기 눌지왕 34년 7월.
57) 김수태, 「백제 개로왕대의 대고구려전」 『백제사상의 전쟁』, 서경문화사, 2000, 224쪽.
58) 『삼국사기』 신라본기 눌지마립간 34년 7월.

적 지원을 요청하면서 백제와 신라 두 나라 간의 군사동맹 체제를 이루는데 필요한 조치들을 마련해 나간 것으로 추측된다. 이제부터는 제·라 간의 단순한 화호 수준을 넘어서 일방의 힘만으로 고구려의 공격을 막아내지 못할 경우 구원 요청에 의해 제·라 양국이 군사적으로 공동 대응하는 관계로 한 단계 발전시켜 나간 것으로 풀이된다.[59] 백제가 고구려의 침입으로 어려움을 겪고 있을 때 신라의 개입을 이끌어낼 수 있도록 한 점은 백제 외교의 큰 성과라 할 수 있다.

이런 측면에서 455년 고구려의 백제 공격은 백제와 신라의 관계를 보다 실질적인 군사적 동맹관계로 발전시켜 나가는 데에 하나의 계기가 되었음은 틀림없는 사실이다. 신라는 이 전쟁에 참여하여 백제를 지원함으로써 더 이상 고구려의 동맹세력이 될 수 없음을 분명히 하는 계기가 되었다. 이는 백제와 신라 간에 구축된 군사적 동맹관계를 보여주는 선례가 된 것이다. A-⑤에서 보듯이 475년 고구려의 한성 공격 시에도 신라가 1만 명의 구원병을 지원해 준 일로 계속 이어지고 있었음이 확인된다.

그 뒤 한동안 소강상태를 유지하다가 469년에 백제와 고구려 두 나라는 다시 전쟁관계에 들어가게 되었다(A-③). 이번에는 455년 전투(A-①)와는 달리 백제가 고구려를 먼저 공격하여 공세로 돌아선 것이다. 백제가 먼저 고구려를 선제공격한 다음 예상되는 고구려의 침공에 대비하기 위해 국경 지대의 요충인 쌍현성과 청목령에 관방 시설을 설치하거나 수축하는 공사를 벌린 것으로 나타났다. 여기서 쌍현성은 임진강 너머 장단 북쪽에 위치한 망해산의 쌍령 부근으로 추정되는데,[60] 고구려군의 임진강 도강을 저지하기 위해 축성을 한 것으로 볼 수 있다. 아신왕 6년(397)에 고구려 공격에

---

59) 이 전쟁은 제라동맹군에 의한 최초의 군사연합 작전으로 제라 양국이 실질적인 공동 군사연합관계에 들어갔음을 의미하는 계기로 보는 견해가 있다(정운용, 「나제동맹기 신라와 백제 관계」 『백산학보』46, 1996, 90~104쪽).

60) 문안식, 「개로왕의 왕권강화와 국정운영의 변화에 대하여」 『사학연구』78, 2005, 63쪽 : 『백제의 흥망과 전쟁』, 혜안, 2006, 194쪽.

대비하여 축조한 성[61]을 이번에 다시 수리해 사용하게 된 것이다. 청목령은 개성 청석동으로 비정되는데 진사왕 2년(386)에 고구려의 남하에 대비하여 축조한 성[62]이다. 이 성들은 평양 - 황주 - 사리원 - 신원 - 해주 - 개성으로 연결되는 고구려의 남진 루트를 예성강 하류인 청목령과 쌍현성과 같은 관방상 주요한 고개를 차단하는 방식으로 축조된 것이다.[63]

그런데 469년 전투에서 백제가 그동안 대고구려전에서의 수세에서 벗어나 공세를 취하고 있는 점이 주목된다. 이 전투는 바로 전해에 고구려와 말갈이 연합하여 悉直城[삼척]을 공격한 직후에 일어난 것[64]으로 보아 신라에 침공한 고구려를 견제하기 위한 것으로 볼 수 있다. 개로왕이 신라의 원병 없이 고구려를 선제공격한 것은 광개토왕대의 남정으로 상실한 예성강 일대의 고토를 수복하려고 의지가 반영된 것으로 볼 수 있다.[65]

한편 개로왕대에는 고구려의 남진에 대비하기 위해 왜와의 전통적인 우호관계를 강화하였다. 개로왕대에는 왜가 阿禮奴跪를 보내 왕녀를 요청함에 따라 백제에서는 慕尼夫人의 딸 適稽女郎를 대신하여 왜에 보낸 일이 있었다.[66] 그러던 중 왜에 건너간 부인들 중에 하나인 池津媛이 음행 사건에 연루되어 화형을 당하는 일이 생기자 개로왕은 이번에는 왕녀 대신에 왕제 昆支를 왜에 보낸 것이다(A-②).[67] 이는 397년 국가적 위기에 봉착해 있던

61) 『삼국사기』 백제본기 아신왕 7년 3월.
62) 『삼국사기』 백제본기 진사왕 2년 춘.
63) 서영일, 「중원고구려비에 나타난 고구려 성과 관방체계 -우벌성과 고모루성을 중심으로-」 『고구려연구』 10, 2000, 491~520쪽.
64) 『삼국사기』 신라본기 자비마립간 11년 춘.
65) 469년 전투는 그동안 추진해 온 왕권 강화시책이 어느 정도 성과를 나타내어 자신감의 발로인 동시에 전제정치의 확립을 뜻하는 것으로 보는 견해가 있다(김수태, 「백제 개로왕대의 대고구려전」 『백제사상의 전쟁』, 서경문화사, 2000, 226쪽).
66) 『일본서기』 권14, 웅략기 2년 추7월에 인용된 『百濟新撰』을 참조할 것. 그런데 여기에 나오는 池津媛을 『일본서기』 웅신기 39년조에 나오는 7명의 부녀 중의 하나로 보고 이를 適稽女郎으로 보는 견해(池內宏, 『日本上代史の一研究』, 中央公論美術出版, 1970)가 있다.
67) 『일본서기』 권14, 웅략기 5년 하4월과 그에 인용된 『百濟新撰』을 참조할 것.

백제가 세력 만회를 위해 태자 전지를 왜에 파견했던 친왜 외교[68]의 일환으로 이해하고 있다. 이러한 인적 관계 교류를 통한 백제외교는 6세기에 들어가면서 백제는 왜에 선진문물을 제공하고 왜는 백제에 군사적 관계를 제공하는 방식[69]으로 제도화되어 나가는 한 과정으로 볼 수 있다.

그런데 개로왕대 대중국 관계에 있어서 주목할 만한 사건은 472년 북위와의 교섭을 벌린 일이다(A-④). 개로왕은 북위에 사신을 보내 고구려를 공격하기 위해 원병을 요청한 것이다. 그동안 남조 국가 일변도로 외교 관계를 유지해 온 백제의 대중외교에서 볼 때 매우 이례적인 일이다. 466년 북위 현종이 고구려 장수왕의 왕녀를 후궁으로 삼는 문제[70] 때문에 두 나라 사이의 긴장이 고조된 데에서 그 직접적인 계기를 찾을 수 있다. 당시 북위의 文明太后가 顯祖의 후궁을 맞이하기 위해 고구려에 청혼을 하였으나, 장수왕은 이를 거부함에 따라 두 나라 사이는 긴장이 고조되었다.[71]

개로왕은 고구려와 북위 사이에 혼사 문제로 틈이 벌어지고 있을 때 내부 정정 불안으로 송과의 교섭을 더 이상 유지하기 어려운 상태임을 간파하고 과감히 북위에 사신을 보내 고구려 공격에 원병을 보내줄 것을 요청한 것이다. 개로왕은 북위에 보낸 국서에서 고구려가 남으로 송과 통하고 북으로 蠕蠕과 통하고 있으며, 또 고구려가 북위의 사신을 고의로 물에 빠뜨려 죽였으므로 마땅히 응징해야 한다고 주장하고 있다. 개로왕은 고구려가 예상을 하지 못하게 허를 찔러 북위에 접근한 것이다. 개로왕의 국서에 나타났듯이 백제가 북위와 교섭을 한 목적은 북위와 고구려 사이의 외교 관계를

68) 이러한 백제의 대왜 관계를 왕족외교로 부르는 견해가 있다(연민수, 『고대한일관계사』, 혜안, 1998, 431~461쪽). 고대사회에서 왕족이 대외활동을 주도하고 있는 점에서 보다 적절한 용어 사용이 필요하다.

69) 繼體期(503~529) 이후 백제와 왜 사이에 형성된 관계를 용병관계로 규정짓는 견해가 있다(金鉉球, 『大和政權の對外關係史硏究』, 吉川弘文館, 1985, 14~65쪽).

70) 『위서』 권100, 열전88, 고구려 ; 『삼국사기』 고구려본기 장수왕 54년 3월.

71) 이에 대해서는 노태돈, 「고구려의 한성 지역 병탄과 그 지배 양태」 『향토서울』66, 2005, 177~178쪽을 참조할 것.

차단하는 것과 백제와 북위가 연합하여 함께 고구려를 공격하자는 것이었다. 그런데 개로왕의 북위 교섭은 고구려를 의식한 북위의 소극적인 태도로 인해 기대한 만큼의 성과를 올리지는 못하였다.

472년 개로왕의 북위 청병외교는 도리어 고구려를 크게 자극하여 고구려로 하여금 백제 공격을 초래하는 결과가 되었다. 고구려는 백제를 공격하기 위해 외교적으로 백제를 고립시키는 방책과 간첩 도림을 백제에 밀입시켜 백제의 국력의 소진을 유도하는 등 치밀한 준비를 해왔다. 개로왕은 이러한 도림의 계책에 말려들어 대토목공사와 불교 장려책을 추진하였다. 그러나 이러한 전제화 시책은 도리어 지배세력 간의 분열을 초래하였으며,[72] 아울러 재정을 피폐시키고 민심을 악화시켜 백제의 국력을 날로 쇠약케 하는 요인이 되었다. 도림은 475년 계획대로 백제가 대토목공사로 인해 파탄에 빠져있는 것을 확인하자 이때가 백제를 멸망시킬 절호의 기회로 생각하고 백제를 탈출하여 장수왕에게 백제의 내부 사정을 상세히 보고하였다. 장수왕은 도림의 보고를 듣고 백제 공격을 전격적으로 단행하였다.

고구려 장수왕은 475년 9월 직접 3만의 군사를 거느리고 백제의 왕도 한성을 공격하여 함락시킨 후 개로왕을 사로잡아 죽이고 8천 명의 포로를 이끌고 철수하였다.[73] 고구려의 한성 공략이 단기전으로 이루어졌음을 알 수 있다. 이로서 백제는 개로왕 뿐 아니라 大后와 여러 왕자들이 고구려군에게 몰살당하였고, 왕도 한성을 포함한 한강하류유역 일대를 모두 고구려에게 상실당하는 결과가 되었다.

475년 고구려의 한성 침공 때 곤경에 처한 백제를 돕기 위해 신라가 원병을 파견한 일도 있었다(A-⑤). 비록 文周가 인솔한 1만 명의 신라 원병이 늦게 도착하여 고구려에 대항하기에는 별 도움이 되지는 못했지만 개로왕

---

72) 고구려에 망명한 古爾萬年과 再曾桀婁가 그러한 부류에 속하는 세력일 것이다. 그들은 475년 한성 공격 때 백제 내부의 사정을 고구려에 전하고 또한 백제 공격에 선봉에 나서서 개로왕을 패사시키는데 적극적이었다.
73) 『삼국사기』 고구려본기 장수왕 63년 9월.

대 신라가 동맹관계에 의해 원병을 파견한 두 번째 사례에 해당한다. 이를 통해 개로왕대부터는 백제와 신라 두 나라가 고구려의 침입에 대해 공동으로 대처하는 일종의 군사 동맹관계가 구축되고 있었음을 보여준다고 하겠다.

5. 東城王의 친신라정책

백제가 475년 고구려의 불시의 침공을 받아 왕도 한성을 빼앗긴 후 文周王은 웅진천도를 단행하였다. 천도 직후 병관좌평 解仇의 발호, 문주왕의 피살과 어린 三斤王의 즉위와 단명, 해구의 난 등으로 이어지는 일련의 정정 불안이 야기되어 백제 왕권은 극도로 쇠약해졌다. 웅진 천도 후 한동안의 정정 불안을 극복하고 실추된 왕권을 회복시켜 왕권의 전제화를 모색하기 시작한 것은 동성왕대(479~501)이었다. 昆支系인 동성왕의 즉위과정은 분명치 않지만 일본 河內地域에 있던 곤지계의 세력기반과 백제 국내의 지지세력, 그리고 왜정권의 입장 등을 종합적으로 관련시켜 검토할 필요가 있다.[74]

동성왕은 해구의 난을 진압하고 병권을 장악한 진씨세력의 옹립에 의해 즉위하였을 가능성이 높다. 해구의 난 진압에 공을 세운 진씨세력 眞男과 眞老의 역할이 주목된다. 특히 진로는 삼근왕대에 德率로서 해구의 반란을 토평하는데 공로를 세웠고,[75] 동성왕대에는 병관좌평이 되어 정치적 실권을 장악한 인물이기 때문이다. 국내에서 성장한 斯麻[무령왕]보다 왜에 장기

---

74) 『일본서기』 권14 웅략기 23년 하4월조에 의하면 동성왕은 어릴 때 왜에서 성장한 것으로 되어 있다. 그의 즉위 배경에 대해서는 여러 견해가 제시되어 있을 정도로 분명치 않다. 다만 동성왕의 아버지 昆支가 461년 이후 16년 동안 왜에 체류한 것을 감안해 보면 동성왕은 왜에서 태어났고 그곳에서 성장하였을 가능성이 크다. 이에 대해서는 남형종, 「백제 동성왕대 지배세력의 동향과 왕권의 안정」 『북악사론』 3, 1993, 12쪽 ; 정재윤, 「웅진시대 백제 정치사의 전개와 그 특성」, 서강대 박사학위논문, 1999, 83~89쪽을 참조할 것.
75) 『삼국사기』 백제본기 삼근왕 2년 봄.

간 체류하여 국내 사정에 어둡고 또한 그의 부친인 곤지가 사망한 상태였기 때문에 末多[동성왕]를 옹립한 것으로 보고 있다.[76]

　동성왕은 웅진 천도 후 南齊와 교섭을 열었고, 신라에 청혼하여 혼인동맹을 맺었으며, 臨流閣과 加林城 등 대규모 토목공사를 일으켜 왕권의 기반을 확립하려 하였다. 특히 금강유역에 기반을 둔 사씨 · 연씨 · 백씨 등 신진세력을 과감히 등용하여 구귀족 진씨세력에 대한 견제를 통해 왕권강화를 도모하였다. 동성왕은 이러한 기반 위에서 활발한 대외관계를 전개해 나갔다. 『삼국사기』를 통해 동성왕대의 대고구려와 신라에 관한 주요 기사를 소개하면 다음과 같다.

　B-① 3월에 고구려가 말갈과 함께 군사를 일으켜 북변으로 침입하여 狐鳴城 등 7
　　　성을 공취하고, 또 彌秩夫로 진격함으로 신라가 백제, 가야의 원병을 얻어
　　　가지고 길을 나누어 이를 방어하다가 적을 역격하여 이를 파하고 泥河의 서
　　　쪽까지 추격하여 1천여 명을 참살하였다. [신라본기 소지마립간 3년, 481]
　　② 7월에 고구려가 군사를 일으켜 북변을 침입함으로 신라는 백제와 함께 母
　　　山城 밑에서 적을 크게 격파하였다. [신라본기 소지마립간 6년, 484]
　　③ 9월에 고구려가 군사를 일으켜 북변을 습격하고 戈峴을 침범하고 10월에
　　　狐山城을 함락시켰다. [신라본기 소지마립간 11년, 489]
　　④ 3월에 왕이 신라에 사신을 보내 혼인을 청하니 신라 왕은 伊湌 比智의 딸을
　　　시집보냈다. [동성왕 15년, 493][77]
　　⑤ 7월에 7월에 고구려와 신라가 薩水벌판에서 싸웠는데, 신라가 이기지 못하
　　　고 물러나 犬牙城을 지키자 고구려가 이를 포위하였다. 왕은 군사 3천 명을
　　　보내 구원하여 포위를 풀어주었다. [동성왕 16년, 494]
　　⑥ 8월에 고구려가 雉壤城을 포위해 오자 왕은 사신을 신라에 보내 구원을 요
　　　청하였다. 신라 왕이 장군 德智에게 명령하여 군사를 이끌고 구원하게 하니
　　　고구려 군사가 물러나 돌아갔다. [동성왕 17년, 495]

---

76) 노중국, 앞의 책(1988), 151~152쪽.
77) 동일한 내용을 전하는 기사가 『삼국사기』 권3 신라본기 炤知마립간 15년조에는 伊伐湌
　　으로 되어 있어 본 기사와 차이가 난다.

⑦ 7월에 고구려가 牛山城으로 쳐들어옴으로 장군 實竹은 泥河 위에서 적을
　격파하였다. [신라본기 소지마립간 18년, 496]

⑧ 8월에 고구려가 쳐들어 와서 牛山城을 함락시켰다. [신라본기 소지마립간
　19년, 497]

⑨ 7월에 炭峴에 목책을 설치하여 신라에 대비하였다. [동성왕 23년, 501]

　위 기사를 통해 보면 이 시기에 고구려가 백제와 신라를 공격하여 전투
를 벌인 횟수는 모두 7회였음을 알 수 있다. 고구려가 백제와 신라를 일방적
으로 공격하고 있음을 알 수 있다. 이 점에서 백제와 신라 간의 동맹관계가
방어적인 성격을 띠고 있음을 보여주고 있다. 고구려가 백제를 공격한 사례
는 1회에 불과할 뿐 거의 신라를 공격하는 양상(6회)을 보이고 있다.

　이 시기 고구려가 신라를 주공격 대상으로 삼은 것은 백제의 경우 475년
한성 함락으로 소기의 목적을 달성한 반면 신라의 경우 무엇보다도 450년
이래 고구려에 대한 배신과 또한 자비마립간과 소지마립간 때의 대고구려
강경책을 응징하기 위한 것으로 볼 수 있다. 그리고 고구려가 400년 신라구
원 작전 이후 신라 영내에 고구려 군대를 주둔하고 있으면서 신라 내부의
사정을 잘 알고 있는데다가, 또한 당시 부식해 놓았던 친고구려계 세력과
연합하여 신라를 안팎에서 공격할 수 있었던 점이 작용한 것이 아닐까 한
다. 더구나 자비마립간 11년(468)부터 신라 서북변 지역에 대대적인 축성사
업을 벌여 영역화를 도모한 것이 이 지역에 기반을 둔 친고구려계 재지세력
들의 반발을 불러 온 것이 아닐까 한다.

　고구려가 백제와 신라를 각개로 하여 전투를 치르는 경우도 있지만, 때
로는 백제와 신라가 구원 요청에 의해 공동 작전을 벌여 고구려를 격퇴한
일도 3회나 보이고 있다. 특히 481년 고구려와 말갈이 호명성(청송)을 거쳐
미질부(포항 흥해)에 침입하여 신라 왕도를 위협하는 사태가 발생하자(B-
①) 신라는 백제와 가야 원병의 도움을 받아 이를 격퇴한 일도 있었다. 그
중 백제가 신라의 요청에 의해 구원한 기사는 481년, 484년, 494년의 3회에
이르는 반면 신라가 백제의 요청에 의해 구원한 기사는 495년 1회밖에 없을
정도로 백제가 신라를 집중적으로 구원하고 있었음을 알 수 있다. 이는 백

제에 원병을 파견하여 고구려 공격을 구원해 주었던 개로왕대의 경우와 차이를 보여주고 있다.

이를 통해 백제와 신라 두 나라가 고구려의 남진에 대한 군사 동맹관계가 한층 공고해졌음을 알 수 있다. 아울러 동성왕대에 신라와의 관계가 훨씬 밀접했던 사실을 485년 신라에의 수교 요청[78]과 493년 신라 왕실과의 결혼 요청(B-④)의 사례를 통해서도 확인해 볼 수 있다. 특히 493년 3월에 백제 동성왕의 요청으로 신라 이벌찬 比智의 딸과 혼인이 성사됨으로써 백제와 신라 두 나라는 이를 계기로 군사동맹관계를 확고히 해 나가는 계기가 되었다.

이처럼 동성왕이 확고한 친신라정책을 추진함으로써 백제와 신라 두 나라 간에 군사적 동맹관계를 굳건히 유지할 수 있었다. 그 결과 첫째, 제라 양국은 고구려의 남진을 공동 대응하여 효과적으로 저지하였다는 점이다. 475년 직후 고구려가 일시적으로 남하하여 아산만 - 직산 - 진천 - 청원(부강 남성골) - 대전(월평동) - 괴산 - 충주 - 단양의 선을 유지하고 있었던 것으로 밝혀졌다.[79] 이는 475년 백제 한성을 함락시킨 고구려군이 여세를 몰아 대전과 청원 등 중부 내륙지방에 일시에 진출한 단기간의 점유에 불과한 것이다. 아산만에서 남한강유역까지 한때 고구려 영역인 것으로 기술해 놓은 『삼국사기』 지리4 기사가 이를 어느 정도 이를 반영해 주는 것임을 알 수 있다. 그리고 동성왕대에 고구려군은 『삼국사기』 지리4의 南限인 직산을 넘어 중부 내륙지역인 진천(모산성) - 청원 미원(살수원) - 보은 내북(견아성)

─────

78) 『삼국사기』 신라본기 소지마립간 7년 5월.
79) 양기석, 「475년 위례성 함락 직후 고구려와 백제의 국경선」 『한국 고대 사국(고구려 · 백제 · 신라 · 가야)의 국경선』, 서경문화사, 2008, 75~89쪽. 이 견해를 따를 경우 『삼국사기』 백제본기에 나오는 동성왕대 이후 한강유역영유설에 대한 견해와 배치된다. 그러나 동성왕대에 나오는 한산(성) 관련 지명은 고구려와의 전투지점이나 축성 지점의 위치를 비정해 볼 때 한강 북쪽 지역이 아니라 차령산맥 이남의 고구려와의 접경지역인 한산(성)을 의미하는 것으로 이해할 수 있다(「5~6세기 백제의 북계」 『박물관기요』20, 단국대석주선기념박물관, 2005, 23~51쪽).

선에서 백제와 신라를 교차적으로 침공하는 형태로 남하하였다.[80]

이에 대응하여 백제와 신라는 구원 요청을 통해 공동으로 고구려의 남진을 충북 내륙지방에서 묶어둘 수 있었다. 이는 삼국의 정세에서 고구려와 제라 양국 간의 힘의 균형이 유지되고 있었음을 보여주고 있다.

이처럼 동성왕대 백제의 대외관계는 왜보다 신라를 보다 중시하는 입장을 견지한 것으로 나타난다. 백제는 고구려의 잇달은 공격에 대하여 지리적으로나 시간적으로 가까운 신라군과 연합하여 공동 대응하기가 수월한 이점을 잘 알고 있었기 때문이다.

반면 백제는 대가야를 '加羅' 또는 『梁職貢圖』의 '叛波'라 하여 旁小國 수준으로 낮게 평가하고 있었다. 그리고 왜는 475년 백제가 왕도 한성을 함락당하고 웅진으로 천도하였을 때 일체 군사적 도움을 주지 못하였다. 왜는 광개토왕대의 남정으로 참패를 겪은 이후 가급적 한반도 문제에 직접 관여하기를 자제한 채 대송외교에 전념하고 있었다. 478년 왜왕 武는 고구려에 대한 군사적 응징을 위해 기존의 백제를 포함한 7국제군사와 고구려와 같이 1품 開府儀同三司를 자칭하여 송으로부터 제정을 해달라고 요청하였다.[81] 이러한 왜의 무리한 요구에 대해 송은 7국에서 백제를 제외하였을 뿐 아니라 고구려와 같은 1품 開府儀同三司를 인정하지도 않았다. 이에 왜는 곧바로 송과 외교관계를 단절하였다.

이처럼 왜는 438년 이래 대송관계를 통해 한반도 남부지역에 대한 군사지배권을 요구하면서 제라동맹체제의 주도권을 장악하기 위해 백제와 암묵적으로 주도권 행사에 대한 경쟁을 벌리고 있었다.[82] 따라서 백제는 당시 대가야와 왜에 대해서는 전통적으로 긴밀한 우호관계를 유지하고는 있었지만, 고구려의 남진 위협에 적극 대응하여 유사시에 도움이 될 수 있는 파트

---

80) 양기석, 「신라의 청주지역 진출」 『신라서원소경연구』, 서경, 2001, 35쪽.
81) 『송서』 권97, 열전 57 동이 왜국.
82) 양기석, 「5세기 백제와 왜의 관계」 『한일관계사 논문집』2(왜5왕과 한일문제), 경인문화사, 2005, 112쪽.

너로서의 역할을 높이 평가하지 않았던 것이다.

그러나 백제 동성왕대의 이러한 친신라정책은 496년부터는 대내외적 정세 변화에 따라 변화 조짐이 나타난다. 496년 가야가 신라에 꼬리 길이가 5자나 되는 흰 꿩을 보내 우호관계를 맺기 위해 신라에 접근한 일이 발생한 것이다.[83] 여기서 가야는 대가야를 지칭하는데, 대가야가 496년 시점에서 신라에 갑자기 접근하려는 의도와 배경이 궁금해진다.

이러한 대가야의 대외정책상 변화 계기는 백제 동성왕대의 친신라정책 추진과 깊은 관련이 있는 것으로 파악된다.[84] 백제의 친신라정책 전환은 기존의 동맹관계를 유지하고 있던 대가야로부터 적지 않은 반발을 사게 된 것 같다. 그동안 신라와 대가야와의 관계는 〈광개토왕릉비문〉에 나타난 400년 경 자년 작전, 가야를 경유하여 일어난 왜의 빈번한 침입, 그리고 가야의 전통적인 친백제정책 등으로 인하여 서로 적대적이거나 또는 소원한 편이었다. 이런 면에서 496년의 신라와 대가야의 교섭은 매우 이례적인 현상이라 할 수 있다.

백제는 동성왕 즉위 초에 신라와의 동맹관계를 기조로 하여 대가야와 왜와도 긴밀한 우호 관계를 유지하였다. 백제와 신라 두 나라가 왕실 간의 결혼과 군사동맹관계를 통해 제라동맹체제를 더욱 공고히 해 나가자 대가야는 백제의 친신라정책을 견제할 필요에서 496년 신라에 화호를 요청한 것으로 볼 수 있다. 이러한 신라와 대가야의 화호 요청에 대하여 백제는 민감한 반응을 보인 것이다. 496년과 497년에 고구려가 신라의 牛山城을 공격하여 이를 함락시켰을 때 종전과는 달리 백제의 신라 구원이 이루어지지 않았다.[85]

---

83) 『삼국사기』 신라본기 소지마립간 18년 2월.

84) 양기석, 앞의 글(2007), 59~62쪽.

85) 『삼국사기』 권3, 신라본기 3, 소지마립간 18년 7월·19년 8월. 신라군이 우산성을 침공한 고구려군을 맞아 泥河[강릉 부근]에서 공파한 것으로 보면 우산성은 강릉 일대로 추정된다. 이 전투에서 신라가 백제에 구원 요청을 하지 않는 것을 백제로부터 멀리 떨어져 있었기 때문으로 본 견해가 있다(정운용, 「나제동맹기 신라와 백제 관계」, 『백산학보』46, 1996, 114쪽). 그러나 468년 고구려가 말갈과 함께 실직성[삼척]을 공격해 왔을 때 469년 개로왕이 고구려를 공격하여 측면에서 신라를 도운 사례에 비추어 보면 제라 양국 간에 무언가의 틈이 발생한 것으로 볼 수도 있다.

이러한 신라의 태도 변화에 대응하여 백제는 그 동쪽 변경지역의 요충인 沙井城[86] · 炭峴[87]에 각각 성책을 설치하고 여기에 扦率 毗陁와 같은 신진 세력을 배치하여[88] 유사시 신라 침입에 대비하도록 한 것이다. 6세기에 들어서 백제와 신라 양국 모두가 대외관계의 변화를 초래하는 양상으로 이어진다. 백제 무령왕대에는 한강유역을 회복하기 위한 대고구려 공세적 입장으로 전환을 보게 되었고, 반면 신라는 지증왕계에 의한 왕위계승이 이루어지면서 독자노선을 유지한 채 권력기반 강화와 여러 제도 정비 및 개혁작업에 박차를 가하는 입장으로 변화를 맞게 되었다.

6. 맺음말

이 글은 5세기 삼국의 역관계 추이를 백제의 입장에서 크게 네시기로 나누어 각 시기마다의 전개 양상과 배경 및 성격을 고찰하였다. 이를 위해 전지왕 즉위 초의 집권세력의 변화에 따라 백제의 대외정책의 변화상을 검토하였고, 이어 433년 제라동맹의 체결 배경과 역사적 의미, 그리고 455년 이후 개로왕대의 대고구려 정책을 분석하여 제라동맹이 공수동맹의 성격으로

86) 사정성은 현재 대전시 사정동에 비정된다(성주탁, 「대전부근 고대성지고」 『백제연구』 5, 1974, 16쪽).
87) 탄현의 위치에 대해서는 여러 견해가 있다. ① 충청남도 금산군 금산면 천내리와 충청북도 영동군 양산면 가선리설(大原利武, 「百濟要害地炭峴に就いて」 『朝鮮史講座 · 朝鮮歷史地理』, 1922, 88~90쪽), ② 완주군 운주면 삼거리와 서평리와의 사이에 있는 炭峙설(小田省吾, 「上世史」 『朝鮮史大系』, 1927, 194쪽), ③ 부여 석성면 正覺里 숫고개설(今西龍, 『百濟史硏究』, 吉川弘文館, 1934, 266쪽), ④ 대전 동구와 옥천 군북면 경계의 식장산 마도령설(이병도, 『역주 삼국사기』, 1977, 401쪽), ⑤ 완주군 운주면 薪伏里와 三巨里 사이의 쑥고개설(홍사준, 「탄현고 -계백의 삼영의 김유신의 삼도-」 『역사학보』 35 · 36, 1967, 55~81쪽 ; 전영래, 「탄현에 관한 연구」 『전북유적조사보고』 13, 1982, 276~289쪽), ⑥ 금산군 珍山面 校村里의 숯고개설(성주탁, 「금산지방성지 조사보고서」 『논문집』 제4권 제3호, 충남대학교 인문과학연구소, 1977, 29쪽) 등이 있다.
88) 『삼국사기』 권26, 백제본기4, 동성왕 20년 7월 및 23년 7월.

전환되었음을 밝혔다. 끝으로 동성왕대 추진한 친신라정책으로 통해 제라동맹 관계의 실체와 한계를 검토하였다. 그 결과를 요약하면 다음과 같다.

전지왕의 즉위 이후 집권한 해씨세력은 고구려의 남진에 대한 강경책보다는 유화론에 입각한 현상유지책에 보다 비중을 두는 방향으로 대외정책을 선회하였다. 백제는 고구려와 신라에 대한 군사적 강공책보다는 다각적인 외교를 전개하는 방향으로 대외정책을 추진하였다. 그러한 노력의 일환으로 중국 남조의 宋과 일본열도의 왜세력과 긴밀한 대외관계를 유지하면서 동아시아에서의 백제의 위상 확립과 고구려에 대한 외교적 억지력으로 이용하고자 하였다. 한편 고구려는 광개토왕대에 계속적인 정복활동을 벌려 백제·가야·왜 연합세력을 효과적으로 제압하였지만 서북변에 있는 후연과 일련의 군사적 긴장 관계를 가짐에 따라 백제와는 큰 전쟁 없이 한동안 소강상태를 유지한 것으로 드러났다.

이어 비유왕대에는 고구려가 평양성 천도와 북연의 멸망을 계기로 하여 다시 남진정책으로 선회하자 백제는 신라, 중국 남조의 송, 일본열도의 왜와 긴밀한 외교관계를 맺어 이에 대처하였다. 반면 고구려는 북연의 왕 풍홍의 망명 사건에서 야기된 북위와의 긴장관계로 인해 백제에 대한 공격을 자제한 채 한동안 대치 형국을 유지하였다. 이에 따라 백제는 먼저 신라를 고구려 동맹세력에서 이탈시키기 위해 433년 화호를 맺는데 성공하였으나, 군사적 동맹 관계로 더욱 진전시켜 나가지 못하였다.

그렇지만 백제와 신라 두 나라 사이의 화호는 고구려의 남진을 저지하려는 백제와 고구려의 간섭에서 벗어나려는 신라 두 나라 사이의 이해가 합치되어 이루어진 산물이라 할 수 있다. 433년 백제와 신라의 화호는 곧바로 신라의 고구려 이탈, 두 나라 간의 동맹관계로 이어진 것은 아니었지만, 450년 이후 두 나라 간의 군사동맹 관계 설정의 계기를 만들었다는 점에서 삼국의 항쟁사상 큰 의미를 가진다.

한편 백제와 신라 두 나라가 종전의 화호단계를 넘어 군사 동맹 관계로 한층 발전시켜 고구려의 남진에 공동으로 대처하게 된 것은 蓋鹵王代 이후였다. 455년 개로왕의 즉위와 함께 이루어진 고구려의 백제 공격은 백제와 신라의 관계를 보다 실질적인 군사동맹 관계로 발전시켜 나가는 데에 또 하나의 계기가 된 것이다. 개로왕은 왕권 중심의 친정체제를 구축하여 왕권강화를 지향해 나갔는데, 고구려의 남진에 대비하기 위해 중국과 왜와의 우호관계를 강화하는 방향으로 추진한 대외정책도 그 일환이었다.

개로왕대의 대중국관계에서 주목할 만한 일은 472년 북위와의 교섭을 통해 청병외교를 벌렸다는 점이다. 이 일은 개로왕의 실정과 맞물려 도리어 고구려를 크게 자극하여 장수왕이 백제를 공격하는 빌미가 되었다. 이때 신라의 원병이 파견되었지만 백제는 고구려에 참패하여 개로왕 뿐 아니라 태후와 여러 왕자들이 몰살당하였고, 왕도 한성을 포함한 한강하류일대를 고구려에게 상실당하였다. 개로왕대의 대북위 청병외교의 새로운 시도와 함께 대외정책의 한계를 보여준 것으로 판단된다.

이어 웅진초의 정치적 혼란을 수습한 동성왕대에는 중국 南齊와 교섭을 열었고, 신라에 청혼하여 혼인관계를 맺었으며, 臨流閣과 加林城 등 대규모 토목공사를 일으켜 왕권의 기반을 확립하려 하였다. 특히 금강유역에 기반을 둔 사씨·연씨·백씨 등 신진세력을 과감히 등용하여 구귀족 진씨세력에 대한 견제를 통해 왕권강화를 도모하였다. 이에 따라 동성왕은 확고한 친신라정책을 추진함으로써 백제와 신라 두 나라간에 혼인을 통한 군사적 동맹관계를 굳건히 유지할 수 있었다. 그 결과 백제와 신라 두 나라는 고구려의 남하를 공동 대응하여 중부내륙지역인 청원 - 보은선에서 효과적으로 저지할 수 있게 되었다.

그러나 6세기에 이르면 백제와 신라 양국 모두가 대외관계의 변화를 초래하는 양상으로 이어진다. 백제 무령왕대에는 한강유역을 회복하기 위한 대고구려 공세적 입장으로 전환을 보게 되었고, 반면 신라는 지증왕계에 의한 왕위계승이 이루어지면서 독자노선을 유지한 채 권력기반 강화와 여러 제도 정비 및 개혁작업에 박차를 가하는 입장으로 변화를 맞게 된 것이다.

『백제논총』9, 백제문화개발연구원, 2009

5~6세기 전반 신라와 백제의 관계

1. 문제의 제기

5~6세기는 삼국이 국가체제를 정비하고 이를 발전시켜 나가면서 삼국 간에 치열한 대립과 항쟁을 전개하던 시기였다. 삼국은 각기 처해진 대내적 조건과 동아시아 국제관계를 외교적 억지력으로 적절히 이용하면서 삼국항쟁의 주도권을 장악해 나가려 하였다. 이에 따라 삼국은 각기 세력균형을 유지해 나가면서도 자국의 존립과 이익을 추구하는 양상으로 대외관계를 전개해 나가기도 하였던 것이다. 따라서 삼국 간에는 세력관계의 변화에 따라 友敵 관계를 달리하는 양상을 보이기도 하였다.[1]

5~6세기 삼국 간의 항쟁에 있어서 신라의 대외관계상의 역할은 특히 주목된다. 즉 삼국의 세력관계에 있어서 신라의 향배가 한반도 정세의 흐름에 큰 영향을 줄 정도로 중요한 변화 요인이 되고 있다는 점이다. 4세기 말 고

---

[1] 이러한 입장에서 삼국의 역관계를 논한 盧重國, 「高句麗 · 百濟 · 新羅 사이의 力關係 變化에 대한 一考察」『東方學志』28, 1981의 글을 참조할 것.

구려 광개토왕대의 南征에서 비롯된 고구려와 백제 간의 직접적인 대결구조 속에서 신라는 고구려의 부수세력에 지나지 않았다. 그러나 5세기 중반에 이르면 신라는 고구려로부터의 자립화 운동을 전개하고, 또 고구려의 적극적인 남진정책에 대하여 돌연 백제와 동맹관계를 맺어 고구려에 대항하였고, 6세기 전반경에는 고구려와 백제 세력을 적절히 이용하면서 국가체제 정비와 영토 확장 등 국가발전을 도모해 나가게 된다. 그리고 6세기 중반 관산성 전투에서의 승리 이후부터는 중국왕조와의 독자적인 대외교섭을 전개해 나가면서 삼국통일을 향한 외교적 포석을 이루게 된다. 이와 같이 5~6세기 한반도 정세는 신라의 향배 여하에 따라 복잡하고도 미묘한 양상을 보이기도 하였다.

5~6세기 신라의 대외관계에 있어서 중요한 부분은 濟羅同盟이다. 제라동맹은 고구려의 남진정책에 대항하기 위하여 433년 신라의 눌지왕과 백제의 비유왕 사이에 우호관계를 맺은 이후 554년 관산성 전투를 끝으로 하여 120년 동안 존속되었던 상호 공수동맹으로 널리 이해되어 왔다.[2] 이러한 견해는 물론 5세기 중·후반의 정세를 이해하는 데에 있어서는 어느 정도 타당한 것으로 여겨지지만, 이를 6세기 전반 경까지 확대하여 일률적으로 인식하는 데에는 다소의 문제가 제기될 수 있다. 즉 6세기 전반에 고구려와 백제 간에 여러 차례의 접전이 일방적으로 벌어지고 있는 데 반해 5세기 후반에서 보는 경우와 같이 신라의 구원이 거의 나타나고 있지 않다는 점이 주목된다.

또한 지증왕대와 법흥왕대에 북조국가인 北魏와 남조국가인 梁과 각기 외교교섭을 벌렸던 점은 고구려와 백제의 도움에 힘입은 것으로 판단되기 때문이다. 그리고 지증왕은 炤知王과는 再從弟 간으로 지증왕계 왕위계승 시대의 막을 올렸던 인물이었음이 주목된다. 국가의 대외정책은 국내의 정

---

2) 제라동맹에 대한 종합적인 연구로는 金秉柱, 「羅濟同盟에 관한 硏究」 『한국사연구』 46, 1984의 글이 참고된다.

치 주도세력의 변화와 밀접한 관련이 있고, 또 지증왕대의 체제정비 작업을 감안해 볼 때 대외정책의 변화 가능성도 상정해 볼 수 있기 때문이다. 이러한 측면에서 나제동맹에 대한 기존의 이해에는 재검토의 여지를 남기고 있다.

따라서 본고에서는 이러한 문제점을 인식하면서 5~6세기 중반까지 삼국의 역관계를 신라의 입장에서 두 시기로 나누고 각 시기마다의 전개양상과 성격을 살펴보도록 하겠다. 고찰의 범위는 제라 간의 和好 관계가 시작되는 433년부터 관산성 전투가 끝나는 554년까지로 설정하였다. 그리고 이 시기에 전개되었던 가야병합을 둘러싼 나제 간의 대립과정에 대해서는 보다 면밀한 검토의 여지가 있기 때문에 금후의 과제로 남겨 두겠다.

2. 고구려의 남진과 제라 양국의 대응

1) 제라 양국의 和好 배경

신라가 고구려와의 동맹관계를 맺고 있으면서 백제와 화호를 맺게 된 것은 433년의 일이었다.[3] 이 433년의 화호는 백제의 적극적인 요청에 의해서 이룩된 것이다. 433년 7월에 백제가 화호를 먼저 제의하였고, 이듬해 백제 비유왕이 양마 2필과 흰 매를 예물로 신라에 보냈다. 신라의 눌지왕도 이에 대한 화답으로 황금과 명주를 백제에 보냄으로써 양국 간에 우호적인 분위기가 조성되었다. 이로서 제라 양국은 그 동안의 적대관계를 버리고 화호를 맺게 되었다.

그러면 먼저 신라가 백제와 우호관계를 맺게 된 배경을 다음 세 가지 측면에서 검토해 보자. 첫째, 고구려 장수왕이 단행한 평양 천도(427)에 대응하여 이루어진 것이 아닐까 한다. 고구려는 평양천도를 계기로 적극적인 남

---

3) 『삼국사기』 백제본기 비유왕 7년 7월, 동 8년 2월, 9월, 10월 및 동 신라본기 눌지왕 17년 7월, 동 18년 2월, 9월 10월.

진정책을 추진하여 백제뿐만 아니라 당시 고구려의 정치적 군사적 간섭을 받고 있었던 신라도 궁극적으로 병합하려는 의도를 갖고 있었던 것으로 보인다.[4]

　제라 양국은 평양 천도를 통해서 고구려의 심상치 않은 정치세력 간의 갈등과[5] 적극적인 남침의 야욕을 간파했을 것으로 짐작된다. 신라는 奈麻 朴堤上의 활약으로 고구려에 인질로 갔다가 귀환하였던 왕제卜好를 통해서(418), 또는 수교차 고구려에 다녀왔던 사신을 통해서(424)[6] 평양 천도에 즈음한 고구려 내정에 관한 통태와 그 의도를 소상히 파악하였을 것으로 여겨진다.

　신라는 이러한 고구려의 의도를 간파한 이상 영토의 보존과 국가의 존립을 위해 고구려의 남진정책에 용의주도하게 대처해야할 방안을 모색하지 않으면 안되었다. 또한 신라는 대외적으로 중국과의 관계에 있어서 아직 독자적인 외교권을 행사할 수 없는 입장이었기 때문에 당시 고구려와 적대관계에 있으면서 수세에 몰려 있었던 백제에 신중한 접근을 시도할 필요성을 절감하였을 것이다.

　둘째, 백제의 대고구려 봉쇄전략의 일환으로 추진되었다는 점이다. 백제는 고구려의 평양 천도에 따른 남진정책에 대응하기 위해서 다각적인 외교적 노력을 기울이게 된다. 우선 남조국가인 宋과 긴밀한 외교교섭을 전개하고 있는 것으로 나타난다. 평양 천도(427)부터 한성 함락(475)까지 백제와 宋 간의 외교교섭의 횟수가 『宋書』 백제전이나 『南史』 宋本紀에 의거해 볼 때 9회로 나타나고 있어서 빈번한 교섭관계를 전개하고 있음을 알 수 있다. 이는 북위와 송에 양면외교를 펼치고 있던 고구려를 외교적으로 견제하려

---

4) 『日本書紀』 雄略紀 8년.
5) 『魏書』 百濟傳에 평양 천도 당시 고구려의 내부사정에 대하여 '國自魚肉 大臣强族戮殺無 已'로 표현하고 있어 장수왕대에 지배세력에 대한 세력개편을 단행하였음을 시사해 주고 있다.
6) 『삼국사기』 신라본기 눌지왕 8년 2월.

는 의도로 해석된다.

신라와 수교를 한 이후에도(433) 왕제 昆支를 왜에 파견하여 유사시에 청병을 위한 외교적 포석을 하고 있으며(461),[7] 勿吉과도 연합하여[8] 고구려를 측면에서 견제하고자 하였다. 더구나 백제는 이례적으로 남조 일변도의 외교책에서 벗어나 고구려와 긴밀한 교섭관계를 맺고 있는 北魏에 국서를 보내 고구려 정벌을 위한 청병외교를 벌이기도 하였다(472).[9] 이는 470년 경 고구려 장수왕의 왕녀를 북위 현종의 후궁으로 들이는 문제로 인해[10] 양국이 잠시 불편한 관계로 접어 들게 되자 이 기회를 타서 백제 개로왕은 북위에 고구려 정벌을 요구했던 것으로 보인다.

이러한 백제의 일련의 외교과정을 통해서 백제는 중국의 북위와 송, 신라, 가야, 왜, 물길을 연결하는 전방위 외교를 전개하여 대고구려 봉쇄망을 구축하고자 하였음을 알 수 있다. 이러한 전략의 일환으로 백제는 고구려와 밀접한 관계를 맺고 있던 신라를 고구려로부터 유리시키기 위해 신라에 적극적으로 접근을 시도하게 되었다.

이와 같이 433년에 맺어진 제라 양국 간의 화호는 대고구려 봉쇄망을 형성하려는 백제의 이러한 전략은 신라를 동맹세력으로 끌어들이는 데에는 큰 성과를 얻었지만, 반대로 고구려를 압박하게 되는 결과가 되어 고구려로 하여금 군사를 일으켜 한성 침공을 단행케 하는(475) 요인이 되기도 하였다.

셋째, 신라의 대내적 요인이 작용했던 것으로 볼 수 있다. 내물왕계 김씨 세습체제를 확립하기 위해서는 경쟁세력인 석씨세력, 박씨세력, 다른 왕실 세력 등을 견제, 또는 정략적으로 제거할 필요가 있었다. 눌지왕의 왕위 계승과정에서 고구려세력이 일정한 역할을 했던 것처럼[11] 고구려의 일정한

---

7) 『日本書紀』 권14, 雄略 5년 夏 4월.
8) 『北史』 권94, 勿吉國傳.
9) 『魏書』 百濟.
10) 『魏書』 권100, 열전88, 高句麗.
11) 『삼국사기』 신라본기 눌지왕 즉위년 및 『삼국유사』 권1, 紀異2, 第十八 實聖王.

도움이 필요하였다. 4세기 후반에서 5세기 중반경까지 고구려군의 출병(400)과 주둔,[12] 왕자 實聖과 卜好의 질자 파견, 불교수용[13] 등의 사례에서 보듯이 당시 신라는 고구려의 일정한 정치적, 문화적인 영향력 하에 놓여 있었던 것이다. 그러나 신라가 성장 발전을 하는 데에 있어서는 고구려의 정치적 군사적 간섭이 오히려 제약이 되고 있는 실정이었다. 신라와 백제의 화호는 신라의 입장에서 볼 때 고구려의 간섭을 배제하려는 자립화 운동과 깊은 관련을 가진 것으로 볼 수 있다.

따라서 눌지왕은 우선 고구려에 질자로 가 있었던 복호를 귀환시켰는데,[14] 이로 인해 양국 간에 소원한 관계의 단초적인 조짐이 나타나게 되었다. 그러면서도 인질귀환 문제로 다소 소원해졌던 양국관계를 호전시키려는 의도에서 고구려와 수교하여(424)[15] 기존의 우호관계를 확인하였다. 신라는 고구려에 신중히 대처하면서 자립화의 기운을 조성해 나가게 되었다.

이와 같이 433년에 맺은 제라 간의 화호는 백제의 대고구려 봉쇄전략의 일환으로 추진된 것이며, 신라의 경우 고구려의 간섭에서 벗어나려는 필요성에 의해서 양국 간의 이해가 합치되어 이루어진 산물로서 이해된다. 이 일로 신라는 고구려와의 동맹관계에서 벗어나 친백제정책으로 선회하였기 때문에 이후 삼국의 항쟁사에 큰 영향을 미쳐 고구려와 나제연합의 대결구도를 설정하는 계기가 되었다.

2) 신라의 백제 連和와 대고구려 강경책

신라의 친백제로의 선회는 고구려의 반발을 불러 일으키게 되었고, 450년을 계기로 양국관계는 군사적 충돌을 벌리게 될 정도로 악화되었다. 이후

---

12) 〈충주 고구려비〉에 나오는 '新羅土內幢主'라는 문구와 『日本書紀』웅략기 8년 춘 2월조의 기사를 통해 신라 영토 내에 고구려군이 주둔하고 있었음을 알게 해준다.
13) 『삼국사기』 신라본기 법흥왕 15년.
14) 앞의 책, 눌지왕 2년 정월.
15) 앞의 책, 눌지왕 8년 2월.

제라 양국이 고구려와 교전을 벌인 사실을 『삼국사기』를 통해 살펴보면 다음과 같다.

A-① 7월에 고구려의 변장이 悉直原에서 사냥을 하였는데, 何瑟羅城主 三直은 군사를 내어 그를 살해하였다. 고구려왕은 이 말을 듣고 크게 노하여 사신을 보내 말하기를 … 곧 군사를 내어 신라의 서변을 침입함으로 (눌지)왕은 말을 낮추어 그 잘못을 사과하니 고구려는 곧 군사를 돌이켜 퇴귀하였다. [눌지왕 34년, 450]

② 8월에 고구려가 군사를 일으켜 북변을 침범하였다. [눌지왕 38년, 454]

③ 10월에 고구려가 군사를 일으켜 백제를 침범하므로 왕은 군사를 내어 백제를 구원하였다. [눌지왕 39년, 455]

④ 봄에 고구려는 말갈과 함께 군사를 일으켜 북변의 실직성을 습격하였다. [자비왕 11년, 468]

⑤ 9월 … 고구려가 내침하여 한성을 포위하니 개로왕은 성을 굳게 지키면서 文周로 하여금 신라에 구원을 청하였다. 문주는 일만 명을 얻어 가지고 돌아왔다. 고구려군은 퇴귀했으나 성은 파괴되고 왕은 죽임을 당했다. [문주왕 원년, 475]

⑥ 3월에 고구려가 말갈과 함께 군사를 일으켜 북변으로 침입하여 狐鳴城 등 7성을 공취하고, 또 彌秩夫로 진격함으로 신라는 백제, 가야의 원병을 얻어 가지고 길을 나누어 이를 방어하다가 적을 역격하여 이를 파하고 泥河의 서쪽까지 추격하여 일천여 명을 참살하였다. [소지왕 3년, 481]

⑦ 7월에 고구려가 군사를 일으켜 북변을 침입하므로 신라는 백제와 함께 母山城 밑에서 적을 크게 격파하였다. [소지왕 6년, 484]

⑧ 9월에 고구려가 군사를 일으켜 북변을 습격하고 戈峴을 침범하고 10월에 狐山城이 함락되었다. [소지왕 11년, 489]

⑨ 3월에 백제왕 牟大가 사신을 보내와 혼인을 청함으로 왕은 이벌찬 比智의 딸을 보내 결혼하게 하였다. [소지왕 15년, 493]

⑩ 7월에 장군 實竹 등이 고구려군과 薩水의 벌판에서 싸웠으나 이기지 못하고 犬牙城으로 퇴각하니 고구려군이 이를 포위하였다. 이때 백제왕 牟大가 군사 3천을 보내 구원함으로 고구려군은 포위를 풀고 돌아갔다. [소지왕 16년, 494]

⑪ 8월에 고구려가 백제의 雉壤城으로 쳐들어와 포위하였는데, 백제에서 구원

을 청함으로 왕은 장군 德智에게 명하여 이를 돕게 하니 그는 군사를 거느리고 나가서 고구려의 많은 군사를 격파하고 이를 구원하니 백제왕은 사신을 보내 왕에게 사례하였다. [소지왕 17년, 495]

⑫ 7월에 고구려가 牛山城으로 쳐들어 옴으로 장군 實竹은 泥河 위에서 적을 격파하였다. [소지왕 18년, 496]

⑬ 8월에 고구려가 쳐들어 와서 牛山城을 함락시켰다. [소지왕 19년, 497]

450년 신라 何瑟羅州 성주인 三直이 悉直原(삼척)에서 수렵을 하고 있던 고구려 변장을 살해하는 사건이 발생하자 고구려는 이에 대한 보복으로 신라 서변을 공격하였던 것이다(A-①). 곧 눌지왕의 사과로 양국 간의 험악한 관계는 일단 진정되었지만, 이후 454년부터 5세기 말까지 모두 8회에 걸쳐 고구려가 신라를 침입할 정도로 양국은 적대관계로 돌변하게 되었다. 5세기 후반의 삼국의 정세는 고구려 우위의 상황 하에서 고구려가 전선의 균형을 유지하기 위하여 백제와 신라를 交侵하는 양상을 보이게 된다.[16]

그러나 고구려와 백제 간의 전투는 4회로 나타나고 있어서[17] 고구려는 신라를 주공목표로 군사적 공세를 전개하고 있었음을 알 수 있다.

제라 양군이 연합하여 고구려의 침입에 공동으로 대응하는 사례도 신라 백제 각각 3회씩 보이고 있다. 백제는 고구려의 대대적인 한성침공을 즈음하여 국가존망의 위급한 시기에 신라로부터 2회의 구원을 받았다(A-③, ⑤). 신라는 481년 고구려와 말갈의 침입으로 狐鳴城(청송) 등 7성이 공함되었고, 彌秩夫(흥해)까지 침공해 와 왕도를 위협하는 사태가 발생하자 백제와 가야의 원병의 힘을 빌어 이를 격퇴시킨 일도 있었다(A-⑥). 신라는 고구려로부터 왕도를 공격받는 것과 같은 위급한 상황에는 백제의 구원을 요청하여 공동 대응을 하고 있음을 알 수 있다.

---

16) 김영하, 「고구려의 순수제」 『역사학보』106, 1985, 47~50쪽.

17) 고구려의 선공으로 백제를 침공한 사례는 3회이고, 반면 개로왕 15년(469)에는 백제가 고구려를 선공하였던 사례가 있다.

이와 같이 제라 양국은 일방의 힘만으로 고구려의 침략을 막지 못할 경우 구원요청에 의해서 공동 대응하는 관계로 발전시켜 나갔다.

신라와 백제 간의 우호관계가 더욱 공고화되어 실질적인 군사동맹관계로 발전하게 된 것은 신라의 소지왕(479~499)과 백제의 동성왕(479~500) 때의 일이다. 이 시기에 고구려가 신라를 침공한 것은 8회 중 6회이고, 백제는 4회 중 1회에 불과하다. 신라는 481년 고구려의 彌秩夫 침공 때에 백제의 도움을 받은 이후(A-⑥) 모두 3회에 걸쳐 백제의 구원을 받고 있는 대신 495년 전투 때에는(A-⑪) 백제를 구원하였던 것이다.

이 시기에 신라가 고구려의 주공격 대상이 되었던 것은 백제에 대해서는 475년의 한성함락으로 소기의 목적을 달성했는데 비해 신라의 경우 고구려에 대한 배신과 자비왕과 소지왕대의 대고구려 강격책을 응징하기 위한 것으로 볼 수 있다. 즉 자비왕 11년(468)부터 泥河(강릉), 三年山城(보은), 一牟(문의) 등 신라 서북변 지역에 대대적인 축성사업을 벌려 고구려를 긴장시켰던 것이다. 475년 고구려의 한성함락 때에는 신라는 백제에 1만 명을 구원해 주었고(A-⑤), 또 481년 전투시에 신라는 백제의 구원을 받은 것을 (A-⑥) 계기로 소지왕 7년(485)에는 백제의 요청으로 수교를 맺음으로써 제라 양국은 눌지왕대에 이어서 계속적으로 우호관계를 유지하게 되었다.

신라는 이러한 백제와의 連和를 바탕으로 대고구려 강경책을 강화해 나갔다. 더구나 493년 3월에는 백제 동성왕의 요청으로 신라 소지왕은 이벌찬 比智의 딸을 보내어 혼인시킴으로써(A-⑨) 양국은 혼인관계를 통해서 군사동맹관계를 더욱 공고히 하게 되었다. 그리고 신라는 백제 이외에 다른 나라와는 대외관계를 갖고 있지 못했기 때문에 백제와 서로 긴밀한 관계를 유지할 필요성을 갖게 되었던 것이다.

한편 백제는 고구려군에 의한 불의의 한성함락, 웅진천도, 문주왕의 피살, 어린 삼근왕의 즉위, 兵官佐平 解仇의 난 등 정정불안이 잇달은 가운데 동성왕이 즉위하여 지배질서의 확립에 기울이게 되었다.[18] 그러나 고구려의 방해책동으로 내법좌평 沙若思가 이끄는 南齊使行이 중단되기도 하였고 (484),[19] 왜와도 잠시 소원한 관계로 접어들었기 때문에 신라에 적극적으로 접근하였던 것이다.

이와 같이 5세기 후반 제라 양국 간에 성립된 連和關係가 지니는 역사적 의미를 다음 세 가지 측면에서 검토해 보기로 하자.

첫째 제라 양국은 고구려의 침입을 공동으로 대응하여 남진을 효과적으로 저지하였다는 점이다. 당시 고구려와 제라 양국 간의 전투지점은 진천(母山城) - 충북 청원(薩水原) - 경북 문경(犬牙城) 선에서 일진일퇴의 공방전을 벌렸던 점을 감안해 보면 고구려의 남진이 제라 양국에 의해서 어느 정도 저지되고 있었음을 알려주고 있다.[20] 이는 삼국의 정세에 있어서 고구려와 제라 양국 간에 힘의 균형이 유지되고 있었음을 반영해 주는 것으로 나제 양국의 존립과 안정을 가져다주었다는 점에서 제라 간의 연화관계가 갖는 위치와 의미를 가늠해 볼 수 있다.

둘째, 신라의 북방영토를 확대시키는 계기가 되었다는 점이다. 『삼국사기』 지리지는 경북 일원이 고구려 영토였던 사실을 밝히고 있다.[21] 이는 고구려군의 신라 주둔 사실과도 관련이 있다. 충주 고구려비의 '新羅土內幢主'라는 사실과[22] 『日本書紀』 欽明紀 8년 2월조(464) 등을 근거로 할 때 사료상 고구려군의 주둔사실은 464년까지 확인이 되는 셈이다. 450년 실직원 사건을 계기로(A-①) 신라는 고구려와 군사적 충돌을 일으킨 것을 감안해 보면 신라 영내에 있는 고구려군은 적어도 460년 후반대에 신라에 의해서 축출되었을 것으로 여겨진다. 이와 함께 고구려의 세력권으로 남아 있던 경북 일원지역은[23] 신라의 영역으로 다시 귀속되었을 것으로 짐작된다. 이와

18) 양기석, 「웅진시대의 백제지배층 연구」 『사학지』 14, 1980, 15~27쪽 ; 노중국, 『백제정치사 연구』, 일조각, 1988, 154~161쪽.
19) 『삼국사기』 백제본기 동성왕 6년 7월.
20) 김병주, 앞의 글, 44쪽 ; 정운용, 「5세기 고구려 세력권의 南限」 『史叢』 35, 1989, 15쪽.
21) 김정배, 「고구려와 신라의 영역문제」 『한국사연구』 61 · 62합집, 1988, 2~16쪽.
22) 〈충주 고구려비〉의 건립연대는 당시 고구려와 신라와의 관계를 고려할 때 449년 설이 보다 설득력 있는 것으로 여겨진다(임창순, 「중원고구려고비 소고」 『사학지』 13, 1979, 57쪽 ; 김정배, 「중원고구려비의 몇가지 문제점」, 앞의 책, 82쪽).

관련하여 자비왕 11년(468) 하슬라주의 泥河(강릉)에 축성한 기록이 주목된다.

이때에 고구려세력이 소백산맥 이북으로 점차 퇴조하자 신라는 이 지역을 영역화하는 작업에 착수하였다. 『삼국사기』 신라본기에 三年山城(보은, 470), 芼老城(군위 효령, 471), 一牟(문의, 474), 沓達(상주 화령, 474), 仇伐城(의성, 485), 屈山城(옥천 청산, 486), 刀那城(상주 모동 모서, 488) 등이 자비왕과 소지왕대에 걸쳐 축성되었음이 확인된다. 이 성들은 거의 충북의 남부지역과 경북의 상주 일원지역에 걸쳐 분포되어 있는데, 신라는 5세기 후반경에 그 서북 변경지역을 영유하고 군사적 요충지에 축성사업을 전개하고 있음을 알 수 있다.

신라는 이를 통해 산성 중심의 지배거점을 확보하고 이를 군사적 성격을 가진 지방 행정조직으로 개편하는 동시에 이 지역에서 강고하게 잔존해 오던 옛 소국의 지배질서를 전면적으로 해체하는 방향으로 나아갔다.[24] 금관 국왕 金仇亥의 경우처럼 왕경으로 이주시켜 관등을 수여하고 중앙귀족으로 흡수하거나,[25] 또는 국왕의 빈번한 순행을 통하여 지방세력에 대한 통제를 강화해 나가는 방식을 취하기도 하였다.

셋째, 고구려의 내정간섭을 배제하고 내물왕 직계에 의한 김씨 세습체제를 확립하게 되었다는 점이다. 신라가 고구려의 정치적 군사적 간섭에서 벗어나려는 것은 바로 자립화 의지와도 밀접한 관련이 있다.[26] 신라의 자립화 운동은 내적인 발전의 산물이었던 것이다. 신라는 4~5세기 농기구의 보급, 수리 관개시설의 축조와 정비 등으로 농업 생산력이 급격하게 진전된 결과 잉여 노동력과 잉여 생산물을 증대시키고 교환을 촉진시켜 시장의 발달을 가져왔다.[27] 이러한 사회 경제적인 배경 하에서 신라는 牛車 사용의 장려

---

23) 주) 21 참조.
24) 濱田耕策, 「新羅の城・村設置と州郡制の施行」 『朝鮮學報』84, 1977, 3~9쪽.
25) 『삼국사기』 신라본기 법흥왕 19년.
26) 신형식, 「신라왕위계승고」 『유홍렬박사화갑기념논총』, 1971, 74쪽.

(438), 坊里制 실시(476), 郵驛의 설치(487), 官道의 정비(487) 등의 일련의 제도정비가 착수되어 6세기 전반 신라의 비약적인 발전을 이루어 나가는데 기반이 되었음은 물론이다. 그리고 내물왕에서 소지왕에 이르기까지 내물왕 직계가 안정적으로 왕위계승을 이루어 나가게 되는 효과도 가져왔다.

3. 신라의 兩面 실리외교와 한강유역 확보

1) 智證王系의 왕위계승과 대외관계의 변화

5세기의 신라는 내물왕의 장자인 눌지왕이 석씨세력의 후원을 받았던 실성왕의 뒤를 이어 왕위에 오른 후 눌지왕→ 자비왕→ 소지왕으로 이어지는 내물왕의 후손들이 부자상속에 의해 왕위를 이어 나갔다. 그런데 지증왕(500~513)의 즉위는 5세기와는 다른 양상을 보여 주고 있어 주목이 된다.

첫째, 지증왕은 왕계상 내물왕의 직계와는 다른 방계였다는 점이다. 그는 눌지왕대에 방계화한 내물왕의 가계 출신으로서 전왕인 소지왕과는 再從弟의 관계였는 데에도 소지왕이 후사가 없었기 때문에 왕위에 오르게 되었다고 한다. 둘째, 지증왕을 필두로 하여 6세기 신라 중고왕실의 왕비족으로 박씨족이 등장하고 있다는 점이다.[28] 그의 왕비는 모량부 소속의 朴氏로 이찬 登欣의 딸이었고, 법흥왕의 왕비인 保刀夫人과 진흥왕의 왕비 思刀夫人도 모두 박씨로 나타나기 때문이다. 셋째, 癸未年 즉 503년에 건립된 〈포항 냉수리 신라비〉에 의하면[29] 지증왕은 至都盧葛文王으로 표기되어 있어

---

27) 전덕재, 「4~6세기 농업 생산력의 발달과 사회변동」 『역사와 현실』 4, 1990, 18~49쪽.
28) 박씨족이 왕비족으로 등장하게 된 배경에 대해서는 다음의 글이 참고 된다. 이기백, 「신라시대의 갈문왕」 『역사학보』 58, 1973, 23쪽 ; 이종욱, 『신라상대왕위계승연구』, 영남대 출판부, 1980, 209~210쪽 ; 정효운, 「신라중고시대의 왕권과 改元에 관한 연구」 『고고역사학지』 2, 1986, 16쪽 ; 이희관, 「신라상대 지증왕계의 왕위계승과 박씨왕비족」 『동아문화』 20, 70~79쪽.

서 왕이 아닌 갈문왕의 지위에 있었음이 확인되고 있다.

위의 사실과 관련시켜 볼 때 지증왕은 방계이면서도 어떤 정변에 의해 왕위를 계승하였을 가능성을 시사해 주고 있다.[30] 그 정변의 내용은 알 수 없지만, 지증왕은 박씨족과의 정치적인 제휴를 통해 내물왕 직계 후손들을 물리치고 왕위에 오를 수 있었던 것으로 추측된다.[31]

지증왕의 이와 같은 변칙적 등장은 신라의 대외관계에도 변화를 가져왔던 것이다. 국가의 대외정책은 국내의 정치 주도세력의 변화와 밀접한 관련이 있기 때문이다. 이와 관련하여 다음의 두 기록이 주목된다.

B-① 景明三年 是歲 疏勒 … 佛波女提 斯羅 … 竝遣使朝貢[32]
  ② 永平元年 三月己亥 斯羅 … 竝遣使朝獻[33]

위의 기록에서 보는 바와 같이 신라는 지증왕 3년(502, B-①)과 9년(508, B-②) 두 차례에 걸쳐 북위와 외교교섭을 벌이고 있음을 알 수 있다. 이 교섭은 법흥왕 8년(521) 梁과의 교섭에서 백제의 도움을 받았던 것이 확인되기 때문에(C-①, ②) 신라의 독자적인 교섭이라고는 할 수 없다. 백제는 472년을 제외하고는 거의 북위와 교섭을 가진 적이 없었고, 반면 북위와 고구려는 매우 밀접한 교섭관계를 유지해 왔기 때문에 신라의 북위와의 교섭은 바로 고구려의 도움에 의해서 이루어진 것임을 알 수 있다. 이는 신라가 내물왕 22년(377)과 27년(382)의 두 차례에 걸쳐 고구려의 도움을 받아 前秦

---

29) 〈포항 냉수리 신라비〉의 건립연대에 대해서는 433년설(김창호,「영일 냉수리 신라비의 건립 년대와 목적」『한국고대사연구』3, 1990, 97~103쪽)과 503년설(정구복,「영일 냉수리 신라비의 금석학적 고찰」, 앞의 책, 40~43쪽)이 있으나, 여기서는 503년설을 취하기로 한다.
30) 정구복, 앞의 글, 42~43쪽.
31) 이희관, 앞의 글, 76~79쪽.
32) 『魏書』권8, 帝紀8, 景明 3년.
33) 앞의 책, 永平 元年.

에 사신을 파견한 이래 120년만의 일이었다.

신라가 북위와의 교섭을 갖고자 한 것은 당시 북위에서 추진하고 있었던 여러 제도개혁에 관한 지식과 경험을 얻기 위한 것은 아니었나 생각된다. 즉 당시는 世宗 宣武帝시대였지만, 이에 앞서 高祖 孝文帝(471~499)는 낙양 천도(493)를 단행하고 적극적인 한화정책을 추진하는 등 개혁정치를 펼쳐 나갔던 것이다.[34] 이 점은 당면과제인 권력기반 강화와 대내적 체제정비를 필요로 하였던 신라 지증왕대의 분위기와 영합되었기 때문에 북위와의 교섭이 고구려의 주선으로 이루어진 것으로 생각된다.

지증왕대에는 4~5세기 이래의 내재적인 발전과[35] 북위와의 교섭에서 얻은 제도개혁에 간한 지식과 정보를 토대로 하여 일련의 체제정비에 박차를 가하게 되었다. 순장의 금지와 우경의 실시(502)를 통해 농업 노동력의 확보와 농업 생산력의 발달을 기할 수 있게 되었고, 신라 국호의 제정과 중국식 왕호의 사용(503) 및 喪服法 제정(504)은 신라 지배체제를 중국 문물의 적극적인 수용을 통해 새롭게 정비해 보겠다는 의지의 천명이라 할 수 있다. 그리고 州郡制 실시(505) 및 阿尸村小京의 설치(514) 등 지방제도 정비를 통해 읍락 공동체의 해체에 따른 부집단이나 옛 소국의 지배층 및 그 예하의 각 관헌들을 중앙통치조직에 흡수하여 이를 새롭게 확대 정비하기도 하였다.[36] 특히 시조 탄생지인 奈乙에 神宮을 설치하여(495, 502) 김씨의 직계 조상에 대한 제의권을 확립함으로써 왕권의 권위를 높일 수 있었다.[37] 이러한 일련의 제도정비를 배경으로 하여 우산국 정복(512)과 같은 영토확장을 이루게 되었던 것이다.

그런데 여기서 주목되는 것은 북위와의 교섭에서 등장하는 고구려의 역할이다. 6세기 전반에는 고구려의 신라침입의 사례가 거의 나타나지 않고

---

34) 서영수, 「삼국과 남북조 교섭의 성격」 『동양학』11, 1981, 170쪽.
35) 주 27) 참조.
36) 주 27) 참조.
37) 변태섭, 「묘제의 변천을 통하여 본 신라사회의 변천과정」 『역사교육』8, 1964, 76~77쪽.

있다는 점이다. 반면 고구려는 541년 신라와 백제가 다시 화호를 맺을 때까지 백제와 9차례 군사적 충돌을 벌리고 있는 점과 대조를 이룬다. 즉 고구려 남진의 주공방향이 5세기 후반은 신라였으나, 6세기에 들어와서는 백제로 옮아가고 있음을 알 수 있다. 이 시기에는 고구려와 백제 간에 일진일퇴의 공방전을 벌리고 있음에도 불구하고 5세기 후반의 경우와 같이 신라의 구원에 의해 고구려에 공동 대응하는 양상은 거의 찾아볼 수 없다.

위의 사실을 감안해 볼 때 지증왕대에 정치세력의 변화와 관련하여 신라의 대외관계상의 어떤 변화가 있었음을 시사해 준다. 즉 신라는 기존의 친백제 정책을 버리고 적대관계에 있었던 고구려와의 관계개선을 도모했던 것이 아닐까 한다.[38] 그 동안 유지되었던 내물왕 직계 왕들에 대한 친백제 정책은 고구려의 반발을 사게 되어 고구려로부터 빈번한 침입을 받게 된 결과 인적 물적 피해가 컸을 뿐 아니라 여러 제도개혁을 추진하는 데에도 부정적인 영향을 주었던 것이다.

따라서 지증왕은 고구려와의 직접적인 대결을 피하고 비정상적인 즉위에 따른 지배세력 간의 갈등을 수습하고 대내적 체제정비와 개혁작업을 통해 왕권의 권력기반 강화에 경주하게 되었다. 이를 위해서 기존의 외교노선인 친백제정책을 수정하고 고구려와의 관계개선을 도모해 나갔던 것으로 볼 수 있다. 아시촌소경의 설치(514)와 같은 신라의 소경제 채용은 고구려의 3경제 설치와 운영에서 그 연원을 찾을 수 있는데,[39] 이는 이 시기 麗羅 양국 간에 이루어진 문물교류를 나타내 주는 한 사례라 할 수 있다.

한편 고구려의 입장에서는 신라를 백제와 유리시켜 제라 간의 연화관계를 무력화시키려는 의도에서 신라에 접근했던 것으로 볼 수 있다. 당시 신라와 고구려의 관계는 5세기 전반과 같은 수직적 관계가 아니라 신라국가의

---

38) 지증왕대 신라의 대외노선이 친고구려로 전환되었을 가능성을 제시한 연구로는 古川政司,「六世紀前半の日朝關係」『立命館史學』1, 1980, 41쪽 참조.

39) 양기석,「신라 5소경의 설치와 서원경」『호서문화연구』11, 1993, 13쪽.

성장과 발전으로 인해 거의 대등한 입장에서의 관계 설정이었던 것이다.

　이렇게 신라가 친고구려 정책으로 외교노선을 전환하게 되자 백제는 신라를 측면에서 견제하는 동시에 梁, 倭와 연결하면서 고구려에 맞서게 되었다. 이러한 신라의 범상치 않은 동향에 대하여 백제의 동성왕은 501년에 신라와의 경계선에 있는 전략적 요충인 炭峴에 柵을 설치하여[40] 예상되는 신라의 침입에 대비하였다. 백제도 동성왕대에 추진한 왕권강화책과 무령왕대(501~523)에는 제방축조와 游食者를 귀농시키는 등의 사회 경제적인 조치로 '更爲强國'을 공언할 정도로 국력을 어느 정도 회복하면서[41] 고구려에 공세를 취해 성왕대까지 고구려와 치열한 접전을 치르게 되었다.

　이와 같이 6세기 초 지증왕대에는 기존의 친백제 노선에서 벗어나 고구려와의 관계개선을 도모해 나갔다. 고구려와 백제 간에 군사적 충돌이 벌어지는 麗·濟 간의 대결구도 속에서 신라는 직접 개입을 자제하면서 권력기반 강화와 여러 제도정비 및 개혁작업에 박차를 가하게 되었다.

2) 法興·眞興王代의 대외관계와 한강유역 확보

　법흥왕대(514~539) 신라와 중국 梁과의 교섭관계를 알려주는 『梁書』의 다음 기사가 주목된다.

　C-① 普通二年 冬十一月 百濟·新羅各遣使獻方物[42]
　　② 其國小 不能自通使聘 普通二年 王名募泰 始使 使隨百濟 奉獻方物[43]

　위의 기사에서 보듯이 법흥왕 8년(521)에 신라는 梁과 통교를 하였는데,

40) 『삼국사기』 백제본기 동성왕 23년 7월.
41) 주 18) 참조.
42) 『梁書』 권3, 본기3, 武帝下.
43) 『梁書』 권54, 열전48, 동이 新羅.

이때 백제의 도움에 의해 이루어졌음이 확인된다. 이 사실은 신라의 대외관계상 중요한 의미를 갖는다.

첫째, 신라는 지금까지 고구려의 도움에 의해서 前秦, 北魏와 같은 북조국가와 교섭관계를 제한적으로 유지해 왔으나, 이제부터는 백제의 도움을 받아 남조국가인 梁으로 전환하고 있다는 점이다. 아직 독자적인 대중국 외교권을 확립하지 못한 단계였지만, 고구려의 예속에서 벗어나 백제로 일단 전환하고 있는 점에서 의미를 찾을 수 있다.

이를 계기로 법흥왕 12년(525)에 백제와 다시 수교를 맺는 관계로 진전을 보게 되었다. 성왕(523~554)은 한 동안 소원해졌던 신라와의 관계개선을 이루는 데에 적극적이었던 것으로 보여진다. 그는 백제의 염원이었던 한강 고토의 회복을 위해 양, 신라, 가야, 왜를 우군으로 끌어들여 고구려에 대항하고자 하였다.[44] 이를 위해서는 친고구려정책을 추진하고 있던 신라를 고구려로부터 일탈시킬 필요가 있었다.

한편 신라는 고구려와 백제의 대결구도에 개입을 유보한 채 친백제 노선을 견지하는 대신 백제를 고구려에 묶어두고 당시 백제의 영향력 하에 놓여 있던 가야지역에 적극 진출을 도모해 나갈 수 있을 것으로 기대하였다. 따라서 525년의 수교로 제라 양국은 다시 우호관계로 전환하게 됨에 따라 신라의 외교노선도 친고구려에서 친백제로 선회하였음이 상정된다.

둘째, 양과의 관계에서 책봉과 같은 정치적인 것보다 문화적인 관계에 치중하는 현상이 나타난다는 점이다.[45] 521년의 교섭시 신라에 사신으로 온 양의 승려 元表가 불교를 전해준 것이 계기가 되어 불교를 수용, 공인하는 결과가 되었던 것이다.[46] 불교가 왕권중심의 사상적 기반을 마련하여 주었음은 물론이다.

---

44) 양기석, 「백제 성왕대의 정치세력과 그 성격」『한국고대사연구』4, 1991, 98쪽.
45) 서영수, 앞의 글, 169쪽.
46) 이기백, 「삼국시대 불교수용과 그 사회적 의미」『신라시대의 국가불교와 유교』, 한국연구원, 1978, 10쪽.

셋째, 신라의 국가 통치체제 정비에 비약적인 발전을 이루게 되는 계기를 마련해 주었다는 점이다. 율령의 반포(520)는 국가운영의 기본법을 제정함으로써 왕권 중심의 일원적 통치질서를 정비할 수 있게 되었고, 관등제도의 정비, 상대등 제도의 실시(531), '建元'이라는 독자적인 연호 사용(536), 불교 공인(528) 등 중앙집권적 귀족국가로서의 통치체제를 갖추게 되었다.

이를 바탕으로 하여 신라는 가야지역으로 영역을 확대해 나갔다. 522년 대가야왕이 법흥왕에게 혼인을 요청함에 따라 신라는 이찬 比助夫의 누이동생을 보내 대가야와 동맹관계를 맺었다.[47] 524년에는 법흥왕이 남경을 순수하였을 때 본가야왕이 왕과의 회견을 청하였으며,[48] 532년에는 낙동강과 남해안의 교통상의 요지인 금관가야가 내항해 옴으로서[49] 가야 병합에 유리한 고지를 점하게 되었다.

이어 진흥왕대(540~576) 초기의 대외관계는 법흥왕대에 이어 친백제 노선을 유지했던 것으로 나타난다. 진흥왕 2년(541) 백제의 성왕이 신라에 화호를 요청함으로써 전왕대에 이어 제라 간에 우호관계를 유지하게 되었다. 당시 성왕은 전술한 바와 같이 신라, 가야, 왜와 연합하여 한강고토의 실지회복을 이루려는 목적에서 신라와의 관계를 중시하였던 것이다. 당시 신라는 려제 간의 대결구도를 적절히 이용하면서 가야지역에 본격적으로 영역확대를 꾀할 수 있게 되고, 나아가서는 신라 발전의 관건이 되는 한강유역의 확보도 넘볼 수 있기 때문에 백제와의 화호를 계속 유지하고자 하였다.

549년에는 梁으로부터 佛舍利를 받아 들였는데,[50] 백제의 도움이 있었던 것으로 짐작된다. 그리고 548년의 독산성 전투에서는 신라 장군 朱玲(朱珍)이 이끄는 3천의 군사를 백제에 파견하여 고구려군을 격퇴시킨 적이 있었고,[51] 또 북진을 하여 고구려의 10군을 공취한 551년의 전투에서 신라는

47) 『삼국사기』 신라본기 법흥왕 9년 3월.
48) 앞의 책, 법흥왕 11년 9월.
49) 앞의 책, 법흥왕 19년.
50) 앞의 책, 진흥왕 10년 춘.

백제와 공동작전을 벌려 소기의 성과를 올리기도 하였다.[52] 마치 5세기 후반 제라 간에 이루어졌던 군사동맹관계가 다시 나타나고 있는 셈이다.

그러면서도 5세기 후반과는 달리 신라는 麗濟 양국의 역관계를 교묘히 이용하면서 영역을 넓혀 나가기도 하였다. 550년 백제와 고구려가 道薩城과 金峴城을 각기 공취할 때 양군이 지친 틈을 타서 이 두 성을 이찬 異斯夫로 하여금 신라의 영토로 공취케 한 사례가[53] 참고 된다.

또한 551년 북진의 경우도 신라의 양면 실리외교를 보여주는 좋은 예가 된다. 백제, 신라, 가야 연합군이 북진을 단행하여 한강유역을 확보하는데 성공할 수 있었던 것은 주지하는 바와 같이 당시 고구려는 대내적으로 왕위계승을 둘러싸고 권력투쟁이 벌어졌고, 대외적으로 서북변에서 돌궐의 군사적 압력이 고조되어 이들 연합세력을 적절하게 견제하지 못했기 때문이다.[54]

제라 연합군의 북진으로 한강유역의 16군의 땅을 상실한 고구려는 그 대책으로 신라와 밀약을 맺고 신라를 연합군 대열에서 떼어내어 백제 주도의 연합군을 무력화시킬 모의를 갖게 되었다.[55] 고구려는 한강유역에 대한 신라의 영유권을 암묵적으로 동의해 주는 조건으로 신라와 화호를 맺었던 것이다.[56] 신라도 백제가 공취한 한강 하류를 장악해야 대중 교통로를 확보하게 되어 중국과 독자적인 대외관계를 전개해 나갈 수 있기 때문에 고구려와의 화호에 동의하였던 것이다.

이로써 신라의 외교노선이 친백제에서 다시 친고구려로 급선회하는 양면 실리외교의 양상이 나타나게 되었다. 이러한 묵계에 따라 신라는 승리에 도취한 나머지 방심하고 있던 백제의 한강유역을 전격적으로 점령해 버리

---

51) 앞의 책, 진흥왕 9년 2월.
52) 앞의 책, 열전4, 거칠부.
53) 앞의 책, 진흥왕 11년 정월 및 3월.
54) 노태돈, 「고구려의 한수유역의 상실의 원인에 대하여」『한국사연구』13, 1976, 36~38쪽.
55) 『삼국유사』권1, 기이1, 진흥왕 및 『舊唐書』권199, 열전149, 동이 고려.
56) 노태돈, 앞의 글, 54쪽 ; 노중국, 앞의 글, 83쪽.

고 이곳에다 新州를 설치하였다.[57] 이로 인해 554년 관산성 전투가 벌어졌고, 성왕이 신라군의 기습으로 전사함에 따라 백제와 가야, 왜 연합군은 대패하여 3만에 가까운 인적 손실을 보게 되었다.[58]

신라의 한강유역 확보와 관산성 전투에서의 승리는 이후 삼국의 항쟁사 전개에 있어서 두 가지 측면에서 큰 의미를 갖게 된다. 즉 신라가 대중관계에서 독자적인 외교권을 행사하게 된다는 점이고, 또 하나는 가야를 합병하여 영역을 확대시키게 된다는 점이다. 진흥왕 25년(564) 신라가 북제에 사신을 파견한 일은[59] 주목된다. 이어 565년에는 北齊로부터 '使持節東夷校尉樂浪郡公新羅王'으로 책봉을 받게 된다.[60] 신라와 북제와의 교섭은 신라의 독자적인 역량에 의해서 이루어진 것이며, 이는 종전 신라의 대중외교가 고구려나 백제의 예속 하에 이루어졌던 것과는 달리 이제 대중외교의 자주권을 갖게 되었음을 의미한다. 그리고 진흥왕이 북제로부터 받은 책봉은 신라사상 최초의 일로서 신라 왕권이 이제 국제적으로 승인을 받게 되었음을 의미한다.[61]

한편 6세기 전반기 가야세력은 백제, 신라, 고구려, 왜 세력이 개입되어 이들 나라의 이해관계 여하에 따라 미세한 국면을 보여주었다. 당시 낙동강 유역의 가야지역에 적극적인 진출을 꾀했던 백제에 맞서서 대가야가 주도하고 있던 후기 가야연맹 세력은 신라, 고구려, 왜를 끌어들여 자구책을 강구하지 않으면 안되었다. 신라는 532년 김해의 금관가야를 합병하였고, 548년에는 함안의 安羅가 고구려와 밀통하여 고구려와 백제 간의 獨山城(『日本書紀』흠명기 9년의 馬津城 전투) 전투를 유발하기도 하였다.

당시 백제는 郡令, 城主를 파견하여[62] 가야지역을 잠식해 나갔으나, 한

---

57)『삼국사기』신라본기 진흥왕 14년 7월.
58) 앞의 책, 진흥왕 15년 7월.
59)『北齊書』권7, 帝紀7, 武成帝 河淸 3년.
60) 앞의 책, 동 4년.
61) 坂元義種,「古代東アジアの日本と朝鮮」, 吉川弘文館, 1978, 194쪽.

강고토의 회복을 위해 신라의 교묘한 가야지역에의 침투를 적절하게 견제하지 못했다. 신라는 관산성 전투 이후 가야 제국에 대한 합병을 본격적으로 착수하게 되었다. 559년 전후로 안라를, 562년에는 대가야를 기습적으로 멸망시킴으로써 가야지역을 장악하게 되었던 것이다.

관산성 전투 이후의 삼국의 항쟁은 고구려와 백제가 연화하여 신라를 고립시키는 방향으로 전개되었고, 신라는 고립화를 모면하기 위해서 당항성을 통해 중국세력과 제휴를 모색하게 되었다.

이와 같이 신라는 고구려와 백제의 대결구도를 효율적으로 이용하여 양면외교책을 적절히 구사하면서 대내적인 체제정비와 영역확대를 통해 비약적인 발전을 도모해 나갔는데, 이것이 6세기 전반경 신라외교의 특징이라 할 수 있다.

4. 맺음말

이상과 같이 433년 제라 간의 화호에서부터 554년 관산성 전투에 이르는 시기의 삼국의 역관계를 신라의 입장에서 두 시기로 나누고 각 시기마다의 전개양상과 성격을 살펴보았다. 이를 요약하면 다음과 같다.

433년에 맺은 제라 간의 화호는 우선 고구려 장수왕대에 단행된 평양천도와 이를 계기로 추진된 고구려의 적극적인 남진정책에 기인했던 것으로 볼 수 있다. 또한 백제의 대고구려 봉쇄정책의 일환으로 추진된 것이었으며, 신라의 경우 고구려의 간섭으로부터 벗어나기 위한 필요성에서 양국 간의 이해가 합치되어 이루어진 산물이었다. 이 일로 신라는 종래의 친고구려 노선에서 벗어나 친백제 노선으로 선회하였기 때문에 이후 삼국의 항쟁사

---

62) 『日本書紀』 권19 흠명기 4년 11월 및 동 5년 춘 정월.

에서 큰 영향을 미쳐 고구려와 제라 연합의 대결구도를 설정하는 계기가 되었다.

450년을 계기로 하여 신라와 고구려는 적대관계로 돌변하게 되었고, 5세기 후반 소지왕대 신라는 고구려로부터 집중적인 공격을 받게 되었다. 이에 대해 제라 양국은 일방의 힘만으로 고구려의 침입을 막지 못할 경우 구원요청에 의해 공동 대응하는 관계로 발전시켜 나갔다. 이 시기에 신라는 백제와 군사동맹 뿐 아니라 혼인관계를 바탕으로 대고구려 강경책을 강화해 나갔다. 신라는 이러한 백제와의 연화관계를 바탕으로 하여 고구려의 남진을 효과적으로 저지함으로써 고구려와 제라 연합 간의 힘의 균형이 유지될 수 있었고, 국가 존립과 안정을 가져다 주는 긍정적인 측면도 있었다. 그리고 460년대 후반경 신라는 영내에 주둔하고 있었던 고구려군을 소백산맥 이북으로 구축하고 서북면에 축성사업을 벌려 신라의 영역화하는 작업에 착수하였다. 무엇보다도 신라는 고구려의 내정간섭을 배제하고 내물왕 직계에 의한 김씨 세습체제를 안정적으로 구축하게 되었다는 점에서 신라의 자립화의 의미도 지니고 있다고 하겠다.

한편 6세기 초 신라는 내물왕계의 방계였던 지증왕의 즉위로 기존의 친백제 노선을 수정하여 친고구려 노선으로 전환하면서 려제 대결구도에 직접적인 개입을 자제한 채 대내적 체제정비에 전념할 수 있었다. 이어 법흥왕대에는 양과의 교섭을 계기로 백제와 수교를 맺음으로써 외교노선을 친고구려에서 친백제로 전환하였던 것이다. 진흥왕대에도 친백제 노선을 계속 유지하면서 백제와 공동으로 대응하였는데, 551년 북진은 제라 양국이 이루어낸 값진 성과라 할 수 있다.

그러나 신라가 돌연 친고구려 노선으로 전환하면서 백제의 한강유역을 탈취하게 되었고, 이로 인해 제라 양국 간에 관산성 전투라는 일대의 회전을 치르게 되었다. 554년 관산성 전투 이후 신라는 대중관계에서 고구려나 백제의 종속에서 벗어나 독자적인 외교권을 행사하게 되었고, 가야지역을 장악함으로써 삼국 항쟁사에 새로운 장을 열게 되었다는 점에서 큰 의미를 갖게 된다.

이와 같이 6세기 신라는 고구려와 백제의 대결구도를 효율적으로 이용하여 양면 외교책을 적절히 구사하면서 대내적인 체제정비와 영역확대를 통해 비약적인 발전을 도모해 나갔다. 그리고 5~6세기 삼국 간의 항쟁사에서 신라의 向背는 한반도 정세의 흐름에 큰 영향을 주었기 때문에 신라의 대외관계의 역할은 특히 주목되어져야 한다. 따라서 5~6세기 중반의 한반도 정세를 이해하는 데에 있어서 신라의 역할을 홀시한 채 단순히 제라동맹의 시각에서 일률적으로 파악할 수 없다는 점을 간과해서는 안될 것이다.

　　『新羅의 對外關係史-신라문화제학술발표회기념논문집15』, 신라문화선양회, 1994

5세기 후반 한반도 정세와 大加耶

1. 머리말

고령의 대가야가 삼국 항쟁사에서 그 실체를 드러낸 시기는 대략 5세기 후반 경으로 알려져 있다. 대가야가 백제와 신라의 제라동맹군을 도와 남하하는 고구려군에 대항한 것으로 나타났기 때문이다. 이 시기에 이르러 대가야는 왕호를 사용하고 중국 남제와 통교하여 그 위상을 국제적으로 자리매김할 정도로 크게 성장한 결과 이제 금관가야를 대신하여 이른바 후기 가야 연맹체의 중심 세력으로 부상하게 된 것으로 이해되고 있다.

그런데 대가야가 어떠한 배경에서 어떠한 과정을 거쳐 이만큼 국가적 성장을 꾀하여 왔는지에 대해서는 관련 사료의 절대 부족으로 인하여 잘 알려져 있지 않다. 대가야에 관한 그 자체 기록이 절대 부족한데다가 『삼국사기』나 『일본서기』 등에 아주 단편적이고 삼국의 부수적인 모습으로 서술되어 있거나, 또는 소위 임나일본부설과 같은 왜곡된 역사와 관련시켜 잘못 인식되어 온 것이 그간의 사실이다.

그러나 최근에는 70년대 후반부터 발굴 조사된 가야문화권에 대한 고고학적 연구 성과를 통해 부족한 문헌 자료의 제약을 극복하고 여러 측면에서 대가야의 역사에 접근하려는 노력이 시도되고 있다. 1977년 고령 지산동 44, 45호분 발굴[1]을 비롯하여 고령 본관동고분,[2] 합천 옥전고분[3]·반계제 고분[4] 등의 규모와 출토 유물을 통해 당시 대가야의 문화 양상과 정치 사회의 일면을 파악할 수 있게 되었으며, 이를 통해 대가야가 백제나 신라에 비해 결코 손색이 없을 정도의 높은 문화 수준을 유지하고 있던 것으로 파악되었다. 이에 따라 『삼국사기』와 『일본서기』 등의 가야 관련 기사에 대한 적극적인 해석과 고고학적 연구 성과를 원용하여 대가야 역사에 대한 새로운 인식과 함께 괄목할 만한 연구상의 진전을 가져오게 되었다.

이처럼 대가야가 가야지역에서 중심 세력으로 대두하게 된 배경은 무엇보다도 대내적인 요인에 의해 설명될 수 있지만 5세기 중엽 이후 전개된 한반도의 정세와도 밀접한 관련 속에서 파악될 수 있다. 고구려의 남진에 대항하여 결성된 제라동맹 세력 간의 첨예한 대립과 항쟁이라는 대외적 환경이 대가야의 국가적 성장에 직간접적인 영향을 미친 것으로 판단되기 때문이다.

지금까지 대가야의 대외 관계에 대한 연구는 주로 대가야의 성립과 발전, 그리고 멸망 과정을 통관하거나 또는 시기별로 대가야 역사의 흥망 과정을 고찰하여 사료 제약에도 불구하고 나름대로 많은 연구 성과를 온축해 왔다.[5] 그 가운데 본고와 관련된 5세기 후반의 대가야 역사 연구는 주로 단편적으로 나오는 남제와의 통교(479) 기사, 신라 구원(481) 기사, 紀生磐宿禰 반란 사건(480년대 후반), 신라와의 화호(496) 기사를 중심으로 하여 대

1) 윤용진·김종철, 『대가야고분발굴조사보고서』, 고령군, 1979 ; 계명대박물관, 『고령지산 동고분군』, 1984.
2) 계명대박물관, 『고령본관동고분군발굴조사약보고서』, 1984 : 『고령본관동고분군』, 1995.
3) 경상대박물관, 『합천옥전고분군 I ~Ⅷ』, 1988~1999.
4) 국립진주박물관, 『합천반계제고분군』, 1987.

가야의 역동적인 모습을 담아내려는 방향에서 이루어져 왔으며, 그 국가적 성장 발전을 자주적이고 독자적인 관점에서 이해하려는 경향이 지배적이라 할 수 있다. 이러한 인식은 그동안 과소평가되었거나 잘못 인식된 대가야 역사를 주체적인 입장에서 접근하고 있다는 점에서 일면 올바른 연구 방향을 제시하고 있다고 판단된다.

그러나 당시 처해진 한반도 정세와 관련해 볼 때 어느 면에서는 대가야의 위상과 역할이 지나치게 강조된 나머지 객관성을 잃게 될 우려도 함께 고려해 볼 필요가 있다. 당시 한반도 정세는 고구려의 남진에 대항하여 결성된 백제 - 신라 - 가야 - 왜의 연합세력의 대결이라는 큰 틀 속에서 대가야의 위상과 역할은 백제와 신라에 비해 부차적인 변수로 남아 있었기 때문이다.

따라서 이 글에서는 고구려와 백제 연합세력 간의 대립 구도로 압축되는

---

5) 대가야의 성장과 발전 과정에 대한 최근의 주요 연구 성과는 다음과 같다. 김세기, 「4~5세 기 대가야의 발전에 대한 고찰」『한국고대사연구』26, 2002 ; 김태식, 「5세기 후반 대가야의 발전에 대한 연구」『한국사론』12, 서울대 국사학과, 1985 : 「6세기 중엽 가야의 멸망 과정에 대한 연구」『한국고대사논총』4, 1992 :『가야연맹사』, 일조각, 1993 : 「백제의 가야지역 관계사 : 교섭과 정복」『백제의 중앙과 지방』(백제연구논총 제5집), 1997 : 「후기 가야연맹체의 성립과 발전」『한국 고대사 속의 가야』, 혜안, 2001 ; 백승옥, 「가야 대외교섭의 전개 과정과 그 담당자들」『가야의 대외교섭』, 김해시, 1999 ; 백승충, 「6세기 전반 백제의 가야 진출과정」『백제연구』31, 2000 ; 연민수, 「6세기 전반 가야제국을 둘러싼 백제・신라의 동향 -소위 「임나일본부설」의 구명을 위한 서장」『신라문화』7, 1990 ; 이근우, 「웅진・사비기 백제와 가야」『고대 동아세아와 백제』(개교 50주년 기념 제11회 백제연구 국제학술회의), 충남대 백제연구소, 2002 ; 이문기, 「대가야의 대외관계」『가야사 연구 -대가야의 정치와 문화』, 경상북도, 1995 ; 이영식, 「백제의 가야진출과정」『한국고대사논총』7, 1995 : 「가야와 국제관계」『가야사의 새로운 이해』, 한국고대사연구회, 1996 : 「대가야의 영역과 국제관계」『가야문화』10, 1997 ; 李鎔賢, 「五世紀における の加耶の高句麗接近と挫折 -顯宗三年紀是歲條の檢討-」『東アツアの古代文化』90, 1997 冬 ; 이형기, 「4~5세기 대가야의 발전에 대한 고찰」『한국고대사연구』26, 2002 ; 이형우, 「대가야의 멸망 과정」『가야사 연구 -대가야의 정치와 문화』, 경상북도, 1995 ; 이희진, 「가야의 소멸과정을 통해 본 가야 - 백제 - 신라관계」『역사학보』141, 1994 ; 주보돈, 「가야멸망에 대한 일고찰 -신라의 팽창과 관련하여-」『경북사학』4, 1982 ; 田中俊明, 「大加耶連盟の興亡 -加耶の政治的發展-」『加耶史 研究의 成果와 展望』, 고려대 한국학연구소, 1992.

5세기 후반 격동의 항쟁 시기에 대가야의 국가적 성장과 탄력적으로 대응하는 대외 관계의 연출 과정을 동태적이고 객관적으로 파악하는데 목적이 있다.

이를 위해 먼저 5세기 후반 한반도 정세와 관련하여 대가야의 성장을 남제와의 통교 사실을 통해서 살펴보고, 이어 대가야가 고구려의 신라 침공에 대항하여 신라를 구원한 사례를 통해 한반도 정세에 연합세력의 일원으로 실질적인 역할을 수행하게 된 과정과 의미를 살펴 볼 예정이다. 끝으로 대가야와 관련하여 야기된 5세기 말엽 紀生磐宿禰 반란 사건과 신라와의 화호 시도가 그 동안 우호 관계를 지속해 왔던 백제와의 갈등이 표출되는 단초적 사건으로 보고 그 대응 방식으로 나타난 대가야의 고구려와 신라에 접근하려는 의도와 이후의 영향에 대하여 검토할 예정이다.

2. 大加耶의 성장과 국제적 환경

1) 南齊와의 통교

대가야의 역사에서 5세기 후엽은 중요한 의미를 가진 시기로 이해된다. 지금까지의 연구에서는 이 시기에 고령의 대가야는 종래 김해의 금관가야를 대신하여 가야지역에서 소위 후기 가야연맹의 중심 세력으로 부상한 것으로 보고 있다. 이를 뒷받침할 수 있는 요소로 종전과는 다른 여러 현상을 제시하고 있다. 즉 국호는 한때 삼한소국기의 弁辰半路國에서 기원한 '伴跛國,'으로 불려지기도 하였고, 4세기 이후부터는 '加羅' 등으로 부르다가 이 시기에 들어와 '大加耶'를 표방하면서 가야지역을 대표하는 중심 세력으로 성장하였다는 점이다.[6] 그리고 대가야의 군주에 대한 호칭도 종래의 족장적 성격에 기원을 가진 '旱岐' 대신에 중국식 최고 군장호인 '王'을 칭하게 되었다는 점이다.[7] 479년 대가야왕으로 보이는 加羅王 荷知가 중국 남제로부터 '輔國將軍本國王'을 수여받았던 사례[8]에서 당시 대가야의 군주가 왕호를 사용하고 있었던 것으로 나타난다. 한 정치체에서의 왕호 사용은 정치발전 단계에서 중요한 요소가 되고 있기 때문이다.

이를 바탕으로 6세기경에는 대가야가 大王을 칭하기도 하였고,[9] 아울러 旱岐와 首位조직의 재편을 통한 지배조직의 확립, 신분제 개편, 部制의 실시 등을 통해 고대 중앙집권적 귀족국가의 전단계인 부체제단계에 진입한 것으로 보고 있다.[10] 그리고 대가야 중심의 건국설화를 창출하여 대가야의 정통성을 내세우고 여러 가야세력들을 통합하려는 의지를 표방하기도 하였다는 점을 들고 있다.[11]

---

6) 『삼국지』 위서 동이전 한 변진조에 나오는 弁辰伴路國의 '路' 자가 반파의 '跛' 자의 오기로 보고 반파국을 弁辰伴路國에서 기원하는 것으로 보는 견해가 참고 된다(한진서, 『海東釋史 · 續』 권3, 지리고3 변진 ; 이병도, 『한국고대사연구』, 박영사, 1976, 275쪽 ; 천관우, 『가야사연구』, 일조각, 1991, 186쪽 ; 김태식, 『가야연맹사』, 일조각, 1993, 103쪽). 4세기경에는 반파 이외에 '加羅' 라는 국명이 사용되었는데 금관가야를 뜻하는 '南加羅' 와 대비되는 대가야를 지칭하는 것으로 볼 수 있다. 이때의 '가라' 는 단순한 국명을 지칭하는 것이 아니라 가야지역의 정치적으로 유력한 세력을 중심으로 하나의 정치적 통합체를 지향하려는 움직임에서 나온 것으로 이해된다(주보돈, 「서설 -가야사의 새로운 정립을 위하여」 『가야사 연구 -대가야의 정치와 문화-』, 경상북도, 1995, 39~42쪽). 한편 6세기 초의 사실로 보이는 『양직공도』 백제국사조에는 대가야를 '叛波' 라 하여 마치 백제의 부용국처럼 표기해 놓았는데 이는 당시 백제가 갖고 있었던 대가야 인식의 한 단면을 보여주고 있다. 이런 면에서 대가야란 국호는 백제에서는 인정되지 않는 대가야 자체에서 호칭된 것으로 볼 수 있겠다.

7) 대가야의 수장이 旱岐號 대신에 王號나 大王號(충남대 박물관 소장의 '大王' 銘 토기)를 함께 사용한 시기를 대략 5세기 중엽으로 보는 견해가 참고된다(노중국, 「대가야의 정치 · 사회구조」 『가야사 연구 -대가야의 정치와 문화-』, 경상북도, 1995, 157쪽).

8) 『남제서』 권58, 열전39 동남이전 가라국.

9) 충남대 박물관 소장의 장경호 뚜껑과 몸체에 각각 '大王' 이라는 글자가 새겨져 있는데 토기 양식으로 보아 6세기 중반경 대가야계 토기로 알려지고 있다. 이를 통해 당시 대가야에서는 王號 이외에 大王號를 사용하였음을 알려주고 있다. 이 대왕호에 대해 당시 대가야가 대왕이란 칭호를 사용하는 제도가 있었다기보다는 대가야왕을 높여서 부른 美稱이나 존칭으로서 상황여하에 따라 왕호와 대왕호가 병칭된 것으로 보고 있다(田中俊明, 「加耶諸國の王權に對する私見」 『가야제국의 왕권』, 인제대 가야문화연구소 편, 1997, 43쪽 ; 백승옥, 『가야 각국사 연구』, 혜안, 2003, 281~283쪽).

10) 노중국, 앞의 글, 158~190쪽 ; 백승옥, 앞의 책, 284~291쪽.

고고학적으로도 석곽묘를 쓰던 집단이 5세기경 고령지역의 새로운 지배자로 등장하면서 목곽묘에서 점차 수혈식석실분으로 발전한 다른 가야지역과는 달리 지산동 32~35호분과 같은 중형봉토분을 쌓고 순장곽을 설치하는 소위 고총고분기로 접어드는 현상에 주목하고 있다.[12] 아울러 고령지역에서 특징적으로 나타나는 이단직렬투창유개고배, 일단투창유개고배, 유개장경호 등 소위 대가야의 고령양식토기가 고령 이외에 경남의 합천, 함양, 산청, 거창, 진주, 고성, 함안 등지와 소백산맥 이서지역인 전북 남원, 임실 지역에 널리 분포하고 있는 점에 주목하여[13] 5세기 후반 이후 대가야의 세력권이 이 지역으로 크게 확장된 사실로 받아들이고 있다.

이상과 같이 5세기 후반 대가야는 종전과는 다른 여러 달라진 현상들이 나타나고 있는 점에 주목해 볼 때 내재적 발전에 의해 점진적으로 국가적 성장을 이룩하여 점차 가야지역에서 중심 세력으로의 입지를 넓혀 나갔을 것으로 쉽게 짐작된다.

그러나 대가야가 어떠한 배경과 과정을 거쳐 국가적 성장을 이룩하였는지에 대해서는 잘 알려져 있지 않다. 다만 5세기 후반에 대가야가 그 국가적 실체를 동아시아 국제무대에서 공인받을 정도로 크게 성장하였음을 알려주는 증좌가 다음의 중국 남조 남제와의 통교 사실에서 극명하게 나타나고 있어 주목된다.

---

11) 김태식, 앞의 책 108~109쪽. 대가야의 건국설화를 기록한 문헌은『신증동국여지승람』권 29, 고령현조에 인용된 최치원의 釋利貞傳을 참조할 것.
12) 대가야의 묘제 변천에 대해서는 김세기,「대가야 묘제의 변천」『가야사 연구 -대가야의 정치와 문화』, 경상북도, 1995, 301~364쪽 ; 박천수,「대가야권 분묘의 편년」『한국고고학보』39, 1998 ; 곽장근,『호남 동부지역 석곽묘연구』, 서경, 1999 등을 참조할 것.
13) 고령토기양식의 전파에 대해서는 이희준,「토기로 본 대가야의 권역과 그 변천」『가야사 연구 -대가야의 정치와 문화』, 경상북도, 1995, 365~443쪽 및「고령양식토기의 확산과 대가야문화권의 형성」『가야문화유적조사 및 정비계획』, 경상북도 · 가야대 가야문화연구소, 1998 등을 참조할 것.

A 加羅國은 삼한의 한 종족이다. 建元 원년[479] 국왕 荷知가 사신을 보내와 방물을 바쳤는데 이에 조서를 내렸다. "널리 헤아려 비로서 ([조정]에) 올라오니 멀리 있는 夷가 두루 덕에 감화됨이라. 가라왕 하지는 먼 동쪽 바다 밖에서 폐백을 받들고 관문을 두드렸으니 輔國將軍本國王의 관작을 제수함이 합당하다." [『남제서』 동남이열전 가라]

위 사료는 479년 加羅王 荷知가 중국 남조 南齊와 통교를 맺은 사실을 보여주고 있다. 여기서 남제와 통교한 가라왕 하지에 대해서는 여러 설이 있지만[14] 당시 대가야의 발전상을 염두에 두면 대가야왕으로 비정하는 것이 합리적일 것이다. 이처럼 대가야가 전무후무하게 중국 왕조와의 첫 교섭을 벌린 의도와 배경 등에 대해서는 일찍부터 학계에 큰 주목을 받아왔다.

대가야가 남제와 첫 통교를 맺은 479년은 중국 남조국가에서 남제가 송을 멸하고 신정권을 수립한 해에 해당한다. 이때 남제는 신정권 출범을 기념하기 위해 종래 송과 전통적 외교관계를 갖고 있던 주변 여러 나라의 군주들에게 송에서 수여받았던 작호를 추인하여 승진시키는 일을 단행하였다. 479년에는 가라왕 하지가 3품인 輔國將軍을, 왜왕 武는 대가야왕보다 높은 2품 鎭東大將軍號를 각각 수여받았다.[15] 이듬해 480년 고구려 長壽王에게는 1품 車騎大將軍에서 驃騎大將軍으로, 백제왕의 牟都에게는 종전과 같은 2품 鎭東大將軍을 각각 수여하였다.

당시 중국왕조의 책봉은 그 실질적인 영향력이 미치지 못하는 형식적인

---

14) 가라왕 하지에 대해서는 ① 김해설(今西龍, 「加羅疆域考」 『朝鮮古史の硏究』, 1940, 337쪽 ; 村上四男, 「金官國世系と卒支公」 『朝鮮古代史硏究』, 開明書館, 1961, 368쪽 ; 연민수, 『고대한일교류사』, 혜안, 2003, 152쪽), ② 함안설(鬼頭淸明, 「加羅諸國の史的發展について」 『古代朝鮮と日本』, 龍溪書舍, 1974, 128쪽), ③ 고령설(천관우, 「삼한의 국가형성」 (하) 『한국학보』 3, 1976, 145쪽 ; 山尾幸久, 「任那に關する一試論」 『古代東アヅア史論集』 下卷, 1978, 206쪽 ; 김종철, 「대가야묘제의 편년연구 -고령 지산동 고분군을 중심으로-」 『한국학논집』 9, 계명대 한국학연구소, 1982, 160쪽 ; 김태식, 『가야연맹사』, 일조각, 1993, 107쪽). 한편 김태식은 가라왕 하지를 가야금을 만든 것으로 전하는 嘉悉王으로 보고 있으나(앞의 책, 107쪽), 적어도 2세대 차이가 나 동일 인물로 보기는 어렵다.

관계를 가진 측면이 있었지만, 주변 제국이 중국과의 교섭을 통해 책봉을 요청하고 중국 왕조가 이를 책봉함으로써 성립하는 것이 동아시아 제국 간에 행해진 외교적 관례였다.

중국 왕조가 책봉한 장군호를 동아시아 국제적 지위의 고하를 가늠하는 하나의 척도로 볼 때[16] 당시 가라왕 하지가 남제로부터 수여받은 보국장군호는 고구려, 백제, 왜왕권보다는 낮았으며, 백제와 왜가 5세기 초 중국왕조로부터 수여받았던 3품 鎭東將軍과 安東將軍號보다 낮은 것이었다. 이런 측면에서 볼 때 남제는 대가야의 존재를 그리 높게 평가하지는 못한 것 같다. 그럼에도 불구하고 대가야가 아직 중국왕조로부터 책봉을 받은 일이 없는 신라에 앞서 대중외교를 전개하여 한반도 정세에서 유력한 정치세력으로서의 위상을 공인받았다는 점에서 나름대로의 의미를 갖는다고 하겠다.

그러면 대가야왕 하지가 남제로부터 수여받은 '輔國將軍本國王'은 어떤 의미가 내포되어 있을까? 위진남북조시대의 장군호는 종래의 군사적 성격보다도 오히려 관작의 위계를 표시하는 기능으로 바뀌었다. 장군호 이외에 왕호에 해당 국가의 명칭이 붙여지는 것이 관례였지만 가라왕 하지에게는 구체적인 국가 명칭 없이 본국왕이란 다소 막연한 명칭을 사용한 점이 특이하다. 당시 남제가 '가라' 라는 국호를 알고 있었던 것으로 미루어 보아 '본국왕' 이란 명호는 아마 대가야왕 하지의 요청에 의해 명명되었을 가능성이 있다.

그렇다면 본국왕이란 전기 가야연맹의 중심 세력을 본가야라고도 부른 점을 상기해 보면 단지 '그들 나라의 왕' 이라는 일반적인 의미를 가진 것[17]

<hr>

15) 왜왕 武는 478년 전 정권인 宋 順帝로부터 '使持節都督倭新羅任那加羅秦韓慕韓六國諸軍事' 호를 받았는데 479년 송을 이은 신 정권 남제 高帝로부터는 6국제군사호를 제외하고 단지 2품인 鎭東大將軍號만을 수여받은 점이 주목된다. 479년 왜의 남제 교섭은 사신 파견 없이 남제에 의해 일방적으로 이루어졌는데 이때 왜는 진동대장군호를 수여받은 점에서 왜에 대한 남제의 인식상의 변화가 찾아진다. 남제가 왜왕 무에 대해 송과는 달리 6국제군사호를 제외하고 군호만을 수여한 것은 새로이 교섭 대상국이 된 가라국이 종래 왜왕이 요구한 6국제군사에 포함되어 있기 때문으로 여겨진다.

16) 坂元義種, 『古代東アジアの日本と朝鮮』, 吉川弘文館, 1978, 268~270쪽.

이 아니라 가야지역을 대표하는 나라 즉 후기 가야연맹의 중심 세력이라는 의미를 가진 것으로 볼 수 있다.

이처럼 479년 가라왕 하지의 보국장군본국왕의 책봉은 대가야가 가야지역을 지배하는데 대표적인 정치체임을 과시하는 동시에 나아가 한반도의 유력한 정치세력의 하나로 국제적인 공인을 받게 되었음을 뜻하는 것이다.[18]

다음으로 대가야가 남제에 사신을 파견한 시기에 대하여 검토해 보자. 479년 대가야와 왜가 각각 남제로부터 책봉을 받은 것은 새로운 왕조의 성립을 기념하고 자축하는 의미가 담긴 것으로 파악된다.[19] 이때 남제로부터 책봉을 받은 왜는 사절을 파견하지 않고 신왕조 남제에 의해 일방적으로 행해진 반면[20] 대가야는 『남제서』 백제전에 조서가 남아있는 것으로 보아 사신 파견에 의해 이루어진 것으로 파악된다.

다만 대가야가 신정권 남제의 건국을 겨냥하여 의도적으로 남제와의 교섭을 전개하였을까에 대해서는 일말의 의문이 든다. 왜냐하면 남제의 건국은 479년 4월이었고 대가야의 교섭은 동년 5월이었기 때문에[21] 건국 한달 만에 주변 국가에 중국의 왕조 교체 사실이 전달되어 그들 나라가 새로운 왕조의 성립을 축하하고 책봉을 요청하기 위해 남제에 사신을 파견했다고 보기에는 시간적으로 성립되기 어렵기 때문이다. 그리고 대가야 사신단이 남제를 향해 항해하는 데에는 여러 시일이 소요되는 점을 감안해 볼 때 대가야는 남제의 건국 이전인 478년 말이나 또는 479년 초에 송을 목표로 사

---

17) 이근우, 앞의 글, 313~314쪽.
18) 이문기, 앞의 글, 223쪽.
19) 坂元義種, 『百濟史の硏究』, 塙書房, 1978, 139쪽.
20) 479년 당시 남제와 왜간의 교섭은 거의 단절된 상태였다. 478년 왜왕 武가 백제를 포함한 7국에 대한 군사지배권의 승인을 요청한 바 있다. 이러한 요구에 대해 송은 백제를 제외하고 신라를 포함한 6國諸軍事號와 안동대장군으로 進號하는 선에서 除正을 하자 이에 불만을 느낀 武는 결국 송과의 교섭을 단절하게 되었다.
21) 『册府元龜』 권963, 외신부 봉책1 및 권968, 외신부 조공1.

신을 파견하였을 가능성이 있다. 대가야의 사신단이 남조에 도착하였을 때는 이미 송에서 남제로의 정권 교체가 있었기 때문에 부득이 송에 대신하여 신정권 남제와 통교를 맺게 된 것이 아닐까 한다. 일단 남제에 당도한 대가야 사신단은 초행길이었지만 남제 고조는 그 건국에 즈음하여 내빙한 외국 사절들을 크게 환대하였을 것이다.

다음으로 479년 대가야의 남제 통교는 과연 독자적으로 추진된 것인지 여부에 대하여 검토해 보기로 하자. 이에 관하여 대부분의 연구자들은 대가야의 국가적 성장을 바탕으로 하여 대가야가 남제와 자주적이고 독자적인 외교를 전개한 것으로 보는 입장이 지배적이다.[22]

그러나 대가야는 지금까지 한반도 정세에 그 실체를 드러내지 못한 상태였고 또 중국과 교섭을 벌인 경험이 전혀 없다는 점에서 돌발적이고 일회적으로 중국 왕조와 통교를 맺은 사실을 가지고 너무 독자성 측면을 내세워서 이해하는 것은 다소 부자연스럽다고 할 수 있다. 한 나라의 대외 관계는 해당국과의 교섭의 필요성이라는 전제 아래 해당국에 대한 동태 파악과 외교 창구의 개설, 외교전문 인력의 확보, 외교시스템의 구축, 그리고 대중 항해술의 발달 정도 등에 의해 이루어진다. 이러한 대중외교에 대한 전문적인 시스템이나 경험이 축적되지 않는 한 대중 외교를 독자적으로 전개할 수 없다. 이런 측면에서 대가야가 479년 남제와 교섭을 벌이게 된 배경에는 4세기 후반 이래 가야세력과 친연관계에 있었던 백제의 일정한 도움과 관련시켜 볼 수 있겠다.[23]

백제는 372년 동진과 교섭을 전개한 이래 중국 남조국가인 송과 교섭 관

---

22) 이를 '자주외교'로 표현하여 대가야가 독자적인 대외관계를 모색한 것으로 보고 있다(이문기, 「대가야의 대외관계」『가야사 연구 -대가야의 정치와 문화-』, 경상북도, 1995, 220~222쪽).

23) 479년 가라의 남제 통교에 백제가 관여했을 것으로 보는 견해로는 이근우, 「웅진사비기의 백제와 대가야」『고대 동아세아와 백제』, 충남대백제연구소편, 2003, 304~315쪽이 있다.

계를 유지하면서 중국 사정에 정통한 낙랑 대방계의 한인관료를 적극 활용하여 대중외교 시스템인 長史, 司馬, 參軍을 갖춘 府官制[24]를 운영한 바 있었다. 또한 개로왕이 북위에 보낸 상표문[25]에서 보듯이 백제가 고구려를 비롯한 주변 국가의 동향을 세심하게 파악하고 있었음을 보여주고 있다. 그리고 백제는 고구려 광개토왕대의 남정 때 백제의 요청으로 출병한 왜에게 그 협력의 대가로 왜의 체제 정비에 필요한 선진 문물과 동진과의 교섭을 주선하는데 일정한 역할을 하였으며,[26] 6세기 초 신라가 梁에 처음 통교할 때 백제의 역할이 있었던 점[27]도 참고 된다.

또한 대가야가 남조에 가기 위해서는 어떠한 루트를 이용하든 백제의 영토를 거쳐야 하는 점을 간과해서는 안된다. 대가야가 남조 사행로로 고령→거창→함양→남원→섬진강→하동으로 연결되는 섬진강 루트를 이용하였을 경우[28] 거리상으로 너무 멀고 또 우회하여 시일이 많이 걸릴 뿐 아니라 이 역시 백제의 해안 루트를 거쳐야 하는 난점이 생긴다. 그리고 478년 왜왕 武가 송에 보낸 상표문에서 "宋으로 가는 길에 백제에 들러 선박을 꾸미고 수리하였다"는 구절에서[29] 보듯이 중국 왕조와의 교섭 경험이 많은 왜도 중국 사행길에 백제의 일정한 도움을 받고 있었던 사실에 주목해야 한다.

그러면 대가야가 남제 교섭에 적극 나서게 된 배경은 무엇일까? 475년 백제는 고구려의 불시 한성 침공으로 인하여 왕도 한성이 함락당하자 한강 유역을 상실하고 부득이 웅진으로 천도할 정도의 국가적 위기를 맞고 있었다. 475년 한성 함락 때에 신라가 위기에 빠진 백제에 원병 만여 명을 보내 구원한 사례[30]에서 보듯이 백제는 신라와 함께 고구려의 남진에 대항하기

---

24) 坂元義種, 『古代東アジアの日本と朝鮮』, 吉川弘文館, 1978, 396~399쪽.

24) 坂元義種, 『古代東アジアの日本と朝鮮』, 吉川弘文館, 1978, 396~399쪽.
25) 『魏書』 권100, 열전88, 백제.
26) 양기석, 「5세기 백제와 왜의 관계」 『왜 5왕과 한일문제』, 경인문화사, 2005, 94쪽.
27) 『梁書』 권54, 열전48 신라, "語言待百濟而後通焉" 기사를 참조할 것.
28) 田中俊明, 『大加耶連盟の興亡と「任那」』, 吉川弘文館, 1992, 74~75쪽.
29) 『宋書』 권97, 열전 57 만이 동이 왜국 順帝 昇明 2년.

위해 결성한 제라동맹의 틀 속에서 긴밀한 우호관계를 유지하고 있었다. 반면 백제의 동맹세력으로 있었던 대가야와 왜의 동향은 종속 변수로 작용하였다.

당시 대가야는 가야지역에서의 여러 경쟁세력을 압도하고 중심 세력으로서의 우월한 위상을 대외적으로 알려 동아시아에서 공인받을 필요성이 제기되었다. 대중관계에 전혀 경험이 없었던 대가야는 4세기 후반 이래 친연 관계를 유지해 왔고 또 대중 관계에 경험이 많은 백제의 도움이 절실하였다. 그러면서도 대가야는 가야지역에서의 세력 확대를 꾀하면서 어느 면에서는 대가야의 중심 역할에 걸림돌이 될 수도 있는 왜에 대한 일정한 견제가 필요하게 되었다.

451년 이후 왜는 송으로부터 加羅를 비롯한 百濟, 新羅, 任那, 秦韓, 慕韓의 7국에 대한 군사지배권을 인정해 달라는 주장을 일관되게 해왔는데, 이러한 왜의 무리한 주장이 한반도 사정에 밝지 못한 송에 의해서 백제를 제외한 6국에 대한 군사지배권을 공인받아 왔던 것이다.[31] 여기서 작호에 나오는 加羅를 대가야로 본다면 대가야는 왜의 주장대로 볼 때 451년 이후 왜의 군사적 지배를 받는 종속적 위치에 놓여있는 셈이 된다.

이러한 왜의 터무니없는 주장은 451년 왜왕 濟에서 시작하여 478년 왜왕 武까지 한동안 지속되어 왔다. 왜의 이러한 동향을 백제는 송과의 전통적인 교섭을 통해 진작부터 숙지하고 있었을 것이다. 왜의 한반도 남부지역에 대한 일방적인 군사지배권 주장은 백제 뿐 아니라 대가야에게도 큰 부담이 되었을 것이다. 다만 475년 웅진 천도로 국난을 겪고 있었던 백제로서는 이 문제로 인하여 동맹세력인 왜와의 갈등이 빚어지기를 원하지 않았을 것이다. 백제는 중국왕조와의 교섭을 바라고 있었던 대가야에게 이러한 왜의

---

30) 『삼국사기』 백제본기 문주왕 즉위년.
31) 5세기 왜의 남조 외교 추이와 한반도에서의 동향에 대해서는 양기석, 「5세기 백제와 왜의 관계」 『왜 5왕과 한일문제』, 경인문화사, 2005를 참고할 것.

동향을 전했을 가능성이 있다. 특히 478년 왜왕 武가 가라에 대한 영유권을 주장함에 따라 가야지역에서의 중심적 위상을 정립하려는 대가야는 그대로 방관만 할 수 없었을 것이다.

따라서 대가야는 가야지역 중심 세력으로서의 정통성 확보와 위상 제고, 그리고 대가야에 대한 군사지배권을 주장하는 왜의 책동을 일정한 선에서 견제하기 위해 479년 남제에 사신을 파견하게 된 것이 아닐까 한다. 대가야는 479년 백제의 도움을 받아서 중국 남조에 처음 사신을 파견하면서 남제로부터 보국장군본국왕으로 책봉을 받는 등 소기의 성과를 얻게 되었다. 반면 왜왕 무는 종래 일관되게 주장해 온 7국에 대한 군사지배권을 인정받지 못하고 단지 鎭東大將軍이란 장군호만를 수여받게 됨으로써 사실상 대가야의 외교적 승리로 끝났게 되었다.

왜는 438년 왜왕 珍과 478년 武 때에 백제에 대해서도 군사지배권을 계속 주장해 온 바 있었다.[32] 이에 대해 백제는 송과의 교섭 때마다 그 부당성을 송에 알렸고, 또한 송은 백제와 독자적으로 교섭 관계를 맺고 백제왕을 이미 책봉해 온 터이기 때문에 왜왕의 요구를 들어주지 않았다. 이런 면에서 볼 때 백제의 외교도 일단 성공한 셈이 된다.

이처럼 백제가 대가야의 대내적 체제 정비와 남제 교섭에 일정한 도움을 준 것은 한반도의 역관계에서 대가야의 역할을 중요하게 인식한 것으로 볼 수 있다. 즉 백제는 웅진 천도 이후 가야지역이 고구려의 남진을 저지하기 하기 위한 배후 기지로서의 전략적 가치를 인식하였고, 또한 가야지역에 진출을 꾀하는 신라를 견제하기 위해서는 친백제적인 대가야의 역할이 기대되었던 것이다. 따라서 479년 대가야의 남제 통교는 대가야 중심의 연맹체의 확립을 대내외적으로 알리는 자기 완결적인 의미를 가진 것이었고, 또한 백제의 대남조외교의 경험을 적절히 활용하면서 대가야의 군사지배권을 계

---

32) 『宋書』 권97, 열전57, 왜국.

속적으로 주장해 온 왜를 견제하여 대가야의 정체성과 대외적 자주성을 높이려는 의도를 가진 것으로 볼 수 있다.

2) 大加耶의 신라 구원

동아시아에 있어서 5세기는 변화와 격동의 시대였다. 중국대륙에서는 이민족의 침략에 의한 5호 16국시대에 이어 남북국시대로 이어지는 분열의 시대가 전개되고 있는 가운데 동아시아는 중국의 남북조, 동북아시아의 고구려, 몽고고원의 柔然, 그리고 서쪽 靑海 일대의 土谷渾이 각각 중심이 된 다원적인 세력균형을 이루고 있었다. 전체적으로 어느 한 나라가 절대적 우위를 차지하지 못하는 상황에서 어느 한 나라의 움직임에 따라 다른 나라들이 불력을 형성하여 연쇄적으로 반응을 나타내는 시대적 특징을 가졌다.[33]

한반도에서는 삼국이 국가체제를 정비하고 이를 발전시켜 나가면서 삼국 간에 치열한 대립과 항쟁을 전개하고 있었다. 이에 따라 각국은 그 변화의 흐름 속에서 자국의 존립과 세력 균형, 그리고 자국의 이익을 위해 다양한 외교양태를 연출하였다. 5세기 후반 한반도 정세는 고구려와 백제 · 신라 간에 맺어진 제라동맹의 두 세력을 중심축으로 하고 여기에 가야, 그리고 일본열도의 왜세력이 가세하여 고구려와 제라동맹 세력의 두 불력 간에 군사적 대결 양상이 전개되었다. 이들 세력은 중국 왕조에 사신을 보내 이른바 중국적 세계질서의 제도적 특징인 朝貢 · 冊封體制를 근간으로 하는 동아시아 외교관계에 참여하면서[34] 한반도는 물론 동아시아를 무대로 치

---

33) 盧泰敦, 『고구려사 연구』, 사계절, 1999, 346~355쪽 ; 주보돈, 「5세기 고구려 · 신라와 왜의 관계」 『왜 5왕과 한일문제』, 경인문화사, 2005, 121~126쪽.

34) 5세기대의 朝貢과 冊封體制에 대한 주요 연구는 다음과 같다. 全海宗, 『韓中關係史硏究』, 일조각, 1970 ; 徐榮洙, 「三國과 南北朝交涉의 性格」 『동양학』11, 1981 ; 金翰奎, 『古代中國的世界秩序硏究』, 일조각, 1982 및 『古代東亞細亞幕府體制硏究』, 일조각, 1997 ; 李春植, 「中國古代 朝貢의 實體와 性格」 『古代韓中關係史의 硏究』, 한국사연구회 편, 삼지원, 1987 ; 金鍾完, 『中國南北朝史硏究 -朝貢 · 交聘關係를 중심으로-』, 일조각, 1995.

열한 외교전 양상을 전개하였다. 이는 삼국 간 항쟁에서의 우위를 점하고 대내적 체제 정비에 필요한 선진 문물의 수용을 통해 왕권을 강화하려는 외교적 노력이라고 할 수 있다.

5세기 후반 한반도의 정세는 고구려의 남진, 이에 따른 신라의 친백제로의 선회와 제라동맹 체제 강화, 대가야의 한반도 정세에 참여, 그리고 왜의 한반도에서의 세력 약화를 주요 특징적인 현상으로 지적할 수 있다. 당시의 한반도 정세를 살펴보면 450년을 계기로 하여 고구려의 남진정책이 적극화되고 이에 맞서 제라동맹 세력이 군사동맹관계를 군건히 하면서 고구려와 제라동맹 간의 대결구도가 설정되는 양상을 보인다. 이러한 정세에 큰 변화를 주게 된 것은 신라의 향배였다. 433년 백제의 요청으로 이루어진 제라동맹의 결성으로 신라는 고구려의 간섭에서 벗어나려는 의도에서 종래 친고구려 노선을 버리고 친백제 노선으로 선회하였다. 이에 맞서 고구려는 일련의 군사적 긴장관계를 신라에까지 확산시키는 결과를 낳게 되었다.

450년 신라의 하슬라주 성주인 三直이 悉直原에서 수렵을 하고 있던 고구려 변장을 살해한 사건이 발생하자 고구려는 이에 대한 보복으로 신라 서변을 공격한 것이다.[35] 곧 신라 눌지왕의 사과로 양국 간의 험악한 관계는 일단 진정이 되었지만, 이후 454년에서 5세기 말까지 모두 8회에 걸쳐 고구려가 신라를 침공할 정도로 양국은 적대관계로 돌변하게 되었다. 전반적으로 5세기 후반은 고구려 우위의 상황 하에서 고구려가 전선의 균형을 유지하기 위해 백제와 신라를 교침하는 양상을 보이고 있다.

그 중의 특징적인 현상은 제라 양국이 연합하여 고구려의 남침에 공동으로 대응하고 있는 점이다. 이러한 사례가 백제, 신라에 각각 3회씩 나타나고 있다. 즉 455년 신라는 백제에 침입한 고구려를 격퇴하기 위해 원병을 보낸 적이 있었고,[36] 475년 신라는 고구려의 대대적인 한성 침공이라는 국가 존

---

35) 『삼국사기』 신라본기 눌지마립간 34년 7월.
36) 『삼국사기』 신라본기 눌지마립간 39년 10월.

망의 어려운 시기에 1만 명의 원병을 백제에 파견한 적이 있었다.[37) 495년에는 고구려가 백제의 치양성에 침입하였을 때 신라가 백제를 구원하였다.[38)

반면 백제는 481년 彌秩夫 전투,[39) 484년 母山城 전투,[40) 494년 犬牙城 전투[41)에서 각각 신라를 구원한 바 있다. 이처럼 제라 양국은 일방의 힘만으로 고구려의 침략을 막지 못할 경우 구원 요청에 의해 고구려의 침입에 공동 대응하는 관계로 발전시켜 나간 것이다. 백제와 신라 간의 우호관계를 더욱 공고히 하고 실질적인 군사동맹관계로 발전시켜 나간 것은 백제 동성왕(479~500)과 신라 소지마립간(479~499) 때의 일이었다. 이 시기 제라동맹관계는 의례적인 관계에서 보다 진전된 공수동맹관계로 전환되었음을 의미한다.

이러한 5세기 후반의 고구려-제라동맹 세력 두 블럭 간의 대립 속에서 주목되는 현상은 481년 미질부 전투에 대가야가 참여한 일일 것이다. 이에 관한 『삼국사기』 신라본기 소지마립간 3년조 기사를 소개하면 다음과 같다.

B 3월에 고구려와 말갈과 함께 군사를 일으켜 북변으로 침입하여 狐鳴城 등 7성을 공취하고, 또 彌秩夫로 진격함으로 신라는 백제, 가야의 원병을 얻어 가지고 길을 나누어 이를 방어하다가 적을 역격하여 이를 파하고 泥河 서쪽까지 추격하여 1천여 명을 참살하였다.

위 사료는 481년 3월에 고구려가 말갈과 함께 신라의 호명성과 미질부성에 침공하였다가 백제 및 가야와 연합한 신라군에 의하여 크게 패한 사실을 기록한 것이다. 그런데 고구려본기에는 이 사실이 보이지 않는 것으로 보아

---

37) 『삼국사기』 백제본기 문주왕 원년 9월.
38) 『삼국사기』 신라본기 소지마립간 17년 8월.
39) 『삼국사기』 신라본기 소지마립간 3년 3월.
40) 『삼국사기』 신라본기 소지마립간 6년 7월.
41) 『삼국사기』 신라본기 소지마립간 17년 8월.

신라측 원전 자료를 저본으로 하여 채록한 것으로 보인다. 여기에 나오는 호명성, 미질부, 니하를 현재의 청송, 포항 홍해, 강릉으로 각각 비정해 볼 때[42] 고구려가 말갈과 함께 동해안 루트로 왕도 근처인 미질부[홍해]까지 침공해 온 것을 신라가 백제와 가야 구원병의 도움을 받아 격퇴시켰다.

위 사료의 481년 전투에서 신라를 구원하여 고구려군을 격퇴시킨 가야는 대가야를 중심으로 한 가야연맹세력으로 판단된다. 이때의 군사 동원은 479년 남제와의 통교를 주도했던 하지왕의 통솔 하에 이루어진 것으로 볼 수 있으며, 대가야군을 주축으로 하고 연맹을 구성한 각 소국들에서 동원한 군대들로 편성된 부대가 파견되었을 것으로 보인다.[43]

그런데 이 전투는 가야사 입장에서 볼 때 몇가지 의미를 갖는다. 우선 대가야가 479년 남제와의 통교를 통해 가야지역의 중심 세력임을 공인받은데 이어 한반도 정세에 능동적으로 참여하였다는 점이다. 그동안 가야세력이 한반도 정세에 모습을 드러낸 것은 〈광개토왕릉비문〉에 보이는 400년 경자년 작전 때일 것이다. 백제의 지원을 받은 가야 세력이 왜병과 함께 고구려의 동맹세력인 신라를 공격한 일이 있었다. 이에 보병과 기병 5만 명으로 구성된 고구려군이 신라군과 함께 가야 - 왜 연합세력을 대패시키고 이를 주도한 임나가라 즉 김해의 금관가야를 중심으로 한 전기 가야연맹체의 해체를 가져오게 한 것이다. 이렇게 고구려군에 의해 참담한 패전을 겪은 가야 세력은 한동안 한반도 정세에 개입을 자제한 채 고령의 대가야로의 세력 교체와 함께 대내적 체제 정비에 전념하고 있었다.

대가야는 481년 신라 구원작전의 참여를 계기로 하여 한반도 정세에 다시 실체를 드러냄으로써 삼국과 함께 한반도에서의 세력 균형자로서의 한 축을 담당하게 된 것이다. 이로서 대가야는 한반도의 역관계 변화에 능동적으로 참여함으로써 한반도에서의 국가 존립과 세력 균형을 위한 역할을 수

42) 이병도, 『역주 삼국사기』, 을유문화사, 1983, 58~59쪽.
43) 노중국, 앞의 글(1995), 178~180쪽.

행하는 부수적 위치[44]를 점하게 되었다.

다음으로 신라와의 관계 개선이 이루어지게 되었다는 점이다. 433년 백제는 고구려의 남진에 대항하기 위하여 제라동맹을 맺어 신라와의 화호관계로 접어든 반면, 그 동맹세력인 가야와 왜는 400년 경자년 참패 이후 신라와 한동안 적대관계를 유지했을 것으로 보인다. 대가야는 481년 신라를 구원한 것을 계기로 하여 적극적이지는 않았으나 신라와의 우호관계를 부분적으로 회복하게 되었고 나아가 고구려의 남진에 공동으로 대응하기 위해 백제 - 신라 - 가야로 이어지는 3국 간의 군사동맹체제를 성립시키는 계기가 되었다.

이제 대가야가 제라동맹체제에 참여함으로써 고구려의 남진을 효과적으로 대처할 수 있게 되었고, 나아가 한반도의 세력 균형에 영향을 미치는 또 하나의 변수가 되었다. 이러한 3국 동맹관계는 한반도 정세 여하에 따라 다소의 변화는 있었지만 551년 북진 때에도 또 한 차례 적용되기도 하였다.

다음으로 백제와의 관계가 더욱 공고해지게 되었다는 점이다. 대가야는 그 동안 신라와 소원한 관계를 유지하고 있었으나 481년 전투에서 신라 구원을 위해 참여하게 된 것은 백제의 적극적인 요청에 의해서가 아닐까 한다. 이는 대가야의 한반도 정세에 백제의 강요에 의한 피동적인 참여를 뜻하는 것이 아니라 대가야의 국력 신장과 위상 제고에 따른 자신감과 한반도 정세에 탄력적으로 대처하는 자기 선택의 결과에서 나온 것으로 볼 수 있다.

백제가 가야지역에 진출한 이후 대가야[가라]는 일관되게 친백제노선을 유지한 것으로 나타난다. 백제가 369년 가야지역에 진출한 이후[45] 고령의

---

44) 대가야가 481년 신라 구원을 계기로 백제, 신라와 거의 대등한 수준으로 국제적 위상이 높은 것으로 파악한 견해가 지배적인데(이용현, 「6세기 전반경 가야의 멸망과정」, 고려대 석사학위논문, 1988, 28쪽 ; 이형우, 「대가야의 멸망 과정」「대가야의 대외관계」『가야사 연구 -대가야의 정치와 문화-』, 경상북도, 1995, 131쪽), 대가야가 당시 정치적인 통일체를 형성하지 못하고 연맹체를 구성하고 있었던 점, 남제와의 통교에서 백제의 도움을 받았던 점, 남제로부터 수여받은 보국장군호가 백제의 진동대장군호보다 낮다는 점 등에서 성립될 수 없다.

가라국과의 관계를 잘 보여주는 사료가 『일본서기』 신공기 62년조에 인용된 『백제기』 기사이다. 신공 62년은 조정 연대로 382년에 해당되며 가라는 고령의 대가야를 지칭한다. 이 기사는 왜가 신라를 치기 위해 파견한 沙至比跪가 신라의 미인계에 넘어가 도리어 가라국을 정벌한 내용으로 되어 있다. 왜가 가라국을 정벌하고 사직을 복구시킨 주체로 왜곡 서술되어 있지만, 가라국의 사직을 복구시킨 木羅斤資가 백제 장군인 점을 감안해 보면[46] 가라국이 어떤 국난이 있었을 때 백제의 도움을 받아 다시 나라를 세운 것으로 이해된다.[47] 이 기사에 나오는 가라국의 己本旱岐를 비롯한 지배층이 백제로 피신한 점이나, 다시 백제에 의해 사직을 복구하였다는 점 등은 당시 가라국과 백제의 관계를 보여주는 좋은 사료로 판단된다. 이 사건은 4세기 후반 가라국에 대한 백제의 영향력이 크게 심화되어 있었던 사실을 단적으로 시사해 주고 있다.

이처럼 가라국이 친백제노선을 견지하게 된 배경에는 백제와 지리적으로 인접해 있다는 점과 국가 발전에 필요한 선진 문물의 공급에 있었다. 반면 백제는 고구려와의 대립 관계에서 배후 기지로서의 필요성과 신라와 반백제적인 다른 가야 세력을 견제할 필요성에서 대가야에 접근한 것으로 생각된다.

이러한 맥락에서 볼 때 가라국이 5세기 후반 대가야를 칭하면서 가야지역의 중심세력으로 대두하는 과정에서 백제와의 우호관계를 적절히 활용하였고, 그러한 기조 위에서 남제와의 교섭과 한반도 정세의 참여를 통해 대가야의 국가 이익 확보와 한반도의 세력 균형 유지에 능동적으로 대처하였음을 알 수 있다.

---

45) 『일본서기』 권9, 신공기 49년에 나오는 소위 가라 7국 평정기사 참조.
46) 『일본서기』 권9, 신공기 49년 춘3월조의 분주에 "但木羅斤資者 百濟將也"라 하여 목라근자를 백제 장군으로 표기하고 있다.
47) 김현구, 『임나일본부 연구』, 일조각, 1993, 51~54쪽 ; 이문기, 앞의 글, 213~214쪽.

3. 大加耶의 고구려·신라에 접근

1) 紀生磐宿禰 반란 사건

5세기 후반 대가야는 남제와의 통교와 신라 구원작전을 통해 한반도 국제 정세에 참여하면서 백제와 긴밀한 동맹관계를 유지하였다. 그러나 대가야의 위상 강화와 격동하는 한반도 정세 변화에 따라 480년대 후반부터는 기존의 백제와의 관계에 미묘한 변화의 조짐이 나타나기 시작하였다. 그 대표적인 사건이 480년대 후반에 일어난 다음의 紀生磐宿禰의 반란과 496년의 신라와의 교섭 사건이다. 먼저 紀生磐宿禰의 반란에 관한 기사를 소개하면 다음과 같다.

> C 이 해 紀生磐宿禰가 任那를 점거하고 고구려와 교통하였으며, 서쪽에서 장차 삼한의 왕 노릇을 하려고 관부를 정비하고 스스로 神聖이라고 칭하였다. 임나의 左魯·那奇他甲背 등의 계책을 써서 백제의 適莫爾解를 爾林에서 죽였다 [爾林은 고구려의 땅이다]. 帶山城을 쌓아 동쪽 길을 막고 지켰다. 군량을 운반하는 나루를 끊어 (백제)의 군대가 굶주려 고생하도록 하였다. 백제왕이 크게 노하여 領軍 古爾解·內頭 莫古解 등을 보내어 무리를 거느리고 帶山城에 나아가 공격하게 하였다. 이에 紀生磐宿禰는 군대를 내보내 맞아쳤는데, 담력이 더욱 왕성하여 향하는 곳마다 모두 깨뜨렸다. 한 사람이 백사람을 감당할 정도였다. 그러나 얼마 후 군대의 힘이 다하니 일이 이루어지지 못할 것을 알고 任那로부터 (왜)에 돌아왔다. 이로 인해 백제국이 左魯·那奇他甲背 등 300여 명을 죽였다.[48]

위 기사는 紀生磐宿禰가 任那에 웅거하여 고구려와 교통하고 삼한의 왕이 되기 위해 爾林에 있는 백제의 適莫爾解를 죽이고 반란을 일으켰는데 백제가 이를 토벌하기 위해 領軍 古爾解 등을 보내어 紀生磐宿禰의 반란을 진

48)『일본서기』권15, 현종기 3년.

압하고 이 사건에 연루되었던 左魯·那奇他甲背 등 300여 명을 살해하였다는 내용이다. 이 기사는 사건의 발생 시점과 실체에 대하여 많은 논란이 제기되어 왔다.[49] 이 사건에 가담한 것으로 나오는 那奇他甲背가 『일본서기』 흠명기 5년 2월조 분주에 인용된 『百濟本記』의 那干陀甲背와 동일 인물이며 성왕대에 활동한 河內直의 선조로 나오는 점으로 보아 487년 전후로 한 동성왕대(479~501)로 보인다.

그런데 이 사건에 등장하는 인물들의 출신과 관련 지명을 분석해 보면 이 사건의 일면을 개략적으로 파악할 수 있다.

먼저 이 사건의 핵심 주동 인물로 나오는 紀生磐宿禰는 왜장으로서 임나에 파견되었다가 삼한의 왕이 되려고 고구려와 밀통하여 백제 장군을 살해한 인물로서 백제군의 진압에 의해 반란이 실패로 끝난 후 다시 왜로 돌아갔다고 한다. 紀生磐宿禰에 대해서는 『일본서기』 흠명기 5년 2월조에 나오는 有非岐와 같은 인물[50]로 보는 견해가 지배적이지만 그의 실체에 대해서는 왜에서 파견된 인물로 보는 설과 백제 장군설 등 여러 견해가 제기되어

---

49) 이 사건에 대한 최근의 주요 연구 업적으로는 김현구, 『임나일본부연구』, 일조각, 1993 ; 李鎔賢, 「五世紀における加耶の高句麗接近と挫折 -顯宗三年紀是歲條の檢討-」『東アジアの古代文化』90, 1997冬 ; 연민수, 『고대한일관계사』, 혜안, 1998 ; 김태식, 「5~6세기 고구려와 가야의 관계」『북방사논총』11, 2006 등이 있다. 이 사건의 발생 시기에 대해서는 『일본서기』 기사(C)의 기년대로 487년으로 보는 설 이외에 529~530년으로 수정하여 보는 설(山尾幸久, 『日本古代王權形成史論』, 岩波書店, 1983, 223~224쪽)이 있다. 사건의 성격에 대해서는 ① 紀生磐宿禰의 왜에 대한 반역·백제 침입사건(今西龍, 『百濟史研究』, 近澤書店, 1931, 135~137쪽), ② 대산성 쟁탈사건(末松保和, 『任那興亡史』, 吉川弘文館, 1955, 106쪽), ③ 가야의 백제군 축출사건(大山誠一, 「所謂"任那日本府"の成立について(中)」『古代文化』32-11, 1980, 31~33쪽 ; 연민수, 앞의 책(1998), 172쪽), ④ 백제장군의 반란설(千寬宇, 「韓國史の潮流」『古代日本と朝鮮の基本問題』, 學生社, 1974, 119쪽)이 있다. 사건의 성격에 따라 발생 시점이 다르겠지만, 백제가 대가야와 함께 공조 관계를 통해 고구려와 대립하던 시기의 것으로 파악한다면 487년이라는 절대 연도보다도 동성왕대(479~501)에 고구려와의 접경 지대에서 발생한 사건으로 이해하고 싶다.

50) 紀生磐宿禰는 『일본서기』 권19, 흠명기 5년 2월조에 '爲哥可君', '爲哥岐彌'(앞의 책, 『백제본기』), '有非岐'(앞의 책), 北野本에는 '有非跋'로 표기되어 있는데 음운상 같은 인물로 이해된다.

있다. 왜인설의 경우[51] 당시 왜가 한반도 정세에 직접 참여한 사례가 없는 데다가 왜장 紀生磐宿禰가 일으킨 반란을 왜가 진압하지 않고 도리어 백제가 진압하고 있는 것을 보면 이치에 맞지 않는다. 이는 임나일본부설을 전제로 하여 가야지역에서의 왜의 역할을 부각시키려는 의도에서 나온 것으로 이해된다.

이 기사는 領軍 古爾解·內頭 莫古解와 같은 백제 인명과 관명이 나오는 것으로 보아 백제계 사료를 저본으로 하고 여기에 왜의 紀生磐宿禰가 속한 紀氏 가문[52]의 씨족 전승을 부회시켜 만든 것으로 紀氏가문의 한반도에서의 역할을 내세우기 위해 재구성된 것으로 볼 수 있다. 백제장군설의 경우[53] 紀生磐宿禰 반란이 정황으로 보아 왜와는 관련성을 찾아볼 수 없고 오히려 백제에 관련된 사실이 주를 이루고 있다는 점에서 타당한 측면이 있다.

다만 이 설은 백제군의 가야 주둔을 전제로 하고 있어서 당시 대가야가 대내외적으로 국가적 성장을 꾀하면서 한반도 정세에 능동적으로 참여하고 있는 분위기와 상충되는 측면이 생긴다. 백제와 신라가 완충지대 가야지역에 군사적으로 진출하여 세력을 확장하던 6세기 전반경의 정세와는 다르기 때문이다. 紀生磐宿禰를 紀氏와 관련시켜 볼 경우[54] 그는 왜에서 파견된 것이 아니라 가야지역과 관련해서 활약한 백제계 인물인 목씨세력으로 상정해 볼 수 있다. 목씨세력은 木羅斤資 이래로[55] 백제가 가야지역에 진출하는 데 활약했던 유력한 귀족세력이기 때문이다.[56]

---

51) 왜인설은 ① 倭臣說(山尾幸久, 『日本古代王權形成史論』, 岩波書店, 1983, 224쪽), ② 서일본호족세력설(大山誠一, 「所謂 '任那日本府'의 成立について(中)」 『古代文化』32-11, 1980, 31~33쪽) 등이 있다.
52) 이홍직, 「백제인명고」 『한국고대사의 연구』, 1971, 신구문화사, 347쪽 ; 김현구, 앞의 글, 77쪽.
53) 백제장군설은 천관우, 「가야복원사(중)」 『문학과 지성』29, 1977, 929쪽 ; 김현구, 『임나일본부연구』, 일조각, 1993, 61~80쪽 등이 있다.
54) 주) 52 참조.
55) 주) 46 참조.

다음으로 紀生磐宿禰 반란을 도운 左魯는『삼국지』위서 동이전 한조의 수장층 명호인 殺奚와 통하는 것으로 보고 가야지역의 재지 수장층을 말하며,[57] 那奇他甲背는『일본서기』흠명기 5년 2월조 분주에 인용된『백제본기』의 那干陀甲背와 동일한 인물인데 이들 역시 가야지역의 재지 수장층일 가능성이 높다.[58] 紀生磐宿禰에 의해 고구려의 땅 爾林에서 피살된 適莫爾解는 백제의 燕氏로 비정되는 인물[59]로 보인다. 그밖에 紀生磐宿禰 반란을 토벌한 인물인 領軍 古爾解와 內頭 莫古解는『삼국사기』백제본기에 나오는 고이왕의 古爾, 근초고왕대의 장군 莫古解의 사례에서 보듯이 백제인이 분명하다.

다음으로 위 기사에 나오는 지명인 爾林과 帶山城을 검토해 보자. 종래 爾林의 위치 비정에 대해서는 많은 논란이 있지만, 종래 전라북도 일대설[60]과 충남 예산 대흥설[61] 등이 제기되었으나, 최근에는 충북 음성 또는 괴산설[62]이 주목을 받고 있다. 그런데 위 기사에서 爾林이 당시 고구려 영토로서 백제군이 한때 주둔하고 있었던 점, 이림과 가까운 곳에 임나[가야]가 축성한 帶山城이 백제가 동쪽으로 통하는 길목[東道]과 나루를 이용하여 건너야 하는 위치에 있는 점,[63] 그리고 그 너머 백제군이 주둔하고 있었던 점 등을 감안해 보면 이 사건의 무대는 480년대 후반 당시 고구려와 백제 간에 대

56) 김현구, 앞의 책, 75쪽.
57) 이용현, 앞의 글(1997), 79쪽.
58) 김태식, 「5~6세기 고구려와 가야의 관계」『북방사논총』11, 2006, 128쪽. 이용현은 4세기 후반~5세기 초에 백제의 목씨세력과 관계를 맺어온 가야지역의 재지 하위 수장층의 후예로 보았다(앞의 글(1997), 81쪽).
59) 이용현, 앞의 글(1997), 78쪽.
60) 전라북도 일대설에는 ① 김제설(末松保和,『任那興亡史硏究』, 吉川弘文館, 1956, 76~77쪽), ② 임실설(鮎貝房之進,「日本書紀朝鮮地名考」『雜攷』7 下卷, 1937, 25~27쪽 ; 연민수, 「6세기 전반 가야제국을 둘러싼 백제·신라의 동향 -소위 '임나일본부설'의 구명을 위한 서설-」『신라문화』7, 1990, 106~112쪽 등), ③ 진안설(곽장근,『호남 동부지역 석곽묘 연구』, 서경문화사, 1999, 266~273쪽) 등이 있다.
61) 山尾幸久, 앞의 책(1983), 223~224쪽 ; 김태식, 앞의 책(1993), 245~246쪽.
62) 이용현, 앞의 글(1997),81~83쪽 ; 김태식, 앞의 글(2006), 136~140쪽.

치하고 있었던 접경지역에서 찾는 것이 보다 합리적일 것이다.

480대 이후 고구려와 제라동맹군 간의 전황을 고려해 볼 때 위의 조건에 부합된 곳은 충북지역으로 상정해 볼 수 있다. 이때에는 고구려가 세력균형을 위해 신라와 백제를 교대로 침공하는 현상이 나타난다. 484년 고구려가 신라 북변 母山城[진천 대모산성]에 침입한 일,[64] 494년 고구려가 薩水原[청원 미원] - 犬牙城[보은 성재산성]에서 신라를 포위 공격을 한 일,[65] 그리고 495년 고구려가 백제의 雉壤城에 침공해 들어온 일[66]이 바로 이러한 사례에 해당한다. 이러한 고구려의 파상적인 남진 공세에 대하여 제라 양국은 공동으로 대응하면서 고구려의 남진을 지금의 충북지역인 모산성[진천 대모산성] - 살수원[청원 미원] - 견아성[보은 성재산성]선에서 어느 정도 저지할 수 있었다.

이러한 당시의 정세를 고려해 보면 이림과 대산성은 다른 지역보다도 충북 음성이나 괴산설이 보다 합리적이라 할 수 있다. 그러나 음성이나 괴산은 웅진도읍기의 왕도를 기준으로 볼 때 모두 동북방에 치우쳐 있고, 또한 그 옛지명에 해당하는 仍忽, 仍斤內郡, 道薩城 등이 과연 음운학적으로 이림과 대산성에 통하는지에 대해서는 여전히 의문점이 생긴다.

오히려 당시의 교쟁 지역과 지리적 조건을 고려해 볼 때 청주 - 청원 일대가 보다 설득력이 있는 것으로 판단된다. 청주·청원 부용면일대는 금강지류인 미호천이 관통해 흐르고 있으며, 또한 고구려유적과 백제, 신라, 가야유적이 함께 발견되는 곳이다. 청원 남성골 유적은 환호와 목책, 성벽 등이 이중 방어구조로 된 고구려식의 성곽 시설이 있고 그 가운데 굴립주건물

---

63) 東道는 지리적으로 볼 때 신라의 북진로 중 백제의 동쪽인 화령과 추풍로가 만나는 보은-문의의 대백제루트와 보은-청원 낭성-증평 이성산성-진천 대모산성으로 이어지는 대고구려루트로 볼 수 있고(양기석, 「신라의 청주지역 진출」『문화사학』11 · 12 · 13, 1999, 366~370쪽), 津은 금강과 미호천을 연결하는 백제의 군량보급로일 가능성이 있다.

64)『삼국사기』 신라본기 소지마립간 6년 7월.

65) 앞의 책, 소지마립간 16년 7월.

66) 앞의 책, 소지마립간 17년 8월.

터와 원뿔대 모양의 저장구덩이, 온돌 건물지, 가마터 등의 유구가 확인되었다.[67] 그리고 그 외곽 내부의 구들집터와 가마터에서는 고구려식 온돌유적과 고구려 토기류가 출토되었다. 철기류는 철촉과 주조철부가 대부분을 차지하는데 사두형 철촉은 아차산 4보루유적, 중국 환인의 五女山城과 집안의 丸都山城 등과 관련 있는 것으로 파악된다. 이 유적은 고구려토기의 편년에 따라 아차산 보루유적보다 빠른 5세기 후반으로 편년된다.

그 주변에는 복두산성·독안산성·애기바위산성 등을 비롯하여 10여 개의 성터가 밀집하여 분포되어 있고,[68] 인접한 곳에 신라의 일모성[청원문의 양성산성]이 있어 당시 삼국이 첨예하게 교쟁하던 지역임을 알 수 있다. 청주 신봉동유적에서는 백제의 토광묘유적이 주류를 이루는 가운데 신라와 가야계 유물이 출토되어 세간의 관심을 끌고 있다. 90B-1호분에서 출토된 철제단갑은 胴一連形式의 三角板板甲으로서 함양 상백리, 부산 가달 등 가야지역에서 출토된 바 있고,[69] 또 세트로 공반된 견갑과 경갑편은 그 제작기법으로 보아 가야나 왜에 연결되며, 착형철기와 철촉은 고령·합천 등지의 출토품과 관련 있는 것으로 알려졌다.[70]

이러한 청주·청원지역에 보이는 고구려·백제·신라·가야의 유적과 유물들은 바로 이 시기의 한반도 정세를 반영한다고 볼 때[71] 이곳은 480년 대 후반 紀生磐宿禰 반란의 무대가 된 이림과 대산성으로 비정해 볼 수 있는 가능성이 높은 지역이라 할 수 있다.

이상으로 이 사건에 관련된 인물들과 지명을 검토해 본 결과 고구려와

67) 차용걸 외, 『청원 남성곡 고구려유적』, 충북대박물관 조사보고 제104책, 2004 및 『청원 I.C~부용간 도로공사구간내 청원 남성곡 고구려유적』, (재)중원문화재연구원, 2008.

68) 차용걸 외, 『청원 부용면지역 산성 지표조사보고서』, 중원문화재연구원, 2005.

69) 신종환, 「청주 신봉동출토유물의 외래적 요소에 관한 일고 -90B-1호분을 중심으로-」『영남고고학』18, 1996, 100쪽.

70) 신종환, 앞의 글, 102·104쪽.

71) 김기섭, 「청주 신봉동고분군 조영세력과 국제정세」『백제 지방세력의 존재양태 -청주 신봉동유적을 중심으로-』, 한국학중앙연구원, 2005, 347~351쪽.

제라동맹 세력 간의 첨예한 교쟁지역인 청주 · 청원일대에서 치열한 전투를 벌이고 있었을 때 백제 목씨세력 출신의 한 장군[紀生磐宿禰]이 연합군의 일원으로 참전한 가야의 재지 수장층[左魯, 那干陀甲背]과 공모하여 고구려와 밀통한 후 백제에 대해 반란을 일으켰다가 토벌된 사실을 나타낸 사건으로 정리해 볼 수 있다.

그러면 480년대 후반에 발생한 紀生磐宿禰 반란 사건에서 한반도 정세와 관련하여 나타난 특징적인 현상에 대해서 알아보자.

우선 이 사건을 통해 백제와 가야 간의 군사공조 관계가 유지되고 있었음이 확인된다. 이 사건의 핵심 인물인 紀生磐宿禰가 4세기 후반 백제의 가야 경영에 연고가 있는 목씨세력 출신이라면 이들 左魯, 那干陀甲背가 이끄는 가야의 재지수장층은 단지 사적인 관계에 의해 백제와 공조하고 있었던 것으로 보기는 어렵다. 이들 가야의 재지수장층은 어떤 형태이든 대가야와의 일정한 관련 하에서 백제의 원군으로 파견되었을 것이다. 여기에 신라도 연합군의 일원으로 참여하고 있었는지에 대해서는 알 수 없지만, 481년 고구려의 미질부 침공 때 제라동맹군에 가야의 원병이 참전한 이후 대가야가 백제와 공조하여 한반도 정세에 참여한 또하나의 예가 된다. 이를 통해 대가야와 백제는 그동안의 전통적인 우호관계를 바탕으로 보다 진전되고 긴밀한 군사적 공조관계로 전환하고 있었음을 알 수 있다.

481년 미질부 전투에서는 신라를 구원하기 위해 신라 - 백제 - 가야 간에, 480년대 후반에는 백제 - 가야 간의 군사적 공조 관계가 이루어진 셈이 된다. 그리고 484년 모산성 전투와 494년 견아성 전투에서는 백제가 신라를 구원하여 백제 - 신라 간의 공조관계가 유지되었다. 이를 통해서 보면 대가야는 481년 한반도 정세에 참여한 이래 세력 균형과 이해관계 여하에 따라 백제와 단독으로 연합하기도 하고, 때로는 백제 · 신라와 연합하여 고구려의 남하에 능동적으로 대처하는 양상을 찾아볼 수 있다. 다만 가야가 신라와 단독으로 연합한 사례가 아직 찾아지지 않는 것을 보면 가야의 대외관계는 신라보다는 친백제노선에 보다 비중을 두어 제라동맹 체제에 참여한 것으로 파악된다.

다음으로 주목되는 현상은 가야가 고구려와의 관계 개선을 시도하였다는 점이다. 紀生磐宿禰의 반란 사건은 대가야의 대외관계상의 공식 입장을 반영하는 것으로 보기는 어렵지만 일부 가야지역의 재지수장층의 입장 변화는 대가야의 대외정책 결정에 직간접적으로 영향을 미칠 수 있는 요인이 되기도 한다. 따라서 대가야의 영향 하에 있던 일부 재지 수장층들이 고구려에 비밀리 접근하려 시도한 점은 가야의 대외정책이 전통적인 친백제노선에서 벗어나 점차 다변화를 추구하는 방향으로 전환되어 가고 있음을 시사해 주는 한 단서로 여겨진다. 반면 고구려는 가야와의 관계 개선을 통해 백제와 신라의 동맹 세력을 배후에서 견제하고 나아가 제라동맹체제를 무력화시켜 한반도 정세에서 힘의 우위를 확보하려 하였을 것이다.

이와 같이 480년대 후반 紀生磐宿禰의 반란 사건을 통해서 볼 때 대가야의 대외관계는 대체로 전통적인 친백제 노선을 견지하면서 제라동맹에 참여하여 고구려의 남진에 공동 대응하는 기조를 유지하였으나, 때로는 한반도의 세력균형 유지와 이해관계에 따라 대외관계를 탄력적으로 구사하여 친백제 노선에서 벗어나 고구려와 관계 개선을 시도하는 등 종래 나타나지 않았던 다변화된 대외정책을 모색한 것으로 파악된다. 이는 6세기 전반 백제와 신라의 가야지역 진출로 야기된 대가야의 백제에 대한 갈등의 서곡이라 할 수 있다.

2) 신라와 和好 시도

5세기 후반 대가야의 대외관계에서 또다른 외교적 행보를 보여준 사건이 496년 대가야의 신라 접근이라 하겠다. 이에 관한 기사를 소개하면 다음과 같다.

D 봄 2월에 가야국에서 흰 꿩을 보냈는데, 꼬리의 길이가 다섯 자였다.[72]

위 기사는 가야가 신라에 꼬리 길이가 5자나 되는 흰 꿩을 보내 우호관계를 맺기 위해 신라에 접근하였음을 보여주고 있다. 여기서 가야는 대가야를 가리키는데 대가야가 496년 시점에서 신라에 갑자기 접근하려는 의도와 배경이 궁금해진다. 그동안 대가야는 4세기 후반 백제의 가야진출 이후 한반도 정세에 대해 거의 친백제 노선을 견지해 왔다. 479년 대가야가 남제와 통교할 때와 480년대 후반 紀生磐宿禰의 반란 사건에서도 대가야는 백제를 매개로 하여 대중 교섭을 전개하거나 또는 고구려의 남진에 공동으로 대처하기 위해 제라동맹체제에 백제와 함께 연합세력의 일원으로 참여한 바 있었다.

그러나 제라동맹기에 대가야가 신라와 단독으로 연합하여 고구려의 군사적 위협에 공동으로 대처하거나 또는 두 나라 간에 화호를 모색한 사례는 거의 보이지 않는다. 가야와 신라의 관계는 〈광개토왕릉비문〉에 나타난 400년 경자년 작전, 가야를 경유하여 일어난 왜의 빈번한 침입, 가야의 전통적인 친백제정책 등으로 인하여 적대적이거나 또는 소원한 편이었다. 이런 면에서 496년의 신라와의 교섭은 대가야의 대외관계에 있어서 매우 이례적인 현상이라 할 수 있다. 그렇다고 당시 대가야와 백제 간에 큰 갈등을 유발할 정도의 균열 조짐은 나타나지 않는다.

이러한 대가야의 대외정책상 변화 계기는 백제 동성왕대의 친신라정책 추진과 깊은 관련이 있는 것으로 파악된다. 동성왕 즉위 초의 백제가 신라와의 동맹관계를 기조로 하여 대가야와 왜와도 긴밀한 우호 관계를 유지하였다. 481년 미질부 전투에서 백제는 가야와 함께 신라를 구원할 정도로 제라동맹체제를 통해 고구려의 남진을 효과적으로 대처해 나왔다. 그러나 484년 남제에서 고구려 장수왕을 표기대장군에 책봉한다는 소식을 듣고 백제는 이에 대응하기 위해 內法佐平 沙若思를 남제에 파견하였으나 고구려의 방해로 실패하고 말았다.[73] 이후 이러한 고구려의 위협에 직면한 백제

---

72) 『삼국사기』 신라본기 소지마립간 18년 2월.

동성왕은 친신라정책을 밀도 있게 추진하게 되었다.

백제는 먼저 신라와의 관계 개선에 적극 나섰는데 485년 백제가 신라에 사신을 보내 화호를 요청한 것이다.[74] 신라는 481년 미질부 전투와 484년 모산성 전투에서 백제의 구원을 받아 고구려군을 격퇴시킬 정도로 제라 양국 간에 군사동맹관계가 유지되고 있었기 때문에 백제의 화호 제의를 받아들인 것이다. 백제는 당시 대가야와 왜에 대해서는 전통적으로 긴밀한 우호관계를 유지하고는 있었지만, 고구려의 남진 위협에 적극 대응하여 유사시에 도움이 될 수 있는 파트너로서의 역할을 높이 평가하지 않았던 것이다. 대가야의 경우 백제는 대가야를 '加羅' 또는 『梁職貢圖』의 '叛波'라 하여 旁小國 수준으로 낮게 평가하고 있었던 점이 참고된다.

왜 또한 광개토왕대의 남정으로 참패를 겪은 이후 가급적 한반도 문제에 직접 관여하기를 자제한 채 대송외교에 전념하고 있었다. 478년 왜왕 武는 고구려에 대한 군사적 응징을 위해 기존의 백제를 포함한 7국 제군사와 고구려와 같이 1품 開府儀同三司를 자칭하여 송으로부터 제정을 해달라고 요청하였다. 이러한 왜의 무리한 요구에 대해 송은 7국에서 백제를 제외하였을 뿐 아니라 고구려와 같은 1품 開府儀同三司를 인정하지도 않았다. 이에 왜는 곧바로 송과 외교관계를 단절하였다.

이듬해 479년 송에 이어 등장한 남제는 왜왕에게 단지 진동대장군의 군호의 승진만 하였을 뿐 종전부터 주장해 온 한반도 남부지역에 대한 군사지배권은 인정하지 않았던 것이다. 왜는 백제가 왕도 한성을 함락당하고 웅진으로 천도하였을 때에도 일체 군사적 도움을 주지 못하였다. 따라서 백제 동성왕은 고구려의 적극적 남진에 대항하기 위해 종속 변수로 인식되던 대가야나 왜보다는 기존의 제라동맹 관계를 공고히 하는 차원에서 친신라정책으로 전환을 하게 된 것이다.

---

73) 『삼국사기』 백제본기 동성왕 6년 춘2월 · 추7월.
74) 『삼국사기』 백제본기 동성왕 7년 하5월.

이러한 백제의 친신라정책 전환은 기존의 동맹관계를 유지하고 있던 대가야로부터 적지 않은 반발을 사게 된 것 같다. 480년대 후반 紀生磐宿禰의 반란 사건은 백제의 친신라노선 전환에 반발하는 左魯, 那干陀甲背 등 가야의 일부 재지수장층의 동향과 관련이 있는 것이 아닐까 한다. 이 난이 수습된 이후 490년에 들어와서는 백제와 신라의 관계는 더욱 공고화되어 두 나라 왕실 간의 결혼관계로 발전하게 되었다. 493년 백제 동성왕의 요청으로 신라의 소지마립간은 伊飡 比智의 딸을 보내 백제 왕실과 결혼관계를 맺은 것이다.[75]

이러한 제라 양국 간의 결혼관계로 인해 두 나라 간의 군사적 공조관계는 더욱 공고하게 전개되어 나갔다. 494년 고구려와 신라가 살수원과 견아성에서 전투를 벌릴 때 백제는 3천의 군사를 보내 신라를 구원하였고,[76] 495년에는 치양성 전투에서는 신라가 백제를 구원한 사례[77]가 있었다.

이와 같이 백제와 신라 두 나라가 결혼관계와 군사동맹관계를 통해 제라동맹체제를 더욱 공고히 해 나가자 대가야는 백제의 친신라 정책을 견제할 필요에서 496년 신라에 화호를 요청한 것이다. 대가야는 그동안 백제를 매개로 제라동맹체제에 참여하여 신라를 구원할 정도로 종전과는 달리 신라와 우호관계를 유지해 왔다. 이번에 대가야의 공식적인 화호 요청으로 신라와 관계 개선을 시도한 점에서 가변적인 한반도 정세 변화에 대해 대가야가 탄력적으로 대처하면서 다변외교를 전개하는 일면을 엿볼 수 있다.

4. 맺음말

이 글은 고구려와 백제 연합세력 간의 대립 구도로 압축되는 5세기 후반

---

75) 『삼국사기』 백제본기 동성왕 15년 3월.
76) 앞의 책, 동성왕 16년 7월.
77) 앞의 책, 동성왕 17년 8월.

격동의 항쟁 시기에서 대가야의 국가적 성장과 탄력적으로 대응하는 대외관계의 연출 과정을 동태적이고 객관적으로 파악하는데 목적이 있다. 이를 위해 5세기 후반 한반도 정세 변화와 관련하여 대가야의 동향을 알려주는 남제와의 통교 사실(479), 신라구원(481), 紀生磐宿禰 반란 사건(480년대 후반), 신라와 화호 시도(496) 기사를 중심으로 대가야의 대외관계 상의 변화상과 배경 및 역사적 의미를 검토하였다. 이를 요약하면 다음과 같다.

479년 대가야가 남제와의 통교를 통해 그 국가적 실체를 동아시아 국제무대에서 공인받을 정도로 크게 성장하였음을 보여준다. 당시 가라왕 하지가 남제로부터 수여받은 보국장군호는 고구려, 백제, 왜왕권보다는 낮은 것으로 보아 남제에서 대가야의 존재를 그리 높게 평가하지는 못한 것 같다. 그럼에도 불구하고 대가야가 아직 중국왕조로부터 책봉을 받은 일이 없는 신라에 앞서 대중외교를 전개하여 한반도 정세에서 유력한 정치세력으로서의 위상을 공인받았다는 점에서 의미를 갖고 있다.

대가야왕 하지가 수여받은 '輔國將軍本國王'은 가야지역을 대표하는 나라 즉 후기 가야연맹의 중심 세력이라는 의미를 가진 것이었다. 그 배경에는 4세기 후반 이래 가야세력과 친연관계에 있었던 백제의 일정한 도움과 관련시켜 볼 수 있다. 이는 대가야 중심의 연맹체의 확립을 대내외적으로 알리는 자기 완결적인 의미를 가진 것이었고, 또 백제의 대남조 외교의 경험을 적절히 활용하면서 대가야의 군사지배권을 계속적으로 주장해 온 왜를 견제하여 대가야의 자주성을 높이려는 의도를 가진 것으로 평가할 수 있다.

481년 대가야가 백제와 함께 신라 구원에의 참여를 통해 한반도에 다시 실체를 드러냄으로써 삼국과 함께 한반도에서의 세력 균형자로서의 한 축을 담당하게 된 것이다. 그 배경에는 백제의 적극적인 요청에 의해서였으며, 이는 대가야 국력 신장과 위상 제고에 따른 자신감과 한반도 정세에 탄력적으로 대처하는 자기 선택의 결과에서 나온 것이었다. 이로서 대가야는 국가 이익 확보와 한반도의 세력 균형 유지에 능동적으로 대처하였음을 알 수 있다.

한편 480년대 후반에 일어난 紀生磐宿禰 반란 사건을 통해 백제와 가야

간의 군사공조 관계가 유지되고 있었으며, 가야가 고구려와의 관계 개선을 시도하였다는 점이 주목된다. 당시 대가야는 대체로 전통적인 친백제노선을 견지하면서 제라동맹에 참여하여 고구려의 남진에 공동 대응하는 기조를 유지하였다. 그러나 때로는 한반도의 세력균형 유지와 이해관계에 따라 대외관계를 탄력적으로 구사하여 친백제 노선에서 벗어나 고구려와 관계 개선을 시도하는 등 종래 볼 수 없었던 다변화된 대외정책을 모색하였다. 이 사건은 6세기 전반 백제와 신라의 가야지역 진출로 야기된 대가야의 백제에 대한 갈등의 서곡이라 할 수 있다.

그리고 496년 신라와의 화호 시도는 매우 이례적인 현상이었는데, 이는 백제 동성왕대의 친신라정책 추진과 깊은 관련이 있다. 백제 동성왕은 고구려의 적극적 남진에 대항하기 위해 종속 변수로 인식되던 대가야나 왜보다는 기존의 제라동맹 관계를 공고히 하는 차원에서 친신라정책으로 전환하게 된 것이다. 이로 인하여 기존의 동맹관계를 유지하고 있던 대가야로부터 적지 않은 반발을 사게 된 것 같다. 480년대 후반 紀生磐宿禰의 반란 사건은 백제의 친신라노선 전환에 반발하는 左魯, 那干陀甲背 등 가야의 일부 재지 수장층의 동향과 관련시켜 볼 수 있다. 이 난이 수습된 이후 490년에 들어와서는 백제와 신라의 관계는 더욱 공고화되어 두 나라 왕실 간의 결혼관계로 발전하게 되었다.

이와 같이 백제와 신라 두 나라가 결혼관계와 군사동맹관계를 통해 제라동맹체제를 더욱 공고히 해 나가자 대가야는 백제의 친신라정책을 견제할 필요에서 496년 신라에 화호를 요청한 것이다. 대가야는 그동안 백제를 매개로 하여 제라동맹체제에 참여하여 신라를 구원할 정도로 우호관계를 유지해 왔다. 이번에 대가야의 공식적인 화호 요청으로 신라와의 관계 개선을 시도한 점에서 가변적인 한반도 정세 변화에 대가야가 탄력적으로 대처하면서 다변외교를 전개하는 일면을 엿볼 수 있다.

『5~6세기 동아시아의 국제정세와 대가야』,
고령군 대가야박물관 · 계명대학교 한국학연구원, 2007

5세기 백제와 倭의 관계

1. 머리말

동아시아에 있어서 5세기는 변화와 격동의 시대였다. 중국대륙에서는 이민족의 침략에 의한 5호 16국시대에 이어 남북국시대로 이어지는 분열의 시대가 전개되고 있는 가운데 동아시아는 중국의 남북조, 동북아시아의 고구려, 몽고고원의 柔然, 그리고 서쪽 靑海일대의 土谷渾이 각각 중심이 된 다원적인 세력균형을 이루고 있었다. 전체적으로 어느 한 나라가 절대적 우위를 차지하지 못하는 상황에서 어느 한 나라의 움직임에 따라 다른 나라들이 블럭을 형성하여 연쇄적으로 반응을 나타내는 시대적 특징을 가졌다.[1]

한반도에서는 삼국이 국가체제를 정비하고 이를 발전시켜 나가면서 삼국간에 치열한 대립과 항쟁을 전개하고 있었다. 이에 따라 각국은 그 변화의 흐름 속에서 자국의 존립과 세력 균형, 그리고 자국의 이익을 위해 다양한 외교양태를 연출하였다. 이 시기에 한반도의 삼국 관계는 고구려와 백제

---

1) 盧泰敦, 『고구려사 연구』, 사계절, 1999, 346~355쪽.

를 중심축으로 하고 여기에 신라와 가야, 그리고 일본열도의 왜세력이 가세하여 두 블럭 간에 군사적 대결 양상이 전개되고 있었다. 이들 세력은 서로 대립을 하면서도 한편으로는 중국 왕조에 사신을 보내 이른바 중국적 세계 질서의 제도적 특징인 朝貢·册封體制[2]의 형식을 근간으로 하는 동아시아 외교관계에 참여하였다. 이는 삼국 간의 항쟁에서의 우위를 점하고 대내적 체제 정비에 필요한 선진 문물의 수용을 통해 왕권을 강화 안정시키려는 외교적 노력이라고 할 수 있다.

한편, 5세기 한반도 정세는 4세기 말 이래 고구려가 추진한 남진정책에 의해 치열한 항쟁이 전개되면서 고구려의 우세한 군사력에 의해 고구려의 우위적인 상황이 이어졌다. 이러한 가운데 5세기의 백제는 고구려의 남진으로 인해 큰 타격을 입고 국가적 위기에 봉착하면서 타국으로부터의 군사적 외교적 지원이 절실하였다. 즉 이 시기는 阿莘王(392~405)에서 東城王代(479~501)에 이르는 시기로 대략 한성시대 후기부터 웅진시대 후기에 걸친 시기에 해당한다. 이때는 대내적으로 蓋鹵王代(455~475)와 동성왕대에 왕권 강화를 위한 노력이 있었지만, 전반적으로 왕위계승 문제와 권신의 발호로 인하여 왕권이 크게 실추되는 등 정정불안이 계속되었으며, 대외적으로는 고구려의 적극적인 남침 공세에 밀려 475년 개로왕이 패사하고 王都 漢城이 攻陷되어 부득이 熊津으로 천도해야 할 정도의 국가적인 위기를 맞게 되었다.

반면 5세기의 倭는 履中天皇(400~405)에서 武烈天皇(498~506)에 이르는 시기로서 소위 '倭의 五王時代'에 해당한다. 이때는 畿內의 倭王權을 중심으로 對宋外交를 전개해 나가면서 한반도의 삼국 항쟁에 참여하였으며,

---

2) 朝貢과 册封體制에 대한 주요 연구는 다음과 같다. 李春植, 「漢代의 기미정책과 事大朝貢」 『사학지』 4, 1970 및 「중국고대 조공의 실체와 성격」 『古代韓中關係史의 硏究』(한국사연구회편), 삼지원, 1987 ; 全海宗, 『韓中關係史硏究』, 일조각, 1970 ; 徐榮洙, 「三國과 南北朝交涉의 性格」 『東洋學』 11, 단국대동양학연구소, 1981 ; 金翰奎, 『古代中國的世界秩序硏究』, 일조각, 1982 및 『古代東亞細亞幕府體制硏究』, 일조각, 1997.

대내적으로는 각 지역집단 간에 정치적 연합을 추진해 나가면서 고대국가를 형성해 나가던 시기였다.

5세기 백제와 왜의 관계는 거의 우호관계를 유지한 것으로 나타난다. 두 나라 관계는 그때마다의 필요에 의해 간헐적으로 교섭이 이루어져 왔을 뿐 아직 정례화된 관계로 발전하지는 못한 것 같다. 그럼에도 불구하고 백제는 수세에 몰리고 있을 때 왜세력을 한반도에 동원한 목적은 무엇이며, 또 이 때 동원된 왜세력의 규모는 어느 정도였는가? 그리고 한반도에 출병한 왜세력의 실체는 무엇이며, 백제와 왜의 오왕과의 관계는 어떠하였는가? 등에 대해 많은 의문이 제기되고 있다.

5세기 백제와 왜와의 관계 실태를 구체적으로 알려주는 사료는 그리 많지 않다. 관련 자료로서 『삼국사기』와 『日本書紀』, 『宋書』 百濟 및 倭國傳 등의 문헌사료와 〈광개토왕릉비문〉, 〈稻荷山鐵劍銘文〉 등의 금석문이 있으나 편찬 배경이나 기사의 신뢰성 및 편년 등에 대하여 여러 문제가 제기되고 있는 실정이다. 즉 『삼국사기』 백제본기에는 주로 4세기 말에서부터 5세기 전반기에 걸쳐 7개의 관련 기사가 집중되어 있는 반면, 『일본서기』에는 근초고왕대부터 시작하여 80여 개의 백제관련 기사가 실려져 있을 정도로 관련 기사가 비교적 풍부한 편이지만, 그 편찬배경과 사료적 성격을 감안해 볼 때 엄밀한 사료비판을 전제로 하고 있다. 그리고 『송서』 왜국전에 나오는 왜의 5왕에 관한 기사는 『일본서기』에는 전혀 보이지 않고 있어 대조를 이룬다.

그런데 지금까지 백제와 왜의 관계사는 고대일본의 한반도경영론을 일방적으로 기술한 『日本書紀』 등을 근거로 하여 주로 일본측 연구자들의 주된 관심 하에 백제의 왜의 종속이라는 잘못된 시각에서 이해되어 온 부분이 많았다. 그러나 국가 외교의 상대성과 호혜성을 감안해 보면 이러한 일방적이고도 편협된 시각은 그 역사적 본질을 훼손할 우려를 낳게 된다. 이러한 측면에서 『日本書紀』 등 일본사료에 대한 엄밀한 사료적 비판과 함께 『삼국사기』와 『삼국유사』 및 관련 중국사서에 대한 폭넓은 사료선택을 통해 두 나라 간의 역사적 실상을 재구성할 필요가 있다.

따라서 이 글에서는 4세기 말부터 고구려 세력의 적극적인 남하에 대응하여 나타난 백제와 왜의 정치적 군사적 관계의 추이를 대외관계의 성격상 변화 측면에서 두 시기로 나누어 보고, 각 시기마다의 두 나라 관계상에 나타난 대외정책의 변화상과 그 특성을 밝히고자 하였다.

이를 위해 먼저 4세기 말에서 5세기 초 고구려의 남진에 대응하여 백제가 왜의 도움을 요청하게 된 백제의 대내외적 배경과 왜의 역할이 규명되어야 하며, 또한 〈광개토왕릉비〉에 보이는 한반도에 출병한 왜세력의 실체와 출병 배경 등이 보다 면밀히 검토되어야 할 것이다. 다음으로 전지왕대 이후 백제와 왜의 관계 추이를 한반도 정세변화와 관련하여 살펴보고 이어 5세기 후반 개로왕대 왜에 파견된 昆支의 倭에서의 역할과 곤지계인 동성왕의 즉위 배경에 나타난 왜세력의 실체를 면밀히 검토할 것이다. 끝으로 왜 오왕시대의 왜와 중국과의 교섭관계 추이를 살펴보고 이어 『宋書』 왜국전에 나타난 왜왕의 한반도와 관련한 爵號 요청 배경과 의도를 검토할 것이다.

2. 고구려의 남정과 백제·왜의 대응

1) 〈광개토왕릉비〉와 倭

백제가 4세기 후반 근초고왕대에 가야를 매개로 해서 왜와 국교를 맺은 이래[3] 왜세력이 한반도에 직접적으로 등장하게 된 것은 4세기 말에서 5세기 초에 걸친 고구려 광개토왕의 南征에서 비롯된다. 당시 한반도의 정세는

---

3) 李丙燾, 「近肖古王拓境考」 『한국고대사연구』, 박영사, 1976 ; 李基東, 「백제의 발흥과 대외관계의 성립」 『백제사연구』, 일조각, 1996. 위 견해는 『日本書紀』 神功紀 46년에서 52년조에 걸친 기사를 토대로 하여 도출된 견해인데 반면 신공기 기사를 분해하여 이해하고 이를 후대의 사실의 반영으로 보는 견해(井上秀雄, 『任那日本府と倭』, 東出版 寧樂社, 1973, 42쪽 ; 延敏洙, 『고대한일관계사』, 혜안, 1998, 47~49쪽)가 있다.

고구려·신라에 대항하여 백제·가야·왜세력 간의 대립구도가 설정되는 양상을 보인 시기였다.

〈광개토왕릉비문〉에 나타난 倭와 관련된 기사는 다음과 같다.

A-① 百殘新羅舊是屬民 由來朝貢 以倭以辛卯年來 渡□破百殘□□□羅 以爲臣 民 以六年丙申 王躬率水軍 討伐殘國…

② 九年己亥 百殘違誓 與倭和通 王巡下平穰 以新羅遣使白王云 倭人滿其國境 潰破城池 以奴客爲民 歸王請命 太王恩慈 矜其忠誠 □遣使還告以□計

③ 十年庚子 敎遣步騎五萬 往救新羅 從南居城至新羅城 倭滿其中 官軍方至 倭 賊退 □□背急追至任那加羅從拔城 城卽歸服 安羅人戌兵 □新[羅]城□城 倭[寇大]潰 城內十九盡拒隨倭…

④ 十四年甲辰 以倭不軌 侵入帶方界 □□□□□石城 □連船□□□ [王躬]率 □□[從]平穰□□□鋒相遇 王幢要截盪刺 倭寇潰敗 斬煞無數

위 기사에 의하면 〈광개토왕릉비〉에는 왜와 직접 관련된 기사가 4개 처에 보이고 있으나 A-②와 ③은 일련의 기사임으로 실제 3개 처에 확인되고 있다. 〈광개토왕릉비문〉(이하 능비문으로 약칭함)에 나오는 광개토왕대의 대백제전 기사를 『삼국사기』고구려·백제본기 기사와 비교해 볼 때 기년상 1~5년 정도의 년차를 보이고 있는데 이는 광개토왕의 정토사업을 특정한 시기에 집약시켜 그 전과를 극대화시키려는 의도가 있는 것으로 이해된다.[4]

A-①의 신묘년(391) 기사는 지금까지 다양한 해석이 시도되어 능비문 중에서는 가장 논란이 많은 부분이다. 이 기사도 『삼국사기』고구려본기 기사와 비교할 때 1년 차가 있다. 이 기사는 어느 한 기사의 종속적 기사가 아니라 이후 남정 기사의 도론적 기사인 동시에 집약문의 양면적 성격을 갖는

---

4) 武田幸男, 『三上次男博士頌壽記念東洋史考古學論集』, 朋友書店, 1979, 271~273쪽 ; 李基 東, 「광개토왕릉비문에 보이는 백제관계 기사의 검토」『백제연구』17, 충남대백제연구소, 1986, 49~52쪽.

기사로 보는 것이 일반적이다.[5] 해당 비면의 일부가 剝削된 상태여서 분명한 의미는 알 수 없으나 왜세력이 한반도에 건너온 사실을 기록한 신묘년 기사는 비문의 기술 방식을 감안해 볼 때 391년이란 시점에서 발생한 특정한 사실만을 가리키는 것은 아니다. 이는 광개토왕 전반에 걸쳐 왜와 군사적 관계를 가졌던 고구려의 경험을 포괄적으로 서두에 미리 제시하는 비문 서술상의 표현이라 할 수 있다.

그런데 A-②의 '百殘違誓 與倭和通' 기사를 통해 볼 때 왜는 이미 영락 9년(399) 이전에 백제와 모종의 협력관계를 맺고[6] 백제를 도왔던 사실을 시사해 주고 있다. 즉 백제가 고구려의 396년 백제원정 결과 굴복하고 일시적이나 고구려 세력권에 '歸王' 형태로 귀속되었을 때[7] 고구려는 항복의 조건으로 백제가 왜와 단교하는 조건을 내세웠을 가능성이 있다. A-①의 영락 6년(396) 작전은 고구려가 백제를 주된 정토 대상으로 삼은 작전이 분명하다. 이 작전에는 왜가 직접 출병을 하지 않았을 것으로 보이지만 그 작전의 빌미를 제공할 정도의 왜의 어떤 역할이 있었을 것으로 추정된다.

다음 A-②는 399년에 백제가 396년의 약속을 어기고 왜병을 끌어들여 신라의 국경지대에 침범한 사실과, 고구려가 신라 내물마립간의 구원 요청을 받아들이고 그 이듬해인 400년에 步騎 5만 명을 거느리고 왜병을 任那加羅까지 추격하여 패퇴시키는 내용을 담고 있다. 여기서 백제가 왜와 통교를 재개한 사실에 대해서는 다른 사서에 다음과 같이 기록되어 있다.

---

5) 서영수, 「'辛卯年記事'의 변상과 원상」『광개토호태왕비연구 100년』, 고구려연구회편, 1996, 405~408쪽.

6) 모종의 역할의 구체적 내용은 알 수 없지만 아마 백제가 고구려로부터 침공을 당했을 경우 왜가 공동 대응한다는 일종의 군사동맹과 같은 협약을 맺지 않았을까 여겨진다.

7) 영락 6년(396) 고구려 광개토왕은 백제에 대해 대대적인 공격을 단행하여 왕도 한성을 함락시켜 아신왕을 항복시키고 그 대가로 王弟 및 大臣 10여 명과 남녀 천여 명을 포로로 잡아 귀환하였다. 이때 백제 아신왕은 항복하고 고구려 광개토왕에 대해 '歸王請命 從今以後 永爲奴客'하기를 맹세하였다. 이로서 백제는 한때나마 고구려왕에 대한 '奴客'으로서 고구려세력권에 귀속된 것이다(武田幸男, 「高句麗好太王碑文にみえる歸王について」『末松保和記念古代東アゾア史論集』上, 吉川弘文館, 1978, 79~88쪽).

B-① [아신]왕은 왜국과 더불어 수호를 맺고 태자 腆支를 質로 삼게 하였다.[8]

　② 백제인이 來朝하였다. 『百濟記』에는 "阿花王이 왕위에 있으면서 귀국에 예
　　의를 갖추지 않았으므로 왜가 우리의 枕彌多禮 및 峴南·支侵·谷那·東韓
　　의 땅을 빼앗다. 이에 왕자 直支를 天朝에 보내어 선왕의 우호를 닦게 하
　　였다"고 되어 있다.[9]

위의 두 기사를 보면 백제와 왜 간의 통교 시기는 능비문의 399년이 아
니라 397년이었음을 보여주고 있다. 능비문의 399년은 신묘년 기사나 영락
6년 기사처럼 대백제전의 사실을 특정 시기에 집약해서 서술하는 능비문의
특수한 기술 방식에서 비롯된 것임을 감안해 볼 때 B-①, ②처럼 397년의 사
실로 보인다. 『삼국사기』에는 393년 關彌城 전투, 394년 水谷城 전투, 395년
浿水 전투에서 고구려군과 싸워 많은 사상자를 내기도 할 정도로 고구려에
대해 참패를 거듭하고 있었다. 그 결과가 능비문에 보이는 영락 6년(396) 전
투로 집약되어 있는데 백제는 이제까지 고구려에게 모두 58성과 700여 촌
을 빼앗긴 것이다.

이에 백제는 세력을 만회하기 위해 이듬해 397년에 왜와 비밀리에 통교
하고 왜의 군사력 파견을 요청하기 위해 청병외교에 적극 나서게 된 것이
다. 당시 왜가 어떤 경위로 백제에 원병을 파견할 정도의 긴밀한 관계를 맺
었는지에 대해서는 알 수 없다. 사료상으로 볼 때 백제가 근초고왕대에 처
음 교섭을 한 이래 유사시에 왜에게 군사적인 도움을 요청할 만큼의 신뢰관
계가 구축되어 있었던 사실이 찾아지지 않는다. 더구나 397년 궁지에 몰린
백제가 바로 왜에 군사를 요청한다고 해도 기존의 어떤 이해관계가 없으면
성사되기 어려운 점도 감안해야 한다.

그렇다면 백제가 왜와 첫 교섭을 가질 때에도 그랬듯이 가야의 일정한
역할이 짐작된다. 400년 작전에 가야의 후원을 받았던 왜군이 신라에 침공

---

8) 『三國史記』 권25, 百濟本記 阿莘王 6년 5월.
9) 『日本書紀』 권10, 應神紀 8년 춘3월에 인용되어 있는 『百濟記』 참조.

하고 있는 사례를 보면 397년 백제가 왜에 도움을 요청하게 된 과정에는 가야의 일정한 역할이 있었을 것으로 보인다. 가야와 왜는 이미 한군현 때부터 철무역을 통해 비교적 빈번한 교섭을 갖고 있었기 때문이다. 그렇다고 왜는 가야의 요청이 있다고 해서 바로 백제를 도울 수는 없는 입장이다. 여기서 백제가 왜의 출병의 반대급부로 어떤 대가를 지불하지 않으면 안되었을 것이다. 그리고 국가 간의 신뢰를 보장, 유지하기 위해서는 양국 간의 어떤 외교적 보장책이 마련될 필요가 있었다. 백제가 그 방책 중의 하나로 선택한 것이 왜에 태자를 質子로 파견하는 질자외교책이었다.

당시 삼국 간에는 당사국 간의 정치적 신뢰를 얻기 위한 외교방략으로서 質子가 파견되는 관행이 있었다. 이러한 외교적 관행은 343년 고구려가 前燕에게 굴복하면서 王母를 질자로 삼았던 예[10]에서 비롯된다. 그 후 고구려는 신라와의 관계에서 신라는 大西知의 아들 實聖을 고구려에 질자로 보낸 일이 있었는데,[11] 이는 고구려의 요청에 따른 것이었다. 능비문의 영락 6년(396)에 의하면 고구려는 백제와의 관계에 있어서도 질자를 요구하여 관철시킨 바 있었다. 이와 같이 4세기 후반 고구려가 세력 팽창을 도모해 나가는 과정에서 상대국에게 질자외교를 활용한 일이 있었다.

397년 백제는 가야의 도움으로 왜와 긴급하게 교섭을 추진하면서 그 보장책의 일환으로 질자외교를 활용하였다. 당시 백제와 왜 사이에는 아직 군사적 관계를 가질 만큼 큰 이해관계가 없었기 때문이다. 따라서 백제는 397년 왜와의 교섭에서 왜에게 신뢰감을 주기 위해 정치적 비중이 높은 차기

---

10) 『삼국사기』 권18, 고구려본기 고국원왕 13년 2월. 고구려사에서 질자에 관한 최초의 사례는 유리왕 14년(기원전 6) 부여왕 帶素가 고구려에 대해 서로 질자를 교환하여 요청한 사례가 있으나(『삼국사기』 권3, 고구려본기 유리왕 14년 정월), 국가 발전기에는 343년 사례가 처음이다.

11) 『삼국사기』 권3, 신라본기 내물니사금 37년 정월. 한편 402년에는 내물왕자 未斯欣이 왜에 질자로 간 적이 있었고(『삼국사기』 권3, 신라본기 실성니사금 원년 3월 ; 앞의 책, 권45, 열전5, 박제상 ; 『삼국유사』 권1, 기이2, 나물왕과 김제상), 412년에는 신라 내물왕자 卜好가 고구려에 질자로 간 사례가 있다(『삼국사기』 권3, 신라본기 실성니사금 11년).

왕위계승권자인 태자급을 질자로 파견하는 내용의 조건을 제시하였을 가능성이 있다. 왜는 질자외교를 통해 백제의 비중 있는 당국자와 외교라인을 확보하게 됨으로써 보다 밀접한 관계를 유지할 수 있기 때문에 백제의 제의를 수락한 것으로 여겨진다. 왜는 또한 종래 가야를 통해 선진문물을 접하는 데에 따른 한계를 극복하고 백제와 남조로 연결되는 무역루트를 통해 국가형성에 필요한 선진문물을 수용할 수 있으리라는 기대가 작용한 것 같다.[12]

백제는 바로 전해에 고구려에 질자를 파견한 경험을 왜에 적용한 것이다. 이러한 임무를 띠고 왜에 청병사로 간 인물이 태자 腆支였다(B-①). 이후 백제가 국가적 위기에 처해 있을 때 왜로부터 군사적 도움이 필요하게 될 경우 왕족과 같은 비중있는 인물을 질자외교 형식을 빌어 왜에 파견한 사례가 종종 찾아진다. 이 점이 백제와 왜 사이의 긴밀한 관계를 맺게 해주는 특징적인 외교방책이라 할 수 있다.

그러나 질자외교를 통한 두 나라의 관계는 상하 복속관계를 나타내는 것이 아니었다.[13] 백제가 왜에 파견한 질자는 국왕을 대신하는 외교 특사의 성격을 가진 것으로, 외교관계에 있어서 상대국에게 절대 신뢰성을 보장해주기 위한 정치적 담보물을 제공한 다음 강력한 정치적 군사적 협력을 요청하기 위한 것이었다.

태자 전지는 아신왕 3년(394)에 태자로 책봉되었고 397년 왜에 파견된 것이다. 그가 귀환한 것은 아신왕이 죽은 405년이기 때문에 그의 왜에 체류한 기간은 9년이 된다. 그의 파견 목적은 왜국과 結好하기 위해 간 것이지만, 그 이면에는 단순히 왜의 원병을 얻는 차원에서 역할이 끝나는 것이 아니라 일본열도 내의 친백제노선을 구축하여 고구려와의 전쟁으로 급박해진 백제의 위급한 상황을 타개하고 궁극적으로는 백제의 국가 이익을 극대화

---

12) 연민수, 앞의 책(1998), 437~438쪽.

13) 당시 백제와 신라가 왜에 질자를 파견한 것을 상하 복속관계로 이해하는 견해가 있다(末松 保和, 『任那興亡史』, 吉川弘文館, 1956 ; 坂元義種, 『古代東アジアの日本と朝鮮』, 吉川弘文館, 1978).

시키려는 의도에서였다.

　이런 측면에서 볼 때 그는 유사시에 왜의 원병을 요청하려는 일종의 청병사[14]인 동시에 왜의 친백제 노선을 견지시키기 위한 일종의 특급 외교관 역할을 수행한 것으로 볼 수 있다. 따라서 백제의 태자 전지 파견은 강대국에 대한 복속의 의미를 가진 질자외교가 아니라 고구려의 남침에 대항하기 위한 백제의 군사외교의 일환이며, 아울러 왜의 친백제 노선을 유지케 하려는 수신사로서 백제의 필요성에 의해 이루어진 것이었다.

　A-②에서 보듯이 백제가 왜에 군사 동원을 요청한 외교적 노력에 힘입어 왜병이 한반도에 출병한 것이다. 왜병은 처음부터 고구려에 대한 전술과 전략, 그리고 지형지물에 대한 정보 부족으로 인하여 고구려와는 직접 대적하지 않았다. 백제를 돕기 위해서 가야군과 함께 고구려의 동맹세력이었던 신라를 공격한 것이다. 왜는 신라 국초부터 여러 차례 침공한 경험이 있는 데다가 가야군과 함께 작전을 벌리는 관계로 신라에 대한 지형지물이나 군사 관련 정보에 대해서는 어느 정도 감지하고 있었다.

　『삼국사기』 박제상전에 신라와 고구려가 왜를 침략할 것이라는 소문을 듣고 왜가 이를 정탐하기 위해 신라 국경 밖에 가서 巡邏兵을 파견한 사례[15]가 참고된다. A-②의 '倭人滿其國境 潰破城池'하다는 상황은 왜병이 가야군과 함께 신라를 공격하는 모습을 나타낸 것이다. 이 상황은 고구려의 구원을 긴급히 바라는 신라의 입장이 반영된 다소 과장된 표현이지만 이를 통해 신라의 절박한 상황을 엿볼 수 있다. 이에 고구려는 신라로부터의 위급한 상황을 전해 듣고 나서 이듬해(400) 步騎 5만 명을 동원하여 신라 구원작전을 전개한 결과 왜군은 '倭寇大潰 城內十九 盡拒隨倭'라 하였듯이 패퇴하고 말았다. 고구려가 이렇게 가야지역에까지 출병한 것은 백제를 배후에

---

14) 삼국시대 질자외교의 성격에 대해서는 양기석, 「삼국시대 人質의 性格에 대하여」 『사학지』 15, 단국대사학회, 1981 ; 羅幸柱, 「고대 한일관계에 있어서의 質의 의미」 『건대사학』 8, 건국대사학회, 1993을 참조할 것.
15) 『삼국사기』 권45, 열전5, 박제상.

서 고립 압박하는 한편 왜군의 진출을 철저히 봉쇄하려는 의도에서였다.[16)]

400년 전투는 고구려와 왜가 역사상 처음으로 치른 전쟁이었다. 이 전투에 참전한 왜병의 군세는 알 수 없지만 왜의 단독 출병으로는 볼 수 없다. 왜군이 고구려군에 쫓겨 가야지역에까지 패퇴된 것을 보면 왜병의 신라 공격은 가야와 함께 이루어진 것으로 볼 수 있다. 그리고 왜병의 신라 공격이 백제의 요청에 의해서 이루어진 만큼 백제의 간접적인 역할도 엿볼 수 있다.[17)] 결국 백제의 요청에 의해 가야군과 왜군 연합이 주축이 되어 고구려와 신라 연합군의 공격에 맞서 대항하였을 것으로 판단된다.[18)] 400년 전투에 참전한 고구려군은 보기 5만 명에 달하였고 여기에 신라군이 함께 참전했다고 보면 가야군과 왜병도 이에 상응할 만큼의 큰 군세를 유지한 것으로 보인다. 그러나 오랜 동안 왜의 침략에 맞서온 신라군의 도움과 고구려군의 중장기병단과 같은 우월한 군사력에 의해 거의 참패를 당하고 말았다.

이 전쟁이 끝난 직후 백제와 신라는 왜를 우군으로 끌어들이기 위한 외교전이 전개되었다. 신라는 앞으로 예상되는 왜의 침략을 외교적으로 저지하기 위해 일단 왜와 관계개선을 모색한 것으로 보인다. 신라는 왜와의 관계개선을 통해 백제를 고립시킬 수 있기 때문이다. 왜도 백제의 요청으로 399년과 400년에 걸쳐 고구려의 동맹세력인 신라를 침공하였지만 결과적으

---

16) 李道學, 「高句麗의 洛東江進出과 新羅・伽倻經營」『國學研究』2, 1996, 92~93쪽.

17) 능비문의 제3면 3행 23, 24자를 '殘兵'으로 판독한 견해를 따른다면(王健群・임동석 역, 『광개토왕비연구』, 역민사, 1985, 208쪽), 이 구절은 '殘倭潰逃'가 되어 백제의 참전을 확인해 준다. 따라서 이 작전에는 가야, 왜뿐 아니라 백제도 참전했을 가능성도 제기되고 있다. 그러나 백제가 당시 임진강과 한강유역에서 고구려군과 대치하고 있었던 상황에 비추어 보면 대규모의 병력이 가야, 왜병과 함께 400년 전투에 참전했을 가능성은 적어 보인다.

18) 가야는 5세기가 되면 미늘갑옷[掛甲]이 급속히 확산되고 그와 함께 말투구, 재갈, 鞍橋, 등자 등의 중장기병전술과 관련된 유물이 집중적으로 나타난다고 하였다(宋桂鉉, 「加耶の甲冑」『第5回 歷博國際ツンボヅウム 古代東アヅアにおける倭と加耶の交流 發表要旨』, 國立歷史民俗博物館, 2002, 125~128쪽). 당시 가야와 왜의 연합세력은 가야의 중장기마 전사단과 왜의 보병군단으로 구성되었을 것으로 추정된다(金泰植・宋桂鉉, 『韓國의 騎馬民族論』, 한국마사회 마사박물관, 2003, 207쪽).

로 크게 인적 물적 손실만 당한 채 소기의 성과를 얻지 못하였기 때문에 종래 적대적이었던 신라와의 관계개선에 응했던 것이다. 이에 따라 신라에 국가 간의 신뢰의 상징인 질자를 요청하였고 이러한 왜의 요구에 대하여 신라는 402년 내물왕자 未斯欣을 파견하는 조치로 화답하였다.[19]

이렇게 왜가 신라에 질자를 요청하게 된 것은 397년 백제로부터 얻은 경험에서였다. 당시 백제와 신라는 왜를 동맹세력으로 끌어들이기 위해 국가 간의 신뢰의 표상인 질자파견을 통한 외교전을 벌린 것이다. 신라의 질자외교는 대내적으로 석씨계의 세력 배경을 가진 實聖王이 경쟁세력인 김씨세력을 정략적으로 왜에 추방하기 측면도 있었고, 대외적으로는 백제의 대왜 군사동맹을 약화시켜 왜를 친신라노선으로 선회시키려는 외교 전략[20]에서였다.

그러나 이러한 신라의 의도는 왜의 순라군 파견을 통해 확인한 현지 정탐 결과[21]에 의해서 결국 성공하지 못하였고 왜에 질자로 체류 중이었던 신라 왕자 未斯欣은 한동안 억류되는 신세가 되었다. 신라의 질자외교의 실패로 끝나고 백제의 승리로 돌아간 것이다.

이런 측면에서 당시 국가 간에 행해지던 질자외교는 질자가 서로 授受되는 단순한 상하 복속 관계를 나타내는 것이 아니라 삼국 간의 대립 항쟁이 첨예화하게 펼쳐지는 상황 하에서 국가의 존립을 위해 불가피하게 선택된 외교방책의 하나로 기능한 것으로 이해해야 한다.

이러한 신라의 왜에 대한 유화책에 대해 자극을 받은 백제는 곧바로 왜에 사신을 파견하여[22] 이러한 신라의 의도를 분쇄하고 기존의 우호를 굳건히 하고자 하였다. 이에 왜도 백제의 의도를 간파하고 그 보답으로 백제에

---

19) 『삼국사기』 권45, 열전5, 박제상.
20) 木村誠, 「新羅國家形成期の外交」 『アヅアのなかの日本史』 II, 東京大出版部會, 1992 ; 鈴木英夫, 『古代の倭國と朝鮮諸國』, 靑木書店, 1996 ; 延敏洙, 『고대한일관계사』, 혜안, 1996.
21) 『삼국사기』 박제상전에 의하면 왜의 순라병과 고구려의 병사가 우연히 조우하여 왜병이 몰살 당하는 일이 일어남으로써 왜왕은 백제를 신라보다 신뢰하게 되었다고 한다.
22) 『삼국사기』 권25, 백제본기 아신왕 11년 5월, "遣使倭國求大珠."

사신을 파견함으로써[23] 신라의 방해 공작을 물리치고 백제와 왜 두 나라 사이의 군사협력관계를 더욱 강화시켜 나가게 되었다. 이때 백제가 신라의 변경을 침공한 것[24]도 신라의 대왜 접근책에 대한 견제 내지는 응징 차원에서 나온 조치로 이해된다.

다음 A-④는 404년에 왜가 황해도 일대인 帶方界에 침입한 것을 광개토왕이 친정하여 평양까지 내려가 왜를 궤멸시키는 내용을 기술한 것이다. 이 전쟁의 목적이 '倭不軌'에 있었고 전투 형태는 '連船'으로 보아 고구려가 왜병을 대상으로 황해도 연안의 요충인 石城[25]에서 큰 해전을 벌인 것으로 볼 수 있다. 그런데 『삼국사기』 관련 기사는 고구려와 백제 양국 간의 전투로 기술되어 있어서 능비문의 영락 14년(A-④) 작전에 보이는 고구려와 왜 양국 간의 전투기사와는 서로 배치되고 있다.

그러나 '和通殘兵'이란 구절이 있는 것으로 보아[26] 이 전투는 왜의 단독 작전이 아니라 백제와 함께 수행된 작전으로 볼 수 있다. 원거리에 있는 왜병이 중간 병참 지원 없이 황해도에까지 와서 단독적으로 전투를 벌일 수 없기 때문이다.

실상 이 전쟁은 백제가 고구려의 주적이었고 왜는 백제의 배후세력에 불과한 것이었다. 영락 14년 전투는 백제가 왜병의 도움을 받아 대방계를 공격한 사실임에도 불구하고 능비문에서는 마치 왜가 고구려의 주적인 것처럼 서술해 놓은 것은 당시 고구려인들이 갖고 있었던 천하관[27]에 의해 분식

---

23) 앞의 책, 아신왕 12년 춘2월, "倭國使者至 王迎勞之特厚."

24) 앞의 책, 아신왕 12년 추7월.

25) 대방계 전투는 '連船'과 '石城'의 구절로 보아 『삼국사기』에 나오는 393년 關彌城 전투(『삼국사기』 권25, 백제본기 아신왕 2년 8월)와 같은 곳에서 벌어진 전쟁으로 볼 수 있다. 여기서 능비문의 石城은 위의 『삼국사기』에 나오는 石峴과 같은 성으로 추정된다. 따라서 백제가 393년에 고구려에게 빼앗긴 관미성과 석성을 되찾기 위해 왜병과 함께 수군을 동원하여 전쟁을 벌인 것으로 이해된다.

26) 왕건군, 앞의 책, 210쪽.

27) 양기석, 「4~5C 高句麗 王者의 천하관에 대하여」 『호서사학』 11, 1983 ; 노태돈, 「5세기 금석문에 보이는 고구려인의 천하관」 『한국사론』 23, 서울대국사학과, 1989.

된 것으로 볼 수 있다. 404년 전투도 '王幢要截盪刺 倭寇潰敗 斬煞無數'라 하였듯이 400년 경자년 작전에 이어 또다시 고구려에 의해서 백제 - 왜 연합군이 크게 패퇴된 것으로 결말이 났다. 왜가 이처럼 399~400년, 400년 두 차례 전투에서 백제의 요청으로 참전하였지만 고구려에 의해 참패를 당하는 결과가 된 것이다.

이와 같이 4세기 말에서 5세기 초에 걸쳐 고구려 광개토왕의 남진경략에 대응하여 백제는 국가 간 신뢰의 표상인 질자외교를 통해 왜에 청병외교를 벌린 것이 주효하여 백제의 동맹세력으로 대고구려와 신라전에 출병하게 되었음을 알 수 있다. 이때 백제의 요청으로 출병한 왜는 399~400년 전투와 404년 대방계 전투에서 백제와 가야군의 배후세력으로 참전하였으나 고구려에 의해 일방적으로 패퇴되었을 뿐 왜병이 한반도 출병을 계기로 하여 한반도에 장기적으로 주둔하여 군사적 지배를 관철시킨 사례를 찾아볼 수 없다.

2) 왜병의 규모와 실체

그러면 당시 한반도에 동원된 왜병의 규모는 어느 정도였는지에 대해 살펴보기로 하자. 능비문에는 400년 경자년 작전(A-③)과 404년 대방계 작전(A-④)에서 보듯이 왜병은 상당한 규모인 것처럼 서술되어 있다. 그리고 A-①, ③, ④에서 보듯이 왜가 마치 백제와 가야보다 고구려의 主敵인 것처럼 표현되어 있다. 이때 동원된 왜병의 구체적 규모는 알 수는 없지만 504년 태자 腆支가 귀국할 때 그를 호송한 왜병 100명에 주목하여 100명 단위를 하나의 기준으로 보는 견해나,[28] 또는 554년 관산성 전투 때에 왜병 1,000명 정도가 백제군과 함께 신라 정벌에 나선 사례[29]에 비추어 보면 왜병의 규모는 그리 큰 것 같지는 않다.

그런데도 불구하고 능비문에 고구려의 主敵이 대규모의 왜병인 것처럼

---

28) 山尾幸久, 『日本國家の形成』, 岩波新書, 1977, 13쪽.

과장되게 서술한 것은 무엇 때문일까? 『삼국사기』 백제본기 해당 시기의 기사에는 오히려 왜의 존재는 나오지 않고 고구려와 백제 간에 큰 전투가 있었던 사실만을 보여주고 있어 대조가 된다.

이처럼 능비문에 고구려가 왜를 주적으로 설정해 놓은 것은 능비문의 어떤 특별한 기술방식에 기인하는 것으로 볼 수 있다. 능비문에는 당시 고구려인들이 갖고 있었던 천하관이 잘 나타나 있기 때문이다.[30] 즉 광개토왕의 업적을 특정한 시기에 집약해서 과장한 서술인 점[31]이나, 또는 고구려 천하질서를 상정하여 고구려왕의 위상 정립과 고구려의 세력권에 복속될 수 있는 세력범위를 屬民支配와 관련시켜 설정한 점 등에서 당시 고구려인들이 갖고 있었던 차등적인 천하관이 설정되어 있었음을 보여준다.

능비문에 의하면 왜는 고구려 천하질서의 外延에 있는 세력으로서 屬民으로 분류된 백제, 신라, 동부여 등과는 구별되는 존재로 나타난다. 그 외연에 있는 왜가 고구려의 속민을 포함하여 그 세력권에 도전해 올 경우 왜는 능비문에 보이는 '倭寇大潰', '殘倭潰逃'(이하 A-③), '要截盪刺', '倭寇潰敗'(이상 A-④)처럼 단호한 응징의 대상이 되었음을 알 수 있다. 이러한 의도에서 능비문에는 왜의 존재와 역할이 실제 이상으로 분식되어 서술되어 있는 것이다.

여기서 능비문에 보이는 왜의 존재가 고구려의 천하관에 의해 대규모의 군세를 가진 모습으로 고구려의 주적인 것처럼 표현되어 있는 것은 실상은 백제와 왜의 연합을 뜻하는 내용을 나타낸 것으로 봐야 할 것이다. 『삼국사기』에는 고구려와 백제가 몇 차례에 걸쳐 전쟁을 벌인 것으로 기록되어 있

---

29) 『일본서기』 권19, 흠명기 15년 춘정월 戊子 丙申. 한편 千寬宇는 『일본서기』 흠명기 15년 기사에 의거하여 왜의 해상수송 능력이 대체로 배 1척당 군사 25명과 말 2.5필인 점을 들어 왜군이 한반도에 동원된 수가 적었을 것으로 추정한 견해가 참고가 된다(「광개토왕릉비문재론」 『전해종박사화갑기념논총』, 일조각, 1980, 546쪽).

30) 주) 27 참조.

31) 주) 4 참조.

어[32] 능비문과는 대조를 이룬다. 『삼국사기』 백제본기에 의하면 395년 浿水 작전에서 백제군의 사상자가 8천 명이었던 점[33]을 감안해 보면 백제군의 규모는 상당하였을 것이다. 그리고 능비문의 영락 17년 전투(407)[34]에서는 보기 5만 명을 동원한 고구려가 백제를 공격하여 큰 전과를 올렸는데 이때 노획한 갑옷만도 만여 벌이 넘었다고 한다. 또한 왜가 신라 국경 밖에서 신라와 고구려군의 동태를 살피기 위해 순라병을 파견하였는데 이들이 고구려군에 의해 사로잡혀 살해된 사례[35]에 비추어 보면 한반도에 출병한 왜병의 규모는 그리 큰 규모가 아니었음이 드러난다.

이런 사례에서 보듯이 고구려의 실제 주적은 백제였으며 백제는 군사의 규모나 장비면에서 볼 때 이때에 동원된 왜병보다 훨씬 많았거나 우세하였을 것이다. 실제로 백제의 요청으로 한반도에 동원된 왜병은 554년 관산성 전투 때와 같은 수준이거나 또는 그것을 상회하는 정도의 규모에 불과하였을 것이다. 당시 왜병은 5세기 전반의 갑주와 마구류의 존재로 미루어 볼 때[36] 주로 보병군단으로 구성되어 있었던 것으로 보인다.

어쩌면 고구려군이 특이한 군장을 하고 선두에서 진격해 오는 왜병의 위용에 놀라 큰 규모인 것처럼 인식한 것인지도 모르겠다.[37] 중장기병단을 보

―――

32) 백제 辰斯王 2년(386)을 8월 고구려가 백제를 침공해 온 이래 387년에는 고구려에 부용된 말갈과의 전투가 있었고, 389년에는 백제가 고구려의 변경을 공격하면서 390년 都坤城 전투, 391년 말갈과의 赤峴城 전투, 392년 石峴과 關彌城 전투, 393년 관미성 전투, 394년 水谷城 전투, 295년 浿水 전투로 이어지고 있다. 태자 전지를 왜에 보내 청병을 한 397년부터 398년과 399년까지는 비록 두 나라 간에 전투는 벌어지지 않았으나 백제가 고구려를 공격하려는 준비태세를 갖춘 것으로 나타나고 있다. 이런 상황을 감안해 보면 당시 고구려의 주적은 백제였음이 틀림없다.

33) 『삼국사기』 권25, 백제본기 아신왕 4년 8월.

34) 능비의 영락 17년 전투를 후연과의 전투로 보는 견해(천관우, 앞의 글, 546~555쪽)가 있으나, 沙溝城이 전지왕 13년에 백제가 축성한 沙口城(『삼국사기』 권25, 백제본기 전지왕 13년 추7월)과 같은 성으로 볼 때 이 기사는 백제와의 전투임을 알 수 있다.

35) 『삼국사기』 권45, 열전5, 박제상.

36) 宋桂鉉, 앞의 책(2002), 125~128쪽 ; 金泰植 · 宋桂鉉, 『韓國의 騎馬民族論』, 한국마사회 마사박물관, 2003, 207쪽.

유한 고구려군에 비해 전투력의 효율성은 상대적으로 떨어지는 것으로 볼 수 있다. 능비문에 보이는 '倭寇大潰', '殘倭潰逃'(이하 A-③), '倭寇潰敗'(이상 A-④)는 왜병이 중장기병으로 무장한 고구려군에 의해 무력하게 참패를 거듭하고 있던 상황을 반영해 주고 있다.

다음으로 능비문에 보이는 왜병의 실체에 대하여 알아보자. 이에 대해서는 현재 기존의 大和政權說 이외에 북구주의 왜인설[38] 등 여러 설이 제기되는 가운데 최근에는 畿內를 중심으로 한 서일본 수장연합설[39]과 용병설[40] 등이 제기되어 주목받고 있다. 한반도에 출병한 왜세력 문제는 어느 한쪽의 단선적인 이해로 해명될 수는 없다. 그 중 북구주의 왜인설은 당시 일본열도에 아직 정치적 통일체가 성립되어 있지 않았다는 시각에서 제기된 것이다.

반면 당시 일본열도 내의 권력 중심을 대화정권으로 보고 대화정권의 군사력이 한반도에 대거 출병하여 그 남부지역에 군사지배권을 가질 정도로 보는 시각도 있다. 또한 용병설은 왜의 신흥세력이 畿內의 중심세력으로 주도권을 잡기 위해 가야로부터 위세품과 철소재를 수입하고 김해의 가락국은 가야연맹 내에서의 주도권을 장악하고 대외적으로 신라에 대항하기 위하여 왜의 군사력을 이용한 것으로 보았다.[41] 즉 대대적인 규모의 왜인 용병과 가야 工人의 교환이란 차원에서 이해하고 있는 것이다.

---

37) 김태식 · 송계현, 앞의 책, 205쪽.

38) 북구주설은 다시 백제계 왜국설(金錫亨, 『초기조일관계연구』, 사회과학원출판사, 1966, 297쪽), 북구주일대의 해적집단설(王健群 · 임동석 譯, 앞의 책, 236쪽), 북구주 친백제설(千寬宇, 앞의 글(1979), 559~561쪽)로 나뉘어진다. 그밖에 한반도 남부 왜인설(井上秀雄, 『任那日本府と倭』, 東出版 寧樂社, 1973, 119쪽) 등이 있다. 왜의 실체에 대한 여러 설에 대해서는 연민수, 『고대한일관계사』, 혜안, 1998, 95~98쪽 : 『고대한일교류사』, 혜안, 2003, 145~147쪽을 참조할 것.

39) 鈴木靖民, 『好太王碑と集安の壁畵古墳』, 木耳社, 1988, 68~69쪽 ; 연민수, 『고대한일관계사』, 혜안, 1998, 95~98쪽 : 『고대한일교류사』, 혜안, 2003, 145~147쪽.

40) 金鉉球, 『大和政權の對外關係硏究』, 吉川弘文館, 1985, 47~55쪽 ; 김태식 · 송계현, 앞의 책, 205~206쪽 ; 이재석, 「5세기 백제와 倭國의 관계」 『백제연구』, 충남대백제연구소, 2004, 9~62쪽.

41) 김태식 · 송계현, 앞의 책, 201~203쪽.

그러나 영락 10년(400) 작전 때 고구려군이 보기 5만 명의 정규군을 동원해서 신라에 침공하던 왜세력을 크게 공파하고 있는데 이때 왜를 단지 해적 수준으로 보기는 어렵다. 그리고 405년 전지왕과 479년 동성왕 즉위 시에 호송 역할을 한 왜인의 존재나, 또는 5세기 후반 왜의 오왕이 고구려에 대항하기 위해 대송외교를 전개한 점 등을 감안해 볼 때 왜세력을 단지 북구주지역으로 한정하거나 또는 용병의 차원에서만 설명되기 어려운 부분도 있다. 백제의 선진문물의 공급과 왜의 군사적 협력관계로 이루어진 백제와 왜의 용병관계가 정례화되는 시기는 6세기 이후로 설정할 수 있다.[42]

능비문에 나타난 왜세력의 정체는 아직 분명치 않지만 고고학적 연구 성과에 의거해 볼 때 대화조정을 중심으로 한 연합체 즉 통일 정권이 수립되지 못하고 각 지역 단위의 수장층이 병립하는 연합정권시대로 보는 경향이 강한 것 같다. 예컨대 김해 대성동유적과 일본 河內지방 고분군에서 출토된 외래 유물들이 가야와 왜 사이의 군사적 동맹관계를 나타내는 상징물이라는 점,[43] 현해탄의 중간에 위치한 沖の島 제사유적이 4세기 후반 이후 大和政權과 관련이 있다는 점,[44] 그리고 前方後圓墳이나 同范鏡의 分有관계 등을 통해 볼 때 당시 畿內의 大和나 河內세력이 중심이 되어 吉備나 큐슈의 중·북부지역의 서부일본 수장층 간의 동맹·연합체제를 이룬 시대로 보는 견해[45]들이 참고 된다.

다음으로 왜가 한반도에 출병하게 된 내부적 요인이 무엇이었는가에 대하여 살펴보자. 4세기 말 이후 고구려의 적극적인 남침공세는 백제와 가야뿐 아니라 일본열도에 있는 여러 수장층들에게도 큰 위협으로 받아들여졌

---

42) 金鉉球, 『大和政權の對外關係研究』, 吉川弘文館, 1985, 47~55쪽.
43) 河村好光, 「海おわたつてきた鑢形碧玉製品」 『考古學研究會40週年記念論集 -展望考古學』, 考古學研究會, 1995 ; 鈴木靖民, 「加耶の鐵と倭王權」 『日本古代國家の展開(上)』, 思文閣, 1995 ; 朴天秀, 「고고자료를 통해 본 한반도와 일본열도의 상호작용」 『한국고대사연구』27, 한국고대사학회, 2002, 91쪽.
44) 『宗像沖の島(本文篇)』, 吉川弘文館, 1978.
45) 小林行雄, 『古墳時代の研究』, 青木書店, 1961.

다. 종래까지 가야로부터 수입된 철자원은 지배체제 확립과 농업생산력 향상에 절대 필요한 소재였다. 400년 고구려의 남정으로 인하여 가야로부터 안정적으로 철의 공급이 이루어지지 못하게 되었고 또한 선진문물의 창구였던 백제 - 가야 - 왜로 연결되는 교역로가 위협을 당하게 됨으로써 일본열도는 지배체제 정비에 큰 타격을 입게 되었다. 이러한 위기의식을 가진 畿內의 왜왕권은 백제의 요청과 내부적인 필요에 의해서 각 지역의 수장층들을 규합하여 한반도에 출병하게 된 것이다.

이와 같이 왜가 4세기 말에서 5세기 초에 걸쳐 고구려의 남정에 대응하여 힘의 열세에 놓여 있던 백제의 요청으로 399~400년과 404년 전투에 참전하였으며 그 역할은 백제를 도와 고구려와 그 동맹세력인 신라를 배후에서 공격하는 배후 역할에 머물러 있었다. 주로 보병군단으로 구성된 왜병들은 능비문에 보듯이 중기병 기마군단으로 구성된 고구려군에 의해 일방적으로 궤멸되었다. 어쨌든 이 전쟁을 통해 백제와 왜 관계는 고구려 남정에 따른 일시적인 현상이었지만 친백제 노선의 왜를 친신라 노선으로 변화시키려는 신라의 집요한 외교적 노력을 물리치고 정치 군사동맹 관계를 더욱 강화시켜 나가는 계기가 되었다.

3. 腆支王代 이후 百濟와 倭의 관계

1) 腆支王의 즉위와 倭

4세기 말부터 백제 · 가야 · 왜 연합세력을 간단없이 공격하던 고구려 광개토왕대의 남정이 腆支王代(405~420)를 기점으로 5세기 중반 개로왕대(455 · 475)까지 한동안 소강상태를 보이게 된다. 능비문의 영락 17년(407) 對百濟 작전을 끝으로 하여 한동안 백제와의 전투가 나타나지 않기 때문이다. 그 동안 4세기 말부터 5세기 초에 걸친 고구려 - 신라와 백제 - 가야 - 왜의 두 연합세력 간의 전개된 군사적 관계가 한동안 소강상태를 보이는 대신에 삼국 간의 역관계 변화와 삼국이 중국 남북조를 대상으로 한 외교전을 활발히 전개하는 양상이 나타난다. 이에 따라 백제와 왜의 관계도 간헐적이지만 우호관계가 지속되는 현상을 보인다. 5세기 백제와 왜의 관계를 도표로 정리하면 다음과 같다.

표1 5세기 백제와 왜의 관계

번호	백제왕력	서기	내용	출전
1	아신왕 6	397	왜국과 修好하고 태자 전지를 질자로 파견	『사기』 아신왕6년 5월 『서기』 응신 8년 춘3월의 『백제기』 『능비』 영락9년
2	아신왕 8	399	왜가 신라를 침공함, 신라의 고구려 구원요청	『능비』 영락9년
3	아신왕 9	400	고구려의 신라구원군이 신라·가야지역에서 가야·왜를 격퇴	『능비』 영락10년
4	아신왕 11	402	백제가 왜에 큰 구슬을 구함	『사기』 아신왕11년 5월
5	아신왕 12	403	왜가 사신파견	『사기』 아신왕12년 2월
6	아신왕 13	404	왜가 帶方界에 침입, 고구려에게 섬멸됨	『능비』 영락14년
7	전지왕즉위	405	태자 전지가 왜병 100명의 호위를 받고 귀국하여 왕위에 오름, 왕위계승전쟁이 발발함	『사기』 전지왕 즉위년
8	전지왕 5	409	왜가 사신을 보내 夜明珠를 바침	『사기』 전지왕5년
9	전지왕 14	418	백제, 왜에 사신을 보내 白綿 10필을 바침	『사기』 전지왕14년 봄
10	비유왕 2	428	왜의 사신이 從子 50명을 거느리고 백제에 옴	『사기』 비유왕2년 2월
11	비유왕대(?)	?	直支王의 妹 新齊都媛 파견	『서기』 응신39년 춘2월
12	개로왕대(?) (己巳年)	?	왜가 阿禮奴跪를 보내 女郎을 구하였는데 백제는 慕尼夫人의 딸 適稽女郎을 보냄	『서기』 응략2년 추7월의 『百濟新撰』
13	개로왕 7	461	개로왕의 弟 琨支 파견	『서기』 응략5년 하4월의 『百濟新撰』
14	東城王즉위	479	곤지의 2子 末多王이 왜병 500명의 호위를 받고 귀국하여 왕위에 오름	『서기』 응략23년 하4월

5세기 초 단행된 고구려의 남정은 많은 피해를 입은 백제와 가야 및 일본열도의 왜왕권뿐 아니라 고구려의 동맹세력인 신라에게도 적지 않은 영향을 주었다.

먼저 고구려의 대외관계상의 변화를 살펴보자. 고구려는 399년부터 405년까지 백제·가야·왜 연합세력과 전쟁을 치르는 동안 서북쪽의 後燕(384~408)과 간헐적으로 군사적 충돌을 벌렸다. 당시 397년 중국 북부지역은 선비족 탁발부가 세운 北魏가 후연의 수도인 중산을 함락시킴에 따라 後燕과 南燕(398~410)으로 양분되었다. 이때 후연이 和龍으로 천도하게 됨에 따라 고구려와 직접 맞닿게 되는 형세가 되었다.[46]

이러한 정세 변화에 대처하기 위해 400년에 고구려가 먼저 사신을 보내 後燕과 교섭을 가졌는데[47] 이는 경자년 신라구원에 즈음하여 서북변의 後顧를 덜기 위한 조치로 보인다. 그러나 후연은 고구려왕이 예절을 다하지 않았다는 이유를 들어 3만의 병력을 동원하여 고구려의 新城과 南蘇城을 공략한 바 있었다.[48] 이로 인해 고구려가 신라 구원을 위해 신라와 가야 방면에 보기 5만 명을 동원하여 가야와 왜 연합군에게 큰 타격을 준 후 곧바로 철군한 것은 이러한 후연과의 군사적인 긴장관계에서 비롯된 것이었다.

이후 고구려는 후연과 몇차례 접전[49]을 벌리게 된다. 고구려는 영락 6년, 10년, 14년, 17년의 작전을 벌려 백제·가야·왜 연합세력을 효과적으로 제압하여 한반도 남부지역이 어느 정도 안정이 되었다고 판단한 후 후연과 대치하는 쪽으로 선회하게 된 것이다. 이처럼 고구려가 서북변에 있는

---

46) 고구려와 후연의 관계에 대해서는 姜仙,「고구려와 5호16국의 관계 -後燕·北燕과의 관계를 중심으로-」『고구려연구』14, 고구려연구회, 2002, 274~276쪽을 참조할 것.

47) 『삼국사기』권18, 고구려본기 광개토왕 9년 정월.

48) 앞의 책, 광개토왕 9년 2월.

49) 402년에는 고구려가 宿軍城을 공격하였고(『삼국사기』권18, 백제본기 광개토왕 11년), 이에 맞서 후연은 405년에 遼東城에 침입하였다가 뜻을 이루지 못하고 철군하였다(앞의 책, 광개토왕 14년 정월). 406년에도 거란과 고구려의 木底城을 공격하기도 하였다(앞의 책, 광개토왕 15년 12월).

후연과 일련의 군사적 긴장 관계를 가짐에 따라 남진정책을 적극적으로 추진하는데 한계를 가져다 주었다.

한편 백제는 4세기 말 이래 고구려와의 전쟁에서 잇따라 패배함으로써 이후 백제는 대내적으로 어려움을 겪고 있었다. 거듭되는 전쟁으로 말미암아 많은 사상자가 나오고 농민들의 생활고는 더욱 가중되었다. 아신왕 8년 (399)에는 군역을 기피하는 농민들이 신라로 집단적으로 도망하는 사례[50]가 속출하여 국가의 지배기반을 약화시켰다. 이로 인하여 백제는 왕위계승을 둘러싼 지배세력 간의 대립과 갈등이 재연되면서 정국은 혼미에 빠져들게 되었다. 그 대표적인 사례가 전지왕 즉위 초에 벌어진 왕위계승 분쟁[51]이었다. 이 왕위계승 분쟁에는 眞氏勢力이 개재되어 있었던 것으로 보인다.

아신왕대에는 王戚인 眞武를 중심으로 한 진씨세력이 실권을 잡고 대고구려전을 추진해 나갔다. 그러나 대고구려전에서 참패를 거듭하게 되자 진씨세력은 정치적으로 궁지에 몰리게 된 것이다. 백제는 404년 대방계 전투에서 왜병과 함께 서북변의 요충지인 關彌城과 石城 등지에서 고구려와 싸웠으나 참패를 당하였다.

따라서 진씨세력은 405년 아신왕이 죽자 거듭된 패전을 호도하고 실추된 세력을 만회하기 위해 전지의 동생인 碟禮를 옹립하려 하였다. 마침 태자 전지는 왜에 체류하고 있었는데 부왕의 사거 소식을 듣고 왕위계승을 위해 귀국길에 올랐다. 이때 왜병 100명이 전지를 호송하고 있고 있었다. 전지는 王庶弟 餘信과 解須·解忠·解丘 등의 해씨세력의 도움을 받아 설례와 그의 지지세력인 진씨세력에 의한 왕위계승 책동을 분쇄하고 왕위에 오를 수 있었다.[52]

---

50) 『삼국사기』 권25, 백제본기 아신왕 8년 8월.
51) 『삼국사기』 권25, 백제본기 전지왕 즉위년.
52) 전지왕대의 왕위계승분쟁에 대해서는 양기석, 「백제 전지왕대의 정치적 변혁」 『호서사학』 10, 1982, 21~23쪽과 노중국, 『백제정치사연구』, 일조각, 1988, 135~136쪽을 참조할 것.

이 정변을 통해 왕비족이 진씨에서 解氏세력으로 바뀌게 되었고, 아울러 上佐平을 설치하여 왕권을 강화하고자 하였다. 이후 능비문의 영락 17년 (407)에 의하면 백제가 고구려와 다시 대회전을 벌린 것으로 기록되어 있다. 이 전투에서는 고구려가 步騎 5만 명의 군사를 동원하여 백제와 싸웠는데 백제는 1만 명 이상의 희생자와 沙溝城을 포함한 6개의 성을 상실할 정도로 참패를 당하였다.

여기서 백제와 왜와의 관계에서 주목되는 것이 전지를 호송한 왜병 100명의 존재이다. 그들의 역할은 9년만에 급거 귀국하는 태자 전지를 호송하는 임무였다. 이를 통해서 보면 질자가 귀국할 때 안전한 귀국을 보장하기 위해 호송병을 파견하는 것이 질자외교에서 일종의 관례인 것 같다.[53] 이때에 전지를 호송한 왜병 100명이 능비문의 404년 대방계전투에 참전했을 것으로 보는 견해[54]가 있으나 그 호송원들의 주된 임무가 전지왕의 경호에 있었던 점에 비추어 보면 받아들이기 어렵다. 그들은 전지가 왕위에 오를 수 있도록 신변 보호를 위한 경호임무에 전념하다가 사태가 수습된 후 바로 귀국했을 것으로 보인다.

당시 왜도 백제 · 가야와 함께 동맹세력으로 고구려 · 신라와 싸웠기 때문에 패전에 따른 많은 인적 · 물적 피해를 입었다. 404년 대방계 전투 참패이후 한동안 한반도 문제에 개입을 자제한 채 〈표 1〉에 나타난 것처럼 백제와 간헐적인 교섭을 유지해 나갔다. 5세기의 일본은 왜의 5왕시대에 해당된다. 패전과 관련하여 王家交替說이 제기되고 있다. 즉 『宋書』 왜국전에 왜왕 珍과 濟 사이에 혈연관계가 명시되어 있지 않는 점에 착안하여 두 개의

---

53) 479년 백제 東城王이 왜에 체류하고 있다가 三斤王이 사거한 후 즉위길에 올랐을 때에도 왜 병 500명이 호송한 사례(『일본서기』 권14, 雄略紀 23년 하4월)가 참고 된다.
54) 李鍾旭, 「광개토왕비 및 삼국사기에 보이는 '倭兵'의 정체」 『한국사시민강좌』 11, 일조각, 1992. 그러나 405년 전지왕의 즉위 시에 호송해 온 왜병 100명은 고구려와 전투하기에는 규모도 적었을 뿐 아니라 귀국하는 태자를 안전하게 호송하는 것이 그들의 주된 임무였기 때문에 바로 고구려와의 전투에 임하는 것은 형편상 어려웠을 것이다.

대왕가설이 제기될 정도로[55] 세력교체가 있었던 것으로 보인다.

〈표 1〉에서 보듯이 전지왕대에 백제와 왜의 관계는 409년, 418년의 두 예에 불과하다. 즉 409년에는 왜가 백제에 사신을 보내 교섭을 가졌는데 이때 왜의 특산품인 夜明珠[56]를 바쳤다고 한다.[57] 이때 왜의 견사는 전지왕이 왜에 체류한 바 있는 데다가 또한 영락 17년(407) 작전 때 고구려에게 참패를 당한 백제 전지왕을 위로하기 위한 사행으로 볼 수 있다.

그 후 418년 백제는 409년의 견사에 대한 답례로 왜에 사신을 보내 白綿 10필을 예물로 보내[58] 양국 간의 우의를 두터이 하였다. 전지왕은 왜에 9년간 체류하였던 경험이 있었기 때문에 아신왕대에 구축한 친왜외교를 공고히 하는 계기가 되었음은 물론이다. 이렇듯 백제는 왜와의 교섭을 아직 정례화하지는 못하였지만 유사시에 대비하여 예물을 교환하는 등 적극적인 친왜정책을 추진하는 양상을 보이고 있다.

그런데 백제는 왜에게 그 협력 대가로 왜의 체제정비에 필요한 선진문

---

55) 이 설은 1968년 藤間生大가 문제 제기를 한 후 原島礼二와 川口勝康 등에 의해 兩系 斷絶 說이 보강되었다. 이에 관한 주요 연구업적은 다음과 같다. 藤間生大, 『倭の五王』, 岩波書店, 1968 ; 原島礼二, 『倭の五王とその前後』, 塙書房, 1970 ; 川口勝康, 「在地首長制と日本古代國家」 『歷史における民族の形成』(『歷史學研究』 別冊特輯), 靑木書店, 1975. 반면 『宋書』 倭國傳에 倭讚, 倭濟처럼 倭字를 성씨로 보아 동일한 부계 씨족으로 보아 단절설을 부정하는 견해가 있는데 주요 연구업적은 다음과 같다. 管政友, 『管政友全集』, 國書刊行會, 1907 ; 坂元義種, 『古代東アジアの日本と朝鮮』, 吉川弘文館, 1978 ; 『倭の五王』, 敎育社, 1981 ; 武田幸男, 「平西將軍 · 倭隋の解釋 -五世紀の倭國政權にふれて-」 『朝鮮學報』 77, 1975.

56) 백제는 402년과 409년 왜와 교섭 시에 큰 구슬이 예물 품목이었다. 『수서』 권81, 열전46, 왜국조에 의하면 如意寶珠라는 구슬이 왜의 특산품이었다고 한다. 이는 광명주를 지칭하는 것으로 보이는데 "그 색깔이 푸르고 큰 것은 달걀만한 것이 밤이면 광채가 나서 마치 물고기의 눈 정기와 같다"고 하였다. 구슬은 칼 · 동경과 함께 중요한 예물이었기 때문에 중앙에서 지방수장층에게 사여하거나 또는 국가 간의 교섭 시에 상징적인 예물로 기능하였다.

57) 『삼국사기』 권25, 백제본기 전지왕 5년.

58) 『삼국사기』 권25, 백제본기 전지왕 14년 夏.

물[59])과 東晉과의 교섭을 주선한 것으로 보인다. 이와 관련하여 413년 왜왕이 동진에 사신을 보내 貂皮와 人蔘 등을 바친 기사[60])가 참고된다. 전지왕은 즉위에 따른 분쟁을 수습한 후 406년 東晉에 사신을 보내 남조와의 교섭을 가진 바 있었다.[61]) 백제는 이러한 동진과의 교섭에 대한 경험을 409년 夜明珠를 예물로 가지고 온 왜 사신을 통해 전달했을 가능성이 있다. 이에 송과의 교섭을 원했던 왜는 백제의 제의를 받아들인 것 같다.

왜의 413년 동진 교섭설을 받아들일 경우 왜는 교섭이 단절된 3세기 중반 이후 중국과의 관계가 오랜만에 재개된 것으로 볼 수 있다. 왜는 이를 계기로 하여 478년 왜왕 武가 송에 교섭한 것을 끝으로 백제와 함께 여러 차례 남조인 송과 교섭관계를 갖고 중국의 책봉외교에 적극 참여하게 되었다. 이로서 왜는 종래 백제와 가야를 통해 중국의 선진 문물이나 철자원을 확보하여 대내적인 체제정비에 원용하였는데 이제 중국 왕조와의 직접 교섭을 통해 선진문물을 직접 수용하게 되는 계기가 되었음을 의미한다.

이와 같이 전지왕이 즉위하는 과정에서 왜가 등장하는데 이 왜병은 왜에 체류였다가 왕위에 오르기 위해 귀국길에 오른 태자 전지를 호송하기 위한 목적이었음이 밝혀졌다. 왜에 체류한 경험을 가진 전지왕이 즉위함에 따라 백제는 아신왕대에 이어 친왜노선을 견지하면서 왜와 유사시를 대비하는

---

59) 『일본서기』 권10, 應神紀에는 백제에서 왜에 선진문물이 제공되는 기사가 빈출하고 있어 주목된다. 阿直岐는 말의 사육기술과 太子 菟道稚郎子의 스승이 되어 유교 경전을 교육한 것으로 되어 있고(앞의 책, 권10, 응신기 15년 추8월 丁卯 ; 『古事記』 중권, 응신기), 王仁이 『論語』 10권과 『千字文』 1권을 가지고 도왜한 후 太子 菟道稚郎子의 스승이 되었다고 한다(앞의 책, 권10, 응신기 15년 추8월 壬戌 ; 『고사기』 중권, 응신기). 『일본서기』와 『고사기』 응신기에는 그밖에 재봉사, 冶工, 釀酒人, 織工, 매 기르는 기사, 약사 등 선진기술을 가진 전문인력과 문물을 백제가 왜에 전수한 기사가 기록되어 있다. 백제와 왜의 문물교류에 대해서는 이병도, 「백제학술 및 기술의 일본전파」 『한국고대사연구』, 박영사, 1976, 576~580쪽을 참조할 것.
60) 『晉書』 권10, 제기10, 義熙 9년 동12월 ; 『太平御覽』 권981, 香部1, 麝條에 인용된 『義熙起居注』. 이 기사의 신빙성 문제는 후술할 예정임.
61) 『삼국사기』 권25, 백제본기 전지왕 2년 2월.

간헐적인 교섭을 전개하였는데 409년과 418년 백제와 왜 간에 교섭이 바로 그것이다. 그리고 413년 왜와 동진과의 교섭은 백제의 도움에 의해 이루어졌는데 이는 왜가 체제 정비에 필요한 선진문물을 직접 수용하게 되었음을 의미한다.

2) 고구려의 平壤遷都 이후의 백제와 왜의 관계

420년대에 들어서 중국 정세의 변화와 함께 삼국 간에도 역관계의 변화를 겪게 된다. 먼저 427년에 단행된 고구려의 평양 천도는 이러한 변화의 산물로서 이후 삼국 간의 역관계 변화에 큰 계기를 맞게 된다. 먼저 고구려의 평양천도 배경에 대해서 알아보기로 하자.

북조에서는 北魏(386~534)가 439년 北涼(397~439)을 멸망시켜 화북통일을 이루는 가운데 남조는 420년 東晋에 이어 宋(420~479)이 등장하자 이른바 남북조시대가 열린 것이다. 이에 따라 5세기 동아시아 정세는 중국의 남북조, 동북아시아의 고구려, 몽고고원의 柔然, 그리고 서쪽 靑海지역의 土谷渾이 각각 중심이 된 다원적인 세력균형을 이루는 형세를 이루었다. 이에 고구려는 완충지대 북연의 소멸로 인해 북위와 대치하게 되자 이를 계기로 하여 다시 적극적인 남진정책으로 선회하였다. 이러한 배경 하에서 국왕 중심의 지배체제를 수립하고 보다 안정된 경제적 토대를 마련하기 위해 427년 평양 천도를 단행한 것이다.[62] 고구려의 평양 천도는 남진정책을 본격화하는 것을 의미한다.

고구려가 평양천도를 통해 적극적인 남진정책을 재개하고 나서자 먼저 이를 민감하게 받아들인 나라가 백제였다. 이러한 고구려의 동향에 접한 백제는 다각적인 외교적 노력을 기울이게 되었다. 그 조치의 하나가 왜와 기

---

62) 평양 천도의 동기와 의미에 대해서는 徐永大, 「고구려 평양천도의 동기」『한국문화』3, 서울대 한국문화연구소, 1981, 125~126쪽과 朴性鳳, 『고구려 남진경영사연구』, 백산자료원, 1995, 26쪽을 참조할 것.

존의 우호관계를 공고히 하는 일이었다. 그것이 428년 毗有王의 妹 新齊都
媛이 7명의 부녀들을 거느리고 왜에 파견된 것으로 나타났다.[63] 397년 고
구려에 굴복한 백제가 절박한 상황에서 태자 전지를 왜에 질자로 파견한 이
후 이번에는 왕녀를 왜에 보낸 것이다.

이처럼 비유왕대(427~455)에 백제와 왜 두 나라는 혼인관계를 맺음으로
서 양국 간의 관계를 보다 발전시키려는 의도에서였는데 이는 백제와 왜 두
나라가 신뢰구축을 통해 고구려의 남진동향에 대비한 외교책으로 볼 수 있
다. 이에 왜는 그 答禮로 從者 50명을 거느린 대규모의 사절단을 백제에 보
내[64] 백제와 왜 두 나라 간의 우호관계가 돈독함을 과시하였다.

그 후 蓋鹵王代(455~475)에는 왜가 阿禮奴跪를 보내 왕녀를 요청함에
따라 백제에서는 慕尼夫人의 딸 適稽女郎를 대신하여 왜에 보냈다.[65] 그러
던 중 왜에 건너간 부인들 중에 하나인 池津媛이 음행 사건에 연루되어 화
형을 당하는 일이 생기자 개로왕은 이번에는 王女 대신에 王弟 昆支를 왜에
보낸 것이다.[66] 여기서 백제가 왜에 왕녀를 파견한 것을 『일본서기』에는 왜
에 복속을 전제로 한 貢女 파견으로 표현되어 있으나, 이는 『일본서기』의
왜를 우위에 두고 백제를 종속적으로 위치해 보려는 분식된 기사일 뿐 사실
로 받아들일 수는 없다.

---

63) 『일본서기』 권10, 응신기 39년 춘2월조에는 新齊都媛이 直支王 즉 전지왕의 妹로 되어 있
   으나 應神 39년의 조정년대가 428년에 해당하기 때문에 『삼국사기』의 전지왕(405~420)
   사망년대 420년과는 맞지 않는다. 전지왕의 사망연대에 관해서는 논의가 분분한 실정이
   다. 『일본서기』 응신기 25년조에는 直支王[전지왕]의 사망년대가 414년으로 되어 있으나
   위 본문 기사에는 428년으로 되어 있다. 이에 대해 이 기사의 직지왕을 비유왕의 오기로
   보는 견해(三品彰英, 『日本書紀朝鮮關係記事考證』上, 吉川弘文館, 1962, 249~250쪽)가
   지배적이다. 따라서 이 기사는 비유왕 2년의 일로 여겨진다.
64) 『삼국사기』 권25, 백제본기 비유왕 2년 2월.
65) 『일본서기』 권14, 응략기 2년 추7월에 인용된 『百濟新撰』을 참조할 것. 그런데 여기에 나
   오는 池津媛을 『일본서기』 응신기 39년조에 나오는 7명의 부녀 중의 하나로 보고 이를 適
   稽女郎을 보는 견해(池內宏, 『日本上代史の一研究』, 中央公論美術出版, 1970)가 있다.
66) 『일본서기』 권14, 응략기 5년 하4월과 그에 인용된 『百濟新撰』을 참조할 것.

이는 397년 국가적 위기에 봉착해 있던 백제가 세력 만회를 위해 태자 전지를 왜에 파견했던 질자외교 방식의 일환에서 이해해야 할 것이다. 이러한 인적 관계 교류를 통한 백제외교가 6세기에 들어가면서 백제는 왜에 선진문물을 제공하고 왜는 백제에 군사적 관계를 제공하는 방식[67]으로 제도화되어 나가는 한 과정이라 할 수 있다.

이처럼 백제는 태자 전지의 파견 이후 왕녀를 대신 파견하는 방식으로 전환하였는데 이는 백제가 왜와의 통혼관계를 통해 두 나라 관계를 보다 진전시키려는 의도에서였음을 알 수 있다. 그러나 이 방식에 문제가 생기자 다시 격을 높여 王弟 昆支를 파견하게 된 것이다. 백제는 397년 태자 전지가 왜에 파견한 이후 주로 왕족들을 왜에 보내 체류케 하는 방식[68]으로 왜와 신뢰관계를 구축한 것이 5세기 백제의 對倭外交의 기본 틀이라고 할 수 있다.

다음으로 백제는 지금까지 적대관계에 있는 신라와의 관계개선을 도모하는 일이었다. 433년 당시 고구려와 동맹관계를 맺고 있었던 신라에 먼저 和好를 요청하였고, 이듬해 화호의 표시로 良馬 2필과 흰매를 예물로 신라에 보냈다. 이러한 백제의 적극적인 접근책에 대해 신라 눌지왕은 이에 대한 화답으로 황금과 명주를 백제에 보냄으로써 제라양국은 우호관계를 맺게 되었다.[69] 이로서 제라양국은 이 일을 계기로 하여 그 동안의 적대관계를 버리고 화호를 맺는 계기가 되었다.

이처럼 백제가 신라와 관계개선을 시도하여 동맹관계를 맺고자 하는 배경은 무엇일까? 그 동안 백제는 고구려의 남정에 대응하기 위해 가야-왜의 동맹세력을 적극 활용하였지만 능비문에서 보듯이 소기의 성과를 거두지 못한 채 참담한 패배로 끝나고 말았다. 고구려의 평양 천도 이후 고구려의

---

67) 김현구는 繼體期(503~529) 이후 백제와 왜간에 형성된 관계를 용병관계로 규정짓고 있다(앞의 책(1985), 14~65쪽).

68) 연민수는 이러한 백제의 대왜 관계를 왕족외교로 부르고 있다(『고대한일관계사』, 혜안, 1998, 431~461쪽).

69) 나제 양국의 화호에 관한 기사는 『삼국사기』 권25, 백제본기 비유왕 7년 7월, 8년 2월·9월·10월 : 앞의 책, 권3, 신라본기 눌지마립간 17년 7월, 18년 2월·9월·10월조를 참조할 것.

심상치 않은 동향에 효과적으로 대처하는 데에는 기존의 가야 - 왜 라인으로는 한계를 가질 수밖에 없었다. 따라서 백제의 기존의 대외노선을 과감히 수정하는 방향에서 대외정책의 전환이 필요해진 것이다. 왜도 404년 대방계 패전 이후 백제와는 여전히 우호관계를 유지하고 있으나 출병을 통한 한반도 문제에 직접 개입하는 채 소극적인 자세를 유지하였다.

420년 동진에 이어 宋이 새로이 등장하게 되자 백제는 중국과의 적극적인 교섭을 벌려 고구려의 남진을 대중외교를 통해 저지하고 또 동아시아에 있어서의 백제의 위상을 확립하여 왕권 강화를 도모하려 하였다. 백제는 송이 건국에 즈음하여 백제왕을 鎭東大將軍으로 進號를 하자 이를 계기로 하여 對宋交涉을 전개해 나갔다. 백제와 송은 406년부터 450년까지 13회에 걸친 교섭을 전개한 것으로 나타난다.

그 사행 목적도 冊封이 3회, 기타 請求 2회를 제외하고는 대부분 일반적인 遣使 조공형태를 유지한 것으로 드러났다. 당시 송은 몽골고원의 유연, 동북아시아의 고구려, 한반도 남부의 백제와 연결하는 대북위포위망을 구축하여 북위의 군사적 공세에 대응하려 하였다. 송은 이런 정치적 군사적 목적을 충족시키기 위해 백제를 필요로 하였다. 이러한 배경 하에서 중국 주변의 여러 나라들은 남북조와 등거리 외교를 전개하며 왕권의 정통성 확립과 선진 문물을 수용하기 위해 활발한 대중교섭을 벌리게 되었다.

그런데 백제는 바다건너 隔絶해 있는 倭보다도 이웃하고 있는 新羅의 전략적 중요성을 인식하게 되면서 적대적으로 신라와 관계 개선을 모색하게 되었다. 이는 광개토왕 남정 때 왜와 함께 참패의 경험을 맛본 백제가 바다와 격절해 있는 왜에 대해 유사시 군사적으로 큰 도움이 되지 않았던 사실을 인식한 데에서 기인한 것이다. 그리고 신라의 입장에서 볼 때 신라의 고구려로부터의 이탈은 무엇보다도 신라의 자립화 운동을 추진하기 위해 필요한 수순이었다.

400년 고구려 광개토왕의 남정 이후 신라는 고구려에 대한 정치적 군사적 예속관계가 더욱 강화되었다. 5세기 중반 경까지 고구려군이 신라 영내에 주둔하고 있었고,[70] 고구려에 질자 파견,[71] 그리고 고구려가 實聖王

(402~417)과 訥祗王(417~458)의 왕위계승에도 일정한 관여[72]를 하였다.

그러나 신라가 성장 발전하는 데에는 이와 같은 고구려의 정치적 군사적 간섭이 오히려 제약이 되었던 것이다. 433년 신라와 백제 간의 화호는 신라 입장에서 볼 때 고구려의 간섭을 배제하려는 자립화 운동과 깊은 관련이 있다. 따라서 눌지왕은 朴堤上을 보내 고구려에 체류하고 있던 卜好를 귀환시켰는데[73] 이로 인해 麗羅 두 나라 사이에는 소원한 조짐이 나타나게 되었다. 이처럼 신라의 친백제정책으로의 선회는 이후 삼국의 항쟁사에서 큰 영향을 미쳐 고구려와 제라동맹 간의 대결구도를 설정하는 계기가 되었다.

한편 5세기 중반 이후 삼국 간의 정세에 변화가 나타나게 되었다. 그 동안 신라는 자립화 운동을 추진하는 가운데 종전의 친고구려노선에서 벗어나 백제와 화호를 맺으면서 고구려의 남진에 직접 대처하려는 움직임을 보인 것이다. 이러한 신라의 친백제로의 점진적인 선회는 고구려의 반발을 불러일으키게 되었고 450년을 계기로 하여 麗羅 양국은 군사적 충돌을 벌리는 정도로 관계가 악화되었다. 즉 450년 신라 何瑟羅州 성주인 三直이 悉直原[삼척]에서 수렵을 하고 있던 고구려 변장을 살해하는 사건이 발생하자 고구려는 이에 대한 보복으로 신라 서변을 공격한 것이다.[74] 곧 눌지마립간의 사과로 양국 간의 험악한 관계는 일단 진정되었지만, 이후 454년부터 5세기 말까지 모두 8회에 걸쳐 고구려가 신라를 공격할 정도로 양국은 적대관계로 돌변하게 되었다.

제라동맹기에 고구려는 백제와 4회의 전투를 벌였던 것으로 나타난다. 羅濟 양국은 연합하여 고구려의 공격에 공동으로 대응하는 사례도 3회씩 나

---

70) 〈중원고구려비문〉에 나오는 '新羅土內幢主'라는 문구와 『일본서기』 권14, 웅략기 8년 춘2월 조의 기사를 통해 신라 영토 안에 고구려군이 주둔하고 있었음을 알 수 있다.
71) 내물니사금 37년 정월에는 實聖이, 실성니사금 11년에는 卜好가 각각 고구려에 질자로 파견된 일이 있다.
72) 『삼국사기』 권3, 신라본기 눌지마립간 즉위년 ; 『삼국유사』 권1, 기이2, 第十八 實聖王.
73) 앞의 책, 눌지마립간 2년 정월.
74) 『삼국사기』 권3, 신라본기 눌지마립간 34년 7월.

타나고 있다. 455년부터는 제라 간의 단순한 화호 수준을 넘어서 일방의 힘만으로 고구려의 공격을 막아내지 못할 경우 구원요청에 의해 제라 양국이 군사적으로 공동 대응하는 관계[75]로 발전시켜 나갔다. 이 사건을 계기로 하여 제라양국은 점차 군사동맹관계로 나아가는 발판을 마련한 셈이다.

이어 493년에는 백제 동성왕의 요청으로 신라 소지마립간은 이벌찬 比智의 딸을 보내어 혼인관계를 맺음으로써[76] 제라 양국은 군사동맹관계를 더욱 공고히 하는 단계로 접어들게 되었다.

제라동맹기에 백제와 왜의 관계에서 주목되는 사실은 461년 개로왕의 弟 昆支의 파견이다. 곤지는 458년 개로왕이 송왕조에 요청한 작호청구에서 수작 대상자 11명 중 제일 서열이 높은 冠軍將軍 餘紀에 이어 제3품 征虜將軍 左賢王에 보임된 인물이었다. 좌현왕은 흉노의 관직에서 차기 왕위계승 후보자를 뜻하는 것으로[77] 좌현왕 곤지는 그의 형인 輔國將軍 餘都[文周王]보다 서열이 높은 것으로 나타난다. 그는 462년 왜로 건너가서 477년 형 문주왕의 요청으로 귀국하여 內臣佐平을 맡아[78] 동요하고 있던 왕권을 보좌하는 역할을 맡을 때까지 거의 16년 가까이 왜에 체류하였다.

그가 渡倭한 목적은 『日本書紀』에 의하면 池津媛의 淫行사건으로 인해 파견된 것처럼 분식 서술되어 있지만 '先王의 우호를 닦기 위한 것'으로 기록한 『일본서기』 웅략기 2년 추7월의 분주의 『百濟新撰』의 기사가 오히려

―――――
75) 『삼국사기』 권3, 신라본기 눌지마립간 39년 10월. 이 기사는 백제와 고구려본기에는 나타나있고 신라본기에만 기록되어 있다. 이 전쟁은 제라동맹군에 의한 최초의 군사연합 작전으로 제라 양국이 실질적인 공동 군사연합관계에 들어갔음을 의미하는 계기로 보고 있다(정운용, 「나제동맹기 신라와 백제 관계」 『백산학보』46, 1996, 90~104쪽). 제라동맹에 대해서는 金秉柱, 「나제동맹에 관한 연구」 『한국사연구』46, 1984 ; 양기석, 「5~6세기 전반 신라와 백제의 관계」 『신라문화제학술발표회 논문집』15, 신라문화선양회, 1994 등을 참조할 것.
76) 『삼국사기』 권3, 신라본기 소지마립간 15년 3월 : 앞의 책, 권26, 백제본기 동성왕 15년 3월.
77) 坂元義種, 『古代東アジアの日本と朝鮮』, 吉川弘文館, 1978, 68~69쪽.
78) 『삼국사기』 권26, 백제본기 문주왕 3년 하4월.

사실에 가까운 것으로 보인다. 그렇다면 곤지의 도왜 목적은 우선적으로 왜와의 우호관계를 공고히 하여 왜의 친백제노선을 견지하려는 데에 있었음을 알 수 있다.

곤지가 도왜하여 거의 16년 동안 왜에 체류한 곳은 河內지방의 近飛鳥 일대로 알려져 있다.[79] 河內國 安宿郡(현재 羽曳野市)에는 곤지를 모신 飛鳥戶造神社가 있고 그 주변 구릉에는 6~7세기로 편년되는 횡혈식 석실분인 千塚古墳群이 자리하고 있다. 이곳은 백제계 이주민이 정착한 곳인데 곤지는 이들 백제계 이주민들을 통솔하면서 구심 역할을 한 것으로 보인다.[80] 그가 장기간 왜에 체류하게 된 것은 거시적으로 볼 때 397년 태자 전지가 그랬듯이 무엇보다도 당면과제인 고구려로부터의 직접적인 군사적 위협을 저지하기 위해 유사시 왜에 청병하기 위한 임무에서였고,[81] 장기적으로는 일본열도 안의 백제계 이주민들을 조직화하여 이들을 세력기반으로 삼아 왜 정권내의 친백제노선을 유지케 하려는 외교적 포석[82]에서 나온 것으로 볼 수 있다.

미시적으로 볼 때 백제의 곤지파견은 당시 왜정권이 송을 상대로 하여 벌린 이러한 외교적 동향과도 무관치 않은 것으로 보인다. 즉 백제는 왜왕

---

79) 山尾幸久,「河內飛鳥と渡來氏族」『古代お考える河內飛鳥』, 吉川弘文館, 1989, 135~139쪽 ; 黑岩重吾,「昆支王一族の表と裏の歷史」, 앞의 책(1989), 251~276쪽.

80) 昆支의 河內地方에서의 역할에 대해서는 鄭在潤,「웅진시대 백제 정치사의 전개와 그 특성」, 서강대 박사학위논문, 1999, 64~65쪽을 참조할 것.

81) 梁起錫,「삼국시대 인질의 성격에 대하여」『사학지』15, 1981, 55~56쪽 ; 鈴木靖民,「東アジア諸民族の國家形成と大和王權」『講座日本歷史』1 原始・古代1, 東京大學出版會, 1984, 206쪽 ; 李道學,「한성말 웅진시대 백제왕위계승과 왕권의 성격」『한국사연구』50・51, 1985, 13쪽.

82) 鄭在潤, 앞의 글(1999), 28~30쪽 ; 延敏洙, 앞의 책(1998), 454~459쪽 ; 金鉉球 外,『일본서기 한국관계기사 연구(1)』, 일지사, 2002, 231~232쪽. 한편 李在碩은 곤지의 역할이 단순한 청병사 개념과는 다른 것으로 보고 기존의 양국 간의 우호관계 유지, 왜의 독자적 군사 활동 방지, 그리고 왜-신라의 밀착 견제 등의 백제 중심의 국제 관계 유지의 조정역을 담당한 것으로 본 점은 흥미로운 견해다(「5세기말 곤지의 도왜시점과 동기에 대한 재검토」『백제문화』30, 공주대백제문화연구소, 2001, 24~29쪽).

권이 백제를 포함한 한반도 남부지역에 대한 군사지배권을 요구하는 일련의 움직임에 대해 견제해야 할 필요성을 느낀 것이다. 곤지가 도왜한 직후 462년 왜왕 武가 즉위하면서 宋에 사신을 보내 교섭을 벌렸는데 이때 武는 '使持節都督倭百濟新羅任那加羅秦韓慕韓七國諸軍事安東大將軍倭國王'을 자칭하였다. 이에 앞서 438년에는 왜왕 珍이 '使持節都督倭百濟新羅任那秦韓慕韓六國諸軍事安東大將軍倭國王'을 자칭하고 宋에 승인을 요청한 일이 있었다. 이 작호에 나타난대로 라면 왜왕은 백제를 포함하여 한반도 남부지역에 대한 군사지배권을 주장하는 내용이 된다. 이는 451년 왜왕 濟가 송으로부터 받은 6국제군사의 대상지역에다가 새로이 백제를 추가한 내용이다.

왜왕 武의 터무니없는 백제에 대한 군사지배권 주장은 백제의 입장에서 볼 때 받아들이기 어려운 일이었다. 이때 곤지가 왜에 체류하고 있던 시기였음에 불구하고 478년 왜왕 武가 宋에 대한 작호 요청을 통해 이러한 주장을 되풀이하고 있는 것이다. 물론 478년의 경우 송의 順帝로부터 백제를 제외한 나머지 지역에 대한 6國諸軍事만 인정받았을 뿐이지만 왜가 백제를 그 지배대상으로 삼아줄 것을 계속 주장하고 있는 점에서 백제의 왜에 대한 통제력 행사는 어려웠던 것으로 보인다. 5세기는 전반적으로 왜의 친백제노선 유지에 큰 변화는 없었지만 곤지의 왜에서의 역할은 그리 큰 성과를 이루지 못한 것 같다.

이러한 왜왕들의 작호를 통한 군사지배권 주장은 어느 면에서 백제가 고구려의 남진에 대응하기 위해 결성한 제라동맹체제에 대해 백제와 주도권을 다투기 위한 외교적 공세와도 관련있어 보인다. 그러나 왜는 404년 대방계 패전 이후 한동안 한반도에 출병을 하지 못했다. 그리고 475년 백제가 고구려의 불시 침공을 받아 왕도 한성이 공함당하고 개로왕이 전사할 정도로 국가적 위기에 봉착해 있을 때에도 왜는 광개토왕의 남정 때와는 달리 백제에 원병을 보내지 않았다. 이 점에서 왜왕이 주장한 한반도 남부지역에 대한 군사지배권의 허상을 엿볼 수 있다.

다음으로 5세기 후반 東城王(479~501)의 즉위과정에서 등장하는 왜의 역할에 대하여 알아보도록 하자. 이에 관한 사료를 제시하면 다음과 같다.

C 백제 文斤王이 죽었다. [雄略]천황이 昆支王의 다섯 아들 중 둘째인 末多王이 어린 나이에 총명하므로 칙명으로 궁궐에 불러 직접 머리를 쓰다듬으며 은근하게 조심하도록 타이르고 그 나라의 왕으로 삼았다. 그리고 병기를 주고 아울러 筑紫國 군사 500인을 보내 자기 나라로 호위해 보냈는데 이 사람이 東城王이 되었다. 이해 백제에서 바친 調賦가 평상시보다 많았다. 筑紫의 安致臣·馬飼臣 등이 수군을 거느리고 고구려를 쳤다.[83]

위 사료에서 보듯이 왜의 천황이 동성왕이 어려서 총명하다고 하여 백제왕으로 삼았으며, 그가 즉위하러 귀국할 때에는 筑紫國 병사 500명에게 호송을 시켰다는 것이다. 마치 405년 전지왕이 왜에 체류하다가 즉위할 때와 같은 상황이 연출된 것이다. 위에 의하면 동성왕은 父인 昆支의 둘째 아들로서 왜에 체류하고 있다가 어린 三斤王이 죽자 왕위를 이었다고 한다. 동성왕은 삼근왕의 사촌이었으며, 그 다음 왕인 武寧王의 배다른 동생이었다.

그런데 위 사료에서 보듯이 동성왕이 왜왕에 의해서 선택되었고 또 그 즉위과정에서 筑紫國 병사 500명에게 호송하였던 점에 주목하여 일본학계에서는 왜왕에 의한 冊立說이 주장되고 있다. 즉 이 기사에 의거하여 5세기 후반 당시 백제와 왜의 관계를 책봉과 피책봉의 종속적인 관계로 이해하고 있는 것이다. 이 설에 의하면 왜왕권이 친백제정책을 유지한 것은 405년 전지왕 즉위 때 왜의 원조에서 비롯된 것으로 동성왕 즉위의 경우도 같은 사례로 보고 이때의 백제와 왜의 관계는 책봉-피책봉 관계로 파악한 것이다.[84]

그런데 동성왕의 즉위 배경에 대해서는 여러 견해가 제시되어 있지만[85] 타인에 의해 옹립된 것으로 보는 시각이 지배적이다. 그 중 왜왕의 책립설

83) 『일본서기』권14, 웅략기 23년 하4월.
84) 鈴木靖民,「東アジア諸民族の國家形成と大和王權」『講座日本歷史』1 原始·古代1, 東京大學出版會, 1984, 203~208쪽 ; 坂元義種,『古代東アジアの日本と朝鮮』, 吉川弘文館, 1978, 201·367·517쪽.

에 대한 반론은 다음과 같은 문제점이 있어 이를 받아들이기 어렵다. 즉『일본서기』의 동성왕 책립 기사는 8세기 사관의 산물로서 사실 관계로 볼 수 없다는 점,[86] 왜병이 호위했더라도 국내에 세력기반이 전제되어야 하며,[87] 4·5세기 백제와 왜의 관계에서 백제가 왜국의 복속국이었음을 보여주는 증거가 없다는 점,[88] 그리고 백제와 신라가 왜에 질자를 보낸 사례를 국가 간 상하 복속관계의 표상으로 파악할 수 없는 점[89] 등을 미루어 보면 왜왕에 의한 책립설은 성립될 수 없다.

다만 동성왕의 아버지 昆支가 461년 이후 16년 동안 왜에 체류한 것을 감안해 보면 동성왕은 왜에서 태어났고 그곳에서 성장하였을 가능성이 크다. 따라서『일본서기』의 기술을 그대로 취신할 수는 없지만, 그의 즉위과정을 河內地域에 있던 곤지계의 세력기반과 백제 국내의 지지세력, 그리고 왜의 입장 등을 종합적으로 관련시켜 분석할 필요가 있다.

다음은 동성왕 즉위년에 해당하는 C의 기사에 나오는 왜와 고구려 간의 전투기사의 신뢰성 문제이다. 이 기사에 대해 즉위년 기사와는 다른 별개의 군사행동으로 보는 견해[90]가 있으나, 이들이 호위 도중 또는 귀로에 고구려 수군과 조우하여 교전을 벌린 사실[91]이 보다 설득력 있어 보인다. 사료 C의

---

85) 동성왕의 즉위 배경에 대한 여러 견해는 ① 眞氏를 중심한 남래귀족들의 옹립설(이도학, 앞의 글(1985), 16~17쪽 ; 노중국, 앞의 책(1988), 151~152쪽), ② 木氏 옹립설(山尾幸久, 『日本國家の形成』, 岩波新書, 1977, 35쪽), ③ 곤지 세력기반설(정재윤, 앞의 글, 83쪽), ④ 왜왕에 의한 책봉설(鈴木靖民,「東アゾア諸民族の國家形成と大和王權」『講座日本歷史』 1 原始·古代1, 東京大學出版會, 1984, 203~208쪽), ⑥ 백제와 왜의 상호 필요설(연민수, 앞의 책(1998), 425~428쪽) 등이 제시되어 있다. 각 설은 나름대로의 상황논리에 입각하여 동성왕의 즉위 배경을 설명하고 있지만 관련 사료의 부족으로 여러 측면에서의 추측이 무성한 편이다. 이에 대한 연구사적 정리는 정재윤, 앞의 글(1999), 83쪽을 참조할 것.
86) 연민수, 앞의 책(1998), 422~427쪽.
87) 정재윤, 앞의 글(1999), 84쪽.
88) 이재석,「5세기말의 백제와 왜국 -동성왕의 대왜국관계를 중심으로-」『일본역사연구』14, 일본사학회, 2001, 9쪽.
89) 나행주, 앞의 글, 323쪽.
90) 三品彰英,「『日本書紀』記載の百濟王曆」『日本書紀研究』第1冊, 塙書房, 1964, 26쪽.

왜와 고구려 간의 전투 기사는 왜병의 출병에 따른 전투행위로 보기보다는 동성왕의 호송 중 발생한 우발적인 사건으로 이해된다. 이 기사를 취신할 경우 동성왕의 즉위에는 왜의 일정한 역할이 있었고 그에 따라 동성왕대의 백제와 왜의 관계는 여전히 우호적인 관계로 설정해 볼 수 있다.

그러나 5세기 후반 동성왕대 백제의 대신라, 대왜 관계를 면밀히 검토해 보면 백제는 왜보다 친신라노선에 비중을 둔 것으로 보인다. 『삼국사기』에 의하면 동성왕대에 신라와 관련된 기사가 7개가 있는데 고구려나 그에 부용된 말갈의 공격에 제라 양군이 공동으로 대응한 기사가 4회인데 그 중 백제가 신라를 구원한 기사가 481년, 484년, 494년의 3회에 이르는 반면 신라가 백제를 구원한 기사는 495년 1회밖에 없을 정도로 백제가 신라를 집중적으로 구원하고 있었음을 알 수 있다. 그리고 493년에는 신라에 청혼하여 伊伐湌 比智의 딸과 혼인한 사례가 있어 이 시기 제라 양국은 단순한 군사동맹 관계를 넘어 결혼동맹 관계로 한 단계 진전되고 있었다.

반면 이 시기 왜왕권에는 왕계의 변화와 함께 정치적 불안이 대두하였다. 즉 雄略 사후 소위 葛城系 왕통이 부활하면서 왕위계승이 순탄치 못하다가 결국 繼體 때부터는 새로운 왕계가 시작된 것으로 이해되고 있다. 이러한 왜왕권 내부의 사정을 감지한 동성왕은 즉위 초에 일정한 역할을 한 雄略朝와는 달리 비교적 관망하는 자세로 소극적인 對倭關係를 유지한 것으로 볼 수 있다.[92] 이는 5세기 이래 간헐적으로 유지되어온 백제와 왜의 관계상의 한 변화를 알려주는 계기가 된 것으로 볼 수 있다.

이처럼 동성왕대 백제의 대외관계는 상대적으로 왜보다 신라를 보다 중시하는 입장을 견지한 것으로 나타난다. 고구려의 잇달은 공격에 대하여 지리적으로나 시간적으로 신라군과 공동 대응하기가 수월한 반면, 왜는 475년

91) 鈴木英夫, 『古代の倭國と朝鮮諸國』, 靑木書店, 1996, 98쪽.
92) 백제 동성왕대의 외교와 당시 왜왕권의 동향에 대해서는 이재석, 「5세기말의 百濟와 倭國 -東城王의 對倭國관계를 중심으로-」 『日本歷史硏究』14, 일본사학회, 2001, 19쪽을 참조할 것.

한성 공함과 같은 국가적 큰 위기 때에 광개토왕의 남정 때처럼 왜의 출병이 없었을 뿐 아니라, 오히려 438년 이래 對宋關係를 통해 한반도 남부지역에 대한 군사지배권을 요구하면서 제라동맹체제의 주도권을 장악하려 할 정도로 백제와 주도권 다툼을 암묵리에 벌리고 있는 상황이었다.

이상으로 5세기 후반 백제와 왜의 관계는 461년 개로왕제 곤지의 왜 파견, 그리고 동성왕의 즉위과정에 나타난 왜의 역할을 통해 두 나라 간의 우호관계가 지속되고 있었으면서도 한편으로는 왜가 제라동맹체제에 대한 주도권을 놓고 암묵리에 백제와 경쟁하려는 양면성을 가지고 전개되었음을 알 수 있다.

백제는 고구려의 남진공세에 대응하기 위해 신라와 동맹관계를 구축하면서 왜에는 개로왕제 곤지를 파견하였는데, 이는 청병사 역할과 왜정권 내의 세력기반 확립, 그리고 왜의 군사지배권에 대한 책동을 저지하려는데 목적이 있었음을 알 수 있다. 그리고 동성왕 즉위과정과 관련하여 왜왕에 의한 책립설이 제기되었으나 백제가 왜에 종속된 사례가 없기 때문에 성립될 수 없음을 밝혔다. 그리고 5세기 말 동성왕대에는 백제와 신라의 관계를 기존의 제라동맹체제를 보다 강화하는 수준에서 결혼동맹을 통한 군사동맹관계로 한 단계 발전시켜 나갔지만, 반면 왜와는 왜 내부의 순탄치 않은 왕권의 불안정 등으로 인해 상대적으로 소극적인 관계를 유지한 것으로 보았다.

4. 百濟와 倭의 五王

1) 倭 五王時代의 對中外交

5세기를 일본사의 경우 '倭의 五王時代'라고 부르는데 이때는 왜정권이 畿內의 倭王權을 중심으로 對宋外交를 전개해 나가면서 한반도의 삼국 항쟁에 참여하였으며, 대내적으로는 각 지역집단 간에 정치적 연합을 추진해 나가면서 고대국가를 형성해 나가던 극히 중요한 시기로 보고 있다. 이 시기는 동아시아가 남북조를 중심으로 다원적인 세력균형을 이루는 가운데 군사적 대립과 함께 중국적 세계질서의 이념적 구현인 책봉체제에 참여하여 치열한 외교전을 전개한 시기이기도 하다. 그 동안 왜는 266년 왜의 사신이 西晉에 入貢한 것을 끝으로 해서 중국과의 교섭이 사실상 단절된 상태였으나, 413년 東晉과 교섭을 계기로 하여 중국왕조와의 교섭을 재개하게 된 것이다.

『宋書』 왜국전에 나오는 왜의 오왕은 『日本書紀』와 『古事記』의 어느 천황에 해당하는가의 문제는 연구자들 사이에 오랫동안 논의가 되어 왔다. 그 비정법으로는 세 가지로 요약되는데 첫째는 이름을 갖고 비정하는 방법, 둘째는 계보관계에 접근하는 방법, 셋째는 각 왕의 재위연대를 비교하는 방법이 일반적이다. 왜의 오왕을 천황에 비정하는 데에는 다소 논란은 있지만 讚은 仁德천황에, 珍은 反正천황에, 濟는 允恭천황에, 興은 安康천황에, 武는 雄略천황에 각각 비정하는 것이 일반적이다.[93]

먼저 왜의 오왕시대의 대중외교의 전개양상에 대하여 알아보자. 왜의 오왕에 관한 기사는 중국사서인 『晉書』, 『太平御覽』, 『宋書』, 『南齊書』, 『梁書』 등에 나오는데 그 교섭 사례를 정리하면 〈표 2〉와 같다.

〈표 2〉에 의거해 보면 왜의 오왕이 중국왕조에 견사한 기록은 모두 13회가 나오는데 왕조별로 보면 남조국가인 東晉 1회, 宋 11회, 南齊 1회, 梁 1회로 나타난다. 그 중 왜왕 武가 479년(〈표 2〉 12)과 502년(〈표 2〉 13)에 남제와 양으로부터 鎭東大將軍과 征東將軍에 책봉된 사례는 실제 왜의 견사에 의한 것이 아니고 남제와 양이 건국을 기념하기 위해 수여한 進號의 성격을 가진 것이다. 따라서 왜의 5왕시대의 대중교섭은 413년부터 475년까지 63년간 지속된 것으로 볼 수 있다. 위 표를 통해 왜의 오왕은 송과 가장 많은 교섭을 가졌으며 백제와 같이 남조 일변도의 외교관계를 가진 것으로 나타

---

93) 왜의 오왕을 천황에 비정하는 문제에 대해서는 白石太一郎·吉村武彦, 『爭點 日本の歷史』2, 新人物往來社, 1990, 66~71쪽 ; 연민수, 앞의 책(1998), 108~113쪽을 참조할 것.

표 2 倭 五王의 對中外交表

번호	중국연호	서기	왜왕	내용	출전
1	東晋 義熙9년	413	讚 (?)	왜국, 고구려와 함께 입조하여 貂皮, 人蔘 등을 바침	『太平御覽』의 『義熙起居注』
2	宋 永初2년	421	讚	倭讚이 입공하였기에 除授함	『宋書』, 『南史』
3	宋 元嘉2년	425	讚	讚이 司馬 曹達을 보내 表를 바치고 方物을 헌상함	〃
4	宋 元嘉7년	430	?	정월 왜국왕이 사신을 보내 방물을 바침	『宋書』 安帝紀
5	宋 元嘉15년	438	珍	왜왕 讚의 동생 珍이 즉위하여 사신을 보냄 '使持節都督倭百濟新羅任那秦韓慕韓六國諸軍事 安東大將軍倭王'을 자칭하고 除正을 요청함. 이 에 '安東將軍倭國王'에 제수함. 또한 倭隋 등 13 인에게 平西·征虜·冠軍·輔國將軍號를 제정할 것을 요청하니 모두 승인함	『宋書』, 『南史』
6	宋 元嘉20년	443	濟	왜왕 濟가 견사 조공하니 '安東將軍倭國王'에 제수함	『송서』, 『남사』
7	宋 元嘉28년	451	濟	7월 왜왕 濟에게 使持節都督倭新羅任那加羅秦韓 慕韓六國諸軍事號를 추가해 주면서 군호를 安東 大將軍으로 하였다. 濟의 요청에 따라 23인의 軍·郡을 수여함	〃
8	宋 大明4년	460	?	12월 왜국이 사신을 보내 방물을 바침	『宋書』 孝武帝紀
9	宋 大明6년	462	興	3월 倭國世子 興을 '安東將軍倭國王' 으로 하였다	『송서』, 『남사』
	?	?	武	(興이 죽고 동생 武가 즉위하였다. '使持節都督倭 百濟新羅任那加羅秦韓慕韓七國諸軍事安東大將軍 倭國王'으로 자칭하였다)	〃
10	宋 昇明원년	477	武	11월 왜국이 견사하여 방물을 바쳤다.	『宋書』 順帝紀
11	宋 昇明2년	478	武	5월 왜왕 武가 견사하여 방물을 바치니 武를 使持 節都督倭新羅任那加羅秦韓慕韓六國諸軍事安東大 將軍倭王에 제수하였다	『宋書』 왜국전, 순제기
12	南齊 建元원년	479	武	使持節都督倭百濟新羅任那加羅秦韓慕韓七國諸軍 事安東大將軍倭王 武의 號를 높여 鎭東大將軍으 로 하였다	『南齊書』 왜국전
13	梁 天監원년	502	武	4월 鎭東大將軍 倭王 武를 征東將軍으로 승진시켰다	『梁書』 武帝紀

난다.

왜의 오왕시대에 왜가 처음으로 중국왕조와 교섭을 가진 413년 기사를 정리하면 다음과 같다.

D-① 是歲 高句麗倭國及西南夷銅頭大師 並獻方物[94]
　② 倭國獻貂皮及人參等 詔賜細笙麝香[95]

위의 기사는 東晉 義熙 9년(413) 왜가 東晉에 첫 교섭을 한 사실을 기록한 것인데 이 기사는 현재 신빙성 문제로 논란이 제기되고 있다. 여기서 왜왕의 이름은 보이지 않지만 『양서』와 『남사』 왜국전에 의거해 볼 때 왜왕은 讚이었음을 알 수 있다.[96] 이에 대해 池田溫은 기사의 신뢰성을 긍정하는 입장에서[97] 『太平御覽』에 인용되어 있는 『義熙起居注』의 기사(D-②)에 근거하여 왜국의 共同入貢說을 주장하였다. 즉 貂皮와 인삼은 고구려의 특산물이기 때문에 선진국인 고구려의 주도로 왜의 사신이 함께 동진에 견사한 것으로 본 것이다.

이에 대해 기사의 신뢰성을 인정하지 않는 견해도 있다. 그 논지는 초피와 인삼이 왜의 특산물이 아니라 고구려의 것이고, 413년 동진 입공 기사는 왜국 사신이 파견된 것이 아니라 고구려가 전투에서 사로잡은 잡은 왜병의 포로이며, 그 입공 의도는 고구려가 동진으로부터 환심을 사기 위한 외교적 술책에서 나온 것이라 하였다.[98]

---

94) 『晉書』 권10, 제기10, 義熙 9년 동12월.
95) 『太平御覽』 권981, 香部1, 麝條에 인용되어 있는 『義熙起居注』.
96) 『양서』 권54, 열전48, 諸夷 동이 왜조와 『남사』 권79, 열전69, 夷貊下 왜국조에 의하면 안제 때(396~418)에 왜왕은 讚[贊]이었음을 알 수 있다.
97) 이 기사의 긍정론을 주장하는 견해는 왜국의 단독입공설과 공동입공설로 나뉜다. 긍정론의 대표적인 업적은 池田溫, 「義熙九年倭國獻方物おめぐつて」 『江上波夫敎授古稀記念論文集 -歷史篇-』, 山川出版社, 1977, 39·42쪽이 참고 된다.
98) 坂元義種, 『倭の五王』, 敎育社, 1981, 54~73쪽.

그러나 이 기사 자체만을 갖고 동진과의 교섭상에 나타난 왜인의 역할을 살피기에는 분명치 않는 점이 있을 뿐 아니라 고구려가 동진에 왜병을 포로로 바친 것으로 보는 데에는 부자연스러운 점이 있다. 그럼에도 불구하고 고구려와의 전투가 소강상태로 들어가는 407년 이후의 정세를 살펴볼 때 왜의 사신이 고구려 사신과 함께 동진에 교섭을 가진 일은 긍정적으로 볼 수도 있다. 그 가능성은 두 가지 측면에서 검토될 수 있는데 그 하나가 왜국의 공동입공설 입장이다. 즉 능비문에 의하면 왜는 399~400년, 404년에 걸쳐 백제의 요청으로 가야와 함께 고구려와 전투를 벌린 것으로 나타난다.

고구려가 백제를 패퇴시킨 영락 17년(407) 전투 이후 고구려의 남침공세가 둔화되면서 한반도 정세는 상대적인 안정기에 접어들었다. 이때 고구려는 백제와 왜 간의 연결관계를 차단하고 왜에 대한 유화책의 일환으로 동진에 함께 교섭을 벌렸을 가능성이 있다. 이와 관련하여『일본서기』應神紀 28년조[수정연대 417년]에 왜와 고구려간의 통교한 기사[99]가 참고 된다.

또 하나는 왜국의 단독입공설의 입장이다. 즉 백제가 고구려의 남진을 저지하기 위해 왜를 끌어들여 고구려에 대항하였는데 그 대가의 일환으로 남조의 책봉외교에 참여할 수 있는 지식과 경험을 제공하였을 가능성이 있다. 백제는 372년 동진과 교섭을 개시하여 鎭東將軍領樂浪太守에 책봉을 받은 이래 동진과 5차례 교섭을 가진 바 있다. 백제는 고구려의 남정 때 백제의 요청으로 출병한 왜에게 그 협력 대가로 왜의 체제정비에 필요한 선진 문물과 東晋과의 교섭을 주선한 것으로 보인다. 413년 왜의 동진과의 교섭 기사를 신뢰한다면 왜는 이때를 계기로 하여 중국과 교섭을 재개한 것으로 되는데 이는 왜가 동아시아의 책봉외교에 참여하게 되었음을 의미한다.

이와 같이 관련 자료의 부족으로 위의 어느 경우가 보다 적절한지 여부에 대해서는 현재로서는 판단을 내리기는 어렵지만, 여하튼 왜왕권이 413년에 동진과 교섭을 벌린 사실만큼은 사실로 인정해도 좋을 것 같다.

---

99)『일본서기』권10, 응신기 28년 추9월.

다음으로 왜왕 讚이 421년과 425년에 동진을 이은 송왕조에 견사한 사례(〈표 2〉 2, 3)를 검토해 보자. 『송서』권97 왜국전에 실려 있는 왜왕 讚의 對宋 교섭기사를 적으면 다음과 같다.

E-① 高祖 永初二年 詔曰 倭讚萬里修貢 遠誠宜甄 可賜除授
　② 太祖 元嘉二年 贊又遣司馬曹達奉表獻方物

위 기사에 의하면 왜왕 讚[贊]은 421년과 425년 두 차례에 걸쳐 송과 교섭을 가진 것으로 되어 있다. 이 교섭기사는 동진대에 있었던 413년 교섭 이래 송왕조와는 첫 번째 교섭이 된다. 421년 교섭은 宋의 건국과 관련한 使行으로 보인다. 송이 건국한 해는 420년이다. 이때 송은 주변 제국에 대해 건국을 자축하는 작호제수를 행하였다. 송은 각국에게 사신의 파견과는 관계없이 작호를 일방적으로 수여하였는데 이때 고구려 장수왕은 2품인 征東大將軍을, 백제 전지왕은 2품인 鎭東大將軍에 각각 進號하였다.

반면 왜에 대해서는 작호가 제수되지 않았는데 이는 신왕조 송이 왜에 대한 관련 정보를 갖고 있지 않았기 때문으로 볼 수 있다. 그러나 E-①의 '萬里修貢'이란 표현으로 보아 왜왕 찬이 421년 그 전해에 작호를 받았던 고구려, 백제와는 달리 송에 직접 사신을 보내 조공한 것으로 되어 있다(〈표 2〉 2). 이때의 왜의 사행은 백제의 작호 제수 직후에 있었던 것으로 보아 아마 백제로부터의 신왕조 송에 대한 정보와 작호제수 사실에 힘입어 견사가 이루어진 것 같다.

따라서 그 파견 목적은 송 건국 다음 해이기 때문에 신왕조 송의 건국을 축하해 주기 위한 것으로 볼 수 있다. 이에 宋 高祖는 왜왕 찬에게 조서를 내려 '可賜除授'하였다고 한다. 除授를 任官의 뜻으로 볼 때[100] 왜왕 찬이 어떤 내용의 관작을 받았던 것으로 보인다. 관작 수여의 내용에 대해서는 알

___

100) 坂元義種, 『倭の五王』, 教育社, 1981, 92쪽.

수 없지만 이에 관해 여러 견해가 제시되고 있다.

위와 관련하여 425년 왜왕 찬이 司馬曹達을 보내 표문과 방물을 바친 기사(E-②)를 검토해 보자. 여기서 '又'와 司馬曹達에 대해 검토할 필요가 있다. '又'은 왜왕 찬이 421년에 이어 이번에 또 견사했다는 뜻으로 볼 수 있다. 이렇게 볼 경우 421년과 425년 왜와 송의 교섭이 서로 관련 있는 것이 된다. 그리고 425년 송에 사신으로 갔던 司馬曹達의 司馬를 성씨로 볼 수도 있지만[101] 위진남북조시대 이래 통용되던 幕府의 속관으로 보는 것이 보다 타당하다.

이에 대한 이해를 위해 위진남북조시대에 운영된 幕府制에 대해 살펴보자. 위진남북조시대에는 統軍加節之制에 의해 자율성이 보장됨에 따라 독자적으로 실무를 처리하기 위해 刺史府와 將軍府와 같은 幕府가 개설되었다.[102] 막부는 府主와 다수의 속관으로 구성되었다. 속관 중에는 長史・司馬・參軍이 있어 府主를 보좌하여 막부의 실무 행정을 담당하였다. 주변국가들도 중국왕조와의 책봉관계를 통해 막부를 설치하여 그 속관들을 두었다. 주변제국의 군장들이 중국 사행 때에는 府主인 군장을 대신하여 그 속관인 長史・司馬・參軍이 파견되었다.[103]

---

101) 和田淸, 『東洋史上より觀たる古代の日本』, ハーバート・燕京・同志社東方文化講座委員會, 1956, 43쪽 ; 藤間生大, 『倭の五王』, 岩波書店, 1969, 85쪽.

102) 幕府의 설치는 남북조 국가가 독자적인 국내의 지방세력과 주변제국의 군장들에게 책봉을 통하여 그의 자율성을 보장하고 막부를 개설할 수 있는 자격을 갖는 각종 관작을 수여한 데에서 비롯된 것이다. 남북조 국가는 대내외적으로 독자적 세력을 갖고 있던 지방의 호족세력의 실체를 공인 공식화하여 이들을 통한 간접지배를 관철시키려 하였다. 국가는 이들 지방의 독자적인 호족세력을 주자사에 임명하여 주민에 대한 민정권을 부여하였고, 아울러 여러 州나 郡을 묶어 군사상의 관할구역인 都督區를 설정하고 그 장관인 都督諸軍事에 이들 호족을 임명함으로써 당해지역의 군사권도 인정하였다. 이들 막부의 출현과 성격에 대해서는 金翰奎, 『古代中國的世界秩序硏究』, 일조각, 1982, 282~382쪽 ; 金鍾完, 『中國南北朝史硏究 -朝貢・交聘關係를 중심으로-』, 일조각, 1995, 66~71쪽을 참조할 것.

103) 坂元義種은 백제와 왜의 외교사절 중 '兼長史'에 대하여 외교 업무를 일시적으로 담당한 겸직관으로 이해하였다(『古代東アジアの日本と朝鮮』, 吉川弘文館, 1978, 396~399쪽).

백제의 경우 372년 근초고왕이 동진으로부터 鎭東將軍領樂浪太守로 책봉을 받은 사례와 424년 長史 張威가 송에 파견된 예[104]에 비추어 보면 백제는 이미 424년 이전 어느 시기에 長史와 같은 막부의 속관을 설치하였을 것으로 추측된다. 424년 백제의 長史 張威의 예에서 보듯이 425년 왜의 司馬 曹達의 존재를 통해서 왜도 425년 전후로 한 시기에 속관제를 운용했음을 알 수 있는데 이는 백제의 영향으로 볼 수 있다. 그리고 이때 왜왕 찬은 425년 이전 송과의 교섭을 벌린 421년에 장군호를 책봉받았을 가능성이 높다. 이런 측면에서 421년 왜왕 찬이 송으로부터 받았던 除授의 내용은 438년 珍이 송태조에게 받았던 '安東將軍倭國王'(〈표 2〉 5)이 아니었을까 한다.[105]

왜왕 讚을 이은 珍에서 478년 대송외교를 중단한 武에 이르기까지 왜의 대송관계에서 나타난 왜왕의 작호를 정리하면 아래 표와 같다.

표 3 倭 五王의 爵號一覽表

번호	중국연호	서기	왜왕	倭의 爵號要請 內容	宋의 除正	비고
1	宋 永初2	421	讚		各賜除授[安東將軍倭國王]	
2	宋 元嘉15	438	珍	왜왕[自稱]使持節都督倭百濟新羅任那秦韓慕韓六國諸軍事安東大將軍倭國王・倭隋 등 13인[自稱]平西・征虜・冠軍・輔國將軍	왜왕 安東將軍倭國王・隋 등 13인 平西・征虜・冠軍・輔國將軍	
3	宋 元嘉20	443	濟	?	安東將軍倭國王	
4	宋 元嘉28	451	濟	23인 軍・郡號 수여 요청	왜왕[加號]使持節都督倭新羅任那加羅秦韓慕韓六國諸軍事[軍號]安東大將軍 23인 軍・郡號 수여	
5	宋 大明6	462	興	?	安東將軍倭國王	왕세자
6	?	?	武	왜왕[自稱]使持節都督倭百濟新羅任那加羅秦韓慕韓七國諸軍事安東大將軍倭國王	.	
7	宋 昇明2	478	武	왜왕[自假]開府儀同三司	왜왕 使持節都督倭新羅任那加羅秦韓慕韓六國諸軍事安東大將軍倭國王	

위 표에서 보듯이 421년부터 왜왕이 宋으로부터 3품인 安東將軍 계열의
장군호를 수여받고 있었음을 알 수 있다. 왜왕이 송에 작호를 요청한 사례
에서 나타나는 특징적인 현상은 왜왕이 중국왕조로부터 정식으로 제정을
받기 전에 자기 신하들에게 먼저 임시로 관직을 임명하는 自稱號를 사용하
고 있는 점이다. 438년 왜왕 珍이 처음으로 '使持節都督倭百濟新羅任那秦
韓慕韓六國諸軍事安東大將軍倭國王'을 자칭하였고 아울러 倭隋 등 13인의
중신들에게는 송의 장군호인 平西・征虜・冠軍・輔國將軍號를 임시로 수
여한 다음 송황제의 제정을 요구하였다(〈표 3〉 2). 451년에는 왜왕 濟가 그
의 신하 23명에 대해 장군호와 군태수호의 제정을 요청하였다.

송의 제정 승인에 의거해 볼 때 이때에도 왜왕 濟는 438년처럼 '使持節
都督倭新羅任那加羅秦韓慕韓六國諸軍事安東大將軍倭國王'을 자칭하였고,
아울러 그의 신하 23명에게는 송의 장군호와 군태수호를 서열에 따라 임명
한 다음 송의 제정절차를 밟은 것으로 보인다. 그 뒤 왜왕 武가 즉위하면서
'使持節都督倭百濟新羅任那加羅秦韓慕韓七國諸軍事安東大將軍倭國王'을
자칭하면서(〈표 3〉 6) 작호 중의 諸軍事에 百濟를 포함시켜 7國諸軍事를 宋
에 제수를 요청하였고, 478년에는 武가 또 지금까지 고구려가 중국왕조로부
터 수여받았던 최고위인 1품 開府儀同三司를 요청한 바 있다(〈표 3〉 7).

이와 같이 왜왕은 백제를 포함한 한반도 남부지역에 대한 군사지배권과
2품 안동대장군에 이어 고구려에 견줄 1품관 開府儀同三司을 계속적으로
송의 제정을 요청하고 있었다. 이에 대해 송은 왜왕의 작호 청구의 경우 421
년의 관례에 따라 安東將軍倭國王을 제수하는 선에서 대응하였다. 즉 송은

---

104) 『宋書』 권97, 열전57, 蠻夷 동이 백제국 少帝景平 2년. 한편 고구려는 광개토왕대에 長
　　史・司馬・參軍의 속관을 설치하였다고 한다(『梁書』 권54, 열전48, 諸夷 동이 고구려).
　　백제의 長史 張威와 왜의 司馬 曹達은 漢式姓을 갖고 있는 것으로 보아 중국어에 능통하
　　고 중국 사정에 정통한 낙랑・대방계의 한인관료로 추정된다.
105) 坂元義種, 『倭の五王』, 教育社, 1981, 101~103쪽 ; 鈴木靖民, 「倭の五王と內政」 『日本古
　　代の政治と外交』, 林陸朗先生還曆記念會編, 續群書類從完成會, 1985, 7쪽 ; 山尾幸久,
　　『日本古代王權形成史硏究』, 岩波書店, 1983, 306쪽.

백제에 대한 군사지배권과 고구려에 견줄 1품관 開府儀同三司의 요구는 받아들이지 않는 반면, 왜왕의 신하들에게는 요청한대로 제정 승인을 해준 것이다. 478년 왜왕 武의 요구에 대해 송은 신라를 포함한 6國諸軍事號와 安東大將軍으로 進號하는 선에서 除正을 하자 이에 불만을 느낀 武는 결국 송과의 교섭을 단절하게 되었다.

이처럼 왜가 송에 대해 특정한 관작을 요구한 데 대하여 宋은 나름대로 일정한 기준을 갖고 신중하게 대처하고 있었음이 엿보인다. 여기서 당시 송은 왜보다 백제를 보다 중시한 것으로 보인다. 송이 백제와 왜왕에게 수여한 책봉호에서 나타나듯이 백제왕에게 왜왕이 받았던 3품 안동장군보다 높은 2품 진동대장군을 수여한 데에서 나타난다. 이러한 송의 의도와는 달리 왜왕은 백제를 포함한 한반도 남부지역에 대한 군사지배권인 7國諸軍事號를 계속 요청하였지만 송은 이를 받아들이지 않았다. 이에 따라 왜왕 濟는 451년에 438년의 작호와는 달리 백제를 빼고 대신 加羅로 교체하여 6國諸軍事號를 요청한 결과 송은 이번에는 종전과는 달리 6國諸軍事號와 안동대장군으로의 進號를 승인해 주었다.

이처럼 송이 왜왕에게 백제에 대한 군사지배권을 인정하지 않은 이유는 백제가 동진에 이어 송의 건국과 함께 진동대장군의 작호를 수여받고 있었으며, 또한 송은 북위를 봉쇄하려는 전략적 측면에서 현실적으로 왜보다는 백제를 보다 중시하는 입장을 고려하였을 것이다.

이처럼 왜의 오왕시대에 왜가 처음으로 중국왕조와 교섭을 가진 시기는 413년인데 이는 왜가 동아시아의 책봉외교에 참여하게 되었음을 의미한다. 이어 421년 왜왕 찬이 송으로부터 받았던 除授의 내용은 438년 珍이 송태조에게 받았던 安東將軍倭國王으로 추정되고 이와 함께 백제의 영향으로 속관제를 운영하였음을 알 수 있다. 438년 왜왕 珍代부터는 자칭호를 써서 송으로부터 제정을 받는 이른바 賜假制가 특징적인 현상으로 나타난다. 왜 오왕은 송과 가장 많은 교섭을 가졌으며 백제와 같이 남조 일변도의 외교관계를 가진 것으로 나타난다.

2) 倭 五王의 爵號에 나타난 백제와 왜

『송서』 왜국전에 의하면 왜의 오왕시대에 왜정권이 송과 교섭관계를 통해 한반도 남부지역과 관련된 작호를 요청하고 있어서 5세기 백제와 왜의 관계를 이해하는데 한 쟁점이 되고 있다. 그 동안 왜왕의 작호문제와 관련하여 왜왕 자칭 작호의 성격, 자칭호 속에 보이는 6국 내지는 7국의 문제, 왜의 私假制 문제, 그리고 478년 왜왕 武가 宋에 보낸 상표문과 그에 나타난 작호요청 배경에 대한 문제 등이 주로 일본학계를 중심으로 여러 측면에서 연구가 집적되어 왔다. 최근에는 영산강 유역 일원에서 전방후원분이 확인 조사됨으로써 그 작호에 나타난 秦韓과 慕韓 문제와 관련하여 작호의 실재성 여부 문제가 다시 논의가 되고 있어 주목을 끌고 있다. 여기서는 왜 오왕의 작호와 관련하여 나타나는 몇 가지 문제를 중심으로 살펴보도록 한다.

먼저 5세기에 왜왕들이 송으로부터 받은 작호의 내용에 대하여 살펴보자. 왜가 동진과 송과의 교섭에서 처음으로 작호를 받은 것은 '安東將軍倭國王'이었다. 그 뒤 438년 왜왕 珍이 '使持節都督倭百濟新羅任那秦韓慕韓六國諸軍事安東大將軍倭國王'을 자칭하였는데 이때 왜왕 진은 송에게 왜·백제·신라·임나·진한·모한의 6국에 대한 군사지배권과 2품의 안동대장군을 요청하였다. 그 후 451년 왜왕 濟가 송으로부터 제정을 받은 작호 중에는 백제가 빠지는 대신에 加羅가 첨가되었으며, 478년 왜왕 武가 송에 제정 요청한 작호에는 백제를 포함한 7개국이 포함되었으나 송은 백제를 제외하고 6國諸軍事號를 수여하였다.

이처럼 438년·451년·478년에 왜왕 珍·濟·武가 각각 주장한 諸軍事 대상지역은 왜, 백제를 포함하여 新羅, 任那, 加羅, 秦韓, 慕韓의 7개 지역이었다. 물론 백제는 송에 의해 그 대상에서 제외되었지만 나머지 5개 지역을 살펴보면 이들 지역이 모두 한반도와 관련 있는 곳이다. 이렇게 송이 왜왕의 작호에 백제를 제외하고 나머지 6개 지역의 諸軍事를 인정한 이유는 이들 5개국이 송과 아직 교섭을 가진 적이 없었기 때문일 것이다. 그 중 신라와 임나, 그리고 가라는 당시 한반도 남부에 실재한 정치체였다. 다만 임나와 가라가 별개의 정치체였는 지에 대해서는 논란의 여지가 있지만 능비문의 경우 임나가라로 표현되어 있기 때문에 별개로 보는 데에는 어려움이 있다.

이와 관련하여 왜왕이 공인받은 한반도 남부지역에 대한 작호가 실재적인 것이냐 아니면 명목적인 것이냐의 문제가 현재 논쟁 중에 있다. 이에 대해 분국설 입장에서 그 실체를 일본열도에서 구하는 견해[106]가 있으나『삼국지』위서 동이전 한조에 의거해 볼 때 받아들이기 어렵다.

현재 일본학계에서는 실재설의 입장에서 백제와 신라의 지배 하에 들어 있지 않은 韓 지역을 범칭하는 견해로 보는 것이 지배적이다. 그리고 이 명칭들이 과거 왜가 한반도 남부를 지배했다는 역사의 총체적인 경험이 반영된 것으로 보는 시각이 있다. 예컨대 末松保和는 백제의 경우를 들어 동성왕대의 지명을 가진 王ㆍ侯는 각기 지역의 영주로서 실제의 封國ㆍ封地로 보면서 작호가 가지는 실재성을 언급하였으며,[107] 坂元義種은 왜왕이 송조로부터 승인받은 작호는 왜의 백제에 대한 군사적 우위를 여실히 드러내 주는 것이며, 왜국왕은 루즈한 한반도 남부 지배의 내실을 기하기 위해 중국 왕조의 권위를 빌어 지배의 정통성을 얻고 안정성을 꾀하려고 했던 것으로 보고 있다.[108] 위 坂元義種의 견해는 倭의 五王時代에 중국 남조에서 받았던 왜왕의 작호를 백제와 비교하여 왜의 국제적 지위를 우위에 두려는 의도가 반영된 것으로 볼 수 있다. 그리고 남북조시대의 작호 자체가 실질적 군사권과는 무관하게 형식적인 칭호에 불과한 측면을 간과하고 있다.

최근에는 慕韓을 전방후원분의 존재를 통해 영산강유역에, 秦韓을 울진지방을 포함한 경북일원으로 비정하는 견해가 있으나[109] 이 역시 성립하기 어렵다. 두 세력 모두 이미 신라와 백제에 의해 소멸되어 더 이상 정치적 실

---

106) 金錫亨, 「三韓三國の日本列島內分國について」『歷史科學』1963-1, 1963 및 『초기 조일관계사』, 사회과학출판사, 1966 ; 조희승, 『초기조일관계사』(상), 사회과학출판사, 1989.
107) 末松保和, 『任那興亡史』, 吉川弘文館, 1949, 110ㆍ113쪽.
108) 坂元義種, 『古代東アジアの日本と朝鮮』, 吉川弘文館, 1978, 352~354ㆍ514~520쪽.

체가 아니기 때문이다.

이에 반해 작호의 허구설을 제기하는 견해가 있다. 江畑武는 작호의 대상지역에 보이는 秦韓과 慕韓이 실재하지 않은 점과, 451년 왜왕 濟가 받은 작호는 송의 국내 사정을 감안한 정치적 판단에 의한 것으로 보고 4~6세기의 책봉 자체가 형식적이고 편의적이었음을 지적하였다.[110] 李在碩은 작호의 실효성 여부는 칭호를 승인받았을 때 발생하는 문제로 보고 작호를 인정받지 못한 상태에서는 전혀 문제가 되지 않는다고 전제하고서 작호가 가진 명목적이고 형식적인 면을 지적한 견해[111]가 보다 설득력을 지닌다.

이 문제와 관련하여 첫째 『通典』 변한과 백제조, 능비문, 그리고 『삼국사기』 등 여러 사료에 4세기 이후 마한이나 진한의 존재가 더 이상 드러나지 않고 있는 점을 고려해야 한다. 위 왜왕의 작호에 보이는 진한과 모한을 삼한의 진한과 마한으로 본다면 이 지역은 당시 신라와 백제에 해당하는 것으로 중복이 된다. 그런데 마한과 진한의 경우 그 소멸시기에 대해 『通典』에는 다음과 같이 기록하고 있다.

F-① 晉武帝咸寧中 馬韓王來朝 自後無聞 三韓皆爲百濟新羅所倂呑[112]
　② 自晉以後 倂呑諸國 據有馬韓故地[113]

∽

109) 東潮, 「榮山江流域と慕韓」 『展望考古學』(考古學硏究會40週年記念論集), 1995, 240~248
　　쪽 및 「慕韓과 秦韓」 『碩晤尹容鎭敎授停年退任記念論叢』, 석오윤용진교수정년퇴임기
　　념논총간행위원회, 2002, 197~236쪽. 이에 대해 田中俊明은 5세기 후반 慕韓은 전라도
　　지역의 독립적 잔존세력으로 보고 그 세력이 백제의 호남지역에의 진출과 영유에 저항
　　하는 정치적 배경 하에서 왜의 전방후원분을 채용한 것으로 보는 견해가 있다(「倭の五
　　王と朝鮮」 『姜德相先生古稀・退職記念 日朝關係史論集』, 姜德相先生古稀・退職記念
　　日朝關係史論集刊行委員會, 2003, 14~41쪽).
110) 江畑武, 「四~六世紀の朝鮮三國と日本 -中國との冊封おめぐつて」 『古代の日本と朝鮮』
　　(上田正昭・井上秀雄編), 學生社, 1974, 117~120쪽.
111) 이재석, 「5세기 왜왕의 대남조외교와 통교단절의 요인」 『일본역사연구』13, 일본역사연
　　구회, 2001, 14~17쪽.
112) 『통전』 변방문, 동이 변한.
113) 『通典』 변방문, 동이 백제.

위 기사 F-①에서는 삼한이 백제와 신라에 의해서 병탄된 시기를 東晉 武帝 咸寧中(275~279)이라 하였고, F-②에서는 백제가 마한을 병탄한 시기 가 東晉代(317~418) 이후라 하였다. 마한이 晉에 견사한 마지막 시기는 290 년[114]이다. 그리고 『일본서기』 신공기 49년조에 소위 가라 7국 평정 기사에 의거하여 4세기 후반 근초고왕대에 마한이 멸망한 것으로 이해하고 있 다.[115]

이를 종합해 보면 마한이나 진한은 이미 늦어도 4세기 경에 백제와 신라 에 의해 멸망된 것으로 나타난다. 따라서 왜왕의 작호에 나오는 모한과 진 한은 실재하지 않는 나라인 것으로 드러났다. 또한 능비문에는 5세기 전후 로 한 시기에 한반도의 거의 모든 정치체들이 망라되어 있는데 마한이나 진 한의 존재가 보이지 않고 있다.

둘째, 왜가 5세기경에 한반도 남부에서 군사권을 행사한 사례가 보이지 않은 점이다. 왜는 광개토왕대의 참패로 인하여 5세기에는 더이상 한반도 문제에 군사적인 개입을 자제한 채 신중한 태도를 견지하였으며, 475년 백 제가 한성공함과 같은 국가적 위기 때에도 왜병의 출병이 없었던 점도 참고 된다.

셋째 478년 왜왕 武가 송에 상표문을 보낸 그 이듬해 加羅國王 荷知가 남제로부터 輔國將軍에 책봉된 점도 참고 된다. 만약 가라가 왜의 군사적 지배를 받고 있었다면 남제로부터의 책봉은 성립되기 어렵다.

이와 같이 왜왕이 주장한 諸軍事 대상지역은 백제를 포함하여 新羅, 任 那, 加羅, 秦韓, 慕韓의 7개 지역이었고 백제는 송에 의해 그 대상에서 제외 되었다. 나머지 6개 지역은 한반도와 관련 있는 지명으로 볼 수 있으나, 그 중 진한과 모한은 실재하지 않는 것으로 드러났다. 왜왕이 공인받은 한반도

114) 『진서』 권97, 열전67, 사이 동이 마한 太熙 元年.
115) 『일본서기』 권9, 신공기 49년 춘3월 기사를 백제 근초고왕의 마한 정벌로 이해하고 있다 (李丙燾, 「近肖古王拓境考」 『한국고대사연구』, 박영사, 1976 ; 李基東, 「백제의 발흥과 대외관계의 성립」 『백제사연구』, 일조각, 1996).

남부지역에 대한 작호가 실재설과 명목설을 검토한 결과 실재설은 성립될 수 없는 것으로 드러났다.

그러면 작호의 실재성 여부를 검토하기 위해 남북조시대의 책봉체제에 나타난 작호의 성격을 검토해 보자. 여기서 왜왕들이 겸대한 작호는 일반적으로 위진남북조시대의 책봉체제와 관련이 깊다. 책봉관계는 중국의 영향력이 주변 제국에 미치지 못하는 형식적인 관계이지만 여하튼 주변 제국이 조공을 통해 중국에 책봉을 요청하고 중국왕조가 책봉함으로써 성립된다. 책봉에는 장군호를 비롯하여 각종 여러 관작을 수여하였는데 그 중 장군호가 가장 보편적이었다. 위진남북조시대의 장군호는 종래의 군사적 성격보다 오히려 관직의 위계를 표시하는 기능으로 바뀌었다. 이에 따라 장군호를 국제적 지위의 고하를 가늠하는 척도로 보고 이를 통해 동아시아 국제관계의 위상을 비교해 보는 연구가 제기되기도 하였다.[116]

위의 '各賜除授'(〈표 3〉 1) 기사와 司馬 曹達(〈표 2〉 3) 기사에 의거해 보면 왜는 421년 왜왕 찬이 송으로부터 '安東將軍倭國王'으로 책봉된 이래 중국의 책봉체제에 참여하고 있었음을 알 수 있다. 이를 통해 왜는 도독부를 개설하고 왜왕이 府主가 되어 司馬와 같은 속관을 설치한 것으로 보인다. 왜의 대송교섭은 전술한 바와 같이 백제의 일정한 도움에 의해 이루어진 것으로 여겨진다.

따라서 도독부의 설치 운영이나 그 속관의 구성과 역할은 백제와 관련시켜 볼 수 있다. 그 작호의 형태를 보면 持節, 都督諸軍事, 將軍號, 王號의 형식을 갖춘 것으로서 흔히 남북조시대에 보이는 민정권과 군사권을 동시에 겸대한 刺史와 都督諸軍事와는 차이가 있다. 왜왕의 작호에 나타난 持節과 都督은 황제의 신표인 符節을 받아 독자적으로 統軍한다는 의미이고 '諸軍事'는 해당지역의 군사권 행사를 의미한다.[117]

---

116) 이러한 견해는 高橋善太郎에 의해 제기된 이래(「南朝諸國の倭國王に與えた稱號について」『愛知縣立女子短期大學紀要』7, 1956) 坂元義種에 의해 체계화되었다(『古代東アジアの日本と朝鮮』, 吉川弘文館, 1978).

이런 측면에 비추어 볼 때 왜왕 武의 경우 그가 자칭한 작호인 '使持節都督倭百濟新羅任那加羅秦韓慕韓七國諸軍事安東大將軍倭國王'은 倭뿐 아니라 百濟・新羅・任那・加羅・秦韓・慕韓의 모두 7개국을 통할하는 군사지배권과 2품의 장군호인 안동대장군으로서 왜국왕이라는 의미가 된다.

백제는 작호의 대상지역이 백제 전지역으로 설정되어 있는 반면 왜는 한반도 남부지역의 6~7개의 정치체 또는 지역을 대상으로 하고 있을 뿐 아니라 구체적인 지역이 명시되어 있고, 또 그 대상지역이 왜지역뿐 아니라 왜의 영토가 아닌 한반도 남부지역에까지 확대되어 설정하고 있는 점이 주목된다.

이러한 예가 남북조의 경우에서도 찾아볼 수 있다. 즉 남조가 피책봉국의 지배력이 미칠 수 없는 지역에 책봉하는 예가 나타나고 있다. 예컨대 494년 高句麗가 南齊로부터 '使持節散騎常侍都督營平二州諸軍事征東將軍高句麗王樂浪公'을 받은 적이 있었는데[118] 당시 營州와 平州는 北魏의 영역이었으므로 고구려는 아직 영유하지 못한 지역인 영주지역에 대한 군사지배권을 승인받은 것이 된다. 그리고 고구려가 받은 '都督遼海諸軍事'의 '遼海'는 요하와 발해 이동을 가리키는 막연한 범위를 나타낸 것이다. 이러한 작호의 예를 통하여 남북조시대 작호의 형식적인 면을 엿볼 수 있다.

이렇듯 중국왕조의 작호수여는 다분히 형식적이고 의례적인 성격을 갖고 있었지만 나름대로의 일정한 원칙 하에서 운영되고 있었던 점을 간과해

---

117) 持節은 漢代에서 비롯된 것인데 晉代에는 使持節을 上, 持節을 中, 假節을 下로 삼았는데 장군이 군주로부터 권한을 위임받는다는 의미의 加號로 사용되었다. 都督은 군사권을 장악한다는 의미로 漢代에서 비롯되었다. 晉代에는 都督諸軍을 上, 督諸軍을 次, 督諸軍을 下로 삼았는데, 일정 지역의 군통수권을 위임한다는 의미의 加號였다. 이는 위진대에 대체로 刺史에게 함께 주어졌는데, 그 책임의 경중에 따라 使持節・都督과 持節・督으로 나누어 加號되었다. 위진남북조시대의 장군호와 자사 등 작호에 대해서는 坂元義種, 『古代東アゾアの日本と朝鮮』, 吉川弘文館, 1978, 301~321쪽 ; 김한규, 『고대동아세아막부체제연구』, 일조각, 1997, 314~372쪽 ; 김종완, 앞의 책, 157~170쪽을 참조할 것.
118) 『남제서』 권58, 열전39, 동남이 고려국 隆昌 元年.

서는 안된다. 중국왕조의 책봉은 동일인에 대하여 1회적 성격을 가지며 세습이 안되는 경우가 있었다. 왜왕이 작호의 제군사 대상지역에 백제를 포함시키고자 하였으나 송에 의해 번번이 제외되었던 사례도 이러한 예로 볼 수 있다. 송이 왜왕의 백제를 포함한 작호 요청에도 불구하고 백제를 제외시킨 이유는 백제가 이미 송으로부터 책봉을 받고 있었기 때문일 것이다.

백제는 동진 이래 송으로부터 鎭東將軍 계열의 작호를 수여받고 있었다. 그 후 백제는 420년 송의 건국에 즈음하여 2품 진동대장군으로 進號하였고, 425년 毗有王은 '使持節都督百濟諸軍事鎭東大將軍百濟王'에 책봉을 받았던 점[119]이 고려된 것 같다. 그리고 당시 송은 몽골고원의 유연, 동북아시아의 고구려, 한반도 남부의 백제와 연결하는 대북위포위망을 구축하여 북위의 군사적 공세에 대응하려 하였다. 송은 이런 정치적 군사적 목적을 충족시키기 위해 백제를 왜보다도 높이 평가하고 있었던 것이다.

왜왕의 경우 왜왕의 작호요청과는 달리 송은 438년에는 3품인 安東將軍에, 451년에는 2품인 안동대장군에, 462년에는 다시 3품인 안동장군으로 환원하였고, 478년에는 왜왕 武가 고구려와의 대결을 내세우며 자칭한 1품 開府儀同三司도 송에 의해 수용되지 못하고 2품인 안동대장군에 제정되었다.

그런데 여기서 주목해야 할 것은 왜왕의 작호에 自稱號에 해당하는 私假制가 나타나고 있는 점이다. 5세기 왜의 경우 438년 珍과 478년 武가 자칭호를 사용하여 왜왕 자신뿐 아니라 그 신하인 倭隋 등 13인에게도 장군호를 자칭한 사례가 있다. 이러한 자칭호를 사용하는 私假制[120]는 고구려나 신라에는 발견된 사례는 없으나 송과 책봉관계를 가진 백제와 주변 일부 나라

---

119) 『송서』권97, 열전57, 夷蠻 동이 백제국 元嘉 2년.
120) 주변제국이 남북조국가에게 특정한 관작을 요청할 때 자칭호를 사용하는데 이를 '承制假授' 또는 '私假制'로 부른다. 주변 제국의 군왕이 중국왕조로부터 除正을 전제로 자칭호하거나 또는 '行'이나 '私假', '假授' 등의 형식을 가진 관작을 임시적으로 임명하는 일이 있다. 이에 대해서는 坂元義種, 『古代東アジアの日本と朝鮮』, 吉川弘文館, 1978, 277~283쪽을 참조할 것.

에서 그 예가 찾아지기 때문에 왜만의 독특한 사례로는 볼 수 없다.

백제의 경우 450년 송에 私假臺使의 직함을 갖고 송에 사절로 간 西河太守 馮野夫의 사례와 457년 개로왕이 行冠軍將軍右賢王 餘紀 등 11인에게 송에 작호 제정을 요청한 사례,[121] 그리고 동성왕이 490년과 495년 두 차례에 걸쳐 남제에 假行寧朔將軍 姐瑾 등에게 작호 제정을 요청한 사례[122] 등에서 이러한 사가제의 예를 찾을 수 있다. 그밖에 淸水氐族 武都王 楊玄이 425년에 '使持節都督隴右諸軍事征西大將軍武都王'을 자칭하여 송에 견사한 사례[123]가 있으며, 485년과 502년에 羌族 行宕昌王 梁彌頡 등이 남제와 양으로부터 각각 작호를 제정 받았던 사례[124]에서도 사가제와 같은 뜻의 '行'의 용례도 찾아진다. 이는 중국의 책봉을 받고 있는 주변 제국의 군왕들이 자기 신하들에게 임시로 수여한 관작을 책봉을 통해 정식으로 제수를 요청한다는 뜻을 나타낸다.

이처럼 주변 제국이 남북조에게 특정한 관작을 요청하였을 때 사가제를 활용하는 경우가 때로 나타나고 있었음이 확인된다. 왜의 사가제 운용이 현존 사료상 백제보다 시기적으로 앞선 면을 보여주고 있다. 그러나 왜의 사가제 운용은 시기적으로 보아 武都王 楊玄의 사례에서 보듯이 송과의 교섭을 통해 나름대로 터득한 외교술의 하나라고 볼 수도 있겠지만, 왜와 송의 교섭에서 백제의 일정한 역할이 상정되고, 또 백제가 왜보다 일찍이 중국왕조와 교섭을 전개하여 진동장군 계열의 작호를 받았음이 확인되기 때문에 일단 백제에 영향을 받은 것으로 추정된다.

사가제의 실시 배경과 관련하여 주목되는 것은 438년 왜왕 珍이 倭隋 등 11인에게 平西·征虜·冠軍·輔國將軍을 자칭하여 송에 제정을 요청한 사

---

121) 『송서』권97, 열전57, 蠻夷 東夷 백제국 元嘉 27년 · 大明 元年.
122) 『남제서』권58, 열전 39, 동남이 백제국.
123) 『송서』권98, 열전58, 氐胡 略陽淸水氐楊氏.
124) 『남제서』권59, 열전40, 羌 宕昌 永明 3년 ; 『양서』권2, 본기2, 武帝中 天監 원년 4월 閏月 丁酉.

례(〈표 3〉 2)와, 451년 왜왕 濟가 23인에게 장군호와 태수호를 요청한 사례(〈표 3〉 4)가 주목된다. 왜수를 비롯한 13인과 軍郡號를 받은 23인의 실체에 대해서는 알 수 없지만, 倭隋는 倭姓을 칭하는 왕족의 한 사람으로서 왜왕 珍을 보좌하는 중신이며,[125] 군태수호를 제정받은 사람들은 아마 각 지역정권의 유력한 수장들로 추정된다. 438년의 경우 왜왕 진이 송으로부터 제수받은 안동장군과 그의 신하인 왜수 등이 받은 평서장군에서 보국장군은 모두 3품에 해당하는데 그 관품의 차이가 없이 거의 대등한 면을 보여주고 있다.

반면에 457년 백제 개로왕이 그 지배체제를 확립하는데 공이 있는 行冠軍將軍右賢王餘紀 등 11인에게 임시로 수여한 장군호[126]가 3품 征虜將軍에서 4품 建武將軍에 걸쳐 있어서 관품의 차이가 왜보다 큰 것으로 나타난다. 여기서 5세기 당시 왜왕권이 초월적인 위상을 점하지 못하고 있었음을 엿볼 수 있다. 따라서 5세기대의 왜왕권은 각 지역정권의 수장들에 의한 연합정권의 성격을 가진 것으로서 왕권의 기반이 아직 초월적인 위상에 있지 못한 것으로 드러난다.

그러나 478년 왜왕 武가 宋에 올린 상표문에서 보듯이 왜왕권을 중심으로 점차 각 지역정권을 통합해 나가는 측면이 엿보인다. 따라서 5세기 왜왕권은 대규모 장원과 독자적인 군사력을 배경으로 군립해 있었던 각 지역정권들을 국가의 지배체제 속으로 끌어들여서 이들에 의한 간접지배를 관철시키려 하였다. 이를 위해 왜왕권은 이들 지역정권에게 중국의 장군호를 수여함으로써 그들의 현실적 지역지배를 공인하여 공식화해 줌으로써 상대적으로 왕권의 위상을 높이려 하였던 것이다.

---

125) 武田幸男,「平西將軍・倭隋の解釋 -五世紀の倭國政權にふれて-」『朝鮮學報』77, 1975, 26~27쪽. 그는 平西將軍이란 호칭은 왕궁의 소재지인 大和에서 서쪽 즉 북구주일대로 보고 있는데(앞의 책, 23쪽) 작호에 나타난 방위명이 반드시 해당지역의 지배권을 나타내는 것과는 관계가 없기 때문에 이를 받아들일 수 없다.

126) 『송서』 권97, 열전57, 蠻夷 동이 백제국 大明 2년.

일본 稻荷山古墳 出土 鐵劍銘의 '獲加多支鹵大王'이나 江田船山古墳 出土 大刀銘의 '治天下獲□□□鹵大王'에서 보이는 '治天下'나 '大王' 개념을 통해 왜왕권의 달라진 위상을 엿볼 수 있다. '治天下'나 '大王' 개념의 발생은 5세기 후반 이후 왜왕권의 독자적인 천하관 설정을 뜻하는 것이다.[127]

이처럼 5세기 왜왕이 왜왕권에 적극 협력하는 각 지역정권의 수장층에게 장군호와 태수호를 사가제를 통해 수여한 점에서 왜왕권의 위상과 한계를 엿볼 수 있는 동시에 그 의도가 왕권 강화를 위한 내부용에 목적이 있었음을 시사해 주고 있다.

그러면 왜왕이 왜 실효성이 없는 한반도 남부지역에 대한 작호를 요청하게 된 이유는 무엇일까? 왜왕 武가 478년 宋에 보낸 상표문[128]에 작호를 요청하게 된 동기가 잘 나타나 있는데 중요한 부분을 소개하면 다음과 같다.

H-① 封國偏遠 作藩于外 自昔祖禰 身擐甲冑 跋涉山川 不遑寧處 東征毛人五十五國 西服衆夷六十六國 渡平海北九十五國…

② 臣雖下愚 忝胤先緒 驅率所統 歸崇天極 道遙百濟 裝治船舫 而句驪無道 圖欲見呑 掠抄邊隸 虔劉不已 每致稽滯 以失良風 雖曰進路 或通或不 臣亡考濟實忿寇讐 壅塞天路 控弦百萬 義聲感激 方欲大擧 奄喪父兄 使垂成之功…

③ 至今欲練甲治兵 申父兄之志 義士虎賁 文武效功 白刃交前 亦所不顧 若以帝德覆載 摧此彊敵 克靖方難 無替前功 竊自開府儀同三司 其餘咸假授 以勸忠節…

위 H-①는 왜왕 武의 祖先이 여러 지역에 걸쳐 정복활동을 수행하였다고 하면서 자신은 그 정당한 계승자임을 자처하고 있다. 여기서 海北의 95국을 평정한 기사는 한반도에서의 왜의 활동을 회고하여 과장해서 서술한

127) 黛弘道, 『古代國家の政治と外交』, 吉川弘文館, 2001, 46~50쪽.
128) 『송서』 권97, 열전57, 夷蠻 동이 왜국 順帝 昇明 2년.

것으로 이해하고 있다.[129) H-②는 고구려가 邊隷를 침략하고 제해권을 장악하여 중국으로 가는 조공로를 막고 있을 정도로 無道를 저질렀기 때문에 亡父인 濟가 고구려를 공격하려고 하였지만 뜻을 이루지 못하고 父兄을 잇달아 잃게 되었다는 것이다. 여기서 왜왕 武는 고구려에 대해서 '無道'하다든가, '掠抄邊隷 虜劉不已' 하다든가, 또는 '疆敵'으로 표현할 정도로 극도로 일종의 적대감이나 공포감 내지는 위기감을 표출하고 있다.

이러한 고구려에 대한 인식은 472년 백제 개로왕이 북위에 보낸 상표문[130)에서도 잘 나타나 있다. 즉 개로왕은 고구려와 대립이 30여 년에 걸친다고 호소한 점이나, 고구려를 승냥이와 이리[豺狼] 등으로 표현한 점 등에서 고구려 남진에 대한 공포심 내지는 위기감을 보여주고 있는 것이다. 왜왕 武 뿐 아니라 백제도 고구려에 대한 적대감이나 공포감을 느끼고 있었음을 보여주고 있다.

H-③은 武가 앞으로 '父兄之志'를 계승하여 無道한 高句麗를 토벌하겠다는 의지를 송 황제에게 보고하고 이에 대한 동의를 구하는 내용이다. 武는 고구려에 대한 군사적 응징을 위해 기존의 백제를 포함한 7국제군사와 고구려와 같이 1품 開府儀同三司을 자칭하여 송으로부터 제정을 해달라고 요청하였다. 그런데 그 의도와는 달리 백제는 역시 제외되었을 뿐 아니라

---

129) 山崎雅捻,「廣開土王時代 高句麗의 南進과 倭王權의 展開」『廣開土王과 高句麗 南進政策』(고구려연구회편), 학연문화사, 2002, 127쪽.

130) 『魏書』권100, 열전88, 백제. 478년 왜왕 武가 宋에 보낸 상표문과 472년 백제 개로왕이 북위에 보낸 상표문이 내용면이나 문장 표기면에서 유사한 것으로 지적되고 있다(志水正司,「倭の五王に關する基礎的考察」『史學』39-2, 三田史學會, 1966, 41~55쪽 ; 湯淺幸孫,「倭國王武の上表について」『史林』64-1, 1981, 117~128쪽 ; 內田淸,「百濟・倭の上表文の原典について」『東アゾアの古代文化』86, 大和書房, 1996, 94~120쪽 ; 鈴木英夫,「倭의 五王과 高句麗 -韓半島와 關係된 倭王의 稱號와 對高句麗戰爭計劃」『高句麗硏究』14, 고구려연구회, 2002, 179~187쪽). 5세기 당시 백제와 왜가 고구려의 남진에 대해 공통적으로 느끼는 적대감 내지는 위기감을 표출한 것으로 여겨진다. 이를 통해 볼 때 두 상표문은 동일인이 작성하였거나, 또는 渡倭한 같은 계열의 書史에 의해 작성되었을 가능성이 있다.

아울러 1품 開府儀同三司도 인정받지 못하였다. 이 상표문에는 왜의 고구려에 대한 현실적 위기감과 동시에 이 난국을 타개하려는 현실적 기대감을 동시에 표출하고 있기도 하다.

그러면 왜왕 武가 이처럼 고구려의 무도한 행위를 규탄하고 부형의 뜻에 따라 고구려 정토계획을 내세우면서 송의 환심을 사려는 의도는 무엇일까? 왜왕 武의 주장은 여러 면에서 현실성이 없는 과장이 있었던 것이 드러난다. 즉 武가 요청한 7국제군사에서 백제뿐 아니라 이미 소멸된 慕韓과 秦韓 같은 정치체에 대한 군사지배권을 요청한다든가, 또는 광개토왕대 이후 고구려의 남진에 대하여 직접 출병한 사례가 없이 고구려의 남진에 대해 주도권을 내세우고 있는 점 등이 참고 된다. 따라서 왜왕 武가 현실성 없는 작호를 내세우려는 의도를 대내외적 측면에서 살펴보기로 하자.

당시 왜는 광개토왕대의 참패 이후 한반도 정세에 개입을 자제해 왔으나 백제는 왜의 출병의 대가로 송이 책봉외교에 참여하는데 일정한 지식과 도움을 준 것으로 보인다. 그러나 433년 백제가 왜와 우호관계를 지속하는 가운데 신라와 和好하여 친신라노선을 결성함에 따라 고구려의 남진에 대항하기 위한 동맹체제는 기존의 백제 - 가야 - 왜 라인에다 새로 백제 - 신라로 연결되는 새로운 동맹체가 성립된 것이다.

따라서 새로운 동맹체제의 맹주가 되는 것은 대내적으로 왜왕권의 위상을 강화하는데 정치적으로 유리하였기 때문에 동맹체제에 있어서 주도적인 역할을 담당하고 있던 백제와 암묵적으로 경쟁하는 양상이 나타나게 된 것 같다. 왜왕 武가 송에 요청한 작호의 諸軍事 대상에서 백제를 포함시키려는 노력은 바로 이러한 배경 하에서 나타난 것으로 볼 수도 있다.

또한 현실성 없는 작호 요청의 이면에는 당시 왜왕권이 추진하고 있었던 왕권 내부의 지배구조 변화와 관련이 깊은 것으로 볼 수 있다. 고구려의 적극적인 남진은 왜의 입장에서 볼 때 그 완충지대인 한반도 남부지역의 상실로 인해 일본열도가 고구려의 직접적 위협이 노정되어 있음을 뜻한다. 武의 상표문에도 宋으로 가는 교통로가 고구려에 의해 차단되어 있었음을 호소하고 있으며, 고구려를 '强敵'으로 표현하고 있는 점에서 당시 왜인들이 갖고 있던 고구려에 대한 두려움을 반영해 주고 있다.

당시 일본열도는 畿內의 대화조정을 중심으로 한 수장연합체제였다. 그들 중 일부 세력은 철자원과 선진문물을 도입을 위해 남조 - 백제 - 가야 - 왜로 연결되는 교역로를 확보하여 한반도 남부지역과 긴밀한 통교관계를 유지해 왔다. 그러나 고구려의 남정으로 남부지역 일부가 그 세력권으로 편입되고 또 대송 교통로가 고구려에 의해 차단됨으로써 철자원과 선진 문물의 도입이 사실상 어렵게 된 것이다.

따라서 왜왕권은 기존의 교역로를 보호하고 또 독립적인 각 지역정권들을 왜왕권에 결집시키기 위해 고구려의 남침위협을 과장시킬 필요가 생긴 것이다. 이러한 고구려와의 일련의 긴장과 위협은 기존의 한반도와 일정한 이해관계를 갖고 있던 지역 수장층들을 왜왕권 중심으로 결속시켜 나가는 데 더할 나위 없는 좋은 방책이 될 수 있었기 때문이다.

이와 같이 왜 왕권은 중신들이나 또는 각 지역의 수장층들에게 중국의 장군호를 수여함으로써 독립적인 지방 호족들의 왕권으로의 결속도를 강화시켜 왕권의 위상을 높이려 하였다. 그 효과적인 방법의 하나가 왜왕권이 각 지역 수장층의 종속화 내지는 서열화를 위해 自稱號에 해당하는 私假制를 활용하는 것이다. 왜왕은 왜수를 비롯한 13인과 軍郡號를 받은 23인에게 먼저 송의 장군호를 수여한 다음 송왕조에 의해 공인을 받는 절차를 거쳐 임명하는 방법을 취한 것이다.

이처럼 왜왕권은 이들 지역 수장층에게 권위있는 중국의 장군호 수여를 통해 그들의 현실적 지역지배를 공인하여 공식화해 줌으로써 상대적으로 왜왕권의 위상을 높이려 하였던 것이다. 따라서 왜왕 武는 고구려에 대항할 것을 과장되게 내세우면서도 그 이면에는 송의 권위있는 장군호 수여를 통해 궁극적으로 왜왕권을 중심으로 하여 독립적인 지역 수장층을 서열화하여 왜왕권의 위상을 강화하는데 그 의도가 있었던 것이다.

5. 맺음말

이상으로 5세기 백제와 왜의 관계 추이를 고찰하기 위해 고구려의 남하와 관련하여 두 시기로 나누어 보고, 각 시기마다의 두 나라 관계상에 나타난 대외정책의 변화상과 그 특성을 밝히고자 하였다. 이를 요약하면 다음과 같다.

먼저 4세기 말에서 5세기 초에 걸쳐 고구려 광개토왕의 남진경략에 대응하여 백제는 국가 간 신뢰의 표상인 질자외교를 통해 왜에 청병외교를 벌린 것이 주효하여 백제의 동맹세력으로 대신라와 고구려전에 출병하게 되었다. 이때 백제의 요청으로 출병한 왜는 399~400년 전투와 404년 대방계 전투에서 백제와 가야군의 배후세력으로 참전하였으나 고구려에 의해 일방적으로 패퇴되었을 뿐 왜병이 한반도 출병을 계기로 하여 한반도에 장기적으로 주둔하여 군사적 지배를 관철시킨 사례를 찾아볼 수 없다.

왜가 4세기 말에서 5세기 초에 걸쳐 고구려의 남정에 대응하여 힘의 열세에 놓여 있던 백제의 요청으로 399~400년과 404년 전투에 참전하였으며 그 역할은 백제를 도와 고구려와 그 동맹세력인 신라를 배후에서 공격하는 배후 역할에 머물러 있었다. 주로 보병군단으로 구성된 왜병들은 중기병 기마군단으로 구성된 고구려군에 의해 일방적으로 궤멸되었다. 이 전쟁을 통해 백제와 왜 관계는 친백제노선의 왜를 친신라노선으로 변화시키려는 신라의 집요한 외교적 노력을 물리치고 간헐적인 우호관계를 더욱 강화시켜 나가는 계기가 되었다.

전지왕이 즉위하는 과정에서 왜가 등장하였는데 이 왜병은 왜에 체류였다가 왕위에 오르기 위해 귀국길에 오른 태자 전지를 호송하기 위한 목적이었음이 밝혀졌다. 왜에 체류한 경험을 가진 전지왕이 즉위함에 따라 백제와 왜는 아신왕대에 이어 친왜노선을 견지하였는데 409년과 418년 백제와 왜 간에 교섭이 바로 그것이다. 그리고 413년 왜와 동진과의 교섭은 백제의 도움에 의해 이루어졌는데 이는 왜가 체제 정비에 필요한 선진문물을 직접 수용하게 되었음을 의미한다.

5세기 후반 백제와 왜의 관계는 461년 개로왕의 동생 곤지의 왜 파견, 그리고 동성왕의 즉위과정에 나타난 왜의 역할을 통해 두 나라 간의 우호관계가 지속되고 있었으면서도 한편으로는 왜가 제라동맹체제에 대한 주도권을 놓고 백제와 암묵적으로 경쟁하려는 양면성을 가지고 전개되었다.

백제는 고구려의 남진공세에 대응하기 위해 신라와 동맹관계를 구축하면서도 왜에 개로왕의 동생 곤지를 파견하였는데 이는 청병사 역할과 왜정권 내의 세력기반 확립, 그리고 왜의 군사지배권에 대한 책동을 저지하려는 데 목적이 있었다. 그리고 동성왕 즉위과정과 관련하여 왜왕에 의한 책립설은 백제가 왜에 종속된 사례가 없기 때문에 성립될 수 없다. 그리고 5세기 말 동성왕대에는 백제와 신라의 관계를 기존의 제라동맹체제를 보다 강화하는 수준에서 결혼동맹을 통한 군사동맹관계로 한 단계 발전시켜 나갔지만, 반면 왜와는 왜 내부의 순탄치 않은 왕권의 불안정 등으로 인해 상대적으로 소극적인 관계를 유지한 것으로 보았다.

왜의 오왕시대에 왜가 처음으로 중국왕조와 교섭을 가진 시기는 413년이었는데 이는 왜가 동아시아의 책봉외교에 참여하게 되었음을 의미한다. 이어 421년 왜왕 찬이 송으로부터 받았던 除授의 내용은 438년 珍이 송태조에게 받았던 安東將軍倭國王으로 추정되고 이와 함께 백제의 영향으로 屬官制를 운영하였음을 알 수 있다. 438년 왜왕 珍代부터는 自稱號를 써서 송으로부터 제정을 받는 賜假制가 특징적인 현상으로 나타난다. 왜 오왕은 송과 가장 많은 교섭을 가졌으며 백제와 같이 남조 일변도의 외교관계를 가진 것으로 나타난다.

왜왕이 주장한 諸軍事 대상지역은 왜 및 백제를 포함하여 新羅·任那·加羅·秦韓·慕韓의 7개 지역이었으나 백제는 송에 의해 그 대상에서 제외되었다. 왜·백제를 제외한 나머지 5개 지역은 한반도와 관련 있는 지명이고 그 중 진한과 모한은 실재하지 않는 것으로 드러났다. 왜왕이 공인받은 한반도 남부지역에 대한 작호가 실재설과 명목설을 검토한 결과 실재설은 성립될 수 없는 것으로 드러났다. 여러 사료에 마한과 진한의 존재가 드러나지 않는 점, 왜가 5세기경에 한반도 남부에서 군사권을 행사한 사례가 보이지 않은 점, 加羅國王 荷知가 남제로부터 輔國將軍에 책봉된 점 등이 그 근거다.

중국왕조의 작호수여는 다분히 형식적이고 의례적인 성격을 갖고 있었지만 나름대로의 일정한 원칙 하에서 운영되고 있었다. 송이 백제를 제외시킨 이유는 백제가 이미 송으로부터 책봉을 받고 있었기 때문이었다. 그리고 당시 송은 백제와 고구려, 유연을 연결하는 대북위 포위망을 구축하여 북위의 군사적 공세에 대응하려 하였다. 송은 이런 정치적 군사적 목적을 충족시키기 위해 백제를 왜보다도 높이 평가하고 있었다.

또한 현실성 없는 작호 요청의 이면에는 당시 왜왕권이 추진하고 있었던 왕권 내부의 지배구조 변화와 관련이 깊은 것으로 볼 수 있다. 왜왕의 작호에 自稱號에 해당하는 私假制 실시는 독립된 지역 수장층들을 왜왕권으로 편제 결집시키는 데에 효과적인 방법이었다. 5세기대의 왜왕권은 각 지역 정권의 수장들에 의한 연합정권의 성격을 가진 것으로서 왕권의 기반이 안정되어 있지 못하였다.

따라서 왜왕권은 이들 지역 수장층들에게 중국의 권위 있는 장군호 수여를 통해 그들의 현실적 지역지배를 공인하여 공식화해 줌으로써 상대적으로 왕권의 위상을 높이려 하였던 것이다. 왜왕 무는 고구려에 대항할 것을 과장되게 내세우면서도 그 이면에는 송의 권위 있는 장군호 수여를 통해 궁극적으로 왜왕권을 중심으로 하여 독립적인 지역 수장층을 서열화하여 왜왕권의 위상을 강화하는데 그 의도가 있었던 것이다.

『왜 5왕 문제와 한일관계』, 한일관계사연구논집편찬위원회, 2005

3편

백제의 대외교류

백제의 문화교류와 국제성

1. 머리말

문화란, 한 사회나 국가를 구성하고 있는 사람들의 정신적인 가치 체계의 총체적인 표현이며 생활 방식이다. 문화는 소속 집단으로부터 학습이나 습득을 통해 공유되며, 다른 사회와 구별될 수 있는 정체성을 가지는 동시에 한 사회를 통합하는 기능을 수행한다. 또한 서로 다른 개인, 단체, 집단 등이 서로 접촉한 과정에서 자연스럽게 문화를 교류하는 현상이 생겨난다. 같은 세대 내에서 뿐 아니라 다음 세대로 전승되면서 고유한 전통 문화를 이루게 된다. 따라서 한 사회나 국가의 문화는 외부의 문화와 부단한 접촉을 통해 서로 영향을 주고받으면서 지속적으로 변모하는 사회적 · 역사적 소산이라 할 수 있다.

문화교류는 일반적으로 각 집단 간의 교류 목적과 사회적 필요성[1]에 의해 문화의 중심지에서 변방으로, 그리고 선진 지역에서 후진 지역으로 전달되는 것으로 이해되고 있다. 삼국이 중국으로부터 불교, 유교, 율령, 한자 등의 선진 문화 요소를 경쟁적으로 받아들여 체제 정비와 국가 발전에 크게 활용했던 점을 예로 들 수 있다. 그러나 대외교섭사 연구에서는 어떠한 문화 요소가 어디에서 어떠한 과정을 거쳐 전파 또는 이식되었는 지가 아니라 어떤 필요성에서 그 문화 요소가 어떻게 수용되어 변용되었는지에 대한 수용자의 관점이 보다 중요하다고 생각된다. 중국에서 도입된 문화요소가 체계적·일시적으로 이루어지는 것이 아니라 당시 국내 통치 실상에 맞추어 필요한 부분부터 우선적으로 수용되어졌을 것이기 때문이다. 이처럼 수용자에 의해 선택된 외래문화의 원형은 그 기층문화와 습합되면서 변용된 형태로 새로운 문화가 만들어지고 재창조되어 발전하게 되는 것이다.

백제는 삼국 중에서 비교적 활발한 대외 교섭과 이에 수반된 문물교류를 가진 것으로 나타난다. 백제가 활발한 대외관계를 가지게 된 요인은 여러 측면에서 제기되고 있다. 즉 여러 개의 고립된 지형구에 의한 다원적인 지역적 구성, 수로와 해로 교통의 편리함, 빈번한 수도 이동, 부여계와 마한계의 이중적 사회구조 등을 들고 있다.[2]

이러한 요인은 충분히 납득할 만한 견해인 것은 틀림없지만 여기에 부언해서 백제의 국가적 성장에 따른 전쟁의 빈발 등의 요인에 보다 주목해야 할 것으로 생각한다. 『삼국사기』에 나타난 각국의 대외관계 기사를 분석해 보면 백제의 평화적인 대외 관계 기사의 경우 18.3%로 21.2%인 고구려에 비해 낮게 나타나지만, 전쟁 관련 기사의 경우 20.6%로 18.3%인 고구려에 비해 비중이 높은 것으로 나타는 점[3]이 이를 입증해 준다.

백제가 이처럼 삼국 중 전쟁을 가장 많이 하였다는 것은 어느 면에서는

---

1) 문화교류가 지속적으로 이루어지기 위해서는 다음과 같은 사회적 필요성이 전제되어야 한다. 즉 상호 간에 이익을 얻을 수 있어야 하며, 한 사회나 국가의 발전을 위한 원동력이 되어야 하며, 해외에 대한 전문지식과 최신 정보를 습득할 수 있어야 한다. 그리고 자기 문화의 정체성과 위상을 새롭게 정립할 수 있게 되며, 나아가 자기 문화에 대한 국제화를 이룩할 수 있어야 한다는 점을 들 수 있다.
2) 이기동,『백제사연구』, 일조각, 1996, 2~3쪽 ; 노중국,「한성도읍기의 역사적 의의」『한성백제의 역사와 문화』, 송파구·송파문화원, 2007, 11~15쪽 및 「개요」『백제의 문화와 생활』(백제문화사대계 연구총서12), 충청남도역사문화연구원, 14쪽.
3) 신형식,『삼국사기 연구』, 일조각, 1981, 120~144쪽.

외적 방어를 위해 인력 동원과 권력 집중을 가능케 하여 국가적 성장을 촉진시키는 측면도 있지만,[4] 국가 존립을 위한 전략의 일환으로 활발한 대외관계를 촉진시킨 것이 주된 요인으로 작용한 것이 아닐까 한다. 백제는 국초부터 말갈·낙랑·마한·신라 등과 빈번한 전쟁을 벌일 정도로 대외관계의 비중이 높게 나타났다. 이어 4세기 후반 이후 삼국 항쟁기에는 고구려·신라·가야와 적대관계 내지는 전략적 제휴 관계를 맺어 국가의 존립과 한반도에서의 힘의 우위를 견지하려 하였다. 그 과정에서 중국의 남북조 세력과 남방의 왜 세력을 정치적으로 적절히 이용하는 활발한 대외관계를 가졌다.

이처럼 백제가 동아시아 국제정세의 변화 여하에 따라 한반도와 중국, 그리고 왜세력과 동아시아를 무대로 하여 활발한 대외관계를 전개함에 따라 다각적이고 국제적인 차원에서의 외교관계와 문물교류가 행해졌다.

지금까지 백제의 대외관계에 대한 연구는 주로 삼국의 항쟁과정과 관련한 백제의 대외관계 양상과 추이를 시기별로 검토하거나 또는 백제의 대중관계와 대왜관계의 양상과 성격을 고찰하는 정치적인 측면에서의 연구가 대종을 이루고 있다.[5] 또한 백제의 문물교류에 대한 연구는 여러 주거지와 고분에서 출토된 위세품의 획득과 사여를 통한 지방 통치방식의 양상과 변화,[6] 원거리무역 이론을 적용한 백제 교역권의 메카니즘 분석,[7] 무령왕릉

---

4) 신형식,「한국고대사의 성격」『한국의 고대사』, 삼영사, 2002, 83쪽.
5) 서영수,「삼국과 남북조교섭의 성격」『동양학』11, 1981 및 「삼국시대 한중외교의 전개와 성격」『고대 한중관계사연구』, 삼지원, 1987 ; 노중국,「고구려·백제·신라 사이의 역관계 변화에 대한 일고찰」『동방학지』28, 1981 ; 연민수,『고대한일관계사』, 혜안, 1998 ; 양기석,「百濟 威德王代의 對外關係 -對中關係를 중심으로-」『선사와 고대』19, 2003 ; 임기환,「한성기 백제의 대외교섭」『한성기 백제의 물류시스템과 대외교섭』, 학연문화사, 2004 ; 신형식,『백제의 대외관계』, 주류성, 2005 ; 한일관계사연구논집편찬위원회편,『한일관계사연구논집』1·2·3, 경인문화사, 2005.
6) 권오영,「4세기 백제의 지방통제방식 일례 -동진 청자의 유입경위를 중심으로-」『한국사론』18, 1988 :「고고자료를 중심으로 본 백제와 중국의 문물교섭」『진단학보』66, 1988 :「백제의 대중교섭의 진전과 무역도자」『강좌 한국사』4, 2003 :「백제문화 이해를 위한 중국 육조문화 탐색」『한국고대사연구』37, 2005 ; 성정용,「백제와 중국의 무역도자」『백제연구』38, 2002.

출토품과 남조 · 왜문물과의 비교 분석[8] 등 주로 고고학 분야에서 적지 않은 연구 성과를 제시해 주었다.

앞으로 백제의 대외교섭의 실태를 보다 동태적으로 파악하기 위해서는 백제의 대외관계가 대내적인 문제와 밀접히 관련하여 추진된다는 점, 백제가 고구려 · 신라, 그리고 중국왕조와 왜정권 등에 접근하려는 의도와 이들 국가의 대응 등에 대한 세부적이고도 면밀한 동향 파악이 필요하다. 그리고 백제의 대외교섭을 통해 수용된 외래 문물에 대한 기본적인 이해와 백제에서의 변용에 대한 이해가 보다 검토되어져야 한다. 또한 주요 물품의 생산지와 생산체계, 그리고 유통 문제 등 체계적인 물류시스템의 파악은 물론 이들 물품이 가지는 역사적 성격과 의미도 함께 검토되어져야 할 것이다. 문물교류는 국가 간에 이루어지는 공적 채널에 의한 것도 있지만, 그밖에 넓게는 비평화적인 전쟁을 포함하여 주민집단의 이주, 혼인, 기술의 전수 등 평화적인 인적 · 물적인 교류에 의한 것도 다각도로 검토해야 할 것이다.

2. 백제 문화의 특징

삼국 중 백제 문화는 고구려, 신라와는 달리 독특한 성격과 양상을 가지면서 발전하였다. 백제 문화는 일반적으로 부드러우면서도 섬세하고 화려하지 않으면서도 온화한 성격을 지니고 있는 것으로 평가되어 왔다. 백제 시조 온조왕이 새로운 궁궐을 지을 때 '검소하되 누추하지 않고 화려하되

---

7) 강봉원, 「원거리무역의 이론과 방법 -복합사회형성과정 연구와 관련하여-」 『한국고고학보』39, 1998 ; 이남규, 「한성기 백제 물류시스템과 대외교섭 연구의 제문제」 『한성기 백제 물류시스템과 대외교류』, 학연문화사, 2004, 9~29쪽 ; 김장석, 「물류시스템과 대외교류의 정치경제학에 대한 고고학적 접근」 『한성기 백제 물류시스템과 대외교류』, 학연문화사, 2004, 31~55쪽.
8) 권오영, 『고대 동아시아문명교류사의 빛 무령왕릉』, 돌베개, 2005.

사치스럽지 않았다[儉而不陋 華而不侈]'는 말이[9] 백제 문화의 성격의 일면을 잘 드러내 준다고 하겠다. 그러면서도 개방적이고 자기 개성을 가진 국제성 있는 문화 수준을 갖고 있었다.

예컨대 백제토기는 신라토기에 비해 장식성이 거의 보이지 않고 실용성이 강조되고 있으며, 다양한 기종 뿐 아니라 부드러운 곡선으로 이루어진 점이 특징이다. 아울러 생산과 유통이 체계적으로 이루어져 일정한 규격성을 갖고 있으면서 주변 국가에 제작기술을 전파하는 국제성을 갖고 있다. 양이부호 · 이중구연토기 · 조족문토기 · 삼족기, 이중구연호 등은 백제만의 특징적인 기종과 문양을 지니고 있지만, 중국과의 대외교류와 관련이 있는 것도 있다. 백제의 기와는 전체적으로 부드럽고 단아한 모습을 보이는데다가 산경문이나 귀형문, 봉황문 등 다양한 무늬를 새겨 넣어 부드럽고 격조 있는 조화를 보이고 있다.

백제 불상은 서산의 마애삼존불이나 부여 군수리의 절터에서 나온 납석제 여래좌상에서 보듯이 중국이나 일본처럼 어떤 정형이 없고 고졸하고 온화한 분위기가 단적으로 드러나는 조형미를 갖추고 있다. 백제의 탑은 익산 미륵사지탑과 부여 정림사지 오층석탑에서 보듯이 신라와는 달리 목조건축의 가구 방식을 채용하여 절제된 단순미를 나타내 주고 있다.

무령왕릉과 그 부장품들은 주로 중국 남조문화의 화려하고도 완숙한 기량을 보여주는 것으로 정교한 제작기술과 참신한 조형감각은 고구려, 신라와는 다른 백제의 미의식을 잘 보여주고 있다. 그밖에 백제 금속공예의 정수라 할 수 있는 백제대향로와 소조불상 등에서도 백제 문화의 화려한 예술 수준과 세련된 국제성을 보여주고 있다. 여기서는 여러 측면에 나타나는 백제 문화의 특징 몇 가지를 살펴보기로 하자.

백제 문화는 북방적 성격을 지니고 있다는 점이다. 백제 건국은 온조로 대표되는 고구려 계통의 유이민들에 의해 주도되었음이 『삼국사기』 백제본

9)『삼국사기』백제본기 온조왕 15년 춘정월.

기 시조설화를 통해 알 수 있다. 이를 입증해 주는 고고학적 근거가 서울 석촌동 일대에 분포하는 고구려식 적석총의 존재일 것이다. 적석총은 고구려의 중심지인 압록강 중하류와 그 지류에 집중 분포하고 있는데, 중국 동북지방의 어느 곳에서도 발견되지 않는 고구려 전기를 대표하는 묘제로 알려져 왔다. 이는 한반도 중부지역인 임진강과 한강, 특히 서울 석촌동 일대에 집중 분포되어 있는데,[10] 지역 간에 다소 세부적인 차이가 보이고 있으나 외형상 돌을 무덤 분구 축조에 이용하였다는 점에서 고구려 적석총과 관련시킬 수 있다.[11]

또한 백제 왕실에서 정치적으로 부여 계승의식을 주장하고 있다는 점이다. 『삼국사기』 백제본기 시조설화에 이설로 인용되어 있는 비류시조설화는 바로 부여출자설을 주장하고 있어 고구려 출자설을 내세운 온조시조설화와는 차이를 보여주고 있다. 백제 왕실 스스로가 그 출자를 부여 · 고구려계라고 표방하고 있었던 사실이 주목된다. 백제는 고구려와의 경쟁관계가 심화됨으로 인해 정치 외교적인 목적에 따라 자신의 출자를 때로는 부여에, 때로는 고구려에 연결시키기도 하였다.

시조 온조의 아버지가 고구려를 세운 주몽임에도 불구하고 그 출자를 고구려에서 나온 것으로 하지 않고 고구려와 더불어 부여에서 나왔다고 한 것은 부여족임을 강조하여 고구려와 비견하려는 정치적인 의도에서 비롯된 의식의 소산으로 볼 수 있다. 이는 개로왕이 북위에 보낸 국서에서 "臣與高句麗源出扶餘"라고 한 점,[12] 威德王이 고구려 장수와 姓이 같다고 한 점,[13] 그리고 538년 백제 聖王이 사비천도와 함께 국호를 일시적으로 南扶餘로

10) 1917년 일제강점기에 조선총독부에서 서울 석촌동 일대에 분포한 적석총 66기를 확인하였다(조선총독부, 『大正5年古蹟調査報告書』, 1917).
11) 임영진, 「서울지역 고분의 연구 현황과 과제」 『향토서울』66, 2005.
12) 『삼국사기』 백제본기 蓋鹵王 18년 ; 『魏書』 권100 열전 백제전.
13) 『日本書紀』 권19, 흠명기 14년조에 성왕의 아들 餘昌(威德王)이 고구려 장수와 대전하기에 앞서 "今欲早知 與吾可以禮問答者姓名年位 餘昌對日 姓是同姓 位是扞率 年二十九矣"라 한 기사를 참조할 것.

고친 사실에 의해서도 입증된다.

이처럼 백제는 직접적으로 고구려에 기원을 두었지만 때로는 부여에 국가적 기원이 있음을 표방하기도 하였다. 이는 백제 왕실이 고구려를 의식하여 부여의 정통 적자로서 그 정체성을 강조하기 위한 것으로 東明廟 배알 의식을 통해서도 발현되었다.

그러나 고고학적으로 백제가 부여 계통임을 입증하는 자료는 거의 없다. 중서부지방의 토광묘를 계통적으로 볼 때 중국 吉林의 柳樹 老河深유적과 南城子유적 동쪽의 帽兒山유적과 직접 연결되는 것으로 볼 수 없기 때문이다. 다만 백제의 건국설화에서 보듯이 그 지배세력은 고구려계를 중심으로 하여 북방 유이민의 여러 계통으로 구성되어 있었음을 보여주고 있다. 이 점은 백제의 언어와 복장이 고구려와 같다는 중국측 기록[14]에서도 입증된다.

백제는 도성체계와 축성법, 불교와 미술 분야 등에서 고구려를 비롯한 북방계 문물에 영향을 받은 것으로 나타난다. 백제 웅진·사비시기의 도성체계는 평지의 왕궁과 배후의 산성으로 이루어졌고, 또한 강을 해자로 활용한 점은 고구려의 것과 연결된다. 다만 사비 시기에는 고구려 도성 체계에다가 남조의 도성 체계를 가미하여 왕궁과 산성, 그리고 나성으로 연결된 동아시아의 발달된 독특한 도성 체계를 이룬 점에서 백제의 세련된 국제 감각을 엿볼 수 있다.

그밖에 고구려나 북방 문화와 관련시킬 수 있는 여러 문화 요소들을 열거할 수 있다. 즉 서울 석촌동의 적석총 이외에 부여 능산리 1호분 석실봉토분의 묘실 벽화, 한성시기에 유행하였던 서울 가락동 2호분 출토 흑색마연토기는 고구려나 중국 동북지방과 연관[15]시킬 수 있는 문화 요소이다. 그리고 청원 송대리 토광묘에서 출토된 마구류인 재갈과 청주 신봉동 등지에서 출토된 등자는 그 형태와 재질 및 제작 방법에 있어서 고구려와 통한다.

---

14) 『梁書』 권54, 열전 48, 제이 동이 백제 ; 『周書』 권49, 열전 41, 이역 상 백제.
15) 김원룡, 『한국고고학개설』, 일지사, 1986 ; 박순발, 「고구려와 백제 -사비양식 백제토기의 형성 배경을 중심으로-」 『고구려와 동아시아 -문물 교류를 중심으로-』, 2005,

이처럼 백제는 주로 한성시기에 적석총 이외에 도성 체계와 축성 기술, 마구와 무기류 등에서 고구려나 북방 문화와의 상호 관련성을 부분적으로 찾을 수는 있으나, 전반적으로 양국 사이의 장기간 정치적 적대 관계로 인해 호혜적인 문물 교류 양상을 찾기는 어렵다.

백제 문화는 지역적인 통일성을 결여한 채 다양한 전통성을 지니고 있는 점을 특색으로 한다. 백제 고분의 경우 서울지역에는 석촌동 3호분과 같은 적석총이, 공주지역에는 무령왕릉과 같은 벽돌무덤이, 그리고 영산강유역에는 나주 반남면 신촌리 9호분과 같은 전통적인 옹관묘와 왜계 전방후원분이 혼재해 있을 정도로 시기적으로 지역적인 다양성을 찾아 볼 수 있다. 지역적으로 문화의 다양성이 유지된다는 것은 문화의 폭을 넓히고 외래 선진문화의 수용을 통해 문화의 체질을 개선하며, 또한 자기 문화의 역량을 강화하여 외래문화에 대한 자생력을 높이는 장점이 있다. 오늘날 UNESCO에서 세계문화의 다양성을 강조하는 이유도 여기에 있다.

그러나 그 역기능을 고려해 볼 때 이 점이 백제 주도의 마한세력 통합을 오랫동안 저해시키는 부정적인 요인으로 작용한 것으로 보기도 한다. 그 원인에 대해서는 여러 측면에서의 검토가 필요하지만, 북방 이주민계의 지배세력과 마한 토착세력 구성에 의한 백제 사회의 이중성 문제나 또는 여러 개의 고립된 지형구획에 의한 다원적인 지역적 구성에서 찾는 견해가 있다.[16)]

백제가 활발한 대외관계를 전개한 것이나 또는 금동관과 자기류와 같은 위세품을 지방의 유력한 재지세력에게 사여하여 독특한 지방지배를 도모한 점 등은 이러한 단점들을 극복하기 위한 방안의 하나로 모색된 것이 아닐까 한다. 백제에서 금동관모가 출토된 지역은 천안 용원리, 공주 수촌리, 서산 부장리, 익산 입점리, 나주 신촌리, 고흥 길두리 등이고, 중국 도자가 출토된

---

16) 이기동, 앞의 책, 2~3쪽.

곳은 도성으로 알려진 서울 풍납토성과 몽촌토성을 비롯하여 원주 법천리, 천안 용원리 등으로서 무려 100여 개체가 넘는 많은 양이 출토되었다.

이를 통해 6세기 이전에는 중국 고급문화에 대한 백제 중앙과 지방의 지배층들의 욕구와 열기가 광범위하게 존재하였음을 알 수 있다. 삼한시대와 삼국 초기를 거치면서 백제의 중앙과 지방의 지배층들은 한군현과의 조공무역에 참여한 경험을 갖은 것이 중국 고급문화에 대한 잠재적인 수요를 형성한 것 같다. 이러한 위세품의 사여를 통한 지방지배방식은 중국이나 고구려, 신라, 왜에서도 찾아보기 어려운 백제만의 독특한 지방지배방식이라 할 수 있다. 백제는 획일적인 지배방식과 지역의 다양성을 조화시켜 지방지배의 효율성을 모색하려 한 점에서 백제 문화의 포용성을 엿볼 수 있다. 아울러 이런 측면에서 백제의 대외관계를 통한 선진 문화 수용의 필요성이 검토될 수 있다.

백제 문화는 대외적인 개방성과 국제성을 띠고 있다는 점이다. 백제는 강과 바다로 이어진 지리적 이점을 잘 이용하여 선진 문화의 수용과 교류 및 전파의 젖줄로 삼았다. 한강·금강 등 큰 강과 서해·남해를 연결하는 내륙과 연안 수로교통망은 백제의 활발한 대외활동을 촉진시키는 좋은 조건이 되었다. 강은 비옥한 평야가 열려 있어 농업생산력이 매우 풍부하고, 자연의 방어시설이 되며, 수량이 풍부하여 서해로 연결되기 때문에 水運 교통과 교역로서의 기능을 제공해 준다.

백제는 이러한 강과 바다가 갖는 지리적 호조건에 착안하여 한강과 금강에 각각 도읍지를 정해 국가 발전의 새로운 전기로 삼은 것이 그 좋은 예라 할 수 있다. 따라서 백제 문화는 내륙분지에서 강고한 토착문화를 지녔던 신라와는 달리 강 유역에 발달한 넓은 농경지와 바다라는 풍요로운 자연 조건을 기반으로 형성되었기 때문에 백제 특유의 온화하면서 섬세한 성격을 가지게 되었다.

백제는 이러한 지리적 이점을 십분 활용하여 서해를 통해 중국 남조의 세련된 선진 문화를 적극적으로 받아들였다. 무엇보다도 백제가 중국과의 대외교섭에 나서게 된 것은 백제 사회가 안고 있는 이중성 문제 해결과, 4세기 이후 격화되어 갔던 고구려와의 항쟁에서의 우위를 차지하기 위해서였다. 이는 백제가 중국 남조의 세련된 국제 문화를 받아들일 수 있는 수준과 여건이 형성되었기 때문에 가능한 것이었다.

백제는 건국 초부터 북방 문화 요소를 바탕으로 기존의 토착 마한 문화 기반에다가 새로이 중국 군현을 통한 낙랑 문화, 한강 동북지방의 濊系 문화 등을 수용하여 외래문화 수용에 따른 문화적 충격을 완화시키고 나아가 외래문화에 대한 포용성과 문화 역량을 점진적으로 증대시켜 왔다. 4세기 후반 이후 백제가 다시 중국의 선진문화를 적극 수용함으로써 자기 문화에 대한 체질을 보다 강화하고 문화의 수준과 폭을 제고시킨 점에서 개방성과 국제성을 가진 세련된 국제 문화로 거듭 탄생한 것으로 볼 수 있다.

백제가 4세기 이전에 중국과 대외 교섭을 벌인 것은 西晉(265~316)과 한군현을 통해서 이루어졌다. 그 교섭 방법은 조공무역을 통한 위세품 수여, 경제적인 무역, 그리고 한군현 주민의 이주 등을 상정해 볼 수 있다. 지금까지 출토된 서진대의 자료는 서울 몽촌토성과 풍납토성, 홍성 신금성 등에서 출토된 西晉의 施釉陶器와 錢文陶器 등이다.[17] 이때의 교섭은 낙랑군이나 東夷校尉府(襄平)를 통해 이루어진 것으로 추정된다. 그 후 서진에 이어 등장한 東晉代(317~418)에 이르러서는 백제와 공식적인 국가 간의 교섭을 벌이게 되었는데, 근초고왕 27년(372)의 일이었다. 백제 근초고왕은 한반도 서남부에 이르는 영역을 확보한 이후 동진으로부터 鎭東將軍 領樂浪太守라는 관작을 제수 받게 되었다.[18]

백제지역에서 동진제 물품이 출토된 것은 서울 풍납토성 출토 청동초두,

17) 권오영, 「백제의 대중교섭의 진전과 문화변동」 『강좌 한국사』4, (재)가락국사적개발연구원, 2003, 3~6쪽.
18) 『晉書』권9 帝紀 簡文帝 咸安 2년. 중국 사서에 백제왕의 이름이 나오는 것이 처음이다. 이제는 伯濟國王으로서 북부 마한연맹의 영도권을 행사하는 '馬韓王'가 아니라 마한 전체를 대표하는 '百濟王'으로서의 위상을 갖게 된 것이다. 372년 백제가 동진과의 첫교섭을 통해 동아시아에 그 공식적인 국가 실체를 드러낸 것으로 그 의미를 찾을 수 있다.

몽촌토성 출토 금동대금구, 원주 법천리 출토 청동초두와 羊形器, 포천 자작리 · 천안 화성리 출토 청자반구호 등이 소개되어 있다.[19] 4세기를 기점으로 동진대의 청자, 흑자계수호 · 반구호, 양형기 등 다양한 기종들이 유입되어 중앙과 지방의 고분 부장품으로 매납되고 있다. 이들 금동대금구와 도자류들의 유입과 확산은 고구려나 신라와는 달리 중국 선진 문물에 대한 선호와 수요 기반이 폭넓게 존재하고 있었음을 입증해 준다.

이러한 배경이 백제로 하여금 위세품의 사여를 통한 특색있는 지방지배 방식을 관철케 한 것이 아닐까 한다. 이러한 지배층을 위한 위세품 이외에도 화성 기안리에서 확인된 낙랑토기와 제철관련 기술유구, 풍납동토성 성벽 축조 기술에 적용된 敷葉工法 등이 낙랑의 선진 기술에 영향을 받은 것으로 알려지고 있다.[20]

이후 웅진 시기의 백제의 대중관계를 극명하게 드러내 주는 것이 공주 무령왕릉과 그 부장품이다. 이 시기에는 웅진 천도 직후의 정치적 혼란이 어느 정도 수습되고 고구려에 대한 공세적 전환이 이루어질 정도로 정치적 안정을 찾은 때였다. 무령왕릉의 구조가 중국 남조의 묘제를 모방하였고, 묘지와 매지권을 비롯하여 寧東大將軍의 관작, '不從律令'이란 표현, 27개월의 喪葬制, 자기류와 오수전 등은 남조의 매장 관행을 비교적 충실히 따르고 있다. 이를 통해 무령왕대에 백제 지배층이 중국 남조 문화에 경도되어 있을 정도로 남조 문물을 적극 수용한 것임이 밝혀졌다.[21]

---

19) 백제지역에서 출토된 금동대금구와 도자류에 대한 주요 연구 성과는 다음이 참고가 된다. 小田富士雄, 「월주요청자를 반출한 충남의 백제토기」『백제연구』특집호, 1982 ; 권오영, 「4세기 백제의 지방통제방식 일례 -동진청자의 유입경위를 중심으로-」『한국사론』18, 1988 ; 윤용이, 「백제유적 발견의 중국도자를 통해 본 남조와의 교섭」『진단학보』66, 1988 ; 이난영, 「백제지역출토 중국도자연구 -고대의 교역자기를 중심으로-」『백제연구』28, 1998 ; 박순발, 「한성백제의 대외관계」『백제연구』30, 1999 ; 성정용, 「백제와 중국의 무역도자」『백제연구』38, 2003.

20) 권오영, 앞의 글(2003), 9~10쪽.

21) 권오영, 「상장제를 중심으로 한 무령왕릉과 남조묘의 비교」『백제문화』31 및 『고대 동아시아문명교류사의 빛 무령왕릉』, 돌베개, 2005.

사비 시기에 이르러서는 講禮博士 陸詡를 초빙하여 五禮를 정비하였는데,[22] 시호제 실시, 仇台廟 제사와 같은 국가 제전이 정비를 보게 되었다. 사비 천도를 계기로 『周禮』에 입각한 22부사제의 채용, 사비도성이 설치 등에서도 중국 남조와의 관련성이 찾아진다. 그러나 6세기 후반 위덕왕대에는 월주요를 위주로 한 남조 청자만이 아니라 북조계의 자기도 이입되는 것이 특징이다. 그밖에 부여 정림사지와 능사에서 출토된 籠冠陶俑은 北魏 永寧寺의 것과 거의 같다.[23] 이는 위덕왕대에 남북조시대의 변화에 따라 북제, 북주와 교섭을 벌인 점과 무관치 않다.

이처럼 백제는 중국의 선진 문화를 일방적으로 전수받는 역할만을 한 것은 아니었다. 백제는 새로 수용한 선진 문화를 개성이 있는 자기 문화로 변모시켜 이웃 신라나 가야, 그리고 바다를 건너 일본열도에 전파하는 교량 역할도 수행하였다. 그러한 문화 전파의 흔적이 여러 곳에서 찾아진다. 이러한 백제 문화의 동류 현상은 한 집단과 집단 간의 단순한 문물 교류에 국한된 것이 아니라 한반도에서 벌어진 치열한 삼국 간의 항쟁이라는 정치적 배경과 관련하여 장기간에 걸쳐 국가 차원에서 이루어진 것이 많았다.

백제와 가야, 일본 간에는 장기간에 걸쳐 문물교류가 이루어지다가 6세기 이후부터는 제도적인 관계로 발전하였다. 반면 백제와 신라의 관계는 주로 433년에서 551년에 결성된 제라동맹기에 간헐적으로 이루어졌다. 이 시기 백제와 신라 간의 문물 교류를 보여주는 사례가 공주 수촌리 II-4호 횡혈

---

22) 위덕왕대의 대외관계를 다룬 주요 연구는 다음과 같다. 양기석, 「백제 위덕왕대의 대외관계 -대중관계를 중심으로-」 『선사와 고대』19, 2003, 227 · 254쪽 ; 김수태, 「백제 위덕왕의 정치와 외교」 『한국인물사연구』, 2004, 184쪽 ; 박윤선, 「위덕왕대 백제와 남북조의 관계」 『역사와 현실』61, 2006, 87~116쪽.

23) 이 소조상을 북조계 문물로 보는 견해가 있으나(奈良國立文化財研究所, 『北魏洛陽永寧寺』, 1998 ; 신광섭, 「능산리사지 발굴조사와 가람의 특징」 『백제 금동대향로와 고대 동아시아』(백제금동대향로 발굴10주년기념 국제학술심포지움 발표요지), 부여박물관, 2003, 55쪽), 그 도상의 계보를 검토하여 이를 541년 경에 남조 梁의 것으로 보는 견해도 있다(박순발, 「백제 '농관용' 연구」 『백제연구』48, 2008, 34~59쪽).

식석실묘의 금동관모에 새겨진 용과 당초무늬는 경주 황남대총 남분 출토 품과 관련이 있고, 공주 송산리 4호분 출토 허리띠 뜨리개는 재질과 문양 면에서 신라 것과 동일한 것으로 판명되었다. 백제의 관모, 금동신발, 귀걸이 등의 공예품은 신라와 다소 차이가 있지만, 그 장식 문양과 독특한 누금기법 등은 신라와 관련이 있는 것으로 여겨진다.

그밖에 금박유리구슬, 마구류, 원두대도, 삼엽고리자루긴칼, 기와 등에서도 양국 간의 문물 교류가 이루어진 것이 찾아진다. 특히 643년 황룡사 9층탑을 조영할 때 백제 장인 阿非知가 큰 역할을 한 사례[24]를 통해서 볼 때 양국이 적대 관계에 있을 때에도 제한적인 범위 내에서 교류가 이루어지고 있었음을 보여주고 있다.

백제와 가야와의 문물 교류를 살펴보면 서울 풍납토성에서 출토된 소가야토기를 통해 4세기 후엽부터 가야와의 교류가 시작되었음을 알 수 있다.[25] 대가야가 백제와 교섭을 시작하는 5세기 후반부터 철제 모형농공구·이식·장식대도·마구류 등에서 백제의 영향이 나타나기 시작하다가 6세기 중엽 경부터는 점차 횡혈식석실묘를 수용하는 단계로 발전하게 된다. 백제가 대가야를 비롯한 가야지역에 선진문물을 공여한 것은 양국 간의 유대를 보다 강화하려는 정치적 의도에서였음이 짐작된다.

백제와 왜와의 관계는 가야와 함께 긴밀한 우호관계를 바탕으로 하여 불가분의 관계를 가지고 있었다. 4세기 후반 양국 간에 국교가 성립된 이래 4세기 말~5세기 초 광개토왕의 남정, 475년 고구려에 의한 한성 침공과 함락, 554년 관산성 전투, 그리고 660년 나당연합군에 의한 백제 멸망을 계기로 하여 양국 간의 관계는 대체로 특별한 교류 관계를 유지하였다. 양국 관계는 단순한 문물 교류에 그친 것이 아니라 계기마다 많은 주민들이 집단 이주함으로써 일본에 직접 선진 기술과 고급문화를 이식시켜 일본 고대국가

---

24) 『삼국유사』 권3, 탑상4, 황룡사구층탑.
25) 권오영, 「풍납토성 출토 외래유물에 대한 검토」 『백제연구』36, 25~48쪽.

수립과 고대 문화 형성에 기여한 것으로 판단된다.

4세기 말 이후 백제가 왕족외교를 통해 왜와 긴밀한 정치적 관계를 유지하였고,[26] 5세기 후반에는 昆支가 왜에 파견된 이래 東城王부터 곤지계가 왕위에 올라 정권을 장악하게 된다. 이러한 분위기를 타고 왜인이 백제 관료로 활동하는 현상도 나타났고,[27] 백제의 중심부와 영산강 지역에서는 일시적으로 왜계 고분과 문물이 출현하기도 하였다. 웅진 시기에는 공주 단지리유적의 왜계 橫穴墓,[28] 그리고 5세기 말~6세기 전반에는 전방후원형고분과 분주토기·銅鏡·有孔廣口壺 등 왜계 유물이 영산강유역에서 나타나는[29] 등 당시 백제 중앙이나 영산강 지역에서 왜와의 교류 사실을 짐작케해주고 있다.

한편 6세기에 들어서면서 백제는 대고구려전을 수행하는 과정에 왜와 긴밀한 우호관계를 유지하게 된다. 백제는 왜에 고대국가 통치 기술과 지배이념 확립에 필요한 새로운 선진 문물을 제공하였고, 왜는 반대급부로 백제에 유사시에 약간의 군사와 군수물자를 지원하는 단계로 발전시켜 나갔다. 이러한 배경 하에서 이루어진 교류 사실을 반영하는 것이 무령왕릉에서 출토된 일부 유물이다. 무령왕릉에서 출토된 목관재는 왜에서 수입한 金松임이 밝혀졌고[30] 부장품인 동경 역시 倭鏡과 관련이 있는 것으로 지적[31]되고

26) 연민수,「백제의 대왜외교와 왕족」『고대한일관계사』, 혜안, 1998, 431~461쪽.
27) 이재석,「소위 왜계백제관료와 야마토 왕권」『한국고대사연구』20, 2000, 531~567쪽.
28) 이호형,「공주 단지리 횡혈묘군을 통해 본 고대 한일교류」『한국고대사연구』50, 2008, 233~264쪽.
29) 영산강유역에 분포하는 전방후원분의 축조집단과 성격에 대해서는 많은 논란이 제기되고 있다. 이에 대한 주요 연구 성과는 다음과 같다. 東潮,「榮山江流域と慕韓」『展望考古學』, 考古學研究會, 1995 ; 임영진,「호남지방 석실분과 백제의 관계」『호남고고학의 제문제』, 제21회 한국고고학대회발표요지, 1997 ; 최성락,「전방후원형 고분의 연구현황과 과제」『박물관연보』8, 목포대박물관, 2000 ; 田中俊明,「영산강유역에서의 전방후원형고분의 성격 -조묘집단의 성격을 중심으로-」『지방사와 지방문화』3-1, 2000 ; 주보돈,「백제의 영산강유역 지배방식과 전방후원분 피장자의 성격」『한국의 전방후원분』, 충남대 백제연구소, 2000.

있다. 반면 백제가 일본열도에 전파해 준 문화 요소로는 이중구연토기·양이부호·조족문토기 등 마한계 토기류를 비롯하여[32] 와전·부뚜막시설[33]·대벽건물[34]·장식대도·횡혈식석실묘[35] 등 일상생활에서 위세품이나 장송의례품에 이르기까지 백제의 다양한 문물들이 포함되어 있다.

이 시기 양국 관계에는 물적인 교류 못지않게 인적인 교류도 활발히 이루어졌다. 한반도 정세와 관련하여 많은 이주민들이 일본열도에 건너갔는

30) 박원규 외, 「무령왕릉 출토 관목분석을 통한 고대 한일관계」 『백제문화를 통해 본 고대 동아시아 세계』, 공주대 백제문화연구소, 113~131쪽.

31) 小田富士雄, 「武零王陵の發見と日本考古學界の硏究傾向」 『무령왕릉과 동아세아문화』, 국립부여문화재연구소, 2001, 58~59쪽.

32) 백제 토기인 양이부호·흑색마연토기·광구단경호·직구호 등은 낙랑토기 제작기술의 영향을 받은 것으로 이해되는데(이성주, 「원삼국시대 토기의 유형·계보·편년·생산체계」 『한국고대사논총』2, 1991 ; 권오영, 「물자·기술·사상의 흐름을 통해 본 백제와 낙랑의 교섭」 『한성기 백제의 물류시스템과 대외교섭』, 학연문화사, 2004 ; 박순발, 「백제토기 형성기에 보이는 낙랑토기의 영향」 『백제연구』40, 2004 참조), 그 중 양이부호·이중구연토기와 시루는 일본 규슈지방의 西新町遺蹟에서 발견되고 있어 우리나라 남부지방에서 일본으로 전파된 사실을 예시해 준다(福岡縣敎育委會, 『西新町遺蹟』Ⅲ·Ⅳ, 2000·2002).

33) 일본열도에서 주거지에 부뚜막시설이 처음 등장하는 것은 3세기 후반 경으로 북큐슈지역인 福岡縣 西新町遺蹟에서이다. 5~6세기 경에는 남부지역 대부분으로 확산되는데, 이는 마한과 백제의 영향을 받은 것으로 알려지고 있다(김규동, 「한반도 고대 구들시설에 대한 연구」 『국립공주박물관기요』2, 2002, 28~32쪽). 이는 일본열도에 백제계 취사문화를 이식시켜 생활 문화 혁신에 기여한 것으로 판단된다.

34) 대벽건물은 5세기 후반~7세기 중엽까지 백제의 왕도인 공주·부여지역에서 집중적으로 발견되고 있다. 일본열도에서는 5세기 전반~8세기 전반에 걸쳐 왜 왕권의 중심지역인 近畿지역에까지 널리 보급된 것으로 조사되었다(靑柳泰介, 「「大壁建物」考 - 韓日關係의 具體相 構築을 위한 一試論」 『백제연구』35, 2002 ; 권오영, 「벽주건물에 나타난 백제계 이주민의 일본지역 정착」 『한국고대사연구』49, 2008 참조). 이는 백제계 이주민의 일본열도 정착과 함께 난방·취사 문화 뿐 아니라 생활 주거 환경도 크게 개선되어 고급 생활 문화 혁신을 초래한 것으로 볼 수 있다.

35) 횡혈식석실은 4세기 말경에 북큐슈지역을 중심으로 출현하지만 5세기 말경부터 새로운 계통의 횡혈식석실이 畿內지역에 먼저 등장하고 이어 6세기 경에는 백제계 대벽건물의 출현과 함께 백제계 횡혈식석실이 널리 확산되는 추세를 보인다(柳澤一男, 「古墳の變遷」 『古代を考える古墳』, 吉川弘文館, 1989).

데, 이들이 지니고 있던 선진 기술과 지식, 그리고 불교·유학·도가사상·천문·역법 등 고도의 정신 문화요소는 단순한 문물 교류 차원을 넘어 일본 고대 국가의 성립과 고대 문화의 바탕을 형성하는데 크기 기여하였음은 주지의 사실이다.

양국 간에 공적 교류를 제도적으로 정착시킨 때는 6세기 초 무령왕이 五經博士를 왜에 파견하면서부터이다. 일본열도에 건너간 이주민들 중에 왜 왕권과 관련을 가지며 두드러진 역할을 한 유력한 씨족들이 나타났는데, 秦氏·東漢氏·西漢氏·吉士集團·蘇我氏 등이 유명하다. 특히 蘇我氏는 웅진 천도 때 文周王을 보필하였던 木協滿致와 같은 인물로 보고 견해도 있다.[36] 소아씨는 6~7세기 중엽에 걸쳐 천황의 외척이 되어 왜 왕권 최대의 정치세력을 형성한 집단이다. 소아씨는 백제로부터 불교를 적극적으로 받아들여 불교를 흥륭시킨 인물이다.

3. 동아시아문화권과 백제 문화

백제 문화의 국제적 성격을 언급할 때에는 동아시아문화권이라는 통일적인 관점에서 접근하는 연구 방법이 있다. 일반적으로 동아시아문화권은 그 지역에서의 문화의 공통 요소와 함께 각 지역이 가지는 특수성이 존재할 때에 성립하는 것으로 보고 있다.[37] 동아시아문화권의 공통적인 4대 기본 요소는 율령제와 한자, 유교와 불교이다. 그 가운데 율령제를 제외하면 한자·불교·유교는 종교 내지는 정신문화에 속하며, 이 점이 동아시아문화권의 특징이 되기도 한다. 한반도와 일본열도의 정치체들이 중국과 활발한

---

36) 木協滿致는 解氏세력에 밀려 倭로 건너가 蘇我氏의 시조가 되었다고 보는 견해도 있다 (山尾幸久,「任那に關する一試論 -史料の檢討を中心に-」『古代東アジア史論集』下, 1978, 216~219쪽 ; 鈴木靖民,「木滿致と蘇我氏」『日本のなかの朝鮮文化』50, 1981, 66~69쪽).

교섭을 벌이면서 중국의 4대 기본 요소를 도입하게 됨에 따라 唐代에 이르면 동아시아에서 하나의 문화권이 형성된다는 것이다.

중국의 문물이 백제에 본격적으로 들어오기 시작한 것은 그 국가 체제가 어느 정도 갖추어지는 4세기 후반 근초고왕대의 일이었다. 불교와 유교를 매개로 하여 중국의 선진문물이 대거 백제에 유입되었다. 백제의 대중관계는 고구려, 신라와 마찬가지로 정치·외교적 측면에서 볼 때 朝貢關係의 틀 속에서 이루어진 것으로 이해되고 있다.

백제는 근초고왕 27년(372) 東晉(317~418)과 국교를 공식적으로 맺은 이래 宋(420~479), 南齊(479~502), 梁(502~557), 陳(557~589) 등 주로 중국 남조국가와 대외관계를 유지해 왔다. 6세기 후반 威德王代(554~598) 이후부터 남북조의 변화기를 이용하여 중국 북조국가인 北齊(550~577), 北周(556~581)와, 그리고 남북조 통일 후에는 隋(581~604), 唐(618~907)과 660년 그 멸망기까지 각기 공식적인 대중관계를 벌인 것으로 나타난다.

특히 백제는 6세기 정치적 안정을 되찾으면서 중국 남조 국가와 활발한 교섭을 전개하면서 여러 분야에 걸친 남조 문화의 정수를 지속적으로 수용하게 되었다. 이 시기 백제의 남조 문화 수용은 각종 문물제도와 학술, 사상, 종교 등 다방면에 걸쳐 이루어졌다. 이러한 다양한 분야에 걸친 남조문화는

---

37) 동아시아문화권은 한국과 일본, 그리고 중국을 그 설정 범위로 하고 있지만 때로는 베트남까지도 포함시키고 있다. 동아시아문화권의 네가지 공통 요소는 漢代부터 형성되기 시작한 것으로 보고 있다. 이러한 정신문화가 중국 주변의 국가에 전파되어 동아시아문화권을 형성하기 위해서는 정치·군사력과 같은 규제력이 필요하다는 것이다. 이러한 정치적·군사적 규제력을 행사하기 시작한 것은 바로 한제국이기 때문에 그 형성 시기를 한 대로 보고 있는 것이다. 그러나 위진 남북조의 혼란기를 거치면서 胡漢體制가 등장하고 대신 한 제국질서는 붕괴되었다. 호한체제는 정권이 다극화하고 불안정하였지만 그 속에서도 동아시아문화권은 지속적인 발전을 거듭하면서 당의 출현으로 완성을 보게 되었다는 것이다. 당은 유교주의에 바탕을 둔 중앙집권적인 황제지배체제를 지향하고 율령국가를 완성하였다는 것이다. 동아시아문화권에 대한 주요 연구는 다음과 같다. 井上光貞,「律令國家の形成」『岩波講座 世界歷史』古代6, 1971, 282쪽 ; 전해종,「동아시아문화권」『역사와 문화』, 일조각, 1976 ; 고병익,『동아사의 전통』, 일조각, 1976 ; 堀敏一,『律令制と東アゾア史世界 -私の中國史學(二)』, 汲古書院, 1994, 113~174쪽.

무령왕과 성왕대의 체제 개혁에 큰 바탕이 되었음은 물론이다. 중국의 율령
·한자·불교·유교는 백제에 그대로 이식되어 백제 현실에 맞게 변용되었
다. 백제의 중국 신문물의 수용 그 자체는 문화의 선진화와 정치 발전 수준
을 가능케 해준 새로운 세계의 발견이었다.

중국의 문물 중 율령은 백제 사회의 새로운 성문화된 국가 지배조직의
기본 법전으로서 중앙집권적 일원적 지배체제 성립을 알리는 중요한 지표
가 된다. 중국 율령은 동아시아 여러 나라에서 국가 통치의 규범으로서 널
리 수용되면서 동아시아에 독자적인 문화적 세계인 동아시아문화권을 형성
시키는데 중요한 역할을 담당하였다.

백제의 경우 관련 자료의 부족으로 인해 율령 반포 시기와 그 시행 여부
및 내용, 그리고 율령이 백제 사회에 끼친 연향 등에 대해 잘 알려져 있지 않
다. 그 반포시기에 대해서는 여러 견해가 있으나,[38] 『書記』가 편찬되고 박
사제가 운용되었던 근초고왕대(346~375)로 보는 것이 타당할 듯하다. 율령
의 반포 시기가 고구려는 소수림왕 3년(373)이고, 신라는 법흥왕 7년(520)
인 것으로 보면 고구려와 거의 같은 시기이며 신라보다는 훨씬 빨랐음을 알
수 있다.

백제 율령에 대한 내용을 분석해 보면 대체로 유교 사상에 대한 이해를
바탕으로 하였으며, 중국 율령을 참고하였으면서도 백제의 전통적 특색을
유지한 것으로 나타난다.[39] 백제 초기에는 마한의 사회적 전통을 반영하는
관습이나 사회규범을 따르다가, 4세기 후반 근초고왕대에 이르러 고유법의

---

38) 백제의 율령 반포 시기에 대해서는 ① 고이왕대로 보는 견해(이종욱, 「百濟王國의 成長 -
統治體制의 강화와 專制王權의 성립-」, 『大丘史學』12 · 13, 1977), ② 근초고왕대로 보는
견해(노중국, 「백제 율령에 대하여」 『백제연구』17, 1986 ; 박림화, 「백제율령 반포시기에
대한 일고찰」 『경대사론』7, 1994 ; 강종원, 『4세기 백제사연구』, 서경, 1994), ③ 5세기 후
반~6세기 전반경으로 보는 견해(井上秀雄, 「百濟の律令體制への變遷」 『律令制 -中國朝
鮮の法と國家-』, 唐代史研究會編, 1986)가 있다. 위 기사와 동일한 내용이 『신당서』 권
199 상 열전 백제전에 보이고 있어 율령체계가 어느 정도 완성된 사비시대의 것을 고이왕
대로 부회된 것으로 보고 있다(노중국, 앞의 책, 265~267쪽).
39) 노중국, 앞의 책, 272쪽.

바탕 위에 고구려와 함께 晉의 泰始律令을 모체로 한 도입된 새 율령이 시행되었을 것이다.

그 후 웅진 시기와 사비 시기를 거치면서 백제가 주례주의적 정치이념을 강조한[40] 일, 〈무령왕릉묘지석〉의 '不從律令' 기사의 존재, 그리고 성왕 때 講禮博士 陸詡를 초빙한 사례들을 감안해 보면 백제 율령은 몇 단계에 거쳐 정비되었을 것으로 생각된다. 이때에 백제는 아마 남조 국가와의 활발한 교류를 통해 晉의 泰始令을 계승한 梁의 天監令(503)을 수용하면서 무령왕과 성왕대의 여러 제도 개혁에 필요한 禮에 대한 내용을 보완하였을 것이다.

7세기 이후에는 통일된 도량형 사용이라든가 규격화된 물질문화의 일면을 감안해 보면[41] 율령이 사회의 규범으로 어느 정도 자리 잡고 있었다는 개연성을 시사해 준다. 이때에는 백제가 수당 제국과의 교섭을 벌이면서 본격적인 律令型國家 단계[42]로 이행하는 것으로 이해된다.

이처럼 백제 율령는 고유법 바탕 위에서 중국의 율령을 수용하여 국왕 중심의 새로운 국가 질서 확립에 활용하였고, 이를 일본에 전파하여 고유법 제정에 영향을 주었을 것으로 생각된다. 백제가 일본에 유학을 전수하고 또한 오경박사를 정례적으로 파견한 사실 등에 미루어 보아 604년 일본이 聖德太子에 의한 헌법 17조 제정에 일정한 역할을 하였을 개연성은 높다.

한자는 문화 전파의 수단이 되면서 동아시아의 국제적 문자로서 그 위치를 확보하기에 이르렀고, 주변 여러 나라는 이를 변형하여 새로운 문화 매개체로 활용하였다. 백제에 한자가 전래된 것은 한군현으로부터의 영향으로 생각된다. 백제 초기부터 낙랑과 정치적으로나 군사적으로 빈번히 교류

---

40) 이기동, 「백제국의 정치이념에 대한 일고찰 -특히, 주례주의적 정치이념과 관련하여-」 『진단학보』69, 1990, 1~15쪽.

41) 山本孝文, 『삼국시대 율령의 고고학적 연구』, 서경, 2006.

42) 율령형 국가란 율령의 존재를 문서상으로 확실하게 입증할 수 없지만 물질 자료의 측면에서 율령의 시행을 상정할 수 있는 단계를 말한다(山本孝文, 앞의 책, 57쪽). 중국의 율령창시국가에 해당하며, 일본은 율령국가에 해당하는 것으로 분류하였다.

를 하고 있었던 배경 속에서 한자가 전래되었을 가능성은 높다.

유물상으로 확인된 가장 오래된 예는 청주 봉명동유적에서 출토된 '大吉' 명 청동방울이다. 서울 풍납토성에서 출토된 '井'·'大夫' 명 항아리와 '直' 명 전돌, 그리고 미사리 주거지에서 출토된 벼루 등을 통해서 일찍부터 문자생활에 익숙한 것으로 알려지고 있다. 칠지도의 명문이나, 무령왕릉 묘지석, 사택지적비와 당평제비와 같은 금석문, 목간, 그리고 『서기』와 같은 역사서의 편찬 등에 미루어 볼 때 백제의 한자 사용이 문화 수준의 향상에 중요한 매체가 되었음을 보여주고 있다. 무령왕릉 묘지석이나 '梁官瓦爲師矣' 명 전돌, 능숙한 四六騈儷體의 사용 등에서 미루어 보면 한자가 중국의 발달된 남조문화를 수용하는데 매우 유용한 소통수단이 되고 있었음을 보여주고 있다. 특히 472년 개로왕이 북위에 보낸 상표문에 세련된 문장 사용과 해박한 고전 인용 등에서도 높은 백제의 학문 수준을 엿볼 수 있으며, 이는 어느 면에서 백제가 한자사용을 통한 동아시아문화권에 속해 있었음을 보여주고 있다.

이러한 한자 사용을 통한 수준 높은 백제 문화는 이웃 신라와 일본의 학문 발달과 문화 수준 향상에 일정한 영향을 주었을 것으로 여겨진다. 제라동맹기에 신라가 백제의 금석문을 다루는 기술을 습득하여 낙후한 신라의 금석문과 서체 사용에 영향을 주었다.[43] 백제는 신라뿐 아니라 후발성의 일본에 한자 사용 능력과 그에 따른 학문 발달에 큰 영향을 준 것으로 나타난다.

근초고왕 때 王仁이 일본에 건너가 태자의 스승이 되고 『論語』와 『千字文』을 전하였는데, 후일 그의 씨족이 書首란 문인직의 시조가 되었다고 한다. 이때 왕인이 전해준 『천자문』은 魏의 種繇가 쓴 것으로[44] 백제가 중국

---

43) 허흥식, 「한문자의 사용」『백제의 문화와 생활』, 백제문화사대계 연구총서12, 충청남도 역사문화원, 2007, 264쪽.
44) 이병도, 「백제학술 및 기술의 일본 전파」『한국고대사연구』, 박영사, 1976, 579쪽.

남조와의 교섭을 통해 수입한 것이다. 근초고왕 때 일본에 전해진 칠지도의 명문, 무령왕대 이후 일본에 건너간 오경박사의 활동, 宋의 元嘉曆法의 채용과 백제 승 觀勒의 역할 등 이루 매거하기 어려울 정도의 백제의 학술과 정신문화 요소들이 일본에 전해진 것이다. 특히 478년 왜왕 武가 중국 宋에 보낸 상표문은 세련된 문장 사용과 폭넓은 고전 인용 사례 등에서 475년 개로왕이 북위에 보낸 상표문과 일정한 관련이 있는 것으로 보인다. 그리고 『일본서기』에 인용된 백제삼서의 존재라든가 특히 백제의 불교 전파를 통해 일본이 비로소 한자를 공식적으로 사용하게 된 점[45]에서 백제의 큰 영향력을 찾을 수 있다.

이처럼 백제가 후발적인 일본에 한자 사용을 통한 정신문화 요소를 전해주어 일본 고대문화 개발에 큰 영향을 주었을 뿐 아니라 중국과 일본을 연결하여 한자 사용을 통한 동아시아문화권 벨트를 구축하는데 일정한 역할을 수행하였음을 알 수 있다.

유학은 중국인의 생활 철학이자 개인의 실천 덕목인 도덕적 지표를 설정한 학문인 동시에 종교이다. 그리고 국가를 경영하는데 많은 지혜와 길을 제시하는 정치적 이론이기도 한다. 백제는 국초부터 한군현과의 교류를 통해 한자가 수용됨으로써 유교 문화에 대한 기본적인 이해가 있었던 것으로 이해된다. 백제사회에 유교적 관념이 반영되어 있는 것은 중국 율령의 수용이나 『서기』와 같은 역사서 편찬을 통해 엿볼 수 있다.

백제는 고구려나 신라와는 달리 사회구조의 이중성을 극복하려는 노력에서 유교적 지배이념을 국가적인 차원에서 강조하려는 경향을 보여주고 있다. 백제가 근초고왕 이래 중국 왕조와 국가 간의 교섭을 활발히 전개하였던 점이나, 특히 주례주의에 표방된 국가운영체계를 원용하여 시행한 점[46] 등이 이를 입증해 주는 사례이다. 6좌평제의 채용, 472년 개로왕의 상표문

---

45) 『수서』 권80, 열전46 동이 왜국, "無文字 有刻木結繩 敬佛法 於百濟求佛經 始有文字."
46) 이기동, 앞의 글, 1~15쪽.

과 같은 외교문서의 작성, 講禮博士 육후의 파견, 22부사제의 실시, 仇台廟 제사 체제의 정비, 일본에 유학 전수와 오경박사를 파견한 점 등에서 국가 운영의 모델로 중국의 정치적 이상 세계를 담은 『주례』에 주목한 것이다.

이러한 주례주의에 입각한 정치이념의 구현은 후대 고려와 조선의 국가 운영에 효시가 될 정도의 한국 정치사에서 큰 의미를 갖는다. 이처럼 백제는 한자와 유학을 중국과의 빈번한 교섭을 통해 일찍부터 수용하였고, 禮를 통한 국가 사회 질서의 확립과 국가 정치 모델 수립 등을 통해 수준 높고 국제성 있는 백제 문화 형성에 기여한 것으로 판단된다. 이렇게 수용된 백제 유학을 일본에 전파하여 일본 고대문화 개발과 수준 향상에 큰 영향을 주었다.

불교는 유교, 도교, 음양오행사상 등과 함께 백제에 중요한 사회의 이념으로서 큰 역할을 한 종교이다. 백제에 불교가 공식적으로 전래된 것은 침류왕 원년(384)으로 동진에서 건너 온 摩羅難陀에 의해서이다. 동진과의 교섭을 통해 백제 땅에 불교가 전해진 것이다. 이듬해 불사가 창건되고 승려의 도첩이 시행된 것으로 보아 백제 왕실이 불교 수용에 적극적이었다는 사실을 보여주고 있다. 고구려의 경우 소수림왕 2년(372)에 전진에서 건너 온 순도에 의해 불교가 수용된 것과 같은 상황을 보여주고 있다.

백제에서 불교가 본격적으로 융성기를 맞게 된 것은 웅진 시기였다. 호불의 군주 양 무제의 불교진흥책을 벌인 양과의 교류가 활성화되고 많은 대통사와 같은 불사가 건립되었으며 학승들이 유학을 떠난 것이다. 6세기 초 謙益은 인도에 구법승으로 가서 불경을 가져왔으며, 성왕이 이를 번역케 하고 불교를 일본에 전하였다. 이후 법왕대의 살생금지령과 함께 무왕대의 익산 경영 등을 통해 백제 불교는 전륜성왕 사상에 기초한 왕권 강화의 수단인 동시에 사회생활의 중요한 규범으로서 자리를 잡게 되었다.

그런데 백제 불교는 단순히 하나의 종교나 사회 규범으로서의 기능만 유지한 것은 아니었다. 사비 시기의 발달한 불교 미술을 통해 중국 남북조의 세련되고 국제적인 문화를 수용하여 백제 문화 발달에 기여하였다. 삼국의 미술문화는 불교미술이 주류를 이루는데, 장엄미와 신앙심이 표현된 최고 수준의 조형미술을 만들어낸 것이다. 6세기 이후 백제불상들은 중국 남조와 북조의 영향과 관련이 있는데, 예산의 사면석불, 태안의 마애삼존불, 서산의 마애삼존불 등과 같은 석불 조영이 유행하면서 백제 특유의 독자적인 양식과 구도를 보여주고 있다. 특히 '백제의 미소'로 불리는 서산의 마애삼존불은 온화한 얼굴 표현, 독특한 옷주름, 불상의 형태를 보여주는데 온화하고 자연스러운 미를 보여주고 있어 백제미술의 압권이라 할 수 있다.

백제는 일찍이 傳法僧團과 불상, 불교신앙, 가람, 불경 등을 일본에 전하였다. 백제 불교가 일본에 전해져 공인된 것은 다소 논란이 있지만 538년으로 보고 있다. 이는 조상신 제사 숭상과 같은 전통적인 사상체계를 대신하여 새로운 국가 종교 사상을 도입한 것이다. 부여 정림사나 능사지, 군수리폐사지, 부소산성폐사지 등과 같은 1탑 1금당식의 가람 배치 방식이 일본에 전해져 사천왕사의 조영에 큰 영향을 미쳤다.

게다가 백제의 造寺工, 瓦博士, 畵師, 露盤博士 등 불교관련 기술자들을 파견하여 일본의 불교 진흥에 실질적인 기여를 하였다. 백제의 불교 미술도 일본에 전해져 일본 아스카시대에 불상 양식이 성립에 큰 영향을 미쳤다. 불교의 발달에 따라 많은 사탑과 불상이 조영되었는데, 일본 법륭사 금당 석가삼존상의 본존상이나 양협시보살상, 그리고 단독의 여래입상, 반가사유상, 광배 등이 백제 6세기 불상의 영향을 받은 것이다.

따라서 백제는 6세기 이후 중국 남조와 활발한 대외교섭을 전개하면서 중국 양과 일본의 고대 아스카시대를 연결하여 자신의 독자적인 문화를 확립해 나갔음을 알 수 있다.

4. 맺음말

이처럼 백제는 삼국 항쟁에 있어서의 주도권을 장악하기 위해 중국과 일본열도를 연결하는 대외교섭을 활발히 전개하였고, 지리적으로 유리한 위치를 십분 활용하였다. 중국의 선진 문화문물인 율령, 한자, 유교, 불교를 적극적으로 수용한 다음 이를 개성 있는 자기 문화로 만들었고, 다시 이웃 신라나, 가야, 그리고 일본열도에까지 전파시켜 동아시아 문화 전파에 중요한 교량 역할을 충실히 담당하였다. 나아가 중국 남조와 일본열도를 연결하는 일종의 동아시아 문화벨트를 구축하는데 중심적인 역할을 수행하였다. 중국 남조가 북조와의 정치적 대결로 인해 자기 전개력을 잃게 되자 백제가 율령, 한자, 유교, 불교를 기본 요소로 하는 동아시아문화를 한반도 남부지역과 일본열도에까지 확산시켜 동아시아문화의 꾸준한 생명력을 부여한 것이다.

반면 백제가 한반도 정세의 여하에 따라 대외교섭의 통로가 막히게 되었을 때 지배층 간에 심한 내홍에 빠져들었고 국가 멸망까지 초래한 것이다. 웅진 초기의 백제의 정정이 그러 했고, 의자왕 말기의 대외 정세 판단 착오가 백제 멸망으로 귀착되는 사례가 찾아진다. 백제의 활발한 대외교섭은 국가 발전의 역동성을 주어 한반도 세력관계에서 고구려에 맞서는 중심축으로 위치할 수 있었다. 아울러 자신의 문화의 특수성을 자각할 수 있게 되었으며, 동아시아 세계 문화에 대한 인식의 폭을 넓혀주었다. 백제는 이러한 열린 마음으로 외래문화를 개방적으로 받아들였고, 이를 세련된 동아시아 국제문화로 승화시켜 단순하고 소박하면서도 세련되고 온화한 성격의 문화로 키워나갔다. 여기서 백제 문화의 개방성과 국제성을 찾아 볼 수 있는 것이다.

『충청학과 충청문화』7, 충청남도역사문화연구원, 2008

백제 문화의 우수성과 국제성

1. 머리말

현재의 공주와 부여지역은 백제 시대의 왕도였던 곳이다. 공주지역은 웅진시대(475~538)의 도읍지였고, 부여지역은 사비시대(538~660)의 도읍지였으니 이 두 곳이 대략 185년 동안 백제의 중심 지역이었다고 할 수 있다. 따라서 이곳에는 많은 백제 문화유산들이 남아 있다.

공주지역에는 백제 귀족문화의 眞髓라 할 수 있는 무령왕릉과 그 출토품(국보 제209~223호)을 비롯하여 공주 의당 금동보살입상(국보 제247호), 공주 수촌리고분과 그 출토품, 공주 반죽동 석조(보물 제149호) 등이 있으며, 부여 지역에는 고대 동아시아 금속공예의 최고봉으로 평가되는 부여 능사 출토 백제금동대향로(국보 제287호)를 비롯하여 백제창왕명석조사리감(국보 제288호), 부여 군수리사지 출토 금동보살입상, 부여 정림사지오층석탑(국보 제9호), 부여 외리 출토 다양한 문양과 형상을 새긴 문양전, 최근 출토된 부여 왕흥사지 사리장엄구 등 이루 말하기 어려울 정도의 많은 백제 유적과 유물들이 산재해 있다.[1] 이 지역은 백제권역의 다른 지역에 비해 유물·유적의 질과 양적인 면에서 백제의 최고 수준의 문화가 향유되던 백제

문화의 중심지라 할 수 있다.

이처럼 공주와 부여 지역에서 백제문화가 만개될 수 있었던 배경은 무엇보다도 두 차례에 걸친 천도에서 찾을 수 있다. 475년 고구려가 백제의 왕도 한성을 불시에 공격하여 함락시키고 개로왕을 패사시킴에 따라 백제 왕실은 지금의 공주 지역인 웅진으로 불가피하게 천도를 하였고, 이어 538년에는 성왕이 백제의 웅비를 구현하기 위해 지금의 부여 지역인 사비로 천도를 단행한 사실이 그것이다. 공교롭게도 백제의 천도 대상지인 웅진과 사비 지역이 모두 금강 유역에 위치함으로 인해 종래 한강 유역에서 금강 유역으로 새로운 중심 이동이 생긴 것이다. 이에 따라 백제는 정치·경제·문화적으로 여러 측면에 걸쳐 큰 변화를 맞게 되었다.

먼저 정치적으로 금강 유역에 기반을 둔 세력이 새로이 백제의 유력한 정치세력으로 대두하게 되었다는 점이다. 苩氏, 沙氏, 燕氏 등은 금강 유역에 기반을 가진 재지세력으로서 종래 한성에 기반을 둔 구귀족 眞氏, 解氏와는 구별되는 신진세력이었다. 웅진 천도 직후 일어난 文周王의 피살, 兵官佐平 解仇의 난, 內臣佐平 昆支의 비정상적인 죽음[2] 등으로 이어진 일련의 정정 불안 속에서 신진세력들은 구귀족과의 세력 연합을 통해 중앙 정계에 진출하면서 이후 동성왕과 무령왕대의 왕권강화 시책에 힘입어 정국 운영의 중추적인 역할을 담당하는 정치세력으로 성장하게 되었다.

다음으로 천도를 계기로 하여 금강 유역의 개발이 적극 추진되었다는 점이다. 금강 유역에 위치한 웅진과 사비 지역에는 도읍지로서의 성격을 가진 신도시가 건설되었다. 이곳에는 궁궐·도성·종묘·관아 등 여러 시설들이

---

1) 현재 국보로 지정된 유물·유적은 총 405개인데, 백제시대의 유물·유적은 24개뿐으로 적은 편이다. 그 중 공주·부여지역의 것은 무령왕릉에서 출토된 유물 13점을 포함하여 18개로 대부분을 차지한다. 보물의 경우 현재 총 1,840개 중에 백제시대의 것이 9개에 불과한데 그 중 6개가 공주·부여지역에 소재한 것이다.

2) 이도학, 「漢城末 熊津時代 百濟王位繼承과 王權의 性格」 『韓國史研究』50·51, 1985, 12~15쪽 ; 노중국, 『백제정치사연구』, 일조각, 1988, 150~152쪽 ; 정재윤, 「문주·삼근왕대 해씨 세력의 동향과 곤지계의 등장」 『사학연구』60, 2000, 20쪽.

마련되었고, 5部 5巷制와 같은 왕도 구획이 정해지면서 백제 지배층의 새로운 거주 공간이 됨으로써 백제의 실질적인 정치·경제·문화의 중심지가 된 것이다. 이에 따라 도읍지 주변인 금강유역권의 개발도 무령왕대의 수리시설 확충과 유민들의 귀농책에서 보듯이[3] 적극 촉진되었다. 이는 백제가 한강유역 상실 이후 수리시설의 정비를 통해 금강유역과 호남평야를 개발함으로써 농업생산력을 증대시키고 나아가 국가의 경제적 기반을 확충하려는 의도에서 취한 시책이었다.

또한 백제는 중국의 남북조와 활발한 대외 교섭을 벌였다는 점이다. 백제는 지리적인 이점을 십분 활용하여 금강과 서해를 통해 중국 남조의 세련된 선진 문물을 적극적으로 받아들였다. 이는 백제 사회가 안고 있는 이중성 문제 해결과,[4] 격화되어 가던 고구려·신라와의 항쟁에서 국가의 존립과 힘의 우위를 차지하기 위해서였다. 무령왕릉의 구조와 그 부장품들을 비롯하여 묘지와 매지권, '寧東大將軍'의 관작, '不從律令'이란 표현, 27개월의 喪葬制 등의 매장 관행까지 중국 남조 문화를 비교적 충실히 따르고 있었던 것임이 밝혀지게 되었다.[5]

사비시기에 이르러서는 『周禮』에 입각한 22부사제의 채용, 사비도성의 설치, 시호제 실시, 仇台廟 제사 등도 중국 남북조와의 관련성이 찾아진다. 이러한 남북조 문화의 적극적인 수용을 통해 백제 문화는 개방적이고 자기 개성을 가진 국제성 있는 귀족문화로 거듭 태어날 수 있게 된 것이다.

지금까지 백제 문화의 성격에 대해 지리적 환경, 제도와 종교, 토목·건축·공예 기술 등 여러 측면에서 나름대로 많은 성과를 온축해 왔다.[6] 이에 따라 백제 문화는 일반적으로 부드러우면서도 섬세하고 화려하지 않으면서

---

3) 『삼국사기』 백제본기 무령왕 10년 봄 정월 ; 『일본서기』 권17, 계체기 3년 봄 2월.
4) 이기동, 『백제사연구』, 일조각, 1996, 2~3쪽 ; 노중국, 「한성도읍기의 역사적 의의」 『한성백제의 역사와 문화』, 송파구·송파문화원, 2007, 11~15쪽.
5) 권오영, 「상장제를 중심으로 한 무령왕릉과 남조묘의 비교」 『백제문화』31 및 『고대 동아시아문명교류사의 빛 무령왕릉』, 돌베개, 2005.

도 온화한 성격을 지닌 것으로 평가되어 왔다. 그러면서도 개방적이고 자기 개성을 가진 국제성 있는 문화 수준을 갖고 있으며, 나아가 고대 동아시아 공유 문화권을 형성하는데 크게 기여한 것으로 이해하고 있다.

따라서 이 글은 공주와 부여 지역에 있는 백제의 대표적인 문화유산인 무령왕릉과 백제금동대향로를 통해 비교사적 관점에서 백제 문화의 우월성과 국제성을 밝히기 위해 마련된 것이다. 이를 위해 백제 문화의 우월성[7]을 입증하기 위해 먼저 백제 문화의 寶庫인 무령왕릉과 그 부장품을 통해 그 유적과 유물이 가지는 문화적 가치를 탐구할 것이며, 아울러 무령왕대의 폭 넓은 대외 교류 속에 수용된 중국 남조 문물의 수용 실태와 그 역사적 의미를 살펴 볼 예정이다.

이러한 접근을 통해 백제 문화의 국제성이 함께 검토될 것이다. 이어 백제 사비시대의 대표적인 공예품인 백제금동대향로를 통해 그 조형미와 그 것에 담긴 사상을 분석하여 그것이 갖는 역사적 가치와 의미를 살펴보겠다. 아울러 두 문화유산을 통해 나타난 국제성을 통해 동아시아 속의 백제 문화의 위상을 정립해 보고자 한다.

---

6) 백제의 문화적 특성에 관한 최근 주요 연구 성과는 다음과 같다. 이기동, 『백제사연구』, 일조각, 1996, 2~3쪽 및 「고대 동아시아 속의 백제 문화」『백제문화』31, 2002, 1~9쪽 ; 노중국, 「한성도읍기의 역사적 의의」『한성백제의 역사와 문화』, 송파구 · 송파문화원, 2007, 11~15쪽 : 「백제의 문물 교류와 국제성」『충청학과 충청문화』7, 2008, 23~48쪽 : 「백제 역사와 문화를 통해 본 충청인의 정신」『제1회 백제문화 학술포럼 발표요지』, 대전일보사, 2008, 10~18쪽 ; 양기석, 「백제문화의 교류와 국제성」『충청학과 충청문화』7, 2008, 3~21쪽.

7) 문화의 우월성이란 표현은 19세기 유럽의 문화 우월 사상인 진화론적 문화관에 기초한 것으로 문화 상대주의의 관점에서 볼 때 인간의 무한한 창조 능력과 문화적 다양성을 무시하는 의미가 내포되어 있어 적합치 않은 것으로 지적되고 있다. 따라서 여기서는 '우월성' 이란 표현은 백제 문화의 가치를 좀더 객관적으로 평가한다는 입장에서 '독자성' 에 가까운 의미로 사용하였다.

2. 백제문화의 寶庫 武寧王陵

무령왕릉은 백제 웅진시대의 문화 양상을 가장 극명하게 보여주는 유적으로서 공주 지역의 대표적인 문화유산이다. 무령왕릉은 공주 금성동에 위치한 송산리고분군에 있는 무덤으로서 표고 106~109m 정도가 되는 위치에 자리하고 있다. 1971년 7월에 우연히 발굴되면서 출토된 묘지와 매지권을 통해 무령왕릉의 실체가 밝혀지게 되었고, 그 출토품을 통해 당시 격조 높고 국제성을 가진 백제 문화의 수준을 가늠케 해준 점에서 한국 고고학 발굴사상 전례가 없는 대발견으로 평가되고 있다.[8]

무령왕릉은 도굴이 되지 않은 완전하게 발견된 처녀분이라는 점, 무덤의 주인공과 조영 연대가 분명하게 밝혀진 우리나라 최초의 왕릉이란 점, 단일 유적으로서 모두 108종 2,906점에 달하는 많은 유물이 출토되었으며 그 중 17점이 국보로 지정될 만큼 뛰어난 유물이라는 점, 그리고 무덤의 형식과 출토 유물이 중국 남조 및 왜계의 문물과 관련이 있는 점 등에서 백제사 연구에 새로운 전기를 만들기에 충분한 것으로 평가되고 있다. 이는 나아가 한국 고대사 연구뿐 아니라 동아시아 문물교류사 연구에도 적지 않은 도움을 준 것으로 이해된다.

무령왕릉의 분구는 직경이 약 20m 내외이고 분구의 높이는 묘실 바닥에서 7.7m로서 원형봉토분인데, 왕릉급에서는 소규모급에 속한다. 무령왕릉의 묘실은 벽돌로 축조한 전축분이고, 구조는 횡혈식이며, 연도와 현실만으로 이루어진 단실묘이다. 평면은 남북 길이의 장방형이고, 전면 중앙에 연도가 설치되어 있다. 묘실의 천정은 반원형인데, 바닥으로부터 수직으로 올린 터널형 천정을 구성하였다. 벽돌 축조 방법은 길이모쌓기와 작은모쌓기를 반복하여 四平一竪式 방식으로 축조되었다. 벽돌의 표면에는 연화문을

---

8) 문화재관리국, 『무령왕릉』, 1974.

양각하였으며, 위치에 따라 斜格網狀文과 연화문을 다르게 배열하였다. 벽면에는 모두 5개의 감실을 배치하여 등잔을 두었는데, 그 형상은 화염문을 채색한 하트형이었다. 벽감 아래에는 살창 9개를 배치하였는데, 하나 걸러 길이모 면의 능각이 보이도록 세워서 창살을 표현하였다.

묘실 바닥은 벽돌을 두 겹으로 깔아서 만든 관대를 시설하였고, 그 아래에 배수로를 설치하였다. 바닥 전면을 관대로 사용하고 여기에 왕과 왕비의 관을 나란히 올려놓은 전면관대이다. 현실의 규모는 길이 4.2m, 너비 2.72m, 높이 2.93m이다. 연도는 길이 2.9m, 너비 1.04m, 높이 1.45m이며 현실의 남벽 중앙에 붙여서 설치하였다. 이러한 전축분은 남조계 묘제와 깊은 관련이 있는 것으로 알려졌다.

이처럼 무령왕릉은 한국 고대의 수많은 고분 중에서 당시 백제인들의 종교와 사상, 장례문화, 건축과 과학기술, 창의성과 미의식, 외국 문화와의 교류 등 실로 다양한 문화적 양상과 수준을 보여주는 백제문화의 일대 보고라 할 수 있다. 이러한 측면에서 무령왕릉이 가지는 문화적 가치를 여러 측면에서 살펴보기로 하자.

첫째, 무령왕릉은 기록성과 사료성을 충분히 지니고 있다는 점이다. 무령왕릉 발굴에서 주목되는 자료는 왕과 왕비에 관한 두 개의 묘지석과 매지권일 것이다.[9] 묘지석(국보 163호)은 연도 입구에 놓여있던 두 장의 장방형 돌판으로 청회색 섬록암에 해서체로 글을 새겼다. 왕의 묘지·간지도·매지권·왕비의 묘지로 구성되었는데, 한국에서 처음으로 출토되었으며 가장 오래된 묘지석이다. 왕의 지석은 세로 35cm, 가로 41.5cm, 두께 5cm로 전면에는 왕의 이름과 사망일, 안장한 날짜 등 53자가, 그 뒷면에는 天干 8자와 地支 9자가 음각되어 있다. 그리고 왕비의 지석 전면에는 왕비의 사망 연

9) 이병도, 「백제무령왕릉 출토지석에 대하여」 『학술원논문집』 11(인문사회과학편), 1972 : 『한국고대사연구』, 박영사, 1976, 552~568쪽 ; 정구복, 「무령왕릉 지석 해석에 대한 일고」 『송준호교수정년기념논총』, 1987 ; 성주탁, 「무령왕릉 출토 지석에 관한 연구」 『백제문화』 21, 1991.

월과 改葬日 등 41자가 음각되어 있고, 그 뒷면에는 왕을 위해서 땅을 사서 왕의 묘를 만들었다는 58자의 買地에 관한 기록이 음각되어 있다.

이 지석과 매지권이 출토됨으로써 무령왕릉은 무덤의 주인공과 그 생몰 연대를 정확히 알 수 있는 한국 최초의 유일한 왕릉이 되었다. 그리고 문헌 사학의 입장에서 볼 때『삼국사기』백제본기 무령왕대 기사의 정확성이 확인되어『일본서기』의 무령왕 출생 관련의 재검토와 일본학계 일부에서 제기되어 온 기년논쟁을 종식시키게 되었다.[10] 고고학 분야에서 볼 때 백제 조형문화의 편년 체계를 확립하는데 확실한 기준을 설정하였을 뿐 아니라 그 연원과 발전 과정을 계통적으로 복원하는데 중요한 단서가 되었다.

또한 무령왕이 중국 梁으로부터 '寧東大將軍'이란 관직을 수여받았던 점, '武寧'이란 시호가 무령왕 사후인 聖王대에 追贈되었다는 점, 그리고 백제가 남조국가인 宋의 元嘉曆을 채용한 점이나,[11] 중국 남조의 상례제도와 도교신앙을 수용한 사례를 통해 중국 남조와 깊은 교류관계를 갖고 있었다는 점 등에서 무령왕릉 묘지석은 사실성과 신빙성을 가진 기록으로서 무령왕대의 사실을 복원하는데 절대 기준이 되는 사료로서의 그 역사적 가치를 충분히 지니고 있다고 하겠다.

그밖에 무령왕릉에서 출토된 유물 중에서 문자가 기록된 것은 왕비의 나무베개(국보 164호.)와 多利가 만든 은팔찌 1쌍(국보 158호), 그리고 문자전돌 등이 있다. 그 중 은팔찌의 명문을 통해 당시 백제의 장인 집단의 존재와 작업 방식, 그리고 도량형제의 일면을 엿보는데 중요한 자료로 평가된다. 또한 무령왕릉과 그 인근에 있는 송산리 6호분에서 문자가 새겨진 전돌들이 발견되었다. 무령왕릉에서 나온 전돌로는 '中方'·'大方'·'急使'·'士壬

10) 이기동,「무령왕릉 출토 지석과 백제사연구의 신전개」『백제문화』21, 공주대 백제문화연구소, 31~41쪽.
11) 大谷光男,「百濟 武寧王 同王妃의 墓誌에 보이는 曆法에 대하여」『考古美術』119, 1973 및「武寧王と日本の文化」『百濟研究』8, 1977, 143~147쪽 ; 이은성,「무령왕릉의 지석과 元嘉曆法」『동방학지』43, 1984.

辰年作’ 등이 있다. 이 문자 전돌은 사용 부위를 밝힌 설계상의 기호로 무덤을 축조하는데 사용되었다. 그리고 송산리 6호분에서 출토된 ‘梁官瓦爲師矣’銘 전돌은 연도를 막은 전돌에서 발견된 것으로 초서체로 되어 있다. 이 자료들을 통해 볼 때 무령왕릉의 축조시기를 壬辰年 즉 512년으로 추정할 수 있으며, 전돌 제작에는 양나라의 선진 官瓦 제작 기술이 원용된 사실을 보여주고 있다.

따라서 무령왕릉에서 출토된 지석과 매지권, 왕비의 나무베개와 은팔찌 명문, 그리고 문자가 새겨진 전돌 등의 문자 자료들은 다소 간략한 편이지만 상대적으로 사료가 절대 부족한 관련 문헌 기록을 보완해 주는 실물 자료로서의 정확성과 신뢰성을 갖고 있으며, 또 무령왕대의 문화 복원에 결정적인 단서를 제공해 준다는 점에서 그 가치를 높이 평가할 수 있다.

둘째, 무령왕릉은 繼世思想이나 유교, 불교, 도교사상 또는 도가사상 등 당시 백제인들의 여러 사상과 신앙, 그리고 장례문화 등을 입체적으로 구현했다는 점에서 백제의 사회 풍습사의 일면을 복원하는데 자료로서의 충분한 가치를 지니고 있다는 점이다. 무령왕릉 묘지석에 나오는 ‘寧東大將軍 百濟斯麻王’이란 관작이나 왕비의 묘지석의 ‘壽終’이란 표현을 통해 不朽한 생명을 추구하였던 儒家의 生死觀과, 사후에도 현세의 삶을 그대로 누린다는 繼世思想을 엿볼 수 있다.[12]

그리고 무령왕릉 묘지석에 나타난 왕과 왕비의 居喪 기간은 모두 27개월로서 기본적으로 3년상이라 할 수 있다. 묘지석에 나오는 ‘申地’와 ‘酉地’가 무령왕릉과 공주 정지산유적을 가리키는 것으로 볼 때[13] 이곳에서 무령왕과 왕비의 유해가 무려 27개월 동안 가매장된 상태로 殯殿에 모셔졌던 것으로 파악된다. 이는 후한시대 鄭玄의 服喪制를 채택한 것으로 유교식 喪葬制와도 일치한다.

---

12) 장인성, 『백제의 종교와 사회』, 서경, 2001, 147~158쪽.
13) 국립공주박물관 · (주)현대건설, 『정지산』, 1999, 220쪽.

그러나 백제가 중국 남조의 상장제도를 채용하였지만 25개월 또는 27개월간 상복을 입고 매장을 신속히 처리했던 중국 남조의 상례제도와는 큰 차이가 있어[14] 백제적인 독자성을 엿볼 수 있다. 그리고 왕의 죽음에 '崩' 자를 쓴 것은 백제의 자주성을 표현한 것으로 볼 수 있다.[15] 무령왕릉의 頭向이 일반적인 매장풍습인 北枕을 따르지 않고 南枕을 한 점에서 백제는 묘지선정에 있어 풍수지리사상을 적용한 사실을 시사해 주며,[16] 연화문이 새겨진 무령왕릉의 전돌들을 통해 불교적 요소도 찾을 수 있다.

무령왕릉에는 무엇보다도 도교사상이 크게 반영되어 있는 점을 찾을 수 있다. 왕의 매지권에 지신과 토지를 매매한 기록은 도교적 관념의 산물이다. 즉 '土王 · 土伯 · 土父母 · 上下衆官 二千石'이란 표현은 지하세계를 지배하는 각종 토지신을 일컫는 말인데, 도덕 경전에 나오는 토지신의 권속들과 그 명칭이 일치한다.[17] 그리고 '不從律令'이란 표현은 "如律令," "急急如律令" 등과 같이 도교 신앙과 관련한 풍습으로 이해된다.[18] 이러한 도교적인 내용을 담은 매지권은 실제적인 계약문서가 아니라 신앙 의례적인 문서로서 대체적으로 중국 양나라의 매지권 문화를 수용한 것으로 파악되고 있다.

이처럼 무령왕릉은 당시 백제인들이 갖고 있었던 계세사상이나 유교, 불교, 도교사상 또는 도가사상 등이 집대성되어 있는 백제사상과 신앙의 복합체였음을 알 수 있다. 사후에도 현세의 삶을 그대로 누린다는 繼世思想이나 유교적 상장의례, 도교적 매지권 풍습 등이 혼재되어 있음을 알 수 있다. 이러한 경향은 백제의 미술품에도 그대로 구현되어 나타나고 있다. 예컨대 무

---

14) 장인성, 「남조의 상례 연구」『백제연구』32, 2000, 154쪽 ; 권오영, 「고대 한국의 상장의례」『한국고대사연구』20, 2000, 5~29쪽 및 『고대 동아시아 문명 교류사의 빛 무령왕릉』, 돌베개, 2005, 97쪽.
15) 이병도, 앞의 글, 560~561쪽.
16) 강인구, 「중국묘제가 무령왕릉에 미친 영향」『백제연구』10, 1979 및 「무령왕릉의 장법과 묘제」『백제무령왕릉』, 공주대백제문화연구소, 1991, 149 · 156쪽.
17) 瀧川政次郎, 「百濟 武寧王妃墓碑陰の冥券」『古代文化』24-3, 1972, 69~70쪽.
18) 권오영, 앞의 책(2005), 93쪽.

령왕릉에서 출토된 동탁은잔이나 부여 능사에서 출토된 백제금동대향로, 그리고 문양 전돌 등에서 보듯이 그 문양이 山岳과 瑞獸로 상징되는 도교적 신선사상이나 연화문으로 상징되는 불교적 요소가 혼재되어 나타나는 현상은 백제인들의 내세관과 사상을 반영하는 것으로 볼 수 있다. 따라서 무령왕릉은 당시인들의 종교적인 믿음과 관습을 보여주는 자료로서 백제인들의 세계관과 계세사상을 집대성하여 보여주고 있다는 점에서 뛰어난 보편적 가치를 지니고 있다고 하겠다.

셋째, 무령왕릉은 백제의 뛰어난 건축기술 수준을 보여주는 높은 문화적 가치를 지니고 있다는 점이다. 무령왕릉은 송산리 6호분과 함께 기본적으로 중국 남조의 전축분 묘제를 채용했다는 것은 주지의 사실이다. 입지 선정에 있어서 전형적인 배산임수의 풍수지리설 적용, 소규모의 왕릉급 봉토, 부부합장과 男右女左의 배치, 길이모쌓기와 작은모쌓기를 반복하여 四平一竪式 방식으로 축조된 점, 터널식 천정구조, 횡혈식 구조, 南門 南枕 등 무덤의 전체 구조와 부장품이 중국 남조 梁의 묘제와 깊은 관련이 있는 것으로 알려져 있다.[19] 다만 송산리 6호분은 무령왕릉과 거의 같은 전축분인데 10평1수, 8평1수, 6평1수, 4평1수의 축조방식과 사신도의 존재 등에서 차이가 있을 뿐이다. 송산리6호분에서 출토된 '梁官瓦爲師矣' 銘 전돌로 미루어 보아 중국 남조 양의 축조 방법과 기술이 원용된 것은 쉽게 짐작이 된다.

그러나 무령왕릉과 송산리 6호분은 세부적인 면에서 중국 남조의 묘제와는 차이가 있어 몇 가지 측면에서 백제의 독자적 요소를 찾을 수 있다. 무령왕릉은 외형상으로 볼 때 남조묘에서 보이는 관받침대 앞의 제단, 연도 안의 돌문, 그리고 그 위에 조각된 '人'자 모양의 장식, 현실 바닥에 陰井을 통한 배수 시설 등에서 차이가 난다.[20] 벽체 쌓기 기법이나 아치형 천정의

---

19) 윤무병, 「무령왕릉 및 송산리 6호분의 전축구조에 대한 고찰」 『백제연구』 5, 1974 및 『백제고고학연구』, 충남대 백제연구소, 1992, 117~118쪽 ; 강인구, 「중국 묘제가 무령왕릉에 미친 영향」 『백제연구』 10, 1979 ; 岡內三眞, 「百濟武寧王陵と南朝墓の比較研究」 『백제연구』 11, 1980.

曲率 적용, 그리고 壁龕과 假窓이 한 세트를 이루고 있는 점 등에서도 중국에서는 찾아 볼 수 없는 백제의 독자적이고 창의적인 건축 기법이라 할 수 있다.[21]

왕과 왕비의 목관의 관뚜껑의 경우 관재의 길이를 양끝에서 동일하게 체감시킴으로써 경사지게 절단한 것 같은 효과를 보여주고 있는 점도 백제만의 독특한 기술이라 할 수 있다.[22] 또한 '士壬辰年作'銘 전돌의 '士' 앞 글자를 瓦博士로 추독할 경우[23] 전축분의 기본 재료인 벽돌은 백제의 전문 장인 와박사에 의해 체계적으로 생산된 것임을 보여주는 것이다. 壬辰年을 512년으로 볼 경우 무령왕 재위시에 이미 왕릉 축조에 필요한 기본 설계와 그 주요 건축부재인 벽돌 생산에 대한 생산 공정과 축조 계획이 마련되었을 것으로 생각된다.

따라서 무령왕릉의 축조에 대한 방법과 기술 및 그 건축 부재 생산은 비록 '梁官瓦爲師矣'銘 전돌에서 보듯이 중국 남조의 것을 典範으로 했지만, 왕릉 축조는 공인과 와박사 등 백제의 전문 장인들의 분업시스템에 의해 백제의 전통과 관습에 맞게 진행되었을 것으로 판단된다. 백제가 그만큼 양의 선진 건축 기술에 대한 소화능력과, 이를 곧바로 적용할 수 있는 건축과 생산기술 기반이 확립되어 있었음을 뜻한다.[24]

이처럼 무령왕릉은 기존의 횡혈식봉토분의 전통 위에 중국 남조의 건축기술 문화를 백제의 실정에 맞게 접목시켜 발전시킨 것이며, 사전에 치밀한 기획과 설계 및 건축 부재의 독자적인 생산공정체제의 확립을 통해 완성된

---

20) 권오영, 앞의 책, 135~136쪽.
21) 윤무병, 앞의 글, 164~165쪽 및 177쪽.
22) 윤무병, 앞의 책, 39~40쪽.
23) 권오영, 앞의 책, 127쪽.
24) 백제는 이미 횡혈식석실분과 같은 전축분과 유사한 묘제를 축조할 수 있는 기술력을 이미 확보한 상태였기 때문에 그 토대 위에서 중국 남조의 전축분 축조 기술을 단기간에 습득하여 무령왕릉 축조에 곧바로 응용할 수 있었다는 견해는 시사하는 바가 크다(이남석, 「백제묘제의 전개에서 본 무령왕릉」『백제문화』31, 2002, 65~81쪽을 참조할 것).

것이다. 여기에 송산리 6호분에서 보이는 사신도나 유교·불교·도교적 요소를 가미하고, 당시의 사회 관습 및 생활 문화 요소를 충분히 반영하였다. 이런 측면에서 무령왕릉은 치밀한 사전 계획과 새로운 건축 기술의 적용, 그리고 여러 종교와 신앙을 집대성하여 새로운 건축문화를 재창조한 점에서 백제의 주체적인 문화 역량을 엿볼 수 있게 해준다.

넷째, 무령왕릉은 당시의 발달한 백제의 금속 공예 기술 수준뿐 아니라 백제 문화의 창의성과 미의식을 보여주는 중요한 역사적 예술적인 자료라는 점이다. 무령왕릉에서는 왕과 왕비의 금제관식을 비롯하여 귀걸이와 팔찌, 청동신수경, 족좌와 두침, 석수 등 모두 108점 2,906점에 달하는 많은 부장품이 출토되었다. 왕과 왕비의 금제관식(국보 제154호, 제155호)은 모두 인동당초무늬와 연화문을 透刻하여 만든 것으로 영락이 달려 있다.[25] 왕의 것은 전체적으로 화염문 형상을 띠고 있는 반면 왕비의 것은 연화화생을 모티브로 하여 대칭을 이루고 있지만 영락은 달려 있지 않다. 이 장식이 『삼국사기』 백제본기 고이왕 28년[26]과 『구당서』 백제조에 보이는 烏羅冠에 장식한 金花로 추정되는데, 백제의 복식제도에서 왕이 착용한 관모와 일치하는 물적 자료다.

무령왕의 금제관식은 안정감 있는 인동당초무늬로 된 왕비의 것과는 달리 역동적인 화염무늬를 구성하여 조화를 중시하는 백제인들의 미의식을 잘 보여준다.[27] 귀걸이는 왕의 것인 금제심엽형이식(국보 제156호)과 왕비의 것인 금제수식부이식(국보 제157호)가 출토되었는데, 매우 화려하고 세련된 의장을 나타낸다. 왕비의 것은 4쌍이 발견되었는데, 중심 고리, 중간 장식, 드림을 모두 갖추고 있다. 특히 금제 소형 귀걸이는 다른 연결 고리 없

25) 이러한 무늬 구성은 고구려의 오회분 4호묘와 5호묘에서도 나타나고 있어 고구려와 관련시키는 견해도 있다(이송란, 「공예」『백제의 미술』, 충청남도역사문화연구원, 2007, 186쪽).

26) 『삼국사기』 백제본기 고이왕 28년 춘정월 ; 『구당서』 권199 상 열전 백제전.

27) 이송란, 「백제 무령왕과 왕비 관의 형태와 도상」『무령왕릉 발굴 35주년 기념 및 신보고서 발간을 위한 무령왕릉 학술대회』, 국립공주박물관, 2006, 180~203쪽.

이 주환에 원형의 드림을 수하식으로 단순하게 매단 것으로 백제 귀걸이의 특징을 보여주고 있다. 이는 금알갱이나 금선을 표면에 붙여 장식하는 누금 세공기법을 사용하여 만든 것으로 백제 웅진시대의 뛰어난 금세공기술을 보여주고 있다.

또한 누금세공기법으로 제작된 화려한 금제목걸이(국보 제158호)도 출토되었다. 이는 경주 황남대총에서 출토된 금제목걸이(국보 제194호)에 비해 화려하지는 않지만 간결하고 세련된 맛을 보여주고 있다. 팔찌는 모두 6쌍이 출토되었는데, 그 중 은제팔찌(국보 제160호)가 주목된다. 팔목이 닿는 안쪽에는 톱니 모양을 촘촘히 새겼고, 둥근 바깥 면에는 발이 셋 달린 두 마리의 용을 새겼다. 팔찌 안쪽에는 무령왕비의 왼쪽 팔목에 부착한 것으로 여겨지는데, 그 내면에 '庚子年二月多利作大夫人分二百卅主耳'이란 명문이 새겨져 있다. 이 명문을 통해 왕비 은팔찌의 제작 연도, 제작한 공인 이름과 당시 백제 공예품의 제작 방식을 엿볼 수 있으며, 왕비의 호칭이 大夫人이라는 점, 당시 백제가 사용하던 무게 단위(分, 主)를 통해 생활사의 일면을 엿볼 수 있으며, 고대 미술사 연구에도 귀중한 자료가 되고 있다.

무령왕릉에는 2벌의 허리띠가 출토되었는데, 특히 허리띠에 장식된 심엽형 투조문양과 드리개 끝부분에 매달았던 장식이 주목된다. 이 심엽형 문양은 6세기 전반기에 나타나는 유행하는 장식이다. 금판에는 도깨비무늬, 두꺼비무늬를 투조하여 장식하였고, 은판에는 백호와 주작도를 새겼다. 이러한 문양은 벽사의 기능과 四神의 일부를 표현한 것으로 고구려의 고분벽화에도 나타나지만 무령왕대의 대외 관계를 고려해 볼 때 중국 남조 문화와의 관련성이 보다 찾아진다. 금제뒤꽂이(국보 제159호)는 새와 꽃무늬, 덩굴무늬 등이 새겨져 있는데, 뒤에서 두들겨 솟아나오게 한 타출법과 선을 새기는 방법을 사용하였다.

그밖에 금동신발, 환두대도와 장식대도, 두침(국보 제164호)과 족좌(국보 제165호) 등이 출토되어 무령왕대의 화려하고 매우 세련된 미의식과 창의성, 그리고 높은 금속 공예 기술 수준을 엿볼 수 있게 해준다.

끝으로 무령왕릉은 백제 문화의 국제성과 독자성을 보여주는 대표적인 물질 자료로서 동아시아사 연구에 디딤돌이 된다는 점이다. 무령왕릉은 무덤의 주인공과 매장 시기가 분명한데다가 무령왕의 탄생설화가 『일본서기』에 전해오고 있으며, 그 부장품 중에는 중국 남조에서 유입된 물질 자료들이 많이 남아 있다. 이런 점에서 무령왕릉은 백제 뿐 아니라 고구려·신라·가야, 나아가 중국과 일본의 역사 연구에도 큰 영향을 주고 있다.

무령왕릉에 출토된 중국 문물로는 무령왕릉 자체가 중국 남조의 전축분과 관련이 있음은 주지의 사실이다. 그 부장품으로는 동경, 청동자루솥, 각종 청동 그릇, 숟가락, 중국도자기, 검은색 구슬인 炭精 등을 들 수 있다. 그 밖에 연도에 배치된 鎭墓獸, 지석과 매지권, 상례제도 등도 중국 남조와 깊은 관련이 있는 것으로 알려져 있다.

무령왕릉에는 方格規矩神獸文鏡(국보 제161호), 宜子孫獸帶鏡(국보 제161호), 獸帶鏡(국보 제161호)의 3개의 동경이 발견되었다. 이 동경은 신선과 동물이 새겨진 문양 구성이나 '宜子孫'이란 길상 문구로 보아 중국에서 전해진 것으로 생각된다. 方格規矩神獸文鏡은 5~6세기 초에 출토되는데, 경주 황남대총 출토 방격규구조문경과 김해 대성동 출토 방격규구사신경과 관련이 있다. 의자손수대경은 무령왕릉 것과 똑같은 제작틀로 만들어진 것이 일본 滋賀縣 三上山下古墳, 群馬縣 觀音山古墳에서 츨토되었는데, 백제에서 전해졌을 가능성이 있다.[28] 일본 和歌山縣 隅田八幡神社 소장 人物畵像鏡을 백제 무령왕과 관련시켜 보는 견해도 있다.[29] 각종 청동 그릇은 발 1점, 완 3점, 접시 2점, 잔 5점 모두 11점이 출토되었는데, 중국에서 전해진 것으로 보인다.

그 중 동탁은잔에는 그 그릇 전체에 걸쳐 화려한 여러 무늬가 새겼는데, 백제 특유의 부드러운 곡선미를 지니면서 표면에 섬세하고 화려한 무늬는

---

28) 樋口隆康, 「武寧王陵出土鏡と七子鏡」 『史林』55-4, 1972, 1~17쪽 ; 小田富士雄, 「武寧王陵の發見と日本考古學界の研究傾向」 『무령왕릉과 동아세아문화』, 국립부여문화재연구소, 2001, 58~59쪽.

29) 이진희, 「고대한일관계사 연구와 무령왕릉」 『백제연구』특집호, 1982, 69~71쪽.

백제인의 미적 감각을 잘 드러내 주고 있다. 이는 산악과 瑞獸로 상징되는 선교적인 요소와 연화문으로 상징되는 불교적 요소가 혼재되어 있으며, 백제인들의 내세관과 시상을 반영하는 것으로 이해된다.[30] 이 동탁은잔은 주조와 은땜, 리벳기법 등 다양한 제작 방식을 사용하여 만들어졌다.[31] 제작지에 대해서는 여러 견해가 제기되고 있어서[32] 이에 대한 세밀한 과학적인 금속 분석이 필요하다.

무령왕릉에는 백제토기가 발견되지 않는 대신 중국도자기가 9점이 발견되었다. 무령왕릉 출토 중국도자기들은 중국 浙江, 江西, 江蘇, 安徽, 福建, 廣東에 이르는 지역의 출토품과 관련이 있으며, 매납을 위한 특수기가 아니라 일상생활에서 흔히 사용되던 도자기로 판명되었다.[33] 아울러 남조의 무덤에서 출토되는 燈이나 盤, 硯 등이 매납되지 않은 사실이 밝혀졌다. 연도에 배치된 진묘수는 무덤을 지키는 역할 뿐 아니라 영혼의 승선을 도와주는 안내자 역할을 한 것으로 이해된다. 도교적 내세관이나 신선사상을 배경으로 제작된 것인데, 중국 남조와 관련이 있다.[34] 다만 중국의 모든 진묘수들이 몸통과 같은 재질로 뿔을 만들었음에 비해 무령왕의 것은 철제로 되어 있는 점이 다르다.

한편 백제 무령왕대에는 대 고구려전을 수행하는 과정에서 왜와의 긴밀

---

30) 주경미, 「무령왕릉 출토 동탁은잔의 연구」『무령왕릉 발굴 35주년 기념 및 신보고서 발간을 위한 무령왕릉 학술대회』, 국립공주박물관, 2006, 30~49쪽.
31) 이귀영, 「백제 무령왕릉 출토 금속공예품의 제작기법 고찰」, 공주대석사학위논문, 1997, 54~55쪽.
32) 금속제 탁잔이 중국 남북조시대에 유행한 점을 들어 대부분 중국에서 전해진 것으로 보고 있으나 그 기형이나 제작 기법상의 차이를 들어 백제 것으로 보는 견해도 있다(주경미, 앞의 글, 41~42쪽).
33) 장남원, 「백제 무령왕릉 매납 중국도자의 성격과 매납지」『무령왕릉 발굴 35주년 기념 및 신보고서 발간을 위한 무령왕릉 학술대회』, 국립공주박물관, 2006, 162~178쪽.
34) 성주탁, 「무령왕릉 석수 "角"의 의미」『초우황수영박사고희기념미술사학논총』, 지식산업사, 1988 ; 권오영, 「무령왕릉 출토 진묘수의 계보와 사상적 배경」『무령왕릉 발굴 35주년 기념 및 신보고서 발간을 위한 무령왕릉 학술대회』, 국립공주박물관, 2006, 54~91쪽.

한 우호관계가 유지되었다. 백제는 오경박사의 파견을 통해 왜에 고대국가 통치 기술과 지배 이념 확립에 필요한 새로운 선진 문물을 제공하였고, 왜는 반대급부로 백제에 유사시에 약간의 군사와 군수물자를 지원하는 단계로 발전시켜 나갔다.

이러한 배경 하에서 이루어진 교류 사실은 무령왕릉에서 출토된 유물들과의 비교를 통해 입증된다. 목관재는 왜에서 수입한 金松임이 밝혀졌고,[35] 일본 奈良縣 新澤 126호분에서 출토된 커트 글라스 완과 금제이식, 금과 은제 반지, 옷에 매달린 370개의 步搖, 玉 등이 출토되었는데, 그 중 당초문으로 된 금제투각 飾板과 청동다리미는 무령왕릉 출토 왕비의 것과 관련이 있는 것으로 파악되었다. 그리고 무령왕릉에서 출토된 심엽형이식이 일본 江田船山古墳에서 출토한 것과 관련이 있는 것으로 파악되었다.[36]

이처럼 백제가 무령왕대에 중국 남조 문화에 경도되어 있을 정도로 남조 문물을 적극적으로 수용한 사실이 무령왕릉과 그 부장품을 통해서 입증된다. 양국 간의 관계는 단순한 물자 교류에 국한하지 않고 '梁官瓦爲師矣' 銘 전돌에서 보듯이 선진 기술의 수용과 나아가 중국의 종교와 사상까지도 받아들이면서 세련되고 국제적 성격을 가진 백제문화로 변용하기에 이르른 것이다. 이러한 시대적 분위기 속에서 백제는 宋의 元嘉曆을 채용하고[37] 남조의 귀족문화를 향유함으로써 문화의 국제성을 확보할 수 있게 되었다. 이 무렵 무령왕은 梁으로부터 '使持節都督百濟諸軍事寧東大將軍'의 관작을 수여받음으로써 동아시아 국제사회에서의 백제 국가의 위상을 확립할 수 있게 되었다.

---

35) 박원규 외, 「무령왕릉 출토 관목분석을 통한 고대 한일관계」 『백제문화를 통해 본 고대 동아시아 세계』, 공주대 백제문화연구소, 113~131쪽 ; 吉井秀夫, 「무령왕릉의 목관」 『무령왕릉 발굴, 그후 30년의 발자취 백제 사마왕』, 국립공주박물관, 2001, 167~177쪽.
36) 이상의 서술은 이진희, 앞의 글, 61~63쪽을 참조할 것.
37) 大谷光男, 「百濟 武寧王 同王妃의 墓誌에 보이는 曆法에 대하여」 『考古美術』119, 1973 : 「武寧王と日本の文化」 『百濟研究』8, 1977, 143~147쪽 ; 이은성, 「무령왕릉의 지석과 元嘉曆法」 『동방학지』43, 1984.

3. 東아시아 공예의 정수 百濟金銅大香爐

무령왕릉이 백제 웅진시대 문화상을 대변해 주는 백제 문화의 보고라고 한다면 백제금동대향로는 백제 사비시대 금속공예 문화를 대표하는 백제 문화의 정수라고 할 수 있다.

백제금동대향로(국보 제287호)가 세상에 모습을 드러내게 된 것은 1993 년에 실시한 부여 능산리의 백제시대 건물터에 대한 학술조사를 통해서였 다. 이곳에서 7동의 건물터와 백제금동대향로를 비롯하여 금동광배, 각종 금동장식, 유리 · 수정의 옥제품, 목제품, 토기류 및 기와류 등 수많은 유물 들이 출토되었다.[38] 이어 1995년의 조사에서는 목탑지의 심초석에서 화강 암으로 된 창왕명 석조사리감(국보 제288호)이 출토되어 이 건물의 축조 연 대와 성격을 규명하는데 결정적인 단서를 제공하였다.

그동안의 이루어진 연차조사 결과 부여 능산리사지는 7동의 건물지, 금 당지, 목탑지, 중문지 등의 남북일직선상의 一塔一金堂式의 전형적인 백제 가람 배치를 확인하였다. 능산리사지는 유적의 유존 상태가 양호하여 우리 나라는 물론 동아시아 고대 건축사 연구에 중요한 자료를 제공하게 되었다. 출토된 유물로 보아 6세기 중엽에 가람이 건립되어 백제 멸망기까지 그 기 능이 유지된 것으로 볼 수 있으며, 백제 왕실의 원찰인 능사로서의 성격을 가진 것으로 밝혀졌다. 특히 백제금동대향로는 유물의 형태, 무늬장식, 그 리고 제작 기법이 미술사적으로 보아 매우 탁월하여 백제 문화의 정수를 보 여주는 조형예술품으로 높이 평가를 받고 있다. 아울러 백제 문화의 우수성 과 독창성이 한층 돋보이는 작품으로서 백제의 불교, 도교 등의 사상과 공 예 기술의 정수를 보여준다.[39]

이처럼 백제금동대향로는 그 유물의 조형성이나 회화적인 구도 및 제작

---

38) 국립부여박물관 · 부여군, 『陵寺』, 능산리사지발굴조사 진전보고서, 2000 ; 김종만, 「부여 능산리사지에 대한 소고」『신라문화』17 · 18, 2000.

기법이 탁월할 뿐 아니라 당시 백제의 역사와 미술사, 음악사, 종교와 사상, 민속 연구, 대외관계 등에 중요한 자료를 제공하는 고고학 자료라는 점에서 큰 가치와 의미를 찾을 수 있다. 이러한 측면에서 백제금동대향로가 가지는 문화적 가치를 여러 측면에서 살펴보기로 하자.

첫째, 백제금동대향로는 중국의 博山香爐의 조형을 유지하면서도 백제의 전통과 새로운 요소를 가미하여 백제 특유의 형태로 발전시켰다는 점이다. 향로는 원래 악취를 제거하고 부정을 없애기 위해 향을 피웠던 도구이다. 중국은 전국시대 말기에서 漢代에 이르기까지 불로장생의 신선들이 살고 있다는 이상향인 삼신산을 상징적으로 형상화한 박산향로가 제작 사용되었는데,[40] 한군현인 낙랑무덤에서도 출토[41]된 바 있다. 漢代 박산향로의 가장 보편적인 양식은 高足杯의 형태를 가진 것으로서 원형의 둥근 다리, 손잡이 위를 향하는 반구형의 爐身과 원추형의 산형 뚜껑으로 구성되어 있다. 굴곡이 있는 산에는 작은 구멍이 있는데 의식 때 향 연기가 나오는 곳이다.

후한대 이후 남북조시대를 거치면서 신선사상이 퇴조하면서 신선세계를 표현한 내용과 장식이 사라지고 대신 불교의 영향으로 그 전형을 잃고 이전과는 다른 형태의 향로가 유행하게 된다. 그런데 백제금동대향로는 미

---

39) 백제금동대향로에 대한 주요 연구는 다음과 같다. 윤무병, 「백제미술에 나타난 도교적 요소」『백제의 종교와 사상』, 충청남도, 1994 ; 전영래, 「향로의 기원과 형식 변천」『백제연구』25, 1995 ; 최병헌, 「백제금동향로」『한국사시민강좌』23, 1998 ; 최응천, 「백제금동용봉향로의 조영과 편년」『동원학술논문집』2, 한국고고미술연구소, 1999 ; 조용중, 「백제금동대향로에 관한 연구」『미술자료』65, 2000 ; 국립부여박물관, 『백제금동대향로 발굴 10주년 기념 국제학술심포지움 백제금동대향로와 고대 동아세아』, 2003 : 『백제금동대향로 발굴 10주년 기념 특별전 백제금동대향로』, 2003 : 『백제금동대향로 발굴 10주년 기념 연구논문자료집 백제금동대향로』: 『백제금동대향로 발굴 10주년 기념 특별전 백제금동대향로』, 2003.
40) 중국의 박산향로에 대해서는 전영래, 앞의 글, 153~186쪽 ; 이난영, 「백제금동대향로 발굴의 의의」『백제금동대향로 발굴 10주년 기념 국제학술심포지움 백제금동대향로와 고대동아세아』, 2003, 12~17쪽을 참조할 것.

국 록펠러재단 소장 금동박산로와 상해박물관 소장 박산로에 보이는 용과 새의 圖上을 따르고 있으며, 주악인물상의 경우도 남조 勝縣 출토 화상전의 '商山四皓'의 도상과 관련이 있어 보인다.[42]

백제금동향로는 중국의 박산향로 중 외형상 매우 화려하고 사실적 표현을 한 전한대의 전형적인 형식과 유사한 점이 많다.[43] 河北省 滿城의 劉勝 墓에서 출토된 박산향로는 기원전 113년으로 편년되는데, 산봉우리와 인물 및 동물들의 표현이 백제 향로의 뚜껑 부분과 유사한 사례가 참고 된다. 다만 회화 구도가 바뀌고 연꽃무늬와 같은 불교적 요소가 가미되면서 대향로의 정형을 이루게 된 것이다. 이와 함께 35cm 이하의 것이 주류를 이루는 중국의 박산향로와는 달리 백제금동대향로는 높이 61.9cm의 대형으로 규모가 확대되는 양상을 보이게 되었다.[44]

이처럼 백제금동대향로는 중국의 전한대의 박산향로를 조형적으로 계승한 점과, 백제가 새로운 변화와 불교적 요소를 가미하여 백제만의 특유한 대향로를 탄생시킨 점에서 백제 문화의 국제성과 재창조성을 엿볼 수 있다.

둘째, 백제금동대향로는 백제인의 뛰어난 회화적 구도와 장식성을 드러낸 백제 미술의 총합체라는 점이다. 백제금동대향로는 높이 61.9cm, 몸통

---

41) 국립중앙박물관, 『낙랑』, 2001.

42) 柳揚, 「大山에 올라 神人을 만나다」『백제금동대향로 발굴 10주년 기념 국제학술심포지움 백제금동대향로와 고대동아세아』, 2003, 106~107쪽.

43) 최병현, 앞의 글, 144쪽.

44) 백제금동대향로의 제작지는 남북조시대의 실물 자료가 거의 발견되지 않고 있는데다가 백제적 특징을 여러 측면에서 제시하여 백제로 보는 것이 일반적이지만, 대형 향로의 모습이 부조된 남조의 화상전묘인 河南省 鄧縣墓와 江蘇省 常州市 戚家山墓의 사례를 들어 반론을 제기하는 견해도 있다(권오영, 「백제금동대향로」『백제의 역사와 문화』, 충청남도역사문화연구원, 2008, 524~525쪽). 그런데 중국에서 5세기에 들어와 불교조각에 향로를 부조하는 것이 크게 유행을 보게 된 점이 주목된다. 5세기 후반으로 편년되는 운강석굴의 第10洞 龕楣天井에 4인의 비천상이 거대한 박산로를 받들고 있는 형상이 있다(전영래, 앞의 글, 64쪽). 따라서 척가산묘의 부조된 대형 향로의 존재는 실물 자료이기보다는 불교와 관련하여 부조 형태로 나타나는 현상과 관련이 있는 것이 아닐까 한다.

최대 지름 19cm, 무게 11.85kg으로 다른 박산향로에 비해 규모가 큰 편이다. 이 향로는 뚜껑과 몸체, 그리고 별도로 부착된 봉황장식과 받침대를 포함하여 크게 4부분으로 구성되어 있어 각기 별도로 주조하여 결합할 수 있게 구안되었다.

금동대향로의 기본 구성 원리를 살펴보면 밑받침 부분은 지하 수중의 세계를, 몸체 부분은 물가의 세계를, 뚜껑 부분은 지상의 세계를, 꼭대기 부분은 천상의 세계를 각각 설정한 것이다. 말하자면 전 우주를 4차원으로 구분하고 다시 지하 수중 세계를 陰의 세계로, 천상의 세계를 陽의 세계로 각각 나누어 설정하였다. 각각의 세계에는 그 자연환경에 알맞게 서식하는 여러 생물체를 분류하여 배치하였다. 즉 지하 수중 세계에는 그 대표격인 한 마리의 용이 연꽃송이를 입에 문 채 고개를 쳐들고 있는 모습을 역동적으로 표현하고 있다.

이처럼 용을 역동적인 모습으로 표현한 것은 다른 박산향로에서는 찾아볼 수 없는 백제 특유의 뛰어난 솜씨라 할 수 있다. 몸체 부분은 수중가에서 살고 있는 연꽃잎과 물고기, 역사상, 동물상 등 여러 종류의 동물들이 하나씩 양각되어 있다. 동물의 경우 머리, 비늘, 뿔 등이 사실적으로 표현되어 있어 탁월한 예술 감각을 엿볼 수 있다.

뚜껑 부분은 산악과 인간, 짐승 등이 도상적으로 표현되어 있는데, 23개의 산이 중첩되어 있는 심산유곡을 표현하고 있다. 그리고 그 정상부에는 음악을 연주하는 5인의 奏樂인물상, 30여 개의 크고 작은 산, 인물상, 동물상, 기마상, 기마 수렵상, 불꽃 무늬 등 100여 개의 화려하고 다양한 무늬들이 새겨져 있다. 뚜껑 꼭대기인 천상 세계는 별도로 부착된 날개를 활짝 핀 채 정면을 응시하고 있는 한 마리의 봉황을 표현하고 있다. 그리고 봉황의 앞가슴과 주악인물상들 앞뒤에는 5개씩의 구멍이 돌려있어 이곳에서 향의 연기가 빠져나가는 곳으로 배치하였다.

이처럼 백제금동대향로는 백제 우주관을 형상화하여 자연의 생물들을 각 세계별로 표현하였는데 향로 전체의 구성과 비례가 잘 맞으며, 다양한 문양과 형상들이 서로 조화를 이루면서 곡선미와 율동성, 그리고 세련미까지 보여주고 있는 점에서 백제 미술의 독창성과 탁월한 예술성을 찾을 수 있다. 특히 백제금동대향로의 부드러운 곡선미는 무령왕릉 출토 동탁은잔에서도 찾아지는 백제 특유의 미적 감각을 잘 드러내 준다고 하겠다.

셋째, 백제금동대향로는 당시 백제인들이 지녔던 불교, 도교 및 도가사상, 음양오행사상 등 종교 사상과 정신세계를 복합적으로 구현했다는 점이다. 백제금동대향로는 도교의 신선사상과 불교의 세계관이 복합적으로 구현되었음은 대향로의 구성 내용을 통해서 알 수 있다. 먼저 삼산형의 봉래산 정상부에 표현된 봉황새는 천제를 상징하고, 뚜껑 부분의 상단부에 표현된 5개의 산악에 5마리 새와 5인 주악사들은 천제 휘하의 5岳을 주재하는 5帝로 볼 수 있다. 이는 음양오행사상이나 사비시대에 대두된 三山五岳信仰을 반영해 주는 것으로 漢代의 馬王堆1호분의 비단그림의 모티브와도 연결되는 것으로 이해된다.[45]

이처럼 백제금동대향로는 漢代의 박산향로보다 훨씬 더 구체적인 신선세계를 보여준다는 점[46]에서 전통적인 조형성을 엿볼 수 있다. 반면 백제금동대향로의 몸체 부분과 받침대 부분에는 연꽃 모양이 중첩되게 표현되어 있는데, 그 사상적 배경은 불교의 蓮花化生[47] 또는 蓮華藏世界[48]를 조형화한 것으로 이해하고 있다. 연화장세계설에 의하면 백제금동대향로의 용받침은 향수해를 상징하고 8개씩 3단 24개의 연꽃이 있는 몸통부분은 연화장세계의 대연화에 해당하는 것으로 이해하고 있다.[49] 이처럼 백제금동대향로는 도교의 신선사상이나 불교의 세계관을 조형 배경으로 삼고 있음을 알 수 있다.

45) 박경은, 「박산향로의 승선도상 연구」『백제금동대향로 발굴 10주년 기념 국제학술심포지움 백제금동대향로와 고대동아세아』, 2003, 182~183쪽.
46) 박경은, 앞의 글, 182쪽.
47) 조영중, 「백제금동대향로에 관한 연구」『백제금동대향로 발굴 10주년 기념 국제학술심포지움 백제금동대향로와 고대동아세아』, 2003, 138~140쪽.
48) 최병현, 앞의 글, 145~150쪽.
49) 최병현, 앞의 글, 147쪽.

넷째, 백제금동대향로는 그 제작기법이 매우 탁월하여 백제 공예기술의 우수성을 보여주고 있다는 점이다. 이 향로는 당시 금속공예 기술의 극치를 보여주고 있다. 청동을 재료로 하여 밀납법으로 정교하게 주조하고, 아말감으로 도금을 하였다. 대향로는 성분 분석 결과 구리(81.5%)와 주석으로 합금된 청동으로 주조한 것으로 금(60%)과 구리(40%)를 수은에 녹여 0.01mm 두께로 도금한 사실이 밝혀졌다.[50] 청동이나 황동에 금아말감을 입히는 기술은 굉장히 고난도의 기술로 평가된다. 향을 피워내기 위해 봉황의 속을 비우는 기술, 온갖 형상과 용의 모습을 세밀하게 새겨낸 완벽한 주조술과 치밀한 도금술은 당시 백제의 높은 과학기술과 예술성을 나타내는 백제 문화의 백미라 할 수 있다.

끝으로 백제금동대향로는 백제의 음악사를 복원하는데 매우 중요한 자료를 제공하고 있다는 점이다. 백제금동대향로에 보이는 백제의 악기는 阮咸·거문고[玄琴]·長簫·북[鼓]·排簫의 5종의 악기이다. 관악기 2종과 현악기 2종, 그리고 타악기 1종으로 드러났다. 이러한 악기들은 주로 고구려로부터 전래된 악기들로서 주로 궁중 밖의 백제 사회에서 연주되었을 것으로 추정된다.[51]

4. 맺음말

이상으로 공주와 부여 지역에 있는 백제의 대표적인 문화유산인 무령왕릉과 백제금동대향로를 대상으로 하여 비교사적 관점에서 백제 문화의 우월성과 국제성을 살펴보았다. 그 결과를 요약하면 다음과 같다.

---

50) 한국과학기술연구원, 『과학문화 DB개발을 위한 텍스트 데이터 개발』, 1998, 103쪽.
51) 송방송, 「백제악기의 음악사적 조명」 『백제금동대향로 발굴 10주년 기념 국제학술심포지움 백제금동대향로와 고대동아세아』, 2003, 24~45쪽.

무령왕릉이 지닌 문화적인 가치에 대해서 1) 기록성과 사료성을 충분히 지니고 있다는 점, 2) 繼世思想이나 유교, 불교, 도교사상 또는 도가사상 등 당시 백제인들의 여러 사상과 신앙, 그리고 장례문화 등을 입체적으로 구현했다는 점에서 백제의 사회 풍습사의 일면을 복원하는데 충분한 자료적 가치를 지니고 있다는 점, 3) 백제의 뛰어난 건축기술 수준을 보여주는 높은 문화적 가치를 지니고 있다는 점, 4) 당시 발달한 백제의 금속 공예 기술 수준뿐 아니라 백제 문화의 창의성과 미의식을 보여주는 중요한 역사적 예술적인 자료라는 점, 5) 백제 문화의 국제성과 독자성을 보여주는 대표적인 물질 자료로서 동아시아사 연구에 디딤돌이 된다는 점을 제시하였다.

이처럼 백제가 무령왕대에 중국 남조 문화에 경도되어 있을 정도로 남조 문물을 적극적으로 수용한 사실이 무령왕릉과 그 부장품을 통해서 입증된다. 양국 간의 관계는 단순한 물자 교류에 국한하지 않고 선진 기술의 수용과 나아가 중국의 종교와 사상까지도 받아들이면서 세련되고 국제적 성격을 가진 백제문화로 변용한 것으로 보았다. 이러한 시대적 분위기 속에서 백제는 宋의 元嘉曆을 채용하고 남조의 귀족문화를 향유함으로써 문화의 국제성을 확보할 수 있게 되었음을 밝혔다.

한편 백제금동대향로가 지닌 문화적 가치에 대해서는 1) 중국의 博山香爐의 조형을 유지하면서도 백제의 전통과 새로운 요소를 가미하여 백제 특유의 형태로 발전시켰다는 점, 2) 백제인의 뛰어난 회화적 구도와 장식성을 드러낸 백제 미술의 총합체라는 점, 3) 당시 백제인들이 지녔던 불교, 도교 및 도가사상, 음양오행사상 등 종교 사상과 정신세계를 복합적으로 구현했다는 점, 4) 그 제작기법이 매우 탁월하여 백제 공예기술의 우수성을 보여주고 있다는 점, 5) 백제의 음악사를 복원하는데 매우 중요한 자료를 제공하고 있다는 점을 제시하였다. 이 향로는 우리나라를 비롯하여 백제 문화의 독자성과 국제성을 보여주는 일급자료로서 동아시아의 고대 문화를 연구하는데 획기적인 자료임을 밝혔다.

『백제문화』 40, 공주대학교 백제문화연구소, 2009

백제인들의 일본열도 이주와 교류

1. 머리말

삼국 중 백제는 일본열도의 倭세력과 대체적으로 긴밀한 우호관계를 유지했던 것으로 나타난다. 삼국 간의 항쟁 과정에서 백제는 정치적으로 고구려나 신라를 견제하는데 왜세력을 우군으로 활용하였고, 이를 통해 왜세력은 백제로부터 선진문물을 받아들여 고대국가 수립에 적극 활용해 나갔다. 지금도 일본의 畿內지역에 가면 '百濟川', '百濟村', '百濟驛' 등 백제 사람들이 남긴 역사적 흔적과 숨결을 생생하게 느낄 수 있을 정도이다.

백제가 일본열도에 이중구연토기 · 양이부호 · 거치문토기 · 조족문토기 등 마한계 토기류를 비롯하여 백제계 와전 · 부뚜막시설 · 대벽건물 · 장식대도 · 횡혈식석실묘 등 위세품이나 장송의례품에서 생활문화 요소에 이르기까지 다양한 문물을 전해 준 것으로 알려졌다. 이러한 문물 이외에도 토목 · 건축 · 불교 · 도교 · 율령 · 部民制와 氏姓制 확립, 문자생활과 유교적 교양 · 예술 등 각종 선진기술과 고급의 정신문화를 일본열도에 이식시킴으로써 일본 고대국가 수립과 고대 문화 형성에 크게 기여한 것으로 판단된다.

그런데 그동안 백제와 왜의 관계에 대한 연구는 한일 두 나라 간의 상이

한 국가주의적 역사 인식으로 인해 그 실상이 제대로 파악되지 못한 한계를 갖고 있었다. 우리의 경우 백제가 일본 고대 문화 형성에 큰 영향을 끼친 점에 대해 일본에 대한 상대적 우월감 내지는 자부심을 느끼고 있지만, 진작 비교 연구 차원에서 이를 입증하려는 구체적인 논거 제시는 아직 충분하지 못한 상태였다.

일본인의 경우 4세기 중반부터 畿內의 大和정권이 정치적 군사적 강국이어서 한반도로부터 철과 기술노예 및 노동력을 공납 받아 성립된 것이라 주장하고 나아가 한반도 남부 지역을 지배했다는 소위 '임나일본부설'을 주장해 온 것이 사실이다. 이처럼 일본은 '강력한 大和朝廷의 像'[1]을 설정해 놓고 백제의 종속적인 입장을 강조하여 백제와 왜 관계를 왜곡해 왔음을 알 수 있다. 그리고 이러한 인식 하에 계기마다 일본에 건너 간 백제인들을 '歸化人'이나 '기술노예'로 격하시켜 그들의 역할과 위상을 과소평가해 왔다.

이러한 인식을 갖게 된 배경에는 무엇보다도 8세기 고대 일본의 천황 중심의 역사관을 반영한 『일본서기』에 대한 신뢰와, 일제의 식민지배를 정당화하기 위한 정치적 목적이 크게 작용한 것으로 볼 수 있다. 또한 백제 고고학 자료가 절대 부족한 상태에서 백제권 지역에서의 다양한 지역문화상을 구체적으로 파악할 수 없었던 점, 그리고 일본 고고학계에서 백제 고고학에 대한 정보가 부족하여 일본 출토 고고학 자료 가운데 그 구체적인 기원을 찾지 못하는 경우가 많았던 점[2] 등을 들 수 있다. 그러다 보니 일본열도 내에서 출토되는 백제계토기를 '韓式土器'로 총괄하여 분류한다든가, 또는 4세기 후반부터 5세기 말까지 일본열도에 들어온 문물은 가야계의 것을 주류로 보고 백제의 문물은 6세기 초가 되어서야 비로소 일본열도에 등장하는 것으로 파악하는 견해[3]도 제시되었다.

---

1) 이진희, 「고대한일관계사 연구와 무령왕릉」 『백제연구』특집호, 1982, 58쪽.
2) 吉井秀夫, 「日本 近畿地方의 백제계 고고자료에 관한 제문제 -5·6세기를 중심으로-」 『일본소재 백제문화재 조사보고서 I -近畿地方-』, 국립공주박물관, 1999, 70~71쪽.

그러나 최근에는 『일본서기』의 백제 관련 기사에 대한 엄밀한 사료 비판을 통해 새로운 관점에서의 역사 해석이 이루어지고 있으며, 또한 백제권 지역에서 활발한 고고학적 발굴조사를 통해 주목할 만한 백제 유적과 유물이 속속 출토됨으로써 이제 백제권 지역에서의 다양한 지역문화 양상을 새롭게 파악할 수 있게 되었다. 특히 새로이 발굴된 백제 고고학적 자료를 통해 백제권역을 서울지역, 중서부지역, 영산강유역권 등으로 대별하여 영역별로 그 지역적 문화 특성을 세밀하고도 체계적으로 파악하려는 연구가 나타나고 있다. 이를 통해 종래 미흡했던 백제와 일본열도 간의 물질문화 교류 양상에 대해 지역적으로 문물교류의 구체상을 밝히려는 연구가 진행되고 있어 무척 고무적이라 할 수 있다.

　　예컨대 마한계 토기로 알려진 조족문토기·양이부호·이중구연토기·거치문토기 등의 분포와 편년, 그리고 일본열도와의 비교 분석을 통해 백제 토기와의 차별성을 인식하게 되었고 나아가 백제권역과 일본열도 간의 지역 간 문물 교류 양상을 확인할 수 있게 되었다.[4] 아울러 횡혈식석실묘와 대벽건물, 아궁이틀, 금속유물 등 여러 분야에 걸쳐 백제권역과 일본열도의 관계에 대한 비교 연구도 진행되고 있다.[5] 반면 백제권역에 분포하는 일본계 유적 유물인 공주지역의 횡혈묘[6]와 영산강유역의 전방후원분(장고분)[7]

3) 박천수, 『새로 쓰는 고대 한일교섭사』, (주)사회평론, 2007, 331~354쪽. 이 견해는 5세기 대 사실로 이해되는 『일본서기』나 『고사기』 應神紀와 繼體紀에 나오는 백제로부터의 대규모의 일본열도 이주와 선진 문물 수용에 관한 기사와 배치되고 있어 신중한 검토가 필요하다.
4) 박중환, 「일본의 조족문토기와 고대 한국문화」 『동원학술논문집』 2, 1999, 33~59쪽 및 「조족문토기고」 『고고학지』, 1999, 97~124쪽 ; 김종만, 「마한권역출토 양이부호 소고」 『고고학지』 10, 1999, 49~78쪽 ; 서현주, 「이중구연토기 소고」 『백제연구』 33, 2001, 37~66쪽 : 「4~6세기 백제지역과 일본열도의 관계」 『호서고고학』 11, 2004, 35~65쪽 ; 白井克也, 「日本出土の朝鮮産土器·陶器 -新石器時代から統一新羅時代まで-」 『日本出土の船載陶瓷』 : 「土器からみた地域間交流-日本出土の馬韓土器·百濟土器-」 『檢證古代日本と百濟』, 大巧社, 2002, 120~137쪽 ; 吉井秀夫, 앞의 글(1999), 70~71쪽 ; 「토기자료를 통해서 본 3~5세기 백제와 왜의 교섭관계」 『한성기 백제의 물류시스템과 대외교섭』, 학연문화사, 191~207쪽.

과 분주토기[8] 등에 대해서도 그 분포 양상과 편년, 그리고 기원 및 성격 등을 찾으려는 연구도 함께 진행되고 있어 고대 한일관계사 연구가 이제 한일 쌍방 간에 새로운 경지에 진입하고 있는 것으로 판단된다.

　이처럼 백제와 일본 간에 관계사 연구를 국가와 국가 간에, 지역과 지역 간에 이루어진 문화의 전파와 문물의 교류 시각에 국한하여 파악하는 것은 올바른 역사 이해로 볼 수는 없다. 한 지역에서 다른 지역으로의 문물 교류

5) 홍보식, 「백제횡혈식석실분의 형식분류와 대외전파에 관한 연구」『박물관연구논집』2, 부산직할시립박물관, 1993 ; 三井健, 「朝鮮半島系渡來文化の動向と古墳の比較研究試論 -九州本島北部地域を題材として-」『考古學研究』47-4, 考古學研究會, 2001 ; 小田富士雄, 「백제 고분문화와 北部九州 -특히 횡혈식석실에 대하여-」『일본소재 백제문화재 조사보고서 II -九州地方-』, 2000, 국립공주박물관, 111~117쪽 ; 靑柳泰介, 「「대벽건물」고 -한일관계의 구체상 구안을 위한 일시론-」『백제연구』35, 2002 ; 우재병, 「5세기경 일본열도 주거양식에 보이는 한반도계 취사·난방시스템의 보급과 그 배경」『백제연구』41, 2005 : 「5~6세기 백제 주거·난방·묘제문화의 왜국전파와 그 배경」『한국사학보』23, 고려대사학회, 2006 ; 권오영, 「벽주건물에 나타난 백제계 이주민의 일본 기내지역 정착」『한국고대사연구』49, 2008 ; 서현주, 「삼국시대 아궁이틀에 대한 고찰」『한국고고학보』50, 2003 ; 박보현, 「장신구로 본 백제-왜 문물교류사의 현단계」『일본소재 백제문화재 조사보고서III -近畿地方-』, 2002, 국립공주박물관, 129~146쪽 ; 박경도, 「백제의 장식대도」, 앞의 책(2002), 147~163쪽.
6) 박대순·지민주, 『공주 단지리 횡혈묘군』(충청문화재연구원문화유적조사보고 제54집), 2004 ; 이호형, 「공주 단지리 횡혈묘군을 통해 본 고대 한일교류」『한국고대사연구』50, 2008.
7) 임영진, 「광주 월계동의 장고분 2기」『한국고고학보』31, 1994 : 「韓國長鼓墳(前方後圓墳古墳)の被葬者と築造背景」『考古學雜誌』89-1, 日本考古學會, 2005 : 「영산강유역권 장고분 조사연구」『영산강유역권 장고분 조사연구보고서』, 백제문화개발연구원, 2009 ; 박순발, 「백제의 남천과 영산강유역 정치체의 재편」『한국의 전방후원분』, 충남대 백제연구소, 2000 ; 주보돈, 「백제의 영산강유역 지배방식과 전방후원분 피장자의 성격」『한국의 전방후원분』, 충남대 백제연구소, 2000 ; 土生田純之, 「한·일 전방후원분의 비교검토」『한국의 전방후원분』, 충남대 백제연구소, 2000 ; 田中俊明, 「영산강유역에서의 전방후원분고분의 성격」『지방사와 지방문화』3-1, 학연문화사, 2000 ; 김낙중, 「5~6세기 영산강유역 정치체의 성격」『백제연구』32, 2000 ; 박천수, 「영산강유역 전방후원분을 통해 본 5~6세기 한반도와 일본열도」『백제연구』43, 2006 ; 정재윤, 「영산강유역 전방후원형분의 축조와 그 주체」『역사와 담론』56, 2010.
8) 임영진, 「분주토기를 통해 본 5~6세기 한일관계 일면」『고문화』67, 2006, 23~36쪽 ; 우재병, 「영산강 유역 전방후원분 출토 원통형토기에 관한 시론」『백제연구』31, 2000, 39~54쪽.

는 일시적 단기간에 이루어져 정치적으로 통제될 수 있는 경우가 생겨날 수도 있다. 반면 이주민의 경우는 이주집단의 물질문화를 이주한 지역에 직접 이식시킴으로써 문화변동을 촉진시켜 새로운 물질문화를 만들어낼 수 있는 장점이 있다.

따라서 단순한 문화 교류의 시각이 아닌 인간집단의 교류와 이주의 시각에서 백제와 고대 일본 관계의 실상을 보다 접근해 갈 수 있을 것이다. 이러한 의미에서 백제 이주민들의 일본열도 이주에 대한 연구는 지금까지 굴절되어 온 일본 고대사상을 바로 잡는데 필요할 뿐 아니라 자료가 절대 부족한 백제사를 복원하는데 큰 도움이 될 것으로 기대된다.

2. 移住의 개념 - 歸化人 · 渡來人 · 移住民

이주는 개인이나 종족 · 민족 따위의 집단이 본래 거주하던 지역을 떠나 다른 지역으로 이동하여 정착 생활하는 경우를 말한다. 이주의 개념은 다양하게 정의될 수 있지만 대체로 지역단위의 이주(Local migration), 순환적 이주(Circular migration), 연쇄적 이주(Chain migration), 직업상 이주(Career migration), 강요된 이주(Coered migration) 등을 포함한다.[9] 위의 개념에 따르면 이주민은 상시적인 정착 생활자 이외에 자의적이든 타의적이든 어떤 특별한 목적을 갖고 일시적으로 체류하는 사람까지 포함하는 개념임을 알 수 있다.

이주와 관련된 용어로는 移民, 流移民, 渡倭人, 歸化人, 渡來人, 移住民

---

9) Anthony. D. W, 1997, *Prehistoric Migration as Socail Process, In Migrations and invasions in archaeological explanation*, J. Chapman, and H. hamerow, eds, pp.26-27, British Archaeological Reports 664, Oxford: Archaeo Press : 김종일, 「고고학에서 이주의 개념과 물질문화의 변이 -개념 및 서구사례를 중심으로-」『이주의 고고학』(제34회 한국고고학전국대회), 한국고고학회, 2010, 13쪽에서 재인용.

등이 있다. 그 중 이민은 현대적인 용어로 한 국가에서 다른 국가로 이주하여 해당 국적을 취득하고 정착 생활하는 사람을 뜻한다. 유이민은 자연재해나 전쟁 등으로 생활 터전을 잃고 나라를 옮겨 다니거나 떠도는 부랑민을 지칭하는 사회경제적인 용어에 더 가까운 말이다. 이는 주로 하층민을 대상으로 지칭할 때 쓰는 용어라 할 수 있다. 도왜인은 한반도에서 일본열도로 건너간 사람을 지칭하는 것으로 통일신라시대에 '渡唐留學生'이란 용어를 사용한 예에 비추어 보아 타당한 일면은 있으나, 일본인들이 도래인으로 부르는 것과 같은 한일 어느 한쪽 입장에서 붙여진 것으로 양국의 입장을 아우르는 객관적인 용어로 보기 어렵다.

반면 귀화인이나 도래인은 한반도에서 일본열도에 건너간 이주민들을 일본학계에서 지칭하는 특수한 용어로서 기술·문화·지식을 갖고 일본열도에 來航해 와 일정기간 왜왕권에 귀의하여 거주하는 사람을 뜻한다. 귀화인은 일본이 8세기 이후 율령제국가를 지향하면서 생겨난 귀화인 사관에 기초한 용어다. 현재는 7세기 이전 중국이나 한반도에서 이주해 온 사람들을 지칭하는 용어로 사용된다.

고대 일본에 건너간 이주민들은 일본열도의 원주민들보다 훨씬 선진문화를 향유하고 있었기 때문에 그들 원주민에 흡수 동화되었다기보다는 오히려 원주민의 토착사회를 근본적으로 변화시키는 역할을 한 점에 주목할 필요가 있다. 이러한 사례는 서양의 게르만 민족이나 아메리카대륙에 건너가 새로운 국가를 만든 유럽인들 경우에서 찾아 볼 수 있다. 이들 이주민들은 원주민들까지 동화시켜 새로운 문화를 창출해 내었던 것이다. 따라서 이주민이란 용어는 세계사에서 두루 그 적합한 사례를 찾아 볼 수 있어 객관적인 용어로서 적합한 것으로 판단된다.

그러면 일본학계에서 사용하고 있는 귀화민과 도래인에 대해 그 사용 배경과 의도를 검토하고 아울러 그 용어 사용에 따른 문제점들을 살펴보기로 하자.

마한을 포함한 백제계 이주민들이 일본열도로의 이주와 활동한 사실에 대해서는 일본 고대 사서인 『日本書紀』와 『古事記』, 그리고 『新撰姓氏錄』,

『風土記』등에서 많이 찾아 볼 수 있다. 이 사서들은 대개 8세기 이후 일본 율령국가체제 하에서 천황에 복속된 각 씨족 조상의 유래를 전하는 족보적 성격을 다분히 띠고 있어 부회・윤색된 부분이 많다. 그리고 설사 백제인 출신이었다고 하더라도 그들이 처한 현실적 입장을 고려하여 그 출계를 분식・호도하는 경우가 많아 엄밀한 사료비판이 전제되지 않는 한 그 실상을 찾는 일은 그리 쉽지 않다. 그럼에도 불구하고 백제계인들의 일본열도 이주와 정착과정에 대한 연구는 일찍부터 일본인들에 의해 歸化人이나 渡來人의 개념으로 널리 연구되어 왔고 또한 이에 대한 많은 연구 성과가 축적되어 있다.

그렇지만 일본들이 한반도에서 건너간 이주민들을 이해하는 시각은 우리와 큰 차이가 있음을 알 수 있다. 현재의 일본학계에서는 한반도에서 건너온 이주민들을 종래의 귀화인 대신에 도래인으로 고쳐 부르고 있지만 우리가 부르는 이주민 개념과는 차이가 있다. 종전의 일본인들은 한반도에서 일본열도에 건너간 사람들을 『일본서기』등의 용례에 따라 歸化人이란 개념으로 이해하여 왔다. 이는 明治 연간 이래로 '삼한을 복속시킨 이래 皇化를 사모하여 건너 온 사람들'이란 의미를 가진 귀화인 사관에서 비롯된 것이었다. 이들 귀화인들은 임나일본부설을 긍정하는 인식위에서 자발적으로 건너온 측면보다는 대륙의 군주의 증여에 의하거나, 또는 기술노예로 약탈되어 데리고 온 존재로 파악하여 이주민들을 피정복민 측면에서 보려는 시각이 지배적이었다.

이러한 귀화인 사관이 비판을 받게 된 계기는 1963년 북한의 金錫亨이 「三韓 三國의 일본열도내의 分國에 대하여」란 논문[10]이 발표되면서부터이다. 그는 彌生文化의 개시부터 한반도의 주민들이 연속해서 이동하여 6세기 대화조정에 의해 통합되기까지 일본열도 안에 삼한, 삼국의 분국을 만들었다고 하였다. 아울러 이들 分國사람들은 大和政權이 아직 국내를 통합하

10) 김석형, 「삼한 삼국의 일본열도내의 분국에 대하여」『력사과학』 1963년 1호.

지 못한 시기에 이주해 온 사람들이기 때문에 이를 귀화인으로 규정하는 것은 잘못이라고 비판하였다. 이 설은 일본학계로부터 큰 비판을 받았지만 일본학계에서 귀화인에 대한 인식을 재검토하게 된 계기를 만들었다는 점에서 큰 의미를 갖는다.

이후 1960년대 중반부터 일본학계에서는 귀화인 문제를 최초로 비판한 上田正昭를 비롯하여 平野邦雄, 田中史生 등에 의해 귀화인 문제를 새롭게 인식하려는 노력이 나타났다.[11] 上田正昭는 大寶令(701)과 養老令(718)의 제정 직후에 편찬된 『일본서기』와 『신찬성씨록』 등에 '歸化', '化歸', '投化', '來歸' 등이 나타난 반면 『고사기』에는 '渡來'로 표현한 점에 주목하여 귀화란 용어가 율령체제의 王化思想을 반영하는 것으로 보고 귀화인 대신에 도래인으로 부를 것을 제안하였다.

이처럼 현재 일본학계에서는 한반도에서 건너온 이주민들을 귀화인에서 도래인으로 보고 이들이 가지고 온 우수한 선진기술과 지식 및 문물이 일본 사회의 진전과 문화의 발달에 큰 역할을 한 것으로 인식하고 있다. 이러한 인식은 대체로 우리의 입장과 견해를 같이 하는 것으로 볼 수 있지만, 그 이면에는 문화 수용자인 일본 측의 특수한 입장이 반영되어 있다. 즉 일본에서는 도래문화를 비단 한반도뿐만 아니라 중국대륙에서 일본열도로 전해진 것으로 보는 포괄적인 개념으로 보고 있다.

어떻게 보면 선진문물의 수용에 있어서 한반도의 역할을 축소하거나 또는 한반도를 거쳐 일회성으로 수용되는 교량적 역할로 보면서 그 역할과 의미를 축소해 보려는 의도를 갖고 있다. 물론 고대 일본은 중국과 직접 대외교섭을 전개한 일도 있지만 대부분 한반도로부터 국가 발전을 위한 선진문물을 수용해 왔다. 3세기경 卑彌呼 때부터 5세기경 왜의 5왕시대에 이르는

---

11) 도래인에 관한 주요 연구업적은 다음과 같다. 上田正昭, 『歸化人』, 中公新書, 1965 ; 『古代の日本と渡來の文化』, 學生社, 1997 ; 平野邦雄, 『大和前代社會組織の研究』, 吉川弘文館, 1969 ; 田中史生, 『倭國と渡來人 -交錯する「內」と「外」-』, 吉川弘文館, 2005 ; 『日本古代國家の民族支配と渡來人』, 校倉書房, 1997.

시기에는 중국 왕조와 직접 교섭을 벌린 일이 있었지만, 478년 왜왕 武 때 宋과의 교섭을 단절한 이후부터 6세기 후반 隋왕조 때 국교를 재개하기까지는 중국과 한동안 교섭을 중단한 일이 있었다. 이때에는 고대 일본은 한반도 특히 정치적으로 친연관계에 있던 가야나 백제로부터 선진문물을 수용해 온 것이다.

이러한 고대 일본의 대외관계를 고려해 보면 중국이나 한반도의 양 방향에서 선진문물을 수용한 것처럼 이해될 수도 있다. 그러나 『일본서기』나 『고사기』 등의 문헌자료와 일본열도에서 출토된 고고학 자료를 보면 외래문물이 중국이 아니라 거의 한반도에서 일방적으로 건너온 것임을 여실히 보여주고 있다. 중국에서 발달한 유교·불교·도교·천문·역법 등 고급의 정신문화조차도 대부분 백제를 거쳐 수용되고 있는 것으로 나타난다. 백제가 중국에서 발달한 고급의 정신문화요소들 단순히 일본열도에 전하는 교량적 역할로 끝난 것[12]이 아니라 백제인들이 인적 관계를 통해 일본열도에 직접 이식하여 일본 고대문화의 개발과 수준 향상에 큰 영향을 준 것으로 이해된다.

또한 도래인의 범주 설정에 종래의 귀화인 사관을 여전히 답습하고 있다는 점이다. 田中史生은 도래인의 범주를 넓게 이해하여 ① 자발적인 의지로 도래한 사람들, ② 표착민, ③ 외국사절, ④ 질자, ⑤ 증여, ⑥ 약탈, ⑦ 국제 상인으로 유형화하여 파악하고 있다.[13] 그에 의하면 도래인을 자발적으로 일본열도에 이주하여 정착한 사람 이외에 일시적으로 체류하는 사람들인

---

12) 예컨대 6세기 초 무령왕대부터 백제는 오경박사를 비롯한 박사제도를 통해 백제의 선진 문물이 일본열도에 제도적으로 전수하게 된다. 이때 일본에 건너간 중국계 인물들을 남 조에서 백제에 파견되었다가 다시 일본에 건너간 것으로 이해하는 견해가 있다. 당시 중 국과 일본간의 대외 교섭이 한동안 중단된 상태에서 중국 남조의 승인 없이 중국계 관료 들을 백제가 일본에 파견할 수 있었는 지에 대해서는 의문이 간다. 그들은 백제 관등을 소지하고 있는 것으로 보아 백제에 거주하고 있었던 한군현계 후예로 보는 것이 합리적 이다.

13) 田中史生, 『倭國と渡來人 -交錯する「內」と「外」-』, 吉川弘文館, 2005, 23~26쪽.

표착민과 외교사절 및 국제상인까지도 그 범주에 포함시켜 놓고 있다. 그렇지만 백제가 왜에 파견한 왕족과 대신들을 모두 質子로 파악한 점,[14] 그리고 도래인의 선진기술 전파를 기술자 약탈 측면으로 본 점[15] 등에서 종전의 귀화인 사관을 여전히 답습하고 있는 점을 찾아볼 수 있다.

이상으로 일본학계에서 거론하고 있는 귀화민과 도래인 개념에 대해 검토한 결과 한반도에서 일본열도로 건너간 이주민들을 종래 귀화민 대신에 도래인의 개념으로 이해하고 있어 진전된 역사인식을 엿볼 수 있으나, 여전히 종전의 귀화민 사관을 답습하고 있는 점에서 문제가 있는 것으로 드러났다.

3. 이주 시기와 활동

백제와 왜왕권이 최초로 국가 간의 교섭을 벌린 것은 『일본서기』 신공기 46년에 해당하는 4세기 후반의 일이다. 백제가 남해안에 위치한 卓淳을 매개로 해서 왜와 공식적인 접촉을 한 것이다. 이를 계기로 하여 백제와 왜 두 나라가 사신을 파견하여 공식적인 교섭을 갖게 되었다.

그 이전 彌生時代에도 마한과 백제인들이 시간적 선후관계를 가지면서 일본열도와 이주와 교류를 해 왔다는 사실은 고고학 자료나 형질인류학 자

---

14) 백제가 397년 태자 전지를 왜에 질자로 파견한 사례에서 보듯이 국가적 위기에 처해 있어 왜로부터 군사적 도움이 필요하게 될 때 왕족과 같은 비중있는 인물을 질자외교 형식을 빌어 왜에 파견한 사례를 종종 찾아볼 수 있다. 백제가 왜에 파견한 질자는 국왕을 대신하는 외교 특사의 성격을 가진 것으로, 외교관계에 있어서 상대국에게 절대 신뢰성을 보장해 주기 위한 정치적 담보물을 제공한 다음 강력한 정치적 군사적 협력을 요청하기 위한 것이었다(양기석, 「삼국시대 人質의 性格에 대하여」 『사학지』15, 1981 ; 나행주, 「고대한일관계에 있어서의 質의 의미」 『건대사학』8, 1993 참조). 백제의 질자 파견을 왜왕 책립설로 연결시켜 이해하는 것은 8세기 천황중심 사관의 산물로서 받아들일 수 없다(연민수, 『고대한일관계사』, 혜안, 1998, 422~427쪽).
15) 田中史生, 앞의 책(2005), 27~48쪽.

료를 통해 입증해 볼 수 있다. 고고학상으로 북구주지방 일대에서 출토되는 水田稻作의 농경, 마제석기, 농경도구, 무문토기, 공렬문토기, 동검·동모·銅戈 등 청동기, 세문경, 동탁, 지석묘·옹관묘·토광묘 등 묘제가 한반도 남부의 것과 연결된 것임이 밝혀졌다.[16]

형질인류학상으로도 현대 일본인 가운데 畿內型에 속하는 사람들이 한국인에 가장 가까운 것으로 밝혀졌다.[17] 이 시기에는 국가 간의 공적인 교류나 대규모 주민집단의 이주가 이루어지지 않았지만 일본 구주지역과 가까운 한반도 남부지역과 간헐적인 교류나 교역 활동을 통해 소규모의 이주가 있었을 것으로 추정된다.

먼저 마한을 포함한 백제계 사람들이 어떠한 해상 루트로 일본열도에 건너가게 되었는지에 대해 알아보자. 이와 관련하여 3세기 경의 사실을 알려주는 『삼국지』 위지 동이전 한조의 기사가 주목된다. 당시 한군현인 대방군의 사신이 서해와 남해안을 따라 狗邪韓國(김해)에 이른 후 이곳에서 다시 남쪽으로 對馬島와 壹岐를 거쳐 末盧國(松浦)에 상륙한 다음 육로로 伊都國 → 奴國 → 不彌國 → 投馬國을 거쳐서 당시 왜국의 중심지로서 여왕이 통치하던 邪馬臺國에 도착한 것으로 되어 있다. 이 해로는 한반도에서 일본열도에 이르는 최단코스로서 섬과 섬으로 연결되어 있어 가장 안전하고 시간을 단축할 수 있는 장점이 있다.[18] 김해 대성동 유적에서 출토된 파형동기, 화살통, 방추차 석제품 등 소위 왜계 유물들이 일본 近畿지방과의 교역에 의한 산물로 추정되는 것으로 미루어 보아[19] 4~5세기 경에도 김해지역이 이 해로상의 중요 교역 거점이었음을 보여주고 있다.

---

16) 일본 彌生時代에 한반도의 도래인들이 왜인사회에 끼친 영향을 고고학적으로 고찰한 연구로는 武末純二, 『土器からみた日韓交渉』, 學生社, 1991 ; 片岡宏二, 『彌生時代 渡來人と土器・青銅器』, 1999, 雄山閣 ; 『彌生時代 渡來人から倭人社會へ』, 2008, 雄山閣 등이 참고가 된다.

17) 小濱基次, 「生體計測學的でみた日本人の構成と起源に關する考察」 『人類學研究』 7-1・2, 1960 : 이기백, 『한국고대사론 증보판』, 일조각, 1995, 186~187쪽에서 재인용.

18) 정효운, 「백제의 왜의 문화 교류 양상에 대한 일고찰」 『일어일문학』 31, 2006, 281~289쪽.

그러나 5세기 후반에 이르면 금관가야의 쇠퇴와 대가야의 대두로 인해 기존의 교역시스템이 해체·재편되면서 왜의 한반도에 대한 교역로는 종전의 낙동강 하류일대 이외에 가야 서부지역과 영산강유역에까지 범위를 넓혀서 다원화하게 되었다.[20] 6세기 중반 이후 백제의 영산강유역 지배가 보다 강화되고 신라에 의해 대가야가 멸망당함으로써 백제와 왜 간의 교역루트는 변화를 겪은 것으로 보인다. 『隋書』 왜국전에는 608년 隋의 文林郎 裵(世)淸이 왜국에 사신으로 갈 때 이용한 항로가 소개되어 있는데, 이 해로는 백제 말기에 주로 이용된 것으로 보인다. 즉 배청 일행이 백제를 거쳐 竹島 → 담라국(제주도)→ 都斯麻國(대마도)→ 一支國(壹岐)→ 竹斯國(筑紫)→ 秦王國(大阪)에 이르렀다고 한다. 백제와 왜는 신라가 확보한 낙동강 하류지역과 낙동강 서부지역을 피해 백제의 서남 해안과 서해안을 지나는 항로를 적극 활용한 것으로 보인다.

마한을 포함한 백제계 사람들의 일본열도 이주는 단기간에 일회적으로 이루어진 것이 아니라 여러 원인에 의해 집단성을 띠고 대규모로 전개되었다. 계기마다 一波, 二波, 파상적으로 일본열도에 몰려들어 새로운 지역기반을 만들어 나갔다. 그들은 해로를 통해 서해안과 남해안을 돌아 대마도와 壹岐섬을 거쳐 주로 구주지역과 기내에 이르는 지역에 정착하였다.

그 이주민 대열 속에는 외교사절이나 혼인을 통하거나, 또는 정권에서 실세하여 망명을 떠나는 왕족이나 귀족층, 지방의 재지세력가, 이들과 함께 떠나는 기술생산자 집단과 일반 백성들, 그리고 전란을 피하거나 또는 궁핍한 생활을 타개하기 위해 떠나는 대부분의 촌락민들이 대거 참여하여 이주의 길에 나섰다. 이들은 후진적인 일본열도에 진출하여 여러 분야에서 殖産

---

19) 김해 대성동 13호분 출토 파형동기는 일본 大阪 和泉의 황금총 고분의 것과 관련이 있으며(末永雅雄·森浩一 등, 『和泉黃金塚古墳』, 東京堂出版, 1980, 81~88쪽), 동 14호분 출토 화살통은 일본 滋賀縣 雪野山古墳 것과 관련이 있다(杉井健, 『雪野山古墳の研究』, 雪野山古墳發掘調査團, 1996, 117~119쪽).

20) 우재병, 「4~5세기 왜에서 가야·백제로의 교역루트와 고대항로」 『호서고고학』 6·7, 2006, 193~195쪽.

활동을 벌려 원주민과 큰 마찰 없이, 오히려 그들을 주도해 나가면서 일본 고대국가 건설과 고대문화 창출에 큰 기여를 하였던 것이다.

그러면 백제 이주민들이 일본열도에 이주하려는 이유에 대해 살펴보기로 하자. 이주의 원인은 다양하다. 기후 변화나 자연재해와 같은 환경적인 요인과, 전쟁이나 정권 내부의 권력투쟁, 외교활동, 혼인, 교역, 인구증가, 이데올로기의 영향 등과 같은 정치적 사회적 측면에서 살펴 볼 수 있다.

그 가운데 소수의 지나지 않지만 국가 차원에서 이루어지는 외교활동과 혼인을 통해 이주하는 경우가 있다. 5세기 이후 백제는 대외관계를 강화하기 위해 왜에 많은 왕족들을 파견하는데, 『일본서기』에 나오는 新齊都媛, 適稽女郎, 池津媛, 昆支, 酒君, 麻那君, 斯我君 등이 이에 해당한다. 이들 왕족 중 곤지처럼 백제로 귀환하는 경우도 있지만 왜에서 혼인관계를 통해 영주하는 경우가 많았다. 『신찬성씨록』에는 백제 왕족들의 후예들이 諸番으로 편성되어 일본의 지배층으로 거주한 것으로 되어있다. 그들 중 桓武天皇의 생모 和氏[高野新笠]는 백제 武寧王의 아들인 純陀太子의 후손으로 황태후가 된 일이 있었다.[21]

고대 일본의 유력한 씨족 중에서 秦氏 · 東漢氏 · 西漢氏 · 吉士集團 · 蘇我氏 등은 백제의 지배층으로서 왜에 이주해 와서 왜왕권과 관련을 가지며 두드러진 역할을 하였다. 이들 씨족들이 어떠한 연유로 일본열도에 이주하게 되었는지에 대해서는 알 수 없다. 다만 소아씨는 웅진 천도 때 문주왕을 보필하였던 木刕滿致와 같은 인물로서 6~7세기 중엽에 걸쳐 천황의 외척이 되어 왜 왕권 최대의 정치세력을 형성한 백제계 이주민 출신이었다. 소아씨가 왜에 건너오게 된 것은 병관좌평 해구와 권력 다툼에서 패했기 때문이라고 한다.[22] 소가씨의 경우는 권력 다툼과 같은 정치적 이유에서 일본열도에 이주하게 된 케이스라 할 수 있다. 이들 백제의 왕족과 귀족들은 왜에 이주하여 새로운 일본 사회에 지배층을 형성하면서 백제로부터의 선진문물의

---

21) 『續日本記』 권40, 今皇帝 桓武天皇 延曆 8년 12월.

수용과 확산에 큰 영향을 미치기도 하였다.

한편 백제인들 중에 왜사회에서 크게 환대를 받았던 계층은 기술자집단이었다. 이들은 오경박사와 같은 백제와의 공적인 채널을 통해 왜에 공식적으로 전수되기도 하고, 또는 이주민과 함께 선진기술을 왜에 전해주는 역할을 하였다. 이들 백제의 기술자집단이 가지고 온 농업기술, 문필, 천문학, 건축, 공예, 기악, 의학, 조선술 등은 단순한 문물 교류 차원을 넘어 일본 고대 국가의 성립과 고대 문화의 바탕을 형성하는데 크기 기여하였음은 주지의 사실이다.

일반민들은 왕족이나 귀족과 같은 지배층의 인솔 하에 대규모의 이주가 행해졌다. 應神紀에 백제지역에서 弓月君이 거느린 120현의 사람들이 대규모로 일본열도에 이주한 사례[23]가 있다. 일반민들은 자연재해나 과중한 국역 부담으로 인하여 신라와 고구려에 이주하는 경우가 있었다. 491년에는 기아에 허덕이던 백제 민호 6백여 家가 신라에 망명한 일이 있었고,[24] 499년에는 굶주린 백제의 민호 2천여 명이 고구려에 망명해 간 일도 있었다.[25] 510년에는 백제의 백성들이 가야지역으로 유망해 간 사례도 찾아진다.[26]

위 사례에서 보듯이 백제의 백성들이 기아에 처해 있을 때 인근에 있는 고구려나 신라, 가야까지 유망해 갔음을 보여주고 있다. 그런데도 일반민

---

22) 목협만치를 蘇我氏의 계보 전승에서 최초로 나타난 蘇我滿智와 동일인으로 보고 그가 왜에 건너간 시기를 475~476년경으로 보고 병관좌평 해구와 권력을 다투다가 패하여 많은 주민들과 함께 왜로 망명하였다고 한다(門脇禎二,「蘇我氏の出自について」『日本のなかの朝鮮文化』12, 1971, 12쪽). 이러한 견해와는 달리 목협만치가 왜에 건너간 시기를 475년 전후한 시기로 보고 그 목적이 고구려 남침에 대한 구원을 요청하기 위한 것으로 보는 견해가 있으나(김현구, 『임나일본부연구』, 일조각, 1993, 59쪽), 곤지가 이미 왜에 체류하고 있는데다가 그 이후 목협만치가 귀국하지 않고 왜에 정착하고 있는 점 등에서 받아들일 수 없다.
23) 『일본서기』 권10, 응신기 14년 是歲.
24) 『삼국사기』 백제본기 동성왕 13년 추 7월.
25) 『삼국사기』 백제본기 동성왕 21년 하.
26) 『일본서기』 권17, 계체기 3년 봄 2월.

들이 바다를 건너 일본열도에 이주하게 된 데에는 단순히 자연재해와 같은 환경적 요인으로만 설명하기는 부족하다. 오히려 한반도에서 대규모의 집단 이주가 행해지려면 큰 전란이나 어떤 정치적인 측면에서 접근하는 것이 설득력이 있을 것이다.

백제의 일반민들은 일본열도가 바다로 가로막혀 있어서 상대적으로 안전판으로 인식되었기 때문에 이주를 선호하였을 것이다. 그리고 일본열도에는 彌生文化 이래 마한을 포함한 백제권역에서 이주한 선주집단들이 한반도의 정서와 문화를 영위하면서 생활하고 있었다. 백제에서 새로이 이주한 사람들은 이들을 통해 문화적 동질성을 갖고 쉽게 적응해 나갈 수 있는 배경으로 삼았다. 또한 당시 일본열도는 백제보다 정치 사회적으로 후진지역이었기 때문에 전문지식이나 선진기술을 지니고 있을 경우 일본사회로부터 크게 대우를 받았을 뿐 아니라 백제 땅에서 이루지 못한 꿈을 실현할 수 있는 기회의 땅으로 인식되었던 것이다.

반면 왜가 백제와는 지리적으로 가까울 뿐 아니라 가야와 함께 정치적으로 긴밀한 우호관계를 유지하고 있다는 점에서 백제로부터 대규모의 이주민을 받아들이려 하였다. 무엇보다도 왜가 백제 이주민들을 적극적으로 받아들이려는 목적은 왜 왕권 내부에 있었다. 畿內의 왜는 일본열도 각지에서 독자적인 세력을 유지하고 있었던 지역의 호족세력을 통합해 나가고 점차 고대국가로 성장해 감에 따라 무기와 생산력 향상에 필요한 철 자원과 선진문물의 확보를 통해 국가 발전의 계기로 삼으로 하였기 때문이다. 그리고 선진문물에 익숙한 백제 이주민들을 왜정권의 세력기반으로 삼아 왕권의 기반을 공고히 하려는 의도에서였다.

다음으로 백제계 이주민들이 일본열도에서의 활동에 대하여 알아보자. 마한인들을 포함한 백제계 사람들이 일본열도에 이주하고 교류한 것은 관련 자료에 의거해 볼 때 백제가 왜와 국가 간의 공식적인 대외교섭이 시작되는 4세기 후반부터 백제가 멸망한 7세기 후엽에 걸친 시기로 설정해 볼 수 있다. 백제인들의 이주 시기는 그 성격상 크게 세 시기로 구분해 볼 수 있다.

① 1기는 4세기 말에서 5세기 중엽에 걸친 시기로 4세기 말 고구려 광개

토왕의 백제 공격을 계기로 많은 백제 이주민들이 전란을 피해 일본열도에 대규모로 이주하였는데, 『일본서기』와 『고사기』應神紀와 繼體紀에 한반도 이주민에 관한 기사가 나오고 있다.

② 2기는 5세기 후반에서 6세기를 전후로 한 시기로서 475년 고구려의 한성 함락과 백제의 웅진 천도, 무령왕대의 섬진강유역 진출 등으로 인해 백제계 이주민들이 또 한차례 일본열도에 이주하거나 또는 백제권역의 지역단위로 일본열도와 교류하는 시기에 해당한다. 이때는 백제가 왜에 오경박사와 같은 선진문물을 제도적으로 제공하는 대신 왜와 긴밀한 우호관계를 맺는 시기로서 일본열도에서는 종래 가야계 문물보다도 백제 문물이 보다 선호되면서 백제의 비중이 점차 높아지는 시기라 할 수 있다.

③ 3기는 660년 나당연합군에 의한 백제 멸망과 백제부흥운동 실패로 인해 백제 유망민들이 일본열도에 망명하여 대규모 이주가 행해지는 시기이다.

그러면 백제계 이주민들이 일본열도 내에서의 활동 내용을 시기별로 살펴보기로 하자.

1) 제1기(4세기 후반~5세기 중엽) : 생산기술자의 이주

이때는 백제 근초고왕의 위업이 이루어지면서 영역이 크게 확장이 되고 東晉과 倭와의 공식적인 교섭이 열리게 되었다. 이어 4세기 말에는 고구려 광개토왕이 즉위하면서 남진정책을 추진하여 적극적인 백제 공격에 나섰다. 〈광개토왕릉비문〉에 의하면 영락 6년(396) 작전, 영락 10년(400) 작전, 영락 14년(404) 작전, 영락 17년(407) 작전을 통해 고구려는 백제와 그에 연합세력인 가야와 왜세력을 공격하여 큰 전과를 올린 기사가 참고가 된다.

이 시기 백제인들의 이주 상황을 전하고 있는 것이 『일본서기』와 『고사기』의 응신기와 계체기 기사이다. 『일본서기』에는 응신기 · 인덕기 · 웅략기에 걸쳐 나누어서 기술하고 있는 반면 『고사기』에는 응신기에 일괄 기록해 놓고 있다. 특히 5세기 후반 웅략기에는 응신기의 이주민 기사를 중복하여 기록하고 있어 사료 비판을 요한다. 이는 『일본서기』 편찬 시에 유력한

씨족들의 분식된 가계 원장에 나타난 전승을 그대로 채록한 데에서 기인한
것으로 생각된다. 응신기가 이주민들 씨족의 시조설화로 구성되어 있다면
응략기는 일정한 사건지나 씨족적 기반을 닦은 후의 활동을 일괄 기록한 데
에서 연유한 것이 아닐까 한다. 따라서 응신기에 보이는 한반도 주민들의
이주 사실은 어느 정도 신뢰할 수 있는 것으로 생각된다. 이 시기 백제인들
의 이주 사실을 정리하면 다음과 같다.

- 弓月君 : 127 縣民을 거느리고 가야를 거쳐 이주함.
- 阿直岐 : 良馬 2필을 전함. 태자 菟道稚郎子의 스승이 됨, 阿直岐史의 시조임.
- 王仁 : 『論語』10권과 千字文 1권을 전함. 그의 후예는 西門氏라 하여 문인직의
  시조가 됨.
- 阿知使主와 都加使主 : 17개 縣民을 거느리고 이주함. 倭漢直의 시조임.
- 기술자 집단의 이주 : 縫女와 織女, 冶工 卓素, 직조공 西素(吳服師), 飼鷹師 酒
  君, 醸造工 仁番.
- 辰孫王 : 近仇首王의 孫으로 왜 태자의 스승이 되었고, 서적을 전하고 儒風을
  진작시킴. 百濟池 축조.

이와 같이 백제의 이주민들은 선진 수공업 기술과 학술, 그리고 야철기
술, 직조와 농업기술 등을 왜에 전해주었는데, 이를 바탕으로 하여 주로 북
구주지방과 근기지방에서 유력한 씨족으로 성장해 나갈 수 있게 되었다. 이
들은 백제와 일정한 관계를 맺고 왜가 친백제노선을 유지하는데 주요한 역
할을 하였다. 이들 이주민집단은 광개토왕의 남진 시에 곤핍해진 백제를 도
와 한반도에 파병을 하였고, 전지왕의 옹립에도 일정한 관여를 하였다.

2) 제2기(5세기 후반~6세기 후반) : 문물교류의 제도화

이 시기는 475년 고구려의 백제 한성 공함, 백제의 웅진 천도, 성왕대의
한성고토 회복, 관산성 전투와 제라동맹의 해체 등 삼국의 항쟁이 격화되는
시기이다. 지배층 간에 권력 다툼이 심화되고 고구려의 남진 공세가 격화되
면서 새로운 삶의 터전을 찾아 일본열도에 문을 두드는 경우가 있었다. 이

때는 많은 백제인들이 전란을 피해 대규모로 일본열도에 이주하였다. 백제 이주민들은 일본열도 내에서 북구주지역 뿐 아니라 근기지방에 걸쳐 분포하게 되었는데, 하내와 대화지방이 그 세력 중심지역이었다.

5세기 후반부터 새로이 등장하는 건전농법인 中干농법과 철제 농기구, 토목용 대형 톱, 토목·관개기술, 금은제 장신구나 마구류, 새로운 주거양식인 대벽건물, 새로운 묘제인 횡혈식석실분 등이 이들 이주민들에 의해 일본열도에 전래되었다. 이러한 새로운 농토목용구 사용과 영농법의 적용, 새로운 생활양식의 도입은 당시 일본사회에는 획기적인 일이었으며, 大和朝廷이 정치적으로 성장하는데 큰 바탕이 되었다.

5세기 후반에는 개로왕의 동생인 昆支가 17년 동안 왜에 체류하면서 왜가 친백제노선을 유지하도록 외교활동을 하였을 뿐 아니라 일본에 거주하는 백제계 이주민을 통솔하는 역할을 수행하였다. 후에 그의 아들 동성왕과 무령왕이 왕위에 오를 수 있었던 것은 그가 왜에 구축한 세력기반과 경제력이 바탕이 된 것이다. 이러한 분위기를 타고 왜인이 백제에 건너와 관료로 활동하는 현상도 나타났고, 백제의 중심부와 영산강지역에서는 일시적으로 왜계 고분과 문물이 출현되기도 하였다. 공주 단지리의 왜계 횡혈묘와 영산강 유역의 전방후원형고분과 왜계 유물들이 이러한 교류 사실을 짐작케 해주고 있다.

백제와 왜 사이의 긴밀한 관계가 6세기 이후에도 이어졌다. 백제는 오경박사제와 같은 제도 장치를 통해 왜에 고대국가 통치 기술과 지배 이념 확립에 필요한 새로운 선진 문물을 제공하였고, 왜는 반대급부로 백제에 유사시에 약간의 군사와 군수물자를 지원하는 관계로 발전시켜 나갔다. 무령왕릉의 목관재는 왜에서 수입한 金松임이 밝혀졌고, 부장품인 동경 역시 왜경과 관련이 있는 것으로 밝혀졌다.

반면 백제가 일본열도에 전파해 준 문화 요소로는 영산강유역에서 출토되는 마한계 토기류를 비롯하여 와전·부뚜막시설·대벽건물·장식대도·횡혈식석실묘 등 일상생활에서 위세품이나 장송의례품에 이르기까지 백제의 다양한 문물들이 포함되어 있다.

이 시기 양국 관계에는 물적인 교류 못지않게 인적인 교류도 활발히 이루어졌다. 한반도 정세와 관련하여 많은 백제의 이주민들이 일본열도에 건너갔는데, 이들이 지니고 있던 선진 기술과 지식, 그리고 불교·유학·도가 사상·천문·역법 등 고도의 정신 문화요소는 단순한 문물 교류 차원을 넘어 일본 고대 국가의 성립과 고대 문화의 바탕을 형성하는데 크기 기여하였음은 주지의 사실이다.

3) 제3기(7세기 후반 백제 멸망 이후) : 백제 유민의 대거 이주

660년 나당연합군에 의한 백제 멸망, 이어 백제부흥운동의 전개와 실패로 인해 백제인들이 망국의 한을 품고 일본열도에 대규모로 이주하였다. 한편 왜에서는 권세가 소가씨가 몰락하고 신라의 삼국통일로 이어지는 한반도 정세의 변화에 따라 멸망한 백제 대신에 선진문화의 공급선을 당으로 전환하고 천황 중심의 일원적 지배체제를 만들려는 움직임이 일어나게 되었다. 이에 따라 백제 이주민들은 왜정권의 통제 하에 들어가게 되었고 독자적인 세력단위를 완전히 상실하게 되었다. 백제의 지배층으로 왜에 망명한 일부 왕족과 백제 귀족들이 왜정권 내에서 중요한 위치를 점하였다.

백제 멸망 후 왜에 건너간 鬼室集斯, 沙宅紹明 등은 위화감 없이 바로 요직에 임명되어 천황을 중심으로 한 지배체제 확립에 큰 역할을 하게 되었다. 9세기 초에 편찬된 『신찬성씨록』에 기재된 皇別, 神別, 諸蕃別 모두 1,183성씨 가운데 이주민인 제번별이 374개 성씨인데, 그 가운데 백제인이 143개 성씨로 제일 많았다는 사실도 이를 반영해 준다고 하겠다.

4. 이주민의 정착과 유력한 성씨세력의 대두

5세기 이후 고구려의 남진 공세에 따른 전란과 백제 내부의 정정 불안으로 인해 백제인들의 일본열도로의 이주가 대규모의 집단성을 띠고 전개되었다. 그들은 백제 서해안과 서남해안에서 배를 타고 출발하여 對馬島와 壹岐섬을 거쳐 북구주와 기내지역에 이르기까지 광범위한 지역에 정착하였다. 일본열도 내의 백제계 유물과 유적 분포를 통해 그 지역적인 분포를 살펴보면 九州지역에는 福岡, 熊本, 佐賀, 長崎, 大分, 宮崎, 鹿兒島에, 近畿지방에는 大阪, 京都, 奈良, 滋賀, 兵庫, 和歌山, 三重에 걸쳐 분포하고 있다.

그밖에 中國·四國지역의 山口, 島根, 島取, 高知, 岡山, 廣島, 東海·關東·東北지방의 愛知, 崎阜, 崎玉, 群馬, 長野, 千葉 등지에 널리 분포하고 있다.[27] 그 가운데 백제계 유물과 유적이 집중적으로 분포하는 곳은 九州지역과 近畿지역이다. 이들 유물과 유적의 존재는 일본열도와 백제권역과의 단순한 문물 교류를 나타내 주기도 하지만, 포괄적으로 백제인들의 이주와 관련이 있는 것이 많다. 여기서는 구주지역과 근기지역을 중심으로 백제계 이주민들의 문물교류나 정착과정을 파악하기로 한다.

먼저 구주지역에 분포하는 백제계 유물과 유적을 살펴보자. 이 지역에서 발견되는 토기로는 이중구연토기·양이부호·거치문토기·조족문토기 등 마한계 토기류토기와 백제 토기를 들 수 있고, 묘제로는 황혈식석실분 등이 있다. 이들 자료를 통해 백제계 사람들의 이주와 정착과정을 어느 정도 파악할 수 있다.[28] 이와 관련하여 주목되는 유적이 福岡市 西新町유적과 吉武유적, 福岡縣 三井郡 西森田유적 등이다. 그 가운데 西新町유적에서는 수혈주거지에서 3~4세기 후반에 걸친 한반도계 토기가 출토되었다.

그 중 영산강유역에서 주로 많이 출토되는 마한계 유물이 주류를 이루고 있다. 이를 통해 당시 한반도 서남부와 남부지역의 가야 사람들이 이곳에 이주해 와 일본열도 내의 近畿系·山陰系 사람들과 함께 거주하였음을 알려주고 있다. 또한 4세기 경부터 백제 중앙세력이 아닌 영산강유역의 마한

---

27) 국립공주박물관, 『일본소재 백제문화재 조사보고서 I -近畿地方-』, 1999, 7쪽.
28) 이에 대해서는 武末純二, 『일본소재 백제문화재 조사보고서 II -九州地方-』, 국립공주박물관, 2000, 82~92쪽을 참조하였음.

세력과 교류가 빈번한 교류가 있었음을 알 수 있다.

다음 근기지방에 분포하는 백제계 유물과 유적을 살펴보자. 고대 近畿지방은 攝津, 山城, 河內, 和泉, 大和에 고대 소국이 자리 잡고 있었던 곳으로 현재 교토에서 오사카, 나라에 이르는 지역이다. 그 가운데 백제 이주민들이 개척하여 5세기의 기술혁명을 만개한 곳은 오사카 남부 연안의 河內지역이다. 하내지역은 瀨內를 통해 오사카에 진입하는 해로 교통상의 요지이자 기내세력의 중심지였던 대화조정의 관문에 해당하는 지역이었다. 이곳은 그 북부에서 흘러드는 하천인 淀川과 大和川 등이 오사카만에 유입되면서 그 주변 하구에 河內湖가 형성되어 있고, 그 주위에 광대한 충적 저습지가 펼쳐져 있었다. 5세기 중반 이후 백제 이주민들이 하내지역에 정착하면서 그 淀川 우안의 들과 桂川과 鴨川의 하류지역의 저습지 일대를 대대적으로 개발하게 되었다.[29]

우선 하천의 제방을 쌓아 물의 흐름을 조절하고 배후지를 수전으로 개발하고 나섰다. 이 개척사업에는 백제에서 가지고 온 새로운 토목·관개기술과 농토목용구 및 많은 노동력을 투하해서 새로운 경제 기반을 만들어냈다. 이 토목·관개 사업에는 敷葉工法이라는 새로운 제방축조 기술이 적용이 되었는데 서울의 풍납토성이나 김제의 벽골제에서도 이 공법이 응용되었다. U자형 가래날·삽·괭이·톱 등 우수한 야철기술을 바탕으로 만들어진 철제 농토목용구를 사용하여 작업 효율과 생산성을 높였으며, 백제 이주민들의 대규모 노동력 편성으로 어려운 난제를 해결해 나갔다. 이로서 하내지방의 농업생산력은 급속히 향상되었으며, 주민들의 정착성도 또한 높아지게 되었다. 이처럼 백제 이주민들이 가져온 새로운 생산기술과 문화는 왜 사회에 일대 혁신을 가져올 정도로 획기적인 일이었다.

현재 하내와 그 주변지역에는 백제 이주민들이 널리 분포하고 있었던 사

---

29) 하내지역 개발에 관한 연구로는 李進熙, 『渡來文化のうねり -古代の朝鮮と日本-』, 靑丘文化社, 2006, 52~56쪽 ; 田中史生, 앞의 책(2005), 121~125쪽이 참조가 된다.

실을 입증해 주는 유적들이 남아 있다. 하내와 그 주변의 和泉, 大和 등지에 陶邑유적, 百舌鳥고분군, 大縣유적, 布留유적, 森유적, 脇田유적, 南鄕유적이 이를 뒷받침해 주는 유적이다.[30] 그 가운데 새로운 묘제로 종래의 전방후원분을 대신하여 횡혈식석실분이 5세기 중반경부터 근기지방에 출현한다.

새로운 횡혈식석실분의 채용은 백제 이주민들에 의해 이루어졌는데, 곧 일본 전통의 장송관념을 뒤바꾸는 왜 사회 자체에 일대 변혁을 일으키게 하였다. 근기지역의 횡혈식고분으로 가장 오랜 것으로 알려진 高井田山고분을 비롯하여 切戶1호분, 丸山고분군 1호분 등이 분포하고 있다. 일본의 경질토기인 須惠器는 5세기 중반경부터 근기지방에서 생산을 시작하였는데, 오사카부의 陶邑유적에서 그 생산이 개시되었음을 보여주고 있다. 수혜기와 함께 개배, 유공광구소호, 조족문타날토기, 시루 등 백제토기가 함께 출토되었다.

백제 이주민의 근기지방 이주와 관련하여 백제의 발달된 금속공에 기술도 이 지역에 전해졌다. 근기지역에서 발견되는 5~6세기 금속공예품으로는 이식, 대금구, 금동제 관모, 금동제 신발, 장식대도 등이 있다. 그밖에 기와 제작술과 생활유적인 대벽건물 등의 물질문화도 백제 이주민들의 근기지방 정착과 함께 등장하고 있어 의식주를 포함한 왜의 생활문화 향상에 큰 변혁이 일어나고 있었음을 보여주고 있다.

이러한 근기지방 하내의 개발로 인해 왜 사회에 적지 않은 파급효과가 초래되었다. 농업생산력이 급격히 향상되었고 인구가 증가하였으며, 생활 문화가 향상됨으로써 이 지역이 일본열도 내의 정치 경제의 중심지로 발돋음하게 되었다. 『신찬성씨록』에 의하면 하내국의 한반도 이주민 출신 씨족이 모두 68씨족 중 70%에 해당하는 48개 씨족이 분포하고 있었던 것으로 기

---

30) 백제 이주민과 관련하여 근기지역의 종합적인 고고학 연구 성과는 국립공주박물관, 『일본소재 백제문화재 조사보고서Ⅰ -近畿地方-』, 1999 및 『일본소재 백제문화재 조사보고서Ⅱ -近畿地方-』, 2002를 참고하였다.

록되어 있다. 즉 古市郡에서 12개 씨족 가운데 8명을 차지하였고, 高安郡에서는 18개 씨족 중 12개 씨족이, 安宿郡에서는 5개 씨족 중 8개 씨족이, 交野郡에서는 10개 씨족 중 8개 씨족이, 讚良郡에서는 8개 씨족 가운데 6개 씨족이, 茨田郡에서는 5개 씨족 가운데 3개의 씨족이, 錦部郡에서는 7개 씨족 중 5개 씨족임이 밝혀졌다. 백제를 포함한 한반도 이주민들이 많이 거주하는 곳은 후진 왜 사회를 계도하는 선진지역으로 부상된 것이다.

이러한 경제적 기반을 토대로 하여 유력한 백제계 호족세력이 대두하였다. 이들 중에는 대화정권과 손잡고 중앙에 진출하여 정치적인 위상을 높이는 세력도 나타나게 되었다. 秦氏는 주로 현재의 京都府 남쪽인 山城지방를 개척해서 양잠과 직조 및 양조의 기술을 전한 씨족이었는데, 조정의 창고업무를 관장하던 하급관인으로 활동하기도 하였다.

東漢氏는 倭漢氏로도 불리우는데 대화국의 檜隈와 飛鳥지역에 거주하였다. 이들은 6세기경 하내에 근거를 둔 西漢氏와 대비하여 동한씨로 불리웠다. 동한씨는 백제계 제철기술과 문필업에 종사하여 蘇我氏와 함께 불교의 융성이나 飛鳥文化 발전에 기여하였다.

근기지역의 유력한 성씨세력으로는 蘇我氏를 꼽을 수 있다. 웅진천도의 공신 목협만치와 동일인으로 추정되는데, 6세기에서 7세기 중엽 천왕의 외척이 되어 권세를 뽐내던 왜 왕권 최대의 정치세력이었다. 소아씨의 세력근거에 대해서는 여러 견해가 있어 분명치 않으나 대체로 대화와 하내지역을 기반으로 성세를 떨쳤다. 소아는 백제로부터 불교를 받아들여 자기의 사저에다 백제의 기술지원을 받아 法興寺(飛鳥寺)를 만든 것으로 유명하다.

5. 맺음말

이상과 같이 마한을 포함한 백제와 일본열도와의 교류와 주민 이주는 두 나라 간에 공식적인 교섭이 맺어진 4세기 후반 이전부터 간단없이 진행되어 왔음을 알 수 있다. 이러한 두 나라 간의 이주와 교류는 당시 상대적으로 후진 사회였던 일본열도에 큰 문화적 충격과 사회 변동을 촉진시키는 계기를 만들었다.

백제 이주민들이 주로 정착한 곳은 규슈지역과 근기지역이었다. 이곳을 중심으로 하여 中國·四國지방과 멀리는 東北지방에 이르는 지역에까지 그 거주지역을 확산시켜 나갔다. 이 지역에는 백제 이주민들이 5세기 후반 이후 가야 이주민들에 이어 일본열도에의 정착을 통해서 한반도와의 교류를 촉진하고 또한 선진 생활문화와 기술문화를 이식시키는 역할을 하게 되었다.

그들이 이주하게 된 배경에는 고구려의 남진과 이에 따른 빈번한 전쟁, 그리고 대내적으로 권력 투쟁의 전개와 같은 전란과 정치적 박해 등의 요인이 작용을 하였다. 백제 이주민들은 왜와의 정치적 관계를 고려한 왕족과 일부 귀족, 그리고 오경박사와 전문 기술자집단의 파견, 그리고 이들과 함께 이주한 일반 주민들로 구성되어 있었다. 특히 백제 이주민들 가운데 대화조정에 큰 영향을 끼친 집단은 일본 근기지방의 하내지역에 정착한 이주민들이었다. 이들은 황폐한 오사카만 연안 일대의 충적저습지에 정착하여 백제의 선진 농토목기술과 야철기술, 그리고 영농기술 등을 적용하여 근기지역에서 생산성과 정착성이 가장 높은 '약속의 땅'으로 바꾸어 놓았던 것이다. 이러한 하내지역의 성장은 바로 대화정권의 권력기반 강화의 큰 배경이 되었다.

이처럼 근기지방의 대화정권이 일본열도 내에서 중심세력으로 부상하게 된 배경에는 백제 이주민들의 정착과 지역 발전이 큰 요인으로 작용한 것이다. 이들의 우수한 인적 자원과 경제력이 대화정권의 정치적 발전에 밑거름이 되었다고 할 수 있다. 당시 일본열도 내에서 경쟁세력이었던 규슈세력과 좋은 비교가 된다. 큐슈세력은 한반도와 지근한 거리에 있어 주로 남해안 동쪽연안의 가야지역이나 영산강유역 일대의 서부 남해안 세력과 빈번한 교류를 통해 선진문물을 수용한 결과 이 지역에 기반을 둔 각 호족세력의 성장은 가져왔지만 정치적 통일체 형성에는 큰 진전이 없었다.

반면 근기지방의 대화조정은 하내지역에 정착한 백제 이주민들과 깊은 연관을 갖고 이들의 인적자원과 선진 생산기술을 적극 받아들였으며(人制,

部民制), 아울러 백제와의 국가 차원 하에서 긴밀한 교섭관계를 맺으면서 불교, 유교, 도교, 천문역법 등 고급 정신문화를 받아들음으로 인해 고대국가 형성에 유리한 조건을 확보해 나갔다. 대화조정은 하내지역의 백제 이주민들이 이루어 놓은 '작은 백제'와 그 모국 '큰 백제' 두 세력을 적극 활용하여 일본열도 내에서 힘의 우위를 확보해 나갔던 것이다.

이런 점에서 백제 이주민들의 일본 고대사에서 차지하는 역할과 의미는 실로 크다. 고대 일본은 중국대륙과의 교섭 단절로 인해 체제 정비와 사회 발전에 필요한 선진문화를 직접 수용할 수 없었지만, 백제가 국가적인 채널이나 또는 백제 이주민을 통해 양 방향에서 중국의 선진문물을 일본열도에 전하는 역할을 수행함으로써 동아시아문화벨트를 형성하는데 기여를 하였다. 그리고 일본열도 내에 외부의 침략이나 간섭 없이 정치적 지역적 통합을 촉진시켜 동아시아에서 늦게나마 고대국가를 형성할 수 있게 된 것도 바로 백제와 그 이주민들의 지대한 역할 속에서 찾을 수 있다.

끝으로 백제 사람들의 일본열도 이주와 교류사를 연구하는데 있어서 고려해야 할 몇 가지 연구 방향에 대해 언급하고자 한다.

먼저 양국 간의 문물교류사나 이주민사를 연구하는 데에는 두 나라 간의 비교사적 관점이 필요하다는 점이다. 지금까지 이 방면의 연구는 한일 양국 간에 자국 중심의 우월의식이나 또는 현대적인 관점에서 일방적인 해석을 시도해 왔다. 우리는 일본열도에 일방적으로 선진문물을 전해 준 것으로 이해하고 있으며, 심지어는 분국설의 영향에 의해서인지 한반도의 속국으로 인식하는 사람들도 있다. 반면 일본인들의 경우 『일본서기』 등에 의거하여 이주민들은 '귀화인'이나 '도래인'으로 인식하며 그 역할을 과소평가하는 경향이 있다.

이를 극복하기 위해선 관련 자료에 대한 엄밀한 비판과 비교사적 관점에서의 객관적 인식이 필요하다. 백제 이주민들에 관한 『일본서기』와 『고사기』 등 고대 일본측 사료에 대한 엄밀한 사료비판이 적극 요구된다. 예컨대 응신기와 계체기에 한반도에서 이주한 기사가 집중되어 있는데 일부 기사는 중복해서 기재되어 있다. 왜 이런 기사가 중출하여 나오게 되었는지에 대해 그 사실 여부와 작성 의도나 배경 등에 대한 면밀한 검토가 필요하다. 그리고 8세기 大寶令(701)과 養老令(718) 등 율령이 반포되기 이전의 이주민 기사에 대한 용례와 성립 배경 및 의도 등에 대해서도 세밀한 검토가 필요하다. 더욱 중요한 것은 한일 양국의 관점에서 벗어나 동아시아의 관점에서 이주민사의 역사적 위치와 의미를 객관적으로 인식해야 할 것이다.

다음으로 현재 한일 두 지역에서 출토되는 각 유물과 유적에 대한 분석적인 연구가 필요하다는 점이다. 현재 일본학계에서는 한반도와 관련된 토기를 韓式土器라는 포괄적인 명칭을 사용하고 있다. 그렇다 보니 일본열도 내의 백제 이주민들의 활동에 대해 면밀하게 분석하는 일에 한계를 주고 있다. 현재 백제권역에서 많은 백제계 유물들이 속속 발견되고 있어 백제 고고학 자료에 대한 양적 증가와 함께 지역별 문화양상을 개략적으로 규명할 수 있는 단계에까지 이르렀다. 따라서 한일 두 나라에서 출토된 고고학 자료를 비교 분석하여 그 기원과 문화 전파 과정 등에 대해 새로운 지견을 필요로 하고 있다.

최근에 이러한 의도에서 관련 고고학 자료를 세밀하게 분류 검토한 龜田修一과 權五榮 등의 연구[31]가 주목된다. 龜田修一은 일본에서 출토한 고고학 관련 자료에서 백제계 고고학 자료를 추출해 내는 요소로서 (1) 백제에서 만들어져 일본에 건너 온 것, (2) 백제 이주민이 일본에서 제작한 것, (3) (1), (2)류를 직접 혹은 간접적으로 모방해서 만든 것 등 세 가지 유형으로 나누어 확실한 백제 자료와 비교 분석을 해서 구체적인 판단을 내리는 작업 같은 것이 필요한 것이다. 앞으로 이러한 연구가 보다 분석적으로 진행될 때 백제 이주민들의 역할과 활동 내용이 보다 분명히 우리 앞에 드러나게 될 것이다.

『마한 · 백제인들의 일본열도 이주와 교류』, 중앙문화재연구원, 2012

---

31) 龜田修一, 「考古學から見た渡來人」『古文化論叢』30(中), 1993 ; 권오영, 「백제의 문물교류 양상에 대한 유형화 시론」『충청학과 충청문화』7, 2008.

고대 동아시아의 문화교류
- 백제 음악의 대외교류를 중심으로 -

1. 들어가면서

음악이란 음 또는 소리를 매개로 하여 사람의 사상이나 느낌, 생각 등을 표현하는 시간적 예술이다. 음악은 그 기본 개념인 여러 음들의 배합에 의해 사람의 감정을 감동시키는 예술이기 때문에 음악을 창출해 내는 음악가의 역할이 더할 나위없이 중요하다. 전통사회에서는 음악을 우주의 절대적인 원칙이나 원리를 담은 신비로운 힘을 가진 영매물로 생각하여 종교의식에서 음악과 춤이 등장하게 되었다. 고대국가가 성립된 이후에는 일반민들의 정서를 하나로 묶는 교화와 통치의 강력한 지배수단으로 禮와 音樂이 중시되었다.

백제 음악도 그런 배경과 의도에서 형성 발전되어 왔다. 백제의 음악에 관한 사료는 주로 『삼국사기』와 중국사서 및 일본사서에 나오는 단편적인 기록 이외에는 전하는 것이 별로 없는 편이다. 『삼국사기』에 나오는 백제의 음악 관련 기사는 고구려와 신라 음악에 대한 것보다도 상대적으로 적은 편이다.[1] 『삼국사기』에 백제 음악에 관한 사료는 거의 중국사서인 『北史』와 『通典』의 것을 인용하고 있는 반면 중국사서는 사서마다 약간의 차이를 보일 뿐 지극히 소략한 편이다. 오히려『일본서기』를 비롯한 일본사서의 기사는 백제 멸망 이후 남아있는 백제 음악에 관한 기사를 전해주고 있어서 이를 통해 백제 음악의 일면을 재현하는데 매우 유용한 자료로 활용되고 있다. 그리고 백제 악기에 대한 고고학자료로는 단편적이지만 광주 신창동유적에서 출토된 현악기,[2] 백제대향로, 대전 월평동유적의 羊耳頭,[3] 충남 연기 비암사의〈癸酉銘全氏阿彌陀佛三尊石像〉[4] 등이 남아 있을 뿐이다.[5]

지금까지의 백제 음악에 대한 연구는 관련 문헌자료에 보이는 백제 악기와 수·당 때의 백제악의 위상을 나타내 주는 기사에 의존하여 거의 사실 고증에 급급한 측면을 보이고 있다.[6] 그리고 고고학자료에 대한 연구는 각 유물마다 형상화된 도상자료의 실체를 규명하고 이를 관련 문헌자료와 비교하는 면에서 연구가 진행되어 왔다.[7] 그 과정에서 비교적 백제 음악의 일

---

1)『삼국사기』志에는 신라악에 대한 기사가 87%로 제일 많고, 고구려는 9%, 백제는 4% 정도로 기록되어 있어 백제 음악에 대한 기사 분량이 제일 적은 것으로 드러났다(송방송,「『삼국사기』악지의 음악학적 연구」『한국음악사연구』, 영남대출판부, 1993, 247~252쪽).

2) 국립광주박물관,『광주신창동 저습지유적』IV, 2002, 16쪽.

3) 국립공주박물관·충남대박물관 외,『대전월평동유적』, 1999, 25쪽.

4) 황수영,『한국불상의 연구』, 삼화출판사, 1973 참조.

5) 충남 서산시 운산면 용현리 보원사지 오층석탑(보물 제104호)의 팔부중상에 보이는 악기를 백제 악기로 보는 견해가 있지만(이종구,「백제 현악기 연구」『음악논단』27, 한양대 음악연구소, 2012, 146~147쪽), 그 양식수법이 백제계 양식을 모방한 고려시대의 탑이기 때문에 백제 악기로 볼 수는 없다.

6) 이 방면에 대한 주요 연구 성과는 다음과 같다. 이혜구,『한국음악논총』, 수문당, 1976 ; 송방송,『한국고대음악사연구』, 일지사, 1985 및「한국고대음악의 일본전파」『한국음악사학보』1-1, 1988 ; 김성혜,「백제 '琴'의 음악학적 조명」『한국학보』28, 2002 ; 이진원,『한국고대음악사의 재조명』, 민속원, 2007 ; 이종구,「백제 현악기 연구」『음악논단』27, 2012 ; 박재희,「일본에 전래된 백제 樂舞의 연구」『청예논총』20, 2012, 청주대 예술문화연구소.

7) 이 방면의 주요 연구 성과로는 2009년 7월 21일에 개최된 백제음원 및 콘텐츠 개발을 위한 학술회의에서 권오영, 이숙희, 송혜진, 김성혜, 이종구, 서인회의 발표회 논문(국립국악원·충청남도역사문화연구원·(재)국악문화재단,『백제금동대향로 악기의 성격』, 2009)이 참고가 된다. 그밖에 이진원, 앞의 책(2007)과 송방송,「금동용봉봉래산향로의 백제악기고」『한국학보』21, 일지사, 1995 ; 김성혜,「백제금동대향로 다관악기의 재현을 위한 연구」『음악과 문화』21, 세계음악학회, 2009 등이 있다.

면을 기록한 일본 관련 사료와의 비교 연구를 통해 백제 음악의 실체에 접근하는 연구가 주를 이루어 왔다.

백제 음악에 대한 연구는 자료의 제약이라는 근본적인 한계를 극복하기는 어렵지만 관련 자료에 나타난 기사들에 대한 엄밀한 사료 비판과 비교 검토를 통해 실증적인 측면에서 결과가 도출되어져야 할 것이다. 그리고 고고학자료에 보이는 도상자료에 대해서는 우선 객관적인 실체 파악을 위해 과학적인 접근이 필요하며, 또한 단지 음악 관련 기사를 통한 기능 해명에만 국한되지 않고 그 기사가 기록되어지게 된 역사적인 배경과 의미도 함께 검토되어질 때 백제 음악의 실체에 한걸음 다가설 수 있게 될 것이다.

이 논문은 지금으로부터 1,400년 전인 612년 일본에 백제 음악을 전수하여 일본 아악 형성에 실마리를 제공한 백제 음악인 味摩之를 대상으로 백제와 왜 사이에 음악을 통한 대외교류의 실체를 파악하는데 있다. 이를 통해 동아시아문화 형성에 있어서 백제의 위상과 역할을 살펴 볼 것이다. 이를 위해서는 먼저 미마지가 활동하던 7세기 전반의 동아시아 국제관계의 변화상을 파악해 보고, 이어 백제 음악이 어떠한 배경 하에서 중국과 왜국 사이에 교류가 이루어졌으며, 또한 그것이 동아시아 역사에서 갖는 역할과 의미가 무엇인지에 대해 살펴 볼 예정이다.

2. 통합의 시대 7세기

7세기의 동아시아 역사는 隋·唐 통일제국의 등장으로 새로운 통합의 역사가 펼쳐지는 변화와 격동의 시대라 할 수 있다. 그동안 중국이 이민족의 침략에 의한 5호 16국시대와 남북조시대로 이어지는 분열의 시대가 전개되는 가운데 중국의 남북조, 동북아시아의 고구려, 몽골고원의 柔然, 그리고 서쪽 靑海일대의 土谷渾이 각각 중심이 된 다원적인 세력균형을 이루는 형세를 유지하고 있었다.[8]

그러나 581년 隋의 건국으로 동아시아 국제정세는 급속한 변화를 가져

왔다. 즉 577년 北周에 의한 北齊의 병합, 돌궐의 분열과 隋의 돌궐 복속, 그리고 589년 남조국가인 陳의 멸망으로 인해 마침내 隋나라가 중국의 남북조와 몽골고원을 장악하는 통일제국을 형성하게 된 것이다. 동아시아는 이제 통합의 시대를 맞게 된 것이다.

이러한 수제국의 등장은 5세기 이래 유지되어 왔던 세력균형적인 동아시아의 국제관계를 근본적으로 변화시키는 계기를 만들었다. 이에 따라 수제국은 동북아시아 중심세력의 한 축을 형성하며 독자성을 유지하고 있었던 고구려를 편입시키려 하였고, 결국 고구려는 수와 친선관계를 유지하지 못하고 전쟁관계에 돌입하게 되었다(598). 고구려는 4차례에 걸친 수의 침략을 물리치고 그 독자성을 유지한 반면 수는 막대한 피해를 입고 내란이 일어나 마침내 멸망하였다(618).

수나라의 뒤를 이은 唐나라는 처음에는 고구려와 화친을 꾀하여 서로 사신을 파견하였으나 당시 고구려에서 일어난 淵蓋蘇文의 정변(642)과 그에 따른 대외정책의 강경화로 인해 결국 당이 고구려를 공격함으로써 두 나라 간은 전쟁관계로 돌입하게 되었다(645).

이러한 수·당의 통일제국의 등장으로 인해 7세기 삼국관계는 새로운 변화를 맞게 되었다. 고구려·백제·신라의 삼국이 이해관계에 따라 이합집산을 함으로써 역관계의 균형을 유지하던 이전 시기와는 달리 삼국이 서로 물고 물리는 치열한 각축전을 벌이는 가운데 각기 중국의 수·당 제국을 자기편으로 끌어들이려는 양상이 나타나면서 삼국의 역관계에서 중국이 미치는 영향이 절대적인 변수가 된 것이다.[9] 그리고 중국왕조가 삼국관계에 보다 직접적으로 개입하면서 삼국관계가 이전보다 훨씬 복잡한 양상을 띠게 되었다. 삼국은 종전에서 보는 바와 같이 서로 동맹을 맺어 세력균형을 유지하려고 했던 양상과는 달리 각각 자국의 이해관계에 따라 전투를 벌이는 새로운 양상이 생긴 것이다.

---

8) 노태돈, 『고구려사 연구』, 사계절, 1999, 346~355쪽.
9) 박윤선, 「5세기 중반~7세기 백제의 대외관계」, 숙명여대박사학위논문, 2006, 107쪽.

602년 백제 무왕은 즉위 초에 신라를 공격하여 阿莫城 전투를 벌렸고, 611년 11월에는 신라의 椵岑城을 공격하였다.[10] 반면 고구려는 신라와 백제를 각각 공격한 일이 있었다. 고구려가 신라를 공격한 것은 603년 신라의 북한산성 전투이다.[11] 607년 5월에는 고구려가 백제의 松山城과 石頭城을 공격한 일이 있었다.[12]

이처럼 삼국이 자국의 이해관계에 따라 서로를 공격하는 새로운 양상이 벌어진 것이다. 이 과정에서 백제와 신라는 고구려의 공격에 대해 각각 중국 수나라를 끌어들이기 위해 청병을 요청한 일이 있었다. 백제는 598년 고구려가 요서지방을 침략하였다는 소식을 듣고 바로 수에 사신을 보내 軍導를 자청한 적이 있었고,[13] 607년 扞率 燕文進에 이어 佐平 王孝隣을 수에 보내어 고구려를 정토해 줄 것을 요청[14]한 바 있었다. 신라는 607년 승려인 圓光에게 乞師表를 쓰게 하여 수에 청병을 하였다.[15]

그러나 여·수전쟁이 끝난 후 삼국관계는 변화를 맞게 된다. 고구려가 백제와 신라에 대한 공격을 중단하는 대신 623년부터 백제가 신라를 집중적으로 공격하는 현상이 의자왕 초인 642년에까지 이르게 된다.[16] 특히

---

10) 『삼국사기』 백제본기 무왕 3년 추8월 및 12년 동10월.
11) 『삼국사기』 고구려본기 영양왕 13년. 이는 551년 신라 진흥왕 때 북진을 하여 남한강을 포함한 동북지방을 점령한 이후 7세기에 들어와서 벌어진 첫 전쟁이었다. 이어 608년에는 신라의 북쪽 경계와 우명산성에서 전투가 벌어졌고, 이후 629년 8월 낭비성 전투, 638년 칠중성 전투로 이어졌다.
12) 『삼국사기』 백제본기 무왕 8년 하5월.
13) 『수서』 권81, 열전46 동이 백제 개황 18년.
14) 『삼국사기』 백제본기 무왕 8년 춘3월. 611년 수양제가 고구려 원정을 할 즈음에 國智牟를 수에 파견하여 행군기(軍期)를 요청한 일도 있다(앞의 책, 무왕 12년 춘2월). 그리고 612년 수가 고구려를 치기 위해 요하를 건너오자 隋를 돕겠다고 공언을 하면서도 속으로는 고구려와 通和를 모색하는 兩端策을 구사하였다(앞의 책, 무왕 13년).
15) 『삼국사기』 신라본기 진평왕 30년.
16) 이 시기 『삼국사기』 백제본기에 나타난 백제의 대신라공격을 살펴보면 623년 백제가 신라의 勒弩縣을 공격한 이후 624년 速含 등 6성 함락(624), 626년 8월 王在城 전투, 627년 7월 신라 西鄙 2성 함락, 628년 2월 椵岑城 전투, 633년 8월 西谷城 전투, 626년 5월 獨山城 전투, 642년 7월 獮猴城 등 40여 성 함락, 동 8월 大耶城 등이 계속 이어지고 있다.

642년 8월에 벌어진 大耶城 전투[17)는 백제와 신라 간의 관계를 더욱 악화시켰을 뿐 아니라 신라가 친당정책을 적극적으로 추진하는 계기가 되었다. 결국 660년 신라는 당을 적극 끌어들여 백제를 멸망시켰고, 668년에는 고구려를 멸망시킨 후에 당마저 한반도에서 몰아내어 삼국통일을 이루게 된다.

이처럼 삼국은 자국의 이해관계에 따라 서로 물고 물리는 치열한 각축전을 벌이면서도 그 과정에서 중국의 수·당 제국과 세력연합을 꾀하였고, 반면 수·당 제국은 고구려를 자국의 세계관에 편입시키기 위해 고구려를 침략하게 되면서 이제 중국이 삼국관계에 직접적으로 개입하는 현상이 생겨났다. 따라서 수·당의 개입 여하에 따라 삼국 간의 역관계가 크게 변화하는 새로운 변수가 대두된 것이다.

7세기 동아시아 국제정세의 변화상 가운데 또하나 주목할 만한 일은 왜의 대외정책 변화이다. 그동안 백제는 4세기 후반 근초고왕대에 가야를 매개로 해서 왜와 국교를 맺은 이래[18) 4세기 말에서 5세기 초에 걸친 고구려 광개토왕의 南征 때와 554년 관산성 전투 등에 왜가 참전을 한 적이 있을 정도로 시종 우호관계를 유지해 왔던 것으로 이해되고 있다. 그런데 7세기에 들어와서는 백제와 왜의 관계가 이러한 동아시아 국제정세의 변화에 따라 달라지고 있음이 확인된다.

이 시기는 여성천황인 推古期(592~628)로서 聖德太子가 섭정을 하면서 蘇我氏의 지지 하에 일련의 정치개혁을 추진한 것으로 알려져 있다. 관위 12階 제도의 제정(603), 헌법 17조의 반포(604)를 비롯하여 수나라와도 통

---

17) 『삼국사기』 백제본기 의자왕 2년 하8월. 允忠이 거느린 백제군이 대야성을 함락시키고 김춘추의 사위인 品釋 가족을 죽인 사건은 이후 백제와 신라 두 나라의 관계를 악화시키는 계기가 되었다.

18) 이병도, 「近肖古王拓境考」『한국고대사연구』, 박영사, 1976 ; 이기동, 「백제의 발흥과 대외관계의 성립」『백제사연구』, 일조각, 1996. 위 견해는 『日本書紀』 神功紀 46년에서 52년조에 걸친 기사를 토대로 하여 도출된 견해인데 반면 신공기 기사를 분해하여 이해하고 이를 후대의 사실의 반영으로 보는 견해(井上秀雄, 『任那日本府と倭』, 東出版寧樂社, 1973, 42쪽 ; 연민수, 『고대한일관계사』, 혜안, 1988, 47~49쪽)가 있다.

교를 하였다. 이때 왜조정이 삼국과의 대외관계를 추진한 사항을 보면 다음과 같다. 601년 3월에는 왜가 백제에 사신을 파견하였고,[19] 602년 3월에는 백제 승려 觀勒이 曆本·천문·지리서·둔갑·방술서 등의 새로운 학문을 전수해 준 사실[20]에 의거해 볼 때 백제와 왜 두 나라의 관계는 여전히 우호적이었음을 보여주고 있다. 이때 고구려의 승려 僧隆과 雲聰 일행이 왜에 건너 온 사실이 주목된다. 이는 전년에 있었던 왜조정의 백제와 고구려에 대한 화의 중재를 두 나라가 받아들인 결과로 이해된다.[21] 이 기사를 통해 볼 때 왜는 기존의 백제는 물론 고구려와의 관계를 재개하고 있었음을 볼 수 있다.

그런데 601년 왜조정이 신라의 간첩 迦摩多 사건으로 인해 신라 정벌을 추진하기 위해 筑紫지역에 출병[22]을 하였을 때에는 신라와의 관계가 일시 악화된 적이 있었다. 곧이어 신라정벌이 중단된 이후에는 신라와의 관계를 보다 강화하고 있는 것으로 드러났다. 이는 당시 왜조정이 삼국과의 관계에 있어서 기존의 친백제노선을 수정하여 다원적인 외교를 추진하고 있었음을 알 수 있다.[23]

이 시기 왜는 수와 통교를 추진하기 위해 遣隋使를 파견한 일[24]이 주목

---

19) 『일본서기』 권22, 추고기 9년 3월.
20) 앞의 책, 추고기 10년 동10월.
21) 김현구 외, 『일본서기 한국관계기사 연구(III)』, 일지사, 2004, 32~33쪽.
22) 『일본서기』 권22, 추고기 9년 추9월, 동 10년 춘2월·하4월·6월, 11년 춘2월·하4월·추 7월.
23) 신라정벌 추진계획이 중단된 推古 11년(603)부터 동 36년(628)까지 삼국의 교섭관계를 살펴보면 백제는 단 1회(615)에 불과한 반면 고구려는 4회, 신라는 5회로 증가하고 있다. 이를 통해 보면 추고기의 왜정권은 친백제 일변도의 대외정책을 수정하고 고구려와 신라와의 관계를 보다 중시하는 다원적인 외교를 전개한 것으로 나타난다(김현구 외, 앞의 책, 61쪽).
24) 왜의 견수사를 최초로 파견한 해는 『수서』(권81, 열전46 동이 왜국 개황 20년)에 의하면 600년으로 기록되어 있는데 『일본서기』에는 기록되어 있지 않다. 608년 小野妹子 일행의 견수사를 최초로 보는 견해가 있다(동경대 교양학부 일본사연구실 편, 『日本史槪說』: 김현구·이언숙 역, 지영사, 1994, 55쪽).

된다. 608년 왜의 사절단 小野妹子 일행이 수에 파견된 후 귀국하는 길에 수의 사절단인 裵世淸 일행이 왜에 答訪을 하였다.[25] 이는 그동안 왜왕 武가 478년 중국과의 통교를 단절한 이후 130년 만에 중국왕조와의 통교가 재개되었음을 뜻한다. 왜의 견수사 파견에는 학문승과 유학생이 함께 동반하고 있는 것으로 보아 왜가 정치개혁에 필요한 선진문물을 수용하기 위해 백제를 거치지 않고 중국과 직접 교섭을 한 것으로 이해된다.

이러한 왜의 외교노선의 다변화 노력에 대해 가장 탐탁치 않게 여긴 나라는 백제였다. 백제의 대왜관계에 있어서 백제의 역할이 상대적으로 축소될 뿐 아니라 전통적인 친백제노선의 기조가 자칫하면 흔들릴 수도 있기 때문이었다. 608년에 일어난 백제의 국서 탈취사건은 왜의 외교노선 다변화 노력에 일종의 경고를 의미하는 것으로 이해된다.[26]

이후 642년 의자왕 즉위의 정변[27] 이후 왜조정은 645년 6월 大化改新에 의해 蘇我氏가 몰락하면서 천황을 중심으로 하는 통일국가 수립을 지향하게 되었다. 이로서 왜는 율령국가의 기초를 마련하게 된다. 이에 따라 왜의 대외정책은 다변화의 기조가 유지되는 가운데 고구려나 신라의 관계가 활발해진 반면 백제와의 관계는 상대적으로 다소 소원한 관계를 유지한 것으로 드러났다.

그런데 白雉期(650~661)가 되면 백제와 왜가 서로 간의 외교적 절충을 통해 그동안의 소원한 관계를 불식시키고 다시 화호관계를 맺게 되었다. 653년에 맺어진 왜와의 우호관계[28]는 백제 멸망 후 백제유민들에 의해 부

---

25) 『일본서기』 권22, 추고기 16년 하4월 · 6월.
26) 노중국, 「7세기 백제와 왜와의 관계」 『국사관논총』52, 1994, 157~162쪽. 백제의 국서 탈취사건은 608년 견수사 小野妹子 일행이 왜국으로 돌아가는 도중 백제에 들렀다가 수의 국서를 탈취당한 사건을 말한다(주 25 참조). 이에 대해서는 여러 견해가 있지만 왜조정과 수와의 밀착관계를 의심한 백제가 수의 국서를 탈취한 것으로 이해된다.
27) 『일본서기』 황극기 원년 2월.
28) 이와 관련하여 653년 백제와 왜의 통호 사실을 기록한 『삼국사기』 백제본기 의자왕 13년 추8월조 기사가 주목된다.

홍운동이 일어났을 때 왜가 원군을 파견하게 된 토대가 된 것으로 이해된다.

3. 백제 음악의 대외 교류

1) 백제의 전통음악

백제 음악의 대외 교류를 논할 때 먼저 백제의 전통 음악에 대해 살펴보는 것이 필요하다. 백제 음악의 발달과정은 국가체제의 형성과 깊은 관련이 있다. 국가체제가 갖추어지기 이전 백제 초기에는 음악 활동에 대해서 다음과 같은 기록이 전하고 있다.

> A-① 해마다 5월이면 씨뿌리기를 마치고 귀신에게 제사를 지냈다. 떼를 지어 모여서 노래와 춤을 즐기며 술 마시고 노는데, 밤낮을 가리지 않는다. 그들의 춤은 수십 명이 모두 일어나서 뒤를 따라가며 땅을 밟고 구부렸다 치켜들었다 하면서 손과 발로 서로 장단을 맞추는데, 그 가락과 율동은 (중국의) 鐸舞와 흡사하다. 10월에 농사일을 마치고 나서도 이렇게 한다. [『삼국지』위서 동이전 한]
> ② 봄 정월에 하늘과 땅에 제사를 지낼 때 북과 피리를 사용하였다. [『삼국사기』백제본기 고이왕 5년, 238]

위 기사 A-①은 백제 초기에 해당하는 마한사회에서 토착적인 축제문화로서 5월과 10월에 행하는 농경의례가 있었음을 알려주고 있다. 위 기사에서 삼한은 5월에 씨를 뿌린 뒤 행해지는 기풍제와 10월에 추수가 끝난 뒤에 행해지는 추수감사제가 당시 가장 큰 농업 축제였음을 알 수 있다. 이때에는 귀신에게 제사를 지내고 나서 수많은 사람들이 음주가무를 즐기면서 주야 무휴로 농경의례를 치르는 것으로 되어 있다. 이것은 부여의 迎鼓, 고구려의 東盟, 동예의 舞天 등과 같이 다른 연맹국가에서 공통적으로 행해지는 제천의례에 해당한다. 이때 노래와 함께 추는 춤은 고대 중국의 집단무용의 하나인 鐸舞를 추듯이 여러 사람들이 손과 발로 서로 장단을 맞추면서 노래를 부르거나 춤추는 단순한 곡조였을 것으로 생각된다. 이러한 가무전통은 백제의 민속악인 향악의 기원이 되었을 것이다.[29]

기사 A-②는 3세기 중반 고이왕 때 하늘과 땅에 제사를 지낼 때 북과 피리를 사용한 것으로 되어 있다. 이때 행해진 祭天祀地의 제사의례는 종전과는 다른 특별한 의미를 가진 것이었음을 시사해 준다. 이 제사에 鼓吹라는 새로운 악기가 사용된 것이다. 중국에서 사용하는 鼓吹는 원래 軍樂을 연주하거나 또는 군사와 관련된 행사 때에 연주하는 악기이다. 고이왕은 沙伴王이 어려서 정치를 돌보지 못한다는 이유를 들어 폐위시키고 왕위에 변칙적으로 올랐다. 따라서 고이왕은 왕위계승의 정당성과 합법성을 천명할 필요가 있었기 때문에 새로운 정치질서의 수립을 선포하는 의미에서 북과 피리를 사용하면서 천지 합사의 제례를 성대하게 거행하였던 것으로 이해된다.

위 기사에서 백제 초기의 음악은 부여·고구려계의 지배층이 사용하는 음악과 마한 기층사회에서 통용되는 음악으로 구성되어 있었음을 보여준다. 그런데『삼국지』위서 한전의 변진조에 의하면 마한과 같은 시기의 변진에서는 중국의 筑과 같은 비파 모양의 현악기가 사용되고 있는 것으로 기록하고 있어서 마한과는 다소 차이가 있었음을 보여준다.

그러나 마한사회에서도 변진과 마찬가지로 현악기가 사용되었음을 보여주는 자료가 광주 신창동유적에서 출토된 현악기이다. 신창동 출토 현악기는 길이 77.2cm, 너비 28.2cm로 반쪽의 실물이 확인되었는데 기원전 1세기 경으로 편년된다. 같은 형태의 것이 경산 임당동 유적에서 출토된 바 있다.[30] 이는 중국의 비파나 筑처럼 땅바닥에 수평으로 놓고 연주를 하는 점에서 고대 현악기인 '고'였을 것으로 추정된다.[31]

29) 송방송,「한국고대음악의 일본전파」『한국음악사학보』1-1, 한국음악사학회, 1988, 198쪽.
30) 임당동유적에서 출토된 현악기는 길이 67cm, 너비 27cm로 1~2세기로 편년된다(한국문화재보호재단,『경산임당유적(Ⅰ)-A~B지구고분군(본문)』, 1998, 1~2쪽).
31) 장사훈,『한국기악대관』, 한국국악학회, 1969, 67~68쪽.

이처럼 백제 초기에는 천지 합사의 제사의례나 농경의례를 거행할 때 단순한 고취류나 '箏'의 전신인 '고'와 같은 현악기가 사용되었으며, 5월제나 10월제에서 보는 바와 집단적으로 가무를 즐기는 문화가 있었음을 알 수 있다.

2) 중국 남조와의 음악 문화 교류

백제 초기의 음악 문화가 변화하여 보다 체계를 갖게 된 것은 4세기 후반 이후 중국과의 교섭관계를 맺으면서부터이다. 물론 백제와 송 두 나라가 어떻게 음악을 교류하였는지에 대해서는 사료 부족으로 알 수는 없다. 다만 『舊唐書』악지에 의하면[32] 남조국가인 宋나라(420~479)에 고구려악과 백제악을 연주하는 음악 연주단이 있었음이 주목된다. 당시 백제와 고구려가 송과 긴밀한 교섭관계를 유지하고 있었던 점으로 볼 때 양국 간의 문물교류의 일환으로 음악이 교류된 사실이 있었음이 짐작된다.

송나라는 주변국인 백제와 고구려의 음악을 궁정에서 연주함으로써 천자의 권위를 높이고, 또한 송나라 자신이 중심이 되는 천하질서 체계에 순응할 것을 기대하는 의미를 갖는 것이다. 반면에 주변국들은 실질적인 구속력을 갖고 있지는 않더라도 중국이 중심이 되는 국제질서에 편입되기를 희망한다는 의도를 표현하는 것이다.[33] 어쨌든 두 나라 간에 조화와 통합의 의미가 담긴 음악이 서로 교류된다는 것은 송과 백제, 송과 고구려 간에 영속적인 우호관계가 유지되기를 바라는 두 나라 간의 기대와 염원을 반영하는 것으로 볼 수 있다.

여기서 주목되는 것은 백제악을 연주하는 백제의 음악연주단이 송의 궁중에 파견되어 활동하고 있었다는 점이다. 백제가 송나라와 단순한 문물 교

---

32) 『구당서』권29, 지9 음악2.
33) 楊蔭瀏, 『中國古代音樂史稿』, 人民音樂出版社, 1981 : 이창숙 역, 『중국고대음사』, 솔, 1999, 348쪽 ; 주운화, 「악을 통해서 본 신라인이 복속·통합 관념 -가야금과 현금의 정치적 상징-」『한국고대사연구』38, 2005, 176~177쪽.

류 차원을 넘어 송의 궁정에서 백제악을 연주할 수 있을 정도의 음악 수준
이 높았음을 보여준다. 그리고 백제와 송 두 나라 간의 교류 과정에서 백제
는 남조국가를 대표하는 민속음악인 淸商樂에 접할 수 있게 되었을 뿐 아니
라 이를 계기로 하여 청상악을 비롯한 송의 음악 문화가 백제에 수용될 수
있는 기반이 형성되었음은 쉽게 짐작이 간다.

淸商樂은 魏晉시기에 형성된 漢族의 민간 음악이다. 이것은 중국의 전통
악기인 鐘·磬·瑟·擊琴·琵琶·箜篌·筑·箏·節鼓·笙·笛·簫·
篪·塤 등 15종의 악기를 사용하였다.[34] 음색은 우아하고 느렸으며, 주로
坐伎部가 堂에 앉아 연주를 했다. 歌舞者는 많아야 4명이었고, 섬세한 기교
를 보여주는 음악이었다. 청상악은 아름다운 韻律과 함께 대체로 단아하고
섬세한 情調的인 美를 중시하는 춤이 곁들여진 음악으로서[35] 백제 귀족사
회의 취향에 알맞은 음악이었을 것으로 생각된다.

그런데 남조의 청상악을 연주할 때 사용된 악기와 관련 자료에 나타난
백제의 악기를 비교해 보면 백제 음악의 계통을 엿볼 수 있다. 백제의 악기
는 관련 문헌자료와 고고학자료를 통해 단편적인 양상이 밝혀져 있다. 백제
초기에는 광주 신창동유적에서 출토된 현악기가 있고, 고이왕 때인 238년에
는 천지 합사의 제사의례 때에 '鼓吹'가 사용된 바 있다. 6~7세기 초의 사실
을 알려주는 『北史』와 『隋書』에는 鼓·角·箜篌·箏·竿·篪·笛의 7종의
악기가 소개되어 있다.[36] 『通典』에 의하면 8세기 전반 당 玄宗 때(712~756)
에는 箏·笛·복숭아나무 껍질로 만든 피리[桃皮篳篥]·箜篌의 4종의 악기
만을 전하고 있다.[37] 809년 『日本後記』의 백제악에는 橫笛·箜篌·莫目의
3악기가 나온다.[38]

---

34) 『수서』 권15, 지10 음악 하.
35) 박재희, 「백제시대의 무용고(Ⅰ) -중국에서 演行된 백제악을 중심으로-」 『청예논총』11,
    1997, 112쪽.
36) 『북사』 권94, 열전82 백제 ; 『수서』 권81, 열전46 동이 백제.
37) 『通典』 권146, 사방악 동이 백제.

고고학 자료로는 대전 월평동유적에서 출토된 백제팔현금의 羊耳頭가 있는데(6세기로 추정), 광주 신창동유적에서 발견된 악기와 함께 고대 현악기에 해당한다. 백제대향로(6~7세기로 추정)에는 다소 견해의 차이가 있지만 阮咸·長笛·북·거문고·排簫의 5종이 악기가 조각되어 있다.[39] 백제 멸망 후 673년에 조성된 〈계유명아미타불삼존석상〉에는 여러 견해가 있지만 腰鼓·琴·笛·簫·笛·笙·비파의 7종의 악기가 나온다.[40]

여기서 『隋書』에 나오는 鼓·角·箜篌·箏·竽·篪·笛의 7종의 백제 악기를 기준으로 삼아 수나라 때 高麗伎(고구려악), 西涼伎, 淸商樂에 사용된 악기를 비교해 보자.

'鼓'는 고이왕 때 사용된 고취와 관련이 있는 악기로서 『樂府詩集』에 의하면 조정의 조회나 왕의 행차, 그리고 軍中에서 사용되는 타악기였다. 고는 수나라 때 어느 나라 음악에도 사용되지 않은 백제 고유의 악기임을 알 수 있다.

'角'은 어떤 종류의 악기인지는 분명치는않지만, 명칭상으로 볼 때 뿔로 만든 관악기의 일종으로 짐작된다. 백제의 角은 江西大墓, 大安里 1號墳, 德興里古墳 등의 고구려 벽화 고분에 보이는 角처럼 둥근 모양으로 생겼고, 그것은 鼓吹의 편성이나 軍隊의 신호용으로 북과 함께 사용되었을 것으로 보인다. 각은 고처럼 어느 나라 악기에도 없는 백제 고유의 악기로 보인다.[41]

'箜篌'는 앗시리아의 하프처럼 둥근 ㄱ字形의 몸통 끝과 아랫 부분에 달린 가로 막대기 사이에 23줄을 걸어서 만든 현악기인데 臥箜篌, 竪箜篌,[42] 鳳首箜篌로 분류된다. 백제의 공후에 대해서는 여러 견해가 있지만 그 가운

38) 『日本後記』 권17, 平城紀 大同 4년 아악료 잡악사.
39) 송방송, 「금동용봉봉래산향로의 백제기악고」 『한국학보』 21, 일지사, 1995, 106~139쪽.
40) 황수영, 『한국불상의 연구』, 삼화출판사, 1973 참조.
41) 송방송, 『韓國古代音樂史硏究』, 일지사, 1985, 164쪽 및 185쪽.

데 와공후와 수공후가 청상기와 고려기, 서량기에 공통으로 사용되고 있다.

'箏'은 중국의 대표적인 고대 속악기의 하나로서 13줄의 현악기이다. 쟁은 撥木으로 현을 타는 彈箏과 손가락으로 현을 타는 搊箏으로 나뉘는데 청상기, 서량기, 고려기에 모두 사용되는 악기이다.

'竽'는 바가지 몸통 위에 가는 대나무 管 여러 개를 차례로 꼽아서 만든 笙의 일종인 관악기이다. 우는 수나라 때에 백제만 사용되는 악기였지만 같은 계통으로 보이는 笙은 중국, 고구려, 서역 등지에서 널리 쓰였던 것으로 보아 백제는 중국 남조의 청상악을 통해서 그 기능이 비슷한 竽를 수용한 것이 아닐까 한다.

'篪'는 대나무로 만든 관악기의 하나로서 橫笛의 일종이다. 篪가 당나라 十部伎 중에서 오직 淸商樂에서만 쓰인 것으로 보아, 백제는 중국 남조를 통해 수용된 것으로 이해된다.

'笛'은 관악기의 하나로서, 일본에 건너간 네 명의 百濟樂師 중에 橫笛師가 포함되어 있기 때문에 橫笛인 것으로 추정된다.[43] 청상기, 서량기, 고려기 모두에서 사용된 악기이다. 橫吹 또는 橫笛은 서역계 관악기에 기원을 둔 것으로 고구려에서도 널리 사용되었으며, 삼국 통일 이후 신라의 三竹 중의 大笒과 관련이 있을 것으로 추정된다. 고구려의 횡적은 집안 제17호분과 長川 1호분의 벽화에 나타난 사실을 볼 때, 5세기 경에 이미 서역에서 중국 북쪽을 거쳐 고구려에 수용된 것으로 생각된다.[44]

---

42) 竪篌箜는 고구려의 음악에서 쓰인 현악기의 하나로서, 일본에서 百濟琴(クダラコト)이라고 하며 正倉院에 소장되어 있다. 이는 앗시리아의 Harp처럼 생긴 23絃의 악기이며, 이를 가슴에 끼고 양 손가락으로 뜯어서 소리를 낸다. 수공후는 고대 이집트, 그리이스 등지에서 유행하던 것이 그 후 페르시아, 인도에 전하고, 여기서 東西로 전파되어 東流한 것은 篌箜, 西傳한 것은 하프로 불리우며 변천하였다(張師勛,『韓國樂器大觀』, 서울대출판부 1986, 99쪽). 수공후는 당나라의 十部伎 소재 악기로 보아 고구려를 비롯한 중국 대륙과 중앙아시아에서 널리 사용되었던 현악기였다(岸邊成雄,『古代シルクロードの音樂』, 1982, 105쪽). 이런 면에서 백제의 공후는 수공후일 가능성이 높다.

43) 송방송, 앞의 책(1985), 186~187쪽.

이처럼 백제에서 사용된 악기를 분석해 보면 鼓·角은 백제의 고유한 악기로 생각되고, 箜篌·箏·竽·簁는 중국 남조의 청상악과 관련이 있으며, 笛은 서역에서 고구려를 거쳐 백제에 수용된 악기인 것으로 생각된다. 결국 백제 음악은 백제 고유의 전통 음악을 바탕으로 하여 5세기 이후 중국 남조에서 수용된 청상악에 영향을 받았고, 때로는 서역계 음악이 고구려를 통해 백제에 수용됨으로써 백제 음악은 다양하고 국제성 있는 음악으로 체계화되어 발전해 나간 것이 아닐까 한다. 여기서 백제 문화의 국제성과 탁월한 문화 창조 능력을 찾아 볼 수 있겠다.

수나라는 開皇 初(581~600)에 궁중 안에 7부악을 설치하였는데 그 가운데 고구려악은 포함되어 있었으나 백제악은 신라나 왜국 등과 함께 雜樂에 편성되어 있었다.[45] 그 후 수양제가 9부악으로 개편하였을 때에도 고구려악은 포함되었지만 백제악은 편성되어 있지 않았다.

그러나 당나라 때(618~907)에 들어와서는 궁중에 잡악으로 사방의 음악을 두었는데 백제는 고구려와 함께 동이악에 속하였다.[46] 中宗 때(684~709)에는 백제악을 연주하던 악공들이 흩어져 있었다가 玄宗 때(712~756)에는 岐王範의 건의로 백제악을 다시 설치하였지만 큰 효과를 보지 못하였다.

이처럼 백제가 멸망한 이후 백제악이 당에 이송된 백제유민들에 의해 궁정에서 잡악으로 명맥을 유지하고 있었음을 알 수 있다.

3) 백제 음악의 일본전파

백제와 왜는 공식적인 교섭관계가 이루어진 4세기 후반 이래 대체로 긴밀한 우호관계를 유지해 왔다. 백제는 급변하는 삼국의 정세와 관련하여 왜

---

44) 宋芳松,「長川1號墳의 音樂史學的 점검」『한국학보』35, 일지사, 1984, 11~13쪽.
45)『수서』권15, 지10 음악 하 개황 9년.
46)『신당서』권22, 지12 예악지.

국에 대해 정치적 군사적 역할을 기대해 왔고 반면 왜국은 대내적 통일과
체제 정비를 위해 필요한 선진문물을 전수받으려는 상호 목적이 내재되어
있었다. 이러한 가운데 백제가 왜에 전수한 여러 선진 문물 중에서 음악이
포함되어 있었음이 다음의 『일본서기』 기사에서 확인된다.

B-① 2월 백제가 下部 扞率 將軍 三貴와 上部 奈率 物部烏 등을 보내 구원병을 요
  청하였다. 그리고 德率 東城子莫古를 바쳐 전에 番을 섰던 奈率 東城子言을
  교대하고, 五經博士 王柳貴로 固德 馬安丁을 대신하고, 승려 曇慧 등 9인으
  로 승려 道深 등 7인을 교대하였다. 따로 명령을 받들어 易博士 施德 王道
  良 · 曆博士 固德 王保孫 · 醫博士 奈率 王有悽陀 · 埰藥師 施德 潘量豊 · 固
  德 丁有陀 · 樂人 施德 三斤 · 季德 己麻次 · 季德 進奴 · 對德 進陀를 바쳤
  다. 모두 청에 따라 교대하였다. [권19 흠명기, 15년, 554]
  ② 또 백제인 味摩之가 귀화했는데, "吳國에서 배워서 伎樂의 춤을 출 수 있다"
  고 말하였다. 곧 櫻井에 안치하고 소년을 모아 기악의 춤을 배우게 하였다.
  이때 眞野首弟子 · 新漢濟文 두 사람이 그것을 배워 그 춤을 전하였는데, 이
  들이 지금의 大市首 · 辟田首 등의 선조이다. [권22, 추고기 20년, 612]

위 기사 B-①은 554년 2월 한강하류유역을 신라에게 빼앗긴 백제가 대신
라전을 준비하기 위해 왜에 5번째 청병을 한 일이다. 전해에 파견된 4차 청
병사에게 왜는 군대 1천, 말 100필, 배 40척을 즉시 파견할 것을 약속한 바
있었다.[47] 따라서 왜는 백제에 대해 군원을 제공하는 대가로 당시 왜에 체
류 중이던 오경박사와 전문기술자들을 교체해 줄 것을 요청하였다. 이 기사
에서 당시 백제와 왜국 사이에는 백제의 선진 문물과 왜의 군원이 서로 授
受되는 외교 시스템이 가동되고 있었음을 알 수 있다.

513년 6월 백제의 오경박사 段楊爾가 처음으로 왜에 파견된 이래[48] 백

---

47) 『일본서기』 권19, 흠명기 15년 춘정월.
48) 『일본서기』 권17, 계체기 7년 6월.

제의 박사와 전문기술자들이 공적인 채널을 통해 일정 기간 왜에 체류하면서 유학, 불교, 천문, 역법, 의학, 약학, 음악 등 선진 문물을 전수하는 역할을 수행하였다.

당시 왜에 파견된 백제의 전문기술자들 중에는 음악 분야에서 활동하는 樂人들 4명이 포함되어 있었다. B-①에 의하면 제도 시행 초기에는 주로 오경박사와 같은 유학자들이 파견되었으나 왜의 선진문물에 대한 욕구가 점차 늘어나면서 554년에 오경박사와 함께 각 분야 전문기술자들이 대거 파견되었다. 백제의 악인들은 이번에 교체된 것으로 보아 513년 6월 오경박사가 처음 왜에 파견된 이래 어느 시기부터 파견 대상이 된 것 같다.

이때 왜에 파견된 백제 樂人들은 施德(제8위) 三斤, 季德(제10위) 己麻次, 季德 進奴, 對德(제11위) 進陀의 4인으로 구성되어 있었다. 809년 일본에서 개편된 雅樂寮에 橫笛・箜篌・莫目・舞의 백제악사 4명이 포함[49]되어 있는 것으로 보아 백제의 악사들은 4인이 1개조로 편성되어 연주를 하고 있었던 것으로 추측된다.

백제의 樂人들은 다른 분야에 비해 博士도 없고 또한 관등도 제8위~제11위에 걸쳐 있는 것으로 보아 상대적으로 가장 낮은 편에 속하였음을 알 수 있다. 그럼에도 불구하고 백제의 악인들은 관등을 겸대하고 있는 것으로 보아 민간 차원의 단순한 음악 전수가 아니라 양국 간에 공식적으로 왜의 궁정음악 확립을 위해 선진음악을 전수한 것으로 볼 수 있다.

이를 통해 백제는 5세기에 중국 남조 송나라에 백제 악인들을 파견한 경험이 있었고, 또 554년에 왜에 백제 음악을 전수하고 있는 점에서 당시 동아시아에 있어서 음악을 통한 문화전파자로서의 역할과 위상을 엿볼 수 있다.

사료 B-②는 612년 백제인 味摩之가 吳[50]에서 배운 伎樂을 왜에 전하였다는 기사이다. 여기서 伎樂이란 백제인 미마지에 의해 일본에 전래된 고전

---

49) 『日本後記』 권17, 平城紀 大同 4년 아악료 잡악사.

악무로서 불교와 관련된 내용을 흉내 내는 몸짓과 滑稽的인 춤으로 연출하는 가면극을 말한다.[51] 원래 기악은『法華經』등에 나오는 불교의 관용어로서 불교에서 부처를 공양할 때 쓰이는 舞伎와 음악을 통칭하는 용어다.[52] 이런 점에서 기악은 불교와 관련이 깊은 가면극이라 할 수 있다.

미마지의 기악에 대해서는 현재 관련 기록과 가면과 악기가 전해오고 있을 뿐 전승되지는 않고 있다. 기악의 구성과 명칭에 대해서는 일본 法隆寺의 資財帳(747)과 西大寺의 자재장(780) 등에 보관되어 있고, 그에 대한 실물자료는 正倉院에 보관되어 있다. 1233년 狛近眞이 지은『敎訓抄』에 그 대략의 내용이 남아있다. 이에 의하면 백제 기악은 골계적이고 외설적인 연기를 펼치는 9개 科場과 마지막의 武德樂으로 총 10개 科場으로 구성되어 있는 극히 간단한 가면극이다. 미마지가 전한 기악은 경기도 양주의 산대가면극과 깊은 관련이 있는 것으로 알려졌다.[53] 이는 일본 가면무의 기원을 이룬 것으로서 일본 고대 음악사상 의미가 크다.

사료 B-①에서 '歸化'라는 상투적인 표현을 하고 있는 것으로 보면 미마지는 마치 개인 자격으로 왜에 건너간 것으로 볼 수도 있다. 그러나 기악의 구성 요소가 樂·歌·舞를 포함하고 있는 점이나 또는 국가 간의 우호관계의 상징으로 음악이 교류되고 있는 점으로 볼 때 단지 미마지 개인이 도왜한 것이 아니라 백제와 왜 간에 국가적인 차원에서 백제 음악이 왜에 전수

---

50) 마마지가 기악을 배웠다는 吳에 대해서는 현재 남중국설과 한국내재설로 나뉜다. 吳를 남조의 왕도였던 남경 일대로 보는 설이 유력하지만 고구려설, 가야지역설, 대방군설 등 한국내재설도 제기되어 있다. 미마지가 살았던 시기와 중국 강남의 吳나라의 시기와는 일치하지 않지만 대체적으로 중국 강남지역으로 보는 것이 타당한 것으로 보인다.

51) 미마지의 기악에 대한 주요 연구 성과로는 다음과 같다. 이혜구,『한국음악논총』, 수문당, 1976, 180~181쪽 ; 박재희,「미마지의 기악의 재조명(Ⅰ)」『청예논총』16, 1999, 청주대 예술문화연구소 및 「미마지의 기악의 재조명(Ⅱ)」『청예논총』17, 2000 ; 백제기악보존회, 『백제기악』, 동문선, 2007 ; 송방송,「한국고대음악의 일본전파」『한국음악사학보』1-1, 한국음악사학회, 1988.

52) 박재희, 앞의 글(1999), 15쪽.

53) 이혜구,『한국음악연구』, 국민음악연구회, 1957, 226~236쪽.

된 것으로 파악해야 한다. 그렇다면 백제가 612년이란 시점에 백제 기악을 왜에 전수하게 된 역사적 배경이 고찰할 필요가 생긴다.

612년 미마지가 왜에 기악을 전수하게 된 배경에는 당시 집권세력인 聖德太子(593~622)와 蘇我氏의 대백제정책의 변화와 관련이 있는 것으로 생각된다. 당시 성덕태자는 독실한 불교신자로서 불교의 진흥, 관위 12階 제도의 제정(603), 헌법 17조의 반포(604) 등 내정 개혁을 과감히 추진하였고, 친백제노선를 수정하여 백제와 적대관계에 있던 신라는 물론 고구려, 수나라와 다원외교를 전개하고 있었다(제2장 참조). 이러한 왜의 동향에 불안을 느낀 백제는 왜에 접근을 시도하여 기존의 친백제정책으로 복원시키는데 외교력을 집중하고 있었다.

백제가 왜의 친백제노선이 수정되는 어려운 상황 하에서 불교와 음악과 관련이 깊은 기악을 왜에 전수하려는 이면에는 어떤 정치적인 의도가 있었을 것으로 생각된다. 성덕태자는 好佛의 인물이었고, 음악은 조화와 화합을 의미하기 때문에 백제는 성덕태자의 적극적인 관심을 이끌어내기 위해 불교와 음악을 통해 접근하는 방안을 모색한 것이 아닐까 한다.

반면 성덕태자는 불교이념의 확산을 통해 일반민을 통합시키고 나아가 지배층 중심의 사회질서를 견고하게 유지하고자 하였다. 그리고 율령체제를 확립해 나가는 과정에서 필요한 중요한 국가 의례 문제를 해결할 필요성이 대두되면서 새로운 음악이 필요하게 된 것이다. 618년 미마지를 통한 백제 기악의 전파는 백제와 왜 사이에 대두된 현실 문제를 해결하기 위한 방편에서 나온 외교적 타협의 산물로 볼 수 있다.

백제의 이러한 시도는 큰 성과를 거두지는 못하였다. 그렇지만 미마지가 왜에 전수한 기악은 백제 왕실이 전한 궁정악과 함께 일본 雅樂을 형성 발전시키는데 큰 역할을 한 것으로 보인다. 원래 아악은 중국에서 '雅正의 樂'으로서 俗樂에 대응하여 사용된 음악이었다. 따라서 중국의 아악은 유교의 예악사상에 의거하여 천지의 신들이나 황제의 조선, 그리고 공자 등을 제사하는데 사용하였다.

일본의 궁정에서 행해지던 여러 가지 악무를 집대성하여 아악을 체계적으로 정리하게 된 계기는 702년 大寶律令 때였다. 이때 일종의 왕립 음악기 관인 治部省에 雅樂寮가 설치되고 그 예하에 500명에 가까운 사람들이 아 악과 사무에 종사하였다. 이에 의하면 일본의 아악을 和樂, 唐樂, 三韓樂, 伎 樂으로 나누어 악사와 악생 등을 두었는데 백제악의 경우 악사 4인과 악생 20명이 고구려 · 신라와 함께 각각 배치되었다.

그후 仁明期(833~849)에는 좌우양부제라는 악제 개혁이 실시되면서 '아 악의 일본화'가 시작되었다.[54] 외국으로부터 전래된 악무를 좌우의 두 형 식으로 대별하여 정리 통합하였는데 左方을 唐樂, 右方을 高麗樂이라 하였 다. 우방의 고려악은 백제 · 고구려 · 신라의 악무를 중심으로 발해악 등을 통합 정리한 음악이었다. 이때 우방의 고려악은 관현의 연주법이 없고 舞樂 으로 구성되어 있었다. 이때 백제인 미마지가 전한 기악은 우방의 고려악에 통합되어 그 실체가 없어졌지만 그것이 일본 아악의 형성과 발전에 바탕이 되었다는 점에서 큰 의미를 찾을 수 있다. 백제는 멸망했지만 오경박사제도 와 미마지에 의해 전수된 기악이 일본 궁정음악인 아악의 형성과 발전에 밑 거름이 되었다고 할 수 있다.

4. 맺음말

지금까지 612년 일본에 백제 기악을 전수하여 일본 아악 형성에 실마리 를 제공한 백제 음악인 味摩之를 대상으로 백제와 왜 사이에 음악을 통한 대외교류의 실체를 파악하였다. 이와 관련하여 미마지가 활동하던 7세기 전반의 동아시아 국제관계의 변화상을 파악하였고, 이어 백제 음악이 중국 과 왜국 사이에 교류가 이루어진 역사적 배경을 살펴보고 그것이 동아시아 역사에서 갖는 역할과 의미에 대해 살펴보았다. 이를 요약하면 다음과 같다.

---

54) 岸邊成雄, 「雅樂の源流」 『日本の古典藝能』 2 雅樂, 藝能史硏究會, 1970, 75쪽.

삼국은 자국의 이해관계에 따라 서로 물고 물리는 치열한 각축전을 벌이면서도 그 과정에서 중국의 수·당 제국과 세력연합을 꾀하였고, 반면 수·당의 개입 여하에 따라 삼국 간의 역관계가 크게 변화하는 새로운 국제관계가 전개되었음을 살펴보았다. 이 시기 동아시아 국제관계에서 주목되는 변화는 왜의 대외정책 변화이다. 왜의 대외정책은 다변화의 기조가 유지되는 가운데 고구려나 신라의 관계가 활발해진 반면 백제와의 관계는 상대적으로 다소 소원한 관계를 유지한 것으로 나타났다. 이러한 배경에서 백제 음악인 미마지가 왜에 파견된 것이다.

백제 초기의 음악은 부여·고구려계의 지배층이 사용하는 북방계 음악과 마한 기층사회에서 통용되는 전통음악으로 구성되어 있었다. 이러한 백제 초기의 음악이 보다 체계화된 것은 4세기 후반 중국 송나라와의 교섭 관계를 가지면서부터이다. 백제 음악단이 송나라 조정에 파견되어 궁중에서 활동을 하였고 이를 계기로 하여 청상악을 비롯한 중국 남조의 음악 문화가 본격적으로 백제에 전래되어 백제 음악이 보다 체계화될 수 있었다.

백제의 음악 관련 자료를 분석해 볼 때 鼓·角은 백제의 고유한 악기로 생각되고, 箜篌·箏·竽·麃는 중국 남조의 청상악과 관련이 있으며, 笛은 서역에서 고구려를 거쳐 백제에 수용된 악기인 것임을 밝혔다. 따라서 백제 음악은 백제 고유의 전통 음악을 바탕으로 하여 5세기 이후 중국 남조에서 수용된 청상악에 영향을 받았고, 때로는 서역계 음악이 고구려를 통해 백제에 수용됨으로써 백제 음악은 다양하고 국제성 있는 음악으로 체계화되어 발전해 나간 것으로 보았다.

612년 미마지가 왜에 기악을 전수하게 된 배경에는 당시 집권세력인 聖德太子(593~622)와 蘇我氏의 대백제정책의 변화와 관련이 있는 것으로 파악하였다. 당시 성덕태자는 독실한 불교신자로서 불교의 진흥 등 내정 개혁을 과감히 추진하였고, 친백제노선를 수정하여 백제와 적대관계에 있던 신라는 물론 고구려, 수나라와 다원외교를 전개하고 있었다. 이러한 왜의 동향에 불안을 느낀 백제는 불교 이념의 보급과 확산, 그리고 국가 의례를 정비하고자 하는 성덕태자의 의도를 파악하고 불교와 음악을 통해 접근하는 방안을 모색한 것으로 보았다. 618년 미마지를 통한 백제 기악의 전파는 백제와 왜 사이에 대두된 현실 문제를 해결하기 위한 방편에서 나온 외교적 타협의 산물로 보았다.

『충청학과 충청문화』15, 충청남도역사문화연구원, 2012

백제의 국제관계 百濟의 國際關係

부록

지역사와 고대문화

삼국의 증평지역 진출과 二城山城

1. 머리말

　二城山城은 충청북도 증평군 도안면 노암리 산 74번지 일대에 위치한 이성산(259.1m) 정상에 축조된 토축 산성으로 현재 충청북도 기념물 제138호(2006.12 지정)로 지정 보호되고 있다. 이성산성이 위치한 증평지역은 북쪽으로는 두타산 연봉의 곡부를 통하여 진천·천안·안성 등의 육로로 연결되고, 동쪽으로는 백마령을 넘어 한강수계인 달천 상류의 괴산·음성·충주로 연결된다. 또 서쪽으로는 금강수계인 미호천 유역 상류지역에 해당하여 그 주변에는 미호평야가 펼쳐져 있어 청주·조치원·공주로 연결되고, 남쪽으로는 미원·보은·상주로 이어지는 우리나라 중부 내륙의 전략적 요충지이다. 이성산성은 증평지역이 갖는 이러한 교통 군사적인 배경 하에서 축조 운영된 산성임을 알 수 있다.

　이성산성에 대한 학술조사는 1997년 충청전문대학 박물관에서 지표조사를 실시하여 이성산성에 대한 기초자료를 제공[1]한 이래 2009년부터 현재에 이르기까지 중원문화재연구원이 4차례에 걸쳐 이성산성 남성 수문지와 성벽 일부, 성내 여러 주거시설과 북성 내부의 추정 남문지 및 석축 배수로,

원삼국시대~백제시대의 수혈주거지 4기, 구상유구 3기 등을 조사하였다.[2)]

이러한 정밀학술조사를 통해 증평 이성산성은 일반적인 산성에 비해 독특한 구조를 가지고 있음이 밝혀졌다. 즉 이성산 정상부를 중심으로 약 700m 거리를 두고 남성과 북성이 각각 독립된 형태로 다중구조를 하고 있는 점이다. 南城은 산의 정상부를 에워싼 테뫼식 산성과 계곡을 포함하여 가지능선을 연결하는 포곡식 산성이 복합된 산성이며 전체적으로 부정형을 이루고 있다. 내성(741m)과 외성(1,052m)을 갖춘 2중 구조로서 전체 둘레가 1,411m에 달한다. 北城은 이중으로 된 테뫼식산성으로 반월형의 내성(219m)과 "ㄷ"자형의 외성(310m), 그리고 외성에 덧붙여 2개의 子城(10.8m, 98.8m)을 가진 4중 구조를 하고 있어 내외성의 공유벽(100m)을 포함하여 전체 둘레는 429m이나 된다.

조사 결과 이성산성은 다른 삼국시대의 산성에 비해 규모가 비교적 큰 편에 속할 뿐 아니라 남성과 북성이 각각 다중구조를 하고 있는 점이 특이하다. 그리고 유사판축법과 부엽공법이 적용된 판축공법 이전 단계의 축조공법으로 축성된 점, 그리고 남성 내에서 출토된 토기가 대부분 4세기대에 한정된 것으로 한성백제의 양식이 아닌 지역 양식이라는 점 등에서 백제권역에서는 시기적으로 이른 4세기대의 성곽임이 밝혀져 백제 성곽의 시원과 발전과정을 연구하는데 중요한 정보를 제공해 주고 있다.

이처럼 증평 이성산성이 삼국시대에 중요한 산성으로 기능을 유지해 왔

---

1) 충청전문대학박물관, 『증평 이성산성』, 충청북도 증평출장소, 1997, 1~259쪽.

2) (재)중원문화재연구원에서 실시한 1차 조사는 2009년 6월 17일~8월 15일에 남성 수문지에 대한 발굴조사였고, 2011년 2차와 3차 조사를 통해 성벽의 축조방법과 성내 주거시설에 대한 발굴조사를 진행하고 있다. 그 결과는 (재)중원문화재연구원·증평군, 『증평 이성산성 I-남성 남수문지-』, 2011 및 『증평 이성산성 2차 발굴조사 완료약보고서-』, 2011.5에 수록되어 있다. 또 2011년 10월 28일에 열린 제24회 호서고고학회 학술대회를 통해 백영종·조인규, 「증평 이성산성 2차 발굴조사」 『호서지역 문화 유적 발굴 성과』, 2011, 117~124쪽이 발표되었다. 4차 발굴조사는 2012년 6월 25일~10월 29일까지 이루어졌는데 그 결과가 (재)중원문화재연구원, 「증평 이성산성 4차(북성) 발굴조사 완료약보고서」, 2012에 수록되어 있다.

음에도 불구하고 어떠한 역사적 배경 하에서 어떤 세력에 의해 축조되었으며, 또한 어느 시기까지 기능을 유지해 왔는지 등에 대해 구체적으로 밝혀지지는 않았다. 다만 관련 문헌 기록과 답사를 통해 이성산성이 고구려 때 道西縣의 治所일 가능성이 제기되었고,[3] 삼국이 중부 내륙지역에서 각축을 벌였던 『三國史記』의 道薩城으로 비정하는 견해[4]가 주류를 이루고 있다. 최근에 들어와서 이성산성에 대한 유적정비계획 및 종합보존계획이 마련되고 앞으로 국가지정문화재로 등록하기 위한 사전작업으로 정밀학술조사와 관련 학술회의[5]를 열면서 그 학술적 기반을 마련해 나가고 있다.

　그런데 현재 진행 중인 이성산성에 대한 발굴조사를 통해 볼 때 현 단계에서는 그 결과를 곧바로 도서현의 치소나 도살성으로 연결시키기에는 다소 문제점이 있으나, 증평지역이 인근 청주지역과 깊은 관련을 가지고 삼국 간의 주요 쟁패지역으로 역할을 하였다는 점에서 그 역사적 추이를 도살성과 관련시켜 이해하는 데에는 별 무리가 없을 것으로 생각한다. 여기서는 이성산성의 축조 배경과 운영 실태를 통해 삼국 간의 쟁패과정을 시기별로 고찰할 예정이다.

---

3) 민덕식은 고구려의 도서현의 '도서'를 두타산성의 '두타'에서 유래한 것으로 보고, 그 범위를 이성산성을 포함한 두타산성 일대라 하였다(「고구려의 도서현성고」『사학연구』36, 1983, 47쪽).

4) 도살성의 위치에 대하여 ① 음성의 백마령설(신채호, 『조선상고사』I, 동서문고, 1977, 270~272쪽), ② 천안설(이병도, 『역주 삼국사기』, 을유문화사, 1977, 57쪽), ③ 충북 증평의 이성산성과 진천군 초평면 영구리의 頭陀山城 일대로 보는 견해(민덕식, 앞의 글, 47쪽) 등이 있다. 그런데 천안지역은 고려 태조 때 천안도독부가 설치된 곳이고, 백제 성왕 때 한강 하류 지역에 진출하는데 전략적 요지이기 때문에 신라가 이를 공취할 경우 백제의 반발이 크게 예상되는 곳이다. 또한 신라의 화령로를 통한 북진이 청주지역을 경유한 점을 고려할 때 증평 이성산성설이 보다 설득력을 가진다.

5) 이성산성에 대한 제1차 학술대회가 2011년 11월 18일에, 제2차 학술대회는 2013년 3월 22일에 각각 개최되었다. 전문적인 학술 연구로는 성정용, 「증평 이성산성 출토 토기양상과 그 성격」『호서고고학』27, 2012, 27~65쪽이 있다.

2. 백제의 증평지역 진출과 이성산성 축조

1) 백제의 증평지역 진출 시기

증평지역은 금강수계의 하천으로 괴산군 청안면 좌구산의 북쪽에서 발원하여 증평의 반탄을 지나 미호천에 합류하는 寶岡川의 하류에 위치하고 있다. 보강천 하류에는 미호평야에 연결되는 '질벌들'이라는 너른 충적평야가 펼쳐져 있어서 청동기시대 이래 사람이 살기에 적합하고 농경이 발달한 곳이었다. 이를 입증해 주는 고고학 자료는 많지 않지만 미암리고인돌과 송정리고인돌, 석곡리 주거지,[6) 송산지구,[7) 그리고 증평읍 연탄리에서 발견된 마제석검 등이 청동기시대의 대표적인 유적 유물이다.

그런데 기원전 2세기 말엽부터 철기문화의 유입이 본격화되기 시작하였다. 철기문화의 유입으로 철자원 개발과 철기의 제작 보급이 광범위하게 이루어지고, 서북한지역의 정치적 변동으로 상당수의 유이민들이 중부 이남지역으로 들어오게 되었다. 이에 따라 청동기의 제작과 관리 및 교역의 중심지로서 영향력을 행사해 오던 辰國이 상대적으로 쇠퇴하고, 중부 이남지역 토착사회 전반에 걸쳐 중요한 정치·문화적 변화가 진행되었다. 지역에 따라 다소 차이는 있었겠지만, 이러한 배경 하에서 馬韓·辰韓·弁韓의 삼한 연맹체들이 나타나게 되었다. 삼한은 臣智, 邑借 등과 같은 수장층에 의해 다스려지는 70여 개의 소국으로 나누어 있었으며, 이들 소국들은 바로 君長國家의 모습을 하고 있었다.

삼한시기에 증평지역은 마한의 한 소국이 있었을 것으로 추정된다. 이를

---

6) 충북대학교박물관, 『증평 대중골프장 조성부지 내 유적 발굴조사 약보고서』, 2009. 이 유적에서는 신석기시대 주거지 1기와 청동기시대 주거지 2기(가락동유형 주거지 2기)가 발굴 조사되었다.

7) 한국선사문화연구원, 『증평 송산지구 국민임대주택단지 조성사업부지내 유적 발굴조사』, 현장설명회자료, 2008. 이 유적에서는 장방형 집자리 2기와 소성유구·화덕자리 등이 발굴조사되었다.

입증할 수 있는 유적로는 증천리유적이 있다. 증천리유적에서는 발굴조사 결과 주구토광묘 1기와 타날문토기가 확인되었는데 말각장방형으로 인근 청주 송절동의 주구토광묘와 유사한 것으로 판명되었다.[8] 그밖에 이성산성 주변의 구릉지대와 대동리유물산포지 등에서 원삼국기의 유물이 확인되고 있어서 소국의 존재 가능성을 높여준다고 하겠다. 이러한 소국의 수장층이 삼한시기에 증평지역을 대표하는 재지세력으로 성장해 간 것으로 볼 수 있다.

삼국 중 증평지역에 먼저 진출한 나라는 백제였다. 그러나 백제가 언제 어떠한 과정을 거쳐 증평지역에 진출하였는지에 대해서는 분명치 않다. 그리고 어떠한 방식으로 증평지역을 통치해 나갔는지에 대해서도 알려져 있지 않다. 다만 백제의 증평지역 진출은『삼국사기』백제본기에 보이는 백제 초기의 영역확장 기사와 이성산성의 고고학적 성과를 통해 추정해 볼 수 있을 뿐이다.

먼저 백제의 증평지역 진출과 관련하여『삼국사기』백제본기 多婁王 36년(AD 63)의 기사가 주목된다. 백제가 다루왕 때에 지금의 청주로 비정되는 娘子谷城에 진출하여 신라와 화의를 요청하는 기사[9]가 바로 그것이다. 백제의 청주지역 진출은 증평 진출과 깊은 관련이 있기 때문이다.[10] 다루왕 대에 낭자곡성을 개척했다는 기사 이후에는 바로 백제와 신라가 보은으로 비정되는 蛙山城과 옥천 또는 괴산으로 비정되는 狗壤城에서 뺏고 뺏기는 치열한 공방전을 벌리고 있는 일련의 기사가 있다.[11] 이 기사는 백제가 일

8) (재)중원문화재연구원,『증평 증천리 유적 -증평~장동간 도로공사 구간 시굴조사 보고서-』, 2006, 1~103쪽.
9)『삼국사기』백제본기 다루왕 36년 동 10월.
10) 증평과 청주지역은 같은 금강수계에 있고, 또 미호천 주변에 펼쳐 있는 미호평야에 연접해 있는 같은 생활권역으로 묶을 수 있다. 이곳을 방어하기 위해 서쪽에 청주 정북동토성이 축조되었다면 그 북쪽 끝의 증평에는 이성산성이 축조된 것으로 대응해 볼 수 있다. 청주지역의 경우 신봉동유적에서 傳淸州出土 鷄首壺, 환두대도, 심엽형 耳飾 등의 위신재가 출토되는 것으로 보아 청주지역의 수장층들이 증평지역의 수장층들보다 높은 위상을 가진 것으로 볼 수 있다. 따라서 두 지역의 수장층들은 군사적이나 경제적인 측면에서 서로 협력관계를 유지하면서도 상하의 위계관계를 가졌을 것으로 추정된다.

단 청주지역을 확보한 이후 중부 내륙교통로인 화령과 추풍령로를 따라 금강유역에 남하 진출하면서 이 지역에 이미 진출해 있던 신라 세력과 전투를 벌인 사실로 이해된다.

그런데 청주·청원지역과 증평지역에는 기원후 1세기경 백제가 이 지역을 지배한 사실을 입증해 주는 고고학적 자료가 거의 발견되지 않고 있다. 이 시기에 해당하는 증평 인근의 청주·청원지역의 고고학 자료에 의거해 볼 때 원삼국시대 후기부터 4세기에 이르는 유적인 청원 상평리유적과 송대리유적, 그리고 청주 송절동유적과 봉명동의 이른 시기 유적 등이 이에 해당한다. 이 유적에서 한성백제의 것으로 판단되는 유물이 거의 발견되지 않고 있다. 고고학적인 연구 성과에 의거해 볼 때 청주지역에 백제적 문화요소인 삼족기와 개배, 마구류 및 환두대도 등이 출현하는 시기는 4세기 중엽 이후 청원 주성리유적과 청주 신봉동고분 단계부터로서 이때부터 청주와 청원지역이 백제와 일정한 관계를 맺고 그 지방통치체제에 편입해 나가는 단계로 보는 것이 일반적인 견해다. 따라서 백제 다루왕대의 청주지역 진출 기사는 그 자체를 부정하기보다는 후대 어느 시기에 이루어진 영역확대 사실이 다루왕대에 소급 정리된 것으로 이해된다.

다음으로 한성백제기의 영역확대 과정이 참고가 된다.[12] 백제의 지방지배 과정은 그 영역확대 과정과 궤를 같이 하고 있기 때문이다. 1단계로『삼국사기』백제본기 온조왕 13년 기사가 참고가 된다. 이 기사에 의하면 백제 온조왕대에 이미 영토를 북으로 浿河(예성강), 남으로는 熊川(안성천 또는 금강), 서로는 大海(서해), 동으로는 走壤(춘천)으로까지 뻗쳐 마한과의 경계를 정하고 곧이어 마한을 공격하여 병탄한 것으로 되어 있다.[13]

그러나 3세기경의 사실을 전하는『삼국지』동이전 한조에는 마한의 중

<hr />

11)『삼국사기』백제본기 다루왕 37년·39년·43년·47년·48년·49년.
12) 한성백제기의 영역확대 과정에 대해서는 유원재,「백제 영역변화와 지방통치」『백제의 지방통치』, 학연문화사, 1998, 14~23쪽을 참조할 것.
13)『삼국사기』백제본기 온조왕 13년 8월 및 27년 4월.

심세력인 目支國이 여전히 존재하고 있기 때문에[14] 이 기사는 그대로 믿을 수는 없다. 그리고 한강유역에 분포하는 백제 초기의 무기단식 적석총은 2~3세기 무렵으로 편년되는데 그 분포 범위를 백제 초기의 영역으로 보는 견해[15]가 있기 때문에 온조왕대 영역 획정 기사는 기사 그대로 받아들이기는 어렵다.

차령과 금강유역을 영유한 한성백제가 다음 단계로 노령산맥의 이북지역에 진출한 시기는 대략 4세기 전반 比流王代(304~343) 전후의 시기로 추정된다. 백제가 마한을 멸망시킨 후 大豆山城(아산)을 쌓고 곧이어 蕩井城(온양)을 쌓아 대두성의 민호를 이주시켜 거주케 한 기사가 있다.[16] 다시 圓山城과 錦峴城, 古沙夫里城을 차례로 축조한 것으로 되어 있다. 여기서 마한과 관련하여 나타나는 지명인 대두산성, 탕정성, 원산성, 금현성, 고사부리성의 위치를 확인해 보면 당시의 백제의 강역을 대체적으로 추정해 볼 수 있다. 그 중 대두산성은 아산의 영인산성에, 탕정성은 온양, 고사부리는 정읍 고부로 각각 비정된다.

이로 미루어 보면 백제는 3~4세기 전반에 걸쳐 중서부지역에서 전북 정읍일대에까지 진출한 사실을 건국시조인 온조왕대에 일괄 기록해 놓은 것으로 이해된다. 이를 뒷받침하는 사실이 백제 비류왕대의 김제 벽골제 축조 기사[17]이다.

이와 같이 문헌상으로 볼 때 한성백제의 남부 영역확대 과정에서 청주와 증평지역에 진출하는 시기는 한성백제가 금강유역에 진출하는 3세기 중반 이후에서 벽골제가 축조되는 4세기 전반 어느 시기로 상정해 볼 수 있다.

---

14) 이때의 마한은 천안~직산에 있던 목지국을 중심으로 한 세력집단 일부로 추정하고 있다.

15) 최몽룡 · 권오영, 「고고학 자료를 통해 본 백제초기의 영역고찰」『천관우선생환력기념한 국사학논총』, 1985.

16) 『삼국사기』 백제본기 온조왕 27년 추7월 및 36년 추7월.

17) 벽골제 축조 기사는 『삼국사기』 신라본기 흘해니사금 21년조에 수록되어 있으나 현재의 김제지방이 당시 신라 영역으로 편입되어 있지 않았기 때문에 백제 비류왕대의 사실로 이해하고 있다(이병도, 『역주 삼국사기』, 을유문화사, 1977, 36쪽).

2) 이성산성의 축조

이성산성이 언제 축조되었는지에 대해서는 알 수 없지만 최근 이성산성 남성와 북성의 문지, 성내 주거시설 및 성벽 등에 대한 발굴조사를 통해 이 성이 거의 4세기대에 한정해서 운영되었던 것으로 확인되었다. 성벽은 외 측에 土壘를 쌓고 내측으로 주로 모래와 사질점토를 성토하여 덧붙이는 방 식으로 축조하였다. 축조공법은 정연한 판축이 아닌 유사 판축을 하였고, 일부 성벽에서는 식물체가 붙어있는 땅 표면 흙을 성토하여 이른바 부엽공 법의 효과를 노리는 축조기술도 가미되어 있는 것으로 확인되었다.

남성의 체성 축조기법은 성토기법을 기본으로 하되 부분적으로 유사판 축가법이 채용되었으며, 북성은 남성보다 유사판축기법이 보다 많이 채용 되면서 남성보다 발전적인 형태를 갖춘 것으로 보고 있다.[18] 인근 미호천변 에 있는 청주 정북동토성이 영정주를 세워 정연하게 판축한 축성기법과 차 이가 나는 것으로 판축공법 이전 단계의 것임을 알 수 있다. 이를 통해 이성 산성의 남성이 청주 정북동토성보다 다소 빠르고 충주 탄금대토성이나 화 성 길성리토성[19] 등과 같이 백제권 지역에서 비교적 이른 시기에 축성된 성 곽임을 시사하는 것으로 주목된다.

남성에서 출토된 유물로는 토기류와 파수, 시루, 어망추, 석검 등을 들 수 있다. 그 중 남성의 남수문지 및 성내 평탄지에서 출토된 토기의 기형은 경질무문토기·심발형토기·대형옹·단경호·시루 및 파수부·유공토 기·주구토기 및 완·대부토기편 등 외래계 토기 등이다. 그 대부분이 壺와 대형옹이 주를 이루면서 시루나 발, 단경호 편들이었다. 이 토기들은 거의 대부분 4세기 중엽~후엽에 해당하는 것으로[20] 이른바 '원삼국~백제 교체

---

18) 심정보, 「증평 이성산성의 축조기법에 대하여」 『증평이성산성의 조사성과와 사적화 방 안』, (사)한국성곽학회·(재)중원문화재연구원, 2013, 54~58쪽.

19) 충북대학교박물관, 『화성 길성리토성II -화성 향남읍 요리 270-8번지 내 유적조사-』, 2011.

기' 단계의 것들로 되어 있는 반면[21] 한성백제 중앙 양식의 토기들은 거의 발견되지 않고 있다. 5세기대 신라토기로 추정되는 고배편이 발견되기는 하였으나 [사진6] 거의 대부분 4세기대 전반의 지역 양식에 속하는 것들이다.

남성 남수문지 측벽 | 01

북성에서는 지역 양식인 단경호·대형옹 등이 발견되었고, 흑색마연토기와 5세기 전반경으로 추정되는 시루 등 한성백제 토기양식도 출토되었다.[22] 그밖

남성 내성 북동문지 측벽 | 02

에 광구소호와 같은 외래계 토기가 발견되어 영남지역이나 영산강유역과의 교류를 보여주고 있다. 남성 출토품에 비해 경질무문토기가 거의 확인되지 않는다.

20) 박중균, 「증평 이성산성 출토 토기 및 주거지의 성격과 편년」 『증평이성산성의 조사성과와 사적화 방안』, (사)한국성곽학회·(재)중원문화재연구원, 2013, 62~70쪽.
21) 성정용, 앞의 글, 49~56쪽.
22) 박중균, 앞의 글, 70~77쪽.

북성 발굴조사 지역 | 03

이처럼 이성산성은 그 출토유물로 보아 대략 4세기 중후반경 남성과 북성이 거의 같은 시기에 백제에 의해 축조되었으며, 늦어도 5세기 전반경까지 기능을 유지했던 것으로 판단된다.

그러면 이성산성은 어느 세력에 의해 축조되었을까? 이성산성의 축조세력은 남문에서 출토된 토기류나 성벽의 시원적인 판축 축성기법 등을 통해 볼 때 중평지역에서 소국의 지배권을 행사하던 재지세력이었을 것으로 판단된다. 3세기 후반경에는 마한에서 장정을 동원하여 성곽을 축조하던 사례가 『삼국지』 동이전 한조에 보이고 있으며, 낙랑계 이주민들의 이입에 따른 토목기술의 보급[23] 등으로 중평의 재지세력은 성곽을 축조할 수 있는 기술적 기반은 어느 정도 갖추었을 것으로 보인다.

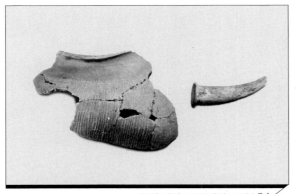
북성 내성 1호주거지 토기 | 04

그러나 성곽은 고대국가 형성에 있어서 전쟁과 함께 방어체계로서 출현하는 중요한 요소이기 때문에 단지 지역의 재지세력에 의해 일방적으로 축조된 것으로만 볼 수는 없다. 입지조건이나 계획적인 설계와 발달된 토목축조기술과 시공 능력의 확보, 대규모 노동력의 동원 및 효율적인 노동력 편

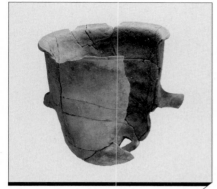

시루(40-3호 주거지) | 05

고배 편 | 06

성과 관리, 방어에 필요한 시설의 배치 및 무기 체계의 발달 등의 종합적인 요소가 필요하기 때문에 고대국가와 같은 국가체에서 축성사업을 주도하는 경우가 대부분이다. 이런 점을 고려해 보면 이성산성은 한성백제와의 일정한 관련 하에서[24] 증평지역의 재지세력에 의해 축조되었을 것으로 보는 것이 타당하다고 생각한다.

그러면 백제가 이성산성을 축조한 배경과 목적은 무엇일까? 이성산성 축조 배경은 무엇보다도 백제의 한강 중상류지역과 금강 중류지역 진출과 깊은 관련이 있는 것으로 이해된다. 백제는 3세기 중엽 마한의 한 소국인 臣濆沽國이 대방군을 공격한 기리영 전투[25] 이후 신분고국을 대신하여 진ㆍ

---

23) 중부지방에서 낙랑계 유물이 발견되는 지역은 임진강, 한탄강유역에서 한강유역, 안성천유역을 비롯하여 영동지역에 걸쳐 광범위한 것으로 알려졌다(김무중,「考古資料를 통해 본 百濟와 樂浪의 交涉」『湖西考古學』11, 2004 및 「마한지역 낙랑계 유물의 전개 양상」『낙랑문화 연구』, 동북아역사재단, 2006, 284~293쪽). 충북지역에서는 충주 금릉동유적, 청주 송절동유적, 청원 송대리유적, 제천 양평리유적 등에서 청동고리, 소동탁, 철극, 칠기가 출토된 바 있다. 단순한 문물교류에 의한 것도 있지만 화성 기안리유적처럼 낙랑계 이주민들의 이입 등에 의해 선진 기술과 문물이 보급되는 경우도 있다.
24) 성곽의 입지조건이나 축조기술, 설계 및 시공 방법, 농토목용구의 제작 사용 등에서 한성백제의 일정한 지도와 기술적 도움에 의해 축조되었을 것이다.

변한 철교역권을 장악하고 한강 중상류지역으로 영역을 확장해 나갔다. 철산지로 알려진 남한강유역의 충주지역을 장악하면서 기존의 금릉동유적과 문성리유적과 관련된 재지세력을 제압하고 탄금대토성과 장미산성을 축조하여 백제의 남한강유역 지배의 거점으로 삼았다.

또 하나의 방향은 중부 내륙교통로를 통해 금강의 중상류와 낙동강 상류유역에까지 진출을 도모하려 하였다. 4세기 전후로 한 시기에 철기가 출토된 천안 두정동유적 · 화성리유적 · 신풍리유적, 진천 석장리유적 · 청원 송대리 · 상평리 · 주성리유적, 청주 봉명동 · 신봉동 · 가경동유적 등을 고려해 볼 때 한성백제가 이 시기에 이미 청주지역에까지 진출한 것이 확인된다.

그 남하 코스는 크게 서울 - 화성 - 천안 - 공주로 가거나 또는 서울 - 이천 - 진천 - 청주로 이어지는 두 코스가 상정된다. 천안 코스의 경우 병천천을 통해 청주지역으로 연결될 수 있다.

따라서 한성백제는 이러한 중부 내륙 교통로상의 전략적 거점지역에 성곽을 축조하여 지배를 관철하게 되었다. 그 지배방식은 한성백제에 의한 직접 지배 방식이 아니라 거점지역의 재지세력을 통한 간접지배방식[26]이었을 것이다. 4세기대에 이르러 한성백제가 축성한 이천의 설봉산성 · 효양산성 · 설성산성, 음성의 망이산성 내성, 진천의 대모산성, 증평의 이성산성,

---

25) 『삼국지』 권30 韓傳에 의하면 위나라가 部從事 吳林으로 하여금 대방군 관할 하에 있는 진한 8국을 떼어 낙랑군에 배속시키려 하였는데, 이를 시행하던 중 吏譯의 잘못으로 오해가 생기고 그것이 臣濆沽國을 분격시켰으며 급기야 대방군 공격에 의한 한 위 간의 분쟁사건으로 이어졌다고 한다. 이에 대해 대방군 관할 진한 8국을 낙랑군에 이속하려는 의도가 무엇이며, 또한 마한 북부에 위치한 臣濆沽國이 격분하여 한군현과 전쟁을 일으킨 이유가 무엇인지에 대해 논란이 제기되어 왔다. 이때의 전쟁을 주도한 주체를 백제 古爾王으로 보는 견해(천관우, 「삼국지 한전의 재검토」 『진단학보』 41, 1976, 32~33쪽 등), 目支國으로 보는 견해(노중국, 「馬韓의 成立과 變遷」 『馬韓 · 百濟文化』 10, 1987, 36~38쪽), 그리고 臣濆沽國으로 보는 견해(末松保和, 『新羅史の諸問題』, 東洋文庫, 1954, 518쪽) 등이 있다.

26) 이 시기에는 한성백제가 이들 거점지역에 지방관을 파견하여 직접 지배하는 방식이 아니라 서산의 부장유적, 공주의 수촌리유적 등에서 보듯이 거점지역의 지배세력에게 위세품을 사여하는 방식의 간접지배방식을 관철시켜 지배를 한 것으로 판단된다.

청주의 정북동토성 등이 이를 입증해 주는 유적이다. 증평 이성산성도 이러한 배경에서 축조된 것임을 알 수 있다.

다음으로 이성산성 축조 배경과 관련하여 3세기경에 괴산지역을 중심으로 백제와 신라 사이에 벌어졌던 『삼국사기』 백제본기의 다음의 전쟁 기사가 주목된다.

A-① 가을 7월에 군사를 내어 신라의 腰車城을 공격하여 함락시키고 성주 薛夫를 죽였다. 신라 왕 奈解가 노하여 伊伐湌 利音을 장수로 삼아 6부의 정예 군사를 이끌고 와서 우리의 沙峴城을 공격하였다. [초고왕 39년, 214]

② 가을 9월에 군사를 내어 신라를 쳤다. 신라의 군사와 槐谷 서쪽에서 싸워 이기고 그 장수 翊宗을 죽였다. 겨울 10월에 군사를 보내 신라의 烽山城을 공격하였으나 이기지 못하였다. [고이왕 22년, 255]

③ 겨울 10월에 군사를 내서 신라를 공격하여 槐谷城을 포위하였다. [고이왕 45년, 278]

위 기사에서 백제와 신라 양군이 교전한 지역은 腰車城, 沙峴城, 烽山城, 槐谷城이다. 이들 지명의 비정에 대해서는 다소 견해의 차이가 있지만, 괴산과 경북지역 일대에 연결되는 교통로상에 있는 지명으로 추정된다. 즉 腰車城은 상주 요제원으로,[27] 사현성은 괴산군 사리면 모래재로,[28] 봉산성은 경북 영주시로,[29] 괴곡성은 괴산[30]으로 각각 비정되고 있다. 이 기사는 소백산맥 일대에 분포하고 있었던 여러 소국들 간의 교전 사실이 후대에 백제와 신라 양국의 사실로 정리되어 기록에 남은 것으로 이해된다.

이 기사에 의하면 백제와 신라가 이미 3세기 전후로 한 시기에 소백산맥의 영로를 통하는 교통로를 이용하고 있었음을 보여주고 있다. 백제와 신라

---

27) 이병도, 『국역 삼국사기』, 을유문화사, 1977, 27쪽.
28) 괴산군지편찬위원회, 『괴산군지』, 1969, 38쪽.
29) 이병도, 앞의 책, 368쪽.
30) 이병도, 앞의 책, 370쪽.

양군은 경북 영주 또는 상주에서 소백산맥의 嶺路인 竹嶺이나 鷄立嶺을 넘어 괴산지역에 이르기까지 일진일퇴의 치열한 공방전을 벌인 것이다.

이러한 일련의 전투로 인해 괴산에 인접한 증평지역의 재지세력은 커다란 군사적 위협을 느꼈을 것이다. 이에 반해 한성백제는 금강유역과 낙동강유역으로 진출하기 위해서는 종래 루즈한 관계를 맺고 있었던 증평과 청주지역의 재지세력을 보다 통제할 필요가 대두된 것이다. 이러한 배경 하에서 증평과 청주지역은 남방 진출을 위한 군사상 거점지역으로 중요시되었고, 아울러 평화시에 신라나 가야, 그리고 영산강유역 세력 등과 교류를 위한 중부 내륙교통로상의 거점지역으로 부각된 것이다. 따라서 증평의 이성산성이 한성백제와의 일정한 관계 속에서 재지세력에 의해 축조되었을 것으로 판단된다.

3. 고구려의 남진과 道西縣 설치

삼국 중 백제에 이어 증평지역에 진출한 나라는 고구려이다. 고구려의 증평지역 진출은 475년 백제 왕도 한성 공격에서 비롯되었다. 장수왕이 이끄는 3만의 고구려군이 먼저 북성인 풍납토성을 화공책으로 공략하여 이를 초토화시켰고, 이어 남성인 몽촌토성을 공격하자 개로왕은 도망치다가 고구려군에게 사로잡혀 阿且城으로 끌려가 살해되었다. 이때 고구려는 개로왕과 그의 가족들을 모두 살해한 다음에 백제 주민 8천 명을 포로로 삼고 곧바로 철수하였다. 고구려 주력부대가 일단 철수는 하였지만, 이후 한성에는 그 잔류부대가 도성 중의 하나인 남성 몽촌토성에 주둔하고 있었다.

이를 입증해 주는 자료가 몽촌토성에서 출토된 고구려 토기들과 관련 유적이다. 이 자료를 통해 한성에 잔류한 고구려 군대는 군사방어기능을 갖춘 몽촌토성에서 일정 기간 동안 주둔하였음이 확인되었다.[31] 몽촌토성에 주둔하고 있던 고구려군은 한성지역의 치안 유지는 물론 남하하는 고구려군의 보급과 업무연락을 담당하던 거점 중심기지로서의 역할을 수행했을 것으로 추정된다.

이로서 백제는 한강하류유역 일대를 고구려에게 송두리째 빼앗기게 되었다. 사태가 이렇게 전개되자 文周王은 신라의 원병 1만 명을 거느리고 귀환하였으나 하는 수 없이 왕도를 웅진으로 천도를 단행하였다.

이리하여 고구려는 475년부터 551년까지 적극적인 남진정책을 전개하여 한강유역을 포함하여 그 이남으로 영토를 크게 확대하였다. 서쪽으로는 아산만에서 직산[蛇山], 진천[今勿奴], 증평[道西], 괴산[仍斤內], 음성[仍忽], 연풍[上芼], 충주[國原] 등지를 비롯하여 소백산맥의 영로를 넘어 경상북도의 동북부 지역 모두가 고구려의 영역이 되었다. 아산만에서 영일만까지 한때 고구려 영역인 것으로 주장한 『삼국사기』 지리4 기사가 이를 어느 정도 이를 반영해 주는 것임을 알 수 있다.

고구려가 한성과 그 이남지역을 지배하는 통치 방식은 한성과 국원성 등 중심 거점성에는 守事와 같은 고구려 관료를 파견하고, 여타 지역은 백제계 재지세력가들을 적극 활용하여 각 지역을 지배해 나간 것으로 보인다. 그리고 청원 남성골유적이나 대전 월평산성과 같은 최전방에는 소규모 병력으로 거점을 확보하면서 유사시 기마병에 의한 신속한 공격이 가능한 보루 위주의 공격형 관방체제를 구축한 것으로 생각된다.

이때 증평지역은 고구려의 영역으로서 편입되어 道西縣이 설치되었으며 백제의 영역인 청주지역과 신라의 영역인 문의지역에 인접해 있는 삼국 간의 첨예한 교쟁지역이 되었다. 고구려는 동맹관계에 있던 백제와 신라의 세력을 가르면서 금강 중상류와 낙동강유역에까지 진출하기 위해서는 중부내륙교통로인 추풍령로와 화령로를 활용하는 것이 무엇보다도 필요하였다.

고구려가 이 루트를 통해 남진을 하기 위해서는 6세기 중반 신라의 북진

---

31) 최종택, 「남한지역 고구려 토기의 편년연구」『선사와 고대』24, 2006, 35쪽.

을 위한 대고구려 공격루트[32)]의 역코스인 진천(대모산성)→ 증평(두타산성과 이성산성)→ 청원(북이면 부연리의 낭비성→ 노고성→ 구라산성→ 낭성산성)→ 보은(산성리의 함림산성→ 삼년산성)의 공격 루트를 이용하였던 것이다. 5세기 후반에 바로 이 루트에서 고구려의 남진에 대항하여 백제와 신라의 동맹세력이 치열한 전투를 벌인 사실이 이에 해당한다.

이런 면에서 고구려 영유기의 증평지역은 고구려의 남진을 위한 삼국 간의 치열한 교쟁지역으로 기능을 하게 되었고 도서현이 그 중추적인 역할을 담당한 것으로 볼 수 있다. 다만 이성산성에서 고구려와 관련된 유적이나 유물이 전혀 발견되지 않는 것으로 보아 도서현의 치소로 직접 연결시키는 어렵다. 5세기 후반 고구려가 백제를 일시 추격해 내려오면서 중부내륙지역에 포진하고 있던 신라 · 백제를 견제하기 위한 변경의 성으로 기능을 한 것으로 보인다.

이 시기에 고구려가 증평지역을 통해 남하한 사실은 다음의 사례에서 찾아 볼 수 있다. 하나는 고구려의 한성 함락 직후 청원과 대전지역에까지 고구려가 남하해 온 사실이 있고 또 하나는 5세기 말 위의 진천에서 보은지역에 이르는 고구려의 남하 루트에 대응하여 백제와 신라 동맹군이 치열한 전투를 벌이는 사실이 이에 해당한다.

고구려군은 웅진으로 천도한 백제군을 추격하여 한때 금강 중류일대에까지 진출한 사실이 청원 부강 남성골유적과 대전 월평동유적을 통해 알려지고 있다. 475년 고구려의 한강유역 확보 이후 여세를 몰아 남하를 시도하였다. 고구려는 문의지역에 세력 거점을 둔 신라와 강외면 일대에 세력을 포진한 백제에 대항하기 위해 청원 부강지역 남성골에 성곽을 쌓고[33)] 금강

32) 양기석, 「신라의 청주지역 진출」『문화사학』11 · 12 · 13합집, 1999, 366~375쪽.
33) 차용걸 외, 『청원 남성곡 고구려유적』, 충북대박물관 조사보고 제104책, 2004 및 『청원 I.C~부용간 도로공사구간내 청원 남성곡 고구려유적(2006년도 추가 발굴조사)』, 중원문화재연구원, 2008.

건너 위치한 백제의 왕도 웅진을 압박하는 형세를 취하면서, 일부는 다시 금강을 건너 대전의 월평동산성에까지 진출한 것³⁴)으로 추정된다. 이때 고구려는 남한강유역의 전략적 요충인 충주(국원성)에서 출발하여 증평을 거쳐 미호천을 따라 부강의 남성골유적과 대전의 월평동산성에까지 진출한 것으로 판단된다. 이 시기 이성산성을 포함한 증평지역은 미호천을 통한 금강 중류지역에 진출하는데 최전방 교두보로서의 역할을 수행한 것으로 판단된다.

이어 5세기 말에 이르면 고구려의 남하로 인해 증평지역과 그 주변지역이 다시 한번 삼국 간의 세력 각축장이 된 것으로 나타난다. 이에 관한 『삼국사기』 백제본기와 『일본서기』의 관련 기사를 정리하면 다음과 같다.

B-① 7월에 고구려가 군사를 일으켜 북쪽 변경에 침입하므로 신라는 백제와 함께 힘을 합하여 母山城 밑에서 적을 크게 격파하였다. [『삼국사기』 신라본기 소지마립간 6년, 484]

② 가을 7월에 고구려와 신라가 薩水 벌판에서 싸웠는데, 신라가 이기지 못하고 물러나 犬牙城을 지키자 고구려가 이를 포위하였다. 왕은 군사 3천 명을 보내 구원하여 포위를 풀어주었다. [앞의 책, 동성왕 16년, 494]

③ 가을 8월에 고구려가 雉壤城을 포위해 오자 왕은 사신을 신라에 보내 구원을 요청하였다. 신라 왕이 장군 德智에게 명령하여 군사를 이끌고 구원하게 하니 고구려 군사가 물러나 돌아갔다. [앞의 책, 동성왕 17년, 495]

④ 이 해 紀生磐宿禰가 任那를 점거하고 고구려와 교통하였으며, 서쪽에서 장차 삼한의 왕 노릇을 하려고 관부를 정비하고 스스로 神聖이라고 칭하였다. 임나의 左魯·那奇他甲背 등의 계책을 써서 백제의 適莫爾解를 爾林에서 죽였다[爾林은 고구려의 땅이다]. 帶山城을 쌓아 동쪽 길을 막고 지켰다. 군량을 운반하는 나루를 끊어 (백제)의 군대가 굶주려 고생하도록 하였다. 백제왕이 크게 노하여 領軍 古爾解·內頭 莫古解 등을 보내어 무리를 거느리

34) 국립공주박물관·충남대박물관, 『대전 월평동유적』, 1999 및 충청문화재연구원, 『대전 월평동산성』, 2003.

고 帶山城에 나아가 공격하게 하였다. 이에 紀生磐宿禰는 군대를 내보내 맞아쳤는데, 담력이 더욱 왕성하여 향하는 곳마다 모두 깨뜨렸다. 한 사람이 백사람을 감당할 정도였다. 그러나 얼마 후 군대의 힘이 다하니 일이 이루어지지 못할 것을 알고 任那로부터 (왜에) 돌아왔다. 이로 인해 백제국이 左魯·那奇他甲背 등 300여 명을 죽였다. [『일본서기』권15, 현종기 3년]

위 기사는 5세기 말 고구려와 제라동맹군이 충북지역에서 전투를 벌인 기사이다. 먼저 母山城은 신라의 북변으로 표기되어 있는데(B-①), 이곳에서 신라가 백제의 도움을 받아 고구려를 격퇴한 일이 있었다. 母山城은 충북 진천의 대모산성으로 비정되는데, 이곳에서 고구려의 항아리 1점이 출토된 바 있다.[35] 이 토기는 표면이 마연된 흑색토기로 한강유역에서 발견되는 고구려토기와 기형상 매우 유사한 것으로 알려졌다.

다음의 薩水原은 『삼국사기』 권34, 잡지 지리1에 의하면 신라 상주 삼년산군에 속한 薩買縣으로 지금의 청원 미원일대로 비정된다.[36] 犬牙城은 경북 문경 부근으로 보는 설[37]이 있으나, 당시 고구려와 제라동맹군이 충북 청원 미원-보은선에서 벌어진 점을 고려하면 보은 일대로 추정된다.[38] 雉壤城은 근초고왕 24년(369)조에 의거해 볼 때 황해도 白川 지역과 동일한 곳으로 볼 수도 있으나, 당시의 전황을 고려해 볼 때 괴산 일대로 추정된다. 이는 475년 이후 황해도 배천지역 주민들이 전란을 피해 괴산지역에 이주하면서 동일한 지명이 나타난 것으로 볼 수도 있다.[39]

---

35) 충북대 호서문화연구소, 『진천대모산성 지표조사보고서』, 1996.
36) 양기석, 「신라의 청주지역 진출」『신라 서원소경 연구』, 서경, 2001, 35쪽. 신라 때 살매현은 현재 충북 괴산군 청천면으로 비정되고 있으나, 그 주변에 고대 산성이 없을 뿐 아니라 신라군의 전초기지가 보은 삼년산성에 있다고 보았을 때 교통로상 적당치 않다.
37) 이병도, 앞의 책(1977), 400쪽.
38) 당시 신라와 고구려간의 전투가 보은 삼년산성을 모기지로 하여 보은 - 청원 - 진천선에서 벌어진 점을 고려하면 견아성은 보은 창리의 주성산성이나 산성리의 함림산성에 비정될 수 있다(양기석, 앞의 글(2001), 35쪽).
39) 노중국, 『역주 삼국사기』3-주석편(상), 한국정신문화연구원, 1997, 701쪽.

다음은『일본서기』권15, 현종기 3년에 나오는 爾林에 대한 지명 비정문제이다. 위 기사는 紀生磐宿禰가 任那에 웅거하여 고구려와 교통하고 삼한의 왕이 되기 위해 爾林에 있는 백제의 適莫爾解를 죽이고 반란을 일으켰는데 백제가 이를 토벌하기 위해 領軍 古爾解 등이 紀生磐宿禰의 반란을 진압하고 이 사건에 연루되었던 左魯·那奇他甲背 등 300여 명을 살해하였다는내용이다. 이 기사는 사건의 발생 시점과 실체에 대하여 많은 논란이 제기되어 왔다.[40] 이 사건에 가담한 것으로 나오는 那奇他甲背가『일본서기』흠명기 5년 2월조 분주에 인용된『百濟本記』의 那干陀甲背와 동일 인물이며성왕대에 활동한 河內直의 선조로 나오는 점으로 보아 487년 전후로 한 동성왕대(479~501)로 보인다.

종래 爾林의 위치 비정에 대해서는 많은 논란이 있지만, 전라북도 일대설[41]과 충남 예산 대흥설[42] 등이 제기되었으나, 최근에는 충북 음성 또는

---

40) 이 사건에 대한 최근의 주요 연구 업적으로는 김현구,『임나일본부연구』, 일조각, 1993 ; 李鎔賢,「五世紀におけるの加耶の高句麗接近と挫折 -顯宗三年紀是歲條の檢討-」『東アジアの古代文化』90, 1997冬 ; 연민수,『고대한일관계사』, 혜안, 1998 ; 김태식,「5~6세기 고구려와 가야의 관계」『북방사논총』11, 2006 등이 있다. 이 사건의 발생 시기에 대해서는『일본서기』기사의 기년대로 487년으로 보는 설 이외에 529~530년으로 수정하여 보는 설(山尾幸久,『日本古代王權形成史論』, 岩波書店, 1983, 223~224쪽)이 있다. 사건의 성격에 대해서는 ① 紀生磐宿禰의 왜에 대한 반역·백제 침입사건(今西龍,『百濟史研究』, 近澤書店, 1931, 135~137쪽), ② 대산성 쟁탈사건(末松保和,『任那興亡史』, 吉川弘文館, 1955, 106쪽), ③ 가야의 백제군 축출사건(大山誠一,「所謂"任那日本府"の成立について(中)」『古代文化』32-11, 1980, 31~33쪽 ; 연민수, 앞의 책(1998), 172쪽), ④ 백제장군의 반란설(千寬宇,「韓國史の潮流」『古代日本と朝鮮の基本問題』, 學生社, 1974, 119쪽)이 있다. 사건의 성격에 따라 발생 시점이 다르겠지만, 백제가 대가야와 함께 공조 관계를 통해 고구려와 대립하던 시기의 것으로 파악한다면 487년이라는 절대 연도보다도 동성왕대(479~501)에 백제와 고구려와의 접경 지대에서 발생한 사건으로 이해하고 싶다.

41) 전라북도 일대설에는 ① 김제설(末松保和,『任那興亡史研究』, 吉川弘文館, 1956, 76~77쪽), ② 임실설(鮎貝房之進,「日本書紀朝鮮地名考」『雜攷』7 下卷, 1937, 25~27쪽 ; 연민수,「6세기 전반 가야제국을 둘러싼 백제·신라의 동향 -소위 '임나일본부설' 의 구명을 위한 서설-」『신라문화』7, 1990, 106~112쪽 등), ③ 진안설(곽장근,『호남 동부지역 석곽묘 연구』, 서경문화사, 1999, 266~273쪽) 등이 있다.

42) 山尾幸久, 앞의 책(1983), 223~224쪽 및 김태식,『가야연맹사』, 일조각, 1993, 245~246쪽.

괴산설[43])이 주목을 받고 있다. 그런데 爾林이 당시 고구려 영토로서 백제군이 한때 주둔하고 있었던 점, 이림과 가까운 곳에 임나[가야]가 축성한 帶山城이 백제가 동쪽으로 통하는 길목[東道]과 나루를 이용하여 건너야 하는 위치에 있는 점,[44]) 그리고 그 너머 백제군이 주둔하고 있었던 점 등을 감안해 보면 이 사건의 무대는 480년대 후반 당시 고구려와 백제 간에 대치하고 있었던 접경지역에서 찾는 것이 보다 합리적일 것이다.

이후 고구려와 제라동맹군 간의 교전지점을 고려해 볼 때 위의 조건에 부합된 곳은 충북지역을 꼽을 수 있다. 음성이나 괴산설은 웅진도읍기의 왕도를 기준으로 볼 때 모두 동북방에 치우쳐 있고, 또한 그 옛 지명에 해당하는 仍忽, 仍斤內郡, 道薩城 등이 과연 음운학적으로 이림과 대산성에 통하는지에 대해서는 여전히 의문점이 있다. 오히려 당시의 교쟁 지역과 지리적인 조건을 고려해 볼 때 청주 · 청원 일대가 보다 설득력이 있는 것으로 판단된다.[45]) 청주 · 청원 일대는 금강 지류인 미호천이 관통해 흐르고 있으며, 또한 고구려유적과 백제, 신라 및 가야유적과 유물이 함께 발견되는 곳이다.

이처럼 5세기 말 고구려와 제라 동맹국간의 전투지점은 충북 진천[母山城]-청원 미원[薩水原]-보은 내북면[犬牙城] 선에서 일진일퇴의 공방전을 벌렸던 점을 감안해 보면 당시 증평지역은 고구려의 금강중류지역 진출의 전략적인 전초기지로서 삼국 간의 치열한 교쟁지역이었음을 보여준다.

---

43) 이용현, 앞의 글(1997), 81~83쪽 및 김태식, 앞의 글(2006), 136~140쪽.
44) 東道는 지리적으로 볼 때 신라의 북진로 중 백제의 동쪽인 화령과 추풍로가 만나는 보은 - 문의의 대백제루트와 보은 - 청원 낭성 - 증평 이성산성 - 진천 대모산성으로 이어지는 대고구려루트로 볼 수 있고(양기석, 앞의 글(1999), 366~370쪽), 津은 금강과 미호천을 연결하는 백제의 군량보급로일 가능성이 있다.
45) 양기석, 「5세기 후반 한반도 정세와 대가야」『5~6세기 동아시아의 국제정세와 대가야』, 고령군 대가야박물관 · 계명대 한국학연구원, 2007, 55~56쪽.

4. 신라의 증평지역 지배

신라가 증평지역에 진출한 것은 550년 전후의 일이었다. 신라의 증평지역 진출은 5세기 중반부터 고구려의 내정간섭에서 벗어나 자립화를 위한 북진의 일환으로 추진되었다. 5세기 후반에는 신라는 죽령로와 계립령로, 그리고 화령과 추풍령로의 세 방면으로 북진을 적극 추진하면서 고구려를 소백산맥 이북으로 구축해 나갔다. 신라의 북진루트 중에서 죽령로와 계립령로는 고구려와 소백산맥을 경계로 하여 551년까지 한동안 대치 상태를 유지했던 반면 화령과 추풍령로를 통한 북진은 계속 추진되어 금강 상류지역을 확보할 수 있게 되었다.

470년 삼년산성은 이러한 역사적 배경에서 축조된 신라의 북진 상징물이라 할 수 있다. 신라는 삼년산성 축조를 계기로 하여 상주와 소백산맥을 넘어 영동, 옥천, 보은 등 금강 상류지역의 전략적 거점에 성곽을 축조함으로써 고구려의 남침에 대비하는 한편 산성 중심의 지배거점을 확보하고 강고하게 잔존해 오던 재지 세력들을 편제하여 군사적 성격을 가진 지방 행정조직으로 개편해 나간 것이다.

이처럼 신라가 470년 보은에 삼년산성을 축조하여 추풍령로를 통한 북진의 전진기지를 확보한 이후 보은에서 청주간을 연결하는 통로 주변의 신라유적을 통해 볼 때 신라의 북진로는 크게 두 루트로 나눌 수 있다.[46] 하나는 對百濟 방면의 루트로서, 5세기 후반 보은(삼년산성)→ 수리티[蘆嶺]→ 회인(매곡산성과 호점산성)→ 먹티[墨嶺]→ 청원 문의(양성산성과 미천리고분군) 지역에 진출하여 금강 상류의 서안지역을 확보한 것이다.

또 하나는 對高句麗 방면의 루트로서, 보은 지역인 삼년산성→ 보은읍 산성리의 함림산성→ 내북면 창리의 주성산성→ 청원 낭성면 성대리의 낭성산성→ 청원 북일면 초정리의 구라산성(구녀산성)에 진출하여 청원 북이

---

46) 양기석, 앞의 글(1999), 370~375쪽.

면 부연리의 낭비성과 증평 이성산성과 두타산성 등에 있는 고구려와 대치한 것으로 추정된다.

이와 같이 5세기 후반에 추풍령로 방면에서 신라의 북쪽 경계인 모산성(진천) - 살수원(청원 미원 일대) - 견아성(보은)의 선에서 신라와 고구려 간의 일진일퇴의 공방전이 벌어진 점을 고려하면 진천에서 보은 사이의 충북지방은 아직 신라가 이 지역을 확고히 영유하지 못한 채 정세 여하에 따라 일진일퇴하는 형국을 보인 것으로 볼 수 있다. 이러한 상황 속에서 고구려가 영유한 증평지역은 늦어도 6세기 전반경까지는 삼국이 대치하는 첨예한 교쟁지역으로 남아 있었던 것으로 보인다.

신라는 6세기 초 권력기반 강화와 대내적 체제 정비로 인하여 추풍령로를 통한 북진이 한동안 중단되었으나, 525년 상주에 지방관인 사벌주군주가 파견됨으로써 지배 영역을 공고히 하고 나아가 북진을 다시 가속화하는 계기가 되었다. 6세기 중반 진흥왕대에 이르러서는 백제와의 동맹관계를 강화하여 5세기 후반과 같은 고구려의 침입에 공동 대응하는 체제를 복원하였으나, 점차 실리를 취하는 방식으로 대외관계를 적절히 구사해 나갔던 것이다. 다음의 550년 신라의 도살성과 금현성을 공취사건은 신라의 새로운 외교양태를 보여주는 것으로 신라의 증평지역 진출을 의미한다.

> C 정월에 백제가 고구려의 道薩城을 공취하자 3월에 고구려는 백제의 金峴城을 함락시켰다. 왕은 양국이 싸움에 지친 기회를 타서 이찬 異斯夫에게 군사를 주어 이를 공격케 하니 그는 군사를 거느리고 나가서 이 두 성을 공취한 다음 성을 증축하고 천여 명의 군사를 머무르게 하여 이를 지키게 하였다. [『三國史記』권4 신라본기4 진흥왕 11년]

위 기사는 백제가 먼저 고구려의 道薩城을 공취하자 이에 맞서 고구려는 백제의 金峴城을 함락시켰는데 이처럼 백제와 고구려 두 나라가 일진일퇴 공방전을 벌려 지친 틈을 타 신라 진흥왕이 異斯夫를 시켜 이 두 성을 공취한 것으로 되어 있다. 여기서 고구려의 도살성과 백제의 금현성의 위치에 대해서는 여러 견해가 제시되어 있지만 고구려의 도살성을 증평의 이성산성에,[47] 그리고 백제의 금현성을 충남 연기군 전의면과 전동면의 경계에 있는 金城山城으로[48] 비정할 수 있다. 신라는 고구려와 백제가 서로 공방전을 벌이고 있을 때 이 두 성을 모조리 차지한 것으로 되어 있다.

결국 550년경 신라는 이미 도살성과 금현성에 진출하면서 고구려가 장악하고 있었던 국원지역을 측면 배후에서 압박하는 형세를 유지하고 있었음을 알 수 있다. 이 기사는 제라동맹군이 총공세를 전개하여 북진을 단행한 551년 이전에 신라가 550년 도살성과 금현성의 공취를 계기로 하여 북진을 본격적으로 추진하고 있었음을 보여준다.

이어 551년 신라와 백제는 여세를 몰아 북진을 단행하여 고구려로부터 한강유역의 16군의 땅을 공취하였다. 당시 고구려는 대내적으로 왕위계승을 둘러싸고 권력투쟁이 벌어졌고, 대외적으로 서북변에서 돌궐의 군사적 압력이 고조되어[49] 이들 제라동맹군을 적절하게 대응하지 못하였던 것이다. 이때 백제는 한강하류의 6군의 땅을, 신라는 10군의 땅을 각각 공취하였다. 『삼국사기』 진흥왕 12년(551)과 居柒夫傳에 의하면 제라동맹군이 북진을 할 때 거칠부를 비롯한 8명의 장군이 거느리는 신라군이 '竹嶺 이북 高峴 이남'의 10군을 고구려로부터 공취한 것으로 되어 있다.

551년 정월 신라 진흥왕은 '開國'이란 연호를 사용하면서 새로운 전기를 가지려 하였다. 이는 그동안 왕태후의 섭정에서 벗어나 친정을 시작한다는 의미를 가진 것이다.[50] 이는 또한 대내적으로 異斯夫·居柒夫 등 비지중

---

47) 도살성의 위치에 대하여 주) 4를 참조.
48) 金峴城의 위치에 대해 ① 충남 연기군 전의의 金城山, 金伊山城說(이병도, 앞의 책, 57쪽), ② 고구려 때 今勿奴郡으로 보는 鎭川說(민덕식, 앞의 글, 47쪽) 등이 있으나, 진천은 6세기 중반 당시 고구려의 영역이었기 때문에 백제의 영역으로 보는 견해는 적당치 않다. 연기군 전동면의 金城山城은 전의에서 공주로 통하는 길목에 위치한 금성산(424m)에 있는 석축산성으로 백제계 토기편과 기와편이 수습되고 있는데, 증평에서 청원 옥산을 거쳐 금강의 한 지류인 조천변을 따라 연결되는 통로가 있다. 그 인근 청원 부강 남성골에는 고구려유적이 위치하고 있어서 고구려와 백제가 대치하는 위치에 놓여 있었다.
49) 노태돈, 「고구려의 한수유역의 상실의 원인에 대하여」 『한국사연구』 13, 1976, 36~38쪽.

왕계 세력과의 정치적 연합을 통해 왕권의 안정을 얻게 되었고,[51] 대외적으로 고구려의 전략적 요충인 국원의 확보를 통해 장차 삼국제패의 관건이 되는 한강하류 유역을 엿볼 수 있게 되었다는 의미도 함축된 것이다. 이러한 배경 속에서 증평지역은 신라의 영역으로 편입되었다.

이후 증평지역은 신라의 한강유역 확보와 신주 설치 등으로 그 영역이 한강유역으로 북상하게 되자 5세기대와 같은 중부 내륙지역의 군사적 요충으로서의 역할이 다소 약화된 것으로 보인다. 그러한 가운데 7세기 통일전쟁기에 들어서면서 신라와 백제 간의 한강유역 확보를 위한 치열한 전쟁이 벌어지는데 그 길목에 위치한 괴산 椵岑城[52]과 증평 도살성 등에서 전투가 벌어진 사실이 다음의 『삼국사기』 기사에 실려져 있다.

> D-① 10월 백제군이 쳐들어 와서 가잠성을 100일 동안 포위함으로써 현령 讚德
> 이 굳게 지키다가 힘이 다하여 죽으니 성도 따라서 함락되었다. [진평왕 33
> 년, 611]
> ② 북한산주의 군주 邊品이 가잠성을 수복하려고 군대를 내어 싸울 때 奚論이
> 종군하여 적진에 들어가 힘껏 싸우다가 죽으니, 해론은 곧 찬독의 아들이었
> 다. [진평왕 40년, 618]
> ③ 2월 군사를 보내어 신라의 가잠성을 쳤으나 이기지 못하고 돌아왔다. [무왕
> 29년, 628]
> ④ 비녕자는 고향과 족성을 알 수 없다. 진덕왕 원년(647)에 백제가 많은 병력

---

50) 이병도, 「진흥대왕의 위업」 『한국고대사연구』, 박영사, 1976, 669쪽.
51) 노용필, 「신라 진흥왕대 大等의 분화와 그 정치적 배경」 『역사학보』 127, 1990, 31~32쪽.
52) 가잠성은 『삼국사기』 신라본기 진평왕 33년 10월, 50년 2월 및 권47 열전 奚論傳과 金令
胤傳에 나온다. 해론전에는 가잠성주 讚德이 느티나무[槐樹]를 받고 죽었다고 하여 무열
왕이 그곳을 槐山으로 고쳤다는 전설이 전하고 있어(한국정신문화연구원, 「괴산군」 『한
국민족문화대백과사전』, 1991) 괴산으로 보는 견해가 있다(井上秀雄 역주, 『삼국사기』,
1980, 118쪽). 이와는 달리 괴산군의 옛 지명인 仍斤內와 가잠이 음운상 통하지 않아 이를
부정하고 신라 한주 介山郡의 옛 지명인 皆次山郡과 같은 현재의 경기도 安城郡 竹山面
에 비정하는 견해도 있다(金泰植, 「百濟의 加耶地域 關係史: 交涉과 征服」 『百濟의 中央
과 地方』, 1997, 77쪽). 여기서는 괴산설을 취하기로 한다.

을 이끌고 무산, 감물, 동잠 등의 성을 공격해 오니 유신이 보기병 1만을 거느리고 막았는데, … (비령자는) 적진에 돌격해 들어가 싸우다가 죽었다. [열전7, 비령자]

⑤ 가을 8월에 왕은 左將 殷相을 보내 정예 군사 7천 명을 거느리고 신라의 石吐城 등 7개의 성을 공격하여 빼앗았다. 신라 장군 庾信・陳春・天存・竹旨 등이 이를 맞아 치자, (은상은) 이롭지 못하므로 흩어진 군사들을 수습하여 道薩城 아래에 진을 치고 다시 싸웠으나 우리 군사가 패배하였다. [의자왕 9년, 649]

위 기사는 7세기 전반 통일전쟁기에 신라와 백제 간에 전투가 벌어진 사실을 정리한 것이다. 여기에 나오는 신라와 백제 양군 간의 전투 지점 중 충북지역과 관련된 지명은 가잠성, 도살성, 석토성 등이 있다. 가잠성은 괴산에, 도살성은 증평에, 석토성은 진천 문안산성에[53] 각각 비정된다. 이 시기에 증평지역은 5세기와 같은 중부 내륙의 요충지는 아니었지만 한강유역으로 가는 중간 거점지역의 군사적 요충지로서 역할을 한 것으로 볼 수 있다.

이처럼 이성산성을 포함한 증평지역이 6세기 중반부터 고구려에 이어 신라에 의해가 영유되었지만 5세기대와 같은 전략적 요충으로서의 위상은 다소 약화되었다. 삼국 통일 후에는 신라의 都西縣이 되어 黑壤郡 관할 하의 군현으로 편성되었다.

5. 맺음말

이상과 같이 증평 이성산성의 축조 시기와 배경, 그리고 5세기에서 7세기에 걸쳐 삼국이 증평을 장악하게 된 역사적 추이를 통해 증평 이성산성의 역사성을 살펴보았다. 이를 요약하면 다음과 같다.

---

53) 민덕식, 앞의 글(1983), 52쪽.

삼국 중 증평지역에 먼저 진출한 나라는 백제였다. 백제가 증평지역에 진출한 시기는 낭자곡성을 개척하였다는 다루왕대의 기사와 백제의 단계별 영역화 과정을 재구성해 볼 때 3세기 중반에서 벽골제가 축조되는 4세기 전반 어느 시기로 상정해 볼 수 있다.

이성산성의 축조 시기는 최근 발굴조사과정에서 나오는 남성과 북성 성벽의 축조방법과 성내에서 출토된 토기류 등을 검토해 볼 때 백제가 노령산맥 이북지역에까지 진출하는 4세기대 중후반에 축조되어 5세기 전반까지 한동안 기능을 유지했던 것으로 이해된다. 이성산성은 4세기 전후로 철기가 보급 확산되고 한성백제가 한강중하류유역과 중부 내륙교통로를 통해 영역을 확장하면서 그 거점지역에 있는 재지세력을 제압하여 축성을 한데서 그 축조 배경을 찾을 수 있다. 또한 3세기경 소백산맥 영로를 통한 백제와 신라 간의 일련의 전투에 대비하여 증평지역에서 성장해 온 재지세력이 한성백제의 일정한 관련 속에서 축조한 것으로 보았다.

그 이후 475년 고구려가 백제 한성을 함락시켜 한강유역을 확보하면서 증평지역은 고구려의 영유 하에 놓이게 되었고 도서현이 고구려의 증평 지배를 실현하는 치소로 기능하게 되었다. 이 시기에 고구려와 제라 동맹군은 충북 진천(母山城) - 청원 미원(薩水原) - 보은 내북면(犬牙城) 선에서 일진일퇴의 공방전을 벌렸던 점을 고려해 보면 당시 증평지역은 고구려의 금강중류지역 진출의 전략적인 전초기지로서 삼국 간의 치열한 교쟁지역인 것으로 보았다.

이어 신라가 증평지역에 진출한 것은 550년 전후의 일이었다. 신라의 증평지역 진출은 550년 백제와 고구려로부터 도살성과 금현성을 차지하면서부터이다. 이를 계기로 하여 신라는 고구려가 장악하고 있었던 증평지역과 미호천변의 금현성을 함께 장악함으로써 한강유역 확보를 위한 북진을 본격적으로 실현할 수 있게 되었다. 7세기 통일전쟁기에 들어서면서 증평지역은 5세기대와 같은 중부 내륙의 요충지는 아니었지만 한강유역으로 가는 중간 거점지역의 군사적 요충지로서 중요한 역할을 한 것으로 보았다.

『중원문화연구』18 · 19, 충북대학교 중원문화연구소, 2012

國原小京과 于勒

1.머리말

　가야 출신 于勒은 신라에 이주하여 가야금과 가야음악을 신라에 전해 우리나라 민족음악의 기틀을 정립하는데 하나의 계기를 마련한 인물로서, 고구려의 王山岳이나 신라의 玉寶高와 함께 樂聖으로 불리던 인물이다. 이처럼 우륵이 우리나라 전통음악사상 차지하는 큰 위치 때문에 『삼국사기』 등에 아주 단편적으로 전해오는 자료상의 한계에도 불구하고 여러 측면에서 연구가 활발하게 이루어지고 있다.

　지금까지 우륵에 관한 연구 성과는 주로 인물 중심의 전기류이거나,[1] 또는 음악사의 측면에서 가야금의 유래와 전승,[2] 우륵 12곡과 관련한 지명 연

---

1) 우륵에 관한 대표적인 인물연구는 다음과 같다. 김동욱, 「우륵」『한국인물사』1 고대, 새한서적공사, 1965 및 「우륵 · 가야금 1천 5백년의 내력」『한국인물탐사』, 오늘, 1996 ; 李惠求, 「가야금으로 더듬은 仙境」『한국의 인간상』5, 신구문화사, 1965 ; 張師勛, 「우륵」『민족문화를 빛낸 선현』, 문화공보부, 1984 ; 김현길, 「우륵에 대한 연구」『예성문화』7, 1985, 76~85쪽 ; 신형식, 「충주와 우륵」『예성문화』15, 1994, 81~90쪽.

구,[3] 예악사상과 관련한 연구,[4] 그리고 그가 고대 음악사상 차지하는 위치나 대가야 문화의 특성 등을 고찰하는 연구가 음악사나 가야사의 관점에서 개괄적으로 이루어져 왔다.

그 가운데 우륵의 12곡을 가야제국의 정치적 측면에서 접근하여 그 역사적 의미를 추구한 연구가 우륵에 관한 연구의 질과 폭을 넓혀 왔다.[5] 즉 우륵 12곡은 대가야가 후기 가야연맹의 맹주로서 영향력을 행사하던 시기에 만들어진 가야소국을 상징하는 음악으로서 이는 곧 대가야의 정치적 권역을 나타내는 것으로 해석하였다. 이 연구는 치밀한 사료분석과 악곡을 통한 가야연맹에 대한 나름대로의 정치사적인 체계 위에 시도된 새로운 연구방법으로서 이 방면 연구를 한 단계 진척시킨 것으로 평가된다.

그밖에 최근 우륵과 가야금을 통해 가야사회가 지닌 문화적 기반과 삼국음악의 변천과정을 검토하여 문화사적인 측면에서 대가야문화의 성격과 특징을 추출해 내려는 연구가 있다.[6]

이처럼 우륵에 대한 연구는 관련 자료의 절대 부족에도 불구하고 출신지

---

2) 이에 관한 대표적 연구는 다음과 같다. 송방송, 『한국음악통사』, 일조각, 1984 ; 『한국고대음악사연구』, 일지사, 1985 ; 장사훈, 『한국음악사』, 정음사, 1976 ; 『증보 한국음악사』, 세광음악출판사, 1994 ; 「신라시대 불교유적에 나타난 악기」 『신라문화학술발표회 논문집』 11, 1990 ; 문성렵, 「가야금의 전신악기와 우륵의 음악활동」 『력사과학』 133, 1990 ; 김영운, 「가야금의 연원에 관한 시론」 『국악원논문집』, 국립국악원, 1997.

3) 鮎貝房之進, 「日本書紀朝鮮地名攷」 『雜攷』 下, 1937, 111쪽 ; 末松保和, 『任那興亡史』, 吉川弘文館, 1949 ; 양주동, 『增訂 古歌研究』, 일조각, 1965, 565쪽 ; 이병도, 『국역 삼국사기』, 을유문화사, 1977, 505쪽 ; 김동욱, 「〈우륵12곡〉에 대하여」 『신라가야문화』 1, 1965.

4) 李惠求, 「중국예악사상이 한국음악에 미친 영향」 『동서문화』 2, 1968 ; 李敏弘, 「민족무악과 예악사상 -고대 무악을 중심으로-」 『동양학』 2, 단국대 동양학연구소, 1993 ; 주운화, 「樂을 통해서 본 신라인의 복속·통합 관념」 『한국고대사연구』 38, 2005.

5) 田中俊明, 『大加耶連盟の興亡と「任那」』, 吉川弘文館, 1992 ; 백승충, 「우륵 12곡의 해석문제」 『한국고대사논총』 3, 한국고대사회연구소, 1992 및 「가라국과 우륵 12곡」 『釜大史學』 19, 1995 ; 이정숙, 「진흥왕대 우륵 망명의 사회 정치적 의미」 『이화사학연구』 30, 2003 ; 주보돈, 「우륵의 삶과 가야금」 『제4회 대가야사 학술회의 발표요지』, 고령군·계명대학교 한국학연구원, 2005.12.2.

6) 권주현, 「우륵을 통해 본 대가야의 문화」 『한국고대사연구』 18, 2000, 61~96쪽.

문제나 가야금 제작 의도, 12곡의 해석 문제, 대가야의 정치와 사회 등에 대한 여러 측면에서의 연구 성과를 축적해 오고 있다. 최근에는 기존 연구상에 나타난 여러 문제점들을 면밀히 검토하여 여러 성과를 종합화하는 방향에서 우륵에 대한 연구가 진척되어 연구의 질과 폭을 넓히려는 시도가 행해지고 있다.[7]

오늘날 충주 彈琴臺는 바로 신라시대의 樂聖 于勒이 가야금을 彈奏하던 곳으로 전해오고 있다. 따라서 이 글은 대가야 출신 악사인 우륵이 신라에 망명한 후 오늘날의 충주지역인 國原에 안치되어 신라 국원소경 건설과 관련한 사실과 역사적 배경 및 활동 내용을 밝히는데 있다.

이를 위해 먼저 신라의 국원 진출과 관련하여 우륵이 언제 국원지역에 이주해 왔으며, 또 신라가 우륵을 포함한 가야계 유민들을 이곳에 안치한 의도와, 아울러 신라 진흥왕이 가야음악에 주목한 배경 등에 관해 살펴볼 것이다. 이어 신라 진흥왕이 557년 국원소경을 설치한 이후 우륵은 어떠한 역할을 하였는가에 대하여 살펴볼 것이다. 끝으로 현재 충주지역과 제천을 비롯한 남한강유역에는 우륵과 관련한 지명과 유적이 전해오고 있다. 그 실상을 소개하여 우륵 연구의 일면을 보충하려 한다.

2. 新羅의 國原 진출과 于勒의 이주

신라가 국원지역에 진출한 시기는 대체적으로 551년 진흥왕대의 북진과 관련시켜 이해되고 있다. 『삼국사기』 신라본기의 관련 기사를 소개하면 다음과 같다.

7) 고령군·계명대학교 한국학연구원, 「악성 우륵의 생애와 대가야의 문화」 『제4회 대가야사 학술회의 발표요지』, 2005.12.2.

A-① 왕이 거칠부 등에게 명하여 고구려에 침입케 하였는데, 이긴 기세를 타고 10개 군을 빼앗았다. [『삼국사기』 권4 신라본기4 진흥왕 12년]

② 12년 辛未에 왕이 居柒夫와 대각찬 仇珍, 각찬 比台, 잡찬 耽知, 잡찬 非西, 파진찬 奴夫, 파진찬 西力夫, 대아찬 比次夫, 아찬 未珍夫 등 8장군에게 명하여 백제와 함께 고구려를 침공하였다. 백제인이 평양을 격파하자 居柒夫 등은 이긴 틈을 타서 竹嶺 바깥 高峴 이내의 10郡의 땅을 공취하였다. [『삼국사기』 권44 열전 제4 居柒夫]

위 사료 A-①, ②를 보면 신라가 북진을 단행하여 고구려군을 구축하고 남한강유역을 확보한 시기는 진흥왕 12년(551)이었음을 알 수 있다. 사료 A-②에 의하면 551년 신라 진흥왕이 居柒夫를 비롯한 여덟 장군을 보내 죽 령 이북에서 高峴 이남에 걸친 고구려의 10개 군을 공취하게 한 것으로 되어 있다. 이때 신라가 고구려로부터 공취한 10군의 땅은 남한강 일원으로 생각되는데[8] 지금의 충주지역인 국원지역도 포함된 것으로 이해된다. 551년 당시 신라군의 주된 북진로는 화령로와 추풍령로, 죽령로, 그리고 동해 안로[北海之路]를 통해 이루어진 것으로 볼 수 있다. 〈단양신라적성비〉의 존재로 미루어 볼 때 죽령로가 신라 북진의 주요 루트였음이 밝혀졌다. 따라서 551년 당시 신라군은 주공 방향을 죽령방면으로 두고 화령로와 추풍 령로, 동해안로 방면을 좌우 보조 공격로로 정해 북진을 단행한 것으로 보인다.

그러면 신라가 국원지역에 진출한 시기는 언제였는지 알아보자. 이와 관련하여 사료 A-②의 앞선 기사에 나오는 우륵 관련 기사가 주목되는데 이를 소개하면 다음과 같다.

8) 신라가 공취한 고구려의 10군을 국원성·철원군·夫如郡(금화)·奈吐郡(제천)·斤平郡 (가평)·狌川郡(화천)·大楊管郡(회양), 또는 各連城郡(회양)·母城郡(금화)·冬斯忽郡 (금화)·平原郡(원주)으로 비정하는 견해가 참고 된다(이도학, 「신라의 북진경략에 관한 신고찰」『경주사학』6, 1987, 35쪽).

B-① 12년 봄 정월에 연호를 開國으로 바꾸었다. 3월에 왕[眞興]이 순행하다가 娘城에 이르러, 于勒과 그의 제자 尼文이 음악을 잘 한다는 말을 듣고 그들을 특별히 불렀다. 왕이 河臨宮에 머무르며 음악을 연주케 하니, 두 사람이 각각 새로운 노래를 지어 연주하였다. 이보다 앞서 가야국 嘉悉王이 12줄 弦琴을 만들었는데, 그것은 12달의 음률을 본뜬 것이다. 이에 우륵에게 명하여 곡을 만들게 하였는데, 나라가 어지러워지자 (우륵)은 악기를 가지고 우리에게 귀하하였다. 그 악기 이름이 加耶琴이다. [『삼국사기』 권4 신라본기 4 진흥왕 12년]

② 왕[진흥]이 階古·法(樂志에는 注)知·萬德 세 사람에게 명하여 우륵에게 음악을 배우도록 하였다. 우륵은 그들의 재능을 헤아려 계고에게는 가야금을, 법지에게는 노래를, 만덕에게는 춤을 가르쳤다. 학업이 끝나자 왕이 그들에게 연주하게 하고, 말하기를 "예전 娘城에서 들었던 음과 다름이 없다." 하고는 상을 후하게 주었다. [『삼국사기』 제4 신라본기4 진흥왕 13년]

③ 『新羅古記』에서는 다음과 같이 기록하였다. "가야국의 嘉實王이 당나라의 악기를 보고 만들었다. 왕은 "여러 나라의 방언이 각기 다르니 음악이 어찌 한결 같을 수가 있으랴?" 하고는 樂師 省熱縣 사람 우륵에게 명하여 12곡을 짓게 하였다. 후에 우륵은 그 나라가 장차 어지러워질 것이라고 생각하여 악기를 지니고 신라 진흥왕에게 투항하였다. 왕은 그를 받아들여 國原에 안치하고, 大奈麻 注知·階古와 大舍 萬德을 보내 그 업을 전수받게 하였다. 세 사람이 이미 12곡을 전수받고 서로 말하기를, "이것은 번잡하고 음란하니, 우아하고 바른 것이라고 할 수 없다." 하고는 드디어 축약하여 다섯 곡으로 만들었다. 우륵이 처음에 (그 말을) 듣고 怒하였으나, 그 다섯 가지의 음곡을 듣고 나서는 눈물을 흘리고 탄식하면서 말하였다. "즐거우면서도 무절제하지 않고 슬프면서도 비통하지 않으니 바르다고 할 만하구나. 너희는 그것을 왕의 앞에서 연주하라." 왕이 이를 듣고 크게 기뻐하였는데, 간언하는 신하가 의논하여 아뢰기를, "가야에서 나라를 망친 음악이니, (이는) 취할 것이 못 됩니다." 왕이 말하기를, "가야왕이 음란하여 스스로 멸망한 것이지 음악이야 무슨 죄가 있겠는가? 대개 성인이 음악을 제정한 것은 인정에 연유하여 법도를 따르도록 한 것이니, 나라의 다스려짐과 어지러움은 음악곡조로 말미암은 것이 아니다." 드디어 그를 행하게 하여 大樂으로 삼았다. 가야금에는 두 調가 있으니, 첫째는 河臨調, 둘째는 嫩竹調로서, 모두 185곡이었다. 우륵이 지은 12곡은 첫째는 下加羅都, 둘째는 上加羅都, 셋째

는 寶伎, 넷째는 達已, 다섯째는 思勿, 여섯째는 勿慧, 일곱째는 下奇物, 여
덟째는 師子伎, 아홉째는 居烈, 열째는 沙八兮, 열한째는 爾赦(赦자는 알 수
없음), 열두째는 上奇物이었다. 尼文이 지은 세 곡은, 첫째는 烏, 둘째는 鼠,
셋째는 鶉이었다. [『삼국사기』 권32, 雜志 1, 樂]

우륵에 관한 사료는 위 『삼국사기』의 기록이 전부일 정도로 소략하고 단
편적이다. 신라본기 진흥왕 12·13년조 기사(B-①, ②)와 樂志의 『新羅古
記』를 인용한 부분의 기사(B-③)를 대조해 볼 때 내용상의 詳略한 부분을 제
외하고는 줄거리가 거의 일치하고 있음을 알 수 있다.

그 내용을 시간 경과에 의거하여 재구성해 보면[9] ① 가야의 가실왕이 가
야금을 만들게 하고 우륵이 12곡을 만들었음→ ② 우륵이 국난으로 인해 신
라에 망명함→ ③ 신라 진흥왕이 우륵을 국원에 안치함→ ④ 진흥왕이 娘城
순수 때 우륵을 불러 河臨宮에서 음악을 연주케 함→ ⑤ 진흥왕이 우륵에게
제자 3인에게 음악을 전수케 하였음→ ⑥ 제자 3인이 12곡을 5곡으로 줄임
→ ⑦ 제자 3인이 진흥왕 앞에서 연주케 한 이후 이를 신라의 大樂으로 삼았
던 것으로 되어 있다.

『삼국사기』 신라본기의 기사는 樂志의 기록에 비해 소략한 면을 보이고
있는 것으로 보아 아마 악지에 인용된 『新羅古記』 기사를 저본으로 하여 편
년체로 고쳐 작성된 것 같다. 우륵에 관한 전승은 국원지역을 중심으로 전
승해 내려오다가 신라 聖德王 때 金大問이 저술한 『樂本』에 채록한 것을
『삼국사기』 편자들이 이 내용을 악지에 게재한 것[10]으로 판단된다.

그러면 우륵이 신라에 망명한 이후 국원에 이주한 시기는 언제일까? 우
륵의 국원 이주는 신라의 국원지역 진출을 시사해 주는 주요 단서가 된다.
위 기사에 의하면 진흥왕 12년(551)에 우륵은 국원에 거주하고 있었던 것이

---

9) 두 기사에 대한 비교 분석에 대해서는 田中俊明, 「신라 중원소경의 성립」 『중원문화국제
학술회의 결과보고서』, 충북대 중원문화연구소, 1996, 81~83쪽을 참조할 것.
10) 이기백, 「김대문과 그의 사학」 『역사학보』 77, 1978, 7~8쪽.

분명하다. 이 시점은 신라로서는 한반도 정세에 한 전기를 마련해 주는 일련의 사건들이 일어난 때이기도 하다. 즉 이해 정월에는 진흥왕이 왕태후의 섭정에서 벗어나 친정을 시작하였고 그런 의미에서 '진흥왕시대'의 개막을 알리는 '開國'이라는 연호를 사용하였다. 또한 신라는 나제동맹군의 일원으로 고구려군을 구축하고 북진을 단행하여 남한강 유역의 10군을 공취한 때이기도 하다.

이러한 움직임 속에서 우륵이 진흥왕과 인연을 맺게 된 것은 진흥왕이 娘城에 순수하였을 때였다. 진흥왕은 처음부터 우륵에 대해서 잘 알지 못하였다. 진흥왕이 낭성에 순행하고 있을 때 어떤 정치적 의도에서 樂에 정통한 인물을 찾고 있었는데 이때 추천된 인물이 바로 가야금에 정통하다고 소문이 나있던 우륵이었다. B-①에 의하면 우륵이 낭성에서 진흥왕을 만난 후 河臨宮에서 음악을 연주한 때는 551년 3월이었다.

이처럼 『삼국사기』에 구체적인 시기가 명기되어 전하게 된 것은 아마 진흥왕의 낭성 순행이라는 신라국가의 중요한 행사와 관련이 있기 때문으로 볼 수 있다. 따라서 이 기사에 대한 신뢰성은 비교적 높다고 하겠다.

그런데 위 신라본기 기사에 의하면 우륵이 낭성에서 진흥왕을 만나게 된 시기가 신라의 10군 정복 기사 바로 앞의 시기로 되어 있다. 두 기사의 선후관계는 분명치 않으나 일단 진흥왕의 낭성 순수관련 기사의 사료 가치를 인정한다면 신라의 10군 정복 기사는 『삼국사기』 찬자가 전쟁이 완료된 시점을 기준으로 하여 551년 말미에 일괄적으로 수록한 것이 아닐까 한다. 같은 시기의 『삼국사기』 고구려본기에는 고구려가 신성과 백암성에서 돌궐과 전투를 벌이고 있을 무렵에 신라가 기회를 타서 고구려로부터 10성을 공취했다는 기사[11]가 있다. 위 고구려본기 기사에 의거해 볼 때 신라의 북진은 551년 9월 이후의 일로 판단된다.

이처럼 우륵 관련 기사를 통해 볼 때 우륵은 신라의 10군 정복 활동이 완

---

11) 『삼국사기』 권19 고구려본기7 양원왕 7년 9월.

료된 551년 이전에 이미 국원에 이주하여 거주한 것이 드러난 셈인데, 이를 통해서 보면 신라가 고구려군을 구축하여 국원지역을 확보한 것은 551년 3월 이전이었음을 알 수 있다.

위 사료 B-①에 의하면 진흥왕이 순행한 곳인 娘城과 우륵이 진흥왕 앞에서 음악을 연주했다는 河臨宮은 임시 행궁에 해당하는 곳으로 서로 같은 지역이거나 아니면 아주 지근한 거리에 있는 것으로 파악된다. 이 낭성을 일반적인 견해에 따라 지금의 청주지역 즉 청원군 낭성면의 낭성산성으로 볼 경우[12] 지금의 충주로 비정되는 국원과는 별개의 지역이 된다. 이 견해에 따를 경우 두 지역이 거리상으로 멀리 떨어져 있는데다가 충주 탄금대 등에는 우륵과 관련한 설화와 지명이 남아있는 점[13]으로 볼 때 그대로 받아들이기 어려운 점이 생긴다. 그리고 진흥왕이 낭성에서 멀리 국원에 있는 우륵을 불러 보고 난 다음에 다시 국원 하림궁에서 음악을 연주케 한 것으로 보는 것은 사리에 맞지 않는다. 따라서 낭성과 하림궁은 지금의 청원군 낭성보다는 충주지역으로 비정하는 것이 합리적이다.

이처럼 낭성과 하림궁을 지금의 충주로 본다면, 진흥왕이 하림궁에서 우륵을 처음 만나 가야금 연주를 들은 551년 3월 이전에 신라가 이미 국원에 진출하여[14] 북진을 위한 교두보를 확보하고 있었음을 시사해 주고 있다. 그리고 국원지역은 진흥왕이 안심하고 순행을 할 수 있을 정도로 치안이 안정적으로 유지된 곳이었으며, 아울러 가야의 악사 우륵을 비롯한 가야계 유민들이 집단적으로 이곳에 사민되어 거주하고 있었던 사실이 확인된다.

그러면 우륵이 신라에 의해서 국원에 안치된 시기는 언제일까? 우륵은

---

12) 이병도, 『국역 삼국사기』, 을유문화사, 1977, 77쪽.
13) 현재 충주 탄금대 주변에는 우륵 관련 설화가 전해오고 있으며, 『朝鮮寶輿勝覽』 충주군 편에는 가야금(琴)과 관련된 지명인 '琴臺里'(지금의 칠금동), '琴腦里'(지금의 금능리), '聽琴里'(지금의 청금정의 별칭) 등이 기록되어 있다. 이에 대해서는 충북대 중원문화연구소, 『충주 탄금대』, 중원문화연구총서 제28책, 2002를 참고할 것.
14) 신라의 충주지역 진출을 551년 이전으로 보는 견해로는 田中俊明, 앞의 글(1996), 79쪽 및 장준식, 『신라중원경연구』, 학연문화사, 1998, 111~121쪽을 참조할 것.

위 사료 B-③에 의하면 대가야의 어떤 정치적 내분으로 인하여 신라로 망명하게 되었는데 그 시기가 확실치 않지만 대략 540년대 후반[15]으로 추정된다. 이에 진흥왕은 얼마 있다가 우륵을 국원에 안치한 것으로 보이는데 그 시기는 분명치 않지만 다음의 『삼국사기』 신라본기 진흥왕 11년(550) 기사에 보이는 道薩城과 金峴城의 공취사건과 관련 있을 것으로 추정된다.

> C 정월에 백제가 고구려의 道薩城을 공취하자 3월에 고구려는 백제의 金峴城을 함락시켰다. 왕은 양국이 싸움에 지친 기회를 타서 이찬 異斯夫에게 군사를 주어 이를 공격케 하니 그는 군사를 거느리고 나가서 이 두 성을 공취한 다음 성을 중축하고 천여 명의 군사를 머무르게 하여 이를 지키게 하였다. [『삼국사기』권4 신라본기4 진흥왕 11년]

위 기사는 백제가 먼저 고구려의 道薩城을 공취하자 이에 맞서 고구려는 백제의 金峴城을 함락시켰는데 이처럼 백제와 고구려 두 나라가 일진일퇴 공방전을 벌리고 있을 때 신라 진흥왕이 異斯夫를 시켜 이 두 성을 공취한 것으로 되어 있다. 여기서 고구려의 도살성과 백제의 금현성의 위치에 대해서는 여러 견해가 제시되어 있지만 고구려의 도살성을 충주 서남쪽에 있는 曾坪의 尼聖山城에,[16] 그리고 백제의 금현성을 충남 연기군 전의면과 전동면의 경계에 있는 金城山城으로[17] 비정할 수 있다. 신라는 고구려와 백제가 서로 공방전을 벌이고 있을 때 이 두 성을 모조리 차지한 것으로 되어 있다.

결국 550년경 신라는 이미 도살성(충북 증평)과 금현성(충남 연기지역)에까지 진출하면서 고구려가 장악하고 있었던 국원지역을 측면 배후에서 압박하는 형세를 유지하고 있었음을 알 수 있다. 이 기사는 나제동맹군이 총공세를 전개하여 북진을 단행한 551년 이전에 신라가 550년 도살성과 금현성의 공취를 계기로 하여 북진을 점진적으로 추진하고 있었음을 보여준다.

---

15) 田中俊明, 앞의 글(1996), 87쪽. 우륵의 신라 망명 시기와 배경에 대해서는 주) 5의 글들을 참고하기 바람.

그러면 신라는 551년 이전에 북진을 어떻게 전개하고 있었는지에 대하여 개략적으로 살펴보자. 신라의 북진은 551년 이전부터 고구려를 소백산맥 이북으로 구축하면서 내륙의 주요 교통로인 화령로와 추풍령로, 죽령로, 그리고 동해안로 세방면에 걸쳐 점진적으로 추진시켜 왔다.

먼저 주공 루트인 죽령로는 왕도 금성(경주)에서 지금의 영천→ 의성→ 안동→ 영주→ 풍기→ 죽령→ 단양에 이르는 루트이다. 이곳은『삼국사기』지리지에서 보듯이 고구려가 죽령을 넘어 영일만에 이르는 죽령 동남쪽의 경북지방에 오랫동안 세력을 부식해 온 지역이었다. 그러나 464년 신라 영내에 있는 고구려군을 盡殺하는 기사[18]와 500년에 신라 소지마립간이 捺已

---

16) 도살성의 위치에 대하여 ① 음성의 백마령설(신채호, 『조선상고사』 I , 동서문고, 1977, 270~272쪽), ② 천안설(이병도, 『역주 삼국사기』, 을유문화사, 1977, 57쪽), ③ 충북 증평의 尼聖山城과 진천군 초평면 영구리의 頭陀山城 일대로 보는 견해(민덕식, 「고구려 도서현성고」 『사학연구』36, 1983, 9쪽) 등이 있다. 그런데 천안지역은 고려 태조 때 비로서 천안도독부가 설치된 곳이고, 백제 성왕 때 한강하류 지역에 진출하는데 전략적 요지이기 때문에 신라가 이를 공취할 경우 백제의 커다란 반발이 예상된다. 또한 신라의 화령로를 통한 북진이 청주지역을 경유한 점을 고려할 때 천안설보다는 증평 이성산성설이 보다 설득력을 가진다. 道薩城은 고구려가 현재 충북 증평이나 청안 일대에 설치한 道西縣의 관할이었다. 최근 충북 청원군 부강면 남성골유적에서 성책과 원형수혈갱, 구들집자리, 토기가마가 발굴 조사되었는데 특히 평저 장동호, 가로띠손잡이 시루, 평저 회백색 가로띠손잡이 단경호, 평저 대형 단경옹 등 고구려계 토기가 일괄 수습되어 고구려세력의 南限을 알려주는 중요한 유적으로 판단된다. 이 유적은 고구려가 475년 이후 이곳을 한 때 점령하여 금강본류와 미호천이 합수하는 지역일대의 수운교통을 控制할 뿐 아니라 금강유역을 넘어 그 남쪽으로의 진출을 시도한 군사적 거점으로 사용하였을 것으로 추측된다(차용걸 외, 『청원 남성골 고구려유적』, 충북대박물관 조사보고 제104책, 2004). 충주 국원성에서 출동한 고구려군은 그 경유지역인 진천이나 증평의 이성산성 방면에서 오창, 미호천변을 따라 청원 남성골 지역에 진출하였을 것이다.

17) 金峴城의 위치에 대해 ① 충남 연기군 전의의 金城山, 金伊山城說(이병도, 앞의 책, 57쪽), ② 고구려 때 今勿奴郡으로 보는 鎭川說(민덕식, 앞의 글, 47쪽) 등이 있으나, 진천은 6세기 중반 당시 고구려의 영역이었기 때문에 백제의 영역으로 보는 견해는 적당치 않다. 연기군 전동면의 金城山城은 전의에서 공주로 통하는 길목에 위치한 금성산(424m)에 있는 석축산성으로 백제계 토기편과 기와편이 수습되고 있는데, 증평에서 청원 옥산을 거쳐 금강의 한 지류인 조천변을 따라 연결되는 통로가 있다. 청원 남성곡에는 고구려유적이 인근에 위치하고 있어서 고구려와 백제가 대치하는 위치에 놓여 있었다.

郡(영주)을 순행한 기사[19]에 의거해 볼 때 500년 경에는 신라가 영주지역을 이미 확보한 것으로 보인다. 이후 5세기 후반부터 신라에 의해 소백산맥 이북으로 구축되었던 고구려군은 〈중원고구려비〉에 나타나듯이 군사 요충인 계립령로와 국원지역을 전략기지로 삼고 신라와 한동안 대치하고 있었던 것으로 보인다.

신라는 대대적인 북진이 단행되는 551년 이전에 이미 죽령을 넘어 남한강 상류인 단양지역에까지 진출하였는데 장차 한강유역 진출을 위한 북진의 교두보를 마련한 것 같다. 〈단양신라적성비〉에 보이는 比次夫의 관등이 6등급인 아찬이었던 반면 551년 고구려의 10군을 공취했을 당시(A-②)의 관등은 한 등급 오른 5등급 대아간으로 나타나고 있는 점[20]이 참고 된다.

다음으로 계립령로는 지금의 선산→ 상주→ 문경→ 계립령→ 충주에 이르는 루트인데, 이곳은 고구려의 전략적 거점인 국원성과 계립령이 있는데다가 신라가 이 방면을 통해 북진한 관련 기사가 보이지 않은 것으로 보아 고구려와 신라가 한동안 대치 상태에 있었던 것으로 볼 수 있다. 이에 신라는 계립령을 서쪽으로 우회하여 상주에서 화령을 넘어 보은 삼년산성으로 진출하는 화령로 루트와, 상주에서 소백산맥을 넘어 지금의 영동→ 황간→ 옥천을 거쳐 보은 삼년산성에 이르는 추풍령로 루트를 통해 금강 중류지역으로 진출하게 된다. 고구려가 이 루트를 통해 남진해 올 경우 인근에 있는 백제로부터 즉각적인 구원을 받을 수 있는 유리한 점이 있었다.

신라군은 470년 보은에 삼년산성을 축조하여 북진의 전진 기지를 마련한 후 두 루트를 통해서 북진을 추진하였다. 하나는 對百濟루트로서 보은

---

18) 『日本書紀』 권14, 웅략기 8년 2월.

19) 『삼국사기』 제3 신라본기3 소지마립간 22년 추 9월.

20) 변태섭, 「단양 진흥왕척경비의 건립연대와 성격」 『사학지』12, 1978, 32~33쪽. 한편 서영일은 단양 하방리 고분군, 단양 하리 출토 '出' 자형 동관, 정선 송계산성 남서쪽 봉산리고분군 등을 미루어 볼 때 신라가 5세기 후반부터 6세기 전반 이전에 이르는 시기에 남한강 상류지역에 진출한 것으로 보고 있다(「5~6세기 신라의 한강유역 진출과 경영」 『박물관기요』20, 단국대 석주선기념박물관, 2005, 56~59쪽).

삼년산성→ 회인 매곡산성과 호점삼성→ 청원 문의 양성산성에 진출하여 금강중류 서안지역을 확보하였으며, 또 하나는 對高句麗루트로서 보은 삼년산성→ 보은읍 산성리의 함림산성→ 내북면 창리의 주성산성→ 청원 낭성면 성대리의 낭성산성→ 청원 북일면 초정리의 구라산성(구녀산성) 등을 거쳐 진천과 증평 방면에 있는 고구려군과 대치한 것으로 보인다.[21] 550년 경에는 신라군이 사료 C에서 보듯이 이미 증평과 연기 전의지역에까지 진출하면서 국원지역을 측면 배후에서 압박하는 형세를 유지하고 있었다.

따라서 6세기 중반 국원지역에 있던 고구려군은 신라로부터 대치 중인 계립령로와 좌우의 화령로와 추풍령로, 그리고 죽령로 방면으로부터 협공을 당하는 급박한 국면에 접어들고 있었다. 때마침 고구려는 대내적으로 왕위 계승을 둘러싼 외척 간의 권력다툼이 벌어지고 있었고, 서북변에서는 유연 대신 돌궐이 새로이 대두하여 일련의 군사적 긴장이 높아지는 상황이 연출되었다.[22] 547년 서북변의 白巖城과 新城을 수리한 사실[23]이 참고 된다. 550년부터는 신정권 北齊와 일련의 교섭을 벌이면서 군사 공세를 가해오는 돌궐을 견제하려 하였다. 서변에서 돌궐로부터 군사적 압력에 봉착한 고구려는 국원을 포함한 한강유역에 최소한의 군사력만을 남기고 그 주력 부대를 서변 쪽으로 이동하였을 것이다. 이때를 틈타 백제는 고구려에 대한 공세를 강화해 나갔다. 그것이 사료 C에 보이는 도살성 공격으로 나타났고 이에 대응하여 고구려는 백제의 금현성을 공략하였던 것이다.

반면 550년 경에 보은 삼년산성에서 북상해 오던 신라군은 두 나라 군대가 지친 틈을 타서 금현성과 도살성을 점령한 다음(C) 고구려 주력부대가 철수한 국원지역을 곧바로 점령하고 그 진공목표인 한강하류지역을 향해 북진을 준비하고 있었다. 신라군은 제라동맹군의 협약에 따라[24] 한강유역

21) 양기석, 「신라의 청주지역 진출」『문화사학』11・12・13, 1999, 358~370쪽.
22) 노태돈, 「고구려의 한수유역의 상실의 원인에 대하여」『한국사연구』13, 1976, 36~38쪽.
23) 『삼국사기』 제19 고구려본기7 양원왕 3년 7월.

이북지역으로 더 이상 진출하지 못하고 일단 남한강 상류일대의 거점지역인 국원과 단양지역에 포진하고 있었을 것이다.

이때 대가야출신의 于勒은 가야계 유민들과 함께 신라의 국원 지배를 위해 사민되어 왔다. 따라서 신라가 국원에 진출한 시기는 신라가 도살성과 금현성을 공취한 550년 3월 이후에서 우륵이 진흥왕을 만난 551년 3월 이전의 어느 시기로 추정해 볼 수 있겠다.

그런데 사료 B-①의 진흥왕이 '開國' 이란 연호를 사용한 점이 주목된다. 551년 정월 신라 진흥왕의 開國 연호 사용은 그동안 왕태후의 섭정에서 벗어나 친정을 시작한다는 의미를 가진 것이다.[25] 이는 또한 대내적으로 異斯夫 · 居柒夫 등 비지증왕계 세력과의 정치적 연합을 통해 왕권의 안정을 얻게 되었고,[26] 대외적으로 고구려의 전략적 요충인 국원의 확보를 통해 장차 삼국제패의 관건이 되는 한강하류 유역을 엿볼 수 있게 되었다는 의미도 함축되었을 것이다. 그렇다면 신라의 국원 진출은 신라가 도살성과 금현성을 공취한 550년 3월 이후인 550년 중후반경에 이루어진 것으로 보아도 좋을 듯하다.

3. 于勒의 國原 이주 배경과 활동

1) 于勒의 國原 이주 배경

그러면 신라가 우륵과 같은 가야 유민들을 당시 북쪽 접경지대의 요충인 국원지역에 집단 이주시킨 이유나 배경은 무엇일까? 이에 대해 신라의 국원

---

24) 백제군은 한강하류 6군의 땅을, 신라군은 남한강 상류인 죽령을 넘어 高峴 이남에 이르는 지역을 각각 점령하자는 내용의 협약을 체결하였을 것이다.

25) 이병도, 「진흥대왕의 위업」『한국고대사연구』, 박영사, 1976, 669쪽.

26) 노용필, 「신라 진흥왕대 大等의 분화와 그 정치적 배경」『역사학보』127, 1990, 31~32쪽.

소경 설치와 관련시켜 피정복민에 대한 사민책의 일환으로 파악하는 견해와,[27] 于勒을 포함한 가야 망명자에 대한 우대책이라는 관점에서 접근하는 견해[28] 등이 있다. 이러한 견해들은 소경의 설치 목적이나 진흥왕의 예악을 통한 유교정치의 실현이라는 측면에서 볼 때 일면 타당하다는 생각이 든다.

그러나 진흥왕대의 국원 경영에 대한 정책이 단계별로 변화하고 있는 점에 주목하고 각 시기마다 가야계 유민들에 대한 신라의 대우책이 어떻게 달라지고 있는가에 대해 보다 세밀한 검토가 필요하다.

신라 진흥왕대에는 국원을 확보한 이후 국원 경영을 위한 시책은 대략 3단계로 나누어 취해진 것으로 파악된다. 제1기는 550년 신라가 국원을 고구려로부터 공취한 직후 가야인들을 이곳에 대거 사민시키는 정책이며, 제2기는 551년 진흥왕의 친정체제가 출범하면서 취한 예악을 통한 유교정치의 실현 시기이며, 제3기는 557년 국원소경을 설치하여 왕경에 준하는 副都로서의 위상을 확립하는 시기로 나누어 볼 수 있다.

신라가 한강유역에 진출하기 위한 의지의 표현은 550년 사료 C의 도살성과 금현성 공취, 그리고 국원 확보로 나타났다. 진흥왕 집권 초에는 백제 성왕의 요청으로 濟羅 두 나라 간에 화호관계가 종전처럼 이어졌다. 신라는 麗濟 간의 대결구도를 적절히 이용하면서 가야지역에 본격적으로 진출하여 영역을 확대시킬 수 있었다. 또한 예상되는 고구려의 남진을 백제와의 공수동맹체제를 통해 어느 정도 저지할 수 있었기 때문에 백제와의 화호를 계속 유지해 나갔다. 548년 麗濟 간에 벌어진 獨山城(예산) 전투에서 신라는 백제를 구원하기 위해 朱玲(珍)을 파견하여 고구려군을 격퇴시킨 일이 그 한 예이다.[29] 5세기 후반 濟羅 간에 이루어졌던 군사 동맹관계가 다시 살아난 것이다.

27) 임병태, 「신라소경고」 『역사학보』35 · 36, 1967, 108쪽.
28) 田中俊明, 앞의 글(1996), 33~35쪽.
29) 『삼국사기』 제4 신라본기4 진흥왕 9년 2월.

그러나 550년 도살성과 금현성의 공취 사건은 종전과는 다른 신라 진흥왕의 새로운 대외관계를 보여주는 사례라 할 수 있다. 이때에 이르러 신라는 려제 양국 간의 역관계를 교묘하게 이용하면서 종전과는 달리 실리를 취하는 방향으로 대외정책의 방향을 바꾼 것이다. 신라가 백제와 고구려로부터 도살성과 금현성을 공취한 것은 기존의 삼국 간의 항쟁 양상의 변화를 예고하는 것이었다.

신라는 도살성과 금현성을 공취한 직후인 550년 중후반 무렵 고구려로부터 국원을 공취한 것으로 보인다. 신라가 국원을 확보한 후 이 지역을 영역화하기 위해 가장 먼저 마련한 정책이 가야계 유민들의 대대적인 국원 이주책이었다. 국원지역은 동부와 남부가 큰 산지로, 북부는 한강, 서부는 달천으로 둘러싸인 천험의 자연조건에다가 백두대간의 嶺路인 竹嶺 · 鷄立嶺 · 화령 · 秋風嶺을 통한 남북의 육로와 한강을 통한 동서의 水運交通을 연결하는 四通八達의 교통의 요충지일 뿐 아니라 소백산맥의 영로를 공제할 수 있는 군사적 요충이다. 또한 고대국가 발전의 중요한 자원인 철산지로도 널리 알려져 있으며, 경제 물류의 집산지이기도 하다. 그리고 이곳은 고구려 남진의 중요 전략 기지의 하나였을 뿐 아니라 삼국이 첨예하게 대립하던 접경지역으로 주요 쟁패지였다.

이곳에는 백제 영유기 이래 대대로 토착해 온 백제계 주민들 뿐 아니라 고구려 영유기에 이주해 온 고구려계 주민들이 함께 거주하고 있었다. 그러므로 국원지역에서 신라의 재지세력에 대한 지배권을 확립하지 못한 상태에서 왕경에 있는 지배층과 주민들을 곧바로 이주시키기에는 어려움이 있었다. 이에 신라는 왕경인들을 이주시키기 앞서 가야계 유민들을 먼저 이주 대상으로 정한 것이다.

대가야 출신인 우륵은 신라에 망명한 직후 잠시 왕경에 거주하다가[30]

---

30) 우륵이 신라에 망명한 시기를 대략 540년대 후반으로 보는 견해를 취한다면(주 15 참조) 망명 후 얼마간은 왕경에 머물렀을 가능성이 있다.

그의 가족과 제자 尼文을 비롯한 일단의 가야인들과 함께 국원에 강제 이주된 것으로 보인다. 또한 중원경 沙梁人으로 유학에 정통한 强首가 스스로 '任那加良[耶]人'이었음을 밝힌[31] 사례에서 보듯이 강수도 가야 유민이었음이 이를 뒷받침해 준다. 후대의 사례지만 조선시대 충주목 관할에 上加羅堤·下加羅堤·加羅谷堤·上加羅谷堤·下加羅谷堤 등 堤堰의 이름이 있는데 이는 우륵의 12곡명 중 上加羅都와 下加羅都 등 지명과 관련된 곡명과도 통하는 것으로 가야계 유민들이 국원에 거주했던 사례에서 전승된 명칭이라 할 수 있다.

이처럼 신라가 가야계 유민들을 국원에 대거 이주시키게 된 이유는 여러 측면에서 검토될 수 있다. 이에 대해 복속민 시책의 일환으로 추진되었을 것으로 보는 견해가 있다. 즉 가야계 유민들을 연고지로부터 유리시켜 공동체적 유대를 단절시킴으로서 재기를 방지하고 그 지배층을 회유 감독하기 위하여 집단 이주를 도모한 것으로 보고 있다.[32] 사민의 목적이 기존의 공동체 관계를 단절시켜 민호의 재배치를 통해 통치의 효율성을 기하려는 데에 있다고 한다면 남쪽에 거주하는 가야 유민들을 북쪽 최전선인 국원에 이주시키는 것이 훨씬 통치상 효과가 있다는 점에서 일면 타당성이 있다.

그러나 우륵의 출신지인 대가야는 아직 멸망하지 않은데다가, 또한 대가야의 대귀족이 아닌 우륵과 같은 가야계 주민들을 사민시킨다 하더라고 과연 공동체적 유대 단절 효과를 기대할 수 있겠는가에 대해서는 의문이 든다. 그렇다고 아직 내항하지 않은 가야세력을 제압하기 위해 우륵을 내세워서 신라의 후한 처우 방법을 나타내려는 것으로 보는 견해[33]에도 찬동할 수 없다. 진흥왕이 이듬해인 551년 3월 낭성 순행 시에 우륵이란 존재를 처음 알게 되었다는 점과, 또한 당시 고구려와 다투던 최전방 접경지역에 아무

31) 『삼국사기』 제46 열전 제6 强首.
32) 한우근, 「고대국가 성장과정에 있어서의 對服屬民施策(상)」 『歷史學報』 12, 1969, 114쪽 ; 임병태, 앞의 글, 88~89쪽.
33) 田中俊明, 앞의 글(1996), 88~89쪽.

연고 없이 강제로 사민된 점에 비추어 볼 때 신라가 국원에 처음으로 진출하는 제1단계의 시책에 이를 적용하기에는 무리가 있다.

신라가 국원에 진출한 이후 바로 가야계 유민들을 이주시키게 된 것은 무엇보다도 이들을 최전방 접경지역의 요충지에 배치시켜 신라인들의 희생을 최대한으로 줄이고 북진의 선봉적 역할을 수행하도록 독려하려는 의도가 있는 것으로 보고 싶다. 그런 의미에서 볼 때 신라가 북진 때에 가야계 유민들을 동원하여 선봉에 서게 하는 일종의 방패막이 역할을 맡긴 것이 아닐까 한다. 예컨대 衛滿이 고조선에 망명해 왔을 때 고조선의 準王이 백리 땅을 주고 서쪽 변경에 살게 하였는데[34] 이는 고조선이 燕의 유망민들에게 연의 침략을 막게 하려는 의도로 풀이할 수 있다. 또한 온조집단이 남하해 왔을 때 마한이 동북쪽에 있는 백리의 땅을 베어주어 살게 하였는데[35] 이는 온조집단을 통해 말갈의 침입을 막아보려는 의도와 관련 있는 것으로 파악된다.

신라가 북진을 단행했을 때 가야계 인물들을 최선봉에 세워 혁혁한 전과를 올린 사례가 있다. 〈단양신라적성비〉에 나오는 沙㖨部 소속 阿干支 武力智(김무력)는 가야의 왕족 출신으로 금관가야의 마지막 왕인 仇亥王의 아들이며 김유신의 조부이기도 하다. 그는 진흥왕이 세운 〈창령비〉(561)나 〈마운령비〉(568), 〈북한산비〉에 나오는 것으로 보아 국원과 한강유역 공략에도 참여하여 큰 공을 세웠으며, 한강하류유역을 백제로부터 공취한 이후에는 초대 신주 군주에 임명된 인물이다. 김무력이 이끄는 신라군 부대에는 가신을 비롯하여 가야계 유민들이 대거 참여하여 북진군에 편성되었을 것이다.

그밖에 가야인들이 신라 뿐 아니라 백제의 우군으로 참전하여 최선봉에서 역할을 한 사례도 있다. 554년 관산성 전투에서 가야군이 많은 병력을 보

---

34) 『三國志』魏書 東夷傳 韓傳에 인용된 魏略 기사를 참조할 것.
35) 『삼국사기』 권23 백제본기1 溫祚王 24년 7월.

내 참전하였으나[36] 신라의 공격으로 참패하여 큰 피해를 입은 채 멸망 직전까지 몰린 일이 있었다. 이처럼 신라나 백제는 가야계 주민들을 전쟁의 최선봉으로 내세워 일종의 방패막이 역할을 기하려 했음을 알 수 있다.

그런데 가야계 유민들이 우륵의 경우처럼 접경지역의 요충인 국원에만 이주된 것은 아니었다. 화령이나 추풍령로를 통해 북진하던 신라가 당시 삼국의 또 다른 전략적 쟁패지인 청주지역에도 가야계 유민들을 사민한 것으로 보인다. 백제의 대규모 토광묘유적으로 알려진 청주 신봉동고분에서 출토된 신라 혹은 가야계통의 유물이 그것을 방증한다. 90B-1호분에서 출토된 鐵製短甲은 胴一連形式의 三角板板甲으로서 함양 상백리와 부산 가달유적 등 주로 신라와 가야지역에서 출토되는 것으로 알려지고 있다.[37] 그밖에 공반된 肩甲과 頸甲片 및 착형철기와 철촉 등은 가야나 왜와 관련 있는 유물로 보고 있다.[38]

그런데 이 무덤의 피장자나 그 조성연대에 대해서는 여러 견해가 제기될 정도로 분분하지만[39] 대체적으로 가야계 유민이거나 가야와 깊은 관련을 가진 인물로 보고 있다. 그 피장자를 가야계와 관련시켜 본다면 백제나 신라에 의해 삼국의 접경지역이었던 청주지역에서 있었던 전투에 동원되었거

---

36) 관산성 전투에서 백제·가야·왜 연합군이 최소한 참전 인원을 29,600명으로 보고 그 중 백제 군사는 만 명 정도, 왜군은 천 명, 그리고 가야군은 18,600명 정도인 것으로 추산한 연구가 있다(김태식, 『가야연맹사』, 일조각, 1993, 302~303쪽).

37) 신종환, 「청주 신봉동출토유물의 외래적 요소에 관한 일고 -90B-1호분을 중심으로-」『영남고고학』18, 1996, 100쪽.

38) 신종환, 앞의 글, 102~104쪽.

39) 이 무덤의 피장자에 대해서는 ① 왜인설(酒井淸治, 「韓國出土 須惠器 類似品」『古文化談叢』30(中), 九州考古學會, 1993, 10쪽), ② 친왜 또는 친가야 무장설(신종환, 앞의 글, 107~108쪽), ③ 목씨설(박순발, 「백제의 남천과 영산강유역 정치체의 재편」『한국의 전방후원분』, 충남대출판부, 2000, 130쪽) 등이 있다. 그밖에 신봉동 1호 석실분을 포함한 다수의 토광묘는 신라의 사민정책에 의해 청주지역에 옮겨진 가야유민의 무덤으로 보는 견해(서정석, 「청주 신봉동1호분에 대한 검토」『백제문화』25, 공주대백제문화연구소, 1996, 51쪽)도 있다.

나 또는 청주지역으로 사민된 가야계 유민으로 볼 수 있겠다.

그밖에 김유신의 부친인 金舒鉉이 한때 청주에 인근한 접경지역인 萬奴郡(진천) 태수를 역임한 일과, 김유신의 가신인 仇近이 김유신의 아들 元貞 휘하에서 西原述城(청주)을 쌓았던 사례[40]를 통해 볼 때 청주지역에는 김유신과 관련한 일정한 가야계 세력이 있었을 것으로 추정된다. 이들 세력은 앞서 청주 신봉동고분에서 출토된 가야계 유물에서 나타나듯이 청주지역에 사민된 가야계 유민들에 의해 구축된 것으로 상정해 볼 수 있다.

이와 같이 신라는 북진과정에서 새로 획득한 접경지역의 군사적 요충지인 국원 등지에 신라인들에 앞서 가야유민들을 먼저 집단 사민시켜서 지배기반을 구축하려 하였음을 알 수 있다. 이곳에 사민되어 온 주민들은 우륵과 같이 자진해서 투항해 온 친신라적 성향을 가진 가야계 유민들이 주류인 것으로 보인다. 가야계 유민들 중에는 금관가야의 왕족과 같이 왕경에 거주하여 진골에 상당하는 파격적 대우를 받은 최고 지배층들도 있었지만, 그밖의 일반 귀족들과 주민들은 신라의 사민정책에 따라 새로 획득한 접경지대의 군사적 요충지에 강제 이주된 것이다.

신라는 가야계 유민들을 접경지역에 집단 이주시킴으로 해서 이들을 연고지와 유리시켜 통제 감독하고, 또한 최전선에서 고구려의 침입에 대비하여 방패막이 역할을 수행하도록 함으로서 신라군의 희생을 최소화하려는 의도가 있었을 것이다. 그리고 친신라적 가야계 유민들을 지배 기반이 취약한 최전선의 접경지대에 거주케 하여 백제 영유기 이래의 재지세력과 고구려계 주민들 간의 갈등을 미연에 방지하고 나아가 국원지역 재지세력의 세력기반을 약화시켜 신라의 중앙 지배력을 관철시키고자 하였다.

---

40) 『삼국사기』 제47 열전 제7 裂起.

2) 國原小京의 건설과 于勒의 활동

이처럼 친신라적 가야계 유민들을 국원에 집단 이주시켜 국원지역의 지배 기반을 마련하려는 1단계 사민책은 551년을 기점으로 변화를 맞게 되었다. 진흥왕은 정월 왕태후의 섭정에서 벗어나 '開國'이란 연호를 사용함으로써 친정을 단행하였다. 친정 체제의 출범과 함께 국원지역의 경영을 적극 추진함으로써 한강유역을 확보하겠다는 단호한 의지를 천명하였고, 아울러 한강유역을 확보하기 위한 북진을 적극 추진하였다.

이는 영역 확장을 통해 섭정으로 인해 취약해진 왕권을 신장시킬 수 있는 기반을 다지고, 대외적으로는 한강유역을 확보하기 위한 대고구려 전진 기지를 요충지인 국원지역에 건설함으로써 국원지역에 대한 지배 기반을 보다 확고히 하는 2단계 조치가 필요해진 것이다. 신라는 고구려로부터 국원을 확보한 직후 일차적으로 친신라적 성향을 가진 가야계 유민들을 집단 사민시켜 고구려의 퇴축으로 인해 불안정해진 치안 공백을 메우려 하였던 것이다.

이처럼 진흥왕의 친정체제 출범과 함께 한강유역 진출에 대한 의지를 표명한 후 신라의 국원에 대한 중요성이 종전보다 높아지게 되었다. 그런데 지금까지 추진해 온 가야계 유민들을 국원에 투입하여 국원의 지배 기반을 확립하려는 데에는 한계가 있었다. 우륵을 비롯한 가야계 유민들은 지역적 기반이나 아무 연고도 없이 국원과 같은 북쪽 접경지역에 강제로 사민되어 왔기 때문에 신변이 불안해질 수밖에 없는 상태였다. 더구나 접경지역이기 때문에 고구려로부터의 상시적인 군사적 위협에 놓여 있어 생존의 기반마저 위협받는 입장이었다. 그리고 세력기반이 없는 가야계 유민들이 재지세력을 압도하기에는 역부족이었다.

따라서 신라는 이들 가야계 유민들을 보다 안정화시키고, 또한 재지세력들의 적극적인 협조를 이끌어내기 위해서 새로운 정책의 시행이 필요하였다. 이러한 목적에서 551년 3월 娘城지역의 巡狩를 감행하였다.

진흥왕의 낭성 순수는 새로이 공취한 낭성지역에 대한 영역 확인과 함께 북쪽 접경지역에 대한 불안정한 치안과 지배력을 보완하기 위한 조처였다. 그리고 민심 수람과 함께 최전방에 포진하고 있던 신라군에 대한 위무를 목적으로 한 것이었다. 진흥왕은 지금의 충주로 비정되는 낭성지역을 순행할 때 국원에 신라인을 대신하여 강제 사민된 가야계 유민들에 대한 위무와 세심한 배려를 고려하지 않을 수 없었다. 진흥왕은 곧이어 있을 한강유역으로의 출정을 독려해야 하고 또한 강제로 국원에 사민되어 온 가야계 유민들을 위무하여 그들로 하여금 국원지역의 안정과 지배를 관철시켜야 했기 때문이었다.

이를 위해 진흥왕은 예악을 통해 가야계 유민들의 통합을 이끌어내는 방법을 택하였다. 이때 진흥왕은 대가야 출신인 우륵과 그 제자 尼文이 음악에 능하다는 소문을 듣고 임시 행궁인 하림궁에서 이들을 불러 가야음악을 연주케 한 것이다. 여기서 하림궁은 충주 탄금대로 비정된다. 음악가로서 우륵의 화려한 명성은 진흥왕 자신은 미처 몰랐지만 이미 신라에서도 어느 정도 알려져 있었을 것이다. 진흥왕은 우륵을 접견하고 그에 대한 음악가로서의 이모저모를 파악한 후 예악을 통해 이루려는 어떤 의도를 잘 수행할 수 있을 거라고 판단하였을 것이다. 그리하여 우륵과 그의 제자 이문을 하림궁으로 불러서 가야음악을 연주케 하여 그의 음악적 재능을 확인하게 된 것이다.

그러면 진흥왕이 우륵이 연주한 가야 음악을 청취한 근본적인 의도는 무엇일까? 이에 대하여 가야를 병합할 야심을 드러낸 것으로 보는 견해[41]와 복속민 우대책의 일환으로 보는 견해[42] 등이 있다. 그러나 대가야가 멸망한 것은 국원소경이 설치되는 557년 이후의 일로서 시간상 어느 정도의 시간이 경과한 뒤의 일이기 때문에 이를 직접 관련시키기는 어렵다. 오히려 대가야 멸망보다는 곧이어 있을 고구려와의 전투를 염두에 두고 이해할 필요

41) 김태식, 『가야연맹사』, 일조각, 1993, 291쪽.
42) 田中俊明, 앞의 글(1996), 89~91쪽.

가 있다. 그리고 진흥왕이 우륵을 접견하기 전에는 잘 모르고 있었던 점과, 우륵 전승이 비교적 상세히 남아 있는 점에 주목하여 국원소경 건설 과정에서 우륵을 너무 부각시켜 본 점 등에서 볼 때 이를 단지 복속민 우대책 차원으로 이해하기에는 어려운 점이 있다.

이는 일차적으로 가야계 유민을 포함하여 국원에 거주하고 있던 모든 주민들의 화합과 단결을 통해 국원의 안정과 지배 기반의 확립을 이루려는데 있었다. 그리고 장차 고구려와의 전투를 앞두고 예악사상에 입각한 호국적 정치이념의 표방과 관련이 있을 것이다. 한강유역을 확보하기 위해서는 그 전략적 요충인 국원지역의 안정과 복속된 주민들의 적극적인 협조가 절실하였다.

고대사회에서 음악은 국민통합을 위한 하나의 통치수단 기능을 가졌다. 즉 국가 의례에서 각 지역과 관련된 음악을 연주하는 것은 그 지역에 대한 관념적 지배의식의 표현이며 지역마다 차이 나는 방언과 지방민들의 정서를 일체화시키는 의미를 가진다.[43] 이 점에 주목해 볼 때 신라 진흥왕은 사민된 우륵 집단을 고구려로부터 새로이 확보한 전략적 요충지인 국원에서 음악이 가지는 정치적 의미를 십분 활용하려는 의도에서 이용한 것이다.

더구나 국원은 신라가 한강유역을 확보하기 위한 교두보로서 전략적으로 중시하던 요충지였다. 이곳은 동서로 남한강의 수운 교통을 통해 한강하류지역에 연결될 수 있을 뿐 아니라 죽령로와 계립령로를 통해 남북을 연결하는 내륙교통의 요지이다. 여기에는 백제 영유기의 주민들과 고구려 영유기의 주민들, 그리고 濊系 주민들이 세력교체에 따라 혼재하여 거주하고 있었다.

---

43) 권주현, 「우륵을 통해 본 대가야의 문화」 『한국고대사연구』18, 2000, 92~93쪽 ; 이정숙, 「진흥왕대 우륵 망명의 사회 정치적 의미」 『이화사학연구』30, 2003, 42~44쪽 ; 주운화, 「樂을 통해서 본 신라인의 복속 · 통합 관념 -가야금과 현금의 정치적 상징-」 『한국고대사연구』38, 2005, 174~178쪽 및 180~181쪽.

따라서 진흥왕은 이들 주민들을 일체화시켜 국원지역의 안정적 지배를 통해 대고구려전을 독려하고 나아가 한강유역을 확보할 수 있는 전략적 거점을 마련하는 방안이 필요했던 것이다. 과거 대가야연맹체의 일체화를 위해 12곡을 만든 경험이 있는 우륵[44])과 같은 존재가 진흥왕에게는 더할 나위 없이 필요한 존재였다.

신라의 국원 경영은 3단계에 이르러 557년 국원소경 설치로 구현되었다. 신라는 국원을 확보한 이후 551년 남한강유역의 10군을 공취하였고, 이어 553년 백제로부터 한강하류를 공취하여 新州를 설치하고, 555년에는 比斯伐, 556년 比列忽州를 설치하여 사방군주제의 완성을 보게 되었다.[45])

따라서 신라의 국원소경 설치는 새로 확대된 영역에 대한 안정적 지배거점 확보와 지방통치체제 정비의 일환으로 추진된 것임을 알 수 있다. 국원소경은 신라가 소백산맥을 넘어 설치한 첫 번째 소경이었을 뿐 아니라 후에 중원소경으로의 개칭에서 나타나듯이 5소경 중 중심 소경에 위치하였다. 이는 중대 신라인들이 왕경을 신라 천하관의 중심으로 인식하고, 그 외연에 해당하는 고구려와 백제의 고토에 국원소경 중심의 방위명 소경을 사방에 배치하여[46]) 국원소경을 소우주의 중심지로 인식한 데에서 비롯된 것으로 볼 수 있다. 그리고 그 추진과정이 소경설치 단계(557)→ 신라인의 이주정책 추진단계(558)→ 지방관 파견 단계(565)→ 소경성 축조단계(673)를 거치면서 계획도시의 면모를 갖추어 나갔던 점을 보면[47]) 그 위상이 왕경에

44) 田中俊明,『大加耶連盟の興亡と任那』, 吉川弘文館, 1992, 113~114쪽 ; 백승충, 「우륵 12곡의 해석문제」『한국고대사논총』3, 한국고대사회연구소, 1992, 73~77쪽 :「가라국과 우륵 12곡」『釜大史學』19, 1995 ; 주보돈, 「우륵의 삶과 가야금」『제4회 대가야사 학술회의 발표요지』, 고령군 · 계명대학교 한국학연구원, 2005.12.2, 30쪽.
45) 주보돈,『신라 지방통치체제의 정비과정과 촌락』, 신서원, 1998, 105~110쪽.
46) 신라인들이 사방의식을 갖고 있었던 예로는 창령비의 '四方軍主' 및 '四方을 網羅한다'는 신라의 국호(『삼국사기』제4 신라본기4 지증왕 4년 10월) 등을 들 수 있다.
47) 국원소경 설치과정과 의도에 대한 글은 양기석, 「신라 5소경의 설치와 서원소경」『호서문화연구』11, 1993 :『신라서원소경연구』, 서경문화사, 2002, 68~79쪽을 참조할 것.

준하는 副都의 성격을 가진 것으로 보아도 손색이 없을 것이다.

　여기서 새로 격상된 국원소경에 신라인들을 대거 이주시킨 점은 국원 경영에 있어서 한 전기를 마련하게 된다. 이제 국원에는 앞서 사민된 친신라계 가야계 유민들과 함께 새로이 이주한 신라인들로 인해서 지배 기반이 더욱 확고해진 것이다. 일반 民戶들을 사민시켜 채운 다른 소경과는 달리 국원소경에는 왕경에 거주하던 貴戚子弟와 6부의 豪民들을 옮겨 살게 한 점[48]에서도 국원소경의 위상을 높이려는 진흥왕의 의도를 엿볼 수 있다.

　신라는 국원소경에 신라계 주민들을 이주시켜 국원지역에서의 지배 기반을 구축하려 하였다. 종전처럼 가야계 유민이 아니라 신라 왕경인들을 대거 이주시켜 신라의 중앙 지배력을 관철시키고 왕권의 권력기반을 강화하려는 의도를 가진 것이다. 그리고 국원소경을 한강유역 경영을 본격화하기 위한 거점 중심지역으로 조성하여 장차 한반도의 요충인 한강유역을 관리하기 위한 전략적 교두보로 삼고, 삼국 통일정책을 추진하기 위한 원대한 구도에서 국원소경을 副都의 위상으로 구축해 나갔던 것이다.

　다음으로 국원소경이 설치된 이후 우륵의 활동에 대하여 알아보자. 진흥왕은 하림궁에서 우륵의 가야금 연주를 들은 직후에 가야악을 신라에서 받아들이도록 하였다. 552년 우륵은 진흥왕의 명에 따라 신라인 大奈麻 階古·法知, 大舍 萬德의 세 사람에게 가야음악을 가르치게 되었는데, 능력을 감안하여 계고에게는 거문고를, 법지에게는 노래를, 만덕에게는 춤을 가르쳤다. 우륵의 제자들은 일정한 수련을 거친 후 진흥왕 앞에서 그 동안 연마한 실력을 발휘하게 하였다. 그 결과 551년 낭성에서 우륵이 처음 왕 앞에서 연주한 정도의 수준에 이르렀음을 인정받게 되었다.

　그런데 우륵의 제자들이 연수 활동을 거쳐 진흥왕 앞에서 연주를 하게 된 시기는 대가야가 멸망한 562년 이후로 여겨진다.[49] 사료 B-②에는 552

48) 『삼국사기』 제4 신라본기4 진흥왕 19년 2월.
49) 주보돈, 앞의 글(2005), 40~41쪽.

년 이후의 일로 되어 있지만 음악을 전수받으려면 여러 해가 걸린다는 점, 그리고 신라의 대신들이 재편성한 가야의 5곡을 '亡國之音'으로 표현한 점 등이 이를 뒷받침해 주고 있다. 우륵은 국원소경이 설치된 이후 진흥왕의 명을 받아 이처럼 제자를 양성하면서 가야 음악을 신라에 전승시키려는 노력을 기울이고 있었다.

그러나 우륵의 제자인 계고 등 세 사람은 12곡을 듣고 "그 음악이 번거롭고 또한 음란하다"고 비판하면서 5곡으로 축소 변개하였고, 또한 가야음악은 망국의 음악이기 때문에 받아들일 수 없다는 신료들의 반발이 나타나고 있다. 이러한 신라인들의 반발에 대해 우륵은 처음에는 음악이 축소·변개된 점에 대해 강한 거부감을 나타냈지만, 곧 신라 제자들의 변개된 음악을 듣고 눈물을 흘리면서 탄식하고 왕 앞에서 연주해도 좋다는 허가를 해주었다. 이는 우륵이 자신의 고유한 음악을 훼손한 데에 대한 반발로 볼 수도 있지만, 가야연맹체의 멸망을 현실적으로 받아들이려는 자세를 반영한 것으로 볼 수 있다.

그의 가야계 제자인 尼文이 지은 세 곡명은 모두 까마귀[烏]·쥐[鼠]·메추라기[鶉]와 같은 짐승이나 새 울음소리를 가야금에 실어 나타냈던 것인데, 이들이 신라에서 신성시되는 토착성이 강한 瑞物이란 점과도 통한다.[50] 尼文 또한 우륵의 체념처럼 신라인의 정서에 점차 동화되어 가는 현실을 보여주고 있다. 이러한 과정을 통해 우륵의 가야음악이 그의 제자들에 의해 신라 정서에 맞게 변형되어 수용되었음을 알 수 있다.

이에 대해 진흥왕은 신료들의 반발에도 불구하고 오히려 가야음악을 적극 수용하여 신라의 大樂으로 삼았다. 이러한 가야음악의 신라 수용은 우륵의 망명을 계기로 또 다른 역사적 의미를 갖는다. 즉 진흥왕의 가야음악 수용은 가야음악의 축소·변개과정을 통해 신라인들의 호국의식을 고취하고 국민적 일체감을 기하려는 진흥왕의 정치적인 의도가 개재되어 있는 것으

---

50) 신종원, 「고대의 日官과 巫」『신라초기불교사연구』, 민족사, 1992, 36쪽.

로 볼 수 있다. 신라 대악의 바탕이 된 5곡은 진흥왕 17년(556) 신라의 사방
군주제 완성을 상징하는 신라 천하관의 반영으로 보는 견해가 참고 된다.[51]

이처럼 우륵의 의도와는 다르게 가야음악이 신라에 변용되어 수용되었
지만 우륵은 국원소경 설치 이후에도 가야음악의 전승에 힘쓰면서 이를 국
원지역의 지역적 특성을 반영하는 문화요소로 자리 잡게 하는데 큰 역할을
하였다. 통일 이후 신라의 음악은 三絃三竹을 중심으로 하여 拍板 · 大鼓 ·
歌 · 舞로 이루어졌는데 그 중 三絃에는 거문고와 함께 가야금이 포함되어
있었다. 국원소경은 가야인 우륵에 의해 이식된 가야음악이 지역적 음악으
로 특징 지우는 일종의 樂都로 자리매김하였다.

우륵은 신라에서 어떤 대우를 받고 있었는지에 대해서는 알려지지 않았
지만 우륵의 제자 法(注)知와 皆古가 大奈麻였고 萬德이 大舍였던 점으로
미루어 보아 우륵도 일정한 관등을 소지하면서 음악생활에 전념할 수 있는
경제적 대우를 받았을 것으로 여겨진다. 유학과 문장으로 널리 알려진 强首
는 신라로부터 沙湌 관등과 新城租 100석 및 歲租 200석의 대우를 받았던
사례[52]가 이를 뒷받침해 준다.

삼국통일기인 문무왕 때 국원소경 仕臣 龍長이 고구려전에서 승전을 하
고 귀환하는 왕을 위해 잔치를 베풀었는데 이때 奈麻 緊周의 아들 15살 能
晏이 가야의 춤을 추어 왕으로부터 칭찬을 받았던 사례[53]에서도 우륵이 이
식한 가야음악의 전통이 면면히 이어지고 있었음을 보여준다. 우륵이 하림
궁에서 연주한 河臨調는 하림궁과 연관되어 현재 충청도 지방의 음악적 특
징에 영향을 주고 있다.[54] 이러한 면에서 국원소경은 가야음악과 신라의 대
악이 결집된 곳으로 삼국통일의 문화적 바탕이 된 樂都라 할 수 있다.

51) 권주현, 앞의 글(2000), 94쪽.
52) 『삼국사기』 제46 열전 제6 强首.
53) 『삼국사기』 제6 신라본기6 文武王 8년 10월 25일.
54) 송방송, 「향악 하림조의 음악사적 고찰」 『대구사학』 19, 1981, 31~68쪽.

4. 于勒과 관련된 지명과 유적

현재 충주지역에는 탄금대를 중심으로 우륵과 가야금과 관련된 지명과 유적들이 산재해 있다. 탄금대는 가야금 음악의 한 樂調인 하림조가 처음으로 연주되던 유서 깊은 곳이며, 민족의 전통음악의 원형이 이루어진 곳이기도 하다. 그 강변 쪽으로 琴休浦가 있는데 우륵이 이곳에서 가야금을 키며 잠시 쉬었던 곳이라 한다. 또 그 주변에는 가야금 명칭이 붙은 琴谷里(현재 漆琴洞), 琴腦里(현재 琴陵洞), 聽琴里(현재 聽琴亭의 별칭) 등이 있다.

그밖에 조선시대 충주목 관할지역에는 上加羅堤(지금의 음성군 금왕읍)·下加羅堤(음성군 금왕읍)·加也谷堤(음성군 대소면)·加羅谷堤(음성군 삼성면)·上加羅谷堤(음성군 삼성면)·下加羅谷堤(음성군 삼성면) 등과 같은 가야계 지명이 붙은 제언이 있었음이 이를 뒷받침해 준다. 이들은 조선 후기에 음성지방에 있던 제언들 명칭인데 당시 이들 제언들은 충주목 관할이었다. 이들 가야계 지명이 국원소경의 가야계 이주민들과 어떤 관련이 있는가를 밝히기 위해 앞으로 학술적인 측면에서 면밀한 검토가 필요하다.

한편 우륵과 관련한 유적이나 전승이 인근 제천지방에도 유포되어 있다. 먼저 제천 義林池가 신라 진흥왕 때 악성 于勒에 의해 축조되었다는 설이 여러 지리지에 전해 오고 있다.[55] 이는 관련 문헌자료와 청풍 및 제천 의림지 주변에 남아있는 우륵에 관한 전설과 관련 유적들에 기초한 것이다. 그밖에 제천 의림지 주변에는 우륵과 관련한 전설이 전해오고 있는데 이를 정리하면 다음과 같다. 즉 우륵이 의림지 동쪽 돌봉재[石峰]에서 살았다고 하며, 그 유적으로 于勒堂의 옛터와 그 동북쪽에 우륵이 식수로 사용한 于勒井이 있었다고 전한다. 또한 의림지의 동북쪽에 제비바위[燕子巖, 龍巖]가

---

55) 제천 의림지와 그 주변 일대에 있는 우륵에 관한 전승과 유적에 대해서는 충북대박물관, 『의림지 정밀기초조사』, 충북대박물관 조사보고 제69책, 2000, 157~160쪽 및 228~238쪽의 사진을 참조할 것.

있어서 우륵이 가야금을 타던 곳으로 전하고 있다.

그런데 이러한 우륵 전승과 관련하여 조선 후기에는 의림지를 우륵이 시축했다는 견해가 제기되었다. 숙종 때 吳相濂이 쓴 『燕超齋文集』[56]과 헌종 때 편찬한 『충청도읍지』(권7 제천현) 등에는 우륵이 의림지를 축조했다는 전승을 소개하고 있다. 제천 의림지 주변의 우륵 관련 전승을 처음 기록한 사람은 숙종 연간에 활동했던 朴守儉(1629~1694)이다. 그는 중앙 정계에서 은퇴한 후 의림지 부근에서 살면서 의림지를 뜻하는 '林湖' 라고 스스로 일컬었던 인물이다. 그는 의림지 부근에 있었던 于勒堂을 복원하자는 운동을 펼치면서 가야의 망명객인 우륵이 충주에 머물다가 '제천의 의림지 동쪽 언덕으로 옮겨와서 살다가 자취를 감추었다' 는 기록을 그의 문집인 『林湖集』에 남겼다.[57] 그의 기록은 『삼국사기』의 우륵 관련기사를 거의 그대로 轉載하면서 제천에 전승되어온 우륵 관련 기사를 덧붙인 것인데, 金履萬의 記文에 그대로 반영되고 있다.[58]

이처럼 박수검이 무엇을 근거로 하여 우륵 관련 기록을 남겼는지에 대해서는 잘 알려져 있지 않다. 다만 그는 『震史通考』라는 역사서를 편찬할 만큼 역사학에 조예가 깊었기 때문에 의림지 부근에 남아 있던 우륵당의 옛터와 우륵 관련 전승을 이미 알고 있었거나, 다른 계통의 우륵 관련 자료를 보았을 가능성이 있다.[59] 이어 明谷 崔錫鼎(1646~1715)이 의림지변에 臨沼亭이란 정자를 지으면서 의림지 동쪽에 우륵이 거처하였음을 다시 밝히기도 하였다.[60] 그밖에 吳相濂의 문집이나 邑誌 등에서도 이러한 우륵 관련 전승을 기록으로 남겼던 것이다.

---

56) 吳相濂, 『燕超齋文集』 권5 「雜著」 우륵당 · 연자암 · 大堤.
57) 朴守儉, 『林湖集』 권5 「于勒堂重建勸誘文」 17쪽 하.
58) 金履萬, 『鶴皐先生文集』 권2 「于勒」 및 권9, 「義林池記文」.
59) 규장각 소장(奎10387) 제천현 지도에는 '의림지 곁에는 우륵이 마셨다는 于勒井이 아직도 남아 있다. 우륵정은 우륵당의 동북쪽 절벽 아래에 있으며 물이 매우 차다' 고 서술하고 있다. 그는 이러한 기록이나 우륵에 관한 전승을 들었을 가능성이 높다.
60) 崔錫鼎, 『明谷集』 권9 「臨沼亭記」.

다음으로 우륵을 청풍과 관련시키는 견해를 검토해 보자. 이 설은 우륵이 대가야의 省熱縣 사람이라는 기록[61]을 토대로 하여 나온 것이다. 丁若鏞은 이 성열현을 청풍의 옛 명칭인 沙熱伊縣과 같은 것으로 보고 우륵이 청풍과 충주에서 놀았다고 하여[62] 우륵을 청풍지역과 관련시켜 이해하였다. 이러한 견해는 申采浩에게 영향을 주었는데, 그 역시 정약용과 마찬가지로 성열현을 지금의 청풍으로 비정하면서 우륵과의 관계를 설명하였다.[63]

그러나 정약용·신채호 등이 우륵을 청풍과 관련시켜 언급하였던 성열현은 의령군 부림면설, 고령설 등 그 위치 비정에 대해 여러 견해가 제시되고 있어서 의문시된다. 성열현을 지명이 유사하다는 이유만으로 지금의 청풍으로 비정하여 우륵의 세거지로 이해하는 견해는 많은 문제점이 있다.

이와 같이 우륵 관련 전승이 무엇을 근거로 하여 제천의 의림지나 청풍 일대에 남아 있었는지에 대해서는 현재로서는 알 수는 없다. 다만 조선 후기 숙종 연간에 당쟁이 격화되면서 제천에 재지적 기반을 가진 사대부들이나 또는 의림지의 경관에 심취한 묵객들에 의해 우륵 관련 전승이 일단 기록으로 정착된 것으로 보인다. 관련 기록이 너무 소략하고 설화 형태로 전해 내려오고 있지만, 이를 뒷받침할 만한 우륵과 관련한 적극적인 자료는 아직 보이지 않고 있다.

여하튼 의림지에 전하고 있는 우륵 전승에는 우륵이 의림지를 쌓았다는 설과 우륵이 의림지에 와서 살았다는 두 설로 정리해 볼 수 있다. 그런데 가야의 망명객으로 왕경에서 멀리 떨어진 國原에 사민된 우륵이 의림지 같은 큰 제언을 만들 만한 위치에 있었다고는 생각되지 않는다. 또한 『삼국사기』 신라본기 진흥왕 12년과 13년조 기사 및 樂志 등에 나오는 우륵 관련기사를 분석해 볼 때 대가야의 성열현 사람인 우륵이 대가야에서 신라로 망명하여

61) 『삼국사기』 제32 雜志 제1 樂.
62) 丁若鏞, 『我邦疆域考』 권2.
63) 申采浩, 『朝鮮上古史』, 1926.

안치된 곳은 지금의 충주인 국원지역임이 밝혀진 상태이고,[64] 또한 현재 충주시 탄금대 일대에 우륵과 관련한 전승이나 유적이 존재하고 있는 점에[65] 비추어 볼 때 청풍이나 의림지 거주설은 전승 그대로 받아들이기는 어렵다.

다만 우륵은 의림지를 축조했을 가능성은 거의 없지만, 원래 국원소경에 거주하다가 풍광이 수려한 의림지 주변에서 만년을 보냈을 가능성이 있고, 아니면 그가 거주하던 국원소경에서 벗어나 산수가 수려한 남한강 주변 일대인 청풍과 제천 의림지 일대를 넘나들면서 그의 예술적 재능을 힘껏 발휘한 데에서 이러한 설화가 남아 있게 된 것이 아닐까 한다.

5. 맺음말

이상으로 대가야 출신 악사인 우륵이 신라에 망명한 후 오늘날의 충주지역인 國原에 안치되어 신라 국원소경 건설과 관련된 사실과 역사적 배경 및 활동 내용을 단계별로 살펴보았다. 이를 요약하면 다음과 같다.

먼저 신라의 국원 진출은 신라가 도살성과 금현성을 고구려와 백제로부터 공취한 550년 3월 이후인 550년 중후반경에 이루어졌으며 우륵을 포함한 가야계 유민들이 이때에 국원으로 집단 사민된 것으로 보았다.

다음으로 우륵의 국원 안치와 관련하여 신라의 국원 경영과정을 대략 세 시기로 나누어 살펴보았다. ① 제1기는 550년 신라가 국원을 고구려로부터 공취한 직후 가야인들을 사민시킨 정책이며, ② 제2기는 551년 진흥왕의 친정체제가 출범하면서 취한 예악을 통한 유교정치의 실현 시기이며, ③ 제3기는 557년 국원소경을 설치하여 왕경에 준하는 副都로서의 위상을 확립하

---

64) 林炳泰, 「신라소경고」『역사학보』35·36합집, 1967 ; 田中俊明, 「신라중원소경의 성립」 『중원문화국제학술회의 결과보고서』, 충북대 중원문화연구소, 1995.
65) 김현길, 「우륵에 대한 연구」『예성문화』7, 1985, 76~85쪽 ; 충주공업전문대학 박물관, 『탄금대지표조사보고서』, 1991 ; 차용걸 외, 『충주 탄금대』, 충북대 중원문화연구소, 2002.

는 시기라 할 수 있다.

신라가 우륵을 포함한 가야계 유민들을 국원에 안치한 의도는 이들을 북쪽 최전방 접경지역의 요충지인 국원에 배치하여 신라인들의 희생을 최대한 줄이고 가야유민들로 하여금 북진의 선봉적 역할을 독려하려는 의도에 있는 것으로 파악하였다.

이처럼 신라는 가야계 유민들을 접경지역에 집단 이주시킴으로 해서 이들을 연고지와 유리시켜 통제 감독할 수 있게 되고, 또한 최전선에서 고구려의 침입을 막는 방패막이 역할을 수행할 수 있다고 판단했을 것이다. 그리고 친신라적 가야계 유민들을 지배 기반이 취약한 최전선의 접경지대에 거주케 하여 백제 영유기 이래의 재지세력과 고구려계 주민들 간의 갈등을 미연에 방지하고 나아가 국원지역 재지세력의 지배 기반을 약화시켜 신라의 중앙 지배력을 관철시키고자 하였다.

진흥왕은 551년 정월 친정을 단행하면서 한강유역을 확보하겠다는 의지를 천명하였다. 이러한 배경에서 신라는 이들 가야계 유민들을 보다 안정화시키고, 또한 재지세력들의 적극적인 협조를 이끌어내기 위해서 새로운 정책의 시행이 필요하였다. 이러한 목적에서 551년 3월 娘城지역의 巡狩가 행해졌다. 진흥왕은 지금의 충주로 비정되는 낭성지역을 순행을 할 때 국원에 신라인을 대신하여 강제 사민된 가야계 유민들에 대한 위무와 세심한 배려를 고려하지 않을 수 없었다.

진흥왕은 곧이어 있을 한강유역으로의 출정을 독려해야 하고 또한 강제로 국원에 사민되어 온 가야계 유민들을 위무하여 그들로 하여금 국원지역의 안정과 지배를 관철시켜야 했다. 이를 위해 진흥왕은 예악을 통해 가야계 유민들의 통합을 이끌어내는 방법을 택하였다. 이러한 목적으로 진흥왕은 대가야 출신인 우륵과 그 제자 尼文이 음악에 능하다는 소문을 듣고 행궁인 하림궁에서 이들을 불러 가야음악을 연주케 한 것이다. 진흥왕은 사민된 우륵 집단을 고구려로부터 새로이 확보한 전략적 요충지인 국원에서 음악이 가지는 정치적 의미를 십분 활용하려고 하였다.

이어 신라의 국원 경영은 3단계에 이르러 557년 국원소경 설치로 구현되었다. 국원소경이 설치되고 신라 왕경인들이 본격적으로 이주되었으며, 또한 지방관의 임명, 소경성 설치가 이어지면서 그 위상은 왕경에 준하는 副都의 성격을 가진 것으로 격상되었다. 이때 우륵은 진흥왕의 명으로 제자 大奈麻 階古·法知, 大舍 萬德을 양성하여 가야악을 신라에 전수하기 위한 노력을 기울이게 되었다.

그러나 우륵의 12곡은 5곡으로 축소 변개되어 신라인들의 정서에 맞게 변형되었으며 진흥왕은 이 음악을 신라의 대악으로 수용하였다. 이처럼 우륵의 의도와는 다르게 가야음악이 신라에 변용되어 수용되었지만 우륵은 국원소경 설치 이후에도 가야음악 전승에 힘쓰면서 이를 국원지역의 지역적 특성을 반영하는 문화요소로 자리잡는데 큰 역할을 하였다. 이로서 국원소경은 우륵의 의해 이식된 가야음악이 지역적 음악으로 특징지우게 되었다. 이러한 면에서 국원소경은 가야음악과 신라의 대악이 결집된 곳으로 삼국통일의 문화적 바탕이 된 樂都라 할 수 있다.

『충북사학』16, 충북대학교 사학회, 2006

堤川 義林池의 역사성과 가치

1. 머리말

堤川 義林池는 제천시 모산동 241번지에 있는 우리나라에서 가장 오래되고 水利 역사 연구에 가장 중요한 자료로서 현재 충청북도 지방기념물 제11호(1976년 12월 21일)로 지정 관리되고 있다. 최근에는 문화재청이 고대 수리시설인 의림지와 그 주변의 정자 및 소나무가 어우러진 의림지 주변 堤林을 국가지정문화재 명승 제20호(2006년 12월)로 지정한 바 있을 정도로 제천지역의 대표적인 상징물로 널리 알려져 있다.

제천이라는 지역 명칭은 의림지에서 연유한 것이다.[1] 의림지는 본래 林池라 불리었는데, 고려 성종 11년(992)에 제천의 명칭이 '堤州' 이외에 별칭인 '義川縣' 이나 '義原縣' 으로 부르게 되면서[2] 義자를 붙여 義林池라 부르게 된 것이라 한다. 그리고 제천의 옛 이름인 '奈吐', '大堤', '奈堤', '義

---

1) 조선 순조 23년(1823) 5월 1일 의림지를 답사한 바 있는 한진호는 제천이란 명칭이 의림지에서 비롯되었음을 밝힌 적이 있다(『도담행정기』, 이민수 역, 일조각, 1993, 102~103쪽).
2) 『고려사』 권56, 지10, 지리1, 堤州.

川', '義原' 모두가 큰 둑이나 제방을 의미하거나, 또는 의림지를 뜻하는 명 칭에서 연유한 것이다.[3]

제천지역은 옛부터 산세가 험하고 또한 척박한 곳으로 알려져 있다. 조선 세종 때의 鄭麟趾(1396~1478)는 제천을 가리켜 "지세가 높은 궁벽한 시골"이라고 했고, 李承召(1422~1484)도 "톱니처럼 뾰족 뾰족한 돌에 말도 발굽을 삐기 쉬운 좁은 길이 비탈을 따라 실날 같이 통한 곳"[4]이라고 표현한 것은 제천의 이러한 사정을 잘 보여주고 있다.

이처럼 제천이 가진 악조건에도 불구하고 이곳에 풍요로움을 안겨 준 것은 무엇보다도 의림지의 덕택일 것이다. 실제로 의림지는 충청도 지역에서 규모도 클 뿐 아니라 가장 높은 관개율을 보이고 있어 농업 경제사상 높은 효율성과 중요성을 가진 저수지로서 기능하여 왔다는 점에서 우리의 주목을 끌고 있다. 그리고 의림지는 우리나라에서 오래된 인공저수지일 뿐 아니라 한국 농경문화의 원형을 찾을 수 있다는 점에서 단지 제천지역 뿐 아니라 우리나라의 대표적인 농경 관련 유적지로서 위치한다고 볼 수 있다.

제천이라면 가장 먼저 떠오르는 것이 義林池인 만큼 의림지는 제천의 상징이 되어 왔다. 현재의 의림지는 호반 둘레가 약 1.8km, 호수 면적은 151,470m², 저수량 6,611,891m³, 수심은 8~13m이며, 현재의 몽리 면적은 2.87km²에 이른다. 의림지는 빼어난 경승지로 이름이 나 있으며, 충청도 지방에 대한 별칭인 '湖西'라는 말도 바로 이 저수지를 기준으로 불렀다는 견해[5]도 있다. 그리고 농업사 측면에서 볼 때 한국에서 오랜 역사를 가진 저수지로 널리 알려져 있다. 이런 이유로 의림지는 한때 중·고등학교 국사

---

3) 제천의 연혁을 살펴보면, 고구려의 영유기에는 奈吐縣이었는데, 통일신라시대인 경덕왕 16년(757)에는 奈隄郡으로 개명된 후 沙熱伊縣(제천 청풍)과 赤山縣(단양)을 통할하였다. 고려 초에는 堤州라 하였고, 이어 조선시대에는 堤川縣이 되었다.

4) 『新增東國興地勝覽』 권14 忠淸道 堤川縣의 題詠條에 鄭麟趾·李承召·徐居正를 비롯한 많은 묵객들이 지은 시가 있어 참고가 된다. 즉 鄭麟趾는 "地勢最高處 民居是僻鄕…"이라 하였고, 李承召는 "石如鉅齒狀 欃欃馬蹄易踣 前途遠 又是山西落日紅"이라 하였다.

교과서에서 삼한시대의 대표적인 농경문화 유적지로서 서술되기도 하였다.[6]

농업이 기간산업이었던 전근대사회에서 수리시설의 축조는 농업의 성패를 가늠하는 중요한 요소로서 정치 경제 사회 전반에 걸쳐 큰 영향을 미치는 대규모 사업이었다. 이에 따라 수리시설의 축조 시기와 배경, 그리고 축조 기술과 운영 주체, 몽리의 효과, 그리고 파손된 저수지의 보수와 수축 등에 대한 해명은 우리나라 농경문화사를 밝히는데 중요한 관건이 된다. 그런 면에서 우리나라에서 가장 오래된 의림지에 대한 역사적인 고찰은 중요한 의미를 가지는 작업이라 할 수 있다.

그러나 지금까지 의림지에 대한 저수지로서의 기본적인 성격 규명과 의림지가 지닌 고고 · 역사적 의미를 밝히려는 노력은 거의 없었고,[7] 단지 관광 자원으로서의 활용이라는 측면에 중점을 두어왔다고 해도 과언이 아니다. 그러한 가운데 1999년 8월[8]과 2009년[9] 두 차례에 걸쳐 의림지에 대한

---

5) '湖西'라는 명칭은 벽골제, 의림지, 금강을 기준으로 하였거나, 또는 중국지명 이식에서 유래한 것으로 보고 있다. 다만 실학자 李肯翊(1736~1806)은 『연려실기술』에서 근거 제시 없이 벽골제나 의림지를 기준으로 삼은 데에서 유래한 것으로 보았다. 최근에는 벽골제보다는 금강과 의림지를 기준으로 보는 견해도 제기되고 있다(권혁재, 『한국지리[총론제3판]』, 법문사, 2003, 14쪽 ; 범선규, 「'조선 8도'의 별칭과 지형의 관련성」『대한지리학회지』38-5, 2003, 697 · 699쪽).

6) 제6차 교육과정에 의거해 편찬된 중 · 고등학교 국사교과서(교육부, 『중학교 국사』(상), 1996, 32쪽 ; 『고등학교 국사』(상), 1996, 35~36쪽)에는 의림지에 대하여 삼한 시대의 벼농사와 관련이 있는 중요한 유적으로 서술하였으나, 현행 제7차 교육과정에 의거한 중 · 고등학교 국사교과서에는 의림지에 관한 서술이 빠져있다. 이는 의림지에 축조 시기에 대한 객관적인 근거가 불충분하여 관련 서술에서 빠진 것이 아닐까 한다.

7) 그 동안 의림지에 대한 역사적 접근은 주로 향토사 차원에서 단편적으로 이루어져 왔다. 그러한 가운데 학문적 입장에서 의림지에 대한 역사적 고찰을 시도한 구완희의 글(「제천 의림지에 관한 역사적 검토」『인문사회과학연구』7, 세명대 인문사회과학연구소, 1999, 263~277쪽) 등이 있을 뿐이다.

8) 충북대박물관 · 제천시, 『의림지정밀기초조사』, 조사보고 제69책, 2000.

9) 김주용 외, 『제천 의림지 제4기 지질환경 및 자연과학분석 연구』, 한국지질자원연구원, 2009.6.15, 49~50쪽.

역사성을 밝히기 위한 정밀 학술조사를 실시한 바 있었다. 이 조사는 지금까지 구비전승에만 근거하던 의림지에 대해 본격적인 학술조사를 실시하였다는 점에서 큰 의미를 갖는다고 하겠다. 특히 의림지 축조 시기 문제와 관련하여 의림지 바닥의 표층퇴적물 시추공 시료의 최하부 지층의 연대가 제시되어 앞으로 이에 대한 논란이 예상된다. 순차적인 정밀 학술조사를 통해 의림지의 시축 연대를 보다 객관적으로 입증해 낼 수 있는 다각적인 노력이 과제로 남는다고 하겠다.

따라서 이 글에서는 문헌적인 입장에서 의림지의 시축 시기에 대한 여러 견해를 검토하여 현 단계에서 추정할 수 있는 의림지의 축조 시기와 수축 과정을 살펴 볼 예정이다. 이어 의림지 축조가 조선시대 수전농업의 발달에 어떠한 영향을 미쳤는가를 살펴서 의림지가 지닌 비중과 가치를 검토할 것이다.

2. 義林池의 始築

제천의 의림지를 언제 처음 쌓았으며, 또한 언제 수축하였는지에 대해서는 관련 자료의 절대 부족으로 잘 알려져 있지 않다. 조선왕조의 공식 기록인 『成宗實錄』이나 『承政院日記』 등을 비롯하여 각종 지리지나 읍지 등에 의림지에 관한 단편적인 가사를 전하고 있을 뿐이다. 의림지와 자주 비견되는 김제 벽골제에 대해서는 그 시축 시기나 수축과정이 그런대로 여러 사서에 잘 남아 있어 대조를 이루고 있다. 의림지의 축조 시기와 이를 주도한 사람에 대해서는 주로 조선 후기 제천지역에 전해 내려오는 구비전승이나 설화를 채록한 각종 지리지나 사대부들의 문집 등을 통해 여러 견해가 제기되고 있다. 지금까지 의림지의 축조 문제에 대해서는 수축이나 변천 과정보다는 축조 시기 문제에 관심이 보다 집중되어 왔음을 알 수 있다.

그 축조 시기에 대해서는 대략 세 가지 견해로 집약될 수 있다.[10] 첫째는 삼한시대 축조설로서 김제의 벽골제 등과 같이 삼한시대에 축조된 것으로 보는 입장인데, 현재 가장 보편적으로 받아들이고 있는 견해라 할 수 있다.[11] 둘째로 6세기 중반인 신라 眞興王代의 于勒 축조설이 있다. 이는 의림지에 많은 우륵과 관련된 전설이 남아있는 것을 기초로 하고 있다. 셋째는 조선시대에 鄭麟趾 등과 같은 인물에 의해 축조되었다는 견해로 나누어 볼 수 있다.

먼저 三韓時代 築造說에 대해서 검토해 보자. 과거 중·고등학교 국사교과서를 비롯하여 대부분의 향토사 관련 책자나 홍보물에서 의림지의 始築 연대를 삼한시대부터로 기술하고 있다. 이 설을 처음으로 제기한 사람은 李丙燾였다. 그는 「한국 水田의 기원」(1956)이란 글을 통해[12] 이미 삼한시대 벼농사의 발달과 관련하여 저수지 축조문제를 언급한 바 있었고, 이어 진단학회에서 펴낸 『한국사』 고대편(1959)을 통해 이를 부연해서 언급하였다.[13] 그는 삼한시대 저수지를 뜻하는 국명이나 군명을 사용한 예로서 마한의 優休牟涿國, 변진의 彌離彌凍國·難彌離彌凍國·古資彌凍國, 고구려의 奈吐郡(제천), 백제의 未冬夫里縣(남평)을 거론하였던 것이다. 이병도의 삼한축조설은 그의 역사학계의 학문적 위치로 인하여 우리 학계에 그대로 영향을 미치게 되면서 이후에 편찬된 각종 국사 개설서뿐만 아니라 중·고등학교의 국사교과서에서도 한동안 이를 정설로 받아들여지게 된 것이다.

그런데 위의 설은 정밀한 학술조사를 통해 입론된 것이 아니라 단지 관련 지명의 언어학적 해석에 근거하여 유추한 것에 불과하기 때문에 비판 없이 그대로 받아들이기에는 불충분하다. 고대의 제방 축조공사는 대규모의

---

10) 의림지 축조 시기에 관한 여러 견해에 대해서는 양기석 외, 앞의 글(2000), 156~162쪽이 참고가 된다.
11) 과거 중·고등학교 국사교과서를 비롯하여 『堤川郡誌』(1969)와 『堤川, 堤原史』(제천문화원 편, 1968) 등 향토관련 책자에서도 이 견해를 보편적으로 수용하고 있다.
12) 이병도, 「한국수전의 기원」 『두계잡필』, 일조각, 1956.
13) 이병도, 『한국사』, 진단학회 편, 을유문화사, 1959, 306~307쪽.

인력 동원과 고도로 발달된 측량술 및 대형 석재의 운반과 구축기술을 필요로 하기 때문에 막대한 노동력을 부릴 수 있는 강력한 권력을 가진 국가기반이 확립되어 있어야 가능한 사업이었다. 벽골제의 경우 높이 4.3m, 상변 폭 7.5m, 하변 폭 17.5m의 제방을 축조하기 위해서는 연인원 322,500명이라는 방대한 인원을 동원한 사례[14]가 참고 된다.

따라서 삼한시대의 소국이 과연 이러한 대규모의 제방을 축조할 수 있는 사회발전 수준이 되었는가에 대해서는 회의적일 수밖에 없다. 의림지와 같이 삼한시대에 축조된 것으로 보는 김제 벽골제도 고고학적인 학술조사를 통해 그 시축연대를 330년 경으로 추정한 사례가 있다.[15] 최근에는 벽골제 石柱 수문과 백제 기와편 등에 주목하여 4세기 전반인 벽골제의 축조 연대를 백제 웅진·사비기 이후로 내려보는 견해도 제기되고 있다.[16]

다음으로 의림지가 신라 眞興王 때(540~576) 악성 于勒에 의해 축조되었다는 설이 있다. 이는 조선 후기에 구비 전승을 채록한 관련 문헌자료와 청풍 및 제천 의림지 주변에 남아있는 우륵에 관한 전설 및 관련 유적들에 기초한 것이다. 현재 제천 의림지 주변에는 우륵이 살았다는 의림지 동쪽 돌봉재[石峰]와 于勒堂의 옛터, 그리고 그 동북쪽에 우륵이 식수로 사용했다는 于勒井 등이 전한다. 또한 의림지의 동북쪽에 제비바위[燕子巖, 龍巖]가 있어서 우륵이 가야금을 타던 곳이라 하였다.

그런데 이러한 우륵 전승과 관련하여 조선 후기에는 의림지를 우륵이 시축했다는 견해가 잇달아 제기되었다. 肅宗 때 吳相濂이 쓴 『燕超齋文集』[17]과 憲宗 때 편찬한 『충청도읍지』(권7 제천현), 朴守儉(1629~1694)의 문집인

---

14) 윤무병, 「김제 벽골제 발굴보고」 『백제연구』7집, 1976, 67~91쪽.
15) 주) 14 참조.
16) 성정용, 「김제 벽골제의 성격과 축조시기 재론」 『한·중·일의 고대 수리시설 비교연구』, 계명대학교출판부, 2007, 87~91 및 96쪽.
17) 吳相濂, 『燕超齋文集』 권5, 잡저, 우륵당·연자암·大堤.

『林湖集』,[18] 金履萬(1724~1776)의 記文,[19] 明谷 崔錫鼎(1646~1715)의 문집[20] 등에서 이러한 우륵 관련 전승을 기록으로 남겼던 것이다. 그밖에 우륵을 의림지가 아닌 인근 제천 청풍 일대와 관련시켜 보는 설도 있다.[21]

우륵 관련 전승이 무엇을 토대로 하여 의림지 주변이나 청풍 일대에 남아 있었는지에 대해서는 현재로서는 알 수는 없다. 다만 조선 후기 숙종 연간에 당쟁이 격화되면서 제천에 향토적 기반을 가진 사대부들이나 또는 의림지의 경관에 심취한 묵객들에 의해 우륵 관련 전승이 일단 기록으로 정착된 것으로 보인다. 관련 기록이 너무 소략하고 어떤 전승 형태로 전해 내려오고 있는데다가, 우륵과 관련한 적극적인 자료는 아직 보이지 않고 있다.

그러나 우륵은 가야에서 신라에 망명해 온 이후 금성(경주)에서 멀리 떨어진 國原小京(충주)에까지 사민되어 온 사람으로서 의림지 같은 큰 제언을 만들 만한 위치에 있었다고는 결코 생각되지는 않는다. 『삼국사기』 신라본기 진흥왕 12년과 13년조 기사 및 樂志 등에 나오는 우륵 관련기사를 분석해 보면 대가야의 省熱縣 사람인 우륵이 대가야에서 신라로 망명하여 안치된 곳은 지금의 충주지역인 국원소경임이 밝혀진 상태이고,[22] 또한 현재 충주시 탄금대 일대에 우륵과 관련한 전승이나 유적이 존재하고 있는 점에[23] 비추어 볼 때 청풍이나 의림지 거주설은 전승 그대로 받아들이기는 어렵다.

다만 우륵은 의림지를 축조했을 가능성은 거의 없지만, 원래 국원소경에 거주하다가 풍광이 수려한 의림지 주변에서 만년을 보냈을 가능성도 있고,

---

18) 朴守儉, 『林湖集』 권5, 「于勒堂重建勸誘文」 17쪽 하.

19) 金履萬, 『鶴皐先生文集』 권2, 「于勒」 : 동 권9, 「義林池記文」. 규장각 소장(奎10387) 제천현 지도에는 '의림지 곁에는 우륵이 마셨다는 于勒井이 아직도 남아 있다. 우륵정은 우륵당의 동북쪽 절벽 아래에 있으며 물이 매우 차다'고 서술하고 있다. 그는 이러한 기록이나 우륵에 관한 전승을 들었을 가능성이 높다.

20) 崔錫鼎, 『明谷集』 권9, 臨沼亭記.

21) 丁若鏞, 『我邦疆域考』 卷2 및 申采浩, 『朝鮮上古史』, 1926.

22) 임병태, 「신라소경고」 『역사학보』35·36, 1967 ; 田中俊明, 「신라중원소경의 성립」 『중원문화국제학술회의 결과보고서』, 충북대 호서문화연구소, 1995.

아니면 그가 거주하던 국원소경에서 벗어나 산수가 수려한 남한강 주변 일
대인 청풍과 제천 의림지 일대를 넘나들면서 그의 예술적 재능을 힘껏 발휘
한 데에서 이러한 설화가 남아 있었던 것이 아닐까 한다.

다음으로 朝鮮時代 築造說을 검토할 차례다. 조선 초기에 의림지를 쌓았
다고 전해지는 전승이 그것이다.[24] 이에 의하면 세종 때(1418~1450) 현감
朴義林이 쌓았다는 설과 세조 때(1455~1468) 鄭麟趾가 쌓았다는 설이 있다.
그러나 이 시기의 제언에는 축조자의 이름을 붙인 경우가 전혀 없다는 점이
나, 『성종실록』에 '의림지는 前朝에 쌓은 것'이라고 한 것을 보면,[25] 이처
럼 조선 초에 축조하였다는 기록은 거의 신빙성이 없어 보인다. 다만 ②설
은 體察使 鄭麟趾가 端宗 복위를 꾀하던 錦城大君과 順興府使 李甫欽을 저
지하기 위하여 충청도와 영남·관동의 병사를 모으는 시기에 한동안 제천
에 머물면서 의림지를 축조했다고 한다.

정인지 축조설은 『조선왕조실록』이나 다른 문헌에는 보이지 않고 조선
후기 金履萬의 「義林池記文」과[26] 한진호의 『島潭行程記』를 통해[27] 언급되
는 것으로 보아 이 설 역시 우륵 축조설과 함께 조선 후기 이 지역의 사대부
들에 의해 관련 전승이 채록된 것임을 알 수 있다. 이것은 의림지를 신축했

23) 충주공업전문대학 박물관, 『탄금대지표조사보고서』, 1991 ; 김현길, 「우륵에 대한 연구」
『예성문화』7, 1985, 76~85쪽. 현재 충주 탄금대의 강변에는 우륵이 자주 내려와 가야금을
켰다는 琴休浦가 있고, 주변에는 가야금과 관련한 지명인 琴谷里(현재 漆琴洞), 琴腦里
(현재 琴陵里), 聽琴里(현재 聽琴亭의 별칭)가 있다. 그밖에 조선시대 충주목 관할에는 上
加羅堤(현재 음성군 금왕면)·下加羅堤(음성군 금왕면)·加也谷堤(음성군 대소면)·加
羅谷堤(음성군 삼성면)·上加羅堤(음성군 삼성면)·下加羅堤(음성군 삼성면) 등과
같은 가야계 지명이 붙은 제언이 있었음이 참고가 된다. 이들은 조선후기에 음성지방에
있던 제언들인데, 당시 충주목 관할이었다. 이들 가야계 지명이 이곳에 남게 되었는지에
대한 문제와, 아울러 청풍이나 제천에 우륵에 관한 전승이 남아 있게 되었는지에 대해서
는 앞으로 학술적인 측면에서 세밀한 검토가 필요하다.
24) 제천·제원사편찬위원회, 『제천·제원사』, 1988, 1153쪽 참고.
25) 『성종실록』권46, 성종 5년 8월 병술.
26) 주) 19 참조.
27) 한진호, 「義林池小考」『島潭行程記』: 이민수 역, 『도담행정기』, 일조각, 1993, 102~104쪽.

다고 보기보다는 이때에 와서 보수한 것을 말하는 것으로 짐작된다. 제언은 여러 가지 이유로 주기적인 수축이 필요한 것이기 때문이다.

이상과 같이 의림지의 시축에 대한 여러 견해는 어떤 객관적인 근거를 통해서 입론된 것이 아니라 거의 이 지역에 전해오는 구비전승에 의존하고 있어 정설화하기에는 문제가 있는 것으로 드러났다.

그러면 의림지의 시축 연대를 문헌학적인 입장과 지질학적인 입장에서 지금까지의 연구 성과를 토대로 하여 추정해 보자.

우선 제천지역이 고구려의 영유기일 때 의림지는 어떤 형태로든 존재했을 가능성이 있다는 점이다. 고구려 영유기[28]에 제천의 邑號가 柰吐縣이었다는 점[29]에 주목하여 삼국시대에 의림지의 원형이 될 수 있는 형태의 저수지가 존재하였을 가능성이 높다. 제천의 읍호로써 삼국시대 이래 현재까지 일관되게 사용되었던 '吐'·'堤'·'隄' 등은 모두 저수지의 제방 즉 '둑'을 의미하는 것으로 볼 수 있다.

신라 때 朴堤上의 별칭인 '毛末'(『삼국사기』 박제상전)과 '毛麻利叱智'[30]는 모두 '堤上'과 같은 말로 '둑'을 의미한다.[31] 박제상이 양산지방을 중심으로 하나의 해상세력을 구축하였던 지방세력가였던 사실에[32] 미루어 볼 때 고대 사회에서 물을 관리하거나, 또는 해상을 지배하는 역할이 얼마나 중요한가를 실감케 해 준 한 사례라 할 수 있다. 그리고 의림지에서

---

28) 여기서 고구려 영유기란 396년 광개토왕의 남정 때나(정운용, 「5세기 고구려 세력권의 남하」 『사총』 35, 1989, 5쪽 ; 이도학, 「영락 6년 광개토왕의 남정과 국원성」 『손보기박사정년기념한국사학논총』, 지식산업사, 1988, 97~102쪽), 또는 475년 장수왕의 한성 침공 때부터(변태섭, 「중원고구려비의 내용과 연대에 대한 검토」 『사학지』 13, 1979 ; 신형식, 「중원 고구려비에 대한 일고찰」 『한국고대사의 신연구』, 일조각, 1984, 407쪽) 551년 신라의 북진에 의해 고구려가 남한강 유역을 상실하기까지의 시기를 말한다.

29) 『삼국사기』 권35, 잡지4 지리2 북원경 柰隄郡.

30) 『일본서기』 권9, 신공황후 섭정 5년 춘3월.

31) 毛'의 訓은 '톨', '토', '털'로 현대어의 '둑', '독(堤·堰)'에 당하고, '末'과 '麻利'는 '上', '首'로 '마리'를 뜻한다(이병도 역주, 『삼국사기(하)』, 을유문화사, 1983, 349쪽).

32) 김용선, 「박제상 소고」 『전해종박사화갑기념사학논총』, 일조각, 1979, 601~610쪽.

연원한 제천의 경우처럼 고대의 행정구역 명칭에 있어서 저수지가 그 지역을 대표하는 명칭으로 사용된 사례가 종종 찾아진다. 『삼국사기』 지리지에 의하면 고구려계 지명 중에 奈吐郡(제천), 主夫吐郡(부평), 束吐縣(속초), 吐上縣(통천) 등이 있는데, 이들은 통일신라 경덕왕 때 이름을 각각 奈隄郡, 長堤郡, 棟隄縣, 隄上縣으로 개명하였다.

따라서 '吐'는 제방(堤 = 隄)을 뜻하는 고구려 계통의 말임을 짐작할 수 있다. 결국 제천의 古語인 '奈吐'는 시내[川]를 의미하는 말인 '내(奈)'에 방죽이나 제방의 뜻을 갖는 '토(吐)'의 결합어인 셈이다.

이와 같이 제천의 옛 이름인 '奈吐'가 의림지 때문에 생긴 것임을 알 수 있다. 어쩌면 의림지의 옛 이름이 '奈吐'였을지도 모른다. 『삼국사기』 지리지에는 내토군의 별칭을 '大堤'라 하였으니[33] 큰 제방이 있는 고을, 즉 의림지를 염두에 두고 붙인 이름일 것이다. 백제 때의 제언인 벽골제가 있었던 김제의 옛 이름이 碧骨郡이었던 것을 상기하면 당시 저수지가 갖는 의미는 대단히 컸던 것 같다. 백제의 벽골군이 신라 때 '金堤'로 바뀐 것이나, 고구려의 내토군이 '奈堤'나 '大堤'로 바뀐 것은 같은 맥락에서 이해가 된다.

여하튼 문헌에 기록된 바에 의하면 고구려에 의해 제천지방이 경영되던 시기에 이미 현 의림지와 관련지어 볼 수 있는 저수지가 어떤 형태로든지 분명히 존재했음을 알 수 있다. 이것으로 보건대 의림지의 始築은 최소한 5세기 후반 이전에 이루어진 것으로 볼 수 있다.

다음으로 의림지 축조 시기와 관련하여 최근에 실시한 지질학적인 연구 결과가 주목된다.

1999년 8월에 제천시의 요청에 따라 충북대박물관에서는 의림지에 대한 역사성을 밝히기 위한 정밀지표조사를 실시한 바 있었다.[34] 이 조사는 고고·역사·지질·식생·나무 수령 및 나이테 분석의 5개 분야로 나누어 실

---

33) 『삼국사기』 권37, 잡지6 지리4 고구려 牛首州.
34) 충북대박물관·제천시, 『의림지정밀기초조사』, 조사보고 제69책, 2000.

시된 것으로 의림지에 대한 본격적인 첫 번째 종합적인 학술조사라는 점에서 큰 의미를 갖는다고 하겠다.

이 조사에 참여한 한국지질자원연구원팀은 의림지 축조 시기 문제와 관련하여 의림지 바닥의 표층퇴적물 시추공 시료의 최하부 지층의 연대를 추산한 결과 보정연대 1,034~1,223년 전인 AD 800~900년 정도에 해당하는 것으로 추정하였다.[35] 그렇지만 발굴 깊이가 3m 60cm에 불과하고 그 축조연대도 하한선을 의미하는 것으로서 삼한시대 축조설을 입증해 주는 증거는 발견되지 않았다.

따라서 의림지에 대한 정확한 축조시기를 밝히고자 하는 요구가 끊임없이 제기되었고, 이런 문제를 해결하기 위해 다양한 분석 자료와 연구 방법의 모색이 절실히 필요하게 되었다. 이에 따라 2009년 6월에 제천시에 요구에 따라 한국지질자원연구원에서는 의림지 제방과 湖低에 대한 시추조사를 실시한 결과 유기물의 방사선탄소연대는 AD 7~10세기인 삼국시대 말에서 통일신라시대에 이르는 어느 시점에 축조된 것으로 추정하였다.[36] 다만 2009년 조사는 제방의 최저층에 해당하는 6번 부엽층의 연대는 AD 180~410년으로 의림지 축조연대를 상회하기 때문에 앞으로 축조연대에 대한 논란이 제기될 수 있다.

한편 2012~2013년 국립중원문화재연구소에 의한 의림지 시·발굴조사가 실시되었는데,[37] 제방의 중앙에서 약간 서쪽으로 치우친 곳에서 폭 약 13m의 舊河川이 확인되었다. 제방에 인접한 곳의 조사를 통해서 축조기법을 확인한 결과 토층은 5개 층으로 되어 있으며, 제방의 하부 성토층에서 6

35) 김주용 외, 「의림지 지질분야 기초조사」, 앞의 책, 77쪽.
36) 김주용 외, 『제천 의림지 제4기 지질환경 및 자연과학분석 연구』, 한국지질자원연구원, 2009.6.15, 49~50쪽 및 「제천 의림지 제방체와 호저 퇴적체 조성비교 연구」『충북문화재연구』3, 2009, 5~22쪽 ; 성정용, 「고대 수리시설의 발달과정으로 본 의림지의 특징과 의의」『중원문화연구』14, 2010, 9쪽.
37) 어창선, 「제천 의림지 발굴과 그 의의」, 제15회 백제학회 정기발표회발표요지, 2013.9.7. 참조.

개의 부엽층을 확인하였다. 의림지의 제방도 부엽공법을 이용하여 축조된 사실이 확인되었다.

부엽공법은 연약한 지반을 보강하고 토층 사이의 견고성을 높이는 효과가 있는 것으로 김제 벽골제나 상주 공검지 등에서 공통적으로 이용한 토목기술이었다. 또한 의림지 堤體部에서 8점의 유물이 출토되었는데, 그 중 주목되는 것이 단각고배의 대각편이다.[38] 단각고배는 6세기 중엽~7세기 중엽에 주로 사용되던 신라토기이다. 이러한 연대는 2009년 제방에 대한 시추조사에서 수습한 부엽층의 목편에 대한 방사성탄소연대측정의 결과인 7세기 ~10세기의 범위에 해당하는 것으로서 의림지 축조연대를 시사해 주는 자료라 할 수 있다.

이상에서 검토하였듯이 의림지의 축조 시기에 대해서는 아직 확정할 수는 없다. 그러나 적어도 삼국시기에는 고을 이름이 거기에서 비롯될 정도로 뚜렷한 존재였음을 충분히 짐작할 수 있다. 지질 조사 뿐 아니라 제방에 대한 고고학적 조사 등도 병행하여 의림지의 축조 연대를 보다 객관화할 수 있는 연구도 계속 진전되어야 할 것이다.

3. 義林池의 정비와 경제적 가치

1) 의림지의 정비

의림지는 제천시 북쪽 용두산(871m) 남사면과 직치[피재] 골짜기에서 흘러 내려오는 지점에 제방을 쌓아 저수지를 만들고, 그 물을 제방에 시설되어 있는 수문을 통해 제천분지에 있는 논에 관개를 하는 역할을 한다. 의림지는 그 하류의 곡지 중앙과 충적선상지에 대한 관개용 용수 조달의 필요성

---

38) 어창선, 앞의 글(2013), 76~77쪽.

에 따라 상류부 곡지
하천의 자연입지 환
경을 최대한 이용하
여 축조한 것으로 판
단된다.

이런 면에서 의
림지는 산골짜기에
서 흘러 들어오는 계
곡물과 샘에서 분출
하는 湧水를 활용한

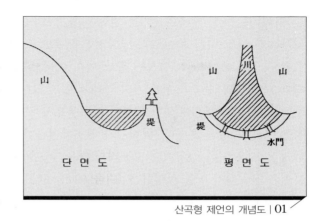

산곡형 제언의 개념도 | 01

山谷型[그림 01]에 속한다고 볼 수 있다.[39] 이러한 유형의 제방은 자연의 경
사면을 이용하기 때문에 수심이 깊고 면적 또한 넓어 풍부한 수량을 확보할
수 있는 장점이 있다. 의림지에 대하여 『世宗實錄地理志』에는 "제방은 낮은
산줄기 사이를 흐르는 작은 계곡을 막은 곳에 자리하는데, 그 길이는 530尺
이며, 관개 면적은 400結이나 된다"[40]고 하였으며, 조선후기 영조 때 편찬
된 『輿地圖書』에 의하면 "못의 둘레는 5,870尺이나 되고 수심은 너무 깊어
서 잴 수 없다"[41]고 하였다. 이에 의하면 의림지는 규모가 크고 수심이 깊
은 산곡형의 제언이었음을 알 수 있다. 대신 일정한 수압을 견디기 위해 견
고한 제방을 축조해야 하기 때문에 제방 축조에는 많은 노동력이 소요된다.
그리고 산골짜기로부터 경사면을 타고 많은 모래가 쌓이기 때문에 항상적
으로 준설해야 하는 관리상의 어려운 점이 있다. 따라서 의림지는 산곡형에
속하기 때문에 수축과 유지를 위한 관리상의 어려움이 상존하였다.

39) 宮嶋博史, 「李朝後期の農業水利 -堤堰(溜池)灌漑を中心に-」 『東洋史研究』41-4, 1983,
    648~649쪽.
40) 『세종실록』 권149 지리지, 충청도 제천. 세종 때 제천현의 호구는 415호에 1,235명이었
    고, 토지는 모두 3,915결로서 그 중에 수전은 1/7이나 되었다고 한다.
41) 『여지도서』 충청도 제천현.

의림지는 제방이 축조되기 이전에는 습지 또는 소규모의 연못 형태로 존재하다가 어느 시기에 이르러 인공적인 연못으로 만들어지면서 제언이 축조된 것으로 보인다. 의림지는 축조 이후 여러 차례 수축과 정비를 거쳤겠지만 그 형태와 수축 과정은 거의 알려져 있지 않다. 다만 관련 문헌 기록과 두 차례에 걸친 湖低에 대한 지질학적 시추조사[42]를 통해 단편적인 정비 과정을 엿볼 수 있을 뿐이다. 의림지가 원초적이나마 제언으로서의 형태를 취하게 된 것은 아마 삼국시대 고구려의 영유기였을 것으로 추정된다. 이러한 사실은 의림지가 둑을 의미하는 '내둑[奈吐]'이라는 지역 명칭을 갖게 된 데에서 유추해 볼 수 있다.

이 시기에 제천지역에 제언을 만들게 된 이유는 일차적으로 산골짜기에서 흘러내리는 계류를 저수하여 홍수 때 수위를 조절하기 위한 목적에서였을 것이다. 1972년 8월 18일과 19일에 걸쳐 내린 집중 호우로 인해 의림지가 한때 파괴된 사례에서도 미루어 볼 수 있다. 제천지역은 대부분의 지역이 해발 300m 이상의 고원분지로 되어 있고 제천천 유역을 제외하고는 뚜렷한 평야가 발달하지 못한 곳이다. 강수량은 연 1,358.3mm로서 우리나라 평균치 1,100mm보다 많은 집중 다우지역 현상을 보이고 있어 수해를 자주 입는 빈도가 높은 지역이다.[43] 그리고 경지 면적도 2003년에 논은 3.491ha인데 비해 밭은 8.167ha로 거의 2배 이상의 차이가 난다.[44] 의림지가 평지형 제언이 아닌 산곡형 제언이라는 점에서도 더욱 그렇다.

이러한 제천의 자연환경으로 미루어 보면 의림지 제언의 축조 목적은 무엇보다도 홍수에 대비하기 위한 것이 아니었을까 여겨진다. 부차적으로 제천지역의 최대 평야지대인 제천분지를 관개하는 역할을 통해 가뭄에 대비하고 주변의 수전 개발을 촉진하며, 또한 가뭄과 홍수로부터 안전하게 전답

---

42) 주) 35 및 36 참조.
43) 제천·제원사편찬위원회, 『제천·제원사』, 제천문화원, 1988, 207~208쪽.
44) 제천시지편찬위원회, 『제천시지(하)』, 2004, 107쪽.

을 유지할 수 있어서 궁극적으로는 농업 생산량을 높이려는 목적도 가졌다.

이 시기에 만들어진 제언의 규모는 제천천 주변에 사는 지역 주민들에 의해 소규모 형태로 만들어졌을 것이다. 의림지가 삼국의 중심지역에서 너무 떨어져 있고, 또한 지세가 궁벽한 곳에 위치하기 때문에 대규모 노동력이 동원되어 축조한 김제의 벽골제처럼[45] 중앙의 지배세력이 제언 축조에 직접 관련되어 있는 것으로 보기는 어렵다.

삼국시기에 축조된 의림지가 수축을 하게 된 것은 통일신라시대인 800년 전후 시기로 보인다. 이는 한국지질자원연구원팀이 2000년과 2009년에서 의림지 밑바닥 식물 파편층에 대한 편년 분석에서 안정적 연대로 제시한 AD 800년 전후로 한 시기[46]에 근거를 두고 있다. 『삼국사기』 신라본기에서 800년 전후 시기인 元聖王代(785~798)에서 憲德王代(809~826)까지 수해와 한재 등 자연재해에 관한 기록을 조사해 보면 이 시기에 의림지 수축에 관한 배경을 이해할 수 있다. 旱災가 8회, 水害 2회, 흉년 1회, 饑饉 9회, 蝗害 3회, 冷害3회, 地震 6회로 나타난다. 800년 전후 신라에서 기근과 한재, 그리고 지진 피해가 가장 큰 자연재해였음을 보여주고 있다.

이에 따라 신라에서는 그 대책의 하나로 관개 수리시설에 대한 축조와 보수를 강구하게 되었다. 원성왕 6년(790) 정월에 김제의 벽골제를 크게 증축한 바 있고,[47] 이어 영천 청제가 법흥왕 23년(536)년 처음 축조된 이후 원성왕 14년(798) 4월에는 규모를 확대하여 수리한 사실이 〈貞元銘 청제비〉를 통해 알 수 있다. [48] 헌덕왕 2년(810)에는 제방을 수리케 한 사례[49]가 있

45) 윤무병, 「김제 벽골제 발굴보고」 『백제연구』7집, 1976, 67~91쪽.
46) 주) 35 및 36 참조.
47) 『삼국사기』 신라본기 원성왕 6년 춘정월.
48) 이기백, 「영천 청제비 정원수치기의 고찰」 『고고미술』102, 1969 ; 김창호, 「영천 청제비 貞元十四年銘의 재검토」 『한국사연구』43, 1983 ; 이우태, 「영천 청제비를 통해 본 청제의 축조와 수치」 『변태섭박사화갑기념사학논총』, 삼영사, 1985.
49) 『삼국사기』 신라본기 헌덕왕 2년 2월.

다. 이때 의림지도 이러한 배경 하에서 정비되었을 것으로 추측된다.

　이어 고려와 조선시대에 이르러 의림지가 몇 차례 수축되었음이 다음의
사료를 통해 알 수 있다.

> 經筵에 나아갔다. 講하기를 마치자, 임금[성종]이 領事 洪允成에게 묻기를, "延安
> 의 南大池에 지금 사람을 보내어 修築하려고 하는데, 어떻겠는가?" 하니, 홍윤성
> 이 말하기를, "농한기를 기다려서 파견하는 것이 좋겠습니다. 堤川의 義林池는
> 前朝 때에 쌓은 것인데, 근래에 수령들이 고기잡이를 하였기 때문에 못뚝이 터졌
> 는데, 이 방죽은 灌漑하는 바가 매우 넓으니 이것도 마땅히 쌓아야 할 것입니다."
> 하니, 임금이, "그렇다." 하였다.[50]

　위 사료에서 의림지가 성종 5년(1474) 8월 4일에 洪允成의 건의로 수축
된 사실을 전해주고 있다. 여기서 의림지를 수축하게 된 이유를 수령이 고
기를 잡기 위해 고의로 제방을 훼손하였다는 점이고, 아울러 '前朝' 즉 고
려시대에 의림지를 축조한 것으로 밝히고 있는 점이 주목된다. 성종 때 의
림지가 무너지게 된 것은 조선 세조 때 堤堰敬差官 司導寺의 主簿 姜淑卿이
지적한 대로[51] 수령이 晩秋에서 초겨울에 걸쳐 제언 안의 물고기를 잡기 위
해 고의로 제언을 파괴한 데에 기인하였음을 알 수 있다.

　또 하나는 고려시대에 이미 의림지가 있었다는 사실이다. 통일신라시대
에 수축한 이래 고려시대에도 제언으로서의 기능을 유지하고 있었음을 보
여주고 있다. 조선시대에 이르러서는 세종 때 박의림이나 세조 때 정인지가
쌓았다는 전승에 의거해 볼 때 성종 5년 홍윤성의 건의로 수축되기 이전에
몇 차례에 걸쳐 수축이 있었음을 시사해 주고 있다. 조선 전기에 편찬된 『세
종실록지리지』와 『신중동국여지승람』 제천현조에 이미 의림지의 존재를

---

50) 『성종실록』 권46, 성종 5년 8월 병술.
51) 『세조실록』 권10, 세조 3년 12월 정미. 강숙경은 그밖에 제언이 붕괴되거나 폐제되는 경
　우에 대해 향리와 결탁한 부호들이 제언 윗쪽에 경지를 가지고 있어 침수의 우려가 있는
　경우, 그리고 충분한 수원을 확보하지 않고 제언을 쌓는 일을 들고 있다.

458　백제의 국제관계

기록하고 있을 뿐 아니라 관개로 인하여 농업생산에 큰 혜택을 주고 있다는 기록을 남기고 있는 점이 이를 입증해 준다.

조선 후기에 이르면 의림지는 延安의 南大池, 咸昌의 공검지와 함께 조선의 3대 저수지로 일컬을 정도의 높은 위상을 갖게 된다.[52] 조선 후기에 의림지의 모습을 전하는 그림 3점이 있다. 李肪運 (1761~?)이 그린 「의림지도」[53][그

의림지도 | 02

의림지 | 03

의림지 폭포도 | 04

림 02]와 權信應(1728~1786)이 그린 「의림지」[54][그림 03], 그리고 서울역사 박물관 소장인 「의림지 폭포도」[그림 04]가 있다. 이방운과 권신응의 「의림지도」를 보면 18세기 의림지가 장방형으로 잘 정비되어 있는 모습을 보여주

52) 『承政院日記』 권26, 인조 7년 윤4월 19일(갑술).
53) 紙墨淡彩로 크기는 32.5×26cm으로 현재 국민대학교 박물관에 소장되어 있다. 정선의 진경산수화에 영향을 받아 그린 것이다(박은순, 『금강산도 연구』, 일지사, 1997, 212~218쪽).

고 있다. 의림지에는 수문 시설과 만수위 때 물이 자연스럽게 넘쳐 흐르도록 만든 餘水門이 있었던 것으로 판명되었다. 여수문은 본격 제방 서북쪽에 만들어져 있는데 만수위 때 수압으로 인한 저수지의 붕괴를 막기 위한 시설이다.

저수지에 수문이 설치되지 않는 경우도 있었지만, 대부분 1개 이상의 수문이 있었다. 수문은 저수지 안의 용수를 흘려보내는 관개 배수용 시설로서 高低 차이를 두고 나무로 된 두 개 이상의 水桶을 통해 배수할 경우에는 제방을 허물지 않고도 담수량에 따라 저수지의 물을 조절할 수 있었다. 영천 신라 貞元銘 청제비(798)에 나오는 '上排掘里'의 '배굴리'가 물을 배수하는 장치에 해당한다.[55] 백제의 토목 기술로 축조되었을 것으로 추정되는 일본 오사카 狹山池도 목통으로 된 수문을 사용한 것으로 드러났다.[56] 조선시대에도 제언에 수통이란 배수시설이 설치되었는데,[57] 이는 우리나라에서 발달시킨 독자의 수문 구조라 할 수 있다[그림 05].[58] 배수구 밑바닥 수문은 큰 돌을 네모로 다듬어 여러 층으로 쌓아 올려 수문기둥을 삼았다는 박의림의 전설에 의거해 볼 때 의림지는 돌로 된 수문 구조를 한 것임을 알 수 있다. 현재 의림지 동쪽 제방 밑에 아치형으로 된 석조 수구가 있다.

그 뒤 일제강점기인 1914년부터 1918년까지 의림지에 대한 대대적인 수축사업이 행해졌다. 이때 의림지 수축공사에는 총공사비 17,156원과 인부 3만 4천여 명을 동원하였고, 이어 1918년에는 수문과 암벽을 수축한 결과, 이

---

54) 이 그림은 권신응이 그린『堤川二勝』중의〈의림지〉인데, 1744년에 작품이다. 紙本水墨으로 크기가 26.5×17.5cm이다. 정선의 진경산수화에 영향을 받은 것으로 과도한 墨法이나 거친 運筆은 피했고, 간략한 스케치풍으로 그렸다(윤진영,「玉所 權燮의 소장화첩과 權信應의 회화」『장서각』20, 2008, 231~232쪽).

55) 김창호,「영천 청제비 貞元十四年銘의 재검토」『한국사연구』43, 1983, 119쪽 ; 이우태,「영천 청제비를 통해 본 청제의 축조와 수치」『변태섭박사화갑기념사학논총』, 삼영사, 1985, 117~211쪽.

56) 市川秀之,「狹山池の桶と堤」『第7回東日本埋藏文化財研究會 治水・利水遺跡を考える』第11分冊, 1998 ; 大阪府立狹山池博物館,『圖錄 古代の土木技術』, 2001.

57)『世宗實錄』권1, 세종 즉위년(1418) 9월 갑술 禹希烈의 상언.

58) 菅野修一,「李朝初期農業水利の發展」『朝鮮學報』119・120, 1986, 335쪽.

로써 의림지는 최대 수심 32尺, 관개면적 270 정보, 流域 680여 정보에 달하는 저수지로서 면모를 갖추게 되었다.

또한 1934년 조선수리조합령에 의해 설립된 수리조합이 충북지역에는 13곳이 있었는데, 당시 의림지의 몽리면적

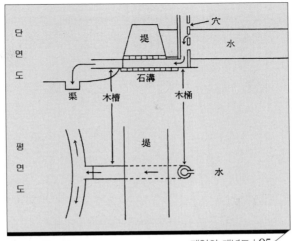

제언의 개념도 | 05

은 277.60정보[2,747,119.8㎡]였고, 조합원 수는 253명이었던 것으로 나타났다.[59]

해방 후에는 1972년 큰 홍수로 의림지 제방이 붕괴되자 이듬해 의림지에 대한 대대적인 수축공사를 벌려 현재에 이르고 있다. 1972년 8월 18일과 19일에 걸쳐 홍수가 발생하면서 의림지의 제방 구조를 알게 되었다. 8월 19일 462mm나 되는 집중 호우가 쏟아지면서 의림지에 물이 차게 되자 제방이 넘칠 것을 우려한 제방 아래의 주민들이 비교적 안전한 곳으로 판단되는 龍 暴 하류 인접지를 인위적으로 파괴하면서 의림지 제방의 구조가 드러나게 된 것이다[그림 06].[60]

제방을 쌓기 전에 바닥을 깊이 파서 진흙을 넣고 통나무(직경 30~50cm)

59) 충청북도, 『충청북도요람』, 1934, 76~77쪽. 당시 조선총독부 고시 제163호(1919.6.12)로 의림지 관개를 위한 수리조합이 결성되었다.

60) 1972년 홍수 당시 의림지 제방 축조 방법에 대해서 정인구, 「의림지 제언에 관한 일고찰」 『한국임학회지』23, 1974, 29~33쪽 : 「천여년전의 댐 축제기술과 용두산의 林相 변천」 『한국정원학회지』1-1, 1974, 63~73쪽을 참고하였음.

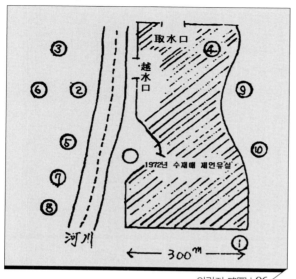

의림지 略圖 | 06

① 暎湖亭　　② 鍾湖樓　　③ 龍瀑　　④ 燕子岩　　⑤ 候仙閣址
⑥ 德瀑亭址　⑦ 紅流洞　　⑧ 신떠리봉　⑨ 于勒臺地　⑩ 義林亭

들을 가로 세로로 묶어가면서 버팀목을 만들고[그림 07], 바깥 벽면은 수압을 받지 않는 면이므로 굵은 자갈돌들을 섞은 흙을 성토하여 축조하였는데 특수공법을 사용하지 않았다. 그리고 물에 닿는 안쪽면[그림 08]은 제방을 축조할 때 가장 중요한 구조물인데, 土砂靜止角(Rosting Angle Soil)을 살려 토양의 붕괴를 막고

토질역학적으로 제방을 오래도록 버틸 수 있도록 한 것이다. 진흙과 모래, 소나무 낙엽을 층층이 번갈아 다진 후 다시 굵은 자갈이 섞인 모래흙으로 두껍게 덮었다. 이는 진흙층 사이에 끼인 낙엽층에 공기가 통하지 않아 완전히 부식되지 않은 채 진흙과 더불어 물의 충격을 견딜 탄성과 복원력을 지니게 되는 원리를 이용한 것이다.

　여기서 주목되는 것이 제방을 점토와 낙엽으로만 견고하고 탄력성 있게 축조하였다는 점이다. 의림지의 경우 제방 안쪽면의 경우 제방 내심벽 위에 점토를 이겨 고르게 바른 다음 20~30cm 두께의 점토층을 이루어 놓았음이 확인되었다.[61] 이 점토층을 불에 태워서 굳힌 다음 다시 진흙과 모래를

---

61) 주) 60 참조.

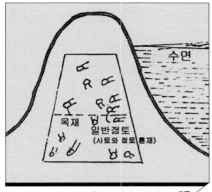

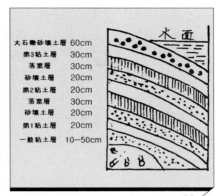

大石礫砂壤土層	60cm
第3粘土層	30cm
落葉層	30cm
砂壤土層	20cm
第2粘土層	20cm
落葉層	30cm
砂壤土層	20cm
第1粘土層	20cm
一般粘土層	10~50cm

제방의 內心 단면도 | 07

對水面壁 제방 단면도 | 08

20cm 두께로 깔고 침엽수 낙엽층을 30cm 정도 골고루 덮고 다시 점토를 이겨서 두드려 붙이고 불에 태워 굳힌 다음 진흙과 모래를 20cm 내외로 덮었다. 이러한 방법을 두 차례 반복한 다음 가장 바깥쪽인 제반 안쪽 표면에는 굵은 자갈이 섞인 일반 모래흙을 60~100cm 정도의 두께로 덮어 놓았다. 이렇게 하여 형성된 제방 안쪽벽의 두께는 250~300cm에 이르고 있다.

이처럼 의림지의 제방은 연약한 지반을 보강하기 위해 점토와 나뭇잎·풀 등 본초류 또는 말목을 번갈아 여러 층위 이상 쌓아올리는 공법인 敷葉工法을 원용하였음을 알 수 있다. 이 공법은 중국 전국시대 초나라에서 만든 安徽省 壽縣 安豊塘 유적에서 활용된 이래 우리나라에서도 성이나 제언을 수축할 때 널리 이용되던 공법이다. 서울의 풍납토성의 축조나 김제 벽골제의 축조[62]에도 부엽공법이 원용되었음이 확인된 바 있다.

1972년 당시 의림지는 만수면적이 115.3ha[1,153,000m²]이고, 유역면적 750ha, 최고 수심 13.5m, 몽리면적이 270ha[2,700,000m²]였다. 현재는 호반 둘레가 약 1.8km, 호수 면적은 151,470m², 저수량 6,611,891m³, 수심은 8~13m이며, 몽리 면적은 2.87km²에 이른다.

---

62) 주) 14 참조.

2) 의림지의 경제적 가치

관개 수리시설의 축조와 정비는 수전 개발문제와 밀접하게 관련되어 있다. 제방을 축조함으로써 주변의 수전개발을 촉진하고, 또한 가뭄과 홍수로부터 안전하게 전답을 유지할 수 있어서 수확량을 높일 수 있게 된다. 조선시대에 들어와서 중요한 농업 정책의 하나로 수전 개발을 통한 수리사업이 국가적 규모로 진행되었다. 제언의 중요성이 그만큼 강조되었다.

태종 때에는 수리사업을 위하여 여러 지역의 한량과 품관 중에서 권농관을 뽑아 제언 수축을 독려하였고 제언을 수축하지 않은 수령과 감사는 죄를 논한다는 방침을 세웠다.[63] 특히 수리사업을 적극 추진하는데 열성을 보인 禹希烈은 『세종실록지리지』의 경기도 지역 제언 관개 결수의 약 26.3%에 해당하는 19,800여 결을 제언 수축을 통해 확보할 수 있었다.[64] 태종 15년에는 감독자 300명과 역부 만여 명을 2개월 간 동원하여 벽골제의 제방과 수문을 완성시켰다. 각도 감사와 수령의 인사 고과에서 제언 수축수를 기준으로 삼았다. 세종 원년(1419)에는 3,480尺이 되는 고부의 訥堤를 보수하였는데, 11,580명의 인력이 동원되기도 하였다.[65]

성종 4년(1473)에는 홍수로 무너진 합덕제언을 수축하였으며 제언만을 전담하는 堤堰司가 별도의 기구로 설치되었다. 그밖에 제언을 훼손하는 행위는 엄한 처벌 대상이 되었으며,[66] 제언의 유지를 위해 제언이 황폐화되었더라도 그것을 경작지로 만들지 못하게 하였다.[67] 세조 때에는 수문 설치에 관한 법령을 제정하여 大堤는 3개, 中堤는 2개, 小堤는 각각 1개의 수문을

---

63) 이광린, 『이조수리사연구』, 1961, 15~16쪽.
64) 이호철, 『조선전기 농업경제사연구』, 한길사, 1986, 368쪽.
65) 『세종실록지리지』 권3, 세종 원년 2월 경자.
66) 『경국대전』에는 제방이나 제언을 보호하기 위해 심어놓은 보호림을 베거나 경작하는 자에게 杖 80을 때리고 官에서 몰수하도록 규정하였다(『경국대전』 권2, 戶典, 田宅).
67) 『증보문헌비고』 권146, 전부고6 제언, 仁祖 원년.

설치하도록 권장하였다.[68]

이러한 국가적 규모의 제언 수축사업은 앞서 언급한 바와 같이 수령들의 관리 소홀과 향리와 결탁한 재지토호들의 농간에 의해 더 이상의 실효를 거둘 수 없었다. 제언은 홍수로 인해 붕괴되는 경우가 있지만 관할 수령의 관리 소홀로 인해 제언으로서의 기능이 약화되거나 또는 아예 廢堤되는 경우도 왕왕 발생하였다.

김제 벽골제의 경우에서 이러한 사례를 찾아 볼 수 있다. 고려 인종 14년(1146)에 무당에 말에 의해 신축한 김제 벽골제의 제방을 무너뜨린 일이 있었다.[69] 조선 태종 15년(1415)에는 벽골제 수축이 이루어졌으나, 세종 2년(1420) 수재를 만나 수축한지 얼마 안되어 붕괴되었다.[70] 이에 대해 태종 때 제언 축조사업에 적극적이었던 禹希烈은 그 원인을 지방관이 태만하여 견고하게 제언을 축조하지 않았기 때문인 것으로 지적한 바 있다.[71]

이와는 달리 제언 축조사업은 16세기 이후부터 새로운 양상으로 전개되었다. 지역사회의 재지사족들에 의해 川防(洑)의 개발이 활기를 띤 것이다. 천방은 제언에 비하여 소규모의 노동력으로 적지 않은 효과를 얻을 수 있다는 이점이 있었기 때문에 그 수가 급격히 늘어났다.[72] 조선 세종 때 연기현감 許晩石이 청주목 경계에 천방 보를 설치할 때 청주 주민들의 맹렬한 반대에도 불구하고 제방을 완성하여 연기 사람들이 수리의 혜택을 입었다는 사례를 들 수 있다.[73]

그러면 조선시대에 의림지가 가지는 경제적 가치와 위상에 대해서 살펴보기로 하자. 조선 초기의 군현별 호구수와 수전과 제언 등 농업에 관한 비

68) 『세조실록』 권17, 세조 5년 8월 신축.
69) 『고려사』 권17, 세가 17 인종 24년 3월 경신.
70) 『태종실록』 권30, 태종 15년 10월 무인 ;『세종실록』 권9, 세종 2년 9월 무인.
71) 『세종실록』 권1, 세종 즉위년 9월 갑술.
72) 이태진, 「16세기 천방(보)관개의 발달」『한우근박사정년기념사학논총』, 지식산업사, 1981.
73) 『신증동국여지승람』 권18, 충청도 연기현 名宦.

교적 상세한 정보를 담은 것이 1454년에 편찬된 『세종실록지리지』이다. 이 자료에 의하면 충청도의 호구수는 총 24,170호에 100,790명이고, 그 가운데 제천의 호구수는 총 415호에 1,235명으로 1,23%에 불과할 정도의 인구가 희박하다. 그리고 충청도의 총 경지면적은 236,300결인데, 수전은 전체의 39.9% 정도에 해당하는 대략 94,181결이다. 그 중 제천의 경지는 3,915결인데, 그 중 수전은 전체의 1/7에 해당하는 대략 559결 정도이다. 그리고 이 같은 수치는 충청도내 55개 군현에서 차지하는 비중은 각각 1.7%, 0.6%에 지나지 않으며, 그 순위도 각각 17위와 45위를 차지할 정도의 낮은 편에 속한다.[74] 따라서 제천은 충청도 내에서도 읍세가 낙후한 아주 작은 고을에 지나지 않았음을 알 수 있다.

그러나 제언의 경우 제천의 사정은 사뭇 다른 양상을 보여준다. 『세종실록지리지』에 의하면 충청도 내 55개 군현 중에서 제언이 기록된 곳은 12개 군현 가운데 불과 14개의 제언만이 수록되어 있다. 이것은 아마 일정 규모를 가진 제언에 한해서 기록된 것으로 보인다. 이 자료에 의하면 제천에는 義臨池라 불리우는 제언이 있는데, 그 길이는 530尺이고 관개면적은 400결이었다고 한다. 여기서 義臨池는 의림지를 말하는데 제언의 길이는 충청도 내에서 홍주의 蓮池(6,060尺)와 아산의 倉正池(690尺)에 이어 55개 군현 중 3위에 해당하지만 관개면적은 단연 도내 최고 수준이었다.

제천지역에서의 관개비율이 71.6%로 역시 최고 수준을 나타내고 있다. 충청도 12개 군현의 평균 관개율이 9.1%이고, 경상도의 평균 관개율이 28결 3부[75]인 점을 감안해 보면 의림지의 효율성은 대단히 높았던 것임을 알 수 있다. 의림지가 제천을 상징하는 만큼 척박한 제천에 젖줄을 대는 생명줄로 경제적 가치는 높다고 할 수 있다. 의림지는 이러한 높은 경제적 비중 때문

---

74) 구완회, 「제천 의림지에 관한 역사적 검토」 『인문사회연구』6, 세명대 인문사회과학연구소, 1999, 269쪽.
75) 김상태, 「조선 전기의 수리시설과 농업경영형태에 대한 일고찰」 『인하사학』10, 2003, 354쪽.

에 조선 전기에는 몇 차례에 걸친 수축과 정비작업을 수행할 정도로 지속적인 관리 대책을 마련해 온 것이 아닐까 한다.

다음으로 조선 후기 제언의 변천 상황을『輿地圖書』충청도에 담긴 정보를 통해 알아보기로 하자.『여지도서』는 대부분 己卯帳籍에 의거하여 읍세를 파악한 점을 보면 1760년 이후에 수집된 정보라 짐작된다. 당시 충청도의 총 호구수는 217,156호에 847,392명이었는데, 그 중 제천의 총 호구수는 총 2,673호에 11,141명으로 1,31%에 불과할 정도의 인구가 희박하다. 제천의 호구수는 조선 전기에 비해 크게 증가했지만 충청도 전체 인구 비율로 볼 때 여전히 1.3%대에 머무르고 있음을 알 수 있다. 그리고 충청도의 총 경지면적 중 수전은 94,733결로서 조선 전기에 비해 거의 같은 수준을 유지하고 있다. 그 중 제천의 수전은 661결 87부 3속이다.

『여지도서』에 의하면 충청도의 총 제언 수는 503곳으로『세종실록지리지』단계의 14곳에 비하면 제언 수가 훨씬 증가한 것으로 나타난다. 그리고 제언의 둘레와 깊이까지 기재되어 있고 또한『신증동국여지승람』과는 달리 제언 항목을 독립적으로 기술하고 있는 점에서 조선 후기 제언의 관리 방식이 훨씬 체계화되고 세밀해졌음을 엿볼 수 있다.『여지도서』충청도에는 모두 54개 군현 중에서 제언이 기록된 곳은 44개소에 총 503개로 나타난다.『세종실록지리지』단계의 14개소에 비하면 제언의 수가 가히 폭발적으로 증가하였음을 보여준다. 이는 조선 후기 농업 생산력의 발달에 따른 제언 관리의 제도화에 기인하는 것으로 볼 수 있다.

제천에는 의림지를 비롯하여 모두 9개소로 대폭 증가하였는데, 9개 제언의 평균 둘레는 1,607尺이었고 제언의 깊이는 평균 7.4尺m이었다. 그리고 의림지의 제방 둘레는 5,805尺으로서『세종실록지리지』단계보다 규모가 훨씬 커졌음을 알 수 있다. 같은 시기에 그린 李肪運(1761~?)의「의림지도」와 權信應(1728~1786)의「의림지」는 정선의 진경산수화 전통을 계승하고 있는 것으로 볼 때 당시 의림지의 규모를 짐작케 해준다. 이 시기 의림지를 포함한 제천의 제언들은 규모면에서 당진, 면천, 아산에 이어 4번째로 크며,

깊이도 천안, 면천에 이어 3번째를 차지하고 있어[76] 조선 후기에 제천지역이 충청도 지역에서 중요한 농업 생산지로서 역할을 수행해 온 것으로 판단된다.

그러나 19세기 후반에 이르면 제천의 경우 종래 9개소에서 의림지와 동방제언 2개소밖에 남지 않을 정도로 제언의 수가 급격히 감소하게 된다. 아산의 경우 종래 8개소에서 1곳이 늘면서 4곳이 폐기되어 5개소로 줄어드는 현상이 생겼다. 이를 통해 19세기에 이르면 큰 제언보다는 소규모의 인력으로 제언을 축조할 수 있는 천방(보)이 제언의 주류를 이루었으며, 또한 제언이 신축과 폐기되는 반복적인 현상이 나타나고 있는 것으로 드러났다.

이러한 제언 축조 환경의 급격한 변화에도 불구하고 의림지는 축조 이래 그 기능을 계속 유지해 왔던 것으로 볼 수 있다. 그 배경에는 의림지가 갖고 있는 천혜의 자연조건에서 찾을 수 있다. 의림지는 수몰면적에 비하여 풍부한 수량을 확보하고 있다는 점, 천연적인 연못 형태를 갖추고 있어 준설이 비교적 수월하다는 점 등이 지적되고 있다.[77] 이러한 요인들이 의림지를 관개 효과가 탁월한 제언으로 오래 동안 유지케 한 비결이 있는 것이 아닐까 한다.

2000년도 제천시가 작성한 의림지구 작부 실태 현황에 의하면 의림지의 몽리면역이 1,955,897m²이고, 그 중 논이 1,725,437m²이고 나머지 230,490 m²는 밭에 해당한다. 그 대상 지역이 제천시 모산동 336호, 신월동 267호, 청전동 415호, 그리고 송학면 도화동 7호 모두 1,026호에 해당한다. 이 자료를 통해 보면 현재까지도 의림지가 제천에 중요한 농업 생산 기반으로 기능을 담당하고 있다는 사실을 깨닫게 해준다.

---

76) 宮嶋博史,「李朝後期の農業水利 -堤堰(溜池)灌漑を中心に-」『東洋史研究』41-4, 1983, 691~692쪽의 도표 참조.
77) 구완회, 앞의 글, 273쪽.

4. 맺음말

이 글에서는 문헌적인 입장에서 의림지의 시축 시기에 대한 여러 견해를 검토하여 현 단계에서 추정할 수 있는 의림지의 축조 시기와 수축 과정을 살펴보았다. 그리고 의림지 축조가 조선시대 수전농업의 발달에 어떠한 영향을 미쳤는가를 살펴 의림지가 지닌 위상과 경제적 가치를 검토하였다. 그 결과를 요약하면 다음과 같다.

우선 의림지의 시축 연대에 대해 검토한 결과 현재 ① 삼한시대 축조설, ② 우륵 축조설, ③ 조선시대 축조설 등이 제기되고 있으나, 이 설들이 주로 구비전승에 의존하여 입론된 것으로 객관적 근거가 없는 것으로 보았다. 문헌 기록에 의하면 고구려에 의해 제천지방이 경영되던 시기에 이미 현 의림지와 관련지어 볼 수 있는 저수지가 어떤 형태로든지 존재했을 가능성이 있어 의림지의 시축을 최소한 5세기 후반 이전에 이루어진 것으로 보았다. 그리고 최근에 실시된 의림지에 대한 지질학적 조사 결과 AD 7~10세기의 어느 시점에 축조된 것으로 나타났다. 다만 6번 부엽층의 연대인 AD 180~410년이라는 또 다른 연대 제시는 앞으로의 계속적인 조사를 통해 그 신빙 여부가 결정될 것으로 생각한다.

한편 의림지가 평지형 제언이 아닌 산곡형 제언이라는 점에서 의림지 제언의 축조 목적을 일차적으로 홍수에 대비하기 위한 것이었다. 부차적으로 제천지역의 최대 평야지대인 제천분지를 관개하는 역할을 통해 가뭄에 대비하고 주변의 수전 개발을 촉진하며, 또한 가뭄과 홍수로부터 안전하게 전답을 유지할 수 있어서 궁극적으로는 농업 생산량을 높이려는 목적에서 축조된 것이었다.

이때의 제언은 삼국의 중심지역에서 너무 떨어져 있고, 또한 지세가 궁벽한 곳에 위치하기 때문에 제천천 주변에 사는 지역 주민들에 의해 소규모 형태로 만들어졌을 것이다. 그리고 그 정비 과정을 살펴보았는데, 대략 통일신라기인 AD 800년 전후로 한 시기와 고려시대를 거쳐 조선 초기에 들어와 몇 차례에 걸쳐 의림지에 대한 수축이 있었던 것으로 보았다.

　이처럼 조선 전기에 의림지를 유지 보존하기 위해 많은 공력을 기울이게 된 것은 의림지가 단순히 홍수 조절용이 아니라 척박한 제천지역의 농업생산 기반을 항상적으로 확보하려는 차원에서 이루어진 것으로 볼 수 있다. 『세종실록지리지』와 『여지도서』 등과 같은 지리지에서 의림지의 위상과 경제적 효과가 상당히 높게 나타난 점이 이를 뒷받침해 준다. 이는 의림지가 갖고 있는 천혜의 자연조건에 힘입은 것으로 제천의 상징적인 역사물로 오래 동안 자리매김해 온 비결이라고 할 수 있다.

　끝으로 의림지는 우리나라 저수지 중에서 연대가 오래되어 우리나라 농경문화의 시원을 찾는데 실마리를 줄 수 있는 중요한 역사적 기념물이며 아울러 대규모로 만들어진 산곡형 제언의 효시라는 점에 그 역사성과 경제적 가치를 높이 평가할 수 있다. 아울러 의림지 주변에는 여러 종류의 나무와 물, 그리고 용두산 주변에 펼쳐지는 수려한 풍광을 고루 갖추고 있어서 관광자원으로서 활용 가치가 높다고 하겠다. 또한 의림지를 찾았던 수많은 시인과 묵객들에 의해 남겨진 풍부한 문화유산을 남기고 있어 앞으로 의림지는 오랜 역사성과 경제성, 그리고 수려한 경관과 풍부한 문화유산을 지닌 우리나라의 대표적인 명승지로 자리매김할 것으로 믿어 의심치 않는다.

『중원문화연구』14, 충북대학교 중원문화연구소, 2010

[後記] 이 글에서는 최근의 발굴조사 성과를 반영하여 내용을 부분적으로 보완하였다.

洪城地域의 고대사회
- 지배세력의 성장과 변화를 중심으로 -

1. 머리말

홍성지역은 우리나라 중서부 해안에 위치해 있으며, 동쪽으로 예산군, 북쪽으로 서산시, 남동쪽에 청양군, 남서쪽에는 보령시, 서쪽으로는 천수만에 접해 있다. 이곳은 또한 충청남도 서부의 차령산맥과 천수만 사이에 위치하고 있으며, 천수만에 면해 있는 서쪽을 제외하고는 동·남·북쪽이 모두 산지로 둘러쌓여 있다. 동쪽에는 봉수산(484m)·초롱산(340m), 북쪽에는 삼준산(490m)·백월산(394m)·홍동산(310m)·용봉산(381m) 등 대체로 산악과 불연속성인 소규모의 구릉성 산지들이 분포한다.

하천은 지형의 대략적 방향에 따라 북동-남서 방향으로 흐르는데, 용봉산·일원산·남산을 기준으로 하여 북동쪽 아산만 방향과 서쪽 천수만 방향으로 흐르고 있다. 용봉산에서 발원한 금마천과 보령 성주산에서 발원한 무한천은 여러 지류를 합치면서 북류하여 삽교천을 통해 아산만으로 유입된다. 반면 와룡천 수계, 금리천·학산천 수계, 광천천 수계는 남서류하여 천수만에 유입된다. 특히 금마천이 지나는 홍성읍·홍북면·홍동면 일대는 침식에 의해 넓은 충적지로 된 저지대의 대분지를 형성하여 홍성군 내 최대의 평야지대를 이루고 있다. 이러한 자연 환경은 홍성지역의 성장과 발전에 적지 않은 영향력을 미친 것으로 생각한다.

홍성지역은 李重煥이 『擇里志』에서 언급한 '內浦地域'[1] 10개 고을의 하나로 충청도 서부지역의 행정·군사·경제·문화의 중심지로서 역할을 수행해 왔다. 이곳은 단순히 충남 내륙지방에 연결된 내륙교통로 뿐 아니라 천수만 곳곳의 섬과 포구[2]를 통해 서해안 해로에 연결된 해상교통로를 함께 이용해 왔기 때문에 내륙문화와 해양문화가 함께 어우러지는 지역적 특성을 가진 곳이기도 하다. 따라서 이곳은 이러한 지역적 특성으로 인해 충청도의 내륙지역에 비해 여러 측면에서 특징적인 현상이 나타나고 있다.

먼저 충청도 서북쪽의 여러 군현 중에서 정치적인 중심지였으며, 관방상 중요한 요충으로 기능하여 왔다는 점이다. 홍성지역은 지리적으로 아산만과 천수만에 이르는 중간지점의 평야지대에 위치하기 때문에[3] 서해안을 통해 침입해 오는 외적을 방어하기 위한 海防上의 요충으로 큰 역할을 수행해 왔던 곳이다. 홍성지역은 『經國大典』에 의하면 충청도 서부지역의 界首官 지역으로서, 정3품의 牧使가 파견되어 다스린 곳이었다. 洪州牧使는 洪州 鎭의 兵馬僉節制使를 겸하였으며, 홍주진관에 소속된 군현은 5개 군과 14개

---

1) 내포지역에 대한 개념은 현재 두 가지 개념으로 이해되고 있다. 하나는 금강 상류지역인 서천·부여·공주·논산을 포괄하는 개념으로 이해하는 견해가 있는가 하면 가야산 인근 지역만을 설정하는 견해가 있다. 그러나 『高麗史』와 『朝鮮王朝實錄』에 나타난 용례와 李 重煥의 『擇里志』에 의거해 볼 때 내포지역은 가야산을 중심으로 한 10개의 고을 즉, 태 안·서산·면천·당진·홍성·덕산·예산·보령과 아산의 일부 지역을 포괄하는 지역 범위로 설정하는 것이 보다 타당하다고 생각된다.

2) 1929년에 간행된 『朝鮮寰輿勝覽』 홍성군 산천 및 도서조에 의하면 곶[串]과 포구로는 龍串 (郡西 71리), 東山浦(郡西 55리), 毋山堂浦(郡西 70리), 長浦(郡西 60리), 石串浦(郡西 60리) 가 있고, 섬으로는 古代島 등 여러 섬들이 기록되어 있다.

3) 홍성지역은 조선시대에 서해로 진출할 경우 천수만에 위치한 두 포구와 삽교천변의 한 포구를 海門으로 활용하였다. 남쪽은 牙之浦里로 현재 보령시 장은리 아포동이며, 서쪽은 西 倉이 위치한 고북면 봉생리 일대로 추정되며, 북쪽은 津頭里로 현재 당진군 송악면 한두리로 비정된다(임선빈, 「조선시대 내포의 중심, 홍주목」, 2007, 618쪽). 이로 미루어 보면 홍성지역이 가진 해방상의 중요성이 짐작된다.

현이었을 정도로 정치적 군사적 위상이 높았다. 또한 조선 중기에는 충청도 서부지역 17개 역을 관장하던 金井道가 청양에서 홍주로 이관되면서 홍성 지역의 교통로상 위치가 더욱 높아지게 되었다.

다음으로 홍성지역은 경제적으로 농업이 크게 발달한 지역이고, 천수만 남쪽의 원산도는 천수만을 통과하기 위한 관문으로서 삼남지방의 세곡선이 모이는 곳이며, 북쪽 삽교천변의 犯斤乃浦[4]는 조선 초기 홍주 관할 20개 군 현의 세곡이 모이는 곳으로 경제적인 요충지이기도 하였다. 농업과 교역이 홍성지역이 갖는 지역적 특성을 보여주는 요소라 할 수 있다.

끝으로 홍성지역은 가야산을 중심으로 한 '내포지역'의 중심지이며, 충 남지역에서 차령산맥 동남부 지역과는 구별되는 하나의 독특한 문화권을 형성해 왔다는 점을 들 수 있다. 이 지역 사람들이 조선 후기 천주교의 수용 과정이나 동학농민전쟁 등의 사례에서 보듯이 개방적이고 진취적인 성향을 보인 점에서 보수성을 가진 충청도 내륙 지역과는 차이를 보여주고 있다.

그런데 홍성지역이 이처럼 조선시대에 차지하는 높은 위상과는 달리 고 대 사회에서는 두드러진 역사의 발자취를 찾기는 그리 쉽지 않다. 홍성지역 의 역사적 흔적을 체계 있게 보여주는 문헌자료가 거의 남아 있지 않는데다 가 관련 고고학 자료도 인근 다른 지역에 비해 아직 충분하지 않기 때문이 다. 그러나 홍성지역과 비슷한 여건을 가진 인근 서산지역의 경우 최근에 들어와서 여미리유적[5]을 비롯하여 기지리유적[6]과 부장리유적[7] 등 백제유

---

4) 犯斤乃浦는 면천군 치소의 동쪽 27지 지점에 있었다고 하였는데(『新增東國輿地勝覽』권 19 면천 산천), 이곳에서는 공주와 홍성에서 관할하는 군현의 세미를 수납하여 조운으로 서울에 운송하였다고 한다. 범근내포는 『大東地志』권5 산수조에 나오는 江門浦에 해당하 며, 무한천과 삽교천이 만나는 지점에 있었다. 그 후 이곳은 성종 9년(1478) 봄에 수심이 얕아져 배가 출입을 할 수 없게 되자 아산의 貢稅串으로 이전하였다.

5) 충청매장문화재연구원, 『서산 여미리유적』, 2001 ; 이호형, 「서산 여미리 방죽골유적 주구 토광묘 검토」 『서산문화춘추』2, 서산문화발전연구원, 2006, 73~92쪽.

6) 공주대학교박물관, 「해미 기지리 유적발굴조사개략보고서」, 2005 ; 이남석·이현숙, 「서 산 해미 기지리 분구묘 검토」 『서산문화춘추』2, 서산문화발전연구원, 2006, 35~56쪽 ; 충 청남도역사문화연구원·국방과학연구소, 『서산 기지리유적』, 2007.

적들이 속속 발굴 조사되었는데, 그 가운데 부장리유적에서 출토된 금동관을 비롯한 많은 위신재들을 통해 백제사 속의 서산지역의 위상을 새롭게 조명해 볼 수 있는 계기가 된 점을 감안해 보면 기대해 볼 여지는 아직도 남아 있다고 생각한다.

홍성지역이 고대사회에서 시기에 따라 어떠한 지배세력이 존재하였으며, 또한 어떠한 역할과 문화 양상을 보였는지에 대해서는 관련 자료의 부족으로 별로 알려진 것이 없다. 문헌자료의 경우 통일신라시대 이전이 홍성지역에 대한 기록이 거의 공백 상태에 있는데다가 통일신라시대 이후 행정구역의 편성이나 변경에 관한 단편적인 사실만 명기해 놓은 정도이고, 홍성지역에 대한 고고학적 연구성과는 문화유적에 대한 종합적이고 개괄적인 정보를 제시한 수준에 불과하며[8] 체계적인 학술조사를 거친 것은 그리 많지 않다. 최근에 들어와서 지역개발이나 특히 충남도청 이전부지에 대한 대규모 발굴조사가 진행되면서 단편적이나마 홍성지역의 고대사회의 면모를 엿볼 수 있게 되어 금후 새로운 관점에서 홍성지역의 고대사회의 모습을 복원하려는 작업이 과제로 남게 되었다.

따라서 이 글은 홍성지역이 고대사회에서 어떠한 지배세력이 존재하였으며, 또한 시기적으로 어떠한 변화과정을 거쳤는가에 대해 살펴 볼 예정이다. 이를 위해 먼저 청동기시대 이후 대두한 홍성지역 지배세력의 존재형태를 살펴 볼 것이며, 이어 홍성지역의 지배세력이 백제와의 관계를 통해 새롭게 변화하는 양상을 추구해 볼 것이다. 아울러 백제시대에 홍성지역이 갖는 변화된 위상과 역할을 살펴 볼 예정이며, 끝으로 백제부흥운동 이후 홍성지역 지배세력의 변화상과 후삼국시대 호족세력이 대두하는 과정을 고려와의 관계 속에서 파악할 예정이다.

---

7) 이훈, 「서산 부장리의 백제 분구묘」『서산문화춘추』2, 서산문화발전연구원, 2006, 57~72쪽 ; 충청남도역사문화연구원, 『서산 부장리유적』, 2008.
8) 홍성지역 문화유적에 대한 종합적인 분포조사를 실시한 대표적인 것이 공주대박물관, 『문화유적분포지도 -홍성군-』, 충청남도, 2002, 1~410쪽이다.

2. 지석묘의 축조와 수장층의 대두

1) 홍성지역의 청동기문화

청동기시대는 인류가 최초로 청동이라는 금속기를 사용하던 시기로 그 이전의 석기를 사용하던 시기와 뚜렷하게 구별되는 문화상을 지닌 시기를 말한다. 본격적인 농경사회의 시작, 청동기의 사용, 무문토기의 등장, 마제석기의 본격적 사용, 사회복합도의 증가 등을 특징으로 한다.

청동기시대가 등장하면서 나타난 새로운 변화는 무엇보다도 농경일 것이다. 농경은 직접 식량을 생산할 수 있게 됨으로써 종래 수렵과 어로활동 및 사냥으로 생계를 유지하던 채집경제단계에서 벗어나 식량생산단계로 진입하여 인류의 생활환경을 획기적으로 바꾸어 놓는 계기가 되었다. 식량의 항상적인 재생산이 가능해짐에 따라 주민들이 무리를 지어 정착생활을 할 수 있게 되고 나아가 인구 증가를 촉발시켰다. 금속제 생산도구의 사용으로 인해 농업 생산력이 증가하고 잉여생산물이 발생함으로써 지배계급과 피지배계급 간의 사회 분화가 이루어지고 그 분배와 소유를 둘러싸고 집단 간의 갈등이 초래되었다. 생산수단을 소유하고 청동제 무기로 무장한 지배세력이 대두하여 정복활동을 전개함에 따라 원초적인 형태의 국가체가 성립되어 훗날 고대국가의 토대를 마련하였다.

우리나라의 청동기 시대는 다소 논란이 있지만 기원전 13세기부터 초기철기시대가 시작되는 기원전 4세기에 해당한다. 무문토기의 형식과 편년에 따라 크게 전기(역삼동식, 가락동식, 흔암리식 토기 단계)[9]→ 중·후기(송국리식 토기 단계)[10]로 구분한다. 청동기시대의 대표적인 매장시설은 지석묘와 석관묘 같은 새로운 무덤 양식이 등장하고, 주거지는 장방형이거나 원형으로 변화하고 석검, 석촉, 석부 등 마제석기가 보편적으로 사용되었다. 청동기는 전기보다는 중기 송국리문화 등장 이후부터 청천강 이남지역에는 본격적으로 사용되기 시작한다. 이 시기를 대표하는 청동기는 중국 동북지방에 기원을 둔 비파형동검이다.

홍성지역에서 청동기시대가 언제부터 시작되었는지에 대해서는 잘 알수는 없다. 다만 홍성지역에서 구석기유적이 1곳, 신석기유적이 5곳에 불과하지만 반면 청동기시대의 유적과 유물은 토기 산포지 25곳을 포함하여 111개소[11]에 이를 정도로 많은 유적지들이 분포하고 있는 것으로 드러났다. 청동기는 현재 도청이진부지에서 2기가 발견되었다. 석기 출토지로서는 홍동면 팔괘리[12]·문당리 등이 있고, 유물산포지로는 광천읍 대평리 구시, 은하면 금국리, 결성면 금곡리, 갈산면 기산리 그름골, 구항면 장양리 땅꿈말 등이 있다.

이처럼 청동기시대 유적은 구석기나 신석기시대 유적보다 광범위하게 분포하고 있다. 최근에 발굴조사된 충청남도 도청 이전부지에 대한 대규모 발굴조사의 성과를 포함하면 청동기시대의 유적 수는 더욱 늘어난다. 그만

---

9) 남한지역 전기 청동기시대는 탄소연대를 고려할 때 기원전 13세기경 시작되는 것으로 보고 있는데, 심발형의 무문토기를 위주로 壺, 얕은 그릇인 천발, 홍도, 豆 등으로 구성된 토기복합체와 석부, 석도, 석검, 석촉 등의 석기군이 세장방형의 주거지에서 출토되는 양상을 보인다. 이 시기의 심발형토기는 구연부의 형태에 따라 크게 가락동식 토기, 역삼동식 토기, 흔암리식 토기로 구분한다(한국고고학회편,『한국 고고학 강의』, 사회평론, 2007, 80~81쪽). 서울 역삼동과 가락동 집터에서 청동기 전기인들이 사용했던 토기들이 나왔는데 이를 역삼동식, 가락동식 토기라고 부른다. 역삼동토기는 구멍무늬의 孔列文과 골아가리무늬의 口脣刻目文이 함께 새겨진 토기로서 중부지방에 크게 유행한 토기이다. 가락동토기를 포함한 개념인 가락동유형은 대략 기원전 1,100~750년경으로 장방형 평면에 돌을 돌린 圍石式爐址를 설치하고 柱礎石이 있는 주거지, 자루에 段이 있고 검신부에 피홈이 있는 二段柄有血溝式 마제석검, 슴베가 없이 얇고 편평한 삼각형의 無莖彎入三角石鏃, 반월형석도 등의 요소를 갖춘 문화유형으로 정의된다(이형원,「가락동유형 신고찰」『호서고고학』4·5, 호서고고학회, 2001, 113쪽). 흔암리토기로 대표되는 흔암리유형은 기원전 900년경 여주 흔암리유적 발굴 조사를 통해 알려진 유물과 유적을 표지로 한 것으로 이중구연토기와 공렬토기의 요소가 혼재되어 있다.

10) 송국리식 토기는 1975년에 발굴 조사된 부여군 초촌면 송국리유적에서 비롯된 것인데, 그 토기 사용 시기를 송국리유형으로 부르고 있다. 이 시기는 구연이 밖으로 떨어진 外反구연의 토기, 플라스코 모양의 적색마연토기, 삼각형 석도, 유구석부, 슴베가 달린 유경식 마제석검, 주거지는 원형 또는 방형의 평면에 중앙 기둥구멍을 가진 것을 특징으로 한다.

11) 충청남도, 앞의 책(2002), 288쪽.

12) 최몽룡·추연식,「홍성 팔괘리 플무학원 소장유물 수례」『고고미술』24, 한국대학박물관협회, 1984, 1~15쪽.

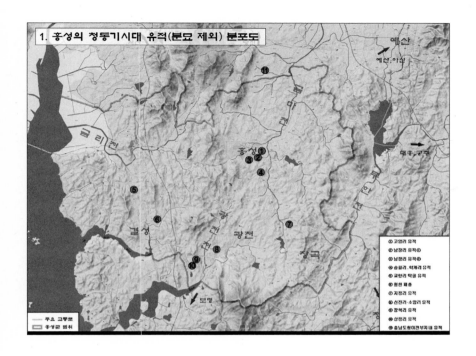

1. 홍성의 청동기시대 유적(분묘 제외) 분포도

① 고암리 유적
② 남장리 유적①
③ 남장리 유적②
④ 송월리·학계리 유적
⑤ 교항리 탁골 유적
⑥ 원천 패총
⑦ 지정리 유적
⑧ 신진리·소암리 유적
⑨ 장척리 유적
⑩ 상정리 유적
⑪ 충남도청이전부지내 유적

큼 홍성지역에서 문화내용이 전시대에 비해 비교할 수 없을 정도로 다양하고 풍부해졌음을 보여주고 있다. 그 중 발굴조사를 거친 것은 홍성읍 송월리유적[13]·고암리유적,[14]·남장리유적,[15] 광천읍 장척리·상정리유적,[16] 신진리·소암리유적,[17] 장곡면 지정리유적,[18] 홍북면 도청 이전부지[19][지도 1] 등에 불과한데, 이를 제외하고는 대부분 지표조사나 수습조사로 확인

13) (재)충청문화재연구원, 『장항선(온양온천~장항간) 제3공구 노반개량공사 구간 내 홍성 송월리·학계리유적』, 2007a.

14) 공주대박물관, 『홍성 고암리유적』, 2007.

15) (재)충청문화재연구원, 『홍성 남장 택지개발사업지구 내 문화유적 발굴조사(홍성 남장리 유적)』, 2007b ; 충청남도역사문화연구원, 『홍성 남장리유적』, 2006.

16) (재)충청문화재연구원, 『홍성 장척리·상정리유적』, 2005.

17) 이용운, 「광천 북동부 우회도로[3-2호] 개설공사 부지내 홍성 신진리·소암리유적」 『호서 지역 문화유적 발굴성과』(제24회 호서고고학학술대회 발표요지), 2011, 289~293쪽.

된 유적들이다. 조사된 유적들은 주거지가 대부분이다.

홍성읍 송월리와 학계리유적에서는 청동기시대 전기에 해당하는 6기의 주거지가 확인되었다. 주거지 평면 형태는 대체로 세장방형을 이루고 있으며 내부시설은 무시설식 토광형노지, 저장공, 주공, 벽구, 배수로 등이 시설되어 있었다. 출토 유물은 심발형토기, 호형토기, 마연토기 등이 확인되었고, 구연부 문양은 무문, 공열문, 구순각목공열문, 이중구연단사선문 등이 시문되어 있었다. 석기류는 무경식 석촉, 일단경식과 이단경식 석촉, 석도, 석부, 지석 석재가 출토되었다.

이러한 주거지의 구조와 출토유물로 보아 청동기시대 전기에 해당하는 역삼동·흔암리유형에 해당하는 유적으로 판단된다. 그리고 청동기시대 중기에 해당하는 주거지 3기가 조사되었다. 그 평면 형태는 모두 말각방형이며 중앙에 타원형 수혈과 柱孔이 확인되었다. 출토유물은 무문토기와 석촉, 석검, 방추차, 지석 석재이었는데 청동기시대 중기 송국리유형에 해당한다.

고암리유적에서는 청동기시대 중기의 주거지가 확인되었으며, 남장리유적에서는 청동기시대 주거지 6기가 조사되었다. 주거지의 평면 형태는 장방형계에서 말각방형계로 변화한 것으로 보이는데, 정상부에 방형계 주거지가, 능선 사면에 장방형계 주거지가 위치하고 있어 기존 사례와는 다른 양상을 보여주고 있다. 그 중 5호 주거지는 평면형태의 장방형이며 내부에서 양인석부가 출토되었는데, 이로 미루어 보아 청동기시대 전기 역삼동유형으로 편년되고 있다. 그리고 8호 주거지에서 능형 이단경촉인 석촉 2점이 출토된 것으로 보아 5호와 마찬가지로 청동기시대 전기의 주거지로 편년된다.

광천읍 장척리유적에서는 청동기시대 중기 송국리형 주거지 3기가 조사

---

18) 지정리유적에서 송국리유형의 원형주거지 3기가 발견되었다(김영국·이경열,『홍성 지정리 유적』, 백제문화재연구원, 2010).

19) 충청남도역사문화연구원,『도청 이전부지 2-1지점 문화유적 발굴조사 개략보고서』, 2011 ; (재)충청문화재연구원,『충남도청이전신도시 건설공사부지(1구역)내 문화유적 발굴(시굴)조사 약보고서 -3-1/3-2/3-4지점-』, 2011.

되었다. 세장방형 주거지에서는 무시설식 노지 1기와 무문토기 저부편·무경식석촉편이 각각 1점이 출토되었으며, C14 연대측정 결과 B.C.1,420~920년으로 확인되었다. 송국리형 주거지에서는 유구석부, 원시타날문토기, 적색마연토기 등이 수습되었으며, C14 연대측정 결과 B.C.780~520년, B.C.1,320~1,030년 등으로 확인되었다.

그 주변 상정리유적에서 세장방형 주거지 1기, 남장리유적에서 주거지 6기, 신진리·소암리유적에서 주거지 6기가 조사되었다. 특히 신진리·소암리유적은 광천천 주변 너른 평야가 펼쳐져 있는 해발 40~60m의 낮은 구릉지에 위치하는데, 주거지의 평면 형태는 장방형·방형·원형으로 각각 역삼동·흔암리유형, 서산 휴암리유형, 송국리유형에 해당하는 것으로 밝혀졌다. 이를 통해 광천읍 일대는 홍성지역에서 중요한 청동기시대의 거점지역이었음을 알 수 있다.

홍성지역에서 청동기유적이 집중 분포되어 있는 곳은 홍북면 도청 이전부지이다. 최근에 발굴조사된 도청 이전부지에서는 신석기시대부터 조선시대에 이르기까지 오랜 시기에 걸쳐 생활유적과 분묘유적, 그리고 생산유적 등이 계기적으로 분포하고 있는 것이 확인되어 홍성지역의 역사상을 통관할 수 있는 중요한 유적지로 주목된다. 아직 보고서가 간행이 되지 않아 그 유구의 성격이나 유물의 실상 등에 대해서는 구체적으로 밝혀지지 않았다.

이 유적의 청동기시대 유적 현황을 살펴보면 2-4지점 A-II구역의 주거지는 원형에 가까운 평면형태의 주거지 1기가 확인되었고, 일단경식의 석촉과 토기 저부편이 출토된 것으로 미루어 보아 인근 서산지역을 대표하는 휴암리유적[20] 단계에서 원형의 송국리형 주거지로 이행하는 과정의 것으로 보고 있다. B-Ⅰ-Ⅰ구역 구릉 정상 능선상에 위치한 곳에서는 장방형의 주거지 3기가 확인되었는데 흔암리식 주거지와 연결되는 것으로 판단된다. 이

---

20) 이 유적은 서산시 해미면 휴암리의 해발 76m 전후의 얕은 구릉에 위치하는데 신석기시대의 부석유구와 청동기시대 주거지가 발견되었다(윤무병 외, 『휴암리』, 국립박물관고적조사보고 제22책, 1990).

곳에서는 평면형태의 凸자형을 띤 수혈지와 공열문토기편이 확인되었다. 2-4지점 B-2구역에서는 방형과 장방형 계열의 주거지 6기와 공열문토기 및 일단경식 석촉이 출토되었다. C-다 구역에서는 주거지 4기, C-다구역에서는 주거지 4기, D구역에서는 주거지 2기와 수혈 1기가 각각 확인되었다.

또한 도청 이전부지에 포함되어 있는 예산읍 목리 일대에서는 3-2지점에서 청동기시대 주거지 2기, 3-4지점에서 역시 주거지 8기가 각각 조사되었다. 2-4지점은 해발 약 25~45m 정도의 능선 정상부와 사면에 걸쳐 있는데 A구역에는 청동기시대 주거지 2기, B구역에는 청동기시대 주거지 9기와 수혈유구 4기, C구역에는 청동기시대 주거지 14기와 수혈유구 1기, D구역에는 청동기시대 주거지 2기와 수혈유구 1기 도합 주거지 27기와 수혈유구 6기가 각각 확인되어 현재 조사 중에 있다.[21] A구역에는 원형에 가까운 말각방형계의 주거지가 확인되었고, 나머지 구역에서는 평면형태가 장방형계열이고 역삼동·흔암리유형에 해당하는 이중구연단사선문과 공렬문계열의 토기들이 출토되었다. 노지는 주로 무시설식노지가 설치되어 있었으며, 모서리 부근에 저장공이, 그리고 벽 가를 따라 벽주공이 배치되어 있었다.

이를 통해 보면 홍성지역의 청동기문화는 지석묘와 같은 분묘유적을 제외할 경우 대부분 금마천유역의 홍성읍과 홍북면 도청 이전부지, 광천천유역의 광천읍에 집중 분포한 것으로 드러났다. 주거 관련 유적은 청동기시대 전기에 해당하는 역삼동·흔암리유형뿐 아니라 중후기에 해당하는 송국리유형이 시기별로 이어지고 있다.

반면 청동기시대 전기에 해당하는 가락동유형은 청주·청원·대전·공주 등 차령 이남의 금강유역에 밀집되어 있는 반면 차령 이북 홍성지역에는 역삼동·흔암리유형이 주류를 이루고 있어 대조를 이룬다. 흔암리유형은 그 기원에 대해서는 논란이 있지만 원산만 일대의 동해안 북부지방에서 기원한 것으로 보고 있다.[22] 즉 그 이동 경로를 살펴보면 흔암리유형의 사람

21) 김한상·김명선, 「도청이전신도시 2-4지점 내 문화유적 발굴조사」 『호서지역 문화유적 발굴성과』제24회 호서고고학술대회 발표요지, 2011, 305~313쪽.

들이 남한강 상류를 경유하면서 여주 흔암리유적을 남기기도 하였고, 또 한 갈래는 남한강 상류지역에서 미호천유역을 거쳐 보령 관산리에 이른 것으로 이해된다.

지금까지 발견된 홍성지역의 역삼동·흔암리유형의 주거지는 입지상으로 볼 때 대체적으로 해발고도 약 50m 내외의 낮은 구릉의 정상부나 능선 사면부에 위치하고 있어[23] 강안 충적지대와 같은 저지대에 입지하는 원삼국시대의 주거지와는 차이가 난다. 흔암리유형 사람들이 주거지로 선호한 것은 강변의 넓은 자연제방이나 충적대지보다도 작은 규모의 하천 충적지를 조망할 수 있는 구릉지대였을 것이라는 해석이 가능하다. 그 이유에 대해서는 여러 측면에서 검토되어야 하지만, 지력 회복을 극복하지 못하는 농법의 한계와 하천 범람과 같은 자연재해나 외적 침입에 대비하기 위한 요인들 때문이 아닐까 한다.

역삼동·흔암리유형은 초기 단계에서는 얕은 구릉상의 정상부에 장방형계 주거지 2~4기가 일렬로 배치되어 있는데, 부속시설인 수혈유구는 없는 경우가 있다. 지금까지 확인된 유적으로는 송월리·학계리유적, 남장리유적, 신진리·소암리유적, 도청 이전부지 B-I-1구역 2-4지점 B-2구역 A구역, 장척리유적 등이다. 이들 주거지 중에서 장척리유적의 세장방형주거지는 공간 배치나 주거 시설이 미비하다는 점에서 홍성지역에서는 가장 오래된 것으로 판단된다. 이 유형의 주거지는 개별 거주의 자급자족 생활을 영

---

22) 박순발, 「충남지역의 청동기시대」 『충청남도지』 3, 충청남도지편찬위원회, 2006a, 220쪽.

23) 송월리·학계리유적은 50m 구릉의 가지능선 서쪽 사면 말단부에 위치하며, 옥암리유적은 해발 62m의 구릉 서쪽 서면에, 신진리·소암리유적은 해발 40~60m의 낮은 구릉상에 있다. 도청이전부지의 경우 2-4지점 A-1-2구역은 25~45m 능선의 정상부와 사면에 위치하고, B-I-1구역은 구릉의 정상부에, C-가와 다 구역및 D-마구역은 능선의 정상부와 고위 사면에 각각 위치한 점이 참고가 된다. 일반적으로 청동기시대 전기의 장방형계 주거지들은 대체로 정상부를 따라 선상 배치하여 입지하다가 점차 중기의 방형, 원형계 주거지들로 대체하면서 능선의 하단에 불규칙적으로 밀집 분포하는 것으로 이해하고 있으나 (이진민, 「중부지역 무문토기시대 전·중기 문화 연구 -역삼동/가락동 유형과 송국리 유형 간 관계를 주목하여-」, 서울대석사학위논문, 2003. 남장리유적의 경우는 오히려 반대의 양상을 보이고 있다.

위했을 것으로 추정된다.[24]

송월리·학계리유적과 도청 이전부지 등에서는 주거지 내 저장공간과 기능공간이 분화되어 시설될 뿐 아니라 주거지 배치도 점차 간격이 좁아지고 집중되는 현상을 보인다. 주거의 규모에서 중·소형 주거지의 증가와 주거 외부 시설로서 잉여생산물을 저장하는 수혈유구가 설치되는 현상이 나타난다. 이러한 변화는 농경의 본격화에 따른 인구 증가와 집중화가 이루어지면서 취락의 형성과 정주성을 확립하게 된 것으로 풀이할 수 있다.[25]

역삼동·흔암리유형 단계에 이어서 등장하는 것이 송국리유형 단계이다. 송국리유형의 주거지는 원형 또는 방형의 평면에 중앙 기둥구멍을 가진 것을 특징으로 한다. 송국리유형은 논농사의 집약적 농경이 확대되는 논농사의 발달과 관련해서 등장하는 것으로 이해된다. 이에 따라 점차 장방형주거지에 거주하는 동거집단이 분해되면서 방형 또는 원형의 주거지가 등장한다고 볼 수 있다. 전기의 역삼동·흔암리유형이 비교적 협소한 계곡을 낀 구릉의 정상부나 사면에 위치하는 것과는 달리 송국리유형 단계에서는 지금의 자연마을과 가까운 구릉의 사면이나 저지대 등으로 확대된다.[26]

역삼동·흔암리유형 단계에는 아직 농경이 정착화하지 못하고 화전농경과 같이 조방적이고 이동성이 강한 특징을 가진 것으로 이해된다. 그들은 구릉 주면에 있는 울창한 수림을 벌채하여 주거지를 만들고 가경지를 골라 개간하여 농경지로 삼았을 것이다. 그들의 농경방식은 화전과 같은 방식으로 새로운 농경지를 개간하고, 지력이 다하면 다른 곳으로 이동하는 방식을 취했을 것[27]으로 여겨진다. 반면 금강유역에서 형성된 송국리유형은 홍성

24) 허의행, 「호서지역 역삼동·흔암리유형 취락의 변천」 『호서고고학』 17, 호서고고학회, 2007, 99쪽.
25) 김장석, 「충청지역 송국리유형 형성과정」 『한국고고학보』 51, 한국고고학회, 2003 ; 宮里 修, 「무문토기시대의 취락 구성 -중서부지역의 역삼동유형-」 『한국고고학보』 56, 한국고고학회, 2005 ; 안재호, 「청동기시대의 취락연구」, 부산대박사학위논문, 2006 참조.
26) 송국리유형에 대해서는 박순발, 앞의 글(2006), 224~230쪽과 이홍종, 「송국리형 취락의 공간배치」 『호서고고학』 17, 호서고고학회, 2007, 114~131쪽을 참조할 것.

지역의 송월리·학계리유적, 장척리유적, 지정리유적, 도청 이전부지 등에서 발굴조사를 통해 확인되었다.

도청 이전부지 일대는 지형분석을 통한 유적 입지 조사 결과 저습지가 존재하였을 가능성이 제기되었다.[28] 이 유적지는 송국리유형 단계에 취락들이 구릉의 사면이나 저지대 등에 입지하는 상황과 부합된다. 부여 송국리 유적[29]에서는 취락 주변에 목책시설과 환호시설, 그리고 鹿砦施設이 발견되었다. 이러한 시설은 집단간의 갈등이 빈번해지면서 외부로부터의 침입을 방어하기 위한 취락 방어시설이었다. 이 시기에는 취락 내에서 주거지 공간과 분묘공간이 구별되며, 저지대는 논농사와 관련하여 농경공간으로 개발되면서 많은 농업 생산력의 증가[30]와 함께 폭발적인 인구의 증가로 인해 취락의 규모도 더욱 확산되는 추세를 보인다. 송국리유형인들은 외부세력의 침입이나 종교의식의 집전, 잉여생산물의 분배를 둘러싼 갈등을 조절할 수 있는 새로운 수장층 출현을 기대하게 되었다.

한편 내륙의 소하천이나 천수만에 연한 해안가 및 도서지역에서는 조개 채집이나 어로활동을 통해 해산물이나 소금 등을 채취하는 생계활동이 이루어졌다. 이를 입증해 주는 유적이 패총유적인데 아직 정밀 학술조사를 거치지는 않았지만 주로 천수만에 연해 있는 결성지역에 집중 분포하고 있다. 결성 금곡리 원천패총에서는 적색마연토기편과 석부 등이 출토되었으며, 성곡리패총에서는 무문토기 저부편이 발견되었다. 그밖에 대평리 구시의

27) 박순발, 앞의 글(2006a), 221쪽. 송국리문화단계에는 주거단위의 분화, 목책 또는 환호 등의 방어시설을 갖춘 마을 규모의 본격적 등장, 마을 내의 위계의 형성 및 사회복합화의 증가와 같은 사회경제적 변화가 나타나는 것으로 이해된다.
28) (재)충청문화재연구원·충청남도청, 『도청이전 신도시 건설사업 예정지 문화재지표조사-고고분야』, 2007.
29) 국립중앙박물관, 『송국리』Ⅰ·Ⅱ·Ⅲ·Ⅳ·Ⅴ, 1979·1986·1987·1991·1993.
30) 송국리유형의 생업형태는 집약도가 높은 벼농사로 보고 있다. 충남지역의 경우 청동기시대 유적인 논산 마전리, 보령 관창리, 부여 송학리 등에서 벼농사 흔적이 있어 송국리유형의 취락과 관련이 있는 것으로 이해된다(이강승, 「중서부지방의 문화기반」『백제의 기원과 건국』, 충청남도역사문화연구원, 2007, 214쪽).

대평초등학교 북서쪽의 낮은 능선 남향 사면에서도 다수의 무문토기편이 수습된 바 있다.

따라서 청동기시대 홍성지역에서의 생계활동은 하천 주변의 구릉과 저지대에 농경지를 개간하여 경작하거나 하천과 해안지대에서는 어로활동이나 어패류 채집을 중심으로 이루어졌던 것으로 추정된다.

2) 지석묘의 등장과 지배세력의 형성

우리나라 청동기시대의 대표적인 무덤은 지석묘[고인돌]이다. 이 시대에는 지석묘 이외에 돌널무덤[石棺墓], 널무덤[토광묘], 독무덤[옹관묘] 등이 지역이나 시기에 따라 서로 다른 모습으로 나타난다. 지석묘는 우리나라는 물론 중국 동북지방과 일본의 규슈 지방에 걸쳐 분포하고 있는데 이는 선사시대의 문화요소 가운데 가장 시대적 특징을 잘 나타내 주고 있다. 지석묘는 대체로 기원전 11~10세기 경에 축조되기 시작해서 대체로 초기철기시대에까지 지속한 것으로 보고 있다. 홍성지역을 포함한 충청 서해안 및 금강유역은 송국리문화의 확산에 따라 지석묘가 석관묘와 공존하거나[31] 또는 감소, 소멸하는 것으로 알려져 있다.

지석묘가 등장하게 된 배경은 농경 비중의 급격한 증가와 이에 따른 인구 증가에서 찾을 수 있다. 청동기시대에 농경 및 목축을 기반으로 하는 식량생산단계에 접어들면서 인구증가와 함께 정착생활을 영위하게 되었다. 이에 따라 토지를 확보하기 위한 경쟁이 심화되었고, 이를 해결하기 위한 지역공동체간의 영역 설정이 필요하게 되었다. 이러한 과정에서 거대한 기념물이나 지석묘 또는 선돌과 같은 공동묘역이 축조된다는 것이다.[32]

---

31) 홍성지역에서 석관묘가 학술적으로 조사된 예는 아직 없다. 다만 지표상에서 수습된 유물로 보아 홍북면 석택리 택리·금평리 상하중, 홍동면 금당리 호암·화신리 새말, 장곡면 신동리 신곤·화계리 1구 소래실 등에 분포하고 있는 것으로 추정된다.

32) 박순발, 앞의 글(2006a), 231~236쪽.

지석묘를 축조한 사회는 원래 혈연 친족으로 구성된 마을 구성원들이 협동농경과 공동생산을 기본으로 하는 호혜평등의 공동체사회였던 것으로 생각된다. 그러나 농업이 본격화함에 따라 농업생산력과 생산량이 증가하고 인구가 증가하며, 이로 인해 사회 규모가 확대되어 나가면서 점차 계급화된 사회구성체로 진전해 나갔을 것으로 생각된다. 지석묘 사회를 연구한 초기에는 지석묘를 족장의 무덤으로 간주하고 당시 사회를 계급사회로서의 족장사회(Chiefdom Society)로 보는 견해가 지배적이었다.[33] 지석묘는 채석기술, 운반과 축조방법 및 많은 노동력의 동원과 잉여농산물의 확보 등을 통해 권력자의 존재를 상정해 볼 수 있기 때문이었다.

최근에는 무덤의 입지, 구조, 규모, 출토유물 등의 양상에서 위계화된 사회적 신분의 차이가 존재한 것으로 보기 어렵다는 견해들이 제기되고 있다.[34] 이 견해는 지석묘의 규모와 출토유물의 종류 및 수량 사이에 현저한 차이를 찾을 수 없다는 점에 일면 수긍이 간다.

그러나 지석묘사회의 마지막 단계에 나타나는 대형의 지석묘를 중심으로 소형의 지석묘가 주변에 분포하는 경우나, 무덤의 입지와 복잡한 구조, 선돌로 구획된 대규모 묘역의 존재, 신분의 상징물인 위세품의 매납 등의 요소를 통해 계층화된 사회가 진전되고 있는 것으로 볼 수 있다.[35] 이러한 단계의 지석묘 피장자는 사회적 지위가 세습되거나 또는 제도적으로 귀속적 지위를 가진 존재로는 볼 수 없지만 공동체사회에서 점차 상당한 정도의

<hr />

33) 이융조, 「한국 고인돌 사회와 그 의식」 『동방학지』 23 · 24, 연세대학교 국학연구원, 1980 ; 최몽룡, 「전남지방 지석묘 사회와 계급의 발생」 『한국사연구』 39, 한국사연구회, 1981, 1~14쪽.
34) 이홍종 · 강원표 · 손준호, 『마전리유적 A지구 발굴조사 보고서』, 고려대 매장문화재연구소, 2002 ; 박양진, 「한국 지석묘사회 "족장사회론"의 비판적 검토」 『호서고고학』 14, 호서고고학회, 2006, 5~21쪽.
35) 박양진, 앞의 글(2006), 18~19쪽. 용담댐 수몰지구 조사를 통해 지석묘 사회의 변화양상을 가족공동체묘→ 유력가족묘→ 유력개인묘로 보고 마지막 단계에 가장 높은 수준의 사회적 서열화와 복잡화를 이룩한 것으로 보는 견해(김승옥, 「용담댐 무문토기시대 문화의 사회조직과 변천과정」 『호남고고학보』 19, 호남고고학회, 2004, 63~95쪽)가 참고 된다.

2. 홍성의 청동기시대 고인돌(분묘) 분포도

예산
예산·아산

금리천

홍성

결성

광천

장곡

보령

주요 교통로
홍성군 범위

1. 석택리억리고분군
2. 노은리서원말고인돌
3. 대덕리패동고인돌
4. 상하리 하산 고인돌
5. 내법리 고인돌
6. 덕정리 고인돌①
7. 장금리 장파 고인돌
8. 장금리 은골 고분군
9. 덕정리고인돌②
10. 금당리용구봉산신고분군
11. 신성리고인돌군
12. 판례리 음부골 고인돌
13. 오학리 고인돌
14. 금당리달은돌 고인돌
15. 금당리상하유고분군
16. 문화리각골 고인돌
17. 금당리상하유동고분군
18. 선동리 신곤 고분
19. 신동리 신곤 고인돌
20. 병정곡수남면 고인돌
21. 병정곡수옥리 고인돌
22. 산성리 고인돌
23. 대룡리구시 고인돌
24. 계송리 가상 고인돌
25. 도산리 오매 고인돌
26. 화계리 모산 고인돌
27. 대덕리 고인돌
28. 화계리구 소혈성고분군
29. 신흥리 세양 고인돌
30. 내곡리 안골말 고인돌
31. 동산리 고인돌
32. 광리 못골 고인돌
33. 와라오설골 고인돌
34. 남산리 고인돌 55번
35. 와리 밭매다리 고인돌
36. 형산리 고인돌 제2호
37. 형산리 고인돌 제3호
38. 장성리 고인돌
39. 형산리 고인돌 제1호
40. 금국리고분군
41. 대월리 고인돌
42. 금국리 고인돌
43. 유송리 고인돌
44. 학산리 고인돌①
45. 금국리 원천 고인돌
46. 학산리 고인돌②
47. 금국리 원천 고인돌
48. 한곡리 억곡리동 고인돌
49. 성호리 나붓개 고인돌
50. 성호리 용생동 고인돌

신분으로 성장해 나가는 지배신분으로 볼 수 있다.

충청지역의 지석묘는 수계망에 따라 한강유역권, 금강유역권, 삽교천유역권, 서해안권으로 나누어 지석묘의 분포와 입지적 특징을 나타낸다. 홍성지역은 태안·서산·보령 등과 같이 서해안권에 속하는데, 홍성군 전역에서 지석묘가 분포하고 있다. 지석묘에 대한 정밀 학술조사를 거치지는 않았지만 대략 지석묘 41기와 선돌 7기 정도가 분포하고 있는 것으로 알려져 있다[지도 2].[36]

지역별로는 지석묘가 가장 많이 분포되어 있는 장곡면을 비롯하여 홍동면, 은하면, 결성면 등에 집중되어 있고, 수계별로 무한천과 금마천 및 천수

---

36) 홍성군 문화재분포지도(2002)에는 홍성지역에 고인돌이 33곳 41기 정도, 홍주향토문화연구회에서 조사한 고인돌의 수는 53기가 각각 분포하는 것으로 파악되었다.

만 주변에 밀집 분포하고 있는 것으로 드러났다. 형식상으로 북방식과 남방식이 함께 혼재되어 있다. 홍성지역의 지석묘는 대부분 남방식이 분포하고 있지만, 구항면 태봉리, 은하면 학산리·금국리, 금마면 덕정리, 광천읍 대평리 등지에는 간혹 북방식이 분포한다. 지석묘의 군집 정도는 2기 이하의 단독 또는 작은 군집을 이루는 것이 대부분이다. 3기 이상 분포한 지석묘로는 결성면 형산리 지석묘, 홍성읍 신성리 지석묘, 금마면 덕정리 지석묘, 은하면 금국리 지석묘, 홍동면 효학리 지석묘, 장곡면 가송리 가실 지석묘 등이 있다.

그 가운데 신성리 지석묘는 현재 4기가 확인되는데, 구릉 사면에 북방식과 남방식이 함께 공존하고 있는데, 이곳은 선사유적지로 알려진 홍동면 팔괘리[37]와는 냇물을 사이에 두고 있다. 홍성지역에서 고인돌의 밀집도로 미루어 보면 금마천 수계지역의 홍성읍, 무한천 수계지역의 장곡면·홍동면, 천수만지역의 은하면과 결성면의 세 지역으로 구분되고 있다. 대체로 이 지역을 중심으로 유력한 재지세력이 자리하고 있는 것으로 추정된다.

현재 홍성지역의 지석묘에 대한 정밀 학술조사가 이루어지지 않아 지석묘사회의 성격을 파악할 수는 없다. 지석묘가 3~4기가 군집을 이루고 지석묘의 규모나 부장유물의 정도 등이 파악될 수 있다면 지석묘사회의 성격과 변화양상을 어느 정도 파악할 수 있을 것이다. 그리고 결성면 원성호리 나룻개 지석묘의 경우 지석묘 좌우에 선돌이 각각 세워져 있는 것은 그 피장자의 묘역을 분명히 구획한다는 면에서 위계화된 사회 신분의 위상을 보여주는 것이 아닐까 한다.

이러한 지석묘의 피장자들은 농경사회의 본격화에 따라 취락 사이에 우열이 생겨나면서 홍성의 각 지역에서 새로이 대두하는 수장의 역할을 하였을 것으로 판단된다. 이들 수장층은 대내적으로 질서 유지는 물론 농경에 의해 생겨난 잉여생산물과 교역에 의해 획득된 위신재의 재분배를 통해 새

37) 최몽룡·추연식, 앞의 글(1984), 1~15쪽.

로운 지배세력으로 대두하였던 것이다.

3. 지역세력의 성장과 마한 소국의 성립

1) 한국형동검의 사용과 辰國의 성립

기원전 4~3세기 경 홍성지역은 지석묘와 석관묘를 축조하던 세력들이 유력 수장을 중심으로 세력을 통합해 나가고 있을 때 한 차례의 사회 변동을 맞게 되었다. 그 외적인 배경이 된 사건이 고조선과 중국 전국시대의 燕나라 간의 무력충돌이었다. 기원전 4세기 말 전후에 연나라가 강성해지면서 秦開라는 장군이 고조선을 침략하여 2천여 리의 땅을 빼앗은 일이 생겼다. 이후 중국이 秦·漢에 의해 통일되는 과정에서 일어난 漢의 燕王 盧綰의 난 등으로 혼란에 빠지자 燕·齊·趙 등 고조선과 인접한 나라에서 많은 주민들이 고조선으로 이주해 왔다. 그러한 망명자들 중에 衛滿도 기원전 2세기 말 고조선에 망명해 와 준왕을 몰아내고 위만조선을 세웠다.

이처럼 기원전 4세기 이후에 전개된 동북아시아의 정세 변화와 서북한지역의 정치적 변동으로 많은 유이민들이 중부 이남지역으로 들어오게 되면서 기존 지석묘사회와 송국리유형 사회에 적지 않은 변화를 야기시켰다. 이 시기는 역사적으로 고조선이 위만조선으로 이행하는 단계이며, 그 주변지역에는 부여와 고구려 등의 여러 정치체가 형성되었으며, 남한지역에는 삼한의 전신인 『史記』 조선전에 나오는 '辰國' 또는 고조선 준왕이 남천하기 전에 존재하였던 '韓' 사회가 성립되었다.

韓 사회가 존속했던 기원전 3세기경 전후 중서부와 남부지역은 한국형동검문화가 발달했던 시기였다. 철제 주조도끼와 끌 등의 철기가 제한적으로 사용되었으나, 무기와 농공구 및 종교적 의기 등의 주된 재료는 여전히 청동기였다. 이 시기에 청동유물과 유적이 집중적으로 발견되는 지역은 금강과 영산강유역에 국한되어 있다. 금강유역인 중서부지역에서는 대전 괴

정동, 예산 동서리, 아산 남성리유적은 기원전 3세기 전반으로 편년되는데[38] 한국형동검이 출토되는 지역 중에서 시기적으로 가장 빠르다.

이 유적에서는 한국형동검과 동경 이외에 이형동기가 매납되었고, 괴정동에서는 동탁 2점, 남성리에서는 동부와 동착이 각각 1점씩 부장되었다. 장신구로는 천하석제옥이, 토기로는 점토대토기와 흑도장경호가 공통적으로 부장되었다. 특히 예산지역은 우리나라의 대표적인 청동 원료의 생산지역의 하나로 알려져 있다.[39] 또한 신암 종경리에서 쌍주령이, 예림리에서 청동검이, 덕산 옥계리에서 동검과 팔주령이 각각 수습된 바 있어서 청동기문화의 주요 거점지역에 해당된다. 출토유물 중 나팔형동기는 요령성 鄭家窪子 유적에서 4점이 출토된 바 있어[40] 삽교천과 아산만을 통한 예산지역과의 대외교류의 가능성이 있다.

이 지역의 청동기문화가 요령성지역의 청동기문화와 단순한 교류인지, 아니면 주민 이동에 따른 문화 전파인지에 대해서는 알 수 없다. 다만 예산지역이 청동 원료를 생산하고 또한 아산만을 통해 교류할 수 있는 교역의 중심지라는 점에서 그 청동기들을 자체 생산한 것으로 보아도 무방할 것 같다. 예산을 마한의 목지국으로 비정하는 견해가 있지만,[41] 오히려『三國志』동이전 한조의 기사에서 고조선의 準王이 '韓地'에 남천하여 韓王이 되었다는 곳을 예산지역에 비정해도 좋을 듯싶다.

고조선 준왕이 한때 있었던 평양지역 정백동 및 토성동 4호 유적에서 세형동검과 동모, 철부, 철단검이 출토된 바 있다. 물론 예산 동서리유적이 시기상으로 조금 빠르지만 준왕이 남천하였을 때 이미 예산에는 韓이라는 정

---

38) 이희준,「한반도 남부 청동기~원삼국시대 수장의 권력기반과 그 변천」『영남고고학』58, 영남고고학회, 2011, 42쪽.
39) 서정석,「도청예정지역의 고대사」『도청이전 신도시 건설사업 예정지 문화재지표조사 역사분야』, 공주대학교 역사분야 연구단, 2007, 31쪽.
40) 沈陽故宮博物館,「沈陽鄭家窪子的兩座青銅時代墓葬」『考古學報』1, 1975.
41) 김정배,「목지국고」『한국고대의 국가기원과 형성』, 고려대출판부, 1986, 297쪽.

치체가 존재하고 있었다. 또한 예산의 韓 세력이 그 이전부터 고조선과 교류 관계를 갖고 있어서 준왕도 생소한 곳보다는 친연성이 있고 연고가 있는 예산지역을 남천 후보지로 택했을 가능성이 높다. 이 과정에서 예산의 韓 세력은 준왕의 남천 이전부터 고조선에게서 청동기 제작 기술을 본격적으로 습득했을 것으로 판단된다. 예산의 청동기 제작기술이 내륙 교통로를 따라 아산(남성리), 당진(소소리), 대전(괴정동), 부여(구봉리·합송리), 논산(원북리), 연기 등 금강유역으로 확산되어 나갔을 것이다.

한편 영산강을 중심으로 한 서남부지역인 장수 남양리, 완주 갈동, 화순 대곡리, 함평 초포리 등에서도 청동기가 출토되었다. 금강유역보다 늦은 기원전 3세기 후반부터 부장되었는데,[42] 대곡리와 초포리유적에서는 다른 지역과는 달리 청동방울이 나왔고, 초포리유적에서는 도씨검이라고 불리우는 중국식동검도 함께 출토되었다. 기원전 2세기대로 편년되는[43] 합송리, 소소리, 남양리, 갈동유적에서는 한국형동검과 동경 이외에 철부와 철착 등의 철제 공구도 출토되어 청동기와 철기가 함께 부장되는 새로운 양상이 나타난다. 서남부지역의 청동기는 공반유물의 유사성과 시기적으로 늦은 점으로 보아 아산만지역에서 교역을 통해 청동기문화가 전파되었을 것으로 여겨진다.

다음으로 한국형동검과 관련하여 주목되는 것이 점토대토기이다. 점토대토기로는 심발형의 그릇 구연부에 단면 원형이나 삼각형의 점토띠를 덧붙인 토기[44]를 말하는데 초기철기시대의 대표적인 토기라 할 수 있다. 이 토기는 기원전 300년경 연의 고조선 침략을 계기로 전란을 피해 한반도로 이주해 온 중국 서북방 주민들에 의해 철기문화와 함께 유입된 것으로 보고

---

42) 이희준, 앞의 글(2011), 42쪽.
43) 이희준, 앞의 글(2011), 42쪽.
44) 점토대토기는 그 형태 변화에 따라 구연부 단면이 둥근 원형의 점토대가 부착된 단면원형점토대토기가 시기적으로 빠르고 다음 단계에서 단면이 삼각형으로 된 단면삼각형점토대토기가 사용된 것으로 파악하고 있다.

있다. 이 시기의 묘제는 송국리유형까지 유행하던 지석묘와 석관묘 등이 소멸되고, 새로이 요령지역에서 유입해 온 목관묘가 유행하게 되었다. 이 묘제는 토광을 파고 목관을 안치할 때 그 주위 공간이나 상부에 돌을 채워 넣는 土壙圍石墓가 등장하였다. 위의 무덤 이외에 두 개 혹은 세 개의 항아리를 가로로 안치한 독무덤[甕棺墓]이 유아용으로 사용되기도 하였다.

그런데 충남지역에서 점토대토기문화와 관련된 유적은 대전 괴정동유적을 비롯하여 보령 교성리유적, 부여 합송리유적, 아산 남성리유적, 예산 동서리유적 등이 있다. 점토대토기유적에서는 한국형동검과 같은 청동기가 공반되는 경우가 많다. 홍성에 이웃한 보령 교성리유적(해발 180m), 화성 동탄 동학산유적(해발 80m), 안성 반제리유적(해발 80m)에서 보듯이 모두 산 정상부에 위치하여 일종의 방어적 성격을 가진 고지성 취락을 형성하고 있다. 또한 점토대토기인들은 기존의 지석묘사회인들과의 마찰을 피해 지석묘의 밀집지역을 피해 방어가 용이한 산 정상부나 그 공백지역을 중심으로 정착하는 것으로 알려졌다.

그럼에도 불구하고 궁극적으로는 점토대토기인들이 주도적으로 토착 지석묘사회를 흡수하여 그 기층으로 재편해 나간 것으로 이해되어 왔다.[45] 이러한 견해는 점토대토기 유적의 위치와 분포 등을 통해 볼 때 타당한 측면이 있지만, 점토대토기인들과 다른 청동기문화 담당세력이나 한국형동검인들과의 관계나 성격 파악에 대한 분석이 아직 미흡하여 새로운 검토가 필요하다. 어느 면에서는 초기철기시대 중서부지역에서 점토대토기인들의 역할과 위상을 너무 확대 해석한 측면이 있지 않았을까 생각한다.

중서부지역에 점토대토기인들이 유입해 오자 지역에 따라 기존 토착 송국리유형인들과의 관계는 여러 양상을 보인 것으로 생각된다. 안성 반제리유적처럼 점토대토기인들 중에는 토착 사회와 유리된 채 고지성 방어취락을 형성하여 독자적인 세력을 구축하는 부류도 생겨났다. 점토대토기인들

---

45) 박순발, 「초기철기시대」 『충청남도지』3, 충청남도 역사문화연구원, 2006b, 267~270쪽.

이 입지한 취락들이 산 정상부에 주로 위치하고 있는 점은 그만큼 토착사회와 유리되어 있고 활동영역이 제한적일 수밖에 없음을 보여준다.

이와는 달리 그들이 송국리유형의 토착사회와 흡수되거나 융합되어 새로운 세력을 형성하는 부류도 생겨난 것이다. 송국리유형의 대규모 취락인 보령 관창리유적에서는 늦은 시기의 주거지에서 송국리식토기와 함께 점토대토기가 함께 출토되고 있는 사례[46]가 있다. 이는 송국리유형문화와 점토대토기인문화가 서로 습합되는 일면을 보여주고 있다. 관창리유적은 송국리유형이 주류이고 점토대토기문화는 유입된 것으로 보면 오히려 점토대토기문화가 송국리유형 문화에 의해 흡수되고 있는 일면을 보여준다. 간혹 토착 송국리유형인들 중에는 다양한 유이민세력과 교류를 통해 독자적으로 비파형동검문화나 점토대토기문화를 수용하는 경우도 생겨났다.

토착 송국리유형인들이 선주한 원형점토대토기인들과의 교류를 하거나 또는 고조선의 준왕집단과의 교류나 이주를 통해 새로운 한국형동검문화 등을 습득하는 경우도 있었다. 원형점토대토기와 한국형동검이 공반되는 경우는 기원전 3세기 전반의 예산 동서리유적, 아산 남성리유적, 대전 괴정 동유적 등에 한정되어 나타난다. 이들 유적처럼 대외교류가 상시적으로 행해지는 아산만 일대나 교통의 요지인 거점지역에서는 문화의 교류가 상존하고 있어서 다른 내륙지역에 비해 점토대토기문화가 유입될 여지는 높다.

반면 기원전 3세기 후반~2세기로 편년되는 부여 구봉리유적과 합송리유적에서는 흑도장경호가 한국형동검 및 동경과 공반될 뿐 점토대토기는 발견되지 않았다. 이는 비파형동검 1점이 출토된 부여 송국리유적의 석관묘에서 보듯이 송국리유형의 청동기문화가 강고하게 잔존하여 새로 유입된 점토대토기문화를 수용하기에는 한계가 있었음을 보여준다.

이처럼 점토대토기인들이 중서부지역에 이주해 옴으로써 당시 중서부

46) 아주대박물관, 『寬倉里유적 : A · F구역 발굴조사보고서』, 1999 ; 고려대 매장문화재연구소, 『관창리유적 : B · G구역』, 2001 ; 대전보건대학박물관, 『寬倉里유적 : C · E구역 발굴조사보고서』, 2002.

지역의 지배세력은 다양하게 구성되어 있었다. 기존의 토착 송국리유형인들 이외에 새로 이주해 온 점토대토기인들, 한국형동검인들, 그리고 서북한 지역에서 이주해 온 준왕집단[47] 등이 지역에 따라 독자적인 세력을 형성하고 있었다. 특히 아산만일대의 송국리유형인들은 위만에게 권력을 빼앗기고 망명해 온 준왕집단이 유입해 들어옴으로써 토착 지역사회에 적지 않은 영향을 끼친 것으로 생각된다. 기존의 토착 지역세력이 고조선과 교역을 통해 한국형동검으로 대표되는 초기철기문화를 단편적으로 수용해 왔지만, 준왕 집단의 이주로 인해 한국형동검과 점토대토기문화를 본격적으로 수용하게 된 계기가 되었음은 물론이다.

준왕집단의 주도하에 토착 지역세력은 지석묘사회인들이나 송국리유형인들이 함께 새로 대두한 광역권의 단위 정치체인 辰國의 일원으로 참여하게 된 것으로 보인다. 준왕집단은 세력기반이 없는 토대 위에서 토착 지역세력의 일정한 도움과 역할이 필요하였고, 반면 준왕 집단은 선진 청동기 제작과 분배 및 교역을 통해 토착 지역세력에게 성장의 계기를 만들면서 그 위상을 확립해 나간 것으로 보인다.[48] 그러나 『삼국지』 동이전에 준왕의 후손이 絶滅되었다고 한 것을 보면 준왕의 사후 진국의 중심세력은 송국리유형인과 같은 토착 지역세력에 의해 오히려 흡수된 것으로 보인다.

이처럼 초기철기시대에 중서부지역에 이주해 온 원형점토대토기인들과 고조선의 준왕 집단 등은 새로운 사회 변화에 큰 역할을 한 것은 사실이지

---

47) 진국의 위치와 실체에 대해서 ① 한강유역이나 경기도 일대설(노중국, 「마한의 성립과 변천」 『마한백제문화』10, 원광대학교 마한·백제문화연구소, 1987 등), ② 익산설(김정배, 「준왕 및 진국과 「삼한정통론」의 제문제」 『한국사연구』13, 한국사연구회, 1976) 등이 있으나, 금강유역에 한국형동검을 비롯한 청동기 유물·유적이 집중 분포되어 있는 점에 착안하여 충남·전남일대로 보는 견해(이현혜, 「한반도 청동기문화의 경제적 배경 -세형동검문화기를 중심으로-」 『한국사연구』56, 한국사연구회, 1987, 2~7쪽)가 보다 설득력이 있다.

48) 진국사회가 발전하게 된 요인은 농업생산력과 교역이었는데, 특히 벼농사 재배의 확대가 중요한 동인이었다(이현혜, 앞의 글(1987), 30~31쪽).

3. 홍성의 초기철기~원삼국시대 유적 분포도

만, 그렇다고 그들이 사회 변동의 주도세력은 아니었다. 토착 송국리유형의
일부 세력이 전통적인 세력 기반위에서 새로 유입해 온 세력들을 서로 융합
하거나 흡수해서 새로운 지배세력으로 성장해 나간 것으로 볼 수 있다. 이
런 배경 하에서 준왕집단과 토착 지역세력 등은 희소성의 가치를 지닌 청동
기를 제작 관리하고 또한 교역의 중심지로서의 경제적 영향력을 행사하면
서 위계적 사회신분으로서의 위상을 확립해 나간 것으로 보인다.

현재 한국형동검이 발견된 유적은 한정적이고 많지 않지만 그만큼 한국
형동검은 단위 정치체 내에서 최고 신분으로서의 위상을 가진 상징물로 기
능하였을 것으로 판단된다. 그들은 청동 무기와 동경, 청동 방울 등을 권위
의 상징물로 소중히 여기고 물리적인 힘보다 제사장의 권위와 능력을 권력
의 주요 토대로 삼았던 것으로 이해된다. 준왕집단이 참여한 진국은 제정일
치 단계의 수장층들에 의해 통솔되는 다수의 정치집단들의 집합체로 이해
된다.[49]

이러한 중서부지역의 초기철기시대 문화 양상은 홍성지역에서도 대체적으로 같은 양상을 보여준다. 홍성지역에서 초기철기시대 유적으로 학술조사를 거친 것은 도청 이전부지 내 유적 1곳에 불과하지만 석택리암닭골, 봉신리, 남장리, 화신리, 대평리, 학산리, 금곡리 등 7곳에 초기철기시대의 유물산포지가 보고되어 있는데[지도 3] 정밀학술조사를 거칠 경우 더 늘어날 전망이다.

도청 이전부지[50] 2-1지점 A구역에서는 초기철기시대 수혈주거지 13기가 확인 조사되었는데, 평면형태는 원형, 타원형, 말각방형, 표형 등 다양한 형태를 보이고 있다. 그 중 원형점토대토기편이 5곳에서 출토되었다. 이 유적은 2-4지점에서 확인된 초기철기시대 토광묘 5기와 관련이 있는 것으로 드러났다.

이를 통해 생활공간과 분묘유구가 엄격히 구분되어 있음을 알게 되었다. 2-4지점 A-1구역에서는 초기철기시대 주거지가 확인되었는데 평면형태가 말각장방형이며, 옹형의 원형점토대토기와 흑도장경호 각 1점씩 출토되었다. 2-4지점 Ⅱ구역에서는 초기철기시대 토광묘 4기가 확인 조사되었는데, 한국형동검(Ⅱ-125)과 원형점토대토기, 흑색마연토기, 석촉이 발견되었다. 2-4지점 C-다구역에서는 장방형의 수혈주거지에서 원형점토대토기 1점이 발견되었다. 2-4지점 D-가구역에서는 초기철기시대 토광묘가 확인 조사되었는데, 파손된 한국형동검과 관옥이 출토되었다. 2-4지점에서는 초기철기시대의 토광묘 6기가 확인 조사되었다.[51]

이처럼 도청 이전부지에서는 초기철기시대의 주거지 15기, 토광묘 16기가 확인 조사되었고, 이곳에서 한국형동검 2개, 원형점토대토기와 흑색마연토기, 석촉 등이 출토된 것으로 보면 홍성지역도 인근 예산, 아산의 경우처럼 한국형동검 문화권역으로 함께 포함시킬 여지는 충분히 있다. 홍성지역

49) 김정배, 「삼한의 정치와 사회」 『한국사』 4, 국사편찬위원회, 1997, 264쪽.
50) 충청남도 역사문화연구원, 앞의 책(2011).
51) 김한상 · 김명선, 앞의 글(2011), 305~313쪽.

에서 이러한 문화요소가 도청 이전부지를 제외하고 아직 발견된 바는 없지만 앞으로의 정밀 학술조사를 통해 그 문화상의 실체가 보다 분명히 드러날 것이다.

2) 진국의 해체와 마한소국의 성립

기원전 2세기 말 이래 서북한지역의 정치적 변동으로 인해서 많은 유이민들이 중남부지방으로 유입되면서 큰 영향을 끼치게 되었다. 이 과정에서 진국의 연맹체로 참여하였던 지역세력들이 서로 통합을 하면서 세력을 확장하며 새로운 단위 정치체를 만들었다. 이들 정치체들이 만든 소국들이 중국 사서인 『삼국지』 동이전에 나오는 삼한의 70여 개의 작고 큰 소국들이다. 『삼국지』 동이전 한조에 의하면 오늘날 경기 · 충청 · 전라도 지역에는 마한 54개의 소국들이, 낙동강 동쪽에는 진한 12국이, 낙동강 서쪽에는 변한 12국들이 각각 분포하고 있었음을 기록해 놓았다. 삼한은 후에 마한지역에서 백제가, 진한지역에서는 신라가, 변한지역에서는 가야가 각각 건국 발전하게 되었다.

그런데 삼한시대에 해당한 『삼국사기』 초기기록에는 그 역사상이 상반되게 나타나고 있어서 시대 설정에 대해 많은 논란이 제기되어 왔다. 고고학계에서는 이 시기를 원삼국시대나 삼국시대 전기 등으로 부르고 있다. 원삼국시대론의 경우 철기생산이 본격화되는 기원전 100년부터 도성의 축조와 고총고분의 출현, 백제토기의 형성, 위세품의 제작과 분배와 같은 고대국가 형성의 물질적 지표들이 나타나는 AD 300년까지를 그 시대 범위로 설정하고 있다. 그리고 삼한시대란 용어는 한반도 중남부지역만을 대상으로 하여 삼국과 구별되는 삼한사회의 고유한 면을 부각시킬 수 있는 특징을 갖고 있다.

현재 용어 사용과 시기 설정 등에 있어 논란이 제기되어 있지만, 현재 삼한시대의 시작을 남부지역에 와질토기와 단조철기, 칠기 등 새로운 물질문화 요소가 나타나는 기원전 1세기로 보고 백제와 신라가 고대국가 단계로 진입하는 AD 300년까지의 시기로 보려는 경향이 지배적이다. 이렇게 되면

삼한시대와 원삼국시대가 동일해지고 삼한 내에 백제와 신라의 원초적인 국가 형태가 포함될 수 있게 된다.

기원전 2세기 말부터 기원전 1세기에 이르러 서북한 지역에서 위만조선과 漢의 전쟁, 위만조선의 멸망, 한군현 설치 등 일련의 정치적인 변동을 겪으면서 많은 유이민들이 중부 이남지역에 들어오게 되었다. 이로 인해 철기문화가 유입되면서 철자원의 개발과 철기의 제작 보급이 광범위하게 이루어지게 되었다. 이에 따라 청동기의 제작과 관리 및 교역의 중심지로서 영향력을 행사해 오던 진국이 상대적으로 쇠퇴하고, 중부 이남지역 토착사회 전반에 걸쳐 중요한 정치·문화적인 변화가 진행되었다.[52]

청동기의 실용성이 없어지고 철기생산이 본격화되면서 철제로 만들어진 각종 무기와 농토목 생산용구들이 사용됨으로써 정복활동과 농업생산력의 향상을 가져왔다. 또한 밀폐된 가마에서 높은 온도로 토기를 제작하여 단단한 회색 또는 회청색의 경질토기를 사용하게 되었다. 특히 벼농사가 행해져서 농업생산력의 향상은 물론 인구의 증가와 계급 분화를 초래하는 등 급격한 사회변화가 이루어졌다.

이러한 사회 변화에 대해 진국의 연맹체에 속했던 여러 지역 세력들은 시간적 선후로 이주해 온 여러 유이민들을 흡수하면서 세력을 확장한 후 준왕 사후 영도력을 상실한 진국에 대신하여 마한의 주요 소국으로 존속 발전해 나갔다. 물론 한강유역의 伯濟國처럼 고구려에서 이주해 온 유이민세력에 의해 소국이 만들어지는 경우도 있었다. 마한의 소국들은 내부적으로 다수의 읍락으로 구성되었는데, 세력이 큰 소국은 1만여 家, 작은 나라의 경우에는 수천가로 총 십여만 호가 되었다고 한다. 소국들 간에는 세력의 차이가 있었으나 연맹체를 형성하여 외부로부터의 위협에 공동 대응하고 서북한지역에서 이주해 온 유이민들을 통제하고 그들에게 지속적인 복속관계를 요구하였다. 마한의 소국연맹체를 영도하여 중심적 역할을 한 세력이 目支

---

52) 이현혜, 『삼한사회형성과정연구』, 일조각, 1984, 37~47쪽.

國의 辰王이었다.

마한의 특징적인 분묘유적은 매장주체부 주위에 도랑[溝]을 돌린 周溝墓로서 금강유역과 그 이남지역에 폭넓게 분포하고 있다. 주구묘는 도랑 형태가 경사면 위에 눈썹형으로 돌려진 천안 청당동형과 사방에 방형으로 돌려진 보령 관창리형으로 구분된다. 서산지역에는 부장리유적과 기지리유적에서 보듯이 낮은 분구상에 매장주체부를 주로 조영하는 墳丘墓가 존재하였는데 어느 면에서는 관창리형에 가깝다. 출토된 토기는 천안 청당동유적이나 두정동유적에서 보듯이 원저단경호, 경질무문옹, 장란형토기, 발형토기, 양이부호, 파수부 토기 등이다. 취락은 경사도가 완만한 구릉지대에 위치하며, 평면형태가 방형인 4주식 주거지가 대부분이다. 또한 취락은 주거 이외에 경작, 토기 가마, 생산 등을 담당하는 복합된 시설을 갖추는 경우가 있었다.

홍성지역에서 발견된 마한시대 유물이나 유적은 그리 많지 않다. 학술조사를 거친 유적은 은하면 학산리 내남패총[53] 정도이고, 유물산포지로서는 홍북면 석택리 암탉골·봉신리 배울, 홍성읍 남장리2구, 결성면 읍내리·용호리 안말, 구항면 장양리 벌말 등에 불과하다[지도 3]. 학산리 내남패총은 내남마을 서쪽 능선의 남동향 사면 상단부에 약 1m 정도의 패각이 쌓여져 있는데, 이곳에서 시루편과 발형토기편, 호형토기의 구연부, 토기 손잡이편 등의 다양한 기종이 확인되었다.

이를 통해 내남패총이 원삼국시대에 집중적으로 형성된 것으로 파악하였다. 천수만에 연한 이 지역 사람들은 당시 조개와 굴 같은 패각류를 대부분 바다에서 채취하여 단백질을 쉽게 보충할 수 있었다. 천수만지역에 거주하던 사람들은 농경이 아니더라도 어패류와 견과류 등을 채취하며 정주생활을 영위하였음을 알 수 있다.

이처럼 홍성지역에서 마한시대 문화상을 제대로 밝힐 수 있는 관련 유적

---

53) 최몽룡·임영진·송은숙, 「홍성 은하일대의 지표조사 약보」『고문화』32, 한국대학박물관협회, 1988, 19~48쪽.

들이 확인되지 않고 있지만 최근 도청 이전부지 중 예산 삽교읍에서 원삼국시대 주거지 2기가 조사 확인되어[54] 앞으로 관련 유적이 더 발견될 여지는 많다.

그러면 홍성지역에는 마한 54국 중 어떤 소국들이 존재하였을까? 이에 대해 홍성지역에는 素謂乾國,[55] 監奚卑離國과 駟盧國,[56] 占卑離國[57] 등이 있었던 것으로 추정한 바 있다. 소위건국과 감해비리국은 홍성지역에, 사로국은 장곡면에, 점비리국은 결성면에 각각 비정하고 있다. 이는 어디까지나 국의 명칭과 지명의 音相似, 그리고 『삼국지』 동이전 한조의 국명 기재순서에 의거하여 비정한 것이기 때문에 그 근거는 분명치 않다.

백제시대 홍성지역은 3개 정도의 행정구역인 結己郡과 牛見縣, 그리고 沙尸良縣으로 편성되었다. 결기군은 지금의 결성면에, 우견현은 갈산면과 서산시 고북면에, 사시량현은 장곡면에 각각 해당한다. 지금의 행정구역과는 다소 차이가 있지만 홍성지역은 백제시대에 대체로 3~4개의 행정구역으로 편성되어 있었다. 백제의 홍성지역 행정구역 편성은 마한의 3~4개 소국을 토대로 재편한 것임을 알 수 있다.

이러한 사실을 수계망과 고고학 자료인 유적의 밀집도, 주요 고분군의 존재 등을 감안해서 홍성지역에서 마한 소국의 존재를 파악해 보면 개략적이나마 위와 같은 3~4개의 큰 세력권으로 구분된다. 물론 홍성지역에서 고대 유적에 대한 정밀 학술조사가 제대로 이루어지지 않는 상태에서 소권역으로 구분하여 각 지역마다의 문화의 특색을 찾기는 현재로서는 어렵다.

먼저 결성지역을 중심으로 한 정치체의 존재를 상정해 볼 수 있다. 광천천 수계와 학천천 수계가 천수만에 연결되어 있는 해양문화적인 성격을 가진 곳으로 결성면, 광천읍, 은하면지역이 이에 해당한다. 이 지역은 지석묘

---

54) (재)충청문화재연구원, 앞의 책(2011).
55) 정인보, 『조선사연구』상, 1935.
56) 이병도, 『한국고대사연구』, 박영사, 1976, 262~266쪽.
57) 천관우, 「마한제국의 위치 시론」 『동양학』9, 단국대학교 동양학연구소, 1979, 236~237쪽.

가 밀집해 있으며, 광천읍(장척리·상정리, 신진리·소암리유적 등)과 은하면(내남패총)에 청동기시대 유적이 분포한다. 특히 신금성에서 발견된 西晉의 錢文陶器[58] 등은 결성지역이 마한시대에 중요한 해상교역의 거점지역이었음을 보여준다.

둘째로 장곡면을 중심으로 한 정치체를 상정할 수 있다. 장곡면(지정리유적)은 무한천 수계를 따라 금마면, 그리고 예산군 대흥면에 연결되는데, 홍성지역에서 지석묘가 가장 밀집되어 있다. 내륙 농업지대로 백제 때 沙尸良縣이 설치된 지역이다. 위의 두 지역은 홍성지역에서 정치체의 존재를 보여주는 독립된 권역으로 설정하는 데에는 이론의 여지가 없다.

다음의 두 지역은 유물의 밀집도로 보아 독립 권역으로 설정하기에는 다소 부족하지만 유적 조사가 아직 제대로 이루어지지 않았다는 점과 후에 독립적인 행정구역이었다는 점에서 또 하나의 권역으로 설정해 볼 수 있다. 셋째로 갈산면을 중심으로 한 정치체를 들 수 있다. 금리천 수계를 통해 서부면과 천수만에, 북쪽으로는 서산 고북면에 연결되는 해양문화적 성격을 가진 곳으로 백제 때 牛見縣이 설치된 지역이다. 다른 지역에 비해 고대 유적이 많이 존재하지는 않지만 천수만이나 서산을 지나 태안방면으로 진출하는데 교통로상 또 다른 주요 거점지역에 해당한다.

넷째는 홍성의 중심부인 홍성읍을 중심으로 해서 구항면, 홍동면, 홍북면 일부 지역을 하나의 세력권으로 묶을 수 있다. 이곳은 금마천수계에 연결되어 있는데 청동기시대 유적인 송월리, 고암리, 남장리유적 등이 있고, 지석묘는 다른 지역에 비해 밀집되어 있지 않지만 신성리 지석묘 4기, 팔괘리유적 등이 주목되는 지역이다. 다른 권역에 비해 유적의 밀집도는 떨어지지만 통일신라시대에 홍주가 설치된 지역임을 감안해야 한다.

다만 도청 이전부지는 신석기시대부터 조선시대에 이르기까지 관련 유물이 통관해서 출토되며 또한 홍성읍과 같은 금마천 수계지만, 지리적으로

---

58) 충남대박물관, 『신금성』, 충남대 박물관총서 제10집, 1994, 269~270쪽.

홍성읍보다는 오히려 예산 덕산면 지역에 가까운 곳이다. 예산 덕산면은 백제 때 馬尸山郡이 설치된 지역이다. 따라서 이 지역은 홍성읍보다는 예산 덕산면지역에 연결시키는 것이 타당하다.

이처럼 마한시대에 홍성지역을 4개의 권역으로 나누었을 때 어느 지역이 과연 중심지로서의 역할을 하였을까? 위의 검토 결과에 따르면 결성면지역과 장곡면지역이 그 대상이 될 것이다. 결성면지역은 해상교역을 통해 성장을 꾀하였다면 장곡면지역은 내륙의 금강유역으로 가는 교통상의 요지와 농업경제력을 배경으로 성장하였던 지역으로 볼 수 있다. 두 지역의 지배세력이 내륙과 해상활동을 통해 홍성지역을 주도적으로 영도해 나간 것으로 판단된다. 이들 지배세력은 홍성지역에 있는 마한 소국의 세력이 있는 수장층들로 추정된다. 이들 수장층들은 천안-직산에 있던 목지국에 있던 마한연맹체의 일원으로 정치적 경제적 성장을 꾀하였던 것으로 볼 수 있다.

4. 백제의 진출과 홍성 지배세력의 변화

1) 백제의 홍성지역 진출과 신금성세력의 대두

백제가 홍성지역에 어느 시기에 진출하였는가에 대해서는 관련 사료의 부족으로 분명히 밝혀져 있지 않다. 다만 백제의 마한정복과정을 통해 그 추이를 엿볼 수 있다.[59] 백제의 지방지배 과정은 그 영역확대 과정과 궤를 같이 하고 있기 때문이다. 『삼국사기』 백제본기 기사를 통해 관련 기사를 제시하면 다음과 같다.

A-① 8월에 사신을 마한에 보내 도읍을 옮길 것을 알리고 마침내 강역을 구획하여 정하였는데, 북쪽으로는 浿河에 이르고, 남쪽은 熊川을 경계로 삼고, 서쪽으

---

59) 유원재, 「백제 영역변화와 지방통치」 『백제의 지방통치』, 학연문화사, 1988, 14~23쪽.

로는 큰 바다에 닿고, 동쪽으로는 走壤에 이르렀다. [온조왕 13년, B.C.6]

② 겨울 10월에 왕이 군사를 내어 겉으로는 사냥한다고 하면서 몰래 마한을 습격하여 드디어 그 國邑을 병합하였다. 그러나 圓山城과 錦峴城의 두 성만은 굳게 지켜 항복하지 않았다. [온조왕 26년, A.D.8]

③ 여름 4월에 두 성이 항복하자 그 백성들을 한산 북쪽으로 옮기니, 마한은 드디어 멸망하였다. 가을 7월에 大豆山城을 쌓았다. [온조왕 27년, A.D.9]

④ 가을 7월에 湯井城을 쌓고 大豆의 백성들을 나누어 살게 하였다. 8월에 圓山城과 錦峴城의 두 성을 수리하고, 古沙夫里城을 쌓았다. [온조왕 35년, A.D.18]

위 기사는 백제 건국기인 온조왕대 마한을 단계적으로 정복하는 과정을 서술한 내용이다. 그에 앞서 온조왕 13년(B.C.6)에는 백제가 북으로 浿河, 남으로는 熊川, 서로는 大海, 동으로는 走壤에까지 영토를 넓힌 것으로 나타난다(A-①). 여기서 浿河는 예성강유역이고, 熊川은 안성천을 말하며, 大海는 서해로, 走壤은 춘천에 각각 비정된다.

이 기사대로라면 백제가 기원전 1세기 초에 예성강, 춘천, 안성천까지 영역을 넓힌 것으로 된다. 백제는 그 후 마한을 단계적으로 정복해 나가는데, 그 과정은 백제의 웅천책 설치(온조왕 24년)→ 진한과 마한에 대한 정복 결심(온조왕 25년)→ 백제의 마한정복 의지 천명(온조왕 26년 7월)→ 백제의 마한 공격 개시(온조왕 6년 10월)→ 백제의 마한 유민에 대한 사민책과 멸망시킴(온조왕 27년 4월)→ 옛 마한세력의 대규모 부흥운동과 진압(온조왕 34년 10월) → 백제의 옛 마한지역에 대한 새로운 지배책 마련(온조왕 36년 7월 및 8월)의 과정을 거친 것으로 되어 있다.

그러나 백제가 온조왕대에 나라를 세우자마자 이처럼 영토를 중부지역에 걸쳐 크게 확장한 것으로 기록한 것은 믿기 어렵다. 더구나 3세기경의 사실을 전하는 『三國志』 동이전 한조에는 마한의 맹주국으로 나오는 目支國의 존재가 등장하고 있기 때문에 이 기사는 그대로 받아들일 수는 없다. 이때의 마한은 천안~직산에 있던 目支國을 중심으로 한 세력집단 일부를 말한다. 백제가 마한을 멸망시킨 직후 성곽을 쌓아 지역지배의 거점으로 삼고 있음을 알 수 있다. 이 때 백제가 축성한 지역을 비정해 보면 大豆山城은 아산 영인산성이며,[60] 湯井城은 온양이고, 圓山城은 금산 마전으로,[61] 錦峴城은 연기 전의로,[62] 古沙夫里城은 정읍 고부로 각각 해당한다. 여기서 마한과 관련하여 나타나는 지명들을 통해서 보면 백제 온조왕대에 금강유역을 건너 노령산맥에까지 진출한 것으로 되어 있다.

그런데 正始 6년(245)과 正始 7년(246)에 韓那奚 등 마한 세력이 魏의 침략을 받아 커다란 타격을 받았던 사실[63]을 감안할 때 온조왕대의 영역확대 기사(A-①)는 3세기 중반 고이왕대 이후의 사실로 이해된다. 이때는 백제가 이미 한군현과의 군사적 충돌을 통해서 目支國 중심의 마한세력을 병합하고 마한의 새로운 대표세력으로 부각되는 시기[64]에 해당한다. 이때 백제는 차령과 금강 이북지역의 아산만유역까지 영유한 것으로 이해된다.[65]

이는 금강유역인 중서부지역에까지 진출한 사실을 건국시조인 온조왕대에 일괄 기록해 놓은 것으로 볼 수 있다. 이어 원산성과 금현성을 수리하

---

60) 대두산성의 위치에 대해서는 ① 충남 공주나 서천설 및 연기설(천관우, 「三韓의 國家形成」(下), 『韓國學報』3, 일지사, 1976, 130 · 132쪽), ② 충남 아산시 음봉면 수한산성설(이기백, 「웅진시대 백제의 귀족세력」『백제연구』9, 충남대학교백제연구소, 1978), ③ 충남 아산시 영인산성설(유원재, 「백제 탕정성 연구」『백제논총』3, 백제문화개발연구원, 1992) 등이 있다. 온조왕 36년(A.D.18)에 백제가 탕정성을 쌓고 대두산성의 민호를 이곳에 사민시킨 사례에 비추어 보면 온양과 가까운 아산지역에 비정할 수 있다.
61) 원산성은 ① 충남 진산설(천관우, 앞의 글(1976), 128쪽)과 ② 전주설(全榮來, 「完山과 比斯伐論」『馬韓百濟文化』창간호, 원광대학교마한백제문화연구소, 1975), ③ 충남 금산 마전리설(사회과학원, 『조선전사』3 중세편, 과학백과사전종합출판사, 1991, 157쪽) 등이 있다. 그러나 마한의 목지국을 직산으로 볼 때 금산 마전리설이 보다 합리적인 것 같다.
62) 금현성의 위치에 대해 ① 충남 연기군 전의의 金城山, 金伊山城說(이병도, 『국역 三國史記』, 을유문화사, 1977, 57쪽), ② 진천설(민덕식, 「고구려 도서현성고」『사학연구』36, 한국사학회, 1983, 47쪽), ③ 진안 곰치리설(전영래, 앞의 글) 등이 있으나, 온조왕 27년 7월 아산에 대두산성을 축조하고 있는 것으로 보면 아산과 가까운 연기 전의로 보는 설이 보다 타당하다.
63) 『삼국지』권30, 위서30, 오환 · 선비 · 동이전 예전 및 한전, 위서4, 소제기44 제왕 방 정시 7년.
64) 김수태, 「3세기 중 · 후반 백제의 발전과 마한」『마한사』, 충남대출판부, 1988, 212~213쪽.
65) 유원재, 앞의 글(1988), 18쪽.

고 고사부리에 성을 쌓았다는 것은 백제가 금강유역을 장악하고 노령산맥에까지 진출한 사실을 반영한다. 이와 관련하여 벽골제 축조 기사[66]를 통해 백제가 늦어도 4세기 전반에는 김제지역에까지 진출하였음을 입증해 준다.

3세기 중엽 이후 백제가 목지국 중심의 마한세력을 복속시키고 중서부지역이나 서해안지역으로 남하하는 루트는 대체적으로 세 방향에서 이루어졌다. 백제의 마한지역 진출은 방사형으로 진행되었던 것이 아니라 교역로를 따라 선형으로 이루어졌다. 중서부지역의 경우 서울 - 천안 - 공주를 통해 금강 중류지역에 진출하는 루트와 서울 - 천안 - 청주를 통해 가야지역으로 연결되는 중부 내륙루트의 두 축을 이용한 것으로 보인다.

또 하나는 아산만을 통해 해상로를 이용하는 서해안의 해상루트를 활용하는 방안일 것이다. 천안-청주 방면의 중부 내륙루트는 소백산맥의 嶺路인 화령과 추풍령로를 통해 낙동강유역이나 영산강유역으로 진출하는데 이용되었다. 천안-공주 방면 루트는 금강 중하류지역을 거쳐 익산 익점리를 거쳐 영산강유역으로 진출하는 루트이다. 서해안을 통한 해상로는 서울(한성) - 인천(미추홀) - 아산만-태안반도-천수만을 거쳐 서남해안으로 가는 루트로서 한군현과 왜 간의 해상 교역루트로 활용된 바 있다.

이러한 백제의 남하루트를 상정해 볼 때 백제가 중서부지역에 진출하는 경우 천안지역이 전략적 중요 거점지역이 된다. 천안지역은 청당동유적(2세기 후반~3세기 후반)에서 보듯이 마한의 영도세력인 목지국이 있었던 지역으로 추정된다. 백제가 3세기 중반 이후 마한세력을 복속시킨 후 천안지역은 백제의 세력의 확산 추세 속에서 백제와 일련의 관계를 맺고 새로이 대두하는 화성리유적(4세기 중후반)과 용원리유적(4세기 중반~6세기 전반)의 축조세력에 의해 백제의 영역으로 편입되어 나간 것으로 볼 수 있다.

그러면 백제가 낙동강유역에 진출하기 위해 남방루트를 확보하려는 의도는 무엇일까? 국가 발전에 필요한 전략 물자인 철자원을 확보하고 또한

---

66) 『삼국사기』 신라본기 訖解尼師今 21년.

국부를 창출하는 교역로를 확보하기 위한 노력으로 파악된다. 철은 농업생산력의 증대와 정치 군사적으로 매우 중요한 자원이다. 철자원의 안정적인 확보와 철기 생산은 바로 국가 발전의 원동력이었다. 진·변한은 철이 많이 생산되어 소국 내 뿐 아니라 한군현과 왜에까지 수출할 정도로 교역의 중요 품목이었다. 진·변한 지역에서는 기원전 1세기 전후한 시점에 단조철기가 널리 제작 보급되었다.

반면에 마한지역에서는 아산 갈매리유적이나 서천 지산리유적 등 일부 지역에서 단조 등의 간단한 공정을 통해 철기를 생산할 뿐 대부분 진·변한 지역에서 철 소재를 들여와 이를 재가공하는 형태로 철기를 사용하였다. 그러던 중 3세기 중엽 韓 세력이 대방군의 기리영을 공격한 사건 이후 기존의 철 교역로가 와해되자 백제는 안정적인 철 생산지를 확보하는 동시에 철 교역로를 다원화시키려는 노력에서 새로운 교역로 개발에 나선 것이다.[67]

또한 한군현 설치 이후 한 지역에서 수요가 급증하고 있었던 중국산 위세품과 진변한의 철 소재를 확보하려는 교역활동이 활발히 전개되었다. 3세기 이후에는 중국으로부터 공급되던 교역품이 감소하고 대신 삼한 토착사회의 외래 교역품에 대한 수요 중대하는 요인에 의해 한반도를 벗어나 중국 서진에 직접 견사하는 원거리 국제교역으로 발전하게 되었다.[68]

백제가 중부 내륙교통로를 따라 낙동강유역에 진출하는 과정에서 娘子谷城(청주)을 확보한 후 금강 중류지역인 蛙山城(보은)과 狗壤城(옥천)에서 신라와 공방전을 벌이고 있는 것[69]으로 보아 백제의 낙동강유역 진출은 신라에 의해 일단 저지된 것으로 이해된다. 이에 대한 타개책의 일환으로 4세기 중반 이후 백제는 해상교통로 개척에 나서게 되었다.

백제가 홍성지역에 진출한 것은 내륙교통로를 통한 것이 아니라 해상로

67) 오욱진, 「3~4세기 百濟의 鐵 交易路와 生産地 確保를 통해 본 領域化 過程」, 충북대석사 학위논문, 2012, 32~55쪽.
68) 이현혜, 앞의 책(1998), 284~290쪽.
69) 『삼국사기』 백제본기 다루왕 36년 동 10월, 37년, 39년, 48년, 49년.

를 통해서였을 것이다. 차령산맥으로 가로막힌 내륙지역보다는 아산만이나 서해안으로 열려진 해안가를 통하는 방법이 훨씬 접근성이 뛰어나기 때문이다. 백제가 해상로를 통해 홍성지역에 진출을 할 때에는 두 방향에서 이루어진 것으로 짐작된다. 태안반도를 경유할 때는 가로림만을 통해 서산을 거쳐 들어오게 되고 천수만[70]을 경유할 때에는 茅山島를 거쳐 결성지역에 진입하게 된다. 백제는 이처럼 충남 서해안지역을 확보하기 위해 위의 두 방향으로 진출하였다.

태안반도를 확보하기 위해서는 세력기반이 강하고 태안반도 일대의 물길을 숙지하고 있는 재지세력의 도움이 필요하였다. 당시 태안반도에는 분구묘를 조영했던 서산의 명지리(4세기), 기지리(4~5세기), 여미리 방죽골(3세기 중후엽), 부장리(4세기 말~5세기 전반), 예천동(3세기 후반) 등의 여러 지역세력들이 존재하고 있었다. 그들은 유물과 유적 상으로 볼 때 마한의 전통을 유지하면서 분구묘를 조성했던 세력들이었다.

백제는 무력을 앞세워 정복하기보다는 다양한 방법으로 지역세력들과 관계를 가지려 하였다. 특히 백제는 서산지역에서 가장 유력한 재지세력인 부장리세력과 관계를 맺어 태안반도 지역을 지배하려고 하였다.[71] 부장리세력도 마한지역에서 중심세력으로 대두한 백제의 후광을 배경으로 전통적인 지배력을 유지하려 하였다.

한편 4세기대에 이르면 한군현이었던 낙랑군과 대방군이 고구려에 의해 멸망되면서 새로운 정세 변화가 일어났다. 백제는 종래 한군현이 갖고 있었던 동아시아 해상 교역권을 장악하여 중국대륙과 일본열도를 연결하는 교

---

70) 천수만은 리아시스 해안으로 너비 2km, 만입 길이 49km이며 남북으로 길게 놓여져 있다. 이곳은 물이 얕은데다가 곳곳에 암초가 많고 유속이 빠르다. 수심이 얕은 천수만에는 큰 갯고랑인 積乭江이 태안읍 남문리 정구내부터 서산시 부석면 갈마리 앞바다로 이어지고 있는데 이 수로를 통해 큰 배가 드나들었다고 한다.

71) 강종원, 「한성기 백제의 서산지역 진출과 재지세력」 『서산문화춘추』2, 서산문화발전연구원, 2008 ; 이경복, 「백제의 태안반도 진출과 서산 부장리 세력」 『한국고대사탐구』3, 한국고대사탐구학회, 2009.

역의 중개자로서 새로운 역할을 담당하게 된 것이다. 백제는 이러한 환경 변화에 부응하여 새로이 확보한 각 곳의 지역세력에 대해 새로운 형태의 지방지배 방식을 적용해 나갔다. 그 지역의 지역 수장층들에게는 지역 지배권을 일정한 범위 내에서 인정해 주는 대신 대외교역권이나 징세권 등의 행사를 통제하는 방식으로 전환한 것이다.

또한 백제는 각 지역의 유력한 지역 수장층들에게 금동관과 장신구, 중국제 자기 등과 같은 당시 최고급품의 위신재를 분여함으로써 그들을 매개로 거점지역을 통제 지배하고자 하였다. 서산 부장리 5호분구묘[72]에서 출토된 금동관모, 금동이식, 환두대도, 초두 등이 최고급의 위신재에 해당한다. 특히 금동관이나 장신구 등은 착용자의 신분을 나타내거나 또는 특별한 의식을 집행할 때 패용하는 장착 위신재로서 최고의 사회 신분을 상징하는 것이다. 금동관은 중앙에서 볼 때 지방 지배의 중요한 거점지역의 최고 수장층에게 국한하여 수여된 것으로 해당 지역의 정치적 중요도를 반영해 준다. 이제 부장리 5호 분구묘 축조세력은 백제를 대신하여 한동안 태안반도 지역을 지배하는 지배 세력이 된 것이다.

한편 백제는 천수만을 통해 결성지역에 진출하여 홍성지역의 지역세력을 장악하려 하였다. 이때 백제가 이를 위해 관계를 맺은 세력은 결성면 금곡리에 있는 신금성의 지역세력이었다. 이를 입증해 주는 자료가 신금성에서 출토된 4세기 중엽에 해당하는 백제 삼족기와 중국 서진대의 전문도기이다.[73] 錢文陶器는 西晉(265~317)에서 유행한 오수전 문양이 찍혀있는 도기로 서울 풍납토성, 풍납토성 등에서 출토되었다.

신금성지역에서 출토된 중국 자기와 백제 토기 등을 통해 볼 때 그 지역 지배세력의 성격 일면을 파악할 수 있게 해준다. 즉 신금성지역의 지배세력은 농업적 기반보다는 태안반도와 천수만을 연결하는 서해안 해상교통로를

---

72) 충청남도역사문화연구원, 앞의 책(2008).
73) 충남대박물관, 앞의 책(1994), 264~270쪽.

통한 해상 활동을 배경으로 성장한 세력이었음을 보여준다. 신금성세력이 해상활동을 통해 획득한 경제적인 부는 홍성지역을 지배해 나가는데 필요한 경제적 기반이 되었을 것이다. 특히 중국 자기가 신금성에서 출토된다는 것은 백제가 중국 강남에서 자기를 수입하여 신금성의 지역세력에게 제공한 것을 의미한다.[74]

이를 통해 중국 고급문화에 대한 백제 중앙과 지방의 지배층들의 욕구와 열기가 광범위하게 존재하였음을 알 수 있다. 삼한과 삼국 초기를 거치면서 백제의 중앙과 지방의 지배층들은 한군현과의 조공무역에 참여한 경험을 가진 것이 중국 고급문화에 대한 잠재적인 수요를 형성한 것 같다. 그리고 낙랑유민들이 정치적 파동에 따라 백제에 광범위하게 이주하여 거주한 사례[75]도 이와 관련이 있다. 이러한 위세품의 사여를 통한 지방지배방식은 중

---

74) 현재 백제지역에서 출토된 중국 자기는 최소 201개체에 달한 것으로 파악된다. 백제지역에 중국 자기를 수입한 주체세력에 대해서는 현재 백제 왕실이나 또는 지역세력으로 보고 있다. 그러나 그 매장 유적 40개소를 성격별로 분석해 보면 생활 관련 유적이 153개체로서 압도적으로 많다. 그리고 지역별로 살펴보면 백제의 왕도였던 서울지역 출토품이 총 93개체로서 압도적 다수를 차지하고 있다(임영진, 「중국 육조자기의 백제 도입배경」 『한국고고학보』83, 한국고고학회, 2012, 14~15쪽). 이러한 연구 결과를 놓고 볼 때 지역세력이 수입하는 경우도 있지만 대부분 백제 왕실이 주도적으로 중국 자기를 수입한 것임을 알 수 있다. 백제 왕실이 위세품으로 간주되는 중국 자기를 수입하여 지역세력에게 사여함으로써 통제를 강화하는 수단으로 활용하였음을 알 수 있다.

75) 낙랑·대방군 주민들의 韓사회 이주에 대해서는 대략 4시기로 나누어 볼 수 있다(권오중, 「낙랑 주민의 이동과 한성백제」 2011년 국제학술회의 발표요지, 서울특별시한성백제박물관건립추진단·백제학회, 2011 참조). 제1기는 1세기 초 낙랑의 王調가 독립세력을 유지하다가 몰락한 후 대숙청이 단행된 시기이다. 제2기는 2세기 후반으로 黃巾집단의 봉기와 韓濊의 강성으로 인해 통제력이 이완된 다수의 낙랑 주민들이 남쪽의 韓사회에 유입되는 시기이다. 제3기는 3세기 중반 한군현과 臣濆沽國 중심의 韓세력 간에 벌어진 기리영 전투 때이다. 유주자사는 대방군의 관할 업무가 편중된 것을 고려하여 진한 소속의 일부 소국을 낙랑의 관할로 조정을 하자 이에 韓세력의 불만을 샀고 이로 인해 전쟁으로 비화하였던 것이다. 제4기는 4세기 초 낙랑·대방군의 몰락으로 인한 정세 변화에 기인한다. 이를 반영해 주는 것이 중부지역에 분포한 낙랑계 유적들이다. 이에 대해서는 권오영, 「백제의 대중교섭의 진전과 무역도자」 『강좌 한국사』4, 신정, 2003, 9~10쪽 ; 김무중, 「마한 지역의 낙랑계 유물의 전개 양상」 『낙랑문화연구』, 동북아역사재단연구총서20, 2006, 284~306쪽을 참조할 것.

국이나 고구려, 신라, 왜에서도 찾아보기 어려운 백제만의 독특한 지방지배 방식이라 할 수 있다.[76] 이를 통해 백제의 홍성지역 지배가 신금성의 지역 세력을 통해 이루어졌음을 보여준다.

이처럼 백제는 서산의 부장리 세력과 홍성의 신금성 세력을 통해 태안반 도와 홍성 지역에 대한 간접지배방식을 관철하여 이 지역에 대한 해상 지배 권과 교역망을 확보해 나간 것으로 볼 수 있다. 그 진출 시기는 신금성 출토 서진의 전문도기와 부장리 분구묘를 통해 볼 때 4세기 중반 이후로 여겨진 다. 백제가 이처럼 태안반도와 신금성지역을 중시한 배경은 중국 - 백제 - 왜에 연결되는 해상교역권을 안정적으로 확보하고, 또한 해안루트를 통한 금강유역과 영산강유역 지배를 관철시키기 위해 중간 해상기지의 건설이 필요했던 것으로 볼 수 있다. 아울러 4세기 말 이후 지속되어 온 고구려와의 항쟁에 필요한 배후 기지 건설을 위해 그 중간에 위치한 충남 서해안 지역 세력의 협조와 도움이 절실히 필요했기 때문이다.[77] 이들 지역은 충남 서해 안지역을 지배하기 위한 교두보 역할을 하는 해상 중요 거점지역이었다고 할 수 있다.

이러한 배경으로 인해 홍성지역에 대한 백제 지방지배의 거점은 신금성 이 있는 결성지역이었다. 신금성은 통일신라시대 말기에 축조된 것이지만 그 성안에서 전문토기가 출토되었고 조개류가 퇴적되어 있는 패총이 발견 되었다. 성안의 패총은 신금성이 축조되기 이전 상태를 보여주는 유적으로 주목된다. 이곳에서는 금곡리 원천패총과 함께 후기 민무늬토기편과 원삼

---

76) 백제지역에서 중국 자기가 현재 201개체가 출토된 반면 고구려지역에서는 16점, 신라지 역에서는 2점, 가야지역에서는 1점, 일본열도에서는 3점 정도가 출토된 것을 보면 중국 자 기는 백제지역에서 크게 선호된 위세품이었음을 알 수 있다(임영진, 앞의 글(2012), 6쪽).

77) 고구려와의 항쟁기에 백제의 지배세력으로 등장한 대표적인 세력은 사씨세력이다. 아신 왕 7년(398) 2월에 사씨세력 沙豆가 왕의 척족인 진씨세력 眞武를 대신하여 병관좌평에 오른 것이 이를 입증해 준다. 대고구려 강경파인 진씨세력이 대고구려전에서 연달아 참 패함으로써 그 대안으로 금강유역에 세력기반을 가진 사씨세력이 병권을 장악하게 된 것 이다.

국시대 토기편이 출토되었고, 인근 은하면 내남패총에서는 원삼국시대의 시루편과 백제시대의 유개삼족배와 무개식삼족배 등이 출토되었다.[78] 이를 통해 신금성과 그 주변 지역이 청동기시대 이후부터 백제시대까지 어로 활동과 함께 중요한 대외교역항으로서 역할을 해왔음을 알 수 있다.

신금성 이외에 학술조사를 거친 백제유적으로는 성호리 백제고분군[79]이 있는데 원천패총과 관련이 있는 유적이다. 조사된 14기의 고분 중 13기가 백제고분이었으며 12기가 터널형 천정을 가진 횡혈식 석실분이었다. 이 고분은 6세기 전반에 해당하는데, 결성지역이 4세기부터 사비시대에 이르기까지 백제의 홍성지역 지배의 주요 거점지역이었음을 입증해 주는 유적이다. 그밖에 교항리 용동과 무량리[80]에 백제고분군이 있고, 교항리 자은동 독골에 백제토기 산포지가 남아 있다.

홍성지역은 백제시대에 結己郡으로 편제되어 있었다. 백제시대에 결성 지역이 홍성지역을 대표하는 행정구역 명칭이었다는 점에서 결성지역의 위상을 엿볼 수 있다. 신금성세력의 대표되는 결성지역이 청동기시대 지석묘 사회에서 삼한 소국을 거쳐 백제시대에 이르기까지 홍성지역에서 주도적인 역할을 수행한 중심지역이라 할 수 있다. 결성지역과 함께 천수만을 공유하면서 어로생활과 대외교역 활동을 수행하였던 광천읍에서도 백제시대 유물과 유적이 확인되었다[지도 4]. 아직 학술조사를 거치지 않았지만 담산리 신내골 백제고분군, 운용리 운동 백제고분군, 벽계리 백제고분군을 비롯하여 신진리에는 백제토기산포지가 이를 입증해 주는 유적들이다.

결성지역 이외의 지역에서 백제시대 유적이 집중 분포한 곳은 홍성읍,

78) 윤환, 「충남 결성지방 조개더미 출토토기에 대하여」 『우강권태원교수정년기념논총』, 1994, 381~400쪽. 원천패총에서 나온 백제 삼족기는 대략 5세기 중엽으로 편년된다(박순발·성정용, 「홍성 금곡리 원천유적 채집 백제토기에 대하여」 『우강권태원교수정년기념논총』, 1994, 335~369쪽).

79) 공주대박물관, 『홍성 성호리 백제고분군 발굴조사보고서 -1989년도 발굴조사-』, 1991.

80) 윤환, 앞의 글(1994), 382쪽.

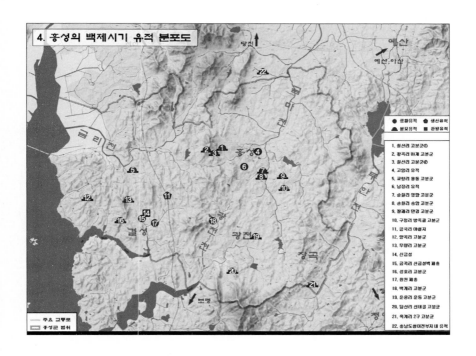

4. 홍성의 백제시기 유적 분포도

홍동면, 장곡면, 홍북면 도청 이전부지이다. 홍성읍에서는 월산리와 송월리에 각각 백제고분이 넓게 분포되어 있고, 남장리 구름다리에도 백제토기 산포지가 있다. 홍성면 동쪽 홍동면에는 팔괘리 만경과 구정리 방죽골에 백제고분군이 있으며, 신기리에는 백제유물 산포지가 넓게 분포하고 있다. 홍성읍과 홍동면지역에 백제유적이 집중 분포하고 있어 지석묘사회 이래로 백제시대에 이르기까지 하나의 독립적인 세력권으로 묶을 수 있다. 같은 시기에 결성지역과 함께 홍성지역에서 독립된 권역으로 성장해 온 장곡면지역에는 옥계리2구에 백제고분군이 분포하고 있으나 백제유적은 대체로 빈약한 편이다.

그러나 무한천변에 축조된 장곡산성, 천태리산성, 태봉산성, 학성산성 등이 집중적으로 분포하고 있고, 그 주변에 야철지가 9곳으로 홍성지역에서 제일 많이 집중되어 있다. 장곡면의 산성과 야철지는 그 관련성이나 시기가 아직 분명치 않지만, 양자가 군사적 성격을 지닌 점에서 관련이 있는 것으로 생각된다. 장곡면일대가 백제 사비시대에 태안반도에서 부여로 가는 길목에 위치한 점을 감안해 보면 이 유적들은 교통로상의 주요 관방적 기능을 수행한 측면을 반영하는 것이 아닐까 한다. 장곡면일대는 백제시대에 沙尸良縣으로 편제된 것으로 보아 하나의 독립된 권역으로 설정될 수 있을 것이다.

백제유적이 밀집해 있는 또 하나의 지역은 홍북면 도청 이전부지이다. 아직 발굴보고서가 발간되지 않아 그 구체상은 알 수 없으나, 개략적인 파악은 가능하다. 백제유적이 확인된 곳은 C-다구역에서 백제시대 토기가마 2기와 수혈유구 2기가 확인되었고, C-라구역에서는 백제시대 수혈유구 1기에서 철겸과 타날문심발형토기가 출토되었다.[81] 바로 인접한 예산 삽교읍 일대의 이전도청부지 3-2지점에서는 백제고분 48기가 확인되었고 그 주변 공사구간 밖에도 11기가 이어지고 있는 대규모 백제고분군이다. 또 3-4지점에서는 백제고분 28기와 주거지 2기가 확인되었는데[82] 현재 발굴조사 중이어서 그 구체적인 내용은 알 수 없다. 이를 통해 보면 도청 이전부지에도 대규모 백제유적이 분포하고 있으나, 백제 때 예산 덕산면에 설치한 馬尸山郡과 관련한 유적으로 보인다.

따라서 홍성지역은 4세기 중엽 이래 백제 세력권에 편제되어 신금성세력을 통한 간접지배방식을 받아오다가 고구려에 대항하여 빈번한 전쟁을 전개하던 5세기 경에 백제가 지방지배를 강화하기 위해 직접지배단계로 전환한 것이 아닐까 한다. 백제가 5세기 경에 이르면 충청지역에 백제토기인 광구장경호, 직구호, 흑색마연토기, 삼족기, 고배 등 백제토기가 점차 출현하는 현상과 관련이 있기 때문이다.

---

81) 충청남도 역사문화연구원, 앞의 책(2011).

82) (재)충청문화재연구원, 『충남도청이전신도시 건설공사부지(1구역)내 문화유적 발굴(시굴)조사 약보고서-3-1/3-2/3-4지점-』, 2011.

6세기 중반 사비시대에 이르러 지방을 方·郡·城 체제로 편제할 때 홍성지역의 경우 결성지역은 結己郡으로, 장곡면지역은 沙尸良縣으로, 갈산면과 서산시 고북면일대는 牛見縣의 3개의 군현으로 편제되어 있었다. 사시량현은 결기군의 속현이었고, 우견현은 예산 덕산면에 있던 마시산군의 속현이었다. 홍성읍일대는 백제시대 유적 분포와 밀집도를 감안해 볼 때 홍북면·홍동면·구항면을 포함한 하나의 독립 권역으로 설정할 수 있는데, 백제시대에는 이름이 알려지지 않은 독립적인 행정구역이었을 가능성이 있다.[83]

결기군이 홍성지역에서 군단위로 편제될 정도의 위상이 높은 지역이기 때문에 그 세력 범위는 결성면을 중심으로 은하면·광천읍, 그리고 홍성읍·홍동면·홍북면 등을 포함한 지역에까지 설정될 수 있다. 행정적으로 장곡면의 사시량현을 속현으로 삼고 있어 갈산면과 서부면 일부지역을 제외하고는 홍성의 대부분 지역을 통할한 것으로 파악된다.

2) 홍성지역의 백제 부흥운동

백제는 660년 7월 18일 나당연합군에 의해 멸망당하였다. 백제 의자왕이 항복을 하자 나당연합군은 왕도 사비도성과 북방의 웅진성을 점령하고 웅진도독부를 설치하여 백제고토를 지배하려 하였다.

그런데 백제가 멸망한지 얼마 안 되어 각처에서 부흥운동이 일어났다. 패망 직후인 660년 7월 20일 이후 南岑과 貞峴城, 豆尸原嶽에서 최초로 부흥운동이 일어난 이후 각지에서 백제 유민들에 의해 부흥운동이 일어났다. 이때 久麻怒利城에서는 餘自進이, 任存城에서는 福信과 道琛, 그리고 黑齒常之 등이 중심이 되어 나당연합군을 공격하였다.

---

83) 백제 멸망시 5방, 37군, 200성, 76만호가 있었다는 기록으로 보아『삼국사기』지리지에 보이지 않은 작은 단위의 행정구역이 많이 존재하였을 것으로 여겨진다.

이처럼 백제 부흥운동은 佐平 正武 등이 660년 7월 20일 이후 豆尸原嶽에서 부흥운동을 시작한 이후 664년 3월 사비성의 부흥운동군이 웅진도독이 이끄는 당군에게 공파당할 때까지 3년 7개월에 가까운 기간 동안 부흥운동을 전개한 것이다.

그 전개과정에 따라 대체로 3기로 구분하여 파악하고 하고 있다. 제1기는 좌평 正武 · 達率 餘自進 · 복신 등이 백제유민들을 규합하여 나당연합군을 공격하기 시작한 660년 8월 2일에서 661년 8월까지로 초기 부흥군이 각처에서 일어나 백제를 부흥시키기 위해 나당연합군과 치열한 전투를 벌인 시기이다. 제2기는 661년 8월 왜에 체류하고 있었던 부여풍이 왕위에 올라 나당연합군을 몰아내기 위해 조직적으로 전투를 한 시기이다. 제3기는 663년 9월 1일 백강구 전투의 패전과 주류성의 함락 이후 지수신이 지키던 임존성이 함락되고 이어 664년 3월까지로 부흥군의 최후 항전기로 볼 수 있다.[84]

백제 부흥운동은 任存城[85]과 周留城[86]을 거점으로 하여 전개되었는데, 그 위치 비정에 대해서는 많은 견해가 제시되어 있어 학계의 일치를 보지

84) 백제 부흥운동에 대한 주된 연구 성과로는 노중국, 『백제부흥운동사』, 일조각, 2003 ; 공주대 백제문화연구소, 『백제부흥운동사연구』, 서경, 2004 ; 김영관, 『백제부흥운동연구』, 서경, 2005 등을 참조할 것.

85) 임존성은 관련 기록에 '任孝城'(『資治通鑑』권200 唐紀 高宗 龍朔 원년 3월조 胡三省의 註), 또는 '任射岐山(任絃利山)'(『日本書紀』권26 齊明紀 6년 9월) 등으로 표기되고 있는데, 그 위치를 예산 봉수산성과 홍성 장곡의 학성산성으로 보는 두 견해가 있다. 鳳首山城은 충남 禮山郡 大興面 상중리와 광시면 동산리에 걸쳐 있는 산성이다. 이 성은 테뫼식 석축산성으로 둘레가 2,426m로 고대 산성 중에서 규모가 큰 편에 속한다. 봉수산성에 대한 지표조사 결과 백제 때의 것으로 보이는 기와편에 '任存', '存官', '任存官' 등이 새겨진 명문 기와가 수습되어 이 성이 임존성이라는 사실을 알게 되었다(예산군 · 충남개발연구원, 『예산 임존성』, 2000, 21~26쪽). 반면 예산 봉수산성을 통일신라시대의 것으로 보고 홍성군 장곡면 산성리에 있는 학성산성을 임존성으로 보는 견해가 있다(서정석, 『백제의 성곽』, 학연문화사, 2002, 262~283쪽). 임존성은 복신 등이 최초로 거병한 곳이며, 후에 주류성으로 거점을 옮기면서 부흥군의 북방 거점지역이 되었다. 663년 주류성이 함락되면서 흑치상지와 지수신 등이 주도한 부흥군의 마지막 거점지역이기도 하다.

못하고 있다. 여기서는 홍성지역과 관련된 임존성을 중심으로 부흥운동의
전개 과정을 살펴보기로 한다. 관련 주요 기사를 소개하면 다음과 같다.

B-① 黑齒常之는 백제 西部 사람으로서, 키가 일곱 척이 넘었고 날쌔고 용감하며
지략이 있었다. 백제의 달솔이 되어 風達郡의 郡將을 겸하였는데, 군장은
당나라의 刺史와 같다고 한다. 소정방이 백제를 평정할 때 [黑齒]常之가 거
느린 무리들과 함께 항복하였다. 그런데 정방이 늙은[의자]왕을 가두고 군
사를 풀어 크게 노략질하자 [흑치]상지가 두려워하여 左右의 우두머리[酋長]
10여인과 함께 달아났다. 잡혔다가 도망한 사람들을 불러 모아 任存山에 의
지하여 스스로 굳게 지키니, 열흘이 채 안지나 몰려 온 사람들이 3만이나 되
었다. 정방이 군사들을 독려하여 공격하였으나 이기지 못하니, [상지가] 마
침내 200여 성을 수복하였다. 龍朔 연간에 고종이 사신을 보내 항복하라고
타이르자, [이에 상지는] 劉仁軌에게로 가서 항복하였다. [『삼국사기』 44, 열
전 흑치상지]

② 9월 … 이에 西部 恩率 鬼室福信은 분연히 분노를 드러내 任射岐山[어떤 책
에는 북쪽의 任敍利山이라고 하였다]을 근거로 하고, 達率 餘自進은 中部 久
麻怒利城(어떤 책에는 都都岐留山이라고 하였다)에 웅거하여 각각 한 곳에
진을 치고 흩어진 군졸을 불러 모았다. 무기는 전의 싸움에서 다 없어졌으
므로 막대기를 들고 싸워 신라군을 물리쳤다. 백제군이 그 무기를 빼앗았으
므로 얼마 후 백제군사들이 다시 날세져, 당이 감히 들어오지 못하였다. 복
신 등이 같은 나라 사람들을 모아 함께 왕성을 지켰다. 나라 사람들이 이를

---

86) 백제 부흥군을 지휘한 복신과 도침의 중심 거점 위치에 대해서는 여러 견해가 있다. 그
명칭에 대해서는 '豆率城(『삼국사기』 열전 金庾信傳 中), '疎留城(ソルサシ)' 또는 '州
柔(ツヌ)(『日本書紀』 권27 天智紀 원년 3월 · 12월) 등으로 불리운다. 주류성의 위치에
대하여 한산 건지산성설, 부안 位金岩山城說, 연기설, 홍성설, 扶餘 忠化面의 周峰山城說,
충남 서천 비인설 등 여러 견해가 있다. 주류성 위치에 대한 연구사적 검토와 지명 비정
에 대해서는 김영관, 앞의 책(2005), 180~184쪽을 참조할 것. 그리고 복신과 도침이 부흥
군을 일으킨 후 주류성을 최초의 중심지로 보는 견해(〈唐劉仁願紀功碑〉, 『日本書紀』 권
26 齊明紀 6년 9월)가 있다. 그런데 당대 자료인 〈唐劉仁願紀功碑〉나 『일본서기』 기록 등
을 종합해 볼 때 복신과 도침은 부흥군을 일으킬 당초에는 임존성을 근거지로 하였으나,
그 후 중심지를 주류성으로 옮긴 것으로 볼 수 있다.

높여 말하기를, "좌평 복신 좌평자진이라고 하였다. 오직 복신만이 신기하고 용감한 꾀를 내어 이미 망한 나라를 부흥시켰다"고 아뢰었다. [『일본서기』 26제명기 26년]

③ 8월 26일에 任存의 大柵을 공격하였으나 군사가 많고 지세가 험하여 이기지 못하고 小柵만을 공파하였다. [『삼국사기』 신라본기 태종무열왕 7년]

④ 군대를 나누어 공격하니 여러 성이 항복하였으나 오직 任存城만은 지세가 험하고 성이 견고하며 게다가 식량이 많아 30일을 공격하여도 함락시키지 못하였다. [앞의 책, 열전 김유신 중]

위 기사 B-①은 풍달군장인 흑치상지가 임존성을 중심으로 부흥운동을 전개한 사실을 압축해서 기록한 것이다. 『구당서』 권109, 흑치상지전의 기사를 거의 그대로 전재한 내용인데 중국 낙양에서 발견된 〈흑치상지묘지명〉[87]에는 그의 가계와 이력이 언급되어 있어 참고가 된다. 〈흑치상지묘지명〉에 의하면 흑치상지는 본래 왕족출신이었다가 어느 시기에 분지화되어 黑齒氏로 分封되었다고 한다. 흑치지역은 현재 예산군 덕산[88]으로 비정되며, 그곳은 흑치상지의 세력기반이 있는 것으로 추정된다.

그가 백제 멸망 당시 백제의 2급 관등인 達率가문으로 西部 風達郡將직에 있었다고 하였는데, 풍달군은 현재 그 위치를 알 수 없으나 대체로 예산 덕산에 남쪽으로 인접해 있는 홍성지역으로 추정된다.[89] 그가 소속된 서부지역은 왕도의 서부가 아니라 5방 중의 西方을 뜻하는 것으로 볼 수 있다.[90] 그의 세력기반이 있는 곳은 예산 덕산이고, 그가 웅거한 곳도 예산 대흥의 임존성이기 때문이다.

그는 처음부터 부흥운동에 참여한 사람은 아니었다. 백제 멸망과 동시에

---

87) 〈흑치상지묘지명〉에 대한 주요 연구는 이문기, 「백제 흑치상지 부자 묘지명의 검토」『한국학보』64, 일지사, 1991 ; 이도학, 『백제장군 흑치상지 평전 -한 무장의 비장한 생애에 대한 변명-』, 주류성, 1996 등을 참조.

88) 유원재, 「백제 흑치씨의 흑치에 대하여」『백제문화』28, 공주대학교 백제문화연구소, 1999, 2~5쪽.

이해를 같이 하는 지역세력들[酋長]과 함께 당에 항복을 하였다. 그는 본래 왕족 출신이었기 때문에 동족의식에서 나당연합군에게 항복한 의자왕의 거취에 함께 하였을 뿐이었다. 그 후 부흥운동 전선에 가담하게 된 동기는 나당연합군이 의자왕이 항복하였을 때 굴욕적이고 비참하게 대했다는 점과 나당점령군의 횡포와 약탈이 자행되었다는 점이었다(B-①). 그가 부흥운동을 일으킨 시기는 관련 기록마다 차이는 있지만 임존성에서 당군과 싸웠다는 기사와 소정방이 이 전투에 참전한 사실[91]에서 볼 때 660년 7월 20일 이후부터 소정방이 임존성을 공격하는 8월 26일 사이[92]로 추정된다.

그런데 임존성 전투의 중심 인물로 흑치상지를 꼽는 것이 일반적이다. 그가 임존성에서 거병을 하였을 때 관직을 서방성의 방령으로 보는 견해가 있다.[93] 그러나 방령은 달솔이 임명되는 직책이지만 풍달군의 군장은 달솔보다 낮은 德率 관등이 임명되는 자리로서 위계가 맞지 않는다.[94] 흑치상지

---

89) 홍성지역의 산성과 지방 행정구역과의 관련성을 검토한 연구에 의하면 홍성지역은 백제시대의 경우 결성산성과 결기군, 봉화산성과 우견현, 장곡산성과 사시량현, 홍성읍 일대의 4개 지역으로 지방행정구역을 획정할 수 있는 것으로 보고되어 있다(서정석, 「홍성지역의 산성과 지방통치」 홍주 주류성 고증 학술세미나 발표요지, 2011, 81~84쪽). 그런데 홍성읍을 중심으로 한 지역은 아직 백제시대의 군현 명칭이 알려져 있지 않다. 이곳이 통일신라시대에는 홍성 구룡리산성이 축조되어 치소 역할을 하였을 것으로 추정되지만 그 행정구역 명칭은 역시 알려져 있지 않다. 이는 백제와 통일신라시대에 홍성읍 지역은 그 명칭이 『삼국사기』 지리지에는 나오지 않았지만, 고고학 자료에 의거할 때 독립적인 행정구역일 가능성은 충분하다. 따라서 홍성읍 일대가 흑치상지가 다스렸다는 풍달군으로 비정하면 어떨까 한다. 이곳은 동쪽으로 5방 중 서방성으로 추정되는 임존성과 인접해 있고, 또한 북쪽으로 흑치상지의 세력근거지인 흑치지역 즉 예산 덕산에 인접해 있어서 흑치상지가 지방관으로 부임하였을 가능성은 있다. 다만 이곳은 백제 부흥운동을 치열하게 전개한 결과 후에 신라에 의해 행정구역 개편시에 결기군에 통속된 것으로 개편한 것이 아닐까 한다.

90) 이도학, 「백제 흑치상지묘지명의 검토」 『우리문화』 34, 1991, 45쪽 ; 김영심, 「6~7세기 백제의 지방통치체제 -지방관을 중심으로-」 『한국고대사연구』 11, 한국고대사학회, 1997.

91) 『삼국사기』 신라본기 태종무열왕 7년.

92) 노중국, 앞의 책(2003), 96쪽. 소정방이 당에 귀국한 시기는 660년 9월 3일이었다.

93) 강종원, 「계백의 정치적 성격과 황산벌전투」 『논산황산벌전적지』, 충남대 백제연구소, 2000, 27쪽.

는 물론 임존성 중심의 부흥운동에서 중심인물의 한 사람인 것은 틀림이 없지만 그가 거병한 곳이나 부흥운동 당시 임존성을 중심으로 한 부흥운동에서의 직책과 역할에 비추어 볼 때 그 중심인물은 흑치상지가 아니라 복신이었음을 알 수 있다.

임존성 관련 기록들이 흑치상지를 중심으로 기록이 된 것은 그가 당에 항복을 하고 마지막 임존성 전투에서 큰 공을 세웠을 뿐 아니라 당에 건너가 혁혁한 활동을 하였기 때문에 중국 사서에서는 이 점을 고려하여 임존성 전투의 중심인물로 부각시켰을 것으로 생각된다. 백제 부흥운동 관련 기록이 『구당서』, 『신당서』, 『자치통감』 등의 중국 기록에 비교적 구체적으로 기록되어 있는데다가 『삼국사기』에서 이러한 중국 사서의 기록들을 전재하였기 때문인 것으로 판단되기 때문이다. 흑치상지가 처음에 거병을 한 곳은 임존성이 아니었음은 다음의 기사에서 찾아 볼 수 있다.

C 常之는 別部長 사탁상여와 함께 험한 곳에 웅거하며 복신에 응했다.[95]

위 기사에서 흑치상지와 사탁상여가 임존성이 아닌 다른 곳에서 거병을 하며 임존성에 있는 복신을 응원한 것으로 되어 있다. 처음 임존성에서 부흥운동을 주도한 인물은 사료 B-②와 C에서 보듯이 흑치상지가 아니라 福信이었음이 틀림이 없다.[96] 복신은 무왕의 조카로서 의자왕의 4촌이다. 그가 임존성에서 거병을 하게 된 것은 왕족출신으로서 5방 중 서방령을 역임하면서[97] 이곳에 일정한 군사력을 지니고 있었다는 점이다. 백제 멸망 당시에 나당연합군의 공격에 의해서 궤멸된 것은 주로 백제의 중앙군이었기 때

---

94) 사료 B-①의 '兼'이란 표현은 달솔 관등이면서 풍달군장을 맡았다는 뜻으로 이해된다. 흑치상지가 방령이었다면 예하의 풍달군장을 겸하는 것은 다소 어색하다.
95) 『삼국사기』백제본기 의자왕 20년.
96) 김영관, 앞의 책(2005), 105쪽.
97) 지원구, 「백제 멸망기 방령의 성격과 왕성의 분지화」『백제학보』4, 백제학회, 2010, 76~77쪽.

문에 전화를 입지 않은 방, 군, 성에는 손실을 입지 않은 군사력이 여전히 온존하고 있었다. 복신이 지휘하는 서방령 소속의 군사력이나 예하 군이나 성 단위에서 보유한 군사력이 백제부흥운동군에 바로 연결될 수 있었기 때문이다.

흑치상지는 당의 감시에서 도망쳐 나온 후 우선 백제 멸망때 역임했던 풍달군에서 부흥운동에 가담할 사람들을 모아 거병을 준비하였을 것이다. 그 과정에서 뜻을 같이 하는 별부장 사탁상여를 만나 거병에 함께 참여하게 된 것이다. 사탁상여는 백제의 최고 가문인 사씨세력 출신으로 별동부대를 거느린 別部將에 있으면서 독자적으로 부흥운동을 일으켜 나당연합군에 항전을 벌이다가 어느 시기에 흑치상지군과 합세를 한 것이다.

사탁상여와 흑치상지가 거느린 부흥군은 한동안 인근 임존성에서 웅거하고 있던 복신의 부흥군에 호응하였다(C). 임존성에서 복신이 지휘하는 부흥군에는 사탁상여와 흑치상지뿐 아니라 승려 道琛, 좌평 餘自進 등이 함께 가담한 결과 10여일이 채 지나지 않아서 3만여 명이 참여하게 될 정도로 군세가 크게 강화되었다. 전력이 크게 보충됨으로써 임존성이 초기 부흥운동의 거점이 된 것이다. 임존성의 위치에 대해서는 다른 견해가 있지만 대체로 예산 대흥면 봉수산성으로 보고 있다.[98]

그러면 백제부흥군이 임존성에 웅거한 이유는 무엇이었을까? 첫째 당시 부흥군의 주동 인물인 복신이 西方領을 역임하고 있었다는 점이다. 방령이 거느린 상비병이 1,200~700명 정도이고, 예하 군이나 성 단위에도 일정한 병력이 배치되어 있었다. 그리고 나당연합군이 기벌포를 거쳐 왕도 사비도성과 북방의 웅진성만을 공격하였기 때문에 서방 소속의 상비군은 피해를 입지 않고 온존하였기 때문이다.

둘째 임존성이 교통상 관방상의 중요한 위치를 점하고 있다는 점이다. 임존성이 위치한 예산 대흥지역은 예당평야의 농업 생산을 경제기반으로

---

98) 주) 85 참조.

하고 있으며, 또한 무한천과 삽교천 수로를 통해 아산만으로 왕래할 수 있는 교통로상의 요지에 자리하고 있다. 그리고 아산만에서 삽교천과 무한천을 따라 홍성 금마면→ 장곡면→ 청양→ 공주나 부여로 통하는 교통로가 발달한 곳이다. 따라서 백제부흥군이 이 루트를 통해 나당연합군이 장악하고 있는 북방성(공주)이나 사비도성(부여)을 공격하는데 있어서 교통로상 전략상 중요한 거점지역이 된다. 그리고 아산만이나 태안반도를 통해 고구려나 왜와 교섭을 통해 군사적 지원을 받을 수 있기 때문이다.

셋째 홍성지역이 무기를 만드는데 필요한 전략물자인 철자원과 철기 생산이 가능한 지역이라는 점이다. 홍성지역은 『신증동국여지승람』 홍주목조에 의하면 水鐵이 생산되는 곳으로 기록되어 있다. 수철은 7% 이상의 탄소를 포함한 철합금으로 주조가 용이하며 여러 생산도구를 만드는데 널리 쓰이는 철소재이다. 더구나 홍성지역에는 시기는 알 수 없지만 야철유적지가 무려 28곳이 보고되어 있다.[99]

충청남도에서 철이 생산되는 곳이 태안반도와 홍성지역의 두곳에 불과한데, 홍성지역이 고대 이래 주요 철산지였음을 시사해 준다. 특히 야철지에 대한 학술조사를 거친 것이 없는 상태에서 다소 억측에 불과하지만, 고대 산성과 야철지와의 관계를 주목해 볼 수 있다. 예컨대 장곡산성 주변에는 대현리야철지, 대현리1구, 대현리2구 평리·덕골야철지가, 태봉산성 주변에는 천태리 바라미야철지가 분포되어 있어 그 상관관계를 시사해 준다. 이러한 가설이 받아들여진다면 홍성지역의 철산지와 생산을 백제부흥군 활동을 위한 군사적 배경으로 관련시킬 수 있지 않을까 생각된다.

그런데 3만여 명이나 되는 많은 부흥군은 모두 임존성에만 집결되어 있었던 것이 아니었을 것이다. 임존성 인근 예산지역이나 교통상 전략상 배후지역인 홍성지역 등에 분산 배치되어 있었던 것으로 보는 것이 합리적일 것이다. 그렇다면 홍성지역 주변에 분포하는 백제 산성들은 백제부흥군의 거

99) 공주대박물관, 앞의 책(2002), 288쪽.

점으로 기능하였을 가능성은 높다.

이렇게 백제부흥군의 군세가 강화되자 두려움을 느낀 당군은 진압에 나서게 되었다. 백제부흥군의 총사령관은 서방성의 방령 복신이었고, 도침과 흑치상지, 사탁상여, 여자진 등이 지휘관 역할을 수행하였으며, 당군의 총사령관은 소정방이었다. 이에 당군을 거느린 소정방은 660년 8월 26일 임존성을 대대적으로 공격하였다. 그러나 임존성을 중심으로 한 부흥군은 당군의 치열한 공격을 물리치고 방어에 성공하였다.

이 전투에 패한 소정방은 유인원이 이끄는 당군 1만명과 김인태 휘하의 신라군 7천명으로 사비도성을 지키게 하고 9월 3일에 의자왕을 비롯한 군신들과 일반 백성들을 포로로 하여 당에 회군하였다. 백제부흥군이 임존성 전투에서 당군과 싸워 큰 승리를 거둠으로써 이를 계기로 하여 나당연합군의 공격에 대해 자신감을 얻게 되었고, 또한 전국적으로 200여 성이 호응해올 정도로 큰 세력을 떨치게 되었다.

그 후 부흥군 지도부에서 부여풍과 복신 사이에 내분이 일어나 부여풍이 복신을 살해하자 나당연합군은 이 기회를 타서 총공격에 나섰다. 663년 8월 13일 左威衛將軍 孫仁師가 거느린 당군 7천명과 문무왕이 거느린 신라군은 부흥군의 거점인 주류성을 향해 진격해 들어갔다. 8월 17일 나당연합군은 주류성에 도착하여 이를 포위하는 한편 왜군의 지원에 대비하기 위해 당의 전함 170척을 백강에 진을 쳤다. 8월 28일에는 백강구전투에서 왜의 원군을 4차례에 걸쳐 공격하여 400여 척을 불태워버렸다. 이에 豊王은 9월 1일 고구려로 도망하였고, 9월 8일 주류성도 함락되었다.

이러한 가운데 아직도 항복을 하지 않고 나당연합군에 최후의 저항을 한 곳은 임존성이었다. 이 성은 장군 지수신이 지키고 있었다. 임존성 항거에서 흑치상지는 주요 인물의 하나였지만 주도적인 역할을 한 사람은 지수신이었다. 주류성 전투가 끝난 후 신라군은 여세를 몰아 임존성 공격에 나섰다. 30일 정도 양군 간에 공방전이 벌어졌지만 성을 함락시키지는 못하였다. 임존성이 지세가 험하고 성이 견고하며 비축식량이 넉넉하기 때문이었다(B-④). 이에 신라군은 임존성 주변의 백제부흥군을 진압하고 성을 함락시키지 못한 채 11월 4일 부득이 철군하게 되었다.

이후 임존성 공격은 당군이 도맡게 되었다. 당군은 신라군의 패배 원인을 검토하고 강경책보다는 지도부 간의 이간책을 도모하였다. 이런 와중에 흑치상지와 사탁상여가 당군에 투항하여 왔다. 당의 留鎭將 유인궤는 항복한 이들을 앞세워 지수신이 이끄는 백제부흥군을 공격하여 결국 임존성을 함락시켰다. 부여풍은 고구려로 망명하였고, 왕자 부여충승과 충지도 나당 연합군에 항복하였다. 끝까지 저항한 지수신은 처자를 버리고 고구려로 망명하였다.

이로써 백제 부흥운동의 최초의 거점이자 마지막 보루였던 임존성은 함락되고 사실상 백제부흥운동군의 조직적인 저항은 끝이 나고 말았다. 이후 664년에 사비산성에서 소규모 저항을 끝으로 백제 부흥운동이 사실상 종언을 고하게 되었다.

5. 통일신라시대 홍성지역의 위상 변화

신라는 삼국을 통일하고 당군을 축출한 후 확대된 영토와 인구를 효율적으로 통치하기 위해 지방행정 구역을 개편하였다. 9주는 신라 및 옛 고구려와 백제지역에 각각 3주를 두었고, 5소경은 소백산맥 이북의 교통상의 요지에 설치하여 왕도 금성이 동남쪽에 편재되어 있는 것을 보완하고 이곳에 중앙귀족과 지방귀족의 일부를 옮겨 살게 하였다.

통일신라시대 지방통치제도의 기본이 된 것은 주 · 군 · 현이었다. 州는 백제와 고구려를 멸한 뒤 새로이 편입된 지역을 포함하여 9주로 정비하였다. 이는 중국의 옛날 禹王 때 9주에 모범을 취한 것이고, 고구려와 백제 옛 땅을 3분하여 국토의 균형 발전을 꾀하려는 민족융합정책에서 나온 것이다. 주는 지방행정구역에서 상당히 비중이 높았다. 주의 장관은 삼국시대에는 군사적인 성격을 가진 軍主이었으나, 통일 후 都督이나 총관이라 하여 행정적인 성격으로 바뀌게 되었다. 주의 장관은 級湌 이상 伊湌까지의 관등을 가진 자가 임명되었는데 거의 진골출신이었다.

　주 밑에는 117~120개 정도의 郡과 293~305개 정도의 縣이 있었는데 그 장관은 군의 경우 郡太守가 임명되었으며, 현에는 少守나 縣令이 임명되기 도 하였다. 이러한 군현에는 중앙으로부터 학식이 있는 사람이 임명되었다. 外司正이라는 감독관이 파견되어 감찰업무를 담당하게 하였는데 중앙집권 의 강화를 뜻한다.

　그러나 소경과 주·군·현 밑에는 일반적으로 村이라는 행적구역이 설 정되어 있었다. 행정적으로 설치된 촌을 지역촌이라 부르는데, 몇 개의 자 연촌이 합쳐서 이루어진 것이다. 행정촌에는 그 지방의 토착세력가를 촌주 로 임명하여 중앙으로부터 지방에 파견된 지방 행정관의 통제를 받도록 하 였다. 촌주는 그 지위가 더욱 명확하게 규정되었는데 신분적으로 眞村主와 次村主로 나누어 이를 중앙귀족의 5두품과 4두품에 해당하는 것으로 규정 하였다. 또한 군현 밑에는 향·부곡으로 불리는 하급행정단위가 많았는데, 이곳에는 국가의 통치가 직접 미치지 못하였다.

　이러한 지방행정체제는 경덕왕 16년(757)에 실시된 대대적인 군·현 명 칭의 개편 전까지 큰 변화 없이 지속되었다. 이에 따라 충청남도의 경우 백 제의 옛 왕도였던 공주지역에 熊川州가 설치되고 충남의 여러 군현들이 그 통할을 받게 되었다. 홍성지역의 경우 결성지역은 백제시대 때에 結己郡이 었으나 통일 후에는 潔城郡으로 개칭되었다. 갈산면 지역은 백제시대의 牛 見縣이었으나 통일신라시대에는 目牛縣으로 개칭되어 현재 예산군 덕산면 인 伊山郡의 통속을 받는 영현이 되었다.

　장곡면지역은 백제시대의 沙尸良縣이었으나 통일신라시대에는 新良縣 으로 개칭되어 潔城郡의 통속을 받는 영현이 되었다. 홍북면 도청 이전부지 는 백제시대의 馬尸山郡의 관할이었으나 통일신라시대에는 伊山郡으로 개 칭된 것으로 보인다. 반면 현재의 홍성읍지역은 통일신라시대에 내법리산 성, 송암리산성, 구룡리산성이 금마천 주변에 집중 분포하고 있어[지도 5] 홍 성지역에서 독자적인 권역으로 설정할 수 있지만 단위 행정구역으로 편성 되어 있으면서도 그 이름조차 남기지 못한 것을 보면 백제시대 이래 중심권

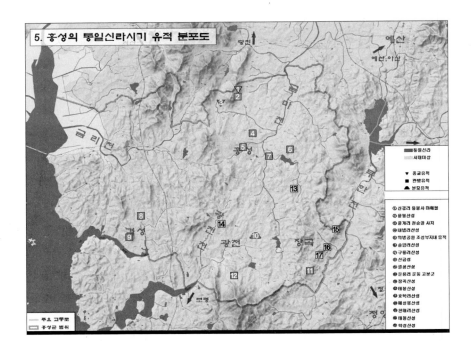

역이 아닌 것으로 판단된다.

그런데 주목할 만한 현상은 홍성지역에 군·현이 설치되면서 그 치소에 성곽이 축조된다는 사실이다. 현재 홍성지역에 분포하는 산성들이 학술조사를 거친 석성산성[100])을 제외하고는 축조연대를 거의 알 수 없다. 현재 홍성지역의 성곽은 주로 무한천과 금마천 주변에 위치하고 있는데 그 성곽들 중에는 행정 치소와 관련된 성들이 나타나고 있다. 예컨대 결성지역의 결성산성은 백제시대의 결기군 또는 통일신라시대 결성군에, 갈산지역의 봉화산성은 백제의 우견현 또는 통일신라시대의 目牛縣, 장곡면지역의 장곡산

---

100) 상명여대 박물관, 『홍성군 장곡면일대 산성 지표조사보고서』, 1995 : 『홍성 석성산성 건물지발굴조사보고서』, 1998.

성은 통일신라시대의 新良縣의 치소로서의 기능을 가진 것으로 볼 수 있다.[101]

　백제시대까지 대외교역의 창구로서 크게 번성했던 결성지역은 통일신라시대에도 여전히 성세를 나타내며 중심지역으로서의 위상을 한동안 지속하였다. 그 배경에는 통일신라시대에 개척한 새로운 항로와 항해술 발달에 따른 경제적인 번영에 있었다.

　통일신라시대에는 해류와 풍향을 이용한 항해기술이 발달하여 기존의 북방해로 대신에 황해횡단항로와 남방해로가 많이 이용되었다. 9세기 중엽 일본승려 圓仁이 쓴 『入唐求法巡禮行記』에 의하면 중국 산둥반도 登州府 관내 연안에 있는 항만들이 신라와의 통교에 많이 이용되고 있었던 사실을 알 수 있다. 圓仁은 산둥지역 文登縣 赤山浦를 출발하여 熊州(공주) 앞바다를 지나 서해안의 여러 섬을 경유하여 불과 5일만에 대마도에 도착하였다.

　그리고 남방해로의 경우 경주에서 가까운 영일만이나 울산만에서 출발하여 남해안을 지나 흑산도 부근에서 뱃길을 서북쪽으로 돌려 산둥반도로 항해하거나,[102] 또는 서남쪽으로 바다를 건너 長江 입구나 남중국으로 직항하는 항로를 이용하였다. 『宋史』고려조에는 계절풍을 잘 이용하면 明州에서 불과 5일 만에 흑산도에 이르고, 순풍을 만날 경우 7일째에 예성강에 도착할 수 있었다고 한다. 당에 왕래하는 신라 승려들이 늦겨울에 중국으로 가서 여름철에 무주 · 전주 · 나주 · 강주방면으로 단기간에 돌아올 수 있었다. 따라서 통일신라시대에는 이러한 직항로의 개발과 항해술의 발달로 인해 당과 일본을 왕래하는 대외교역이 크게 발달하였다.

　이런 배경에서 장보고처럼 동아시아 해상무역을 주도하여 세력기반을 갖는 군진세력도 생겨났다. 결성지역 신금성에는 이러한 경제적 富를 배경으로 하여 신라 말에는 반독립적인 해상세력이 대두하였다. 이 신금성 해상

---

101) 서정석, 앞의 글(2011), 79~84쪽.
102) 『唐國使補』下, 元義方使新羅.

세력은 신금성을 축조하고 사병을 양성하여 혼란한 신라 하대에 반독립적 세력기반을 가진 것으로 판단된다. 이 시기에 아산만의 당진 면천일대에서는 해상무역을 토대로 하여 해상세력으로 성장한 호족이 朴述希였다. 그는 해상활동을 통해 王建 가문과도 깊은 관계를 가졌고, 아산만일대의 해상권을 장악하여 경제적 부를 축적한 세력이었다.

홍성읍지역에서도 금마천유역의 수로이용권과 농업생산력 발달에 의해 세력기반을 키워나갔던 兢俊세력이 대두하여 호족세력으로 성장해 나갔다.[103] 이처럼 홍성읍세력이 통일신라시대 말기에 이르러 대두하게 된 배경에는 우선 백제부흥운동의 패배로 인해 임존성세력의 지역 거점 기능 약화와 삽교천을 이용할 수 있는 교통상의 이점 등이 작용한 것으로 생각된다. 통일신라시대에 들어와서 농경에 적합한 내륙 홍성읍지역이 금마천 유역의 개발이 촉진되면서 경제적 기반을 확충한 것도 큰 요인이 될 수 있었다.

이런 배경 하에서 홍성읍의 긍준세력은 고려와 후백제를 사이에 두고 세력을 확장한 다음 월산성에다 백월산성을 축조하면서 도읍지로서의 기반시설을 갖춰나가게 되었다. 후삼국시대에 내포지방에서 세력을 떨친 호족세력으로 사료상 등장하는 유력한 인물은 당진 면천의 박술희와 홍성읍의 긍준 세력이다. 박술희는 왕건을 도와 후삼국통일에 크게 기여하였고, 고려 초기에는 중앙귀족이 되어 惠宗의 후원세력이 될 정도로 권력기반을 가진 대호족세력이었다.

홍성읍의 긍준은 고려 태조 17년경 고려 왕건에 귀의하여 納妃한 결과 태조의 12번째 부인으로 간택됨으로써 권력기반을 확립해 나갔다. 이로 인해 홍성읍이 홍성지역에서 결성 신금성세력을 견제하면서 중심세력으로 성장해 나간 것이 아닐까 한다. 홍성읍 호족세력인 兢俊을 三重大匡 홍규와

---

103) 김갑동, 「고려 초기 홍성지역의 동향과 지역세력」『사학연구』74, 한국사학회, 2004 ; 윤
    용혁, 「통일신라ㆍ고려시대의 도청예정지역」『도청이전 신도시 건설사업 예정지 문화
    재지표조사』, 공주대 역사분야 연구단, 2007, 56~63쪽.

동일인으로 보면 洪州라는 지역 명칭도 여기서 비롯된 것으로 볼 수 있다. 반면 결성의 신금성세력은 사료에 더 이상 등장하지 않는 것으로 보아 박술희나 긍준과는 세력기반에서 차이가 생겨나 결성지역이 홍성지역에서 중심세력으로서의 더 이상 자리하지 못하고 홍성읍세력인 긍준에게 그 위상을 빼앗기게 된 것이 아닐까 한다.

결성지역이 고려 현종때 運州[홍성읍]의 屬郡이 된 배경은 이러한 홍성지역의 추이와 깊은 관련이 있을 것이다. 이처럼 결성의 신금성세력이 후삼국시대에 들어와 세력이 쇠약해지게 된 것은 남방해로의 활성화로 인해 신금성이 해로상의 경유지에서 제외되는 경우가 많아지고 따라서 항구의 기능이 점차 쇠퇴하면서 내륙의 홍성읍세력에게 힘의 우위를 빼앗긴 것이 아닐까 생각된다.

6. 맺음말

이상으로 홍성지역이 지역세력으로서의 모습을 갖추기 시작하는 청동기시대부터 통일신라시대에 이르기까지 어떠한 과정을 거쳐 성장 발전하였으며, 이에 따라 홍성지역을 지배해 간 주도세력들의 변화과정을 살펴보았다. 그 결과를 요약하면 다음과 같다.

홍성의 역사는 청동기시대부터 통일신라시대에 이르기까지 다른 지역과 마찬가지로 정상적으로 발전해 왔음을 확인하였다. 청동기시대에 들어와서 취락이 보다 밀집화되고 농경이 본격화함에 따라 역삼동·흔암리유형단계에서 송국리유형단계로 발전해 온 것으로 파악되었다. 지석묘사회는 혈연 친족으로 구성된 사회로서 협동농경과 공동생산을 기본으로 하는 호혜평등의 공동체사회였다.

지석묘사회 마지막 단계에서는 농업생산력의 증가와 인구증가 등으로 인해 계급화된 사회구성체로 성장하였다. 지석묘의 피장자들은 농경사회의 본격화에 따라 취락 사이에 우열이 생겨나면서 홍성의 각 지역에서 새로이 대두하는 수장의 역할을 하였을 것으로 판단된다. 이들 수장층은 대내적으로 질서 유지는 물론 농경에 의해 생겨난 잉여생산물과 교역에 의해 획득된 위신재의 재분배를 통해 새로운 지배세력으로 대두하였던 것으로 보았다.

홍성지역에 지역세력이 성장하게 된 계기는 한국형동검문화와 원형점토대토기문화가 유입되면서부터로 보고 송국리유형인들이 이들 외래문화를 수용하여 새로운 정치체를 탄생시킨 것을 진국의 등장으로 보았다. 기원전 2세기부터 서북한지역에서 철기문화가 유입됨으로써 진국은 해체되는 대신 새로이 마한소국이 출현하게 되었다. 홍성지역에서는 4개의 세력권역으로 설정될 수 있는데, 결성·장곡·갈산·홍성읍 지역으로 구분된다. 그 중 결성지역과 장곡지역의 지배세력이 내륙과 해상활동을 통해 홍성지역을 주도적으로 영도해 나간 것으로 보았다.

백제가 홍성지역에 진출한 시기는 4세기 중반 경으로 보인다. 백제는 서산의 부장리 세력과 홍성의 신금성 세력을 통해 태안반도와 홍성 지역에 대한 간접지배방식을 관철하여 이 지역에 대한 해상 지배권과 교역망을 확보해 나간 것으로 보았다. 백제가 이처럼 태안반도와 신금성지역을 중시한 배경은 중국-백제-왜에 연결되는 해상교역권을 안정적으로 확보하고, 또한 해안루트를 통한 금강유역과 영산강유역 지배를 관철시키기 위해 중간 해상기지의 건설이 필요했던 것이었다.

백제가 멸망하고 부흥운동을 일으킬 때 홍성에 인접한 북부 예산 대흥의 임존성이 그 중심지로 부각되었다. 임존성은 부흥운동 초기의 중심지였고, 그 중심적인 활동을 한 사람은 서방령을 역임한 왕족 복신이었고 흑치상지는 그의 지휘하에 부흥운동에 참여한 지도급 인물이었다. 부흥군이 임존성에 웅거한 이유는 첫째 당시 부흥군의 주동 인물인 복신이 西方領을 역임하였다는 점, 둘째 임존성이 교통상 관방상의 중요한 위치를 점하고 있다는 점, 홍성지역이 무기를 만드는데 필요한 전략물자인 철자원과 철기 생산이 가능한 지역이라는 점을 요인으로 들었다.

통일신라시대에 들어와 홍성지역은 행정구역이 개편되었으나, 그 중심세력은 여전히 결성지역의 신금성세력이었다. 통일신라시대 새로운 항로 개척과 항해술 발달에 따른 해상무역이 발달을 그 요인으로 보았다. 그러나 후삼국시대에 들어와 태안반도와 홍성지역의 호족세력들 간에는 세력변화가 나타났다. 그 중 대표적인 세력이 결성의 신금성세력, 홍성읍의 긍준세력, 당진 면천의 박술희세력이었다.

그 중 신금성세력은 쇠퇴하고 해상교역과 농경 생산의 증대로 인해 대두한 박술희세력과 긍준세력이 두각을 나타냈다. 이들은 고려 왕건세력과 관계를 맺고 중앙정부에 진출하였으며, 고려 왕실과 통혼관계를 맺고 뚜렷한 세력기반을 형성하였다. 이런 배경으로 홍성지역의 긍준은 홍성지역에서 결성의 신금성세력을 압도하고 주도세력으로 부상하여 차후 홍성읍이 홍성지역뿐 아니라 내포지방의 중심세력으로 성장하게 되었음을 밝혔다.

『백제문화』47, 공주대학교 백제문화연구소, 2012

백제사 속의 城南

1. 성남의 지역적 특성과 백제사 연구 현황

성남지역은 수도권 탄천벌에 자리잡은 인공도시이자 계획도시이며, 역사적으로는 廣州에 속하였다.[1] 북쪽으로는 수도 서울의 서초구 · 송파구와 접경을 이루고, 동쪽으로는 광주시와 하남시, 서쪽으로는 의왕시 · 과천시, 남쪽으로는 용인시와 접하고 있다. 이곳은 광주산맥의 지맥으로 비교적 험준한 산세를 이룬 동부의 黔丹山(535m) · 淸凉山(443m) · 佛谷山(313m) 등과 서부의 淸溪山(546m) · 仁陵山(327m) · 白雲山(561m) 등이 남북으로 거의 평행하여 길게 뻗어 있어 거의 분지 형태를 이루고 있다.

炭川은 용인시 구성면 동백리에서 발원하여 성남시의 중앙부를 남쪽에서 북쪽으로 관류하여 흐르고 있는데, 곳곳마다 대원천 · 야탑천 · 분당천 등 여러 지류들을 모아 한강에 흘러들어가고 있다. 탄천 주변에는 높이

---

1) 성남시는 1968년 서울시에 의해 주택단지로 개발되기 전까지는 경기도 광주군 중부면의 성남출장소 관할지역과 大旺面 · 突馬面 · 樂生面의 3개 면으로 이루어져 있었다.

100m 내외의 야산들이 솟아 있고, 남쪽이 높고 북쪽이 낮은 南高北低形을 이루고 있다. 탄천 그 양안에는 넓은 충적지를 형성하여 장방형의 하천평야로 이용되고 있는데 선사시대 이래 오랫동안 인간이 거주하기에 적합한 생활환경을 형성해 왔다. 이러한 자연환경은 성남지역의 성장과 발전에 적지 않은 영향력을 미친 것으로 생각한다.

따라서 성남지역은 이러한 지역적 특성으로 인해 역사적으로 다른 지역에 비해 몇 가지 측면에서 특징적인 현상이 나타나고 있다.

먼저 수도 서울에 인접한 배후 생산기지인 郊村[2]으로서의 기능을 수행해 왔다는 점이다. 성남지역은 수도 서울과도 거리가 매우 가까운 위치에 있어 정치적·경제적·문화적으로 영향을 쉽게 받을 수 있는 지역이다. 그리고 광주산맥의 지맥으로 둘러 쌓인 凹자형 분지이기 때문에 이곳을 관통하여 흐르는 탄천을 통해 북쪽 서울 한강유역으로 열려져 있는 지형상 특징을 가진 곳이다.

이로 인해 한강과 탄천을 통해 서울지역의 중앙문화를 직접적으로 이식하거나 또는 깊은 영향을 받기 쉬운 지정학적 위치에 놓여 있다. 예컨대 성남 판교의 횡혈식고분군[3]은 백제의 왕도인 서울 풍납토성에서 약 15km의 거리에 위치한다. 이 고분군은 하남 광암동고분군[4]이나 서울 우면동고분군[5]과 같이 한강유역에 인접해 있는 유적으로 한성백제의 중앙문화권역에 함께 포함되어 있을 뿐 아니라 중앙문화에 깊은 영향을 받은 좋은 예가 된다.

다음으로 중부 내륙으로 통하는 주요 교통로상의 관문에 위치하고 있다는 점이다. 성남지역에 교통로가 발달하게 된 것은 산과 하천이 발달된 지

2) 郊村이란 자급자족의 기능을 가진 농촌마을로서 대도시에 예속되어 있는 배후도시적 기능을 가진 지역을 의미한다.
3) 한국문화재보호재단, 『성남 판교지구 문화유적 2차 발굴조사 -6차 지도위원회 자료-』, 2008.1.22 참조.
4) 세종대학교박물관, 『하남 광암동유적』, 2006.
5) 한얼문화유산연구원, 『우면동고분군』, 2009.

형적 배경에서 찾을 수 있다. 광주산맥의 지맥에는 많은 구릉지가 발달해 있고 이곳에 많은 고개가 있어[6] 주요 교통로로 활용되어 왔다. 그리고 탄천과 그 지류 연안의 충적지에 주요 교통로가 발달해 있었다. 성남지역은 남북으로 관통하여 흐르는 탄천 연안의 충적지 사이로 조선시대 10대 간선대로의 하나인 '東萊路'가 관통할 정도로 서울로 가는 관문 역할을 해 왔다.[7] 성남지역에는 분당구 수내동에 樂生驛이 설치되어 있었고, 수정구 금토동의 天臨山烽燧가 설치되어 있었을 정도로 교통상 관방상 중요한 요지로 역할을 하였음을 알 수 있다.

또한 성남지역은 이러한 교통상의 이점을 십분 활용하여 수도권의 주요 경제 기반으로 역할을 해 왔다는 점이다. 성남지역은 굴곡진 산능선과 계곡, 그리고 탄천과 그 지류에 발달한 충적지대를 중심으로 주로 자급자족적인 농업이 크게 발달하였다. 인구 증가, 경지 개간과 확장, 토지 생산성의 증대, 교통망의 발달 등으로 농업생산력이 향상되면서 잉여생산물을 교환 매매할 수 있는 장시의 발달을 가져왔다. 조선후기 성남지역에 알려진 장시로는 분당구 판교동에 있었던 樂生場이 있었다. 낙생장은 매월 3일, 8일, 13일, 18일, 23일, 28일 월 6회 개시하였는데, 광주 관내의 장시로는 慶安場, 細皮川場, 德豊場, 松坡場, 沙坪場, 昆池巖場, 八容場과 함께 총 8곳으로 구성된 장시망을 형성할 정도로 한강 이남지역에서는 주요 상권 지역으로 알려져 있었다.[8]

그런데 성남지역이 가진 이러한 지역적 특성에도 불구하고 백제시대에 관한 두드러진 역사적 발자취를 찾기는 그리 쉽지 않다. 성남지역을 백제사와 관련시켜 볼 때 백제가 건국한 기원전 18년부터 475년 백제가 고구려의

---

6) 성남지역의 구릉선 산지에 개설되어 있던 고개들로는 북쪽의 栗峴, 동쪽의 이배재 · 갈마치 · 곧은골고개[直里峴], 서쪽의 月川峴 · 鶴峴 등이 있다.

7) 김정호의 『대동지지』 程里考에 의하면 '동래로'는 京都 - 新院 - 月川峴 - 板橋店 - 險川 - 龍仁…의 루트였는데 그 가운데 성남지역에 해당하는 곳은 월천현부터 험천까지였다.

8) 洪鳳漢, 『東國文獻備考』, 市糴考.

공격을 받아 한성을 빼앗기고 熊津으로 천도하게 된 500년 가까운 역사의 범위에 해당한다. 백제의 전체 역사 678년 중 거의 2/3에 해당하는 그리 짧지 않는 기간이다. 그럼에도 불구하고 이 시기 성남지역의 역사적 흔적을 체계 있게 보여주는 문헌자료가 거의 남아 있지 않는데다가 관련 고고학 자료도 인근 다른 지역에 비해 아직 충분하지 않기 때문이다.

2001년도 한국토지공사 토지박물관에서 조사한 성남지역의 문화유적은 총 192개소로 확인되었는데, 그 중 백제유적은 분당의 서현동 백제주거지와 삼평동의 유물산포지 단 2곳에 불과한 것으로 드러났다.[9] 이어 2006년도에 실시한 성남시 『문화유적분포지도』에서는 문화유적 총 274개소 중에서 백제유적은 분당의 서현동 백제주거지와 삼평동 유물산포지 2곳으로 별 차이가 없다.[10]

성남지역에 대한 고고학적 발굴조사가 본격적으로 실시된 것은 1980년 후반부터이다. 수도권 순환 고속도로 건설과 신도시건설계획에 따른 대규모 학술조사가 실시된 것이다.[11] 그 중 백제유적이 발굴조사된 것은 기존의 분당 서현동과 삼평동유적 이외에 남한산성에서 백제주거지가 새로이 확인되었다.[12] 성남 판교지구 16구역 '가'와 '나' 지점에서는 초기철기시대의 적석목관묘 1기를 비롯하여 백제주거지 1개소와 백제 횡혈식석실분 9기가 확인되었다.[13] 그리고 동판교유적에서는 백제주거지가 모두 29기와 수혈

9) 한국토지공사 토지박물관·성남시, 『성남시의 역사와 문화유적』, 토지박물관 학술조사총서11, 2001.
10) 성남시·상명대학교박물관, 『문화유적분포지도-성남시』, 2006.
11) 충북대학교박물관, 『판교~구리·신갈~반월간 고속도로 문화유적 지표조사 보고서』, 1988 ; 한양대학교·경기도, 『분당지구 문화유적 종합학술조사 보고서』, 1991 : 『분당지구 문화유적 발굴조사 보고서』, 1991 ; 경기도박물관, 『경기문화유적지도 I·II·III』, 1999~2000.
12) 김상익·윤우준, 『남한행궁지-제4·5차 발굴조사조고서』, 2003.
13) 한국문화재보호재단, 『성남 판교지구 문화유적 2차 발굴조사 -5차 지도위원회의 자료-』, 2007.12.14 : 『성남 판교지구 문화유적 2차 발굴조사 -6차 지도위원회의 자료-』, 2008.1.22 참조.

유구 7기가 확인되었고, 이곳에서 백제토기 131점과 석촉, 석기, 철도자, 철정 등이 출토되었다.[14] 최근에는 성남 여수지구 국민임대주택부지 내 문화유적 발굴조사에서 백제시대 주거지 2기와 수혈유구 2기가 각각 조사되었다.[15]

이러한 최근 성남지역에 대한 일련의 학술조사를 통해 백제시대의 고고학 자료가 점차 증가하고 있는 것으로 나타난다. 뿐만 아니라 성남 인근지역인 죽전 대덕골, 용인 신갈동·상갈동, 하남 광암리, 서울 우면동 등지에서 백제유적이 조사되고 있어서 성남지역의 백제문화 양상과 비교할 수 있는 자료들이 속속 증가하고 있다.

게다가 백제의 웅진 남천 이후 고구려가 성남지역을 지배하였던 단서가 최근 판교지구의 횡혈식석실묘를 통해서 단편적으로 알려지게 되었다.[16] 553년 이후 신라가 고구려에 이어 한강하류지역을 지배함으로써 신라가 남긴 석곽묘와 성곽 등도 점차 밝혀지고 있다. 앞으로 이러한 고고학 자료들을 새로운 관점에서 체계적으로 종합하여 성남지역의 고대사회의 문화상을 계기적으로 파악하고 나아가 문화 양상을 복원할 수 있을 것으로 기대해 본다.

따라서 이 글은 성남지역이 백제시대에 어떻게 존재하였으며, 어떠한 변화과정을 거쳤는가에 대해 살펴 볼 예정이다. 이를 위해 먼저 백제 초기에 한성백제와 성남지역과의 관계를 살펴 볼 것이다. 아울러 한성백제가 성장 발전하면서 성남지역의 위상과 역할이 어떻게 변화하게 되었는가에 대해 살펴 볼 예정이다.

---

14) (재)고려문화재연구원·대한주택공사,『성남 동판교 유적(Ⅰ)·(Ⅱ) -성남 판교지구 21·23·24지점 문화재 시·발굴조사』, 2009.

15) (재)기호문화재연구원,『성남 여수지구 국민임대주택부지 내 문화유적 발굴조사 약보고서』, 2010.10.

16) 윤선영,「성남 판교지구 문화유적 발굴의 성과」『판교·도촌지구 발굴문화재의 보존방안』, 성남문화원, 2008 ; 백종오,「남한내 고구려 고분의 검토」『고구려발해연구』35, 2009.

2. 백제 초기의 성남지역

기원전 2세기 말부터 기원전 1세기에 이르러 서북한 지역에서는 衛滿朝鮮과 漢의 전쟁, 위만조선의 멸망, 한군현 설치 등 일련의 정치적인 변동을 겪으면서 많은 유이민들이 한강유역을 비롯한 남한지역에 이주해 오게 되었다. 이로 인해 철기문화가 유입되면서 철자원의 개발과 철기의 제작 보급이 광범위하게 이루어지게 되었다.

이에 따라 청동기의 제작과 관리 및 교역의 중심지로서 영향력을 행사해오던 辰國이 상대적으로 쇠퇴하고, 중부 이남지역 토착사회 전반에 걸쳐 중요한 정치·문화적인 변화가 진행되었다.[17] 청동기의 실용성이 없어지고 철기생산이 본격화되면서 철제로 만들어진 각종 무기와 농토목 생산용구들이 사용됨으로써 정복활동과 농업생산력의 향상을 가져왔다. 또한 밀폐된 가마에서 높은 온도로 토기를 제작하여 단단한 회색 또는 회청색의 경질토기를 사용하게 되었다. 특히 벼농사가 행해져서 농업생산력의 향상은 물론 인구의 증가와 계급 분화를 초래하는 등 급격한 사회변화가 이루어졌다.

이러한 초기철기시대를 맞아 이미 선주한 韓族과 북쪽의 濊나 貊族 계열의 토착세력들은 辰國 연맹체를 형성하여 일정 지역에서 영도력을 행사하고 있었다. 이들 세력들은 북쪽에서 시간적인 선후에 따라 이주해 온 여러 유이민들을 흡수하면서 세력을 확장한 후 準王 사후 영도력을 상실한 진국에 대신하여 馬韓의 주요 소국으로 존속 발전해 나갔다. 백제국의 성립도 이러한 배경 하에서 이루어진 것이다.

한강하류유역에서 백제국이 건국되기 이전의 성남지역은 정치적 문화적으로 어떠했는지에 대해서는 자료의 부족으로 잘 알려져 있지 않다. 초기철기시대 이전 청동기시대의 유적으로 지석묘와 주거지 등이 널리 분포한 것으로 드러났다. 2006년에 조사된 성남시 『문화유적분포지도』에 의하면

---

17) 이현혜, 『삼한사회형성과정연구』, 일조각, 1984, 37~47쪽.

초기철기시대 유적은 거의 없고 청동기시대의 지석묘와 주거지 등이 274개소 중에 10개소만이 분포한 것으로 알려졌다.[18] 그러나 1991년 한양대학교에서 조사한 성남 분당지역에서는 지석묘가 무려 116기가 존재한 것으로 드러났고,[19] 분당 동판교유적에서도 총 27기가 확인[20]된 바 있을 정도로 자료가 증가하고 있다.

청동기시대에 이어 초기철기시대의 문화양상을 파악하기에는 아직 자료가 부족한 편이다. 다만 최근에 발굴조사를 통해 밝혀진 초기철기시대 유적을 통해 그 일면을 유추해 볼 수 있을 뿐이다. 청동기시대의 지석묘와 주거지 등과는 달리 초기철기시대의 새로운 세력집단의 존재를 보여주는 유적이 성남 판교지구 19구역 '가' 지점에서 발굴조사된 적석목관묘일 것이다.[21] 이 유적은 청계산 정상에서 동쪽으로 뻗은 가지능선(50~75m)의 말단 선상부에 위치하고, 평면형태는 타원형에 가까운 말각장방형이며, 묘광의 길이는 202×68×20cm이다. 이곳에서는 흑도장경호와 점토대토기가 각각 1점씩 출토되었다.

여기서 주목되는 유물이 점토대토기이다. 점토대토기로는 심발형의 그릇 구연부에 단면 원형이나 삼각형의 점토띠를 덧붙인 토기[22]를 말하는데 초기철기시대의 대표적인 토기라 할 수 있다. 이 토기는 기원전 300년 경 燕의 古朝鮮 침략을 계기로 전란을 피해 한반도로 이주해 온 중국 서북방 주민들에 의해 철기문화와 함께 유입된 것으로 보고 있다. 이 시기의 묘제는

---

18) 성남시·상명대학교박물관,『문화유적분포지도 -성남시』, 2006, 169쪽.
19) 한양대학교·경기도,『분당지구 문화유적 발굴조사 보고서』, 1991.
20) (재)고려문화재연구원·대한주택공사,『성남 동판교 유적(Ⅰ)·(Ⅱ) -성남 판교지구 21·23·24지점 문화재 시·발굴조사-』, 2009.
21) 한국문화재보호재단,『성남 판교지구 문화유적 2차 발굴조사 -5차 지도위원회의 자료-』, 2007.12.14 참조.
22) 점토대토기는 그 형태 변화에 따라 구연부 단면이 둥근 원형의 점토대가 부착된 단면원형점토대토기가 시기적으로 빠르고 다음 단계에서 단면이 삼각형으로 된 단면삼각형점토대토기가 사용된 것으로 파악하고 있다.

송국리유형까지 유행하던 지석묘와 석관묘 등이 소멸되고, 새로이 요령지역에서 유입해 온 목관묘가 유행하게 된다. 판교지구의 적석목관묘는 토광을 파고 목관을 안치할 때 그 주위 공간이나 상부에 돌을 채워 넣는 土壙圍石墓와 같은 유형으로 판단된다.

점토대토기인들은 화성 동탄 동학산유적(해발 80m), 안성 반제리유적(해발 80m)에서 보듯이 모두 산 정상부에 위치하여 일종의 방어적 성격을 가진 고지성 취락을 형성하고 있었다. 또한 그들은 기존의 지석묘사회인들과의 마찰을 피해 방어가 용이한 산 정상부나 그 공백지역을 중심으로 정착하는 것으로 알려졌다. 성남지역은 해발 50~80m 내외의 구릉상 산지가 많이 분포한 것으로 보면 점토대토기인들의 적합한 거주공간이었을 것이다.

이처럼 점토대토기인들이 이주해 옴으로써 성남지역은 전통적인 지석묘집단과 새로 유입해 온 점토대토기인들이 서로 융합하거나 또는 대립하면서 세력을 확장해 나가는 새로운 양상을 보인 것으로 짐작된다.

그 후 기원전 1세기에 이르러 부여 고구려계 이주민들이 한강하류유역에 정착하여 伯濟國을 세우면서 성남지역은 또다른 변화에 직면하게 된다. 한강하류유역은 한반도의 중심부에 위치하여 남북문화가 서로 융합하는 점이지대이고, 수운을 통해 동서 간의 교류가 활발한 곳이다.[23] 아울러 비옥한 충적평야를 배경으로 농업의 발달을 가져왔는데, 백제국은 내륙의 농업생산력과 서해의 소금생산을 연결시켜 경제기반을 강화시킬 수 있었다.[24]

무엇보다도 백제 건국세력이 한강하류유역에서 백제국을 세울 수 있었던 주요 요인은 상대적으로 우수한 철기문화를 접하고 있었다는 점이다. 이러한 배경으로 북방에서 이주해 온 부여 고구려계 유이민들이 한강하류유역에 정착하여 伯濟國을 세우게 된 것이다. 백제국의 성립은 같은 한강수계에 걸쳐 있는 인근 성남지역의 세력집단에게 새로운 세력재편의 계기를 만

---

23) 신형식, 『한국의 고대사』, 삼영사, 2002, 448~453쪽.
24) 이도학, 『백제 고대국가 연구』, 일지사, 1995, 155쪽.

들어준 것으로 이해된다.

　백제국의 세력 범위는 알 수는 없지만 한성백제 중앙에 인접해 있는 횡혈식석실분 유적의 분포와 한성백제 토기 양식의 유통분배 범위 등을 고려해 볼 때 대략 반경 20~25km 이내 범위로 설정해 볼 수 있다.[25] 백제 초기의 도읍지를 풍납토성과 몽촌토성을 중심으로 한 서울 송파구 일대로 본다면 그 지역적인 범위는 서울지역과 성남지역, 그리고 하남시와 광주시 일대로 개략적인 범위를 설정해 볼 수 있다. 예컨대 진한 12국의 중심 소국인 사로국의 범위는 현재의 월성지역을 포함한 경주시 일원으로서 직경 30~40km 정도의 범위에 해당하는 것으로 보고 있는 점이 참고가 된다.[26] 백제국의 규모는 사로국과 같이 대국의 범주에 속하는 것으로 볼 때 10,000 餘家 정도의 인구 규모를 가진 것으로 볼 수 있다.[27]

　이러한 점을 고려해 볼 때 성남지역은 삼한시대에 마한의 한 소국인 백제국에 속해 있었음이 분명해진다. 거리상 당시 백제의 왕도였던 서울 송파구 풍납토성과 몽촌토성에 약 15km 정도 떨어진 비교적 가까운 곳에 위치하고 있다는 점이다. 또한 백제국과 성남지역이 경제적으로 상호의존적인 단일한 생활권을 형성하고 있었다는 점이다. 성남의 지세가 凹자형 분지로 되어 있기 때문에 탄천을 통해 북쪽으로 한강하류지역에 통하는 수운으로

25) 이현숙, 「4~5세기대 백제의 지역상 연구」, 고려대박사학위논문, 2011, 162쪽. 반면 한성의 외곽으로 풍납토성에서 직경 20~40km 내외의 범위 내에는 주구토광묘와 토광묘, 수혈식석곽묘 등 재래의 고분들이 주로 분포하고 있어 대조적이다. 3세기 중후엽경에 한성백제의 직접적인 영향을 미치는 세력 범위를 대략 반경 30km 범위로 보는 견해도 있다(박순발, 「묘제의 변천으로 본 한성기 백제의 지방편제과정」『한국고대사연구』48, 2007, 173쪽). 한편 서울지역 한성백제 토기양식의 분배범위를 검토해 볼 때 반경 최대 25km 범위내로 보는 견해도 참고가 된다(권오영·김장석, 「백제 한성양식토기의 유통망 분석」 『백제 생산기술의 발달과 유통체계 확대의 정치사회적 함의』, 학연문화사, 2008).

26) 이종욱, 『신라국가형성사연구』, 일조각, 1982, 53~54쪽.

27) 『삼국지』 위서 동이전 한, "大國萬餘家 小國數千家 總十餘萬戶." 한편 마한 54개국을 대소국으로 분류해 보면 대국은 1~4개국, 소국은 48~55개국 정도로 보는 견해가 있다(백남욱, 「백제의 초기 강역에 관한 연구」『성남문화연구』2, 1994, 75~81쪽).

연결되어 있었다. 이 루트는 서로 왕래하는 교통로뿐 아니라 성남의 잉여농산물과 서해의 소금을 교환할 수 있는 경제적인 젖줄이 되기 때문에 백제국과는 상호의존 관계를 갖고 있었다.

또한 성남의 남쪽 남한산을 비롯한 산지는 마한의 중심세력인 천안일대의 목지국 세력을 공제하는 군사적 요충으로 기능을 수행하는 곳으로 적합하다. 특히 성남지역의 농업 생산은 바로 백제국의 국부를 증대시키는 원천이 되기 때문에 국가적인 관심 하에서 중시되었다. 백제가 천도의 입지조건을 언급한 다음의 기사가 참고가 된다.

> 생각하건대 이 강 남쪽의 땅은 북쪽으로는 漢水를 띠처럼 띠고 있고, 동쪽으로는 높은 산을 의지하였으며, 남쪽으로는 기름진 벌판을 바라보고, 서쪽으로는 큰 바다에 막혀 있으니, 이렇게 하늘이 내려준 험준함과 지세의 이점은 좀체로 얻기 어려운 형세입니다. 이곳에 도읍을 세우는 것이 또한 좋지 않겠습니까?[28]

위 기사에서 백제가 천도를 위한 입지조건으로서 국방상의 요인 이외에 토지의 비옥도를 중시하고 있었음을 알 수 있다. 또한 多婁王 때에는 남쪽 州郡에 처음으로 논[稻田]을 만들었으며,[29] 古爾王 때에는 南澤에 있는 논을 개간하였다는 기사[30]가 나오고 있다. 仇首王 때에는 제방을 수축한 기사도 나오고 있다.[31]

이처럼 백제는 국초부터 국가적인 관심 속에서 논을 개간하고 이를 뒷받침하는 기반시설인 수리 관개시설을 축조 정비한 것으로 되어 있다. 여기서 농토와 수리 관개시설을 만드는 곳은 주로 한성 남쪽 지역이었음을 알 수 있다. 이곳은 농사짓기에 적합한 기름진 벌판이 있는 곳으로 바로 성남·오산·화성일대에 해당한다. 그러나 오산·화성일대는 백제국의 범위를 반경

---

28) 『삼국사기』 백제본기 온조왕.
29) 『삼국사기』 백제본기 다루왕 6년 춘2월.
30) 『삼국사기』 백제본기 고이왕 9년 춘2월.
31) 『삼국사기』 백제본기 구수왕 9년 춘2월.

20~25km로 설정할 때 그 권역에서 벗어나 있다. 성남은 백제국의 세력 범위 내에 있을 뿐 아니라 탄천 연안에 발달한 충적대지는 비옥한 농경지를 제공해 주고 있어 농경에 적합한 대상지역이 될 수 있다.

이처럼 백제는 국초부터 비옥한 농토의 개발, 철제농기구의 사용, 관개 수리시설의 축조와 정비 등 적극적인 권농정책을 실시하여 영농조건을 개선하고 나아가 농업생산력을 향상시키려 하였다.[32] 이런 점에서 성남지역은 백제의 배후 농업생산 기지로 주된 역할을 수행해 왔다고 볼 수 있다.

3. 백제의 성장과 성남지역의 변화

1) 백제의 성장과 성남지역의 관문적 역할

마한의 한 소국에서 출발한 백제는 3세기 중엽 이후 한반도 중심부를 대표하는 정치세력으로 급성장하였다. 먼저 미추홀의 비류세력을 통합하고 주변 마한의 여러 소국들을 정복하면서 연맹왕국으로 발전해 나갔다. 서울과 성남지역이 중심이 돼서 한강하류유역과 탄천 연안의 비옥한 토지를 바탕으로 한 농업의 발달과 수운을 통한 경제 기반의 확충, 그리고 발달된 철제 무기와 기마 전술의 사용 등으로 한강유역 주변의 여러 소국들을 병합해 나갔다. 백제 초기에 성남지역은 남부 마한의 맹주국인 목지국을 견제하기 위한 관방적 역할과 백제의 배후 생산기지로서의 역할을 수행해 왔지만, 이제 백제가 성장함에 따라 그 기능상의 변화가 나타나게 되었다. 그 변화의 계기가 된 것은 백제의 목지국 통합이었다.

백제는 중부지역 마한의 중심세력인 目支國 세력을 병합하여 남부지역에까지 영역을 확장해 나갔다. 3세기 중반의 기리영 전투 패배 이후 마한의

---

32) 양기석, 『백제의 경제생활』, 주류성, 2005, 75~183쪽.

소국인 那奚國 등 수십 개 소국이 마한연맹체로부터 이탈해 나가자 천안일 대의 목지국의 위상은 크게 약화되었다. 이 기회를 타서 백제는 맹주권에 도전하여 목지국을 멸망시켰다. 그 과정을 『삼국사기』 백제본기 온조왕대 에 기록된 마한 멸망과정으로 볼 수 있다.[33]

목지국의 멸망으로 백제는 마한사회를 대표하는 새로운 영도 세력으로 대두하였고, 이를 통해 백제의 위상도 높아지고 집권력도 그만큼 강화되었 다. 『晉書』 동이열전 마한조에 3세기 후반 馬韓主가 8차례에 걸쳐 晉에 사 신을 파견한 것으로 되어 있다. 여기의 마한주를 古爾王으로 본다면[34] 백제 고이왕은 마한지역을 대표하여 중국 진과 교섭을 주도할 정도의 대외무역 권을 장악해 가고 있었음을 보여주고 있다. 이때 백제는 차령과 금강 이북 지역을 영유한 것으로 이해하는 것이 자연스러울 것이다. 이 시기 백제가 목지국 중심의 마한세력을 복속시키고 남하하는 루트는 고고학자료에 의거 해 볼 때 대체적으로 다음과 같은 방향에서 이루어졌을 것으로 추정된다.

중서부지역의 경우 서울 - 천안 - 공주를 연결하는 루트와 서울 - 천안 - 청주를 연결하는 중부 내륙루트의 두 축을 이용한 것으로 보인다. 또 한 루

---

33) 『삼국사기』 백제본기 온조왕대에는 백제의 마한 정복과정을 단계적으로 제시하고 있다. 백제의 웅천책 설치 단계(온조왕 24년)→ 진한과 마한에 대한 정복을 결심하는 단계(온조 왕 25년)→ 백제의 마한정복 의지 천명(온조왕 26년 7월)→ 백제의 마한 공격 개시 단계 (온조왕 6년 10월)→ 백제의 마한 유민에 대한 사민책과 멸망시키는 단계(온조왕 27년 4 월)→ 구마한세력의 대규모 부흥운동과 진압되는 단계(온조왕 34년 10월)→ 백제의 구마 한지역에 대한 새로운 지배책 마련 단계(온조왕 36년 7월 및 8월)로 백제의 마한 정복과 그 지배과정을 단계화하여 살펴 볼 수 있다. 이 일련의 마한 정복 과정이 건국시조인 온 조왕대에 집약해서 서술되어 있는데 사료 비판을 통해 관련 지명 분석과 『일본서기』 권9 신공기 49년조 기사와의 일치성을 검토한 결과 4세기 후반 근초고왕대의 사실이 온조왕 대에 투영되었을 것으로 보는 견해가 있다(G.K.Ledyard, "Galloping along with the horseriders" Journal of Japanese Studies Vol1. No.2, 1975, 242쪽 ; 유현용, 「온조왕대 마 한정복기사의 재고찰」 『사총』46, 1997, 25~26쪽). 이 기사는 『일본서기』 신공기 기사와는 많은 차이가 있는데 4세기 후반 영산강유역의 마한세력 정복기사라기보다는 목지국 멸 망 관련 기사로 보는 것이 보다 타당하다고 생각한다.

34) 천관우, 『고조선사, 삼한사연구』, 일조각, 1989 ; 김수태, 「백제의 대외교섭권 장악과 마 한」 『백제연구』33, 2001.

트는 경기만을 이용하여 서해안에 진출하는 해상루트를 활용하였을 것이다. 천안 - 청주 방면은 중부 내륙지역의 嶺路인 화령과 추풍령로를 통해 낙동강유역의 신라나 가야 방면에 진출하는데 이용되었다. 이처럼 한성백제가 중서부지역에 진출할 때 천안지역이 전략적 중요 거점지역이 된다. 천안지역은 청당동유적에서 보듯이 마한의 영도세력인 목지국이 있었던 지역으로 추정된다. 백제가 3세기 후엽 마한세력을 복속시킨 후 천안지역에서는 백제의 세력 확산 추세 속에서 백제와 일련의 관계를 맺고 새로이 대두하는 화성리유적과 용원리유적의 축조세력을 통합해 나간 것으로 볼 수 있다.

그러면 백제가 화령과 추풍령로와 같은 중부 내륙교통로를 통해 남하하려는 이유는 무엇일까? 먼저 국가 발전의 중요 자원인 철을 안정적으로 확보하려는 의도와 관련이 있다. 철을 소재로 가공하는 생산 기술은 3세기 중엽 이후 백제는 대방군과의 관계 개선을 통해 확보하고 있었다. 그 배경으로 286년 고구려의 침략에 시달리던 대방태수가 그의 딸 寶菓를 백제 責稽王에게 출가시켜 혼인관계를 맺은 이후[35] 백제와 대방군 사이는 우호관계를 유지하게 된 점을 들 수 있다. 특히 3세기 한군현의 세력 약화와 혼란으로 인해 한군현으로부터의 많은 유망민들이 백제지역으로 이주해 온 점도 주목된다.

중부지역에서 낙랑계 유물이 출토되는 지역은 하남 미사리, 화성 기안리 · 당하리 · 동탄 감배산, 오산 수청동, 시흥 오이도, 인천 불로동, 청주 송절동, 아산 갈매리, 천안 청당동 · 두정동 등이다.[36] 특히 화성 기안리유적에서는 원료와 연료의 수급을 위해 대규모 노동력이 필요한 낙랑계 야철공인집단이 이주한 것으로 판단된다.[37] 이러한 한군현으로부터의 지식인과 전문기술자집단이 대거 이주해 옴으로써 백제의 발전에 절대 필요한 인적 자원과 전문기술을 확보하게 되는 계기가 되었음은 물론이다.

---

35) 『삼국사기』 백제본기 책계왕 즉위년.
36) 김무중, 「고고자료를 통해 본 백제와 낙랑의 교섭」 『호서고고학』11, 2004, 22~25쪽.
37) 주) 36 참조.

한편 철제 농기구의 보급과 계속되는 전쟁으로 인해 철제무기 수요가 급증하면서 철자원의 확보가 절실하였다. 그 대안의 하나가 경기 남부 - 장호원 - 진천 - 청주 - 보은 - 추풍령으로 이어지는 중부 내륙교통로의 확보였다. 한성에서 신라 방면에 이르는 교통로로는 추풍령로와 같은 주요 간선도로가 개설되어 있었다. 서울 - 광주[성남 포함] - 이천 - 장호원 - 진천 - 청주 - 보은 - 추풍령의 루트가 그것이다.[38] 서울에서 탄천을 거쳐 이천까지는 비교적 험준한 한남정맥을 통과하지만 이후 진천을 지나 청주까지는 산줄기나 하천이 거의 없는 평탄한 지형이 이어진다. 이 루트는 변·진한과 백제 중앙을 이어주는 교역로 중 가장 짧은 거리에 해당되며, 계절에 따른 하상계수의 차이와 겨울철 결빙의 단점을 가진 남한강 수로 교역로의 단점을 보완해 줄 수 있다.[39]

당시 중서부지역에서 철기 제품이 출토되는 곳은 미호천유역인 진천 석장리유적, 청원 주성리유적, 청주 봉명동·신봉동·가경동유적 등을 비롯하여 그밖에 금강 중류의 곡교천유역에서도 철기가 집중적으로 출토되고 있다. 금강 중류지역에서 출토된 철기 제품에는 자체 기성품도 있지만 외래 기성품도 있었다. 이 시기 마한은 직접 철 생산을 하고 가공한 흔적이 확인되지 않기 때문에 철기의 대외의존도는 매우 높았다. 따라서 철이 유명한 철산지인 변·진한에서 청주 - 천안으로 이어지는 중부 내륙교통로를 통해 한성지역으로 공급되었을 것으로 생각된다.

그런데 백제가 중부 내륙교통로를 이용하는 데에 있어서 장애가 되는 세력이 신라였다. 신라는 사로국에서 출발하여 국가적 성장을 이루면서 금강 상류유역에까지 세력을 떨치고 있었다. 그 과정에서 백제와 신라 간에는 자연히 군사적 충돌이 일어나게 되었다. 백제가 이처럼 중부 내륙교통로를 확

38) 서영일, 『신라육상 교통로 연구』, 학연문화사, 1999, 80~142쪽 : 「교통로의 확보와 운송」『대외관계와 문물교류』, 서울특별시사편찬위원회, 2008, 50~57쪽.
39) 오욱진, 「3~4세기 百濟의 鐵 交易路와 生産地 確保를 통해 본 領域化 過程」, 충북대석사학위논문, 2012, 32~33쪽.

보해 나가는 과정은 『삼국사기』 백제본기 다루왕 36년 청주로 비정되는 娘子谷城 개척 기사부터 시작하여 蛙山城과 狗壤城 전투, 그리고 고이왕대의 烽山城 전투에 이르는 기사들과 관련이 있는 것으로 파악된다.

이와 같이 백제 때 성남지역은 목지국의 멸망 이후 중부내륙교통로가 개설되면서 백제 왕도의 관문으로서의 새로운 역할을 수행한 것으로 볼 수 있다.

2) 성남지역의 위상 변화

백제는 3세기 중엽 古爾王과 4세기 후엽 近肖古王代를 거치면서 대내적 체제 정비와 영역확장, 그리고 대외교류가 활발하게 이루어져 국가적 성장과 발전을 도모해 나갔다. 이때 성남지역은 백제의 성장과 발전에 어떠한 위상과 역할을 하였는지에 대해서는 관련 사료의 부족으로 밝혀져 있지 않다. 다만 최근에 발굴조사된 분당지역의 고고학 자료인 주거지와 분묘유적을 통해서 그 사회 변화의 일면을 살펴보도록 하겠다.

현재까지 성남지역에서 확인된 백제시대 유적지는 6개소 정도에 불과한데 대부분 분묘유적과 주거지로 구성되어 있다. 분묘유적과 주거지는 특정 토기양식의 형성과 관련하여 국가 형성 과정이나 지역문화의 다양성을 나타내 줄 뿐 아니라 지방사회의 존재양태와 다원적인 문화상을 살피는데 좋은 고고학 자료이다. 백제의 분묘유적은 기단식적석총, 횡혈식석실분, 수혈식석곽묘, 토광묘계열, 옹관묘 등으로 시기와 지역에 따라 다양하게 나타난다.

성남지역의 경우 최근 분당 판교지구의 대대적인 발굴조사를 통해 분묘유적에 대한 개략적인 정보를 확인할 수 있게 되었다. 그 중 백제의 분묘유적으로 조사된 것인 판교지구 16구역 '가'와 '나' 지점에서 확인된 백제 횡혈식석실분 9기이다.[40]

---

40) 한국문화재보호재단, 『성남 판교지구 문화유적 2차 발굴조사 -5차 지도위원회의 자료-』, 2007.12.14 : 『성남 판교지구 문화유적 2차 발굴조사 -6차 지도위원회의 자료-』, 2008.1.22 참조.

16구역 '가' 지점은 해발 63~74.1m의 구릉 사면에 위치하는데 동쪽 구릉에서 2기, 서쪽 구릉에서 3기 모두 5기가 조사되었다. 모두 지하식으로 조성된 백제 석실분으로 연도는 모두 남벽 우측에 설치된 우측편도이며, 연도 내부에는 할석을 쌓아 폐쇄하였다. 그 가운데 6호분(429×365×195cm)에서는 중앙부에서 은제 팔찌 1점, 토기 4점, 관정이 출토되었다. 7호분(410×310×185cm)에서는 은제팔찌 1쌍과 단경호, 완, 관정이 출토되었다. 9호분(300×170×190cm)에서는 금동제 장신구 1점과 관정이 확인되었다.

16구역 '나' 지점은 해발 58~62m의 남사면에 등고선 방향과 직교하여 위치한다. 모두 지하식으로 조성된 백제 석실분으로 연도는 남벽에 시설한 우측편도이며, 입구에는 폐쇄석으로 막아놓았다. 그 가운데 1호분(470×320×140cm)에서는 청동제 장신구 1점과 단경호 2점, 소호 2점, 완, 관정이 출토되었다. 3호분(495×270×180cm)에서는 금제 이식 1점, 은제 지환 2점, 은제 팔찌 2점, 은제 장신구 5점, 직구호 1점, 소호 2점, 완 3점, 개 1점이 출토되었다. 출토유물 중 주목되는 것은 1호·3호·6호·7호·9호분에서 출토된 금·은·동제 장신구류이다. 횡혈식석실분의 편년은 5세기 전반에서 중기에 걸쳐 조성된 것으로 보았다.

그런데 판교지구에서 현재 백제 고분으로는 횡혈식석실분 9기가 조사된 바 있다. 그리고 인근 동판교유적에서 백제시대 목관묘 1기와 주거지 29기, 경작유구 1기가 각각 조사된 바 있어[41] 횡혈식석실분 축조집단과의 관련성을 엿볼 수 있게 해준다. 판교지구처럼 다른 묘제와 공반됨이 없이 횡혈식석실분만이 단독으로 조성된 예는 백제지역에서 한강 본류지역에서만 찾아지는 현상이다.[42]

위와 같은 예로는 성남의 인근지역인 서울 우면동유적, 하남 광암동유적, 시흥 능곡동유적, 화성 왕림리유적 5곳과 충북 청원 부강리유적 1곳을

41) (재)고려문화재연구원·대한주택공사, 『성남 동판교 유적(Ⅰ)·(Ⅱ)-성남 판교지구 21·23·24지점 문화재 시·발굴조사』, 2009.
42) 이현숙, 「4~5세기대 백제의 지역상 연구」, 고려대박사학위논문, 2011, 114~116쪽.

포함하여 모두 6곳에 분포한다. 성남과 바로 남쪽으로 이웃한 탄천 상류지역에서는 여러 묘제가 혼합된 상태로 분포한다. 이에 해당하는 백제고분으로는 죽전 대덕골유적(토광묘)·마북리유적(주구토광묘+토광묘), 용인 신갈동유적(주구토광묘+옹관묘)·상갈동유적(주구토광묘+토광묘)을 들 수 있는데 같은 탄천지역이면서도 문화 양상이 서로 다르다.

횡혈식석실분만 분포하는 지역은 대략 한성백제 중앙인 풍납토성에서 6~15km 범위 내에 위치하고 있다. 이들 고분은 대부분 장방형의 평면에 우편재의 연도를 시설하고 있으며, 부장유물은 금제 이식과 같은 착장형 장신구가 부장되었을 뿐 다른 지역의 경우처럼 철제무기류나 금동관, 중국자기 등이 거의 출토되지 않았다. 이는 지방의 거점지역의 재지세력에게 수여되었던 금동관, 중국자기나 환두대도 등과 같은 위세품과는 달리 백제 중앙에 의해 직접적 통제를 받는 지역이었음을 극명하게 보여주고 있다.

성남의 횡혈식석실분 조영세력은 성남 판교일대의 재지수장층으로서의 위상은 지니고 있었지만 동시에 백제 중앙으로부터 직접적으로 통제를 받는 백제 臣民으로 편제되었음을 의미한다. 이러한 사실을 통해 볼 때 3세기 이후 성남지역은 행정적으로 백제 중심부에 편제된 왕경지역이었을 것으로 짐작된다.

한편 성남지역에서 확인된 백제시대 주거지는 기존의 분당 서현동유적, 삼평동유적, 남한산성유적이고, 최근에 판교지구 16구역, 동판교유적, 여수지구 국민임대주택부지 등에서 발굴 조사되었다. 주거가 인간이 생활하는 데 가장 기본이 되는 생활공간이다. 주거지의 위계는 일반적으로 주거지를 점유하였던 사람의 사회적 신분을 반영하는 척도로서 주거지의 규모 및 공간배치상의 우월성과 주거구조상의 차이, 그리고 출토유물에 의해 살펴 볼 수 있다. 중서부지역에서 조사된 백제 주거지는 그 평면형태가 방형계·원형계·육(오)각형계·凸(呂)자형계로 구분된다.

한성기 백제 주거지를 규모와 구조, 건축부재, 위세품, 공간배치 등을 분석하여 볼 때 타원형계와 방형주거지→ 돌출된 출입시설이 없는 육각형주거지→ '凸' 자형 육각형주거지→ '呂' 자형 육각형주거지 순으로 백제 취락의 위계 차이를 파악할 수 있다.[43] 지역적으로 방형계가 주종을 이루면서 부분적으로 (타)원형계가 함께 공반하고 있다. 안성천 수계에 비하여 한강 수계권에서 위계가 높은 육(오)각형계 · 凸(呂)자형계가 집중적으로 분포하는 것이 특징이다.

성남 동판교유적에서 백제 주거지는 모두 29기, 수혈유구는 7기, 기타 경작유구 1기가 각각 확인되었다.[44] 주거지의 평면형태는 '呂'자형 주거지 1기와 미상 2기를 제외하고는 나머지 모두 방형계 주거지가 집중적으로 분포하고 있다. 주거지와 수혈유구가 함께 조성된 사례로서 인근 하남 미사리 유적, 광주 장지동유적, 용인 마북리유적 등과 같은 취락구조를 갖고 있다. 수혈유구는 7기가 확인되었는데 주거지 당 수혈유구 비율은 4.14로 인근 하남 비사리유적, 안산 신길동유적, 용인 서천지구 · 보정리 소실유적, 오산 가수동유적과 같은 것으로서 취락집단의 성격과 생업경제를 파악하는데 시사를 주고 있다.

여기서 주목되는 것은 21-2지점에서 확인된 출입시설이 달린 '呂'자형 주거지(1446×728×46cm) 1기의 존재이다. 다른 주거지에 비해 규모가 크고 부뚜막이 북벽 중앙에 시설되어 있는 구조로서 원형 내지 부정형의 수혈 유구가 있는 주거지이다. 이 주거지와 함께 방형계 주거지 2기가 분포하고 있다. 유적은 탄천변 충적지에 위치하는 생활유적으로 미사리유적 등과 같이 한강유역의 생활유적에서 출토되는 토기기종인 회색연질토기편과 경질 무문토기편 등이 확인되었다. 토기의 제작 사용 시기에 의거하여 주거지 조성시기를 5세기 전반에서 후반에 이른 것으로 편년된다.

'呂'자형 주거지의 소유자는 대형의 거주지에 출입시설과 수혈유구까지 갖추고 있는 점에서 탄천 지역에서 가장 위계가 높은 신분으로 판단된

---

43) 송만영, 「육각형 주거지와 한성기 백제 취락」『한국고고학보』74, 2010, 111쪽.

44) (재)고려문화재연구원 · 대한주택공사, 『성남 동판교 유적(II) -성남 판교지구 21 · 23 · 24지점 문화재 시 · 발굴조사-』, 2009, 865~873쪽.

다. 판교지구의 횡혈식석실분의 피장자로 비견해도 좋을 만큼의 성남지역의 상층 위계를 가진 신분으로 볼 수 있다.

그밖에 백제 주거지가 조사된 곳은 분당 서현동유적, 삼평동유적, 남한산성유적, 판교지구, 여수지구 국민임대주택부지 등이나 개체수가 적어 분석하는 데에는 한계가 있다.

6. 맺음말

이 글은 성남지역이 백제시대에 어떻게 존재하였으며, 어떠한 변화과정을 거쳤는가에 대해 살펴보았다. 이를 위해 먼저 백제 초기에 백제와 성남지역과의 관계를 살펴보았으며, 아울러 백제가 성장 발전하면서 그 성장 배경의 파악은 물론 최근에 성남지역에서 확인된 횡혈식석실분과 주거지 자료를 토대로 하여 변화된 성남지역의 위상과 역할을 검토하였다. 이를 요약하면 다음과 같다.

먼저 성남지역이 역사적으로 갖는 지역적 특성을 검토하여 수도 서울의 인접한 배후 생산기지로서의 郊村 기능을 수행한 점, 중부 내륙으로 통하는 주요 교통로상의 관문 역할을 수행하였다는 점, 수도권의 주요 경제 기반으로로 역할을 해왔다는 점을 지적하였다.

백제 초기의 성남지역은 자료 부족으로 실체가 파악이 되지 않지만 대체로 전통적인 지석묘집단과 초기철기시대에 새로 이주해 온 점토대토기문화인들이 융합되어 지역적 문화기반을 이룬 것으로 파악하였다. 기원전 1세기에 부여 고구려계 유이민들이 한강유역에 정착하여 백제국을 세우게 되자 인근 성남지역의 세력집단에게도 새로운 세력개편의 계기가 되었음을 밝혔다. 백제국의 세력범위를 대략 20~25km 이내로 설정할 때 성남지역은 그 세력 범위 내에 포함되어 있었던 것으로 파악하였다.

이때의 성남지역은 백제국과의 관계 면에서 볼 때 수운을 통한 경제적 상호의존관계, 마한의 중심세력인 천안 일대의 목지국세력을 공제하는 군사적 요충, 그리고 백제국의 국부를 창출하는 배후 농업기지로서의 역할을 수행한 것으로 보았다.

　마한의 한 소국으로 출발한 백제국은 246년에 벌어진 기리영 전투 이후 한반도 중심부를 대표하는 정치세력으로 급성장하였다. 기리영 전투 이후 기존의 내륙교통로를 이용한 철 교역의 중심 세력인 신분고국이 쇠퇴하고 이어 마한연맹체의 중심 세력인 목지국마저 멸망시킴으로서 백제가 마한의 영도세력으로 대두하였다. 백제는 철 교역로를 다변화시키기 위해 중부 내륙교통로를 새로이 개척하면서 성남지역은 남쪽 중부 내륙교통로의 주요 관문으로서 기능을 하게 되었음을 밝혔다.

　3세기 후엽 이후 한성백제가 성장 발전하면서 종래 배후 생산기지로서의 성격을 가진 성남지역이 사회 변화를 겪게 되었다. 분묘유적으로 볼 때 성남지역은 백제의 중심부인 한강 본유역과 같은 횡혈식석실분이 단독으로 집중 분포되어 있는 것으로 파악하였다.

　이를 통해 이 시기 성남지역이 인근 다른 지역과는 달리 행정적으로 한성백제 중심부에 완전히 편제되어 있는 왕경 관할하에 있었음을 알 수 있다. 또한 성남지역의 주거지를 조사해 볼 때 탄천 연안에 대규모 취락이 형성되어 있었고, 평면형태는 방형계가 주류를 이루는 가운데 위계가 높은 '呂' 자형 주거지도 함께 존재한 것으로 파악되었다. '呂' 자형 주거지의 거주자는 인근 횡혈식석실분에 피장될 정도의 높은 신분의 소유자임이 밝혀졌다. 그들의 위상은 성남 판교일대의 재지수장층으로서의 위상은 지니고 있었지만 동시에 백제 중앙으로부터 직접적으로 통제를 받는 백제 왕경의 臣民으로 편제되었던 것으로 파악하였다.

『백제와 주변세계』, 성주탁교수추모논총간행위원회 · 진인진, 2012

都彌說話의 역사성

1. 머리말

『삼국사기』 열전에는 세 명의 백제인이 입전되어 있는데, 도미전은 그 중의 하나이다. 階伯이나 黑齒常之傳은 명신·명장들의 충의로운 무용담을 소개하고 있는 반면, 도미전은 군주의 仁政과 부녀의 貞節을 강조하는 열녀에 관한 이야기이다. 계백이나 흑치상지에 관한 기사는 백제본기에도 나오는데 반해 도미전의 기사는 백제본기에 보이지 않은 독립적인 자료로서 『삼국사기』 열전의 원전과 성격을 파악하는데 뿐 아니라 당시 백제 사회에 유포되어 있던 유교적인 윤리관이나 사회경제적 상태의 일면을 파악하는데[1] 중요한 단서를 제공하는 사료라 할 수 있다.

그런데 도미전의 내용이 백성들에게 鑑戒를 삼도록 하려는 측면과 권선징악적 측면이 문학적으로 형상화되어 있어서 治者나 일반 민중들로부터

---

1) 『삼국사기』 본기의 기사가 주로 정치·천재지변·전쟁·외교로 되어 있는 점(신형식, 『삼국사기 연구』, 일조각, 1981)에 비추어 볼 때 도미전은 관련 사료가 부족한 백제의 사회경제사 일면을 파악하는데 적극 활용할 수 있는 사료로 볼 수 있다.

많은 관심과 흥미를 불러일으켜 오늘날까지 여러 형태로 전승해 오고 있다. 고려 중기에는 열녀의 표상으로서 후세의 귀감으로 삼기 위해 『삼국사기』에 채록되었고, 조선전기에는 성리학적 강상윤리를 보급시키려는 의도에서 『삼강행실도』 등에 孝烈의 좋은 소재로 활용되어 전승되기도 하였다. 근현대에 이르러서는 이러한 도미설화가 여러 지역에 널리 전승됨에 따라 그 전승 지역이 서울 송파,[2) 하남,[3) 충남 보령,[4) 경남 진해[5) 등으로 널리 확대되었고, 성주 都氏 족보에 채록되거나[6) 또는 소설[7)이나 영화·연극[8)의 형태로 각색이 되어 대중화되기에 이르렀다.

지금까지 도미전에 관한 연구는 도미부부 관련 이야기가 갖는 오랜 전승력과 대중성 등으로 인해 거의 설화문학 분야에서 많은 연구가 이루어져 왔다. 도미설화[9)의 내용 구성, 전승 양상, 현지조사를 통한 도미설화의 배경 장소 구명, 그리고 관련 지명 비정 문제 등에서 많은 연구상의 진전이 있었다.[10) 이에 비해 역사 분야에서의 연구는 자료와 연구방법론의 한계로 인해 그리 활발하지 않다. 도미전의 시간적 배경을 개루왕대로 보느냐 아니면 개로왕대로 보느냐의 입장에 따라 도미의 사회경제적 지위를 고찰하는 연구가 있다.[11)

---

2) 서울특별시사편찬위원회, 『한강사』, 1985.

3) 최래옥, 「현지조사를 통한 백제설화의 연구」 『한국학논집』 2, 1982, 143~144쪽.

4) 최운식, 「도미설화의 전승 양상」 『고문화』 49, 1996, 161~163쪽.

5) 정상박, 「도미부부 설화 전승고」 『국어국문학』 8, 동아대국문과, 1988, 22~29쪽.

6) 성주 도씨의 족보는 1752년부터 1797, 1853, 1934, 1970년까지 모두 다섯 차례 발간되었는데, 도미를 그들의 조상으로 기재하고 있다.

7) 도미전 내용을 소설로 각색하여 대중화의 계기를 만든 것은 1937년 박종화가 『문장』지에 발표한 단편 소설 「아랑의 정조」이다.

8) 박종화의 소설을 대본으로 하여 1964년 연합영화사에서 「아랑의 정조」란 영화를 제작한 적이 있었고, 1984년 차범석에 의해 「도미부인」이라는 제목으로 연극이 공연되기도 하였다.

9) 도미전은 개로왕대의 사실을 모티브로 하여 구비 전승된 것이 한산주도독을 역임한 김대문이 『한산기』에 채록하면서 『삼국사기』에 실리게 된 것으로 보는 견해가 있다(이도학, 「한성말·웅진시대 백제왕위계승과 왕권의 성격」 『한국사연구』 50·51, 1985, 7쪽). 이런 측면에서 도미전에 담긴 기사를 도미설화로 부를 수 있을 것이다.

최근에는 도미나루의 위치를 비정하기 위해 관련 문헌자료와 설화, 그리고 고고학자료를 종합적으로 검토한 종합적인 학술조사도 진행되었다.[12] 반면 개로왕 21년조 말미에 기재되어 있는 도림설화와의 비교 검토를 통해 도미설화의 허구성을 제기한 견해[13]도 있다.

그러나 설화는 역사적 사실을 전승하며 해석하고 있는 이야기라는 점에서 훌륭한 역사 구실을 한다. 이런 면에서 보면 도미설화가 갖는 역사성을 간과하기는 어렵다. 앞으로 도미전의 기사를 백제본기의 기사와 비교하여 사료의 성격과 전승 과정, 그리고 당대의 사회 성격을 세밀히 밝혀내는 일이 이 방면 연구를 진전시키는데 관건이 될 것이다.

따라서 이 글에서는 도미전의 내용 구성을 분석하여 도미설화가 생성하게 된 역사적 배경을 5세기 후반 개로왕대의 정치 상황과 관련하여 살펴보겠다. 이어 '編戶小民' 기사에 주목하여 5세기 후반 도미의 사회경제적 지위는 어떠하였으며, 그리고 도미전에 보이는 관련 지명을 어느 곳에 비정할 것인가에 대하여 기존의 연구 성과를 바탕으로 검토할 예정이다.

---

10) 이 방면에 대한 주요 연구는 다음과 같다. 최래옥, 『한국고전산문연구』, 동화문화사, 1981 ; 「현지조사를 통한 백제설화의 연구」『한국학논집』2, 1982 ; 정상박, 「도미부부 설화 전승고」『국어국문학』8, 동아대국문과, 1988 ; 노태조, 「도미 전승의 유통 양상」『어문연구』21, 1991 ; 최운식, 「도미설화의 전승 양상」『고문화』49, 1996 ; 도수희, 「'도미전'의 '천성도'에 대하여」『한국지명연구』, 이회, 1999 ; 김윤우, 「도미사화에 관한 역사지리적 고찰」『경기향토사학』8, 2003.
11) 양기석, 「『삼국사기』도미열전 소고」『이원순교수화갑기념사학논총』, 교학사, 1986 ; 박대재, 「『삼국사기』도미전의 세계 -2세기 백제사회의 계층분화와 관련하여-」『선사와 고대』27, 2007.
12) 경기대박물관·하남시, 『하남 도미나루 유적』, 경기대박물관 조사보고 총서4, 2003.
13) 이도학, 「『삼국사기』도림 기사 검토를 통해 본 백제 개로왕대 정치 상황」『선사와 고대』27, 2007.

2. 도미설화의 내용 구성과 성격

『삼국사기』 권48, 열전8에는 도미전을 포함하여 11명의 전기가 실려져 있다. 이들은 유교적인 윤리관인 忠·孝·義·信·諫을 성실히 실천하여 후세에 귀감이 되는 인물들인데, 도미는 열녀의 상징으로 제시되어 있다. 『삼국사기』 도미전과 『고려사』 악지에 실려진 지리산가의 내용을 소개하면 다음과 같다.

A-① 도미는 백제 사람이다. 비록 호적에 편입된 소민이었지만[編戶小民] 자못 의리를 알았다. 그의 아내는 아름답고 예뻤으며 또한 절조 있는 행실을 하여 당시 사람들의 칭찬을 받았다. 蓋婁王이 이를 듣고 도미를 불러 더불어 말하기를, "무릇 부인의 덕은 비록 지조를 지키는 것을 앞세우지만 만약 그 윽하고 어두우며 사람이 없는 곳에서 교묘한 말로 유혹하면 능히 마음을 움 직이지 않는 사람이 드물다." 하니 이에 도미가 대답하였다. "무릇 사람의 정이라는 것은 헤아리기 어려운 것입니다. 그러나 저의 아내와 같은 사람은 비록 죽더라도 두 마음을 갖지 않을 것입니다."라 하였다.

② 왕이 이를 시험하여 보기 위하여 도미에게 일을 시켜 잡아두고는 한 명의 가 까운 신하로 하여금 거짓으로 왕의 의복을 입고 말을 타고 밤에 그 집에 가 게 하였다. 사람을 시켜 왕이 오셨다고 먼저 알리고 나서 그 부인에게 말하 기를, "나는 오래전부터 네가 이쁘다는 소리를 들었는데 도미와 내기를 걸 어서 이겼다. 내일 내가 너를 들여 궁인으로 삼기로 하였으니 지금부터 네 몸은 내 것이다." 드디어 난행을 하려 하자 부인은 말하였다. "국왕께서는 헛말을 하지 않을 것이니 제가 어찌 따르지 않으리요! 청컨대 대왕께서는 먼 저 방에 들어가소서. 제가 옷을 갈아입고 들어오겠습니다." 물러나와 계집 종[婢子]을 갖가지로 치장시켜 왕을 모시게 하였다.

③ 왕이 후에 속임을 당한 것을 알고는 크게 노하여 도미를 왕을 속인 죄로 처 벌하여 두 눈알을 빼고 사람을 시켜 끌어내어 작은 배에 태워 강에 띄웠다. 그 리고 나서 그 아내를 끌어다가 강제로 음행을 하고자 하니, 그 부인은 말하 였다. "지금 낭군을 잃었으니 홀로 남은 이 한 몸을 스스로 지킬 수가 없습 니다. 하물며 왕을 모시는 일이라면 어찌 감히 어길 수 있겠습니까? 그러나 지금은 월경 중이라서 온 몸이 더러우니 청컨대 다음 날 목욕하고 오겠습니

다." 왕이 이를 믿고 허락하였다.

④ 부인은 곧바로 도망쳐 강어귀에 갔으나 건널 수가 없었다. 하늘을 부르며 통곡하니 문득 외로운 배가 물결을 따라 이르렀으므로 이를 타고 泉城島에 다달아 남편을 만났는데 아직 죽지않은 상태였다. 풀뿌리를 캐 씹어 먹으며 함께 배를 타고 고구려의 蒜山 아래에 이르니 고구려 사람들이 불쌍히 여겼다. 옷과 음식을 구걸하며 구차히 살다가 나그네로 일생을 마쳤다. [『삼국사기』 권48, 열전8 도미]

B [智異山] 求禮縣 사람의 딸이 姿色이 있었는데 智異山에서 살면서 집안이 가난하였으나 婦道를 다했다. 백제왕이 그녀가 아름답다는 소문을 듣고 첩으로 들일려고 하자 그녀는 이 노래를 지어 죽기를 맹서하고 따르지 않았다. [『고려사』 권71, 지25, 악2, 삼국속악]

위의 도미전에 나타난 시대적 배경에 대해서는 A-①에서 보듯이 2세기 전반 경 백제 蓋婁王(128~165) 때로 보는 견해가 있으나,[14] 사료에 나타난 정황에 의거해 볼 때 5세기 후반 蓋鹵王(455~475) 때 일로 생각된다. 그 근거로는 첫째, 개로왕의 이름이 近蓋婁라고도 불리워져 蓋婁란 이름과 통하고 있다는 점이다. 이처럼 백제 왕명 앞에 '近'자를 붙인 사례[15]는 『日本書紀』나 『新撰姓氏錄』에 近肖古王과 近仇首王을 肖[速]古王이나 貴須[首]王으로 표기한 일에서 찾을 수 있다.

둘째, 2세기 전반 개루왕 때에는 백제와 고구려 사이에 낙랑·대방군과 같은 한군현이 끼어 있어서 도미부부가 배를 타고 고구려로 망명하기가 어렵다는 점이다.[16] 설사 해로를 이용하였다고 하더라도 개로왕에 의해 고문을 당해 장님이 된 불편한 몸으로 배를 타고 먼 거리를 항해할 처지가 되지 못하였을 것이다. 셋째, 『삼국사기』 백제본기 개로왕 21년 추9월조 기사에

14) 박대재, 앞의 글(2007), 242쪽.
15) 근초고왕과 근구수왕이 왕명 앞에 '近'자를 붙인 것은 肖古-仇首로 이어지는 이른바 肖古系의 왕위계승권이 확립되었음을 과시하는 것으로 볼 수 있다.
16) 이병도, 『삼국사기』하, 을유문화사, 1983, 389쪽.

나오는 道琳 설화와 같이 개로왕의 실정을 계감하려는 모티브가 같다는 점을 들 수 있다.[17] 도미설화와 도림설화 양자가 장가나 바둑과 같은 대국 놀이를 통해 개로왕의 전제적 일면을 드러내 주고 있을 뿐 아니라 결국 개로왕의 실정에까지 연결시키는 점에서 공통점을 갖는다. 이러한 점을 고려해 볼 때 도미전의 개루왕은 5세기 후반 개로왕에 비정하는 것이 보다 타당할 것 같다.

다음으로 도미전의 배경이 된 장소에 대하여 살펴보자. 이에 대해 현재 대략 세 지역이 거론되고 있는데, (1) 한강의 도미나루설,[18] (2) 충남 보령시 일대설,[19] (3) 경남 진해시 청안2동설[20] 등이 그것이다. 한강의 도미나루설의 경우 도미부인이 왕을 피해 도망쳐 배를 탄 곳이 어느 곳이냐에 초점이 모여지고 있다. 이에 대해서도 여러 설이 제기되어 있으나 개로왕 당시 백제의 왕도가 현재 송파구에 있는 풍납토성과 몽촌토성일 가능성이 높기 때문에 한강하류 서울 강동구와 송파구 일대와 하남시 일대로 지역적 범위를 좁힐 수 있다.

그밖에 충남 보령시 일대설이나 경남 진해시 청안2동설 등은 한성백제의 지배 영역과 지리적인 상황 등을 검토해 볼 때 도미전의 배경으로 보기에는 타당치 않다. 다만 이러한 견해들이 제기된 이유는 도미설화의 전승이 시·공간적으로 확산이 되면서 변화 발전을 거친 데에 따른 현상으로 볼 수 있다.

도미설화는 이른 시기의 官奪民女型 說話의 예에 속하는데,[21] 최근까지

---

17) 도림설화에는 '近蓋婁'로 표현하고 있어 '蓋婁'로 표기된 도미전과는 다른 계통의 사료일 것으로 판단된다. 도림설화는 도림설화와 같이 같은 개로왕 때의 사실이지만 부녀자의 정절을 강조한 내용이 들어 있어서 백제본기 개로왕 21년조 기사에 직접 인용하지 않고 그 성격이 같은 열전의 孝·烈 항목에 실리게 된 것이 아닐까 한다.

18) 최래옥, 앞의 글(1982), 144쪽.

19) 최운식, 앞의 글, 161~163쪽.

20) 정상박, 앞의 글, 22~23쪽.

21) 최래옥, 앞의 글(1981), 2쪽.

시간적 공간적으로 널리 유포되어 내려온 민간전승이다. 도미설화가 생성된 백제시대에도 왕도인 한성 이외의 지역에까지 확산된 예가 사료 B에 보이고 있다. B는『高麗史』樂志에 전하고 있는 백제시대의 향악에 관한 기사인데, 그 내용은 智異山에 사는 한 가난한 여인이 자기를 궁인으로 삼으려는 백제 왕의 요구를 완강히 거절하며 지은 노래이다. 이 智異山歌는 도미설화와 같은 모티브에서 파생된 것임을 알 수 있다. 다만, 도미설화가 한성을 무대로 하였다면, 智異山歌는 지리산을 무대로 하였다는 점이 다를 뿐이다. 도미설화의 전승이 사람들을 사로잡는 공감력을 갖고 시간적 공간적으로 확대되고 있었음을 뜻한다. 아무튼 도미설화는 智異山歌의 존재로 미루어 보아 빠른 공감대를 형성하면서 백제사회에 널리 유포된 것으로 믿어도 좋을 것이다.

도미설화는 고려 중기『삼국사기』에 채록된 이후 열녀의 귀감으로 평가되면서 조선시대를 거쳐 현대에 이르기까지 설화 내용이 첨삭되어 시간적 공간적으로 변화해 왔다.[22] 도미설화는 1484년에 편찬된『東國通鑑』을 비롯하여 유교의 기본적인 강상윤리를 알기 쉽게 보급하기 위해 편찬한『三綱行實圖』,『五倫行實圖』등에 실리게 되었고, 柳成龍의『西厓集』, 李植의『澤堂集續集』, 申用溉 등이 엮은『續東文選』(1518), 洪敬謨가 지은 廣州 읍지인『重訂南漢誌』(1874), 丁若鏞의『茶山詩文集』과『與猶堂全書』등 조선시대에 시문집에서도 시로 표현하기도 하였다.

도미설화가 대중성을 확보하여 널리 보급되게 된 계기는 1937년 박종화의「아랑의 정조」라는 제목으로『문장』이란 잡지에 단편소설이 발표되면서부터이다. 도미부인이 아랑으로 이름을 갖게 되고 도미는 목수로 설정되면서 도미설화의 내용이 변용을 가져오게 되었다. 이러한 배경 하에서 도미설화는 서울뿐만 아니라 충남 보령시와 진해 등지에까지 널리 확대되었다. 이

---

22) 도미설화의 전승 과정에 대해서는 김윤우, 앞의 글, 333~343쪽 ; 경기도박물관, 앞의 책, 64~101쪽 ; 박대재, 앞의 글, 232~235쪽을 참조할 것.

후 영화와 연극으로도 각색이 되어 공연이 되었다. 2002년에는 최인호가 『몽유도원도』란 제목으로 소설화하였고, 이를 바탕으로 뮤지컬로 재연되기도 하였다.

다음으로 도미설화의 주제와 여기에 담겨져 있는 역사성에 대해 살펴보기로 하자. 도미설화의 주제는 의리가 있는 都彌와 아름다운 용모에 정절 또한 높은 그의 부인이, 잔학무도한 개로왕의 온갖 회유와 강압에도 불구하고 끝내 정조를 지키는 내용으로 되어 있다. 도미설화의 줄거리는 起 - 承 - 轉 - 結의 짜임새를 잘 갖추고 있어서 흥미롭고 감동을 자아내는 고전적 가치와 성격을 지닌 작품으로 평가된다.[23]

이 이야기는 어느 면에서 도미 자신보다도 정절이 높은 그의 부인에 초점을 두면서 무도한 개로왕과의 갈등이라는 대비 과정을 통해 유교 도덕의 지고지선을 강조하고 있다. 이는 부녀의 정절을 강조하기 위해 후대에 유교적 윤리관으로 다소 분식된 느낌을 주고 있다. 그렇지만 이 설화는 개로왕대의 정치 상황과 관련시켜 볼 때 『삼국사기』 백제본기 개로왕 21년 추9월 기사에 나오는 고구려의 첩자 승려 道淋 설화와 깊은 관련이 있는 것으로 알려져 있다.[24] 도림설화에서는 백성을 외면하고 무도한 짓을 일삼는 탐학 무도한 군주는 반드시 패망하게 된다는 필연적 당위성을 내세우고 있다. 도미설화에서는 개로왕이 일반 부녀자들의 정절을 짓밟고 있는 모습을 고발하고 있다.

이 두 사례를 통해 개로왕대 사회가 무리한 전제 권력 행사로 인해 일탈되어 가는 모습을 단적으로 엿볼 수 있다. 이러한 측면에서 도미설화는 내

---

23) 박대재, 앞의 글, 233쪽.
24) 도미설화는 고구려의 간첩 道琳 기사와 시대적 배경이나 중심 인물이 개로왕으로 동일하다는 점, 그리고 개로왕의 무능과 어리석음을 폭로함으로써 백제가 한성을 상실하게 된 이유를 설명하고 있다는 점에서 두 기록이 동일한 사서에서 나온 것으로 이해하는 견해가 있다(이도학, 「한성말·웅진시대 백제왕위계승과 왕권의 성격」『한국사연구』50·51, 1985, 7쪽 및 「『삼국사기』 도림 기사 검토를 통해 본 백제 개로왕대 정치 상황」『선사와 고대』27, 2007, 35~39쪽).

용적으로 도미부인의 숭고한 정절을 미화시키고 있지만, 그러면서도 개로왕의 실정[25]을 계감한다는 의도에서 만들어진 이야기로 이해된다.

3. 도미의 사회경제적 지위

도미설화에서 개로왕대의 역사성을 찾을 수 있는 단서가 '도미는 編戶小民으로 婢子를 거느리고 있었다' 는 기사이다. 도미설화에 의하면 도미는 '編戶小民' 이었다고 한다. 그러면 위의 도미설화에서 도미라는 백제시대의 한 인물의 사회경제적 지위를 나타내는 '편호소민' 은 무엇을 뜻하는 것일까? '편호소민' 이란 사전적인 의미로 본다면 '호적에 편입된 민' 이란 뜻으로 풀이할 수 있다. 여기서 '民' 이란 존재는 피지배층인 일반 백성을 말하는 것이며, 후대의 법제사적 의미로 많이 사용되는 양인백성에 해당하는 존재이다.

먼저 도미의 신분에 대해서 검토해 보자. 이에 대해서는 (1) 목수로 보는 견해,[26] (2) 뱃사공,[27] (3) 정승 반열에 있었던 신분,[28] (4) 대외교역에 종사하는 사람,[29] (5) 양인 농민[30] 등 여러 견해가 제기되었다. 도미를 목수로

---

25) 도미설화를 도림설화와 마찬가지로 사실성이 없는 허구로 보고 이를 개로왕의 실정과 연관시키기 어려운 것으로 보는 견해가 있다(이도학, 앞의 글(2007), 42~43쪽).

26) 박종화, 「아랑의 정조」『문장』, 1937.

27) 최래옥, 앞의 글(1982), 145쪽.

28) 경남 진해시 청안2동 청천마을에서 전승되어 온 도정승 설화에는 도미를 정승 반열에 있었던 인물이라 하였다. 이에 대해 정상박은 1930년 전후 성주 도씨 종친회에서 이 묘를 도미부부묘로 여기고 비를 건립한 것으로 보고 있다(앞의 글, 23~29쪽). 도수희는 정승 반열에 있었던 인물로 보고 있다(앞의 글(1999), 320~321쪽). 반면 도미는 원래 귀족의 가문이었다가 어떤 죄에 연루되어 평민 신분으로 몰락한 인물로 보는 견해도 있다(김윤우, 앞의 글, 337쪽). 그러나 몰락한 신분이 노비를 부리고 있었다는 것은 다소 어색한 느낌이 든다.

29) 박대재, 앞의 글, 249~250쪽.

보는 견해는 1937년 박종화가 쓴 「아랑의 정조」라는 소설에 근거한 것으로 받아들이기는 어렵다. 뱃사공설은 도미가 자못 의리를 알고 절조 있는 행실을 갖춘 미인의 아내를 가지고 있었다는 점, 婢子를 거느린 비교적 경제적인 여유를 가진 사람이라는 점 등을 고려해 볼 때 역시 받아들이기 어렵다. 그리고 목수와 뱃사공이 고려시대에 천민이나 낮은 신분이었다는 점도 참고할 만하다.

정승과 같이 높은 신분으로 보는 견해는 성주 도씨 족보에 근거한 것으로 현재 경남 진해시 청안2동 청천마을 뒷산에 있는 큰 무덤(높이 2m, 길이 12m, 폭 8m)의 주인공과 관련하여 전승해 내려오는 도정승설화에서 비롯되었음을 알 수 있다.[31] 이 견해는 구비전승으로 전해오는 도미설화를 성주 도씨 문중에서 도정승설화로 변용하여 받아들인 것으로서 역시 설득력이 없다. 더구나 도미가 정승 신분이었다면 『삼국사기』 기사에 언급된 '편호소민' 이라는 기사와는 잘 어울리지 않는다.

세 번째 대외교역 종사자로 보는 견해는 도미설화의 배경을 개루왕대로 보고 『삼국지』 한전에 나오는 한군현과의 조공무역 관련 기사에 근거하여 도미를 '잠재적 호민층' 으로 보고 있다. 이는 5세기 후반 개로왕대로 보는 견해와는 시기 설정상의 근본적인 차이를 보여주어 앞으로의 검토가 필요하다.

그런데 도미의 신분을 파악하는데 단서가 되는 구절이 '編戶小民' 이다. 『삼국사기』 백제본기에서 '民' 의 용례를 검토해 보면 지배층을 뜻하는 '士' 나 '官人' 등과는 구별되는 의미로 사용되었으며, 따라서 '민' 은 이들에 의해 지배를 받는 피지배층인 일반 백성을 말하는 것이다.[32] 여기서 '민' 은 농민, 상인, 수공업자 등을 포함한 포괄적인 의미를 가진 일반 백성

---

30) 양기석, 앞의 글, 15쪽. 박시형은 개루왕대의 소경리 자유농민으로 보았다(『조선토지제도사(상)』, 과학원출판사, 1960 : 영인본 『한국사와 토지(상)』, 신서원, 1998, 123쪽).
31) 주) 28 참조.
32) 양기석, 앞의 글, 10~11쪽.

을 지칭하는 것으로 볼 수 있다. 도미의 구체적인 신분은 알 수 없지만, 당시 농업이 국가의 기간 산업이었기 때문에 일반 농민으로 이해하고 싶다.

이처럼 도미를 일반 농민으로 파악하였을 때 이러한 일반 농민들을 편호하고 있는 점으로 보아 백제에서는 이들을 대상으로 호구조사를 실시하여 호적을 만들어서 정례적으로 파악하고 있었음을 시사해 준다. 후대의 사료지만 부여 궁남지에서 출토된 목간[33]에는 '中口'와 '小口'와 같이 사비시대 호구를 파악하는데 쓰여졌을 용어가 나타나고 있어서 주목된다.

이를 통해 볼 때 백제에서는 연령에 의한 인구 파악 즉 호구제도가 실시된 일면을 보여주고 있는 것이다. 그리고 中·小라는 어떤 기준에 의해 호구가 몇 등급으로 나뉘어져 있었음을 시사해 준다. 그리고 백제 멸망시 백제의 국세를 5부 37군 200성 76만호로 언급한 기사를 통해서도 백제가 항례적으로 호구수를 파악하여 일반 백성들을 일정한 수취자원으로 편성하여 활용하였음이 쉽게 짐작된다.

그러면 백제에서 일반 백성을 대상으로 편호한 기준은 무엇일까? 그 구체적인 기준은 사료의 제약으로 알 수 없지만, 주로 노동력 가용연령층인 人丁 수의 다과에 따라 호구를 몇 등급으로 나누지 않았을까 한다. 위 궁남지 출토 목간의 '中口'와 '小口'라는 기사라든가, 또는 『삼국사기』에 토지면적에 관한 기사보다는 주로 호구수가 기재되어 있는 점 등이 참고 된다. 고대 사회에서는 시비법이 그리 발달하지 못하여 연작이 어려웠기 때문에 농업 생산력이 상대적으로 낮았던 것이다. 그리고 사회적 분업이 발달하지 못하였고 부역노동이 차지하는 비중이 높았던 점도 중요한 요인으로 작용하였을 것이다. 이러한 사회 생산력의 한계로 말미암아 일정한 경지면적을 대상으로 세금을 걷는 것보다는 노동력 자원인 인정수를 기준으로 하여 수취

---

33) 최맹식·김용민, 「부여 궁남지내부 발굴조사개보 -백제목간 출토 의의와 성과-」『한국상고사학보』20, 1995 ; 박현숙, 「궁남지 출토 백제 목간과 왕도 5부제」『한국사연구』92, 1996, 1~33쪽.

하는 방식으로 편호하였을 것으로 짐작된다.

이상과 같이 '편호소민'이란 독립적인 자기 경리를 갖고 있는 양인농민에 해당하는 존재로서[34] 인정수에 따라 호등제로 편성되는 세대를 뜻한다. 또한 국가 권력에 직접 귀속되어 조세·공물세·역역 등의 일정한 수취 의무를 부담하는 국가의 공민이라 할 수 있다.

그러면 도미는 백제사회에서 어떠한 사회경제적 위치에 있었을까? 도미는 단혼 소가족 농민으로서 얼마간의 토지를 소유한 주체이며, 아울러 농업경영의 주체로서 국가에 대해 일정한 조세를 납부해야 하는 존재로 볼 수 있다. 거기다가 노비를 부리고 살 만큼의 경제력을 갖고 있었을 뿐 아니라 약간의 학식과 의리나 절의를 지킬 줄 아는 덕목도 함께 갖춘 것으로 이해된다.

도미와 같은 인물을 고고학적으로 관련시켜 봤을 때 미사리 백제시대의 밭유구 중 하층밭 인근에 있는 주거복합시설이 주목된다. 상층밭은 하층밭이 폐기된 후 그 위에 다시 수혈주거지가 한번 조성되었다가 폐기된 다음에 조성된 것으로 밝혀졌다. 그리고 하층밭과 관련 있어 보이는 저장시설과 주거시설이 하층밭을 중심으로 하여 남북에 배치되어 있다. 그 중 주거시설은 숭실대 B-나 지역과 서울대 B-2호 주거 및 숭실대 B-가 지역, 그리고 고려대 B지구의 세 지점으로 나뉘어 원형으로 분포하고 있다.[35]

그 중 서울대 B-2호 주거지 및 숭실대 B-가 지역은 출입구가 달린 육각형주거지 1기와 말각형 방형주거지 및 육각형주거지 4기가 반경 25m 범위 안에 배치된 것으로 추정된다. 이 원형 주거지 내부에는 수혈식 저장시설과 고상식 건물이 배치되어 있고, 그 사이에 크고 작은 여러 기의 도랑유

---

34) 박시형도 이러한 존재로 보고 있다(『조선토지제도사(상)』, 과학출판사, 1961 : 영인본 『한국사와 토지(상)』, 신서원, 1998, 123쪽).

35) 미사리선사유적발굴조사단, 『미사리』제3권, 숭실대학교박물관, 1994 : 『미사리』제4권, 서울대학교박물관, 1994 ; 최종택, 「미사리 백제 취락의 구조와 성격」『호서고고학』6·7, 2002, 141~162쪽.

구가 있어 배수시설의 기능을 가진 것으로 보인다. 서울대에서 조사한 B - 2호 육각형주거지에는 정제된 형태의 화덕이 설치되어 있으며 출입구를 포함한 전체 길이가 10m에 달할 정도로 대규모에 속한다. 여기서는 장란형과 심발형토기류 등 16점과 철칼 · 철낫 · 철제도끼 · 숫돌이 각각 출토되었다.

특히 고려대에서 조사한 KC - 040호 육각형주거지 안에서는 벼루가 출토되었는데[36] 문자기록이 가능한 지식인들이 거주하던 특수한 용도의 주거지로 추정할 수 있다. 그 중 출입구가 달린 육각형주거지는 규모가 크고 내부에서 벼루가 출토되고 있으며 철제 농토목 용구를 갖추고 있는 점으로 보아 상당한 정도의 사회경제적 지위를 가진 신분층이 거주한 것으로 판단된다. 그들은 농서를 읽고 새로운 농법을 적용하였으며, 아울러 철제 농토목 용구와 우경 실시를 통해 부를 축적하여 사회경제 기반을 늘려나갔을 것으로 여겨진다.

이들은 백제 취락지 내의 유력한 호민층들로서 도미전에 나오는 都彌와 같은 자영농민층으로 간주할 수 있다. 도미는 小民으로 편성된 자영농민이었지만 약간의 노비를 거느리고 있었으며 의리를 지킬 줄 아는 인물이었다. 그리고 그의 부인이 절행을 지켜 개로왕의 온갖 유혹을 뿌리치고 정절을 지킨 사례에서 보듯이 이들 호민층들은 농업경제력 이외에 지식과 의리를 지닌 부류로서 농업생산력 증대에 큰 역할을 하였을 것이다.

이들 자영농민층들은 중앙의 지배층과도 일정한 관계 속에 대규모 농경지를 경작한 것으로 보인다. 이들은 철제 농기구와 새로운 농법을 적용하여 재생산의 기반을 갖추고 생산력 증대에 진력하고 있었던 자영농민으로 볼 수 있다.[37] 미사리지역이 지리적으로 백제 왕도인 풍납토성과 몽촌토성에 이웃하고 있는데다가 육각형주거지가 왕성으로 추정되는 풍납토성과 몽촌토성에서 일반적으로 발견되고 있는 점, 지식과 의리 및 절행의 덕목을 갖

36) 미사리선사유적발굴조사단, 『미사리』제5권, 고려대학교박물관, 1994.
37) 김기홍, 「미사리 삼국시기 밭유구의 농업」『역사학보』146, 1995, 34쪽.

춘 인물이 거주하고 있던 점, 그리고 거주지 내의 인구수에 비해 경작지가 너무 규모가 넓다는 점 등이 이를 뒷받침해 준다. 따라서 미사리 밭유구의 경작자는 도성에 식량을 공급하던 사회경제적으로 대규모의 생산기반을 가지고 중앙의 지배층과 일정한 관계 속에서 생산력 증대에 힘쓰던 신분층으로 판단된다.

4. 관련 지명 검토

『삼국사기』 도미전에는 도미부부의 행적을 상세히 남기고 있어서 관련 지명의 검토가 도미설화의 역사성을 밝히는 또 하나의 단서를 주고 있다. 도미부인이 개로왕의 온갖 회유를 물리치고 도망해 와서 배를 타고 떠난 도미나루의 위치 비정이 앞에서 검토한 바와 같이 큰 쟁점이 되고 있다. 그밖에 도미부인이 배를 타고 도망가다가 눈먼 남편을 만난 곳인 泉城島와 도미부부가 고구려에 도착하여 정착한 곳인 蒜山이라는 지명이 나온다.

먼저 도미부인이 배를 타고 떠난 도미나루의 위치를 검토해 보자. 도미설화에 의하면 개로왕이 보낸 신하가 왕명을 받아 밤중에 도미 집에 이르렀다는 점을 감안해 보면 도미의 집은 왕도나 그 근처 멀지 않은 곳에 거주하였을 것으로 판단된다. 그리고 도미설화의 시대적 배경이 한성시대인 만큼 당시 백제 수도인 한성 근처에서 찾아야 할 것이다.

도미나루를 찾기 위해서는 도미전에 있는 당시의 급박한 상황을 먼저 염두에 두어야 한다. 도미전에는 도미부인이 강제로 음행하려는 개로왕을 기지로 속이고 피해 도주하여 도착한 곳이 강나루였고, 이곳에서 배를 타고 한강하류를 거쳐 백제를 떠난 것으로 되어 있다. 당시 도미부인은 개로왕의 음행을 피하기 위한 필사의 노력으로 심신이 지쳐 있는 상태였고, 더구나 개로왕의 추격마저 예상되는 급박한 처지였던 만큼 도성에서 그리 먼 곳까지는 가지 못했을 것이다. 서울 풍납토성 내부 및 성벽 발굴조사를 통해 송파구 풍납토성 일대가 백제 한성도읍기의 왕성이었음이 밝혀지게 되었다.[38] 그렇다면 도미부인이 도망쳐 강나루에 도착하여 배를 탔다는 도미나루는 풍납토성이나 몽촌토성과 가까운 한강의 나루터에서 찾는 것이 합리적이 될 것이다.

그런데 양수리에서 합쳐진 한강은 하남지역의 도미진·미사리·구산·미음진(남양주시 수석동)을 지나 광진·송파진·삼전도·독도·저자도를 거쳐 임진강과 합류하여 서해로 들어간다. 도성인 풍납토성이나 몽촌토성에서 그리 멀지 않는 나루터를 찾는다면 대략 하남시의 도미진에서 삼전도 구간에서 찾아야 할 것이다.

현재 도미나루의 구체적인 위치에 대해서는 하남시지역이나 서울시 일대로 보는 여러 견해가 있다. 먼저 서울시 일대로 보는 견해로는 (1) 송파강·송파나루설,[39] (2) 아차산 부근 구리시 토평리의 토막나루설,[40] (3) 한강과 중랑천이 만나는 성동구 옥수동의 두무개[頭毛浦]설[41] 등이 있다. 반면 하남시지역에는 (1) 팔당대교 남안 창우리 앞의 창모루나루터설,[42] (2) 팔당댐 부근 하남시 배알미동 아랫배알미에 있었던 나루설,[43] (3) 산곡천이 한강과 합류하는 당정섬 부근설[44] 등이 제기되어 있다.

이처럼 도미나루 위치에 대해서는 여러 견해가 있는데, 그 중에서 도미와 가장 발음이 유사한 渡迷津을 가장 유력한 후보지로 들고 있다. 필자도 이러한 입장에서 1986년도에 도미부인이 배를 타고 떠난 곳을 도미진으로 추정한 바 있다.[45] 2003년도 경기대박물관에서 실시한 도미나루 유적 학술

---

38) 신희권, 「백제 한성기 도성제에 대한 고고학적 고찰」 『백제도성의 변천과 연구상의 문제점』, 서경문화사, 2003.

39) 서울특별시사편찬위원회, 『한강사』, 1985.

40) 김민수, 『아차산의 전설』, (사)고구려역사문화보존회, 2007, 27쪽.

41) 최래옥, 앞의 글(1982), 144쪽. 두무개[頭毛浦]는 두 물이 만난다는 뜻으로 도미와는 관련이 없다.

42) 구민회, 『남한비사』, 광주관광사업회, 1956. 52쪽 ; 김윤우, 앞의 글, 348~349쪽.

43) 경기도박물관, 『한강』1, 2002, 438쪽.

44) 서울특별시사편찬위원회, 『한강사』, 1985.

45) 양기석, 앞의 글(1986), 5쪽 주) 2 참조.

조사에서도 여러 관련 문헌과 전승, 그리고 유물 채집 등을 통해 하남시 팔당 부근으로 보았다.[46]

도미진은 여러 기록에서 '豆尾'·'豆美'·'斗迷' 등으로 불리우던 곳인데, 조선시대에 廣津-石島(구리시 토평) - 도미진 - 龍津(양근) - 黔丹山(광주)으로 연결되는 주요 교통로이자 서울을 방어하기 위한 관방 요해처로 주목되는 곳이었다.

이런 점을 고려해 볼 때 하남시 일대에 도미나루가 있었다는 견해는 비교적 설득력이 있어 보인다. 다만 하남시 일대설이 정설로 자리 잡기 위해서는 여러 측면에서 보완해야 할 과제가 남아 있다. 우선 도미진의 별칭인 '두미'와 도미가 음운학상으로 어떻게 연관되는지에 대해 설득력 있는 근거가 제시되어야 한다.

다음으로 1987년 박종화가 쓴 단편소설 「아랑의 정절」이 발표되기 이전에 도미설화가 전승해 왔다는 구전 자료를 찾아야 할 것이다.[47] 그리고 도미강 주변은 하남시 검단산과 남양주의 예봉산 줄기를 만나 좁은 협곡을 이룬 곳으로 남한강과 북한강의 많은 수량이 합쳐져 세찬 여울을 만드는 험난한 곳이다. 도미나루는 당시 백제의 도성인 풍납토성에서 조금 먼 거리에 위치하고 있다. 따라서 도미부인이 가까운 나루를 이용하지 않고 배타기에 험난한 도미나루까지 와서 배를 이용할 수밖에 없었던 나름대로의 설득력 있는 근거가 제시되어야 할 것이다. 도미나루는 조선시대에 한강 동서의 쌀을 건넸던 나루로 보고 도미부인과의 관련성을 부인하는 견해도 있다.[48]

현재 도미설화를 입증해 주는 관련 유적과 유물을 찾는 것은 무척 어려운 일이다. 다만 도성이 풍납토성과 몽촌토성 일대라는 점을 감안하고, 또

---

46) 경기대박물관·하남시, 『하남 도미나루 유적』, 경기대박물관 조사보고 총서4, 2003, 57~63쪽.
47) 충남 보령시설을 주장하는 최운식은 하남지역에서 도미설화가 구전자료로 채록된 사실이 없음을 지적하였다(앞의 글, 165쪽).
48) 김민수, 앞의 글, 27쪽.

이를 중심으로 한 교통로와 나루터, 그리고 관련 전승 설화 등을 종합적으로 검토하여 도미나루를 찾는 일이 과제로 남는 것이다.

다음으로 도미부인이 배를 타고 도망하다가 개로왕에 의해 장님이 된 남편 도미를 극적으로 만났다는 泉城島와, 도미부부가 고구려로 망명하여 구걸하며 일생을 마친 곳인 蒜山의 위치 비정이다. 도미부인이 배를 타고 도망하다가 천성도에서 눈먼 남편을 만난 곳인데 이들 부부는 한강과 서해안의 해로를 이용하여 고구려로 망명한 것으로 볼 수 있다.

천성은 675년 신라가 당군과 전투를 벌여 1,400급이 목을 베고 병선 40척을 빼앗은 격전지이기도 하다.[49] 675년 전후 신라와 당군이 주로 예성강과 임진강 하류 지역에서 접전을 벌인 사실을 감안해 보면[50] 천성도는 예성강과 임진강 하구의 바다쪽에 위치한 군사 요충지로 추정된다.[51] 천성도를 『삼국사기』 지리지에서 찾으면 고구려 때의 泉井口[52] 또는 於乙買串[53]으로 비정하는 견해가 설득력이 있다. 이곳은 현재 경기도 파주시 탄현면 성동리의 烏島城[54]이나 파주시 탄현면 대동리 서쪽 임진강 하류에 있는 一眉島로 비정되는 곳이다.[55]

그런데 일미도는 임진강 상류를 거슬러 올라가는 위치에 있기 때문에 도미부부가 산산으로 가기 위해 굳이 임진강 상류를 향해 갈 이유는 없었을 것이다. 오히려 고구려와 백제의 요충으로 관미성에 비정되는 파주 오도성이 보다 타당한 것으로 판단된다.

---

49) 『삼국사기』 신라본기 문무왕 15년 추9월.
50) 서인한, 『나당전쟁사』, 국방군사연구소, 1999, 138~147쪽.
51) 박대재, 앞의 글, 239쪽.
52) 『삼국사기』 권35, 잡지4, 지리2 한주, "交河郡은 본래 고구려의 泉井口縣을 경덕왕 때 개명한 것인데 그대로 부른다."
53) 『삼국사기』 권37, 잡지6, 지리4 고구려 한산주, "泉井口縣[일명 於乙買串이라 한다]."
54) 烏島城은 391년에 고구려 광개토왕이 20여 일만에 함락시킨 백제의 요충인 關彌城에 비정하는 견해가 있다(金正浩, 『大東地志』 권3, 교하 성지 ; 윤일녕, 「관미성위치고」 『북악사론』 2, 1990, 103·164쪽).
55) 도수희, 앞의 글, 329쪽 ; 김윤우, 앞의 글, 350~353쪽.

다음으로 도미부부가 천성도에서 만나 함께 고구려에서 정착한 산산의 위치 비정이다. 산산은 『삼국사기』권35 지리지에 의하면 고구려의 買尸達縣에 해당한다. 이곳은 함경남도 덕원으로 비정되는데 도미부부의 서해를 통한 이동로와는 맞지 않는다. 당시 도미부인은 개로왕의 추적을 피해 배를 타고 오랜 동안 이동해 왔고, 또한 천성도에서 장님이 된 남편을 만나 고구려에 기착하여 구걸해 가면서 살아야 하는 상황임을 고려해 보면 산산은 천성도에서 그리 멀지 않은 곳에서 찾는 것이 합리적일 것이다. 이러한 조건에 부합되는 곳은 황해도 황주와 봉산 일대의 산산이 보다 설득력이 있다. 도미부부는 재령강 하구를 거쳐 닿은 곳이 황주군과 봉산군 경계 지역에 위치한 정방산(480m) 서쪽 산산 기슭로 비정된다.[56]

이와 같이 도미부인은 서울 풍납토성 부근의 도미나루에서 배를 타고 파주 오도성으로 추정되는 천성도에서 눈먼 남편 도미를 만나 황주와 봉산 경계인 산산 기슭에서 구걸하며 일생을 마친 것으로 판단된다.

5. 맺음말

이상으로 이 글에서는 도미전의 내용 구성을 분석하여 도미설화가 생성하게 된 역사적 배경을 5세기 후반 개로왕대의 정치 상황과 관련하여 살펴보았다. 이어 '編戶小民' 기사에 주목하여 5세기 후반 도미의 사회경제적 지위는 어떠하였으며, 그리고 도미전에 보이는 관련 지명을 어느 곳에 비정할 것인가에 대하여 기존의 연구 성과를 바탕으로 검토하였다. 이를 요약하면 다음과 같다.

도미설화의 시대적 배경은 개로왕의 이름인 近蓋婁와 통한다는 점, 2세기 전반 백제와 고구려 사이에 낙랑·대방군이 끼여 있어서 도미부부가 배

---

56) 김윤우, 앞의 글, 354쪽.

를 타고 고구려로 망명하기가 어렵다는 점, 도림설화와 같이 개로왕을 계감하려는 모티브가 같다는 점을 들어 5세기 후반 개로왕대의 사실로 보았다. 도미설화는 후대에 부녀의 정절을 강조하기 위해 유적적 윤리관에 의해 다소 분식된 느낌이 들지만, 이 설화와 유사한 智異山歌의 존재로 보아 당시 백제사회에 널리 유포되었던 것으로 보았다. 이는 고려 중기 『삼국사기』에 채록된 이래 열녀의 귀감으로 평가되면서 조선시대의 『동국통감』을 비롯하여 현대에 이르기까지 설화 내용이 첨삭되면서 시간적 공간적으로 변화해 왔음을 살펴보았다.

도미 설화는 도미부인의 숭고한 정절을 미화시키고 있지만 궁극적으로 개로왕의 실정을 계감한다는 의도에서 만들어진 이야기로 이해된다.

도미의 신분에 대해서는 여러 견해가 있지만, 사회경제적 지위는 독립적 자기 경리를 가진 부유한 자영농민에 해당하는 것으로 보았다. 이들은 인정 수에 따라 호등제로 편성되는 세대를 뜻하며, 또한 국가 권력에 직접 귀속되어 조세·공물세·역역 등의 일정한 수취 의무를 부담하는 국가의 공민이었음을 알 수 있다. 도미는 단순한 자영 농민에 국한되는 것이 아니라 노비를 부리고 살 만큼의 경제력을 갖고 있었을 뿐 아니라 약간의 학식과 의리나 절의를 지킬 줄 아는 덕목도 함께 갖춘 인물로 판단된다. 도미와 같은 존재들은 미사리 하층밭유구에 나타난 출입구 달린 육각형주거지에 거주하였던 유력한 호민층에 비견할 수 있다. 이들은 도성에 식량을 공급하던 사회경제적으로 대규모의 생산기반을 가지고 중앙의 지배층과 일정한 관계 속에서 생산력 증대에 힘쓰던 신분층으로 판단된다.

끝으로 도미전에 나오는 지명을 검토한 결과 도미부인은 서울 풍납토성 부근의 도미나루에서 배를 타고 파주 오도성으로 추정되는 천성도에서 눈 먼 남편 도미를 만나 황주와 봉산 경계인 산산 기슭에서 구걸하며 일생을 마친 것으로 판단된다.

『위례문화』11·12, 하남문화원, 2009

찾아
보기

찾아
보기

찾아
보기